Le commerce du coton en Méditerranée à la fin du Moyen Age

The Medieval Mediterranean

Peoples, Economies and Cultures, 400–1500

VOLUME 68

Le commerce du coton en Méditerranée à la fin du Moyen Age

Par

Jong-Kuk Nam

BRILL

LEIDEN • BOSTON
2007

Cover illustration: "A weaver of Bologna displaying a length of cloth to a group of prospective customers." Detail from Matricola e Statuti dei Drappieri (1339). With kind permission of Museo Civico Medievale, Bologna, Italy.

This book is printed on acid-free paper.

ISSN 0928-5520
ISBN 978 90 04 16226 6

PRINTED IN THE NETHERLANDS

TABLE DES MATIERES

TROISIÈME PARTIE

LE TRANSPORT DU COTON

QUATRIÈME PARTIE

LE RAVITAILLEMENT EN MATIERE PREMIERE DES CENTRES DE FABRICATION

INDICES

LISTE DES ABRÉVIATIONS

ACA	Archivo de la Corona de Aragón
ACB	Archivo de la Catedral de Barcelona
AHCB	Archivo histórico de la cuidad de Barcelona
AHPB	Archivo de protocols de Barcelona
ASA	Archivio di Stato di Ancona
ASG	Archivio di Stato di Genova
ASP	Archivio di Stato di Prato
ASV	Archivio di Stato di Venezia

TABLES DES CARTES

TABLES DES TABLEAUX

INTRODUCTION GÉNÉRALE

A. *L'historiographie et les problématiques*

L'introduction en Occident du coton date de l'Antiquité. Produit de luxe au début, le coton devient de plus en plus utilisé dans la société occidentale et sa consommation n'est plus réservée aux couches sociales supérieures à la fin du Moyen Age. Malgré ce grand succès, l'histoire du coton de cette époque reste méconnue.

Notre étude a pour objectif d'estimer la place du trafic du coton dans l'ensemble du commerce en Méditerranée aux XIVe et XVe siècles et d'évaluer les effets de ce trafic sur l'économie de l'Occident. Nous espérons ainsi que notre travail aidera également à déterminer avec plus de précision les caractères du commerce maritime méditerranéen à cette époque.

Le commerce du coton n'a pas encore fait l'objet de recherches d'ensemble, en dépit d'un grand nombre d'études déjà effectuées sur les villes maritimes méditerranéennes, leurs marchands, leurs navires, leurs techniques commerciales et leurs échanges. Quant aux marchandises, les premières recherches sont consacrées avant tout aux produits de luxe venus d'Extrême-Orient par Alexandrie, Beyrouth ou la mer Noire, notamment aux épices.[1] Au cours du temps, l'intérêt des historiens s'est diversifié en se tournant vers d'autres produits: les denrées alimentaires, les marchandises lourdes et les matières premières.[2] Malgré cette diversification, le commerce du coton n'a pas été un sujet privilégié, à la différence d'autres produits, comme avant tout la laine.[3]

---

[1] W. Heyd, *Histoire du commerce du Levant au Moyen Age*, 2 vol., Leipzig, 1885–1886, réédition, Amsterdam, 1967; E. Ashtor, *Levant trade in the Later Middles Ages*, Princeton, 1983.

[2] J.-C. Hocquet, *Le sel et la fortune de Venise, 1250–1650*, 2 vol., Lille, 1978–1979; M. Tangheroni, *Aspetti del commercio dei cereali nei paesi della Corona d'Aragona. I. La Sardegna*, Pise, 1981.

[3] H. Laurent, *Un grand commerce d'exportation au Moyen Age. La draperie des Pays-Bas en France et dans les pays méditerranéens, XIIe–XVe siècles*, Paris, 1935; M. Spallanzi (éd.),

Des recherches approfondies portent elles-mêmes sur l'industrie plutôt que sur le commerce. Dans son article de 1953 intitulé «Futainiers et futaines dans l'Italie du Moyen Age», Franco Borlandi a insisté sur la nécessité de sérieux travaux sur les matières premières, notamment le coton, resté longtemps ignoré par les historiens économistes.[4] Depuis lors, W. von Strömer et M.F. Mazzaoui ont bien travaillé sur l'industrie de l'Allemagne du Sud et de l'Italie du Nord, les deux centres de fabrication les plus importants à la fin du Moyen Age. Dans son ouvrage publié en 1978, W. von Strömer montre l'essor de l'industrie en Europe Centrale, surtout en Allemagne du Sud, en localisant une soixantaine de lieux de production. Il insiste sur le fait que la participation de l'Allemagne méridionale à l'industrie de la futaine a été un facteur essentiel de l'augmentation du commerce du coton à la fin du Moyen Age.[5]

Dans son principal ouvrage publié en 1981, M.F. Mazzaoui reconstruit l'évolution de l'industrie en Italie, surtout en Lombardie, sur une durée de plusieurs siècles.[6] Cet auteur y traite également de la production, du trafic et de la consommation. Pourtant, son intérêt de premier ordre porte essentiellement sur la diffusion de cette industrie dans la péninsule italienne.[7] Il montre ainsi que la fin du Moyen Age connut

Produzione, commercio e consumo dei panni di lana nei secoli XII–XVIII, Atti della seconda settimana di studio, 10–16 aprile 1970 dell'istituto internazionale di storia economica F. Datini, Prato, Florence, 1976; D. Cardon, *La draperie au Moyen Age*, Paris: CNRS édition, 1999. Le sel et les fourrures firent également l'objet de recherches de synthèse. J.-C. Hocquet, *Le sel et la fortune de Venise, 1250–1650*, 2 vol., Lille, 1978–1979; R. Delort, *Le commerce des fourrures en Occident vers la fin du Moyen Age*, 2 vol., Paris, 1975.

[4] F. Borlandi s'intéresse à l'origine de l'industrie de la futaine en Italie septentrionale. Selon lui, une des raisons principales du commencement de l'industrie de la futaine est avant tout un manque aigu de laines de production locale. L'accroissement considérable de la population entre le XIe siècle et la grande peste du XIVe siècle, exigea le sacrifice nécessaire des pâturages, au profit des cultures alimentaires. Restait la solution de fabriquer des tissus contenant le moins de laine possible. Bien qu'il y eût deux possibilités, le lin et le coton, le coton fut choisi pour compenser le manque de laine. En effet le lin épuisait tellement la terre que cette culture risquait de provoquer la famine. Pourtant il est hasardeux d'avancer que la pénurie de laine a pu favoriser l'industrie de la futaine. F. Borlandi, «Futainiers et futaines dans l'Italie du Moyen Age», dans *Hommage à Lucien Febvre. Eventail de l'histoire vivante*, 2 vol., Paris, 1953, vol. 2, p. 135.

[5] W. von Strömer, *Die Grundung der Baumwollindustrie in Mitteleuropa Wirtschaftpolitik im Spatmittelalter*, Stuttgart, 1978.

[6] M.F. Mazzaoui, *The italian cotton industry in the Later Middle Ages 1100–1600*, Cambridge, 1981.

[7] M.F. Mazzaoui, «Artisan migration and technology in the italian textile industry in the Late Middle Ages (1100–1500)», dans *Strutture familiari, epidemie, migrazioni nell'Italia medievale*, Atti del Convegno a cura di R. Comba, G. Piccini, G. Pinto, Sienne, 1983, Naples, 1984, pp. 519–534; Idem, «L'organizzazione delle industrie tessili nei secoli 14

une consommation de masse des produits cotonniers, en soulignant le rôle des innovations techniques, qui permirent la production massive à relativement bas prix.[8]

Outre l'innovation industrielle mise en valeur par ces études, il faut tenir compte d'autres facteurs pour expliquer l'essor de l'industrie cotonnière à la fin du Moyen Age: le ravitaillement en matière première, la main-d'œuvre, le goût et la mode, etc. La capacité des marchands à ravitailler l'Occident en coton constituait forcément le principal facteur de succès dans le commerce de cette matière première à cette époque, en considération des deux particularités suivantes. D'abord la culture de cette plante était concentrée dans les régions lointaines, plus particulièrement en Syrie et en Turquie. L'éloignement des zones de production nécessitait une infrastructure de transport. En second lieu, le coton, produit de moindre valeur et volumineux, qui demandait beaucoup d'espace sur les navires, engageait des frais de transport plus élevés que d'autres marchandises.[9] En fin de compte, la mise en place d'un transport maritime efficace représentait une condition déterminante pour l'implantation de l'industrie cotonnière en Occident. Quelques recherches de Pierre Racine notamment, indiquent que la fourniture constante de la matière première assurée par Venise et Gênes constitua un facteur essentiel du développement de l'industrie en Italie du Nord.[10]

---

e 15: i cotonieri Veronesi», dans *Studi storici Veronesi Luigi Simonei*, vol. 18–19, 1968–1969, pp. 97–151; Idem, «The emigration of veronese textile artisans to Bologna in the 13 century», in *Atti e memorie della academia di agricoltura*, scienze e lettere di Verona, série. 6, vol. 19, pp. 275–321; Idem, «The cotton industry of northern Italy in the Late Middle Ages: 1150–1450», *Journal of Economic history*, vol. 32, no. 1–2, 1972, pp. 226–286; Idem, «La diffusione delle tecniche tessili del cotone nell'Italia dei secoli XII–XVI», dans *Tecnica e società nell'Italia dei secoli XII–XVI*, Undecesimo Convegno internazionale del Centro italiano di studi di storia e d'arte, Pistoia 28–31 octobre 1984, Pistoia, 1987, pp. 157–172; Idem, «The lombard cotton industry and the political economy of the dukes of Milan in the second half of the fifteenth century», *Atti del Convegno internazionale 28 febbraio – 4 marzo 1983*, 2 vol., Milan, 1983, vol. I, pp. 171–177.

[8] M.F. Mazzaoui, *The italian cotton industry, op. cit.*, p. 87.

[9] F.C. Lane, «Cargaisons de coton et réglementations médiévales contre la surcharge des navires», *Revue d'histoire économique et sociale*, vol. 15 (1962), pp. 30–31; E. Ashtor, «Levantine alkali ashes and european industries», réédition dans *Technology, industry and trade. The Levant versus Europe, 1250–1500*, éd. B.J. Kedar, Variorum Reprints, Norfolk, 1992, p. 511.

[10] P. Racine, «De la matière première au produit commercialisé: l'exemple des futaines lombardes», dans *Innovations et renouveaux techniques de l'antiquité à nos jours.* Actes du colloque international de Mulhouse (septembre 1987), éd. Jean-Pierre Kintz, Strasbourg, 1989, pp. 97–109; Idem, *Plaisance du Xème à la fin du XIIIème siècle: essai d'histoire*

Dès lors, il faut avant tout se concentrer sur les activités des grandes villes maritimes, Venise, Gênes et Barcelone, qui possédaient la majorité des navires en Méditerranée.[11] Leur suprématie navale absolue permit à leurs marchands de monopoliser le commerce du coton en Méditerranée à la fin du Moyen Age. Leur expansion commerciale a déjà fait l'objet de nombreuses études approfondies.[12] *La Romanie génoise*, de Michel Balard, fait revivre l'expansion génoise dans les anciens territoires de l'empire byzantin en étudiant en particulier la naissance et le développement des trois comptoirs de Péra, de Chio et de Caffa.[13] *La Romanie vénitienne*, de F. Thiriet, reconstitue l'administration des colonies vénitiennes.[14] Désormais, sous la direction de Michel Balard et Alain Ducellier, de nombreux historiens ont contribué à l'avancée de la recherche sur le thème de «La colonisation occidentale médiévale».[15] Les marchands de ces villes portuaires ont également fait l'objet de plusieurs recherches. Ceux de Venise constituent un sujet privilégié du fait qu'ils ont laissé de nombreux documents.[16] En dépit de la pénu-

urbaine, 3 vol., thèse présentée devant l'Université Paris 1, le 5 mars 1977, Lille, 1980; Idem, «A Crémone, à la fin du XIIIe siècle: sur le marché du coton», dans *Studi in memoria di Federigo Melis*, 5 vol., Naples, 1978, vol. 1, p. 541.

[11] F. Melis, «Note sur le mouvement du port de Beyrouth d'après la documentation florentine aux environs de 1400», dans *Sociétés et compagnie de commerce en Orient et dans l'Océan indien. Actes du huitième colloque international d'histoire maritime*, Paris, 1970, pp. 371–373.

[12] F. Braudel vit dans l'expansion italienne du XVe siècle, plus particulièrement dans celle de Venise, la première forme de domination commerciale en Méditerranée, dans le cadre de l'économie d'échange et du capitalisme naissant. F. Braudel, *Civilisation matérielle, économie et capitalisme XVe–XVIIIe siècle. Tome3: Le temps du monde*, Paris, 1967, pp. 95–113.

[13] M. Balard, *La Romanie génoise (XIIe – début du XVe siècle)*, Rome, 1978.

[14] F. Thiriet, *La Romanie vénitienne au Moyen Age*, Paris, 1975.

[15] M. Balard et A. Ducellier, *Coloniser au Moyen Age*, Paris, 1995; Idem, *Etat et colonisation au Moyen Age et à la Renaissance*, Lyon, 1989; Idem, *Le partage du monde. Echanges et colonisation dans la Méditerranée médiévale*, Paris, 1998; Idem, *Migrations et diasporas méditerranéennes: Xe–XVIe siècles*, Paris, 2002.

[16] F.C. Lane, *Andrea Barbarigo: merchant of Venice, 1418–1449*, Baltimore, 1944; T. Bertele et U. Dorini (éd.), *Il libro dei conti di Giacomo Badoer(Constantinopoli 1436–1440)*, Rome, 1956; A. Berengo, *Lettres d'un marchand vénitien (1553–1556)*, éd. U. Tucci, Paris, 1957; F. Braudel et A. Tenenti, «Michiel da Lezze, marchand vénitien (1497–1514)», dans *Wirtschaft, Geschichte und Wirtschaftsgeschichte Festschrift zum 65. Geburstag von Friedrich Lütge*, Stuttgart 1966, pp. 38–73; E. Congdon, «Venetian merchant activity within Mamluk Syria (886–893/1481–1487)», *Al-Masaq*. Studia arabo-islamica Mediterranean, 7 (1994), pp. 1–30; B. Arbel, «Venetian trade in fifteenth century Acre: The letters of Francesco Bevilaqua (1471–1472)», *Asian and african studies* 22 (1988), pp. 227–288; E. Vallet, *Marchands vénitiens en Syrie à la fin du Moyen Age*, Paris, 1999; L. Buenger Robbert, «Domenico

rie de sources, il existe aussi quelques recherches sur les marchands de Gênes.[17]

Cependant rares sont les études sérieuses, concernant le commerce médiéval, à s'intéresser spécifiquement au commerce du coton.[18] A titre d'exemple, la société de l'alun établie en 1449 à Chio par Francesco Draperio et ses associés, a particulièrement suscité l'intérêt des historiens, parce qu'elle était la plus grande société d'affaires de l'époque. On a ainsi beaucoup travaillé sur le trafic de l'alun et du mastic monopolisé par ce cartel.[19] Mais le fait que ses associés aient participé activement au commerce du coton, sur des volumes parfois impressionnants, n'est pas mis en valeur autant que cela le mériterait.

Comme nous l'avons indiqué plus haut, les navires aussi sont nécessairement au centre de notre étude. Les recherches sur les bateaux sont également très nombreuses et effectuées jusque dans les moindres détails: les types de navires, leur évolution, leur emploi privilégié dans certaines aires géographiques, leur construction, leur tonnage, leur tarif de nolis, les techniques du transport maritime, du chargement, du stockage et de l'emballage, etc.[20] Il en ressort que certains types de navires

Gradenigo: a tirteenth-century venetian merchant», dans *Medieval and renaissance Venice*, éd. E.E. Kittell et T.F. Madden, Chicago, 1999, pp. 27–48.

[17] B. de Luco, *Battista de Luco, mercante gevovese del secolo XV e il suo cartulario*, éd. L. Balletto, Gênes, 1979; G. da Pontremoli, *Lettere di Giovanni da Pontremoli mercante genovese 1453–1459*, éd. D. Gioffrè, (Collana storia di fonti e studi, 33), Gênes, 1982.

[18] E. Ashtor, «The venetian cotton trade in Syria in the Later Middle Ages», *Studi Medievali XVII*, Spoleto, 1976, pp. 675–715; E. Congdon, «Venetian merchant activity with Mamluk Syria (886–893/1481–1487)», *Al-Masaq. Studio arabo-islamica Mediterranean*, 7 (1994), pp. 1–30; F.C. Lane, «Cargaisons de coton et réglementations médiévales contre la surcharge des navires—Venise», *Revue d'histoire économique et sociale*, vol. 15 (1962), pp. 21–31; J.E. Dotson, «A problem of cotton and lead in medieval italian shipping», *Speculum* 57 (1982), pp. 52–62; G. Saint-Guillain, «Les ducs de l'Archipel et le coton de Santorin (fin XIVe – début XVe siècle)», dans *Bisanzio, Venezia e il mondo franco-greco (XIII–XV secolo)*, Atti del Colloquio internazionale organizzato nel centenario della nascita di Raymond-Joseph Loenertz o. p. Venezia, 1–2 dicembre 2000, éd. C.A. Maltezou et P. Schreiner, Venise, 2002, pp. 365–394.

[19] M.L. Heers, «Les Génois et le commerce de l'alun à la fin du Moyen Age», *Revue d'histoire économique et sociale*, XXXII, 1954; M. Balard, «Le mastic de Chio, monopole génois (XIVe–XVIe siècles)», *Res Orientales*, VI: *Itinéraires d'Orient, hommage à Claude Cahen*, Bures-Sur-Yvette, 1994, pp. 223–228; J. Heers, *Gênes au XVe siècle: activité économique et problèmes sociaux*, Paris, 1961; E. Basso, *Genova: un impero sul mare*, Gênes, 1994.

[20] La plupart des ouvrages sur le commerce méditerranéen traitent des navires. F.C. Lane, *Navires et constructeurs de navires à Venise pendant la Renaissance*, Paris, 1965; M. Balard, *La Romanie génoise*, *op. cit.*, pp. 533–598; J.-C. Hocquet, *Le sel et la fortune de Venise*, 2 vol., 1978–1979, vol. 2, pp. 85–186; J. Heers, «Types de navires et spécialisation des trafics en Méditerranée à la fin du Moyen Age», dans *Le navire et l'économie maritime*

étaient spécialisés dans le transport de certaines marchandises. Celui des produits de luxe comme les épices était surtout assuré par les galées, alors que celui des marchandises lourdes, volumineuses et de moindre valeur était effectué par les grands navires ronds.

Même si ce schéma s'applique bien au transport du coton, il faut pourtant le nuancer. En réalité, les galées étaient fréquemment utilisées pour transporter cette matière première, en dépit de leur emploi différencié selon les villes et les routes maritimes. De plus, malgré de nombreuses recherches déjà effectuées, il est toujours nécessaire de définir avec plus de précision les navires nommés *naves* ou *navi*, qui assuraient la plus grande partie du transport du coton à longue distance.

Malgré les importantes contributions, citées plus haut, sur différents aspects du commerce du coton, son étude d'ensemble demeure à faire. Comme nous l'avons déjà indiqué au début, notre étude vise à valoriser l'importance de ce trafic dans l'ensemble des échanges en Méditerranée et dans l'économie de l'Occident. Pour cela, nous n'allons pas suivre les étapes bien répertoriées de la production jusqu'à la consommation, mais nous aborderons en premier lieu les résultats. La première partie répondra ainsi à la question suivante: dans quelle mesure se répandit la consommation des produits finis dans la société de l'Occident? Nous insisterons sur le fait que le coton connut un succès prodigieux. Puis, dans les parties suivantes consacrées à la production, au transport et à l'industrie, nous chercherons les facteurs déterminants, qui contribuèrent à la croissance de cette consommation.

Mais avant cela, nous devons définir les bornes chronologiques et géographiques de notre étude. Celle-ci s'inscrit dans la période qui s'étend entre la chute d'Acre en 1291 et la fin du XVe siècle. Ce choix se justifie triplement. La première raison est la disponibilité des sources. Pour l'époque précédente, il en reste peu. Deuxièmement, la chute d'Acre marque un tournant décisif pour le trafic du coton en Méditerranée. Cet événement politique provoqua en effet la réorganisation des réseaux du trafic, ce qui impliqua également une évolution de l'industrie en Occident. Le troisième motif, c'est que les deux derniers siècles du Moyen Age connurent plusieurs innovations navales,

du Moyen Age au XVIIIe siècle principalement en Méditerranée, travaux du deuxième colloque international d'histoire maritime tenus, les 17 et 18 mai 1957, à l'Académie de Marine, Paris, 1958, pp. 107–117.

qui favorisèrent le transport massif à bas prix des denrées alimentaires, des marchandises lourdes et des matières premières. L'espace géographique considéré est bien entendu la Méditerranée. Cependant la route du coton nous obligera à franchir ses limites et à nous aventurer jusqu'en mer du Nord.

B. *La présentation des sources*

Les marchands des grandes puissances maritimes comme Venise, Gênes et Barcelone monopolisaient le trafic du coton en Méditerranée à la fin du Moyen Age: il a donc fallu faire des recherches documentaires dans leurs archives. Le dépouillement du fonds Datini dans les archives d'Etat de Prato était également indispensable, parce que ce marchand d'une petite ville toscane nous a laissé une énorme quantité de documents, qui permettent de connaître plusieurs aspects des activités des marchands, non seulement italiens, mais également catalans: réseaux et moyens de transport, mouvement des prix des marchandises, volume du trafic, techniques des marchands, etc. Même si leur importance pour notre sujet est de second ordre, les archives d'Etat d'Ancône méritaient une visite pour deux raisons. D'une part, elles permettent de montrer la compétition entre Ancône et Venise pour le ravitaillement des pôles de fabrication de l'Italie du Centre. Venise en effet essaya d'étouffer le commerce du coton d'Ancône. D'autre part, elles mettent en valeur le rôle dans ce trafic des marchands de Florence, qui utilisaient Ancône comme port d'exportation et d'importation.

Les documents disponibles pour notre sujet sont nombreux, mais leur répartition dans le temps et l'espace est très inégale. Ce déséquilibre de la documentation empêche souvent d'apercevoir l'évolution des conjonctures à long terme. De plus, les archives de chaque ville ont leur particularité historique de conservation documentaire, qui témoigne également des différences de modalités du commerce. Les archives de Venise sont très riches en documents publics. En revanche, celles de Gênes en gardent peu. La présentation des sources sera donc effectuée par archives plutôt que par type de documents.

Outre les documents d'archives, nous disposons de sources littéraires, dont la plupart sont déjà publiées. Les manuels de marchandise nommés alors *pratiche di mercatura* sont très utiles pour notre sujet, du fait qu'ils fournissent des informations sur les marchés, les produits, les monnaies, les unités de mesures, les routes de transport, etc.[21] Il faut pourtant insister sur le fait que les auteurs ont tendance à se recopier, ce qui pose des problèmes de chronologie.[22] Par exemple, les informations du manuel de Pegolotti sur la ville d'Acre concernent l'époque précédente, soit avant sa chute en 1291. Autre genre littéraire, les récits de voyage nous aident parfois à localiser les régions cultivant du coton et à évaluer leur capacité de production. Il faut cependant une grande prudence dans les interprétations quantitatives d'après les données des récits de voyages, dont les auteurs exagèrent toujours ce qu'ils ont vu. Les chroniques sont également utiles pour notre sujet. Antonio Morosini notamment, dont l'œuvre capitale est partiellement publiée, a rédigé un journal où sont notés, de 1415 à 1433, tous les faits, économiques, politiques et sociaux qui pouvaient intéresser les Vénitiens de son temps.[23]

---

[21] R.H. Bautier, «Les relations économiques des Occidentaux avec les pays d'Orient au Moyen Age. Points de vue et documents», dans *Sociétés et compagnies de commerce enOrient et dans l'Océan Indien, Actes du 8e colloque international d'histoire maritime*, Paris, 1970, pp. 263–331; R.S. Lopez et G. Airaldi, «Il più antico manuale italiano di pratica della mercatura», dans *Miscellanea di studi storici 2*, Collana storica di fonti e studi, vol. 38, Gênes, 1983, pp. 99–133; Pegolotti, *La pratica della mercatura*, éd. A. Evans, Cambridge, 1936; Uzzano, *La pratica della mercatura*, dans G. Fr. P. del Ventura, *Della decima e di varie altre gravezze imposte dal commune di Firenze*, vol. 4, pp. 1–196; Saminiato de'Ricci, *Il manuale di mercatura di Saminiato de'Ricci*, éd. A. Borlandi, Gênes, 1963; Giorgio di Lorenzo Chiarini, *El libro di mercantie et usanze de'paesi*, éd. F. Borlandi, Turin, 1936; M. Gual Camarena, *El primer manual hispanico de mercaderia (siglo XIV)*, Barcelone, 1981; F. Sevillano Colom, «Un manual mallorquín de mercadería medieval», *Anuario de estudios medievales*, 9 (1974–1979), pp. 517–530; A. Noto, *Liber Datii mercantie Communis Mediolani (Registro del secolo XV)*, Università Commerciale Luigi Bocconi, Istituto di storia economica, série I: Fonti, vol. X, Milan, 1950; A. Stussi (éd.), *Zibaldone da Canal*, Venise, 1967; B. Dini, *Una pratica di mercatura in formazione (1394–1395)*, Florence, 198; Biblioteca marciana di Venezia, *Tariffa de pesi e mesure congratia et privilegio* et *Tarifa di pexi e spesse achade a metter e trare merchadantia de la terra di Allesandria e altri lochi*.

[22] E. Ashtor, *Levant trade, op. cit.*, p. xxi; R.S. Lopez, «Un texte inédit: le plus ancien manuel italien de technique commerciale», *Revue historique*, 243 (1970), p. 69; Idem, «Stars and spices: the earliest italian manual of commercial pratice», dans *Economy, society, and government in medieval Italy. Essays in memory of Robert L. Reynolds*, éd. D. Herlihy et R.S. Lopez, Kent, 1969, pp. 35–42.

[23] La chronique d'Antonio Morosini est partiellement publiée. A. Morosini, *Chronique d'Antonio Morosini, extraits relatifs à l'histoire de France*, éd. par G. Lefèvre-Pontalis, I–IV, Paris, 1898–1902.

Les archives d'Etat de Venise.

Dans les archives d'Etat de Venise, l'un des fonds les plus précieux pour notre sujet est celui du Sénat. La valeur de ce dernier est également remarquable pour les autres domaines de l'histoire vénitienne. Grâce aux registres du Sénat, nous sommes bien renseignés sur plusieurs aspects du trafic du coton: lieux d'approvisionnement, routes maritimes de transport, moyens de transport, tarif de nolis, enchères des convois de galées ou de coques, etc. De plus, ces sources nous permettent d'apercevoir les principaux aspects de la politique de l'Etat de Venise sur le commerce de cette matière première: intervention et réglementation. Le fonds du Sénat est complété par les deux documents suivants, *Ufficiali sopra le mercanzie del Levante* et *Ufficiali al Cattaver.*

Il existe d'autres documents publics, plus particulièrement juridiques. Il s'agit du fonds *Giudici di Petizion*, dans lequel sont conservées des sentences de la cour de pétition sur les procès civils entre marchands vénitiens.[24] Ces jugements comprennent également l'histoire du conflit entre deux parties concernées ou parfois des pièces justificatives fournies par elles, comme la correspondance et les livres de comptes. De l'enquête, même si elle est imparfaite, de ce fonds, il résulte que la Syrie représentait le lieu d'approvisionnement le plus important pour les marchands vénitiens. En effet, nous avons peu de procès concernant le trafic d'autres cotons dans ce fonds.

Les archives d'Etat de Venise sont également très riches en documents rédigés par les marchands. Ceux-ci en établissaient plusieurs types: correspondance, livres de comptes, factures d'envoi, *valute*, contrats de transport, etc. Ces sources marchandes sont conservées dans les trois fonds: *Procuratori di San Marco*, *Miscellanea Gregolin* et *Miscellanea di carte non appartenenti a nessun archivio.* Les procurateurs jouaient le rôle d'exécuteurs testamentaires des patriciens morts sans descendance. Les documents des marchands nobles pouvaient donc être conservés dans une *commissaria* tenue par ces fonctionnaires. Ce sont notamment les deux *buste* du fonds *Procuratori*, 117 et 118, qui sont très utiles pour notre étude, du fait qu'elles comprennent les documents laissés par une société d'affaires établie entre Alvise Baseggio et Paolo Caroldo, dont l'intérêt principal était le trafic du coton d'Acre dans les années 1470 et 1480. La *busta* 282 du même fonds comprend la correspondance, les

---

[24] Dans le fonds *Giudici di Petizion* se trouvent trois séries: *Sentenze a giustizia*, *Terminazioni* et *Extraordinario Nodari.*

contrats de transport et les *valute*, qui appartenaient à Lorenzo Dolfin. Ce dernier, qui représente le grand marchand vénitien typique de l'époque, prenait part également au commerce du coton sur des volumes parfois considérables, même si son intérêt ne portait pas exclusivement sur cette matière.

Les deux fonds, *Miscellanea Gregolin et Miscellanea di carte appartenenti a nessun archivio*, se composent en grande partie de lettres échangées entre les marchands vénitiens et de leurs livres de comptes. Dans la *busta* 14 du fonds *Miscellanea Gregolin*[25] se trouvent deux livres de comptes de la *fraterna* Soranzo, dont les affaires de premier ordre étaient le commerce du coton de Hama. Le premier nommé *Libro Vecchio Real* comporte cinquante folios, concernant l'enregistrement des affaires de 1410 à 1417, tandis que le second, le *Libro Nuovo Real*, comprend tous les folios relatifs aux affaires de 1406 à 1434. La valeur de ce deuxième livre de comptes pour notre étude est inestimable, du fait qu'il nous permet de connaître les sortes de coton, les dépenses, le profit, le transport, la clientèle, etc. La *busta* 8 du même fonds conserve la correspondance adressée à Donado Soranzo par ses agents d'affaires en Syrie entre 1403 et 1429. Ce personnage avait établi une société d'affaires avec ses trois frères, la *fraterna* Soranzo. La correspondance échangée de 1418 à 1420 entre eux est conservée dans la *busta* 13 du même fonds. La correspondance Donado Soranzo se trouve également dans la *busta* 8 du fonds *Miscellanea di carte non appartenenti a nessun archivio*.

Grâce à ces différents types de documents marchands, nous pouvons apercevoir l'ampleur du trafic du coton des marchands vénitiens et l'apparition d'un nouveau type de marchand spécialisé dans le trafic d'un seul produit.

Les archives d'Etat de Gênes.

La composition des documents des archives d'Etat de Gênes est très différente de celle de Venise, ce qui témoigne de la différence de l'administration du trafic entre les deux grandes puissances maritimes. Aux archives de la république de saint Georges, nous ne trouvons pas l'équivalent des registres du Sénat de la Sérénissime, qui comprennent de nombreuses délibérations réglementant le trafic du coton.[26] Dans

[25] ASV, Miscellanea Gregolin, busta 8, busta 9, busta 13, busta 14.

[26] M. Balard, «Le film des navigations orientales de Gênes au XIIIe siècle», dans

le fonds public génois[27], nous trouvons seulement quelques contrats de transport établis entre l'Etat et les patrons pour le ravitaillement de Famagouste en vivres.

Les pièces les plus utiles pour notre étude sont les documents à caractère fiscal et les contrats notariés. Malgré leur valeur appréciable, les documents fiscaux utilisables sont peu nombreux. Le premier, par ordre chronologique, est le registre portant le titre d'*Ambasciata Anglie*, qui était une taxe exceptionnelle frappant le commerce génois du mois d'août 1374 au mois de décembre 1377, afin de payer les frais d'une mission qui se rendit en Angleterre. Ce document est déjà publié par J. Day.[28] La valeur de cette source est multiple du fait qu'elle nous donne plusieurs informations: lieux d'approvisionnement, routes maritimes, types de navires engagés, marchands, volume du trafic, etc. La plupart des documents fiscaux sont conservés dans le fonds *San Giorgio*. Quelques registres douaniers nommés *Caratorum Veterum* sont très précieux pour notre recherche. Ceux de 1445 et de 1458 surtout témoignent des réseaux maritimes du transport du coton et montrent que Chio et Phocée étaient alors les centres d'approvisionnement les plus importants pour les marchands de Gênes. Le registre de *Censaria Nova* rend possible l'établissement de la répartition géographique des acheteurs de matière première sur le marché de Gênes.

En dépit de l'importance des documents fiscaux, il faut faire grande attention avant d'en tirer des conclusions définitives. Car les registres de douane et de taxe ne couvrent pas constamment la totalité du trafic. De plus, leur répartition très inégale et peu nombreuse dans le temps ne permet pas d'apercevoir des conjonctures à long terme.

Les archives d'Etat de Gênes sont très riches en contrats notariés, dont le grand nombre empêche leur dépouillement intégral. Nous avons donc fait une enquête partielle sur quelques notaires de la fin du Moyen Age. Pour l'époque précédente, nous utilisons plusieurs publications. Le dépouillement des registres de deux notaires, Risso Baromeo et Tommaso Recco, est le plus fructueux. Ce dernier nous laisse deux registres instrumentés à Chio entre 1449 et 1460. Ces sources nous livrent des informations sur les destinations du coton expédié de Chio, les marchands de coton, leurs partenaires d'affaires, les moyens

---

Horizons marins, itinéraires spirituels (Ve–XVIIIe siècles), vol. 2: Marins, navires et affaires, éd. H. Dubois, Paris, 1987, p. 99.

27 Dans les deux fonds, Antico Comune et Archivio Segreto.

28 J. Day, *Les douanes de Gênes 1376–1377*, 2 vol., Paris, 1963.

de transport, le tarif de nolis, etc. Nous trouvons plusieurs grands marchands génois dans la clientèle de ce notaire, surtout les associés du grand cartel de l'alun, qui établirent le premier contrat de fondation de cette société par Tommaso Recco.[29] Les six registres rédigés à Gênes par Risso Baromeo nous dévoilent les deux fonctions de cette ville : lieu d'approvisionnement en matière première pour les marchands provenant des régions rurales proches de Gênes, et débouché pour les produits finis. En cela, les documents de ces notaires génois sont complémentaires en considération des lieux de rédaction, la métropole et la plus importante colonie d'Outre-mer.

Cependant, le bilan de plusieurs documentations archivistiques génoises est plutôt décevant, parce qu'elles sont beaucoup moins nombreuses que celles de Venise, bien que les deux grandes puissances maritimes aient joué un rôle plus ou moins égal dans le trafic du coton en Méditerranée. En conséquence, la reconstitution du commerce du coton de Gênes sera moins détaillée que nous ne l'espérions.

Les archives d'Etat de Prato.

La valeur du fonds Datini des archives de Prato est immense pour les historiens du commerce méditerranéen de la fin du XIVe siècle et du début du XVe siècle. En réalité, son dépouillement progressif entraîne parfois des modifications partielles ou des rectifications définitives des connaissances déjà établies. Grâce aux documents des archives Datini, la grande envergure du trafic du coton peut être envisagée.[30]

Une des sources les plus utiles pour notre étude est la *busta* 1171, qui comprend les listes de cargaisons des navires de grandes villes maritimes, ainsi que les listes des prix des marchandises en vente sur plusieurs des principaux marchés en Occident. Les listes de cargaisons nous permettent de reconstituer les routes maritimes, leur volume de transport, les types de navires mobilisés, etc. Celles des prix nommées *valute* sont très utiles pour étudier les particularités des marchés du coton en Occident, ainsi que le niveau de demande de chaque variété. Elle atteste surtout que les prix suivirent plusieurs mutations considérables vers 1400 et que ces changements se produisirent sur la plupart des marchés.

---

29 ASG, Notai Antichi, n° 847, doc. 51.

30 E. Ashtor, *Levant trade, op. cit.*, p. xvi–xix, xxii.

Le type de documents le plus riche dans le fonds Datini est la correspondance.[31] Celle de Venise notamment a une valeur de premier choix pour notre étude. Plusieurs agents d'affaires de la compagnie Datini avaient pour habitude d'envoyer des informations sur le marché de Venise à leurs partenaires dispersés dans de nombreuses villes. Il s'agissait le plus souvent du volume du coton apporté par le convoi de Syrie et des prix. La correspondance de Venise nous permet de connaître la répartition géographique de la clientèle de Venise, mais de manière incomplète. La correspondance expédiée depuis les villes fabriquant des futaines comme Milan, Crémone, Pérouse et Arezzo est également utile pour notre recherche.[32]

Il existe d'autres types de documents: les livres de comptes, les factures d'envoi et les contrats d'assurance maritime. Ceux-ci indiquent que la compagnie Datini participait très activement, non seulement au commerce du coton, mais également à la fabrication.[33] De plus, ils témoignent aussi des routes maritimes ou terrestres de second ordre.

De l'analyse, même partielle, des documents des archives Datini, nous pouvons faire plusieurs constats. Le trafic du coton ne circulait pas en sens unique et cette matière première devenait souvent une marchandise de spéculation. Les deux plus importantes conclusions sont les suivantes: Venise représentait alors le plus grand marché de redistribution en Occident et son volume des importations était considérable, dépassant dix mille sacs.

---

[31] La correspondance Datini est partiellement publiée. E. Bensa, *Francesco di Marco da Prato. Notizie e documenti sulla mercattura italiana del secolo XIV*, Milan, 1928; F. Melis, *Documenti per la storia economica dei secoli XIII–XVI*, Florence, 1972; E. Cecchi Aste, *Il carteggio di Gaeta nel'archivio del mercante pratese Francesco di Marco Datini 1387–1405*, Gaète, 1997; L. Frangioni, *Milano fine Trecento. Il carteggio milanese dell'archivio Datini di Prato*, 2 vol., Florence, 1994.; M. Purgatorio, *I rapporti economici tra Venezia e Genova alla fine del Trecento (studio su documenti dell'Archivio Datini di Prato)*, 2 vol., Florence, 1989–1990; P. Gonnelli, *Momenti e aspetti dell'economia veneziana rivissuti attraverso la corrispondenza Venezia–Firenze dell'azienda fiorentina di Bindo Piaciti (con trascrizione di 445 lettere)*, 3 vol., Florence, 1970–1971; M. Innocenti, *L'Intenso carteggio datiniano scambiato da Venezia con Barcellona nel 1400–1410, con le valide aperture sul Mediterraneo e l'Occidente che esso determina (con trascrizione di 361 lettre)*, 3 vol., Florence, 1977–1978.

[32] L. Frangioni, *Milano fine Trecento. Il carteggio milanese dell'archivio Datini di Prato*, 2 vol., Florence, 1994.

[33] Sur les activités commerciales de la compagnie Datini, voir F. Melis, *Aspetti della vita economica medievale (studi nell'Archivio Datini di Prato)*, Sienne, 1962.

Les archives de Barcelone,

A Barcelone, nous avons quatre dépôts d'archives qui conservent des documents concernant le trafic du coton: les archives de la couronne d'Aragon, les archives de notaires, les archives municipales et les archives de la cathédrale. Les deux dernières ont une valeur secondaire: quelques réglementations concernant l'industrie des futaines dans les archives municipales et quelques livres de comptes dans les archives de la cathédrale.

Les archives de la couronne d'Aragon nous livrent quelques documents à caractère fiscal: deux registres de douanes de 1404 et de 1434 et le registre de l'impôt payé par les Allemands et les Savoyards. Ces deux premiers ne couvrent pas une année entière, mais trois mois environ, ce qui rend difficile de tirer des conclusions statistiques définitives. Leurs données sont d'ailleurs distinctes en matière de types de coton. De plus, ces deux sources risquent de minimiser le volume du trafic. Le registre de l'impôt montre que Barcelone était un débouché considérable pour les futaines étrangères venues surtout d'Allemagne du Sud et d'Italie du Nord et qu'en revanche, Barcelone ne représentait qu'un petit marché du coton pour les marchands allemands et savoyards.

Le dépouillement des documents notariés est également fructueux pour notre étude, car ils peuvent compléter les registres douaniers. De plus, les informations de ceux-là sont plus variées et plus abondantes que les informations de ceux-ci. Notre enquête porte essentiellement sur les deux types de contrats: commendes et assurances maritimes. Ceux-ci sont utiles surtout pour étudier les lieux d'achats, les routes maritimes et les types de navires.

Les Archives d'Etat d'Ancône,

Le seul fonds des archives d'Ancône utile pour notre étude est celui des notaires, même s'il existe quelques documents publics, en particulier les traités commerciaux établis entre Ancône et d'autres villes.[34] Pour le XIVe siècle, nous n'avons qu'un seul notaire, Giacomo di Pellegrino. Pour le XVe siècle, nous avons des registres plus nombreux. Ceux de

[34] Une partie des traités de la ville d'Ancône est déjà publiée. C. Ciavarini (éd.), *Statuti anconitani del mare, del terzenale e della dogana e patti con diverse nazioni*, Deputazione Marchigiana di Storia Patria, Statuti, I, Ancône, 1896; M.V. Biondi, *Ancona e il suo mare. Norme, patti e usi di navigazione nei secoli XIV e XV*, 2 vol., Ancône.

deux notaires du milieu du XVe siècle, Angelo di Domenico (1458–1468) et Tommaso Cinzio (1450) sont les plus fructueux.

Les données des contrats notariés sont à la fois décevantes et satisfaisantes. La plupart des contrats appartiennent au type du *debitum*, soit contrat de vente et d'achat, et représentent de petites transactions. De plus, on mentionne rarement l'origine des cotons vendus sur le marché d'Ancône. En revanche, il existe peu de contrats de nolis, d'assurances maritimes et de commendes, qui puissent permettre de mieux éclairer les réseaux du transport, les lieux d'approvisionnement et les types de navires.

Malgré tout, les contrats de *debitum* nous livrent quelques informations appréciables. Ils sont surtout utiles pour établir la répartition géographique des marchands étrangers achetant du coton sur le marché d'Ancône, ce qui montre d'une façon indirecte la dispersion de l'industrie. De plus, ces contrats notariés attestent nettement que les marchands de Florence, notamment la grande famille Médicis, jouaient un rôle très important dans le commerce du coton à Ancône. Enfin, ces sources montrent que ce marché était très animé au XVe siècle.

Le dépouillement de divers documents des archives italiennes et catalanes, ainsi que la lecture des recherches déjà effectuées, me permet de reconstituer l'histoire du commerce du coton, qui reste méconnue, et de mettre en valeur le rôle de ce trafic dans l'ensemble des échanges méditerranéens autant qu'il le mérite.

LA BASE DE RECHERCHES

A. *Les problèmes de vocabulaire: bombix, cotonum, gothonum, pawmwolle*

Pour désigner le coton dans le monde contemporain occidental, on dit *cotton* en anglais, *cotone* en italien, *algodon* en espagnol, *algodao* en portugais, *baumwolle* en allemand, *bumága* en russe, *bambák* en croate, *pamut* en hongrois, et *pamuk* en turc. Il existait *grosso modo* quatre principales appellations, dans les langues occidentales médiévales, pour nommer le coton: *Bombix, cotonum, gotonum* et *pawmwolle.* Plus concrètement, on faisait la distinction entre le coton brut et le coton filé: *filato* ou *filadi* désignait le coton filé. En revanche, les termes utilisés pour le coton brut étaient plus variés: *maputo, sodo, comolezi, lana, flux. Maputo* et *lana* étaient synonymes, comme l'atteste le manuel de marchandise de Pegolotti.[1] Dans la correspondance envoyée de Bologne à Pise par plusieurs agents d'affaires de la compagnie Datini, *sodo* et *filato* désignaient respectivement le coton brut et le coton filé.[2] Les statuts de la ville d'Orvieto distinguent le coton brut du coton filé par les appellations *banbace soda* et *banbace filata.*[3] Les Vénitiens, s'ils utilisaient le mot *sodo* pour désigner l'état brut, faisaient fréquemment la distinction entre le coton brut et le coton filé par l'emploi des deux termes, *comolezi* et *filati.*[4]

Avant d'aller plus avant dans l'étude sur l'évolution respective de ces quatre mots, il faut, en préambule, revenir sur deux points de vue. Dans son article consacré à l'industrie de la futaine, Franco Borlandi insiste sur le fait que les deux grandes puissances maritimes, Venise et Gênes, jouèrent un rôle important dans la propagation des deux termes, à savoir que le mot *cotonum* qui dérive de l'arabe *qutn* était utilisé dans les territoires à pénétration génoise, le mot grec *bonbacium* étant quant à lui

[1] F.B. Pegolotti, *La pratica della mercatura*, éd. A. Evans, Cambridge, 1936, p. 366.

[2] ASP, busta 1149, correspondance entre Bologne et Pise, passim.

[3] G. Pardi, «Gli statuti della colletta del comune d'Orvieto», p. 21.

[4] La délibération du Sénat vénitien sur le convoi de galées de Flandre de l'année 1430 prescrit que «patroni recipere gothonos comolezios et filatos que sibi presentabuntur». ASV, Senato Misti, reg. 57, f. 192^{v}–193^{r}.

plus répandu dans les territoires de pénétration vénitienne.[5] L'interprétation de Franco Borlandi ne semble pourtant avoir aucun fondement. En premier lieu, les Vénitiens et les Génois utilisaient indifféremment le terme *bombix* aux XIIe et XIIIe siècles. En outre, les marchands italiens utilisaient plusieurs termes. Dans la correspondance adressée de Candie en 1347 à un marchand vénitien à Venise, l'expéditeur employait trois vocables: *cotono, goton, bambagio (bambaxo, banbaso et babagio).*[6] Dans une correspondance envoyée à ses partenaires d'affaires basés à Pise, Iacopo Soldanieri de Pérouse utilisa le terme *cotone* au début de la lettre, pour le remplacer par *banbagi* à la fin de la lettre.[7] Il en va de même dans quelques manuels de marchandise.[8] Même en Sicile, qui avait été sous la domination arabe avant l'occupation des Normands, nous retrouvons trace du mot *bambacium ou bonbicem.*[9]

L'hypothèse selon laquelle le mot *bombix* ne désignait pas le coton mais la soie, devrait également être mise en cause. Dans la publication des actes rédigés par Adamo de Citella, P. Gulotta apparente le *bombix* à la soie. G. Jehel, préfère lui aussi cette interprétation.[10] Il est vrai qu'à l'origine, ce terme désignait le ver à soie. Mais, au fil du temps, sa signification fut changée. Dans son dictionnaire, J.F. Niermeyer nous donne l'explication suivante: «Par une erreur remontant à Pline, qui attribuait le coton à un insecte semblable au ver à soie». Malgré l'authenticité de cette histoire, il est certain que le mot *bombix* désignait non plus la soie, mais le coton au Moyen Age. Nous nous référons à plusieurs documents qui témoignent de ce que *bombix* ou *bambacium* était assimilé au *cotonum.* Une expression, relevée dans le manuel de marchandise de Pegolotti, à savoir *cotone mapputo, cioè bambagia in lana,* confirme clairement leur sens identique.[11] Un document de Parme

[5] F. Borlandi, «Futainiers et futaines dans l'Italie du Moyen Age», p. 135.

[6] R. Morozzo della Rocca (éd.), *Lettere di mercanti a Pignol Zucchello,* Venise, 1957, p. 24, 41, 43, 45, 86, 87, 90, 93, 100, 109.

[7] F. Melis, *Documenti per la storia economica dei secoli XIII–XVI,* Florence, 1972, pp. 142–144.

[8] Giorgio di Lorenzo Chiarini, *El libro di mercantie et usanze de'paesi,* éd. F. Borlandi, Turin, 1936, p. 30, 50.

[9] Michele da Piazza, *Cronaca (1336–1361),* p. 409; H. Bresc, «The Secrezia and the royal patrimony», p. 132.

[10] P. Gulotta, *Le imbreviature del notaio Adamo de Citella a Palermo (2 registro:1298–1299),* Rome, 1982, n° 120; G. Jehel, *Les Génois en Méditerranée occidentale (fin XIe – début XIVe siècle),* Amiens, 1993, p. 348.

[11] Pegolotti, *La pratica, op. cit.*, p. 366.

du XIVe siècle atteste que le *bombix* était synonyme du *cotonum*.[12] Un manuel vénitien de marchandise du début du XVIe siècle lui aussi précise comme suit: *bambasi zoe gottoni. Filadi zoe bambasi filadi*.[13]

En corollaire de cette origine obscure, le *bombix* avait sans doute une étymologie qui, en raison de la prononciation plus ou moins identique selon les idiomes, nous a laissé toute une palette de déclinaisons: *bombax, bombex, bambix, bombacium, bambacium, bombecium, bambaxium, bambasium, bombace, bambace, bonbace, banbace, bambagio, banbagio, bambagia, banbagia, wambasium, gambasium*. Dans cette moisson d'appellations, *bombace* (*bambace, banbace, bonbace*) et *bambagio* (*bambagia, banbagio, banbagia*) étaient les plus utilisés. Le manuel de marchandise de Pegolotti reprend *bambagio* et *cotone*.[14] Dans un autre manuel florentin nous relevons *banbagio* et *cotone*.[15] Les agents d'affaires vénitiens de la compagnie Datini utilisaient les termes *cotone* et *banbagio* pour désigner le coton dans leur correspondance.[16]

Avant le XIVe siècle, le mot *bombix* était employé plus fréquemment que les autres termes. En s'acheminant vers la fin du Moyen Age, il disparaît progressivement et cède la place à *cotonum* qui dérive de l'arabe *qutn* qui trouve probablement lui-même sa source en Inde.[17] A la fin du Moyen Age, le *cotonum* devint un terme générique en Occident.[18]

Le délestage de *bombix* au profit d'autres termes est observable notamment à Gênes et Venise, à la fois puissances maritimes et plus grands transporteurs de coton de l'époque qui nous intéresse. A Gênes, c'est le mot *bombix* qui figure plus fréquemment que *cotonum* dans les documents des XIIe et XIIIe siècles. Deux textes officiels génois des années 1140 et 1317 utilisent respectivement *bambacium* et *bombecium*, au lieu de *cotonum*.[19]

---

[12] P. Sella, *Glossario latino e emiliano*, Città del Vaticano, 1937, p. 113.

[13] B. Paxi, *Tarrifa de pexi e mesure*, f. 3[r].

[14] Pegolotti, *La pratica*, *op. cit.*, p. 293, 366–367.

[15] Uzzano, *La pratica della mercatura*, pp. 18–19, 76, 93.

[16] ASP, busta 1149, correspondance de Bologne à Pise.

[17] M. Lombard, *Les textiles dans le monde musulman 7e–12e siècles*, Paris, 1978, p. 61.

[18] Le plus ancien document mentionnant ce mot est un diplôme du roi de Sicile Roger II (1144–1145), dans lequel figure le terme *carta cuttunea* pour désigner le papier de coton. M.F. Mazzaoui, *The italian cotton industry in the Later Middle Ages 1100–1600*, Cambridge, 1981, p. 26.

[19] A. Rovere, *I libri iurium della repubblica di Genova*, Rome, 1992, pp. 14–15; L. Sauli (éd.), *Imposicio Officii Gazarie*, dans Monumenta Historiae Patriae, *Leges municipales*, t. I, turin, 1838, p. 370.

Les actes notariés génois témoignent principalement de ce changement de vocabulaire. Dans la plupart des actes notariés rédigés au XIIe siècle et avant la fin du XIIIe siècle, on utilisait en règle générale le terme *bombace*. Dans ses contrats, Guglielmo Cassine, notaire génois de la fin du XIIe siècle, n'utilisait que *bombacis*, (au génitif) ou *bombacem*, (à l'accusatif).[20] Deux autres notaires de la même époque, Lanfranco et Giovanni di Guiberto, n'employaient que le vocable *bombecium* pour désigner le coton.[21]

Un changement s'amorçait dans les villes lointaines où les notaires génois restaient implantés. Un contrat de transport rédigé le 27 février 1274 au port de L'Aïas du royaume d'Arménie par un notaire génois mentionne un chargement de 90 à 100 sacs dits *nonaginta sacos cotoni usque centum*. Dans un autre contrat de commende, ce même notaire fait mention de *bombecio*.[22] Dans les actes notariés instrumentés à Famagouste par le notaire génois Lamberto di Sambuceto, la mutation se fait plus évidente : le terme *bombace* est supplanté par celui de *cotonum*.[23] Aux XIVe et XVe siècles, *cotonum* était quotidiennement utilisé par les notaires génois non seulement dans les colonies génoises, mais également dans la métropole.[24] Cette modification de vocabulaire est notable dans d'autres documents génois, tels les registres douaniers des XIVe et XVe siècles.[25]

La généralisation d'emploi du terme *cotonum* n'était pas réservée à Gênes. Il semblerait que la ville d'Ancône ait aussi adopté cette modification de vocabulaire. Le traité commercial établi le 29 juillet

[20] M.W. Hall-Cole, H.C. Krueger, R.G. Reinert et R.L. Reynolds (éd.), *Guglielmo Cassinese(1190–1192)*, Gênes, 1938, n° 179, 395, 569.

[21] H.G. Krueger et L. Reynolds, *Lanfranco (1202–1226)*, Gênes, 1951–1953, n° 66, 327; M.W. Hall-Cole, H.G. Krueger, R.G. Reinert et R.L. Reynolds, *Giovanni di Guiberto (1200–1211)*, Gênes, 1939, n° 617, 952, 960, 1039, 1279, 1415, 1762, 1852.

[22] L. Balletto, *Notai genovesi in Oltremare. Atti rogati a Laiazzo da Federico di Piazzalunga— (1274) e Pietro di Bargone (1277, 1279)*, Gênes, 1989, n° 35, 74.

[23] Lamberto di Sambuceto n'utilisait que le mot *cotonum* pour désigner le coton. V. Polonio, *Notai genovesi in Oltremare. Atti rogati a Cipro da Lamberto di Sambuceto (3 luglio 1300 – 3 agosto 1301)*, Gênes, 1982, n° 30, 31, 32, 33, 34, 48, 50, 54, 59, 77,246, 247, 251, 252, 257, 299, 323.

[24] Le terme *cotonum* seulement figure dans les deux publications des actes notariés faites par L. Liagre de Sturler, *Les relations commerciales entre Gênes, la Belgique et l'Outremont d'après les archives notariales génoises (1320–1400)*, Bruxelles et Rome, 1969, p. 928 et par R. Doehaerd et Ch. Kerremans, *Les relations commerciales entre Gênes, la Belgique, et l'Outremont d'après les archives notariales génoises 1400–1440*, Bruxelles et Rome, 1952, p. 697.

[25] Le mot *bombix* ne se présente jamais dans l'ouvrage de J. Day, *Les douanes de Gênes 1376–1377*, Paris, 1963, p. 975; ASG, San Giorgio, Sala 38/54, Caratorum Veterum, n° 1551–1554.

1264 entre Ancône et Venise prescrit que les marchands d'Ancône ne payent aucun droit sur toutes les marchandises transportées d'Ancône à Venise par eux-mêmes, exception faite pour le sel et le coton (*excepto sale et bombace*).[26] En revanche, la plupart des traités commerciaux du XVe siècle avec d'autres villes mentionnent le mot *cottoni*.[27] Au XVe siècle, les notaires d'Ancône n'utilisaient que *coctonum*.[28] De l'analyse des lettres envoyées par des marchands de Gaète entre 1387 et 1405, il ressort que le terme *bambagia* était déjà désuet et que le mot *cotone* s'était généralisé.[29] Une situation similaire s'observe également à Milan à la même époque.[30]

A Venise la variation dans le vocabulaire s'effectue plus tardivement qu'à Gênes et les Vénitiens n'adoptèrent pas le vocable *cotonum*, mais *gothonum*, terme typiquement vénitien.[31] A l'instar de Gênes, Venise utilisait essentiellement *bombix* avant la fin du Moyen Age. Dans sa chronique, rédigée après la chute d'Acre, Marino Sanudo utilise le terme *bombix*.[32] Une délibération du 8 décembre 1332 du Sénat vénitien parle de *bombice*[33] et un autre décret, de l'année suivante, emploie *bombicem* à la forme accusative.[34] Le mot *bombex* ne disparaît pas totalement des documents publics de la fin du XIVe siècle.[35] Les marchands de même

---

26 G. Luzzatto, «I più antichi trattati tra Venezia e le città marchigiane (1141–1345)», p. 71.

27 Dans le pacte commercial établi en 1382 entre Ancône et la Sicile est indiqué le mot *banbace* au lieu de *cotonum*. C. Ciavarini, *Statuti anconitani del mare, del terzenale e delle dogana e patti con diverse nazioni*, Ancône, 1896, p. 240, 253, 258, 273, 279.

28 On a fait des recherches sur douze notaires d'Ancône, en grande partie pour le XVe siècle. On n'y a pas trouvé le mot *bombix*. ASA, Notai di Ancona, Giacomo di Pelligrino, Giacomo Alberici, Melchior Bernabei, Nicolo Cressi, Tommaso di Cinzio, Angelo di Domenico, Nicolo Corrado, Antonio Giovanni di Giacomo, Ciriaco Tome, Tommaso Marchetti, Massi Giovanni, Chiarozzo Sparpalli.

29 E.C. Aste, *Il carteggio di Gaeta nel'archivio del mercante pratese Francesco di Marco Datini 1387–1405*, Gaète, 1997, pp. 336–337.

30 L. Frangioni, *Milano fine Trecento. Il carteggio milanese dell'archivio Datini di Prato*, 2 vol., Florence, 1994, vol. 2, pp. 625–626.

31 Un manuel vénitien de marchandise dont la date de rédaction semble être la fin du XIIIe siècle ou le début du XIVe siècle, utilise simultanément les deux termes, *banbaxio* et *goton*. A. Stussi, *Zibaldone da Canal*, Venise, 1967, pp. 57–59, 63, 69–70, 71–73, 108–112.

32 M. Sanudo, *Liber secretorum fidelium crucis*, nouvelle édition, Toronto, 1972, p. 24: «Et cum in terris soldano subiectis bombix et zucharum crescant in on modica quantitae, de quibus soldanus et sarraceni percipiunt magna pedagia et tributa».

33 ASV, Senato Misti, reg. 15, f. 100^{v}–101^{r}.

34 *Ibid.*, f. 128^{r-v}.

35 H. Simonsfeld, *Der Fondaco dei Tedeschi und die deutschvenezianischen Handelsbezienhungen*, 2 vol., Stuttgart, 1887, vol. 1, n° 273.

continuent à employer le vocable *bambagio* à la charnière du siècle. Il s'agissait de marchands vénitiens qui travaillaient pour le compte de la compagnie Datini. Dans la correspondance et les *valute* des archives Datini figure quelquefois le terme *bambagio*, même si bien moins fréquemment que le *cotone*.[36] Pourtant, au cours du XVe siècle, dans les registres du Sénat vénitien, la présence de la catégorie de *bombix* devient quasiment négligeable. Dans les divers types de documents, écrits à la fois en latin et en vénitien médiéval au XVe siècle, on ne trouve que *gothonum*, sauf cas d'exceptions rares. Les marchands vénitiens utilisaient le *gothonum* dans la correspondance, les livres de comptes, et les contrats de nolis.

Dans certaines villes, le *cotonum* restait malgré tout d'usage dès le début. Dans la publication des commendes de Barcelone de J.M. Madurell Marión et A. García Sanz, ne figure que le *cotonum*.[37] En réalité, les Catalans appelaient le coton «*cotó*» à la fin du Moyen Age.[38] En Angleterre également, le terme *cotonum* est répandu. Dans des registres douaniers des villes de Southampton et de Bristol ainsi que dans un poème anglais de l'année 1436, ne figure que *cotonum*, soit *cotone*, soit *cotton*, soit *coton*, soit *cotun*, pour évoquer le coton.[39]

Même s'il a à peu près disparu des langues orales occidentales au XVe siècle, le mot *bombix* continue d'apparaître à l'écrit. Dans un document milanais du XVe siècle qui comprend la liste des marchandises en vente sur le marché de Milan, nous trouvons diverses mentions de cotons comme suit: *bombix de Cicilia et de Ultramare, bombix filata alba, bombix filata tinta, bombix filata in foldis*.[40] En tout état de cause, il convient de noter que dans quelques villes italiennes telles Pérouse, Crémone,

---

[36] ASP, fonds Datini, busta 1171, *valuta* du 1er janvier 1387, *valuta* du 8 mars 1388, *valuta* du 29 décembre 1393, *valuta* du 31 décembre 1394, *valuta* du 31 décembre 1395, *valuta* du 3 décembre 1396, *valuta* du 29 janvier 1400, *valuta* du 24 décembre 1404.

[37] J.M. Madurell Marimón et A. García Sanz, *Comandas comerciales barcelonesas de la baja edad media*, Barcelone, 1973, p. 459.

[38] M. Gual Camarena, *El primer manual hispanico de Mercaderia (siglo XIV)*, Barcelone, 1981, p. 230.

[39] B. Foster, *The local port book of Southampton for 1435–1436*, Southampton, 1963, p. 58, 62, 64, 68,84, 94, 98, 100, 106, 110, 112; E.M. Carus-Wilson, *The overseas trade of Bristol in the Later Middle Ages*, Londres, 1967, p. 204; A.A. Ruddock, *Italian merchants and shipping in Southampton 1270–1600*, Southampton, 1951, p. 80; N.S.B. Gras, *The english customs system*, Cambridge, 1918, p. 167, 169, 171, 193, 222, 271, 278, 320, 321, 325, 329, 503, 514, 554, 555, 563, 569, 572, 579–581, 635, 647, 656, 696.

[40] A. Noto, *Liber datii mercantie comunis Mediolani (registro del secolo XV)*, Milan, 1950, p. 20.

et Sienne, *bombix* n'a pas cédé la place d'une façon définitive au terme *cotonum*, mais a bien survécu jusqu'à la fin du Moyen Age.[41]

Le terme *pawmwolle* (*pawmboll*) désignait également le coton. Contrairement aux autres termes, le *pawmwolle* était principalement en usage dans les régions d'Europe de l'Est comme Prague, Ratisbonne et Kulmbach.[42] Dans une série d'actes judiciaires ou notariés instrumentés à Lembarg, en Pologne, entre 1441 et 1448, le coton s'appelait *baumwolle*.[43] Ce vocable s'est perpétué et y est encore d'usage aujourd'hui. Il faut néanmoins noter que d'autres termes furent adoptés, à savoir *wambasio*.[44]

Pour conclure sommairement, nous pouvons avancer que le terme *cotonum* est bien le seul à être resté pérenne et à se tailler la part du lion; au point qu'il a laissé son empreinte dans le langage européen contemporain: *cotton* en anglais, coton en français, *cotone* en italien, et *algodon* en espagnol. Pour cela, M.F. Mazzaoui indique que ‹the linguistic record is an eloquent testimony to the role played by the Arabs in transmitting the knowledge and use of cotton to the West.›[45]

B. *La métrologie du coton*

Le commerce du coton impliquait pour les marchands de suivre les règles imposées par la métrologie. Les marchands vénitiens achetaient le coton en Syrie par *cantare*, le conditionnaient en sacs, et l'expédiaient avec la facture d'envoi où étaient indiqués le numéro de chaque sac, son équivalence convertie en *cantare* (plus précisément en *rotoli*) ainsi

[41] R. Staccini, *Le arti perugine della bambagia e della seta*, Spoleto, 1994; C.S. Almansi, *Statuti dell'università e paratico dell'arte del pignolato bombace e panno di lino*, Crémone, 1970. Dans un manuel de marchandise d'Uzzano, nous avons la gabelle de Sienne où sont indiqués le coton brut et le coton filé, nommés *banbagio sodo, banbagia filata*. Au contraire, ce manuel utilise plutôt le mot *cotone* dans les gabelles de Florence et de Pise, et dans les parties concernant la relation commerciale entre la Sicile d'une part et la Catalogne, Gênes, Pise et Florence d'autre part. Uzzano, *La pratica della mercatura*, pp. 49–50, 75–77, 85, 93.

[42] W. von Strömer, *Die Grundung der Baumwollindustrie in Mitteleuropa, Wirtschaftspolitik im Spatmittelater*, Stuttgart, 1978, p. 164, 171, 183.

[43] M. Berindei, «L'empire ottoman et la «route moldave» avant la conquête de Chilia et de Cetatea-Albă (1484)», pp. 169–170.

[44] W. von Strömer, *Die Grundung der Baumwollindustrie, op. cit.*, p. 157.

[45] M.F. Mazzaoui, *The italian cotton industry, op. cit.*, pp. 26–27.

que son poids en livres.[46] Même si c'est très rarement, les Vénitiens parlaient de balle et *collo* comme unités d'emballage. A son arrivée à Venise, le coton brut se vendait par mille livres légères vénitiennes, le coton filé par cent livres.

Les Génois se procuraient le coton à Chio en *cantare*. Dans les contrats notariés de nolis ou de vente, on indiquait la quantité de coton à charger ou à vendre, plus fréquemment en *cantare*, parfois en sacs, en *cararium* (*carium*) ou en balle, même si l'assiette de la taxe se calculait plutôt sur le sac ou à la balle que par *cantare*. D'après le registre douanier génois de l'année 1376–1377, on relève que l'impôt sur le coton était d'ordinaire calculé par sac ou balle, et seulement trois fois par *cantare*.[47] Dans les registres douaniers du XVe siècle comme le *Caratorum Veterum* et la *Censaria Nova*, l'unité coutumière utilisée pour l'emballage et pour le calcul d'impôt était le *cararium*.[48] Sur les principaux marchés catalans comme Barcelone, Majorque et Valence, le coton se vendait par *caricha*.

Même s'il existait d'autres termes métrologiques utilisés pour peser, conditionner et vendre le coton, notre enquête se limitera aux termes ci-dessus, qui étaient le plus fréquemment employés. E. Ashtor nous fournit de judicieuses informations sur le sujet, notamment sur les nuances entre *cantares* et sacs, sur le pesage et l'emballage du coton en Syrie et à Alexandrie.[49]

Une particularité doit être mise en exergue sur la métrologie du coton, à savoir la fluctuation de poids: par exemple, sur le marché de Gênes, un *cantare* de coton pesait 47,5 kg. En revanche, à Acre, il dépassait parfois 200 kg. Un sac de coton turc ne dépassait pas 100 kg pour les marchands génois. Pour les marchands vénitiens, un sac de coton syrien variait en gros entre 150 et 200 kg. Mais, pour les marchands d'Ancône, un sac de coton syrien était distinct en poids de celui de Venise.[50] Ainsi,

---

[46] Un exemple de ce genre de document est déjà publié par F. Melis, *Documenti*, *op. cit.*, pp. 296–297.

[47] J. Day, *Les douanes*, *op. cit.*, p. 378, 431, 472.

[48] ASG, San Giorgio, Sala 36/1039, Censaria Nova. Liber debitorum, anno 1450; Sala 38/54, Caratorum Veterum, n°1551–1555.

[49] E. Ashtor, «Levantine weights and standard parcels: a contribution to the metrology of the Later Middle Ages», *Bulletin of the School of oriental and african studies*, 45 (1982); réédition dans *East-West trade in the medieval Mediterranean*, éd. B.J. Kedar, Variorum Reprints, Londres, 1986, pp. 471–488.

[50] Le 17 mars 1450 un marchand d'Ancône, Anton Manoli, vendit quatre sacs de coton syrien, dont le poids était de 943 livres. ASA, Notai di Ancona, Angelo di Domenico, n° 49, f. 55r.

il appert qu'une étude minutieuse du volume du commerce du coton par ville maritime, implique une connaissance précise de la métrologie.

Nous allons à présent tenter d'analyser la métrologie relative au commerce du coton et ceci en trois étapes. La première question à laquelle nous allons tenter de répondre est la suivante: quel système de métrologie était utilisé dans les régions productrices? Nous aborderons ensuite la question de l'emballage, pour enfin étudier l'unité de poids pour la vente sur les grands marchés en Occident.

1. *La métrologie de poids dans les régions productrices: Cantare et Rotoli*

Dans la plupart des régions productrices à la fois chrétiennes et non-chrétiennes, comme la Syrie, l'Egypte, la Turquie, Chypre, la Sicile, et l'Afrique du Nord, le *cantare* était l'étalon moyen pour peser et vendre du coton. Cependant, certains pays producteurs le vendaient par unités de livres. Le coton produit dans les Pouilles se vendait par mille livres, équivalant à 1180 livres légères vénitiennes.[51] Dans les colonies vénitiennes en Romanie, le coton se vendait par unités de livres plutôt que par *cantare*. A Candie qui n'a pas son propre *cantare*, on pesait des marchandises par unités de livres, soit une livre, soit cent livres, soit mille livres lourdes et légères. Les Crétois utilisaient l'unité de cent livres pour le coton.[52] A Salonique, le coton se vendait également par cent livres égales à 100 livres florentines.

Selon le critère des poids des *cantares*, il existait *grosso modo* deux catégories, le grand et le petit. A Alexandrie et en Sicile, le petit *cantare* était en usage, dont le poids ne dépassait pas 100 kg. Le *cantare* employé dans les colonies génoises à la fin du Moyen Age, appartenait à cette catégorie. En revanche, le grand *cantare* d'un poids de 200 kg, était employé à Chypre et en Syrie.

A Alexandrie, il existait plusieurs variantes de *cantares*, parmi lesquelles le *cantare zeroi*, utilisé pour peser le coton. Dans son manuel de marchandise, Pegolotti l'attribue à 300 livres légères vénitiennes. Dans une *valuta*, soit liste des prix, établie sur le marché d'Alexandrie en 1386 par un facteur de la compagnie Datini, nous avons une équation un peu différente: un *cantare zeroi* = 322 livres légères vénitiennes.[53] Les

---

[51] Pegolotti, *La pratica, op. cit.*, p. 171.

[52] *Ibid.*, pp. 105–106; G. Saint-Guillain, «Les ducs de l'Archipel et le coton de Santorin (fin XIVe – début XVe siècle)», p. 371.

[53] F. Melis, *Documenti, op. cit.*, p. 320.

deux manuels de marchandise du XVe siècle attribuent à un *cantare zeroi* les poids respectifs de 318 et 316 livres légères vénitiennes. En fin de compte, le *cantare zeroi* entrait dans la gamme de 300 à 322 livres à la fin du Moyen Age, soit environ de 90 à 97 kg.[54] L'île de Sicile avait les deux variétés de *cantares*, parmi lesquelles le *cantare* plus léger, employé pour le coton. Son poids était de 80 kg.[55] A Chio, le coton se vendait par *cantare* génois égal à 150 livres.

Les *cantares* syriens étaient les plus volumineux, de surcroît très variés. Le *cantare* employé dans les régions en Syrie du Nord, comme Alep, Laodicée et Hama, était compris dans une fourchette de 700 à 735 livres légères vénitiennes, soit de 210 à 221,4 kg.[56] Pour le *cantare* de Tripoli en vigueur pour le trafic du coton, des documents donnent des chiffres un peu différents. Le manuel vénitien de marchandise *Zibaldone da Canal* lui attribue le poids de 655 livres légères vénitiennes, soit 197,3 kg. Un autre manuel vénitien de la fin du XVe siècle propose 630 livres.[57] En revanche, un manuel florentin du XVe siècle indique 750 livres légères vénitiennes pour le *cantare* de Tripoli.[58]

Le *cantare* d'Acre subit une modification métrologique. Initialement de 760 à 775 livres légères vénitiennes, il fut remplacé, à la chute d'Acre par les Mamelouks, par celui de Tibériade d'un poids plus conséquent; deux manuels vénitiens de marchandise lui attribuent 950 et 900 livres.[59] Le *cantare* de Damas correspondait à peu près à 600 livres légères vénitiennes à la fin du Moyen Age.[60] A Chypre, il n'existait qu'un seul étalon.[61] Le *cantare* chypriote était identique à celui d'Acre.

Au cours du XVe siècle, il semblerait qu'il y eut un changement métrologique en Syrie et en Egypte. Le coton s'y vendait non seulement par *cantare*, mais également par sac. Sur le marché d'Alexandrie, le sac était identifié comme *sacca farfari*.[62] A la fin du XVe siècle, les

---

[54] E. Ashtor, «Levantine weights, op. cit.», pp. 473–474.

[55] H. Bresc, *Un monde méditerranéen: Economie et société en Sicile*, 2 vol., Palerme, 1986, vol. 1, p. 564.

[56] E. Ashtor, «Levantine weights, op. cit.», p. 478.

[57] *Ibid.*, pp. 477–478.

[58] G. di L. Chiarini, *El libro di mercantite, op. cit.*, p. 70.

[59] E. Ashtor, «Levantine weights, op. cit.», p. 479.

[60] Biblioteca marciana di Venezia, Tariffa de pexi e mesure congratia et privilegio, f. 8r; E. Ashtor, «Levantine weights, op. cit.», p. 477.

[61] Pegolotti, *La pratica, op. cit.*, p. 64.

[62] Biblioteca marciana di Venezia, Ital. VII, CCCLXXXIV, Tarifa di pexi e spesse achade a metter e trare merchadantia de la terra di Allesandria e altri lochi, f. 33v–34r, 87v.

marchands vénitiens payaient un droit d'entrée à Laodicée de dix-huit dirhams par sac de coton. Pour envoyer du coton de Damas à Beyrouth au moment du passage des galées, les marchands vénitiens acquittaient leurs taxes par unité de sac.[63]

2. *La métrologie d'emballage*

L'emballage succédait à l'achat dans les régions productrices. Nous trouvons trois termes principaux relatifs à l'emballage : sac, balle et *cararium*. Les autres vocables métrologiques restaient très limités et négligeables : *costal*, caisse[64], *collo*,[65] faisceau (*faxia*)[66], fardeau (*fardello*)[67]. Le sac était un terme générique, dont l'emploi était répandu chez les marchands occidentaux. Ceux de Venise n'utilisaient que le sac pour unité d'emballage, sauf exceptions. En revanche, les Génois employaient les trois termes.

Le poids d'un sac de coton était distinct selon les critères : qualités, marchands et périodes. Ainsi le sac de coton syrien se distinguait des sacs turcs, chypriotes, égyptiens et romaniotes, et représentait un poids différent selon les marchands. Le sac de coton syrien d'Ancône était quant à lui plus léger que celui de Venise. Nous notons que chaque ville maritime avait ses référents. Le sac vénitien avait une capacité de 400 à 800 livres légères vénitiennes (120 à 240 kg) ; le petit sac pesait près de 50 kg et le grand sac dépassait mille livres (300 kg).[68]

Gênes avait elle aussi son panel.[69] De l'analyse du document génois nommé *Censaria Nova* qui enregistre les sommes dues par les marchands

---

63 Biblioteca marciana di Venezia, Tariffa de pexi e mesure congratia et privilegio, f. 55ʳ.

64 Le *costal* et la caisse figurent, même si très rarement, dans les listes de cargaisons des archives Datini. ASP, fonds Datini, busta 1171.

65 Le 4 mai 1478 le gouvernement de Venise autorisa Pietro Morosini à récupérer deux *colli* de coton, déchargés du navires provenant de la Syrie, dont le patron était Geronimo Vido. Leurs poids étaient de 365 et 343 livres. ASV, Giudici di Petizion, Terminazioni, reg. 4, f. 64ʳ–64ᵛ. Dans un registre du *Caratorum Veterum* de l'année 1458 est mentionné une fois le terme *collo* pour l'unité d'emballage du coton. ASG, San Giorgio, Sala 38/54, Caratorum Veterum, nº 1553 (anno 1458), f. 35ʳ.

66 J. Day, *Les douanes*, *op. cit.*, p. 215.

67 En 1389 Matteo di ser Nello envoya un *fardello* de coton teint de Bologne à Pise, dont le poids était de 66 livres. ASP, fonds Datini, busta 1149, correspondance de Bologne à Pise, nº 9131079.

68 ASV, Giudici di Petizion, Terminazioni, reg. 8, f. 96ᵛ.

69 Jacques Heers et Domenico Gioffrè attribuent respectivement un sac de coton à deux *cantares*. M. Balard indique que le poids d'un sac de coton se situait entre 3,5 et

au titre de la taxe frappant les ventes réalisées sur le marché de Gênes en 1450, il résulte que le sac génois de coton contenait 1, 5 à 8 *cantares* (63,75 à 340 kg).

Tableau 1. *Equivalence entre le sac et le cantare d'après le document Censaria Nova*

Date	Vendeur	Acheteur	Sac	Convertis en *cantares*	Un sac en *cantare*
11/03/1450	Matteo di Negro	Andrea di Ripa	2	6, 5	3,25
26/03/1450	Luciano di Negro	Andrea di Tasistro	1	4,3	4,3
14/04/1450	Giacomo Italiano	Michaele Prizena	5	10,36	2,07
17/04/1450	Pietro de Marco	Pietro de Torte	18	58	3,22
27/04/1450	Giovanni Italiano	Filippo Spinola	2	5,35	2,68
30/04/1450	Pietro Giustiniani	Riconelis de Riconexio	2	5,68	2,84
12/05/1450	Domenico et Bartolomeo Doria	Francesco de Quarto	8	13,79	1,72
06/06/1450	Pantaleo Doria	Giacomo de Pado	2	4,44	2,22
07/07/1450	Acelino Lercario	Toma Tana	50	130,62 (103,62 ?)	2,61 (2,07)
07/07/1450	Acelino Lercario	Gallo Renucio	2	4,78	2,39
08/07/1450	Domenico Doria	Monino Mursario	3	5,8	1,93
10/07/1450	Bartolomeo et Antonio Masela	Silvestro de Moneglia	7	15,4	2,2
27/07/1450	Marco Doria	Domenico Prizenda	1	1,94	1,94
10/11/1450	Manuele Bochacius	Giovanni Curleto	4	6	1,5
09/11/1450	Manuele de Rapallo	Giovanni de Odericho	2	5	2,5
24/11/1450	Niccolò Dentuto	Francesco de Burgo	1	8	8
19/12/1450	Gabriele de Andoria	Antonio de Casanova	6	12,44	2,07

3, 75 *cantares*. Dans un registre douanier génois de l'année 1376–1377, nous trouvons une équation (un sac = 2, 5 *cantares*). D'après le document génois de *Drictus Alexandrie* 1367, un sac de coton d'Alexandrie était égal à six *cantares*. J. Heers, « Il commercio nel Mediterraneo alla fine del sec. XIV e nei primi anni del XV », pp. 183–184; D. Gioffrè, « Il commercio d'importazione genovese alle luce di registri del dazio 1495–1537 », p. 214; M. Balard, *La Romanie génoise*, p. 741; J. Day, *Les douanes*, *op. cit.*, p. 378; E. Ashtor, « Levantine weights, op. cit. », p. 484.

Date	Vendeur	Acheteur	Sac	Convertis en *cantares*	Un sac en *cantare*
24/12/1450	Oberto de Grimaldi	Niccolino de Castronovo	3	6,5	2,17
22/01/1451	Giovanni de Campis	Bartolomeo de Vigenio	3	6,14	2,05

Il existait une gamme de sacs de tailles différentes à Milan, principal centre d'industrie de la futaine, qui s'approvisionnait en matière première à la fois à Venise et à Gênes. Sur le marché de Milan aussi, le poids d'un sac de coton oscillait entre 194,44 et 334,96 kg.[70]

La fluctuation de poids des sacs dérive de divers facteurs : proximité entre régions productrices et ports d'embarquement, types de navires, distance entre les ports d'embarquement et les destinations finales, etc. Dans cette complexité réside le handicap pour nous de pouvoir établir les différents poids des sacs de coton. L'inégalité des sources aussi rend notre travail difficile. Si nous sommes bien renseignés sur les sacs de cotons syriens et turcs, utilisés par les marchands vénitiens et génois, nous disposons de peu de sources sur les poids des sacs employés pour emballer d'autres variétés et utilisés par les marchands d'autres villes maritimes.

a. Les sacs de diverses tailles

Sac de coton de Syrie

Dans son article, E. Ashtor indique que Syrie et Palestine employaient des sacs de tailles différentes pour le conditionnement du coton, dont le poids variait de l'un à l'autre. Pour les marchands d'Ancône, un sac de coton syrien pesait environ 280 livres, soit environ 98 kg.[71] Nous avons quelques documents qui permettent d'estimer le poids du sac génois en usage pour emballer le coton syrien. Dans un contrat notarié du 26 mai 1449, nous avons une équivalence entre le sac et le *cantare*, étant précisé que vingt et un sacs de coton syrien sont égaux à 91 *cantares* et 38 *rotoli*, soit un sac de 4,35 *cantares* (environ 185 kg).[72] Le 17 mai 1451 à Gênes, un marchand de Milan, Matteo di Negro, acheta dix-huit sacs de coton

[70] L. Frangioni, *Milano e le sue misure. Appunti di metrologia lombarda fra Tra e Quattrocento*, Milan, 1993, p. 162.

[71] ASA, Notaio di Ancona, Chiarozzo Sparpalli, n° 179, f. 90^{v} (282 livres =98 kg), 264^{v} (285 livres =98,61 kg), f. 55^{r} (235,75 livres = 82 kg).

[72] ASG, Notai Antichi, Antonio de Torriglia, n° 845.

syrien à Pietro Marcho. Dans ce contrat, dix-huit sacs de coton syrien correspondent à 58 *cantares* et 96 *rotoli*, soit un sac de 3,3 *cantares* (environ 140 kg).[73] Michel Balard indique que le poids d'un sac de coton devait être compris entre 166 et 178 kg, en citant plusieurs documents notariés génois du XIVe siècle donnant au sac de coton un poids entre 3,5 et 3,75 *cantares*.[74]

Ce sont les Vénitiens qui avaient la gamme la plus variée de sacs pour emballer le coton en Syrie. Selon le règlement du 28 juillet 1322, le sac chargé à la main devait peser au moins 500 livres vénitiennes, et celui embarqué à la presse ne pouvait peser plus de 700 livres.[75] Un décret du Sénat de l'année 1428 exige que le sac de Hama et de Damas doive contenir 400 livres, celui de Laodicée ayant une capacité de 700 livres.[76] L'Etat de Venise faisait des efforts pour que le sac de coton syrien obéisse au poids de 400 à 700 livres légères vénitiennes. Mais il restait fluctuant et montait parfois aux alentours de 800 livres ou descendait au-dessous de 400 livres.

En pratique, le coton de Hama était souvent conditionné dans des sacs de près de 500 livres, contrairement à la réglementation imposée par l'Etat. Un livre de comptes de la *fraterna* Soranzo nous donne plusieurs exemples de ce genre. Le poids total de douze sacs de coton de Hama transporté à Venise par le convoi de septembre 1407, était de 5971 livres légères vénitiennes, soit un sac de 498 livres.[77] Malgré la loi de l'année 1428, le sac de Hama de 500 livres perdurait au milieu du XVe siècle. Dans une lettre envoyée le 14 mai 1440 à Carlo Capelo, son facteur installé à Constantinople, Andrea Barbarigo, marchand vénitien noble, lui demanda d'acheter ou faire acheter autant de coton que possible et de l'emballer en sacs de Hama, à savoir approximativement 500 livres.[78] En réalité, Andrea Barbarigo reçut vingt-six sacs de coton de Hama envoyés, à bord du convoi de mars 1434, par son facteur en Syrie, Lorenzo Soranzo. Leur poids total était de 13216 livres légères vénitiennes, soit 508 livres par sac.[79] L'année suivante, le convoi apporta

[73] ASG, Notai Antichi, Fazio Antoni, n° 587, f. 197.

[74] M. Balard, *La Romanie génoise*, p. 741.

[75] F.C. Lane, «Cargaisons de coton et réglementations médiévales contre la surcharge», pp. 27–28.

[76] E. Ashtor, «Levantine weights, op. cit.», p. 486; ASV, Senato Misti, reg. 56, f. 109r.

[77] ASV, Miscellanea Gregolin, busta 14, Libro Nuovo Real, f. 10b.

[78] ASV, Archivi di famiglie e di persone, Grimani e Barbargio, busta 41, copie des lettres.

[79] *Ibid.*, livre de comptes d'Andrea Barbarigo, f. 127r.

vingt-huit sacs de coton de Hama, pour un poids de 14466 livres, soit 517 livres par sac.[80] En 1450, deux frères de la famille Sanudo, Paolo et Giacomo, reçurent vingt sacs de coton de Hama, qui pesaient, au total 10018 livres, soit 500 livres l'unité.[81] Dans une décision des *Giudici di Petizion* du 26 avril 1454, qui permit à Bernardo Giustiniani, marchand noble vénitien, de sortir des douanes dix sacs de coton de Hama transportés par le navire de Antonio di Giovanni, on trouve une liste de leurs poids.[82]

Tableau 2. *Equivalence entre sacs, rotoli et livres légères vénitiennes*

Numéro du sac	*Rotoli*	Livres légères vénitiennes
115	64	492
727	81	484
709	99/6	577
338	71/6	519
702	88/6	532
711	86	527
386	70	516
719	74	442
731	77	440
726	82/6	502
Total : 10 sacs de coton de Hama	Total : 794,4 (un sac = 79,44 *rotoli*)	Total : 5031 (un sac = 503,1 livres)

Le sac utilisé pour emballer le coton d'Asciam, lui aussi, dépassait le poids officiel de 400 livres. Il pesait près de 450 livres. Un marchand de Milan reçut huit sacs de coton d'Asciam de son partenaire d'affaires habitant Venise, pour un poids total de 3753 livres, soit 469 livres l'unité.[83] Le livre de comptes de la *fraterna* Soranzo nous dévoile deux importations du coton d'Asciam. Le convoi de mars 1414 transporta vingt-huit sacs pour le compte de la *fraterna* Soranzo, dont le poids était de 12440 livres, à savoir 445 livres par sac. En septembre 1417 Pietro

80 *Ibid.*, f. 178r.

81 ASV, Miscellanea di carte non appartenenti a nessun archivio busta 29, Giornale Sanudo.

82 ASV, Giudici di Petizion, Estraordinario Nodari, reg. 23, f. 43v.

83 L. Frangioni, *Milano fine Trecento*, *op. cit.*, vol. 2, p. 570. D'après une sentence prononcée le 5 février 1430 à Venise, Giacomo Salvador, patron d'un navire, chargea au port de Beyrouth deux sacs de coton de Hama, qui pesaient près de 940 livres, et un sac de coton d'Asciam, dont le poids était de 468 livres, pour le compte de Niccolò Chaucho. ASV, Giudici di Petizion, Sentenze a giustizia, reg. 51, f. 17v–18r.

Soranzo embarqua vingt-deux sacs au port de Laodicée sur le convoi. Leur poids total était de 9900 livres, c'est-à-dire 450 livres l'unité.[84] Le sac employé pour emballer le coton de Foa, lui aussi, était plus ou moins égal en poids à celui utilisé pour le coton d'Asciam. Son poids ne dépassait pas 500 livres. Dans une lettre échangée entre Venise et Milan à la fin du XIVe siècle, sept sacs de coton de Foa pesaient 3277 livres à Venise, soit 468 livres le sac.[85]

Les Vénitiens employaient un sac de plus grande taille à Laodicée, port d'embarquement, contrairement aux villes intérieures en Syrie du Nord. Selon la réglementation vénitienne, un sac de coton de Laodicée devrait comprendre environ 700 livres légères vénitiennes, correspondant à près de 210 kg. Parfois son poids dépassait de loin ce chiffre imposé par l'Etat.[86] Dans le livre de comptes de la *fraterna* Soranzo, le sac de coton filé de Laodicée pesait 780 livres.[87] Il semble que la taille du sac en emploi à Laodicée fut augmentée à la fin du XVe siècle. En effet, un manuel vénitien de marchandise de l'année 1493 montre qu'à Laodicée le coton brut et filé se vendait par sacs dont le poids était de 900 livres légères vénitiennes, correspondant à environ 270 kg.[88]

D'après la réglementation vénitienne, le sac de coton de Tripoli et de Damas devait comprendre un *cantare* de 180 kg. En revanche, E. Ashtor indique qu'en réalité le sac de Tripoli et de Damas était au-dessous du poids officiel et pesait souvent 150 kg,[89] même s'il dépassait parfois 180 kg. En 1409 la *fraterna* Soranzo reçut un sac de coton de Tripoli, dont le poids était de 701 livres légères vénitiennes, soit un sac de 201,3 kg.[90]

Le sac de coton utilisé à Acre et à Tibériade était l'un des sacs les plus volumineux. Dans le livre de comptes de la *fraterna* Soranzo, le poids du sac de coton d'Acre était de 201 kg (671 livres) pour la *muda* de mars 1414, 227 kg (756 livres) pour celle de mars 1423, et 218 kg (728 livres) pour celle de l'année 1424.[91] Le livre de comptes d'Andrea Barbarigo offre aussi plusieurs exemples qui nous permettent

[84] ASV, Miscellanea Gregolin, busta 14, Libro Nuovo Real, f. 46b, 71a.

[85] L. Frangioni, *Milano fine Trecento, op. cit.*, vol. 2, p. 569.

[86] En revanche, dans son article, E. Ashtor indique que le sac de coton de Laodicée pesait souvent moins de 700 livres. E. Ashtor, «Levantine weights, op. cit.», p. 486.

[87] ASV, Miscellanea Gregolin, busta 14, Libro Nuovo Real, f. 101a.

[88] Biblioteca marciana di Venezia, Ital. VII, CCCLXXXIV, Tarifa di pexi e spesse achade a metter e trare merchadantia de la terra di Allesandria e altri lochi, f. 87^{v}.

[89] E. Ashtor, «Levantine weights, op. cit.», p. 486.

[90] ASV, Miscellanea Gregolin, busta 14, Libro Nuovo Real, f. 19b.

[91] *Ibid.*, f. 46b, 108b, 116a.

de mesurer le poids du sac d'Acre. En décembre 1433 arrivèrent à Venise cinq sacs pour un poids de 4048 livres, à savoir un sac de 809,6 livres. Concernant quarante sacs arrivés l'année suivante, le poids moyen d'un sac dépassait 800 livres.[92]

Mais, dans un livre de comptes d'une société vénitienne d'affaires des années 1470 et 1480 figurent des sacs d'autres tailles pour emballer le coton d'Acre. Une facture d'envoi d'avril 1482 montre que le sac de coton correspondait à 55,5 *rotoli*. En revanche, une autre équivalence dans deux autres factures met la capacité du sac de coton à environ 64 *rotoli*.[93] En tenant compte du *cantare* d'Acre pour le poids d'environ 900 livres, le poids des sacs utilisés par cette société se situait entre 500 et 576 livres. En outre, une facture de l'année 1481 précise que le sac destiné au coton brut avait une capacité de 575 livres, le sac pour le coton filé ayant le poids de 744 livres.[94]

Le sac de coton de Gibelet se situait aux alentours de 200 kg. Dans le livre de comptes de la *fraterna* Soranzo nous relevons plusieurs exemples qui permettent de connaître son poids. Par le convoi de mars 1422, la *fraterna* Soranzo reçut vingt-deux sacs et les vendit à plusieurs marchands allemands. En 1427 elle fit transporter trente-deux sacs à bord de la *muda* de mars et les livra à trois marchands allemands.[95]

Tableau 3. *Liste des poids de 54 sacs de coton*

Nombre de sac	Poids total	Poids d'un sac	Acheteurs
9	6305	701	Rigo Huvour et Johann Mozo
9	6405	712	Johann Mozo
1	784	784	Renaldo di Tura
1	672	672	Rigo Mautir

[92] ASV, Archivi di famiglie e di persone, Grimani e Barbargio, busta 41, livre de comptes d'Andrea Barbarigo, f. 111r, 126r.

[93] A Acre et en 1482, Alvise Baseggio et Paolo Caroldo firent charger deux cents sacs de coton sur le navire dont le patron était Domenico Galinberto. Cette liste d'envoi ne mentionne pas leurs poids en livres, mais en *rotoli*: s° 10 r° 646, s° 10 r° 635,2, s° 10 r° 636,11, s° 10, 654,5, s° 10 r° 636, s° 10 637,1, s° 10 631,10, s° 10 r° 634,2, s° 10 r°633,10, s° 10 r° 645,1, s° 10 r° 603,2, s° 10 r° 637,4, s° 10 r° 606, s° 10 r° 649,8, s° 10 r° 624,3, s° 10 r° 647,8, s° 10 r° 621,4, s° 10 r° 611,10, s° 10 r° 642, s° 10 r° 645,3. ASV, Procuratori di San Marco, Commissarie miste, busta 116.

[94] *Ibid.*: «fatura de sachi 121 gotoni et ttanchese 15 filadi di raxon di ser Alvixe Baxeio et Polo Charoldo charichi sula nave patron ser Zan di Nicolo per la muda di marzo che i Dio anran dona i fazio salva.—el vien el sacca di gotoni L 575, el sacca di filadi L 744».

[95] ASV, Miscellanea Gregolin, busta 14, Libro Nuovo Real, f. 101b, 108a, 134a.

Nombre de sac	Poids total	Poids d'un sac	Acheteurs
2	1532	766	Johann Erbort
1	679	679	Paul Tauff
22	16683	758	Stephan Grosso
9	6875	764	Johann *Zimmemani*
54	39935	740	

Le sac de même taille est mentionné dans le livre de comptes d'Andrea Barbarigo. La cargaison de dix sacs de coton de Gibelet montait à 7973 livres, soit 797,3 livres l'unité.[96]

Pourquoi les marchands vénitiens utilisaient-ils plusieurs sortes de sacs pour emballer du coton en Syrie? Nous proposons deux réponses: prix et proximité du port d'embarquement. En général, les cotons produits en Syrie du Nord étaient plus chers que ceux venant de Syrie du Sud. Il semblerait que la proximité du port d'embarquement en soit une des principales raisons. Dans quatre ports d'embarquement, c'est-à-dire Acre, Beyrouth, Tripoli et Laodicée, était d'usage le sac de grande taille, avec une petite variation selon les ports. En revanche, le sac de petite taille, dont le poids avoisinait 500 livres vénitiennes, était employé dans les villes productrices loin des ports d'embarquement comme Hama, Asciam, et Foa. Il est probable que la nécessité et la facilité du transport du coton des régions intérieures aux ports de chargement explique cette différence dans le volume du sac.

Sac de coton turc

Le sac utilisé pour emballer le coton turc était uniforme en poids pour la plupart des marchands italiens. En général, il ne dépassait pas 100 kg. Le 22 janvier 1450 sur le marché d'Ancône, Lillus Freducti vendit dix sacs de coton turc, pour un poids de 2574 livres, à Antonio Pierfilii de Fabriano, au prix de cinq ducats pour cent livres[97], c'est-à-dire que le sac avait une capacité, en moyenne de 257,4 livres, soit 88 kg. Le poids de trois sacs de coton que Francesco de Pecualis vendit au prix de 32 ducats et 72 sous sur le marché d'Ancône le 6 mars 1450, était de 774 livres, à savoir 258 livres le sac.[98] Même si leur origine n'est pas indiquée dans le contrat de vente, il est probable qu'il s'agissait de cotons turcs,

---

[96] ASV, Archivi di famiglie e di persone, Grimani e Barbargio, busta 41, livre de comptes d'Andrea Barbarigo, f. 198^{r}.

[97] ASA, Notaio di Ancona, Tommaso Cinzio, f. 60^{r}.

[98] *Ibid.*, f. 140^{r}.

en considération du prix. Il semblerait que les marchands de Venise employaient également ce petit sac. Dans un livre de comptes d'un marchand vénitien, Andrea Barbarigo, le poids d'un sac de coton turc est attribué à 265 livres légères vénitiennes correspondant aux environs de 80 kg.[99] De même que les marchands italiens, ceux de Barcelone utilisaient le sac de ce type. Nous avons une équivalence entre le sac de coton turc et le *cantare*: 57 sacs de coton turc = 102 *cantares* et 15 *rotoli*, soit un poids de 75 kg par sac.[100]

Les marchands génois qui monopolisaient le commerce du coton turc au XVe siècle, eux aussi, utilisaient le sac de petite taille pour le conditionnement. Les deux historiens, Domenico Gioffrè et Jacques Heers, attribuent respectivement un poids de 90 à 115 kg et un poids de 95 kg au sac de coton.[101] Pour être plus précis, il faut noter que ce type de sac servait à emballer le coton turc. En effet, les Génois employaient le sac de taille plus grande pour les variétés levantines.[102] En tout état de cause, plusieurs documents attestent qu'un sac de coton turc était équivalent à deux *cantares*, pour un poids de près de 95 kg. Un contrat du 26 avril 1453 à Chio démontre qu'il était égal à environ deux *cantares*.[103] Cette équivalence peut également s'observer dans le registre de *Caratorum Veterum* de l'année 1458. Giacomo Salvago fit charger vingt-cinq sacs de coton sur le navire de Oberto Squarciafico. Ils y sont convertis en 51,17 *cantares* pour le poids brut ou 49,4 *cantares* pour le poids net, c'est-à-dire qu'un sac comprend 1,98 à 2,05 *cantares*.[104]

Sac de coton d'Alexandrie

Le sac de coton d'Alexandrie avait-il la même capacité pour tous les marchands occidentaux? E. Ashtor indique que les sacs employés pour le chargement du coton étaient standardisés en Syrie et en

[99] ASV, Archivi di famiglie e di persone, Grimani e Barbargio, busta 41, livre de comptes d'Andrea Barbarigo, f. 223.

[100] M. Del Treppo, *I mercanti catalonesi e l'espansione della corona aragonese nel secolo XV*, deuxième édition plus complète, Naples, 1972–1973, p. 552.

[101] D. Gioffrè, «Il commercio d'importazione genovese, op. cit.», p. 214; J. Heers, «Il commercio nel Mediterraneo, op. cit.», pp. 183–184.

[102] M. Balard, *La Romanie génoise*, p. 741.

[103] ASG, Notai Antichi, n° 717, 76.

[104] Abraim de Vivaldi fit embarquer deux sacs de coton pour 3, 92 *cantares* sur le même navire. ASG, San Giorgio, Caratorum Veterum, sala 34/58, n° 1553 (année 1458), f. 25v; J. Heers indique que le navire de Squarciafico tranporta 223 sacs de coton

Egypte.[105] Cependant, il semblerait que les marchands occidentaux conditionnaient le coton égyptien dans des sacs de différentes tailles selon leur nationalité. Pour les marchands d'Ancône, le sac de coton d'Alexandrie devrait comprendre près de 600 livres d'Ancône, égales à 206 kg.[106] Un registre douanier génois de l'année 1367 fait état de sacs de coton d'Alexandrie à six *cantares*, soit 255 kg le sac.

Sac de coton de Chypre

Un registre douanier génois de l'année 1376–1377 mentionne deux sacs de coton filé transporté de Famagouste à Gênes sur une galée de Raffaele de Moronecio. Ils y sont convertis en deux *cantares* et demi, à savoir 106 kg le sac.[107] Mais, dans un autre registre douanier génois de l'année 1458 intitulé *Caratorum Veterum*, nous trouvons un autre type de sac pour emballer le coton de Chypre.[108] Ce sac avait une contenance approximative de quatre *cantares*. Les Vénitiens utilisaient des sacs plus volumineux que les Génois.[109] Le 14 février 1478 Niccolò Rizo fut autorisé à récupérer trois sacs de coton, transportés de Chypre à Venise par le navire de Malipiero. Leurs poids étaient de 560, 545 et 400 livres légères vénitiennes.[110] Mais, dans un manuel vénitien de marchandise qui date de 1493, nous trouvons un autre type de sac, deux fois plus grand que celui utilisé par Niccolò Rizo, à savoir le sac comprenant 1000 livres légères vénitiennes.[111]

Sac de coton de Romanie

Nous disposons de quelques sources qui, bien que disparates, nous permettent d'estimer le sac utilisé pour les cotons de Romanie par les marchands vénitiens. Il semblerait que ceux-ci utilisaient différents sacs

pour 540 *cantares*, soit un sac ayant 2,42 *cantares*, dans son article «Il commercio nel Mediterraneo, op. cit.», p. 183. Il est probable que les autres cotons qui étaient mis en sacs de plus grande taille, y sont compris.

105 E. Ashtor, «Levantine weights, op. cit.», p. 484.

106 F. Melis, *Documenti, op. cit.*, p. 144.

107 J. Day, *Les douanes, op. cit.*, p. 378.

108 ASG, San Giorgio, Sala 38/54, Caratorum Veterum, nº 1553 (année 1458), f. 39v.

109 D'après un contrat établi à Famagouste le 7 octobre 1360 par un notaire vénitien, deux sacs de coton correspondaient à deux *cantares* dix-sept *rotoli*. Un *cantare* chypriote comprenait plus de 900 livres légères vénitiennes. A. Lombardo, *Nicola de Boateriis. Notaio in Famagosta e Venezia (1355–1365)*, p. 23.

110 ASV, Giudici di Petizion, Terminazioni, reg. 5, f. 41v.

111 Biblioteca marciana di Venezia, Ital. VII, CCCLXXXIV, Tarifa di pexi e spesse achade a metter e trare merchadantia de la terra di Allesandria e altri lochi, f. 86v.

dans les régions productrices en Romanie. D'après le contrat établi en 1362 entre Fiorenza Sanudo, duchesse de l'Archipel et Lorenzo Gradenigo, en son nom et au nom de Lorenzo Zane, le sac de coton de Santorin devait peser près de 150 livres légères de Candie, égales à 51,5 kg. En 1412, cinquante-trois sacs de coton de Santorin pesaient au total 9277 livres sur le marché de Venise, soit 52,5 kg. Le sac employé pour emballer le coton de Santorin par les marchands vénitiens était celui de plus petite taille.[112]

Pour le coton de Négrepont, les marchands vénitiens utilisaient des sacs plus grands que ceux destinés au coton de Santorin. Selon un procès-verbal du 12 décembre 1414 de la cour vénitienne nommée *Giudici di Petizion*, Giovanni Filicho expédia quarante-deux sacs de coton de Négrepont à Giovanni Barbo, son associé, résidant à Venise. Leur poids était de 14790, soit 352 livres l'unité.[113] Dans le testament d'un marchand vénitien, Avise Michiel, rédigé à Candie le 26 avril 1419 est mentionné un sac de taille plus ou moins identique, à savoir un sac de près de 361 livres.[114] Ce type de sac correspondait à celui utilisé pour emballer le coton turc.

Dans un registre du fonds *Giudici di Petizion*, nous trouvons d'autres sacs de différentes tailles pour les cotons chargés à Corfou, l'une des régions productrices en Romanie.[115] Il s'agissait de huit sacs de coton transportés de Corfou à Venise par le navire de Andrea *Sirma* (ou *Sarma*). Le 21 juillet 1483 la cour vénitienne autorisa deux marchands à les récupérer aux douanes. Dans cet acte sont indiqués leurs poids: 755, 816, 950, 960, 1160, 1285, 1345, 1390 livres légères vénitiennes. En moyenne, un sac comprenait 1082 livres.

b. La balle

En général, l'usage du mot «balle» était moins répandu que «sac». Cependant, les Génois utilisaient souvent ce terme. Dans un registre douanier génois de l'année 1376–1377 on trouve le plus fréquemment le terme sac, auquel succède le mot balle. Le *cantare* y apparaît seulement à trois reprises.[116] Dans les documents marchands génois comme

[112] G. Saint-Guillain, «Les ducs de l'Archipel, op. cit.», p. 388.

[113] ASV, Giudici di Petizion, Sentenze, reg. 52, f. 132^{v}–134^{r}.

[114] Douze sacs de coton de Crète pèsent 4700 livres. G. Saint-Guillain, «Les ducs de l'Archipel, op. cit.», p. 383.

[115] ASV, Giudici di Petizion, Terminazioni, reg. 8, f. 96^{v}.

[116] J. Day, *Les douanes, op. cit.*, p. 378.

listes de cargaisons[117], correspondance et contrats notariés[118], nous rencontrons souvent le mot balle. Les Anglais eux aussi employaient indifféremment le mot balle ou sac, peut-être grâce aux marchands génois qui étaient les plus grands fournisseurs en coton de l'Angleterre.[119]

Même si l'on rencontre fréquemment le terme balle dans les documents génois, les poids qui caractérisent tous les types de balles génoises restent flous. Le registre douanier de l'année 1376–1377 nous donne des indices. Le prix d'une balle de coton de Chypre fluctuait de 40 à 47, et même 25 livres dans ce document douanier.[120] Dans ce document, celui d'un sac correspondant à 2,5 *cantares* avoisinait 35 livres. Tenant compte de ce contexte, la balle génoise utilisée pour le coton chypriote semble un peu plus volumineuse que le sac génois. Mais, en général, la balle était une unité d'emballage inférieure au sac. Elle comprenait d'ordinaire près de 1,5 *cantares*, correspondant à 64 kg. Il semble que cette balle était en usage pour emballer le coton turc.

En effet, un document douanier de Southampton, nous indique un chiffre exact pour la balle génoise utilisée pour le conditionnement du coton turc. En 1436 et au port de Southampton, quatre navires génois importèrent une certaine quantité de cotons non seulement syriens, mais également turcs. Le poids d'une balle de coton turc y est converti en 150 livres anglaises égales à environ 68 kg.[121]

A l'instar du sac, la balle génoise était distincte en poids selon la variété de marchandise. Un document douanier de Southampton de l'année 1435–1436, témoigne de cette différence. Alors que la balle génoise de coton turc pesait 150 livres anglaises, celle de coton syrien oscillait entre 375 et 380 livres (170 et 172 kg).[122]

En général, la balle vénitienne était inférieure en poids au sac vénitien. Après être arrivé à Venise, le coton était parfois de nouveau conditionné pour le transport terrestre. Pour cela, les marchands vénitiens

---

117 «Charicho della nave di Giorgio Riccio e della nave di Cristiano Lomellino venono d'Alesandra giunsono a Genova a di 14 di novenbre 1394: cotoni sodi–sacchi–36, cotoni filati–balle–4». L. Frangioni, *Milano e le sue misure, op. cit.*, p. 21.

118 Un contrat établi le 17 mai 1408 à Gênes entre un marchand génois et un marchand de Milan raconte que «Bellotus de Noxeto merçarius Janue in Carubeo fili confessus fuit in veritate recognivit Francisco de Ayraldo lanerio civi Janue presenti se ab eo habuisse et recepisse in civitate Janue *balas vii chotoni* valoris libr. Centum quadraginta Janue». ASG, Notai Antichi, n° 472, f. 2ʳ.

119 B. Foster, *The local port book, op. cit.*, p. 58, 62, 64, 68.

120 J. Day, *Les douanes, op. cit.*, p. 216, 344, 376, 420, 460.

121 B. Foster, *The local port book, op. cit.*, p. 58, 62, 64, 68.

122 *Ibid.*

mettaient du coton en balle, dont le poids ne dépassait pas 100 kg. En 1399, un marchand vénitien, Donato di Bonifacio, expédia onze balles de coton d'Asciam, dont le poids total était de 3168 livres légères vénitiennes, soit une balle de 288 livres.[123] A l'origine, un sac de coton d'Asciam devait peser 400 livres selon la réglementation vénitienne, et comprenait constamment 450 livres. Les marchands de Bologne utilisaient eux aussi la balle de même taille. En 1398 deux marchands de Bologne, Nello et Antonio di Ser Bartolomeo, envoyèrent quatre balles de coton à Pise, pour un poids de 918 livres, à savoir une balle de 229,5 livres. Le 31 décembre 1398, ils firent un autre envoi de huit balles de coton brut pour un poids de 1862 livres, soit 232,75 livres par pièce.[124] Les marchands de Bologne conditionnaient parfois leur marchandise en une unité inférieure à la balle, le *fardello* d'un poids de 66 livres.[125] En effet, les marchands de Bologne recevaient du coton de leurs partenaires d'affaires à Venise pour le commercialiser sur d'autres marchés, et, par conséquent, n'avaient aucune raison de défaire une balle de coton.[126]

c. Le cararium ou carium.

Même si on le trouve beaucoup moins fréquemment que «sac», le mot *cararium* ou *carium* était lié à l'emballage du coton. Ce mot était plutôt un terme génois. Le *carium* figure majoritairement dans les documents génois, tels actes notariés et registres douaniers. Sa prépondérance est évidente surtout dans la *Censaria nova* de l'année 1450, ainsi que dans un registre de *Caratorum Veterum* de l'année 1458, concernant les entrées de marchandises dans le port de Gênes. Par conséquent, leur analyse nous aidera à connaître son poids exact.

Pour les marchands de Gênes, il semblerait que le sac et le *carium* avaient, à peu près, un sens identique. Un sac turc avait une contenance de près de deux *cantares* pour les marchands de Gênes. En effet, la plupart des mentions de *cararium* figurant dans le document *Censaria Nova* avoisinaient les deux *cantares*. Même si ce texte ne mentionne

123 ASP, fonds Datini, busta 550, correspondance de Venise à Pise, n° 8312.

124 ASP, busta 1149, correspondance entre Bologne et Pise, n° 130238.

125 *Ibid.*, n° 9131079. En 1389 Matteo di ser Nello envoya un *fardello* de coton teint de Bologne à Pise, dont le poids était de 66 livres.

126 En revanche, pour la destination des villes en Italie du Nord, les marchands vénitiens envoyaient du coton sans de nouveau l'emballer. L. Frangioni, *Milano fine Trecento, op. cit.*, vol. 2, pp. 569–570.

pas l'origine des cotons, nous pouvons les considérer comme d'origine turque, en tenant compte du fait que la majorité des clients provenaient des villes se trouvant aux alentours de Gênes, lesquelles fabriquaient des tissus de médiocre qualité au XVe siècle, en utilisant le coton turc de basse qualité. Ce résultat est bien confirmé par la liste de cargaisons du navire de Melchione Doria dans le registre de *Caratorum Veterum* de l'année 1458.[127] Leurs lieux d'embarquement, Chio et Phocée, suggèrent qu'il s'agissait de coton turc. Nous y trouvons quelques exemples montrant le rapport entre le *carium* et le *cantare*.

Tableau 4. *Rapport entre le carium et le cantare*

Nombre de *carium*	Convertis en *cantares* pour le poids brut	Un *carium* en *cantares* pour le poids brut	Convertis en *cantares* pour le poids net	Un *carium* en *cantares* pour le poids net
240	500	2,08	483,2	2,01
56	112	2	108	1,93
55	109	1,98	104,6	1,9
22	44	2		
45	98	2,18	95	2,11
52	115,11	2,21	111,5	2,14
75	158,63	2,12	152,66	2,04
25	49,33	1,97	47,5	1,9

Cette équivalence est à observer également dans des contrats notariés. Dans un contrat du 26 mai 1449, nous avons une équivalence entre le *cantare* et le *cararium* de coton turc : 66 *cararii* = 121 *cantares*.[128] Un contrat établi le 18 avril 1452 à Gênes donne un rapport selon lequel quatre *cararii* sont égaux à 7,6 *cantares*.

Quelques documents génois attestent que le *cararium* désignait le sac. Un document douanier génois de l'année 1495 utilise indifféremment sac et *cararium*.[129] Le registre de *Caratorum Veterum* de l'année 1458 donne

[127] Tous les *cararii* ne sont pas convertis en *cantares* dans ce document. ASG, San Giorgio, Sala 38/54, n° 1553 (année 1458), f. 20r–21v.

[128] ASG, Notai Antichi, Antonio de Torriglia, n° 845.

[129] « Carrigatum fuit sub dictis duobus nominibus in Chio pro Cadexe.
Gallarum sa CLXI
Cotonorum sa IIIIiiii »
« Pro Cadexe galarum sa CLXI
cotonorum cari (abrégé) IIIIiiii ».
ASG, San Giorgio, Sala 38/54, Caratorum Veterum, n° 1555 (année 1495), f. 60v, 78v.

également ce genre d'exemple.[130] D'ailleurs, ainsi que le sac, le *cararium* variait en poids.[131] Comme le sac syrien dépassait de loin deux *cantares*, le *cararium* montait parfois jusqu'à six *cantares*.[132]

3. *La métrologie de vente du coton sur les marchés occidentaux: livres, caricha, peso et cantare*

Le coton se vendait par unités métrologiques différentes selon les marchés en Occident. Il existait quatre types: livres, *caricha ou carica, cantare* et *peso*. La grandeur de ces unités montre d'une façon indirecte le volume du commerce. En effet, dans la plupart des cas, le coton filé se commercialisait par unité plus petite que le coton brut.

A Venise, on vendait le coton brut par mille livres légères vénitiennes, égales à près de 300 kg, alors que le coton filé se négociait par cent livres. En général, le prix était indiqué en ducats pour le coton filé et en livres pour le coton brut.[133] Dans la plupart des villes d'Italie du Sud le coton se commercialisait par unité de livres. Mille livres des Pouilles équivalaient à 1180 livres à Venise.[134] A Bruges, le coton se vendait par livre. A Paris, le coton brut se vendait par cent livres, le coton filé par livre.

Le terme *caricha* était également utilisé pour peser le coton. La charge nommée *caricha* ou *carica*, désignait le chargement qu'une bête pouvait porter. Donc, elle variait selon la force de l'animal, la force de travail de l'âne, du mulet ou du cheval. Cette unité métrologique ne servait pas toujours pour peser le coton. Venise ne l'utilisait pas pour peser cette matière première. Son usage pour le coton était réservé en grande partie sur les marchés catalans et dans quelques villes du Midi de la France.[135] A Barcelone, à Majorque, et à Valence, le coton brut se commercialisait par charge. En revanche, sur le marché de

---

[130] ASG, San Giorgio, Sala 38/54, Caratorum Veterum, n° 1553 (année 1458), f. 25^v, 32^r.

[131] Même si la plupart des exemples des *cararii* dans le registre *du Caratorum Veterum* avaient le poids de deux *cantares*, il existait d'autres types de *cararii*, par exemple comprenant trois *cantares*. ASV, San Giorgio, Sala 38/54, n° 1553 (année 1458), f. 41^v.

[132] ASG, Censaria nova, f. 224^r.

[133] Une livre correspondait en général à dix ducats. F. Melis, *Documenti, op. cit.*, pp. 298–302.

[134] A Barletta le coton se vendait par mille livres. C. Ciano, *La pratica, op. cit.*, pp. 59–60.

[135] A la ville de Susa en Italie du Nord on payait le péage par *cargia* de coton. M.C. Daviso di Charvensod, *I pedaggi delle Alpi occidentali nel medio evo*, Turin, 1961, p. 348.

Barcelone, le coton filé se vendait par livre. Une charge barcelonaise de coton qui était égale à trois *cantares*, comprenait 124, 8 kg.[136] Celle de Valence correspondait à 360 livres. Celle de Majorque qui pesait 312 livres à Majorque, était convertie en 416 livres légères à Venise, soit 125,31 kg.[137] Dans la plupart des villes du Midi de la France comme Marseille, Montpellier, Nîmes et Avignon, la charge était utilisée pour comptabiliser le coton. La charge d'Avignon correspondait à 300 livres. En général, la charge standard française équivalait à 300 livres de marc, soit 146,852 kg, au début du XVIe siècle.[138]

Sur le marché de Gênes, le coton brut et filé se vendait par *cantare* qui correspondait à 150 livres génoises, soit 47,5 kg. Les marchands de Pise vendaient du coton brut par *cantare* équivalant à un poids de 158 livres. Mais le coton filé se détaillait par cent livres sur le marché de Pise.

L'unité de *peso* était utilisée par les villes de Crémone et de Milan, deux centres principaux de la fabrication de la futaine de haute qualité, lesquelles s'approvisionnaient surtout sur le marché de Venise en matière première. A Milan, le *peso* de coton contenait 22,2 livres légères vénitiennes.[139] Mille livres légères vénitiennes correspondaient à trente-six ou trente-sept *pesi* à Crémone, soit un *peso* contenant vingt-sept livres légères vénitiennes.[140]

---

[136] D. Coulon, *Barcelone et le grand commerce d'Orient au Moyen Age: un siècle de relations avec l'Egypte et la Syrie-Palestine (1330–1430 environ)*, Paris, 1999.

[137] J.-C. Hocquet, «Mesurer, peser, compter le pain et le sel», p. 245.

[138] R.E. Zupko, *French weights and measures before the revolution. A dictionary of provincial and local units*, Londres, 1978, p. 41.

[139] Milan utilisait le même poids de livres que Venise. En revanche, le poids de livres de Crémone était plus lourd que celui de Venise. A. Stussi, *Zibaldone da canale*, pp. 71–73.

[140] «El migliaio del bambagio di Vinegia fa in Cremona pesi 36». G. di L. Chiarini, *El libro di mercantie*, *op. cit.*, p. 50; «torna il migliaio del cotono pesi 36 in 37». C. Ciano, *La pratica*, *op. cit.*, pp. 70–71. 36 ou 37 1/2 dans Pegolotti, *La pratica*, *op. cit.*, p. 141.

PREMIÈRE PARTIE

L'AUGMENTATION DE LA CONSOMMATION DES PRODUITS COTONNIERS

CHAPITRE I

LA COMMERCIALISATION INTERNATIONALE DES TISSUS DE COTON

L'industrie cotonnière en Occident, dont les débuts sont difficiles à dater, se répandit considérablement au cours du Moyen Age. A la fin de la période, son existence s'observait dans plusieurs régions et pays occidentaux tels l'Italie[1], la France[2], l'Europe Centrale[3], la pénin-

[1] Pour l'industrie cotonnière en Italie, nous avons plusieurs études de M.F. Mazzaoui, *The italian cotton industry in the Later Middle Ages, 1100–1600*, Cambridge 1981; Idem, «Artisan migration and technology in the italian textile industry in the Late Middle Ages (1100–1500)», dans *Strutture familiari, epidemie, migrazioni nell'Italia medievale*, Atti del Convegno a cura di R. Comba, G. Piccini, G. Pinto, Sienne, 1983, Naples, 1984, pp. 519–534; Idem, «L'organizzazione delle industrie tessili nei secoli 14 e 15: i cotonieri Veronesi», dans *Studi storici Veronesi Luigi Simonei*, vol. 18–19, 1968–1969, pp. 97–151; Idem, «The emigration of Veronese textile artisans to Bologna in the 13 century», dans *Atti e memorie della Academia di agricoltura, scienze e lettere di Verona*, série 6, vol. 19, pp. 275–321; Idem, «The cotton industry of northern Italy in the Late Middle Ages: 1150–1450», dans *Journal of Economic history*, vol. 32, n° 1–2, 1972, pp. 226–286; Idem, «La diffusione delle tecniche tessili del cotone nell'Italia dei secoli XII–XVI», dans *Tecnica e società nell'Italia dei secoli XII–XVI*, Undecesimo Convegno internazionale del Centro italiano di studi di storia e d'arte, Pistoia 28–31 octobre 1984, Pistoia, 1987, pp. 157–172; Idem, «The Lombard cotton industry and the political economy of the dukes of Milan in the second half of the fifteenth century», *Atti del Convegno internazionale 28 febbraio – 4 marzo 1983*, 2 vol., Milan, vol. 1, pp. 171–177.

[2] S. Chassagne, *Le coton et ses patrons. France, 1760–1840*, Paris, 1991, p. 25; M. Mollat, *Le commerce maritime normand à la fin du Moyen Age*, Paris, 1952, pp. 216–218.

[3] Pour l'industrie cotonnière de l'Europe Centrale, voir les ouvrages de W. von Strömer. «Wirtschaftspolitik im Spätmittelalter: die Grundung der Baumwoll-Industrie in Oberungarn im Jahr 1411», dans *Studi in memoria di Federigo Melis*, 5 vol., Naples, 1978, vol. 3, pp. 245–270; Idem, «Bernardus teotonicus e i rapporti commerciali tra la Germania meridionale e Venezia prima della istituzione del fondaco dei Tedeschi», dans *Centro tedesco di studi veneziani*, Quaderni n° 8 (1978), pp. 1–15; Idem, «Commercial policy and economic conjuncture in Nuremberg at the close of the Middle Ages: a model of economic policy», dans *Journal of European Economic History*, n° 10 (1981), pp. 119–129; Idem, «Une clé du succès des maisons de commerce d'Allemagne du Sud: le grand commerce associé au Verlagssystem», *Revue historique*, 285:1, (1991), pp. 29–49; Idem, *Die Grundung der Baumwollindustrie in Mitteleuropa, Wirtschaftspolitik im Spätmittelalter*, Stuttgart, 1978; Idem, «Nuremberg in the international economics of the middle ages», *The Business History Review*, XLIV (1970), pp. 210–225; Idem, *Die Nürnberger Handelsgesellschaft Gruber–Podmer–Stromer im 15 Jahrhundert*, Nürnberger Forschungen, Band VII, 1963; Idem, *Oberdeutsche Hochfinanz 1350–1450*, Vierteljahrschrift für sozial und wirtschafts-

sule ibérique[4], les Pays-Bas[5] et l'Angleterre. Cependant, l'importance et l'évolution de cette industrie variaient énormément d'un pays à l'autre. L'Italie du Nord et l'Allemagne du Sud, les deux centres de fabrication les plus notoires jusqu'à la fin du XVIe siècle, commercialisaient leurs produits sur la plupart des marchés occidentaux, allemands, français, italiens, espagnols, anglais, etc. Certaines villes d'Italie du Centre produisaient suffisamment pour exporter vers les marchés lointains, sans toutefois parvenir à concurrencer l'Italie du Nord et l'Allemagne du Sud.

La Péninsule ibérique devint un champ de bataille pour les futaines étrangères à la fin du Moyen Age. Selon les agents d'affaires de la compagnie Datini installés à Milan, le marché catalan représentait un débouché idéal pour le lancement de nouveaux produits cotonniers vers 1400.[6] La pénétration massive des futaines de l'Italie du Nord sur les marchés catalans se produisit dès le XIIIe siècle, époque où l'industrie de Barcelone était en train de se développer. Au XIIIe siècle, les marchés catalans étaient débordés par les futaines étrangères, surtout italiennes. Selon les documents douaniers de plusieurs villes catalanes comme Barcelone, Valence, Tortosa, Lérida, Tarragone, Collioure, Saragosse, Burriana, les futaines en vente sur ces marchés provenaient de Barcelone, Milan, Vérone, la Lombardie, Narbonne et Zamora.[7]

Vers 1400, les futaines de Milan étaient toujours fortement demandées en Catalogne. D'après la correspondance des archives Datini, Bar-

---

geschichte, n° 55–57, 1970; Idem, «Die Kontinentalsperre Kaiser Sigismunds gegen Venedig 1412–1413, 1418–1433 und die Verlagerung der Transkontinentalen Transportwege», dans A. Vanniani Marx (éd.), *Trasporti e sviluppo economico, secoli XIII–XVII, Atti della quinta settimana di studio (4–10 maggio 1973)*, 1986, pp. 61–84.

[4] Cl. Carrère, *Barcelone, centre économique à l'époque des difficultés 1380–1462*, Paris, 1967, pp. 370–371, 811–818.

[5] Dans son article, Z.-W. Sneller indique qu'avant 1585, il n'y avait pas d'industrie cotonnière dans les Pays-Bas du Nord; pas d'industrie non plus des étoffes mi-coton mi-toile, dites futaines et basins, qu'on trouvait cependant dans les Pays-Bas méridionaux. Z.-W. Sneller, «La naissance de l'industrie rurale dans les Pays-Bas aux XVIIe et XVIIIe siècles», p. 195.

[6] Damiano da Pessana de Milan, partenaire d'affaires de la compagnie Datini, demanda à celle-ci une personne qui s'occuperait de la commercialisation de son nouveau produit nommé *2 romiti* sur le marché de Barcelone. Tommaso di ser Giovanni, agent d'affaires de la compagnie Datini à Milan, tenta d'écouler une autre marque déposée de *2 candelieri* à Barcelone. L. Frangioni, *Milano fine Trecento: il carteggio milanese dell'Archivio Datini di Prato*, 2 vol., Florence, 1994, vol. 1, p. 212.

[7] M. Gual Camarena, *Vocabulario, op. cit.*, passim.

celone, Majorque et Valence constituaient les plus grands débouchés des tissus milanais en Péninsule ibérique.[8] De nombreux marchands de Milan s'engageaient dans ce trafic. En 1395, deux marchands milanais, Marco Serraineri et Giovanni da Dugnano, établirent une société, qui prit fin en 1398, pour le commerce avec la Catalogne et la Provence, en collaboration avec Gervaso Mantegazza, facteur installé en Avignon et Lanfranco Serraineri à Valence. La première nécessité de cette création consistait en l'importation des laines espagnoles à Milan et à l'exportation des futaines milanaises en Catalogne.[9]

Outre les Milanais, la commercialisation de leurs futaines mobilisait un grand nombre de marchands de diverses villes, qui profitaient quant à eux du service de transport maritime ou terrestre. Les produits milanais arrivaient soit en passant par Pise, soit par la route de terre jusqu'en Avignon, puis par mer en passant par le port d'Aigues-Mortes.[10] Gênes et Venise aussi étaient des lieux de transit. Parfois les marchands catalans se rendaient à Gênes pour se procurer les produits milanais.[11] Les deux convois de galées de Venise, celui de Flandre et celui d'Aigues-Mortes, assuraient une bonne partie du transport des futaines de Milan et de Crémone vers des marchés ibériques comme Majorque, Valence, Barcelone, Malaga, Séville et Cadix.[12]

A partir de la fin du XIVe siècle, les produits du Piémont et de la Savoie commencèrent à pénétrer sur les marchés de Catalogne. Leur commercialisation était assurée surtout par les marchands savoyards,

---

[8] L. Frangioni, *Milano fine Trecento, op. cit.*, vol. 1, pp. 211–214; ASP, fonds Datini, busta 928, n° 114227 (lettre du 29 juillet 1402 envoyée de Venise à Barcelone).

[9] Ils trafiquaient plusieurs sortes de futaines: futaine de 2 *candelleriis*, futaine de 2 *calimariis*. P. Mainoni, «Un mercante milanese del primo Quattrocento: Marco Serraineri», pp. 334–335.

[10] D'après un document douanier de l'année 1434, les futaines lombardes furent importées à Barcelone par les Allemands et les Savoyards en faisant le détour par la vallée du Rhône. Cl. Carrère, *Barcelone, centre économique à l'époque des difficultés 1380–1462*, Paris, 1967, p. 592.

[11] Un marchand catalan, Jacme Campazio, acheta à Gênes des futaines à Marco Serraineri. P. Mainoni, «Un mercante milanese, op. cit», p. 354.

[12] Il existe quelques listes de cargaisons des galées vénitiennes dans les archives de Prato. En 1396, la ligne de galées de Flandre débarqua une balle de futaine en Sicile et huit balles à Cadix. En 1408, le convoi de Flandre composé de cinq galées, dont le patron était Niccolò Foscari, déchargea seize balles de futaine et une balle de boucassin à Séville au cours du voyage d'aller vers la Flandre. Dans une lettre du 7 août 1422 adressée à Lorenzo Dolfin à Venise, Francesco Ranier le tient au courant des escales faites par le convoi de galées de Flandre: les galées déchargèrent cinq cents pièces de futaines à Malaga. ASP, fonds Datini, busta 1171; ASV, Procuratori di San Marco, Commissarie di Citra, busta 282.

milanais et génois au XVe siècle, en passant par les ports de Savone et de Gênes.[13] Durant deux années, 1427 et 1428, un Milanais, Sozino Pestagalli, embarqua au port de Savone sur neuf navires pour la destination de Valence soixante-neuf balles de futaines pour une valeur de près de 12700 livres.[14] Les documents de Barcelone témoignent de la présence sur le marché barcelonais de plusieurs marchands savoyards, qui participaient à ce trafic.[15] Gênes représentait un lieu d'embarquement pour les futaines venues non seulement du Piémont et de la Savoie, mais également de Milan, Crémone et les villes allemandes. D'après un document douanier génois de l'année 1376–1377, dix-huit balles et demie de futaines furent exportées de Gênes à Barcelone, neuf balles en Espagne, par plusieurs bateaux génois de petite taille.[16]

L'exportation des futaines de Crémone vers les marchés internationaux était aussi importante que celle de Milan. D'après l'estimation de la guilde des futainiers milanais de l'année 1467, la fabrication employait près de six mille ouvriers dans la ville et dans les fau-

[13] L. Frangioni, *Milano fine Trecento, op. cit.*, vol. 1, p. 213; Cl. Carrère, *Barcelone, op. cit.*, pp. 592–593.

[14] A. Nicolini, «Tra Savona e Spagna a metà del Quattrocento», pp. 22–23; Idem, «Nel porto di Savona, 1428–1429», p. 70.

[15] A. de Capmany y de Montpalau, *Memorias históricas sobre la marina, comercio y artes artes de la antigue ciudad de Barcelona*, réédition, 3 vol., Barcelone, 1961–1963, vol. 2, seconde partie, pp. 937–939.

Liste des marchands savoyards exportant ou important des marchandises sur le marché de Barcelone.

Année	*Marchands savoyards*
1425	Beltrán Faura, Giovanni Aymar, Giovanni Closi, Giovanni Seyana, Giovanni de Moliura, Bartolomeo Antoni de Piémont
1426	Christoforo Spadeli et compagnie, Giovanni Aurina, Pietro Casia, Giovanni Blanch, Mamerto Moreri, Giovanni Closi, Monelio Faura, Giovanni Picot, Francesco de Encluya, Francesco Basi, Odamio Bugureti
1427	Pietro Cartoli, Pietro de Saboya, Giovanni Blanch, Giovanni Closi, Mamerto Moreri, Giovanni de Liuda, Torcato Francho, Pablo Francho Blasi, Giovanni Moreri
1428	Corrado Spadeli, Giovanni Spadeli, N. Espondeli
1429	Giacomo Bruneti, Basqui Materna, Bartolomeo de Saboya

[16] J. Day, *Les douanes de Gênes 1376–1377*, Paris, 1963, p. 256, 281, 356, 506, 715, 726, 781, 822. Il y a d'autres documents douaniers concernant le trafic entre Gênes et l'Espagne. R.C. Cecchetti, G. Luschi et S.M. Zunino (éd.), *Genova e Spagna nel XIV secolo: Il drictus catalanorum (1386, 1392–1393)*, Gênes, 1970, p. 57, 110, 180, 320; S.M. Zunino et N. Dassari, *Genova e Spagna XV secolo: Il Drictus catalanorum (1421, 1453, 1454)*, Gênes, 1970, p. 49, 64, 82.

bourgs.[17] Le volume de production de Crémone au XVe siècle était également impressionnant. Par exemple, quarante mille pièces de futaines de Crémone étaient chaque année importées à Venise dans les années 1420, une grande partie étant réexportée.[18] Un manuel de marchandise de la fin du XVe siècle atteste de la grande échelle de production de Crémone, en énumérant les lieux où s'écoulaient la futaine et le boucassin de cette ville: Venise, Ferrare, Bologne, Modène, Lucques, Florence, Gênes, Pistoia, Pise, Forli, Ravenne, Cesena, Rimini, Faenza, Urbino, Ancône, Recanati, Fermo, Camerino, les Pouilles, Trani, Barletta, Bari, Salerne, Naples, Rome[19], la Sicile, Marseille, Barcelone, Valence, Séville, Majorque, la Dalmatie et l'Istrie, Fiume, Zara, Sibenik, Split, Raguse, Vérone, Vicence, Trévise, Padoue, Udine, Cividale.[20]

Cette liste n'est pourtant pas complète. En réalité, les futaines de Crémone et de Milan étaient transportées d'une façon très régulière en Angleterre et en Flandre par le convoi de galées de Flandre et en Afrique du Nord par les convois de galées de Barbarie et de Trafego.[21] Ces tissus lombards étaient importés en grand nombre sur les marchés français en passant par les Alpes.[22] Même si c'était en quantité moindre, ces futaines étaient aussi exportées vers le Levant. Outre les

[17] M.F. Mazzaoui, «The Lombard cotton industry and the political economy of the dukes of Milan in the second half of the fifteenth century», p. 173.

[18] Ph. Braunstein et R. Delort, *Venise, portrait historique d'une cité*, Paris, 1971, p. 126.

[19] Pendant sept ans (1452, 1453, 1457, 1458, 1460, 1461, 1462), furent importées à Rome 2770 pièces de *guarnelli* de Crémone et 1133 pièces de futaines de Crémone. Parmi tous les tissus cotonniers importés à Rome, ceux de Crémone représentaient plus de la moitié. A. Esch, «L'Importazioni nella Roma del primo Rinascimento (il loro volume secondo i registri doganali romani degli anni 1452–1462)», pp. 37–38.

[20] Biblioteca Marcianna di Venezia, Tariffa de pexi e mesure congratia et privilegio, f. 146r.

[21] ASV, Senato Misti, reg. 56, f. 15r–16r; Senato Mar, reg. 2, f. 46v.

[22] L'écoulement massif des futaines lombardes sur les marchés français par les Alpes a été déjà bien attesté par de nombreuses recherches. P. Duparc, «Un péage savoyard sur la route du Mont-Cenis aux XIIIe et XIVe siècles. Montmélian», *Bulletin philologique et historique*, 1960, pp. 160–161; M.C. Daviso di Charvensod, *I pedaggi delle Alpi occidentali nel Medio Evo*, Turin, 1961; Y. Renouard, «Les voies de communication entre la France et le Piémont au Moyen Age», Bollettino storico-bibliografico subalpino, 1963, pp. 233–256; F. Morenzoni, «Le mouvement commercial au péage de Saint-Maurice d'Agaune à la fin du Moyen Age (1281–1450)», *Revue Historique*, CCLXXXIX/I (1993), pp. 3–63; H. Dubois, *Les foires de Chalon et le commerce dans la vallée de la Saône à la fin du Moyen Age (vers 1280–1430)*, Paris, 1976; Idem, «Marchands dijonnais aux foires de Chalon-sur-Saône à la fin du Moyen Age. Essai de prosopographie», *Publication du centre européen d'études bourguignonnes (XIVe–XVIe siècles)*, n° 27 (1987), pp. 63–79; Idem, «Milan et la Bourgogne: un couple commercial à la fin du Moyen Age», *Publication du centre européen d'études bourguignonnes (XIVe–XVIe siècles)*, n° 28 (1988), pp. 185–194.

marchands de Venise, ceux d'autres villes participaient activement à la commercialisation des tissus de Crémone. La compagnie Datini les écoulait sur de nombreux marchés, italiens, français et catalans comme Pise, Florence, Rome, Milan, Avignon, Arles, Montpellier, Barcelone, Majorque, Valence. Pise et Gênes servaient, ainsi que Venise, de port d'exportation des futaines de Milan et de Crémone.[23] Les marchands milanais aussi prenaient leur part dans la vente des tissus cotonniers de Crémone.[24]

Nous sommes peu renseignés sur le début de l'industrie cotonnière en Allemagne du Sud et, plus généralement, en Europe Centrale.[25] Même si le coton y fut introduit dès avant le XIVe siècle, la fabrication sur une grande échelle ne semble pas avoir commencé très tôt.[26] Au XIIIe siècle, cette région était plutôt réputée pour l'industrie du lin, produit local, et il existait aussi une industrie lainière. La fabrication des tissus de lin et de laine fut remplacée graduellement au cours du XIVe siècle par celle de la futaine nommée *barchent*, utilisant du coton importé de l'Italie du Nord, surtout de Venise, ainsi que du lin.[27]

L'Allemagne du Sud devint l'un des deux centres de fabrication les plus notoires au XVe siècle. Cette industrie fut diffusée dans la vaste zone de l'Europe Centrale. W. von Strömer a repéré près de soixante localités en Europe Centrale.[28] Parmi elles, les trois villes, Nuremberg, Ulm et Augsbourg, prenaient la tête par leur volume de production. Le second rang était occupé par des villes telles Biberach, Constance,

---

[23] ASP, fonds Datini, busta 443, correspondance de Crémone à Pise; L. Frangioni, *Milano fine Trecento, op. cit.*, vol. 1, pp. 210–216, vol. 2, p. 627.

[24] A. Esch, «L'importazioni nella Roma del primo Rinascimento (il loro volume secondo i registri doganali romani degli anni 1452–1462)», p. 38.

[25] Dans son article, H. Kellenbenz indique que la fabrication des tissus de coton et de lin commença au XIVe siècle. H. Kellenbenz, «The fustian industry of the Ulm region in the Fifteenth and early Sixteenth centuries», dans *Cloth and clothing in medieval Europe. Essays of memory of professor E.M. Carus-Wilson*, éd. N.B. Harte et K.G. Ponting, Londres, 1983, p. 259.

[26] L'un des premiers passages du coton au-delà des Alpes vers le nord se produisit dès avant le XIVe siècle. Un document douanier de Trente de l'année 1282 donne le tarif du coton provenant par terre ou par rivière de Lombardie ou de Mantoue. Le passage du coton vers l'Allemagne figure dans un tarif de Côme en 1320. M.F. Mazzaoui, *The italian cotton industry in the Later Middle Ages 1100–1600*, Cambridge, 1981, p. 218.

[27] En effet, les tissus cotonniers étaient en concurrence à la fois avec les draps bon marché et avec les tissus de lin de qualité grossière, par exemple le *golschen*. H. Kellenbenz, «The fustian industry, op. cit.», p. 259.

[28] W. von Strömer, *Die Gründung der Baumwollindustrie, op. cit.*, 1978, pp. 57–58, 83, 150–151.

Lauingen, Memmingen et Ratisbonne.[29] La main-d'œuvre engagée par cette nouvelle industrie et sa capacité de production étaient considérables. Dans la ville d'Ulm au XVe siècle, près de quatre-vingt-dix maîtres- tisserands, qui avaient trois ou quatre machines à tisser et quatre ou cinq assistants, travaillaient pour l'industrie du coton et du lin. Outre ces artisans, il en existait aussi dans les villages proches, sous le contrôle de la ville d'Ulm. Vers 1500, leur nombre se situait entre 330 et 600 et ils employaient en plus des ouvriers saisonniers. Selon un document de l'année 1513, chaque machine à tisser exigeait sept personnes. Au début du XVIe siècle Ulm apposait son sceau sur plus de 100 000 pièces de futaine.[30] En 1612, Augsbourg employait plus de 3000 tisserands. En 1583, la ville mit son sceau sur 350 000 pièces. En 1601, quatre cent trente mille pièces furent fabriquées.[31] En 1507, la guilde de la ville de Memmingen se composait de 380 membres.

A partir de la seconde moitié du XIVe siècle où l'industrie du coton en Allemagne connut un vrai essor,[32] la futaine allemande pénétra en grande quantité sur les marchés italiens. Cette introduction massive et la diminution d'achat des tissus italiens par les marchands allemands mirent en difficulté les anciens centres de l'industrie et les forcèrent à adopter des mesures protégeant leurs propres activités. Les capitulaires des *Visdomini du Fondaco dei Tedeschi* à Venise de l'année 1373 expliquent cet effet brutal comme suit:[33]

«Depuis longtemps, l'art et le métier de futaine est à la fois utile et fructueux pour notre terre. Pourtant, depuis peu de temps, les marchands allemands nommés *Tedeschi* viennent à Venise pour acheter des cotons d'Outre-mer, librement et en grande quantité, et les transportent en Allemagne pour faire fabriquer de la futaine dans leur terre, laquelle futaine n'a pas la même qualité et la finesse de celle de Venise. En plus, ils font de la contrebande en y mettant les propres insignes des

[29] Plusieurs marchands venus de ces villes achetaient du coton en notable quantité à la *fraterna* Soranzo. ASV, Miscellanea Gregolin, busta 14, Libro Nuovo Real, passim.

[30] H. Kellenbenz, «The fustian industry, op. cit.», pp. 261–262; M.F. Mazzaoui, *The italian cotton industry, op. cit.*, p. 141.

[31] *Ibid.*, pp. 141–142.

[32] La plupart des historiens sont plus ou moins d'accord sur ce sujet. M.F. Mazzaoui, «La diffusione delle tecniche tessili del cotone nell'Italia dei secoli XII–XVI», p. 162; Idem, *The italian cotton industry, op. cit.*, pp. 144–146; E. Ashtor, *Levant trade in the Later Middle Ages*, Princeton, 1983, p. 93, 173; W. von Strömer, *Die Gründung der Baumwollindustrie, op. cit.*, p. 32, 128–129.

[33] W. von Strömer, *Die Gründung der Baumwollindustrie, op. Cit.*, pp. 157–159; G.M. Thomas, *Capitulare dei Visdomini del Fontego dei Todeschi in Venezia*, Berlin, 1874, n° 168 et 176.

maîtres de Venise comme si ces futaines étaient fabriquées à Venise, ce qui porte grand dommage à l'industrie vénitienne de la futaine. Donc, personne ne peut désormais transporter librement le coton battu pour les marchands *Tedeschi* en dehors de Venise».

Ce document témoigne que l'industrie allemande n'était pas très ancienne, par rapport à celle de Venise. Cependant au cours du XVe siècle, la futaine allemande devenait de plus en plus abondante sur les marchés italiens, ce qui incitait les villes italiennes à prendre des mesures plus radicales afin de protéger leurs propres industries. En 1417, le doge Michael Steno imposa une lourde taxe sur l'importation des futaines étrangères dans les territoires vénitiens, sauf celles de Milan et de Crémone. En 1477, l'Etat de Venise décida d'interdire l'importation, les futaines de Milan et Crémone étant toujours exemptes de cette mesure. La ville de Brescia aussi prenait des mesures similaires prohibant l'importation des tissus cotonniers étrangers, dans le même but.[34]

Les futaines allemandes envahissaient non seulement les marchés italiens, mais également les nouvelles régions qui étaient autrefois les débouchés traditionnels pour les produits italiens, comme la France, l'Espagne et l'Angleterre.[35] La fourniture des tissus allemands sur les marchés anglais était effectuée surtout par les marchands de Cologne.[36] Pour la seconde moitié du XVe siècle, nous connaissons le volume annuel minimum des futaines allemandes introduites dans la ville de Cologne pour la réexportation vers le nord, notamment en Angleterre: 19 810 pièces pour les années 1452 et 1459, 20 489 pièces pour les années 1460 et 1469, 38 665 pour les années 1470 et 1478, 18 338 pièces pour les années 1478 et 1489.[37]

La péninsule ibérique devint le marché de préférence pour les futaines allemandes au XVe siècle.[38] Avant le XIVe siècle, les tissus de

---

[34] M.F. Mazzaoui, *The italian cotton industry, op. cit.*, p. 146, 219.

[35] W. von Strömer, «Une clé du succès des maisons de commerce d'Allemagne du Sud: le grand commerce associé au Verlagssystem», p. 45.

[36] R. Doehaerd, *Etudes anversoises: documents sur le commerce international d'Anvers 1488–1514*, 3 vol., Paris, 1962–1963; H.S. Cobb, *The overseas trade of London exchequer customs accounts 1480–1481*, Londres, 1991; F. Irsigler, «Die Wirtschaftliche Stellung der Stadt Köln im 14 und 15 Jahrhundert», *Vierteljahrschrift für sozial—und Wirtschaftsgeschichte*, n° 65 (1979), Wiesbaden, 1979.

[37] F. Irsigler, «Industrial production, international trade and public finances in Cologne», p. 298.

[38] A. de Capmany y de Montpalau, *Memorias históricas, op. cit.*, vol. 3, pp. 937–940; R. Salicrú I Lluch, *El trafic de Mercaderies a Barcelona segons els comptes de la lleuda de Mediona (febrer de 1434)*, Barcelone, 1995, passim.

coton français, barcelonais et italiens se partageaient les marchés ibériques.[39] Finalememt la pénétration massive en Catalogne des futaines allemandes, qui date de la fin du XIVe siècle, porta un coup décisif à la chute de l'industrie de Barcelone, frappée déjà par la concurrence des futaines italiennes.

Le trafic entre la Catalogne et l'Allemagne devint plus intense au XVe siècle. En 1420, Alphonse V d'Aragon accorda un privilège général aux sujets de l'empereur germanique et du duc de Savoie, valable également dans le royaume de Valence.[40] En même temps, l'importation des produits allemands augmenta, de sorte qu'elle fit diminuer en partie celle de l'Italie du Nord. Selon un document douanier de Barcelone, de l'ensemble des importations de tissus de coton étrangers de juillet à septembre 1434, ceux d'Allemagne dominaient le lot.[41] A Barcelone, les marchands allemands étaient alors avant tout des vendeurs de toiles et de futaines.[42]

Les futaines allemandes arrivaient dans la Péninsule ibérique par deux routes. La première descendait d'abord du nord jusqu'à Lyon par Genève, puis se séparait en deux, l'une passant par Montpellier et Perpignan et l'autre par les ports du Midi de la France tels Marseille et Aigues-Mortes.[43] Partie de Flandre, la seconde voie, maritime, passait par le détroit de Gibraltar, et parfois les futaines allemandes arrivaient aussi dans la péninsule ibérique par le port de Gênes.[44]

---

[39] M. Gual Camarena, *Vocabulario del comercio medieval*, Tarragone, 1968, pp. 80–87, 113–118.

[40] J.-F. Bergier, *Genève et l'économie européenne de la Renaissance*, Paris, 1963, p. 350.

[41] Importation de Barcelone par mer

Origine	France	Gênes	Sicile et Naples	Toscane
Marchandises	Futaines allemandes et françaises	Futaines lombardes	Futaines de Sicile	Voiles de Pise
Valeurs en livres de Barcelone	323, 10	219,10	89,18	231,5

M. del Treppo, *I mercanti catalani e l'espansione della corona aragonese nel secolo XV*, nouvelle édition plus complète, Naples, 1972–1973, pp. 280–282.

[42] Cl. Carrère, *Barcelone, op. cit.*, vol. 2, pp. 565–570.

[43] Pour ces routes, voir un plan montrant le rayonnement du commerce genevois au XVe siècle, établi par J.-F. Bergier, *Genève, op. cit.*, p. 354.

[44] A. Schulte, *Geschichte des mittelaterlichen Handels und Verkehrs zwischen Westdeutschland und Italien*, 2 vol., Leipzig, 1900, vol. 2, n° 254; J.H. Montalvo, «Mercaderes alemanes en la Valencia del siglo XV: la «Gran Compania» de Ravensburg», p. 462. Agostino Spinola, marchand de Gênes, vendait des futaines sur les marchés du royaume de

L'écoulement des futaines allemandes dans la Péninsule ibérique, qui représentait un commerce de grande ampleur, était monopolisé par de grosses sociétés d'affaires et de grands négociants allemands: la grande société d'affaires de Ravensburg[45], les Fugger, les Welser, les Watt, les Diesbach, Johann de Cologne. Parmi les marchands allemands installés à Barcelone[46], la grande société de Ravensburg tenait une position dominante. En effet, son quota représente plus de 50% du total des importations et exportations réalisées à Barcelone entre 1426 et 1440 par les marchands allemands y compris genevois.[47] En 1426, Jos Humpis qui s'occupait des affaires à Barcelone en tant que représentant de cette grande société, importa à Barcelone quatre-vingts balles de futaines d'Allemagne et de Lombardie.[48] En 1443, Jos Humpis fit plusieurs importations à Barcelone: dix-huit balles le 19 février, deux le 22 mars, deux le 26 juin, deux le 16 juillet, deux le 10 octobre,

---

Grenade au milieu du XVe siècle. A. Fàbregas García, *Un mercader genovés en el reino de Granada. El libro de cuentas de Agostino Spinola (1441–1447)*, Grenade, 2002, p. 47, 52–53, 55.

[45] Autour de l'année 1380, les Humpis de Ravensburg, les Montprat de Constance et les Mötteli de Friederichshafen formèrent une société sous le nom tantôt de *Humpis-Gesellschaft*, tantôt de *Grosse Ravensburger Gesellschaft* ou *Magna societas mercatorum Alamaniae*. Cette société continue ses affaires vers 1530. Leur zone principale d'affaires comprenait la Flandre, l'Espagne et l'Italie. J.-F. Bergier, *Genève et économie européenne de la Renaissance*, Paris, 1963, pp. 347–348.

[46] Marchands allemands à Barcelone d'après les documents douaniers barcelonais

Année	*Marchands allemands*
1425	Johann de Cologne, Johann Karli, Jakob Carman, Johann Urence
1426	Hugo Brothador, Johann Karli, Johann de Cologne, Jakob de Basilea, Johann Garba, Heinrich Schirol, Gerardo Broker, Wilhelm Brekel, Gerardo de Boys, Konrad Selvatge, N. Aurich, Jofre de Alemania, Johann Floch, Jos Humpis et compagnie de Constance, Johann Flocey
1427	Johann Karli, Peter de Cologne, Enrique de Constance, Gerardo Broker, Friedrich Ortoff, Jos Humpis et compagnie
1428	Jos Humpis et compagnie, Johann de Cologne, Johann de Roffols, Angelo Thuemburg, Anagui de Boys, Jakob Bomlio, Johann Karli, Heinrich de Constance, Wilhelm Gosofre, Johann Uter, Agustin Dogor
1429	Jos Humpis et compagnie, Johann Ronoff, Gaspare Watt et compagnie, Johann Karli, Johann de Cologne

A. de Capmany y de Montpalau, *Memorias históricas*, *op. cit.*, vol. 2, seconde partie, pp. 937–939.

[47] J.-F. Bergier, *Genève*, *op. cit.*, pp. 351–352.

[48] ACA, Real Patrimonio, Maestre racional, reg. 1400, f. 3^{r}, 7^{v}–8^{r}, 9^{r-v}. Soixante balles de futaines furent importées à Barcelone par Jos Humpis, selon Cl. Carrère, *Barcelone*, *op. cit.*, p. 566.

huit le 29 novembre.[49] Dans les années 1480, la compagnie de Jos Humpis continuait à fournir des futaines à Barcelone, trafic dont s'occupaient alors Jofre et Friedrich Humpis. Cette compagnie écoulait des futaines également en grande quantité sur d'autres marchés tels Valence[50], Saragosse et Perpignan. Pour le transport, elle profitait des galées vénitiennes et florentines qui passaient à Barcelone, après avoir fait escale dans les ports du Midi de la France.[51] Cette société d'affaires de Ravensburg utilisait également les navires de Gênes, de Savone et de villes maritimes du Midi de la France.[52] A la même époque, une autre compagnie établie entre les Watt de Saint-Gall et les Diesbach de Berne s'engageait aussi dans le ravitaillement en futaines de Barcelone.[53] Le trafic des futaines de la famille Fugger était plus impressionnant. A la foire de Castille et au milieu du XVIe siècle, plusieurs milliers de pièces étaient vendus chaque année par cette grande famille marchande d'Augsbourg, l'un des trois centres de fabrication les plus importants en Allemagne du Sud.[54]

En Italie du Centre étaient fabriqués plusieurs types de tissus de coton et le papier fait à partir de chiffons de coton à la fin du Moyen Age: futaine, *veli di cotone*, *guarnelli*, *bambagium*, tissu teint et *carta di bambagia*. Même si une bonne partie de la production était consommée localement et que la capacité de fabrication restait faible par rapport à celle des villes d'Italie du Nord, comme Milan et Crémone[55], certains produits de l'Italie du Centre étaient exportés vers de nombreux marchés

---

[49] A. Schulte, *Geschichte der grossen Ravensburger Handelsgesellschaft, 1380–1530*, Stuttgart et Berlin, 1923, pp. 504–510, 513–517, 521–531.

[50] En 1503, cette compagnie fit transporter cinq balles de futaines de Gênes à Valence à bord d'un navire dont le patron était Johan Franquis de Burgaro. J.H. Montalvo, «Mercaderes alemanes en la Valencia del siglo XV: la «Gran Companía» de Ravensburg», p. 462.

[51] Le premier octobre 1443, une galée florentine déchargea deux balles de futaines appartenant à Jos Humpis. Le 29 novembre 1443, huit balles de futaines furent importées par deux galées florentines allant en Flandre. A. Schulte, *Geschichte der grossen Ravensburger, op. cit.*, p. 516.

[52] J.H. Montalvo, «Mercaderes alemanes en la Valencia del siglo XV: la «Gran Companía» de Ravensburg», p. 462.

[53] H. Ammann, *Die Diesbach-Watt-Gesellschaft, Urkunden und Regesten*, Saint Gallen, 1928, pp. 16–30.

[54] En 1547, quatre mille soixante-deux pièces de futaine blanche, 1264 de grise, 1059 de noire furent vendues à la foire de Castille. H. Kellenbenz, «Fustanes de Weissenhorn en las ferias de Castilla», p. 322.

[55] M.F. Mazzaoui sous-estime la production de l'Italie du Centre, en indiquant que

lointains, français, ibériques, dalmates et dans une moindre mesure levantins.[56] Notamment les voiles de coton représentaient l'article d'exportation le plus important. Plusieurs villes en Ombrie et en Toscane, comme Pérouse, Arezzo, Sansepolcro, Città di Castello, et Cortona, produisaient ce type de tissu. Sa fabrication était surtout concentrée à Pérouse et à Arezzo.[57]

La commercialisation des produits finis sur les marchés internationaux était effectuée par les marchands de Pise et de Florence, qui se rendaient dans les villes de fabrication pour les acheter. Parfois les marchands de ces villes écoulaient eux-mêmes des tissus fabriqués par leurs confrères artisans sur les grands marchés proches comme Pise et Florence. Un marchand d'Arezzo, Lazzaro Bracci, installé à Pise dans les années 1392–1396, fournissait des voiles de coton sur le marché pisan, dont la plupart étaient fabriquées à Pérouse et à Arezzo. Pendant son séjour d'affaires à Pise, il vendit 9640 pièces de voiles de Pérouse et 6850 pièces d'Arezzo[58], aux clients provenant non seulement de villes italiennes comme Pise, Gênes, Florence, Lucques, Gaète, Arezzo, Sansepolcro et Città di Castello, mais également de pays lointains tels le Midi de la France, la Catalogne, la Corse, la Sardaigne.[59] Excepté les marchands de Pise qui avaient acheté la plus grande partie du stock, ceux de Catalogne étaient ses principaux clients.[60] La même conclusion est à trouver dans l'échantillon des clients d'un autre marchand d'Arezzo installé à Pise dans les années 1383–1384, Simo d'Ubertino. Un marchand de Majorque, Bern Saldavilla, lui acheta la plus grande part de ses voiles de coton.[61] Ce produit italien était en effet très

l'industrie ne s'effectuait pas à une grande échelle et que la plus grande partie de la production était consommée localement. M.F. Mazzaoui, *The italian cotton industry, op. cit.*, pp. 61–62; A. Esch, «L'importazioni nella Roma del primo rinascimento (il loro volume secondo i registri doganali romani degli anni 1452–1462)», p. 38.

[56] Dans les contrats génois de transport du milieu du XIIIe siècle, se présentent souvent les *veli di cotone*. E.H. Byrne, *Genoese shipping in the twelfth and thirteenth centuries*, Cambridge, 1930, p. 107, 112.

[57] La compagnie Datini s'approvisionnait en voiles de coton essentiellement à Pérouse et à Arezzo. ASP, fonds Datini, busta 425, n° 505100, 505102, busta 672, n° 700834, 700835; B. Dini, «Industria tessile italiana nel tardo medioevo», p. 38.

[58] F. Melis, «Lazzaro Bracci (la funzione di Arezzo nell'economia dei secoli XIV–XV)», pp. 180–184.

[59] B. Dini, «Industria tessile italiana nel tardo medioevo», p. 28.

[60] B. Dini, *Arezzo intorno al 1400: produzione e mercato*, Arezzo, 1984, p. 67.

[61] *Ibid.*, p. 62.

demandé sur les marchés de la péninsule ibérique comme Barcelone, Valence et Majorque.[62]

La compagnie Datini aussi participait à ce commerce. En 1387, Francesco Datini entra en association avec Domenico di Cambio, afin de faire le commerce des voiles de coton et des tissus de soie. Ils investirent respectivement 3400 et 600 florins d'or dans cette entreprise qui prit fin en 1401.[63] Leurs lieux d'achat préférentiels étaient Crémone, Pérouse, Città di Castello, Sansepolcro et Arezzo. Installé à Crémone, Domenico di Cambio s'occupait des achats de tissus de coton de Crémone et de Milan.[64] A Pérouse, ces deux associés mirent en place un agent d'affaire, Francesco Pucciolo de Nicholuccio, qui s'occupait de l'achat et de l'expédition.[65] En janvier 1385, un facteur de Datini se rendit à la ville de Città di Castello et y acheta sept cent trente-sept pièces de voiles à cinquante-cinq femmes et à neuf hommes.[66] Francesco Datini et son associé, Domenico di Cambio, les écoulaient le plus souvent sur les marchés de Majorque, de Barcelone, de Valence et d'Avignon, en utilisant les réseaux d'affaires de la compagnie Datini dispersés dans de nombreuses grandes villes.

Le marché d'Avignon était notamment le débouché le plus important pour eux. Les voiles de coton y arrivaient en transitant par Milan. Giovanni da Pessano, partenaire milanais de la compagnie Datini, et Tommaso di ser Giovanni, facteur de la compagnie, recevaient des voiles de cette association et les vendaient sur le marché de Milan ou les transportaient sur les marchés d'Avignon et de Montpellier.[67] En 1395,

---

[62] Dans une *valuta* établie en 1394 sur le marché de Majorque figure le prix des voiles de coton. B. Dini, *Una pratica di mercatura in formazione (1394–1395)*, Florence, 1980, p. 99.

[63] F. Melis, *Documenti per la storia economica dei secoli XIII–XVI*, Florence, 1972, p. 488; I. Origo, *The merchant of Prato*, New York, 1957, p. 87.

[64] Par une lettre du 15 février 1389, Datini donna une information sur le prix de la futaine sur le marché de Pise à Domenico di Cambio. D'après cette information, Domenico di Cambio lui envoya six balles de futaine en février. Dans une lettre du 2 mars 1389, Domenico di Cambio promit à Datini d'expédier une balle de *valesci*. En mars 1398, Domenico de Cambio lui fit un envoi de dix-sept balles de *pignolato* fabriqué à Crémone via Parme. ASP, fonds Datini, busta 443, n° 302503–302506; L. Frangioni, «Fustagni di Cremona in una «chompra» del 1389», pp. 29–31.

[65] On trouve plusieurs factures d'envoi de voiles de coton dans ASP, fonds Datini, busta 715.

[66] B. Dini, *Arezzo, op. cit.*, pp. 58–59.

[67] Par une lettre du 13 mai 1400, Giovanni da Pessano raconte à son partenaire à Gênes, que les voiles de coton expédiées par Francesco Datini et Domenico di Cambio, vont arriver à Milan et qu'il va les envoyer à Avignon et à Montpellier. L. Frangioni, *Milano fine Trecento, op. cit.*, vol. 2, p. 530, 633.

Francesco Datini et Domenico di Cambio envoyèrent deux balles à Tommaso di ser Giovanni et lui demandèrent de les envoyer à Michele di Nono à Vigliana, qui devait les transporter à Avignon et à Montpellier.[68] Les registres des archives Datini intitulés *quaderni delle balle mandate e ricevute di Barcellona* montrent que la compagnie Datini participait activement à la vente des voiles de Pérouse et d'Arezzo sur les marchés catalans comme Majorque, Valence et Barcelone. Les voiles de Pérouse et d'Arezzo étaient importés très souvent via Majorque.[69]

Ancône constituait également un port d'exportation pour les produits de coton et la principale destination de ceux-ci était l'autre côte de la mer Adriatique, notamment Raguse.[70] Le tissu *guarnelli*, étoffe mélangée avec du lin, qui était fabriqué surtout en Ombrie[71], était beaucoup demandé. Le volume de la production de *guarnelli* n'était pas négligeable. En effet, leur consommation en Italie du Centre était si répandue que ce mot désignait non seulement le tissu mais également le nom d'un vêtement en Italie.[72]

Le coton teint, autre spécialité de l'Italie du Centre, était aussi exporté au-delà des marchés locaux. Ce produit était fabriqué à Ascoli Piceno[73], Pérouse[74], Florence, Bologne[75] et Arezzo.[76] Celui d'Ascoli

---

[68] *Ibid.*, p. 216.

[69] ASP, fonds Datini, busta 837, f. 6v, 7r, 12v, 16v, 18v, 19v, 20v, 21v, 22v, 23r, 26v, 27r, 27v, 28v.

[70] C. Ciavarini, *Statuti anconitani del mare, del terzenale e della dogana e patti con diverse nazioni*, Ancône, 1896, p. 249, 267.

[71] G. Zaccaria, «L'arte dei guarnellari e dei bambagiari di Assisi», pp. 1–2, 89–90; G. Pardi, «Gli statuti della colletta del comune d'Orvieto», p. 194; R. Staccini, *Le arti perugine della bambagia e della seta*, Spoleto, 1994, p. 9, 147–148: «Item, providerunt, ordinaverunt et reformaverunt, quod guarnelli pilosi fiant et fier debeant de octo legatis et viginti quinque brachia longi et una largheçça ad modum tudinum»; F. Melis, «Lazzaro Bracci (la funzione di Arezzo nell'economia dei secoli XIV–XV)», pp. 183–184.

[72] P. Sella, *Glossario latino emiliano*, Città di Vaticano, 1937, p. 174; Idem, *Glossario latino italiano*, Città di Vaticano, 1944, p. 281; A. Licatese, *Stoff—und Seidenbezeichnungen im mittelaterlichen Italien*, Saarbrüken, 1989, pp. 211–212.

[73] F. Melis, *Documenti, op. cit.*, p. 142.

[74] Le coton teint de Pérouse est fréquemment mentionné dans la correspondance de Pérouse à Pise des archives Datini. ASP, fonds Datini, busta 537, no 103838, 103844, 103851, 103854, 103855.

[75] ASP, fonds Datini, busta 1171.

[76] A Arezzo, le coton teint était produit. Citons un exemple d'une compagnie du métier de la teinture. Le 1er juillet 1374, à Arezzo, Simo d'Ubertino, artisan lainier, établit une compagnie avec Chele di Checco teinturier, Donato d'Uguccio lainier, Simone di Vanni cotonnier dit *bambacaio*, et Matteo di Meo *bambacaio*. Cette compagnie commença dès le 17 janvier 1375 ses activités, qui prirent fin au 4 janvier 1380. Pendant

Piceno notamment était commercialisé sur des marchés lointains comme Gênes et Avignon.[77] Son exportation était également réalisée par Pise.[78]

cette période, au total, dix-neuf artisans cotonniers étaient engagés, avec cinq artisans en soieries et deux épiciers. La première année, douze cotonniers, quatre artisans en soieries et un épicier teignirent 2125 livres de coton.

[77] ASP, fonds Datini, busta 183, correspondance de Gênes à Avignon, n° 316972, 316981, 316983; ASP, fonds Datini, busta 1171, *valute* d'Avignon, n° 2, 4, 5, 6, 12, 13, 20. Le coton teint d'Ascoli Piceno était importé à Aigues-Mortes. ASP, fonds Datini, busta 425, n° 504239.

[78] Dans une lettre écrite le 28 décembre 1379 par Iacopo Sodanieri à Pérouse et adressée à la compagnie de Lodovico di Guido degli Adimari et d'Andrea del Mastro Ambrogio, l'expéditeur donne des informations sur le coton teint sur le marché de Pérouse. Cela témoigne d'une façon indirecte de l'existence du trafic du coton teint entre Pise et Pérouse. F. Melis, *Documenti, op. cit.*, p. 142.

CHAPITRE II

LA GAMME DES TISSUS DE COTON

Ceux qui fabriquaient des tissus de coton à la fin du Moyen Age s'appelaient tantôt futainiers, tantôt *bambaxarii*[1], tantôt *guarnellari*, tantôt cotonniers.[2] Leur production était réalisée parfois par les artisans du lin. Ces différentes dénominations ne signifient pas que les futainiers ne faisaient que les futaines, les *bambaxarii* fabriquant seulement le tissu *bambaxa* et les *guarnellari* le tissu *guarnelli*. A Gênes, le terme *bambaxarius* était plus fréquemment utilisé que celui de futainier pour désigner l'artisan cotonnier. En réalité, le *bambaxarius* génois fabriquait d'autres types d'étoffes comme la futaine et la *cotonine*.[3] Selon le statut de la guilde de Chieri de la fin du XVe siècle, les futainiers faisaient non seulement des futaines, mais également la *bambasina* ou *bambagina*, le *cotonine*, le boucassin, le *burdo*, le *bandere*, le *betanine*. Outre leur production, ils effectuaient la confection des couvertures.[4] Les *guarnellari* d'Assise faisaient à la fois les *guarnelli* et le *bonbigium*. De plus, ils s'appelèrent ultérieurement *bambagiari*.[5] Dans la ville d'Arezzo, les *guarnelli* étaient fabriqués par les *bambaxarii*. Ceux-ci confectionnaient également

---

[1] Ils s'appelaient *bombaseri* à Venise et *bambacaio* en Italie du Centre. G. Monticolo, *I capitolari delle arti veneziane sottoposte alla Giustizia e poi alla Giustizia vecchia dalle origini al MCCCXXX*, 3 vol., Rome, 1905–1914, vol. 2, partie II, p. 544. En ce qui concerne le terme *bambaxarius*, il faut d'abord rectifier une opinion. Dans son ouvrage, Renée Doehaerd le considère comme le négociant en coton, en citant un *bambaxarius* génois Isnardo de Moneglia. Son avis semble dériver du fait qu'il participait au commerce du coton. Or son métier principal n'était pas le trafic du coton, mais la fabrication. R. Doehaerd, *Les relations commerciales entre Gênes, la Belgique et l'Outremont d'après les archives notariales génoises aux XIIIe et XIVe siècles*, Bruxelles et Rome, 1941, n° 341, 342, 373.

[2] A Barcelone, on faisait la distinction entre les futainiers (*fustaniers*) et les cotonniers (*cotoners*). Les derniers s'occupaient essentiellement de battre le coton. Cl. Carrère, *Barcelone, centre économique à l'époque des difficultés 1380–1462*, Paris, 1967, p. 374, 810; A. de Capmany y de Monpalau, *Memorias históricas sobre la marina, comercio y artes de la antigua ciudad de Barcelona*, vol. 2, partie I, pp. 630–631.

[3] ASG, Notai Antichi, n° 845, sentence du 13 janvier 1452.

[4] V.B. di Aramengo, *Statuti e verbali dell'arte del fustagno di Chieri*, Turin, 1966, pp. 103–105.

[5] G. Zaccaria, «L'arte dei guarnellari e dei bambagiari di Assisi», p. 1, 20.

un autre tissu dit *veli di cotone*.[6] En fin de compte, en dépit de leurs appellations diverses, ils faisaient indifféremment diverses sortes de tissus.

La fibre du coton est prédisposée aux nombreux traitements qui permettent la fabrication de produits variés.[7] Le même type d'étoffe était différencié selon sa dimension[8], sa couleur et sa finesse. La couleur notamment était déterminante pour leur qualité. Les couleurs préférées étaient le noir et le blanc.[9] Les termes comme *pelosi*, *garzati*, *vergati*, *rasi* et *manganati*, représentaient des critères de finesse.[10]

Les tissus de coton étaient fréquemment commercialisés sous des marques de fabrique. Chaque ville et artisan avait ses propres marques.[11] Les marchands les employaient très souvent à la place des mots courants comme la futaine, le *pignolato*, les *guarnelli*, etc.[12] Milan en avait près d'une trentaine vers 1400 : 2 *romiti*, 2 *candelieri*, 3 *candelieri*, ½ *toro*, 2 *pellegrini*, *fibbia*, *tomba*, *david*, *bue*, *mezzo bue*, *agnus deo*, *cornetto*, *scudo*, 2 *anelli*, *fontane*, *lune*, *sagittari*, *teste di leone*, *rosa*, *staffa*, *vescovo*, *balena*, *cervo*, *reine*, *mitolle*, *serpi*, *ancora*, *bilancia*, *stambecco*.[13] Les symboles des futaines d'Ulm étaient le raisin et la vache.[14] Un dessin de licornes et rinceaux

[6] B. Dini, *Arezzo intorno al 1400 : produzioni e marcato*, Arezzo, 1984, pp. 53–69.

[7] M.F. Mazzaoui, *The italian cotton industry in the Later Middle Ages 1100–1600*, Cambridge, 1981, pp. 88–89.

[8] Les tissus cotonniers étaient classés selon leur dimension : *petia alta, magna, longa et petia bassa, stricta, parva, curta.*

[9] Les futaines de Milan, celles de haute qualité, étaient pour la plupart de couleur noire et blanche.

[10] L. Frangioni, *Milano fine Trecento. Il carteggio milanese dell'Archivio Datini di Prato*, 2 vol., Florence, 1994, vol. 1, pp. 207–209.

[11] W. von Strömer, *Die Gründung der Baumwollindustrie in Mitteleuropa*, Stuttgart, 1978, p. 160. La marque de fabrique d'un futainier Giovanbattista Biancardi, déposée le mai 1606 auprès de l'*Universitas mercatorum* de Crémone, se trouve dans C.S. Almansi, *Statuti dell'Università e pratico dell'arte del pignolato bombace e panno di lino*, Crémone, 1970, p. 64, 178–181.

[12] ASP, fonds Datini, busta 443, n° 103446, lettre de Crémone à Pise du 8 juillet 1383.

[13] L. Frangioni, *Milano fine Trecento, op. cit.*, vol. 1, pp. 208–209 ; Idem, *Chiedere e ottenere. L'approvvigionamento di prodotti di successo della bottega Datini di Avignone nel XIVe secolo*, Florence, 2002, pp. 42–44.

[14] Un grand marchand de Nuremberg, Claus Rummel, vendit à Cologne en 1389 des futaines avec la marque de commerce du raisin. En 1398, un marchand d'Ulm, Ulrich Strölin, vendit des futaines avec la marque de commerce de la vache à la foire de Francfort en 1398. H. Kellenbenz, « The fustian industry of the Ulm region in the fifteenth and early sixteenth centuries », p. 260.

de vignes indique un produit de Pérouse.[15] Ces marques déposées étaient négociables.[16]

Malgré de nombreux critères de choix,[17], nous pouvons repérer les principaux types de tissus de coton fabriqués en Occident: futaine, *barchent, guarnelli, pignolato,* boucassin, *bambaxa* (ou *bombicini* ou *bombicinas* ou *bombasina* ou *bombaisine*), *cotonine* et *veli di cotone.*[18] Outre ceux-là, il existait d'autres étoffes de second ordre comme le *bocarama* ou bougran, le *barracano* ou *baracame* et le *burdo.*[19] Il y avait similarité ou identité entre certains tissus comme la futaine, les *guarnelli* et le *pignolato.* Nous allons donc aborder leurs particularités, en les classant en trois catégories. La première catégorie est celle de haute qualité, utilisée en grande partie pour la confection des vêtements. La seconde est celle de moyenne qualité et destinée souvent aux voiles de navire: *bambaxina, cotonine* et *veli di cotone.* La dernière porte sur des tissus de moindre importance.

I. *La catégorie de haute qualité: futaine,* barchent, pignolato, guarnelli *et boucassin*

Le plus important tissu cotonnier était la futaine.[20] Le terme *fustaneum* ou *fustagnum* semble dériver de l'arabe *fustan.* Il s'agit d'une étoffe mélangée. Le coton de la trame était tissé avec une chaîne soit de lin, soit de chanvre. La proportion de coton était dominante.[21] La futaine de Barcelone était fabriquée avec six livres de coton et trois ou quatre livres de lin.[22] Celle de Milan était fabriquée avec douze ou treize livres de coton.[23]

---

15 Voir une photo du tissu dit «de Pérouse». P.G. Ballesteros, «Le coton au Moyen Age: rembourrage et futaines», dans *Le coton et la mode: 1000 ans d'aventures,* Paris, 2000, p. 30.

16 A Milan en 1383, Pietro de Preda vendit sa marque de fabrique à son compatriote, Petrolo Tanzio. W. von Strömer, *Die Gründung der Baumwollindustrie, op. cit.,* pp. 160–161.

17 Pour plus d'informations sur d'autres types de tissus cotonniers italiens, voir l'appendice II de M.F. Mazzaoui, *The italian cotton industry, op. cit.,* pp. 166–167.

18 *Ibid,* pp. 87–104.

19 *Ibid,* pp. 198–199.

20 F. Borlandi, «Futainiers et futaines dans l'Italie du Moyen Age», dans *Hommage à Lucien Febvre. Eventail de l'histoire vivante,* 2 vol., Paris, 1953, vol. 2, pp. 133–140. Son article pourrait être considéré comme le vrai début des recherches sur la futaine.

21 M.F. Mazzaoui, *The italian cotton industry, op. cit.,* pp. 164–165.

22 Cl. Carrère, *Barcelone, op. cit.,* p. 815.

23 M.F. Mazzaoui, *The italian cotton industry, op. cit.,* p. 164; L. Frangioni, *Chiedere e ottenere, op. cit.,* pp. 49–57.

Sa zone de production était la plus vaste. L'Italie du Nord et l'Allemagne du Sud étaient les deux plus grands producteurs. En Allemagne, un autre mot, *barchent*, était utilisé à la place de la futaine.[24] La qualité était différente selon les villes. Celle de meilleure qualité était fabriquée à Milan et à Crémone, à partir du coton syrien importé par Venise. Celle d'Allemagne est classée en deuxième, même si elle était faite avec du coton syrien de haute qualité. La plus mauvaise futaine était produite en Piémont et en Savoie.

Le *pignolato* aussi était un tissu cotonnier de bonne qualité.[25] A Crémone, l'utilisation des mauvais cotons provenant de Turquie, des Pouilles et de Barbarie était interdite pour la fabrication.[26] La même réglementation de *facere pignolatos de bambaxo puro, bono et nitido*, apparaît dans d'autres villes italiennes comme Padoue, Rimini et Cesena.[27] Selon le statut de Ferrare du XIVe siècle, ce tissu devait aussi être fabriqué de coton «bon, pur, nouveau et net».[28] La production du *pignolato* se trouvait pour la plupart en Italie du Nord, notamment à Crémone.[29]

Comme la futaine, le *pignolato* était une étoffe mélangée de coton et de lin, si bien qu'ils étaient souvent considérés comme identiques. Francesco Datini et Domenico di Cambio, qui établirent une société d'affaires pour le trafic des futaines, employaient ces deux termes indifféremment dans leur correspondance.[30] La proximité des deux termes

[24] V. Gay, *Glossaire archéologique du Moyen Age et de la Renaissance*, Nendeln et Liechtenstein, 1967, tome I, p. 750.

[25] Au dire de M.F. Mazzaoui, le terme *pignolato* était employé jusqu'au XIXe siècle en dialecte lombard pour désigner le pur tissu cotonnier. M.F. Mazzaoui, *The italian cotton industry, op. cit.*, p. 90.

[26] A Crémone, une pièce de *pignolato* était fabriquée de huit à dix-huit livres de coton selon la finesse. C.S. Almansi, *Statuti dell'Università e paratico, op. cit.*, p. 19, 153, 179.

[27] R. Cessi, *Le corporazioni dei mercanti di panni e della lana in Padova fino a tutto il secolo XIV*, Venise, 1908, pp. 177–179; A. Licatese, *Stoff—und Seidenbezechnungen im mittelaterlichen Italien*, Saarbrüken, 1989, p. 285.

[28] P. Sella, *Glossario latino e emiliano*, Città del Vaticano, 1937, p. 265.

[29] C.S. Almansi, *Statuti dell'Università e paratico, op. cit.* Cet ouvrage nous permet de connaître les normes de la fabrication des tissus cotonniers y compris le *pignolato* dans la ville de Crémone à la fin du Moyen Age.

[30] Par une lettre rédigée le 15 février 1389, Francesco Datini envoya à son associé une *valuta* de la futaine sur le marché de Pise (*a di XXIIII di questo ricievetti vostra lettera fatta a di XV di febraio per laquale m'avisate valuta di fustani*). Dans une lettre du 2 mars 1389, Domenico di Cambo utilisa le terme *pignolato* à la place de la futaine, en citant une lettre du 16 février 1389 envoyée par Francesco (*ricievetti vostra lettera fatta a di XVI di febraio per la quale m'avisate valuta di pingnolati*). Les deux lettres, l'une du 15 février et l'autre du 16 février envoyées par Francesco Datini, semblent être les mêmes. Il était habituel d'envoyer les mêmes lettres à plusieurs reprises pour que la lettre soit bien adressée au destinataire. ASP, fonds Datini, busta 443, n° 302503 et 302505.

est confirmé par le statut de la guilde cotonnière de Crémone, qui précise que la futaine et le *pignolato* étaient identiques.[31] A Venise, de même, les futainiers étaient nommés les confrères de la guilde du tissu *pignolato* (*fratres artis texatorum pignolati*).[32] La préférence pour l'un ou l'autre terme était distincte selon les villes.[33] A Crémone et à Padoue était plus fréquemment utilisé le mot *pignolato*. Les Vénitiens employaient le terme futaine pour désigner les tissus cotonniers importés de Crémone à Venise. Les habitants de Plaisance préféraient aussi le mot futaine.

Les *guarnelli* constituaient aussi l'un des principaux groupes de tissus cotonniers. Ils étaient composés également d'une étoffe mélangée avec du lin.[34] L'Italie du Centre en était le plus grand producteur. Leur consommation y était si répandue que ce terme désignait parfois des vêtements.[35] Ils étaient également fabriqués en Italie du Nord et du Sud. Crémone et Milan, centres de fabrication de futaines, produisaient aussi les *guarnelli*.[36] Ceux de Naples étaient exportés vers d'autres régions.[37]

Le boucassin aussi était un tissu de coton de haute qualité.[38] Pourtant il subsiste une opinion différente selon laquelle il était fait de lin très fin.[39] Ce désaccord semble dériver du fait qu'il était une étoffe de coton mélangée avec d'autres matières premières. D'après Gay, le boucassin fut pris pour un tissu de coton jusqu'à la fin du XVIe siècle, du

---

31 «—*arte preditta dil fustanio over pignolato*—». C.S. Almansi, *Statuti dell'Università e paratico*, *op. cit.*, p. 15, 216.

32 M.F. Mazzaoui, *The italian cotton industry*, *op. cit.*, p. 90.

33 C.S. Almansi, *Statuti dell'Università e paratico*, *op. cit.*, passim: M. Sanudo, *Vite dei duchi di Venezia*, éd. Muratori, t. XXII, col. 953–954.; R. Cessi, *Le corporazioni dei mercanti*, *op. cit.*, pp. 178–179; P. Racine et P. Castignolli, *Corpus statutorum mercatorum Placentiae*, Milan, 1967, passim.

34 F. Melis, «Lazzaro Bracci (la funzione di Arezzo nell'economia dei secoli XIV–XV)», pp. 183–184.

35 P. Sella, *Glossario latino emiliano*, p. 174; Idem, *Glossario latino italiano*, p. 281; A. Licatese, *Stoff*, *op. cit.*, pp. 211–212.

36 ASP, fonds Datini, busta 443, n° 103448, lettre de Crémone à Pise du 18 août 1383: Domenico di Giovanni de Crémone envoya une certaine quantité de *guarnelli* à Francesco di Messer Iacopo à Pise.

37 P. Sella, *Glossario latino italiano*, p. 281; A. Licatese, *Stoff*, *op. cit.*, p. 210.

38 Il est généralement reconnu que le boucassin était une étoffe cotonnière au Moyen Age. F. Piponnier, *Costume et vie sociale. La cour d'Anjou XIVe–XVe siècle*, Paris, 1970, p. 379; Du Cange, *Glossarium mediae et infimae latinitatis*, p. 720. Pour le boucassin, voir P. Sella, *Glossario latino emiliano*, p. 73.

39 G. Piccamiglio, *Le livre de comptes de Giovanni Piccamiglio homme d'affaires génois 1456–1459*, éd. J. Heers, Paris, 1959, p. 366.

genre des futaines auxquelles il est assimilé.[40] Sa production en Occident était très limitée. Seules les deux villes, Milan et Crémone, en fabriquaient suffisamment pour exporter vers les marchés lointains.[41] La plus grande partie du boucassin était importée du Levant en Occident.[42]

II. *La catégorie de moyenne qualité:* bombaxum, cotonine *et* veli di cotone

Le tissu *bombaxum* avait plusieurs appellations selon les villes: *bambacio* ou *bambacino* à Venise, *bambaxium* ou *bambaxilium* à Gênes, *bombaisine* à Marseille, *bombaxina* à Milan. Ces termes sont souvent confondus avec le mot médiéval désignant le coton, à savoir *bombix*, qui avait aussi plusieurs variantes. C'était en fait une étoffe mélangée. Le coton était tissé en combinaison, soit avec le lin, soit avec le chanvre, selon les disponibilités des matières premières. A Marseille une pièce de *bombaisine* était fabriquée de dix livres de coton d'Outremer et de six livres de fil de chanvre de Bourgogne.[43] La fabrication d'une pièce de *bombaxina* de Milan exigeait de six à huit livres de coton selon sa qualité et sa finesse.[44]

La *cotonine* aussi désignait un tissu mélangé et léger, similaire au *bombaxin*.[45] Sa production était effectuée à grande échelle à Gênes et dans son arrière-pays. La matière première en était souvent du coton de mauvaise qualité, notamment celui d'origine turque.[46] Marseille aussi était réputée pour sa fabrication à la fin du XVe siècle.

Le tissu *veli di cotone* était fabriqué en grande majorité en Italie du Centre. Son nom même indique que le coton servait de matière première.

---

[40] V. Gay, *Glossaire archéologique, op. cit.*, p. 180.

[41] Biblioteca marciana di Venezia, Tariffa de pexi e mesure congratia et privilegio, f. 61^{r}, 64^{r}.

[42] Le boucassin représentait une cargaison fréquente des navires provenant d'Orient selon les documents des archives Datini. Ainsi le convoi de galées de Beyrouth importa neuf mille pièces de boucassin à Venise en 1395. ASP, fonds Datini, busta 1171.

[43] E. Baratier, *Histoire du commerce de Marseille*, Paris, 1951, tome 2, pp. 811–812.

[44] M.F. Mazzaoui, *The italian cotton industry, op. cit.*, p. 165.

[45] V.B. di Aramengo, *Statuti dell'arte del fustagno di Chieri*, p. 104.

[46] J. Heers, *Gênes au XVe siècle*, p. 229.

III. *La catégorie de moindre importance: bougran, bouracan, tiretaine,* bocarama, burdo, falda, cimadura, pellemen, garzatura *et* stoppa

Le bougran nommé *bocaramo* en italien médiéval est souvent considéré comme un tissu de lin et de chanvre.[47] Il était, à l'origine, un tissu de grande finesse qui tire son nom de la ville de Boukhara en Asie centrale où il était fabriqué et d'où on l'importait en Occident. Au XIVe siècle, il était fabriqué en Occident. F. Piponnier indique qu'il était soit en lin, soit en coton, soit en soie. D'après elle, il est assez proche des futaines.[48] Un document douanier milanais du XVe siècle montre que c'était un produit cotonnier.[49] C'était probablement une étoffe mélangée avec du lin, ce qui explique cette ambiguïté. Il servait souvent à doubler les vêtements.[50]

La nature du bouracan, nommé *barracan* en catalan médiéval, reste à éclaircir. Du Cange le prend pour un tissu de laine ou de soie.[51] En revanche, P. Sella le considère comme une sorte de futaine.[52] Dans le monde arabe, il était à la fois une étoffe cotonnière et un vêtement de laine ou de soie.[53] Selon les statuts maritimes de Venise des années 1229 et 1255, il appartenait au même type que le *bambacino*.[54] Le fait qu'il était fabriqué habituellement dans les mêmes centres de fabrication que les futaines comme Crémone, Milan, Plaisance et Pavie, suggère que c'était également un tissu de coton, mais peut-être pas toujours.[55]

Pour le tissu *burdo*, il en va de même. Selon P. Sella, c'était un tissu de lin. Mais il était classé comme un produit cotonnier dans un

---

47 P. Sella, *Glossario latino emiliano*, p. 42, 53, voir *bocaranum, bucharanum, bucheramum*; Du Cange, *Glossarium mediae et infimae latinitatis*, p. 684, 703, voir *bocaramum, boccaramen, bouqueranus*.

48 F. Piponnier, *Costume et vie sociale, op. cit.*, p. 120, 379.

49 A. Noto, *Liber datii, op. cit.*, p. 20.

50 B. et G. Bonis, *Les livres de comptes des frères Bonis: marchands montalbanais du XIVe siècle*, éd. E. Forestié, 3 vol., Paris, 1890–1894, p. 64; J. Dauvet, *Les affaires de Jacques Cœur: journal du procureur Dauvet: procès-verbaux de séquestre et d'adjudication*, éd. M. Mollat du Jourdin et al., 2 vol., Paris, 1952–1953, vol. 1, p. 29, 84, vol. 2, p. 80; R. de Lespinasse, *Les métiers et corporations de la ville de Paris*, 3 vol., Paris, 1886–1897, vol. 3, pp. 208–209.

51 Du Cange, *Glossarium mediae et infimae latinitatis*, p. 587.

52 P. Sella, *Glossario latino italiano*, p. 56.

53 R.P.A. Dozy, *Dictionnaire détaillé des noms des vêtements chez les Arabes*, Amsterdam, 1845, p. 70.

54 S. Predelli, «Gli statuti marittimi veneziani fino al 1255», p. 17: «*In medio habeat maioram, terzarolum et dolonem unum de bambacio vel barachamo, et parpalionem unum de canavazo*».

55 P. Sella, *Glossario latino italiano*, p. 56.

document milanais du XVe siècle. A Chieri, les futainiers s'occupaient de sa fabrication.[56] Ce problème d'identification dérive aussi du fait que c'était une étoffe mélangée de coton et de lin ou de laine.[57] Ce tissu mélangé et sétacé était produit à Syracuse aussi. Il y était en général employé pour les rideaux et les couvertures.[58]

La tiretaine reste un sujet de discussion. P. Sella la prend pour une étoffe mélangée de laine et de lin.[59] En revanche, d'après G. de Poerck, la tiretaine apparaît comme un tissu mixte dont la trame seule est de laine, d'ailleurs souvent médiocre, et la chaîne de lin ou de coton.[60] A Milan elle était commercialisée comme un tissu de coton, plus précisément fabriqué de *garzatura* de coton, à savoir de fibres restant après le râpage.[61] Elle consistait en une étoffe grossière de fibres restant après filage, battage ou râpage, de vieux tissus déjà employés et de fibres ouatées laissées après l'égrenage. Elle était produite en France et en Flandre.

Outre la *garzatura*, il existait d'autres sortes de mauvais cotons et de fibres résiduelles après des opérations comme le battage, le cardage, le tondage, le peignage et le filage. Il s'agissait de *cimadura, pellamen, stoppa, tondella, bronzella, falda* etc. Ils servaient en général de matière de rembourrage. A Venise, leur emploi était souvent interdit pour confectionner les vêtements et les couvertures. Selon les statuts de Venise de 1503, les futainiers devaient mettre à l'intérieur des couvertures du coton neuf et pur, qui ne devait pas être mêlé avec du *gottoni falsi nè pelame nè garzadura nè cimadura nè cosa alcuna che non sia vero gotton*. Cette interdiction fut édictée à cause d'un problème d'hygiène.[62] A Crémone aussi était interdit le mélange du bon et du mauvais coton tel que *tondella, bronzella, carzadura* et *faldella*.

---

[56] V.B. di Aramengo, *Statuti dell'arte del fustagno di Chieri*, p. 104.

[57] A. Noto, *Liber datii, op. cit.*, p. 20; S.R. Epstein, « The textile industry and the foreign cloth trade in late medieval Sicily (1300–1500): a ‹colonial relationship›? », p. 156.

[58] *Ibid.*

[59] P. Sella, *Glossario latino emiliano*, p. 357, voir *terrintana*.

[60] G. de Poerck, *La draperie médiévale en Flandre et en Artois, II. glossaire français*, Bruges, 1951, p. 199.

[61] A Milan, la *garzatura* était vendue par livre. « *Tirnitanea garzaturae bombicis* ». A. Noto, *Liber datii, op. cit.*, p. 20.

[62] D'après les statuts de 1728 de Venise, les couvertures de mauvais cotons étaient nuisibles à la santé de leurs utilisateurs. « —*infattti per esso fu proibito di far coltre—imbotide di cimadura, garzadura, pelame, stopa e supra il tutto di bombaso falso, fraude che puo con evidenza inferire gravissimi prediudicii alla salute di chi se ne serve*— ». G. Monticolo, *I capitolari delle arti veneziane, op. cit.*, vol. 1, pp. 28–29.

La *falda*, ou *faldella* ou *faldeta*, désignait le coton de mauvaise qualité, court et rouge, en opposition au bon coton, long et blanc. D'après les statuts du métier de Crémone, la catégorie de coton court et rouge comprenait la *faldella* et les cotons de Turquie, des Pouilles et de Barbarie.[63] A Barcelone on réglementait le nombre de battages qui variait selon les sortes et les qualités de coton, à savoir que le coton de bonne qualité pouvait être battu à de plus nombreuses reprises que celui de mauvaise qualité. Celui de Malte devait être battu cinq fois. En revanche, quatre battages étaient accordés à celui de Turquie et à la *faldeta* de Malte. Les marchands de Barcelone faisaient la distinction entre le bon coton de Malte et sa qualité inférieure nommée *faldeta*.[64] Cette dernière servait d'ouate pour le rembourrage des vêtements et des couvertures.[65]

[63] Les statuts de 1388 prescrivent que ceux qui ont les mauvais cotons de Turquie, de Barbarie et des Pouilles et la *foldelle*, devraient les travailler jusqu'au mois d'avril. Après cette date ils ne pourraient plus les filer ou les tisser. C.S. Almansi, *Statuti dell'Università e paratico, op. cit.*, p. 19, 139–140, 151–155.

[64] Cl. Carrère, *Barcelone, op. cit.*, p. 374.

[65] G. Monticolo, *I capitolari delle arti veneziane, op. cit.*, vol. 2, partie II, p. 544.

CHAPITRE III

LA CONSOMMATION VARIEE DES PRODUITS COTONNIERS

La consommation des produits cotonniers devint variée et généralisée en Occident à la fin du Moyen Age. Ils ne représentaient plus des nouveautés, étrangères et luxueuses, dans la vie quotidienne. Sur le marché de Milan au XVe siècle vingt-quatre produits étaient échangés, du coton brut jusqu'au jupon, vêtement de prêt-à-porter: *bombix de Cicilia et de Ultramare, bombix filata alba, bombix filata tincta, burdi bombicis et lini, bursae de burdo, bursae de burdo magnae, bocarama, cerratae bombicis, fustanei longi, fustanei curti, fiocardi de bombace, garzatura bombicis, interziatores bombicis, parieti, stelletae, tirnitanae garzaturae bombicis, valleti sive cotonina, velleti bombicis parvi, velleti bombicis magni, zacchi de fustaneo, zornea de fustaneo, zupon de fustaneo, zupatae bombicis.*[1]

Cette liste ne rend pas compte de tous les emplois du coton. La plus grande partie était destinée à la confection des vêtements. Une quantité non négligeable était réservée aux voiles de navires. Le coton servait encore de matière de rembourrage à la fois pour les vêtements et pour la literie. Outre ces principaux usages, il existait de nombreux autres emplois de second ordre. Plusieurs articles de ménage et d'accessoires étaient en tissus de coton. La fabrication de la bougie nécessitait du coton. Dans cette liste, il faudrait ajouter la *carta di bambagia.*

Il apparaît quasiment impossible de montrer la généralisation de la consommation. En effet, il faudrait une énorme documentation pour cela. Pourtant, nous avons quelques documents qui en témoignent. Citons un chroniqueur, Ricobaldo de Ferrare, qui révèle la mode vestimentaire en Italie du Nord au XIIIe siècle. Selon lui, les femmes portaient des tuniques de *pignolato* pour le mariage (*mulieres tunicis de pignolato, et quanto venibant ad nuptias viris suis et conjugatae*). Les filles portaient également ces vêtements chez leurs parents avant leur mariage (*virgines in domibus patrum tunica de pignolato*).[2] Le nom du tissu *guarnelli* désignait

[1] A. Noto, *Liber datii mercantie communis Mediolani (registro del secolo XV)*, Milan, 1950, p. 20.

[2] Ricobaldo da Ferrara, «Historia imperatorum romano germanicorum a Carlolo

souvent la tunique même en Italie du Centre.[3] A Candie, colonie vénitienne, tous les habitants étaient vêtus de futaines au milieu du XVe siècle.[4]

En dehors de ces documents narratifs, nous avons des sources statistiques, même si elles sont peu nombreuses. Selon les registres douaniers de la ville de Rome de 1452 à 1462, les draps de laine représentent 40 % de la valeur de l'ensemble des tissus importés dans cette ville, la soie montant à 10–15 % et ceux de lin, de coton et de futaine à 15–20 %. Pour ce qui est de la quantité, nous avons un autre résultat. Chaque année, près de mille cinq cents pièces de draps étaient importées. Le nombre annuel des tissus de coton qui comprenaient le boucassin, les *guarnelli* et la *futaine*, correspondait à environ mille cent pièces.[5] Selon la harangue du doge Tommaso Mocenigo de l'année 1423, chaque année étaient introduites de la Lombardie à Venise quatre-vingt-dix mille pièces d'étoffes, dont celles de coton représentaient près de 45 %, à savoir quarante mille pièces, pour la plupart venues de Crémone. En revanche, leur valeur de 40 000 ducats montait seulement à 24 % du total, ce qui implique que les tissus cotonniers coûtaient relativement moins cher que les autres.[6]

I. *Les vêtements*

A la fin du Moyen Age, sept sortes de matériaux étaient utilisées pour la confection des vêtements: laine, soie, lin, coton, chanvre, peaux animales et métaux. La laine était utilisée pour fabriquer des tissus de luxe comme le brocart et les tissus fins lainiers, dont la production était très limitée. De même, les tissus de lin provenant de Flandre, de France du Nord et d'Allemagne du Sud étaient demandés par les couches sociales supérieures pour les vêtements d'été et la lingerie. Ceux de coton étaient en grande partie en concurrence avec ceux de laine et de

---

Magno usque ad annum MCCXCVIII», dans L.A. Muratori, *Rerum Italicarum scriptores*, tome 12, col. 1033.

[3] M.F. Mazzaoui, *The italian cotton industry in the Later Middle Ages 1100–1600*, Cambridge, 1981, p. 202.

[4] V. Gay, *Glossaire archéologique du Moyen Age et de la Renaissance*, 2 vol., Nendeln et Liechtenstein: Kraus Reprint, 1967, vol. 1, p. 750.

[5] A. Esch, «Le importazioni nella Roma dal primo rinascimento», pp. 30–39.

[6] Ph. Braunstein et R. Delort, *Venise. Portrait historique d'une cité*, Paris, 1971, p. 126.

lin de moyenne et basse qualité, dont la consommation était réservée aux moyennes et basses couches sociales.[7]

Pourtant la qualité et le prix n'étaient pas les seuls critères de choix. La saison, la mode et le goût représentent également des éléments de sélection. Les tissus de coton étaient idéaux pour les vêtements estivaux. Donc leur consommation tendait à augmenter en été.[8] Parfois, de nouvelles modes incitaient les couches sociales supérieures à la consommation de vêtements bon marché faits de tissus cotonniers.[9]

Quels types de vêtements étaient confectionnés en tissus de coton? Pour cela, nos documents principaux sont les inventaires après décès, les contrats de dot dans lesquels sont indiqués les trousseaux de l'épouse, et les réglementations des guildes. Il y a des sources secondaires telles que les livres de comptes[10], les registres douaniers, les chroniques, les manuels de marchandise et les récits de voyage. De leur analyse, il ressort que les tissus de coton étaient utilisés pour n'importe quels types de vêtements. Autrement dit, tel tissu n'était pas destiné uniquement à la confection de tel vêtement.[11] Cependant l'utilisation des étoffes de coton était plus fréquente dans certains types de vêtements, notamment le jupon, considéré comme l'élément principal de la nouvelle mode vestimentaire occidentale de la fin du Moyen Age.

---

[7] M.F. Mazzaoui, *The Italian cotton industry, op. cit.*, p. 88.

[8] D'après la correspondance des archives Datini de Prato, au mois de juillet, la demande des futaines augmentait sur le marché de Prato. E. Vivarelli, *Aspetti della vita economica pratese nel XIV secolo (con trascrizione delle 459 lettere di Monte d'Andrea Angiolini di Prato)*, vol. 1, p. 18.

[9] M.F. Mazzaoui, *The italian cotton industry, op. cit.*, p. 88.

[10] B. et G. Bonis, *Les livres de comptes des frères Bonis: marchands montalbanais du XIVe siècle*, éd. E. Forestié, 3 vol., Paris, 1890–1894; M. Mollat du Jourdin, *Comptes généraux de l'Etat bourguignon entre 1416 et 1420*, 6 vol., Paris, 1965–1976; A. Page, *Vêtir le prince: tissus et couleurs à la cour de Savoie 1427–1447*, Lausanne, 1993; G. Piccamiglio, *Le livre de comptes de Giovanni Piccamiglio, homme d'affaires génois, 1456–1459*, éd. J. Heers, Paris, 1959; J. Day, *I conti privati della famiglia Adorno (1402–1408)*, 2 vol., Paris, 1963.

[11] Dans les inventaires après décès génois, divers types de tissus de coton étaient utilisés pour confectionner les nombreuses sortes de vêtements: *gona (gonna), giornea, toga, diploide, bialdo, coiracia, zupon, zuparello, upa, falde.* ASG, Notai Antichi, n° 650, 715, 718, 719, 720, 843, 846; E. Pandiani, *Vita privata genovese nel Rinascimento*, Gênes, 1915. Dans un registre douanier de la ville de Milan de la fin du Moyen Age se trouvent les vêtements de tissus cotonniers comme *zupon, zornea (giornea), zupatae, zacchi, velleti.* A. Noto, *Liber datii mercantie*, p. 20. D'après plusieurs inventaires après décès publiés par Ludovico Frati, les habitants de Bologne portaient des vêtements de coton tels *zipono, zuparello, zorneta (giornea).* L. Frati, *Vita privata di Bologna dal secolo XIII al XVII*, Bologne, 1928, pp. 225–248. Il en va de même en France à la fin du Moyen Age. Les tissus de coton étaient utilisés pour la confection des vêtements comme suit: tunique, gonne, pourpoint, jupon, doublet, jacqué, cotte, corset, robe, soubreveste, etc.

A. *Les vêtements traditionnels*

Les tissus cotonniers étaient en usage pour le vêtement médiéval de base. Il s'agit de la tunique, synonyme de la *gona*, mot italien médiéval.[12] Celle-ci avait d'autres dénominations: *gonela, gonelata, goneleta, goneta*. La tunique s'appelait aussi parfois *sota*. Elle était le vêtement principal, atteignant au moins les mollets pour les femmes, dépassant parfois le genou pour les hommes, avec des manches de longueur variable.[13] Les pauvres ne portaient souvent que ce vêtement.[14] Il était confectionné le plus souvent en futaine[15], en *pignolato*[16], en *guarnelli* et moins fréquemment en boucassin et en *bombaxina*.[17].

Malgré l'utilisation courante des tissus de coton, ceux de laine étaient les plus fréquemment employés pour ce vêtement de base.[18] Leur choix était pourtant distinct selon les couches sociales et les régions. En Italie du Nord, centre de fabrication des futaines et du *pignolato*, la tunique était confectionnée généralement en ces tissus de coton.[19] En Italie du Centre, le tissu *guarnelli*, principal produit de cette région, désignait souvent la tunique même.[20] Dans ces régions, celle de coton était moins fréquemment portée par les hautes couches sociales. Dans un inventaire après décès d'un noble génois, Tommaso Italiano, de l'année 1452, sont indiquées vingt-six tuniques, dont la plupart sont faites de draps et plus rarement de camelots. Il n'y en a aucune de coton.[21]

Cette différence dérive avant tout du prix. En effet, la tunique de draps coûtait plus cher que celle de futaine. Selon un contrat de quittance établi le 28 septembre 1435 à Gênes, le prix d'une tunique de

---

[12] J.F. Niermeyer, *Mediae latinitatis lexicon minus*, Leiden, 1976, p. 477.

[13] F. Piponnier, *Se vêtir au Moyen Age*, Paris, 1995, p. 52.

[14] E. Pandiani, *Vita privata, op. cit.*, pp. 131–132.

[15] ASG, Notai Antichi, n° 650, doc. 435, n° 715, doc. 229, n° 719, doc. 101.

[16] L.A. Muratori, *Rerum Italicarum scriptores*, tome 9, col. 128.

[17] ASG, Notai Antichi, n° 715, doc. 229; E. Pandiani, *Vita privata, op. cit.*, pp. 277–278.

[18] Dans son ouvrage, M.F. Mazzaoui dit que la tunique est un vêtement de lin ou de chanvre. Mais, la tunique de lin ou de chanvre est quasiment absente des inventaires après décès des villes italiennes comme Gênes et Bologne. Les tissus de soie comme le camelot et les *veluti*, eux aussi, servaient parfois pour la tunique de haute gamme. M.F. Mazzaoui, *The italian cotton industry, op. cit.*, p. 97.

[19] L.A. Muratori, *Rerum Italicarum scriptores*, tome 12, col. 1033.

[20] M.F. Mazzaoui, *The italian cotton industry, op. cit.*, p. 202; R. Levi Pisetzky, *Storia del costume in Italia*, 5 vol., Milan, 1964–1969, vol. 1, pp. 289–290, vol. 2, pp. 99–100.

[21] E. Pandiani, *Vita privata, op. cit.*, pp. 223–228; ASG, Notai Antichi, n° 715, doc. 90: Dans un autre inventaire d'un génois, se trouvent quatre tuniques dites *gone*, toutes en draps.

futaine pour la femme était de deux livres dix sous.[22] Dans un autre contrat du 9 février 1448, se trouvent quatre tuniques de draps, dont les prix oscillaient entre cinq et onze livres selon leur qualité et finesse.[23] Dans l'inventaire des biens de Girolamo de Ricobono du 23 avril 1451 à Gênes, nous avons trois tuniques : *gona tinctam nigram pro domina* de quatre livres dix sous, *gona panni miscli pro domina* de quinze livres et *goneletam* de neuf livres.[24] En France aussi, le port de la tunique de coton était plus fréquent chez les couches sociales populaires comme les ouvriers.[25]

La *giornea* ayant la forme d'une casaque était elle aussi très souvent confectionnée en tissus de coton au XVe siècle.[26] Ce vêtement se portait par-dessus la tunique. En comparaison de celle-ci, elle prenait une part moins importante dans les trousseaux de vêtements. Sa confection était faite de divers types de tissus. A Gênes, elle était soit de lainc, soit de soie, soit de coton, selon les classes sociales et leur goût.[27] Un type de vêtement dit *bialdo* était en grande partie confectionné de tissus de coton. Ce vêtement se portait sur la chemise.[28] Le corset aussi était parfois d'étoffes cotonnières.[29] Le corset de futaine était vendu treize sous par pièce à Montauban en 1347.[30]

B. *La nouvelle mode : le jupon*

Au cours du Moyen Age, l'Occident connut une nouvelle mode vestimentaire : celle du « jupon » en français, *zupon* ou *zupa* ou *zuparello* ou *zipono* ou *çubas* en italien médiéval. Le jupon du Moyen Age n'a pas le même sens qu'aujourd'hui. Il dérive du mot arabe *jubbah* et désigne un vêtement doublé et matelassé, très ajusté.[31] Cette nouvelle mode fut

---

[22] ASG, Notai Antichi, n° 650, doc. 435.

[23] ASG, Notai Antichi, n° 715, doc. 90.

[24] E. Pandiani, *Vita privata, op. cit.*, pp. 219–222.

[25] E. Levasseur, *Histoire des classes ouvrières et de l'industrie en France avant 1789*, Paris, 1900–1901, p. 421.

[26] E. Pandiani, *Vita privata, op. cit.*, p. 134 ; M.F. Mazzaoui, *The italian cotton industry, op. cit.*, p. 97.

[27] Dans un contrat établi le 12 avril 1457 à Gênes sont présents trois *giornea*, l'une de futaine, l'autre de draps et la dernière de *veluti*. ASG, Notai Antichi, n°719, doc. 74.

[28] E. Pandiani, *Vita privata, op. cit.*, p. 350.

[29] F. Gabotto, « Inventari messinesi inediti del Quattrocento », tome 3, p. 275. Dans un inventaire après décès d'un homme de la ville de Messine se trouvent plusieurs corsets de *bombice*.

[30] G. D'Avenel, *Histoire économique de la propriété, des salaires, des denrées et de tous les prix en général depuis l'an 1200 jusqu'en l'an 1800*, 8 vol., Paris, 1894–1912, vol. 4, p. 521.

[31] Voir deux exemples de pourpoint, l'un de Charles de Blois et l'autre de Charles

introduite en Italie au cours du XIIe siècle et se répandit très rapidement dans le reste de l'Occident.[32] La raison pour laquelle il est considéré comme une nouveauté, vient de son apparence, qui était différente des vêtements classiques. Il était étroitement adapté à la forme du corps dans le but de dévoiler sa silhouette. A cause de cette particularité, cette nouvelle mode était parfois interdite chez les clercs.[33]

La demande croissante entraîna la formation de guildes spécialisées dans la fabrication des jupons de prêt-à-porter. A Venise, les premiers statuts des artisans de jupon datent de l'année 1219.[34] Il y en avait onze à Bologne à la fin du XIVe siècle.[35] Cette nouvelle mode gagna d'autres pays. En France, les mentions de jupons et les réactions à celui-ci devenaient de plus en plus nombreuses au XIVe siècle.[36] A Paris, le métier de ceux qui fabriquaient le pourpoint, même type de vêtement que le jupon, apparut au XIVe siècle. Leurs premiers statuts datent du 20 janvier 1323.[37] Sa création était liée à l'augmentation de la consommation.

Si l'on considère la façon dont il était fabriqué, ses matières et son apparence, le jupon ressemblait à plusieurs types de vêtements, dont le pourpoint. Les trois principales particularités techniques étaient la doublure, le rembourrage et la piqûre. La bourre de coton ou de soie servait de matière de rembourrage. Elle était mise entre deux pièces de tissus, l'une extérieure et l'autre intérieure. A titre d'exemple, l'endroit du *gamboison* était fait de *cendal* et l'envers était de toile, avec du coton à l'intérieur de ces deux tissus, selon la réglementation de Paris de l'année 1296.[38]

Comme on l'a déjà indiqué plus haut, le pourpoint appartenait plus ou moins à la même catégorie que le jupon.[39] C'était un vêtement

---

VI le Bien-aimé, dans *Le coton et la mode. 1000 ans d'aventures*, pp. 18–19. Voir aussi le dessin d'un laboureur en pourpoint, qui fut réalisé vers 1470 par B. Parent, dans l'article de F. Piponnier, «Une révolution dans le costume masculin au XIVe siècle», p. 241.

[32] M.F. Mazzaoui, *The italian cotton industry, op. cit.*, p. 99.

[33] *Ibid.*, p. 203; Du Cange, *Glossarium mediae et infimae latinitatis*, voir *jupa*: «monachi non habeant vestem, quae vulgo dicitur juppa.»

[34] M.F. Mazzaoui, *The italian cotton industry, op. cit.*, p. 99, 203.

[35] P. Montanari, *Documenti su la popolazione di Bologna alla fine del Trecento*, Bologne, 1966, p. 20.

[36] F. Piponnier, *Se vêtir au Moyen Age*, p. 81.

[37] P.G. Ballesteros, «Le coton au Moyen Age: rembourrage et futaines», p. 30.

[38] R. de Lespinasse, *Les métiers et corporations de la ville de Paris*, 3 vol., Paris, 1886–1897, vol. 2, p. 317.

[39] P.G. Ballesteros, «Le coton au Moyen Age, op. cit.», p. 30.

ajusté couvrant le buste et les hanches, constitué à l'origine de plusieurs épaisseurs d'étoffe entre lesquelles un rembourrage de soie ou de coton était retenu par des surpiqûres.[40] Leur identité ou similarité est bien attestée par une sentence du prévôt de Paris du premier décembre 1382 sur les règlements des métiers de cette ville, d'après laquelle ceux qui fabriquaient le pourpoint et le jupon, constituaient le même métier.[41] Thierry de Galles, pourpointier, confectionna dix jupons pour le compte de l'Etat bourguignon entre 1416 et 1420.[42] Malgré tout, il reste une légère différence entre les deux, qui entraînait celle du prix. Le pourpoint de futaine coûtait plus cher que le jupon de futaine.[43]

Le doublet aussi avait une particularité de fabrication commune avec le jupon, à savoir la doublure. Le doublet, vêtement doublé, était piqué et quelquefois fourré. Il était souvent confectionné en tissus de coton et rembourré de coton brut.[44] Il correspondait à peu près à la *diploide* ou *duplex*, qui figure souvent dans les inventaires après décès de la ville de Gênes. Ce terme italien médiéval désignait la mise en double des étoffes.[45] La *diploide* aussi était souvent rembourrée.[46] Les Génois la considéraient comme une sorte de jupon.[47] Elle était en grande partie confectionnée de futaine.[48] Le vêtement dit *farsetto* ressemblait

[40] F. Piponnier, *Se vêtir au Moyen Age*, p. 194; Idem, «Une révolution dans le costume masculin au XIVe siècle», p. 237, 241.

[41] D'après les statuts des pourpointiers de l'année 1614, ils s'appelaient à la fois pourpointiers et juponniers et confectionnaient non seulement des pourpoints, mais également d'autres vêtements similaires comme *juppes*, jupons, mandilles, roupilles, *sayes*, casaques nommées tantôt *jacquettes*, tantôt *houppelandes*. R. de Lespinasse, *Les métiers, op. cit.*, vol. 3, p. 205, 214–215.

[42] M. Mollat, *Comptes généraux de l'Etat bourguignon entre 1416 et 1420*, Paris, 1965–1976, p. 127.

[43] *Ibid*, p. 76, 127, 197.

[44] V. Gay, *Glossaire archéologique, op. cit.*, pp. 564–565.

[45] Pourtant, il reste des controverses au sujet de la *diploide*. Ce vêtement est considéré soit comme le doublet, soit comme la soubreveste rembourrée et parfois utilisé comme jupon par les classes populaires. E. Pandiani, *Vita privata, op. cit.*, p. 135.

[46] *Ibid.*

[47] Des documents génois de l'année 1367 montrent que la *diploide* et le jupon sont un même type de vêtements. «—*duploydis sive iuponus*—». *Ibid.*, pp. 134–135, 360.

[48] G. Piccamiglio, *Le livre de comptes de Giovanni Piccamiglio, op. cit.*, p. 83: «*Item die 26 julii pro consteo fustanei pro duobus deplandi pro nobis pro Paulo de Cabela*»; F. Gabotto, «Inventari messinesi inediti del Quattrocento», tome 3, p. 268, tome 4, p. 341: Dans un inventaire après décès de l'année 1464 de Giacomo di Console à Messine figure une *diploide* dite *diploydem unam de fustaygno albo novo sine collario*. Dans un autre inventaire d'un homme de la ville d'Asti se présente une *diploide* de futaine.

également au jupon. En effet, le terme *farcistum* désigne le rembourrage. La futaine était employée pour sa confection.[49]

Cette nouvelle vogue augmenta la consommation de coton.[50] Il ne faut pourtant pas trop l'exagérer pour deux raisons. La première est que le jupon n'était pas constamment fabriqué de tissus et de bourre de coton. Il était rembourré également avec d'autres matières. Selon les statuts vénitiens, les artisans de jupon fabriquaient *çubas* et *çubetos* non seulement de tissus cotonniers, mais également de laine et de soie. Suivant une réglementation de Paris de l'année 1382, les jupons pour les hommes étaient en soie ou en camelot, bien doublés en toile. En revanche, les *jacqués*, vêtements courts à la mode, étaient en futaine ou en soie, avec une doublure de trois paires de toiles. Dans un inventaire des biens d'un Génois de l'année 1455 figurent huit jupons, deux de futaine, et les autres de laine et de soie.[51] Quelques inventaires après décès établis en 1453 sur un navire génois qui se trouvait près de Gallipoli, mentionnent plusieurs jupons, tantôt de futaine, tantôt de draps, tantôt de soie.[52] La deuxième raison, c'est que la confection du jupon engageait diverses matières. En général, son principal tissu est indiqué dans la plupart des documents comme les inventaires après décès. Dans les livres de comptes des frères Bonis, marchands montalbanais du XIVe siècle, sont indiquées toutes les matières nécessaires: trois aunes et un pan de futaine, trois aunes et un pan de toile blanche, trois *cartairos* de coton brut, une once de fil de soie, un pan de toile verte, deux *ouchaus* et demi de soie.[53]

En fin de compte, le choix de la matière pour la confection du jupon était différencié selon les couches sociales, les régions, les saisons, les goûts, etc. F. Piponnier indique que les pourpoints de soie caractérisent la frontière entre noble et non noble dans la société bourguignonne. D'après elle, si les pourpoints de soie étaient réservés aux nobles, les

[49] M.G. Muzzarelli, *Guardaroba medievale. Vesti e società dal XIII al XVI secolo*, Bologne, 1999, p. 356. Dans un inventaire après décès des biens de l'année 1406 d'un juif de Messine, Abramo Marracha, sont présents deux *farsettos* de futaine. F. Gabotto, «Inventari messinesi inediti del Quattrocento», tome 3, p. 262, tome 4, p. 160.

[50] M.F. Mazzaoui indique qu'elle était directement liée à l'introduction du coton en Europe. Pourtant, il faudrait accepter son opinion avec réserve. M.F. Mazzaoui, *The italian cotton industry, op. cit.*, pp. 98–99.

[51] ASG, Notai Antichi, n° 718.

[52] A. Roccatagliata, *Notai genovesi in Oltremare. Atti rogati a Pera e Mitilene*, Gênes, 1982, n° 39, 40, 44.

[53] B. et G. Bonis, *Les livres de comptes des frères Bonis, op. cit.*, vol. 1, p. 174.

citadins se contentaient de ceux de drap ou de futaine.[54] Cette distinction vestimentaire était en partie causée par des raisons économiques. En effet, le jupon de soie coûtait plusieurs fois plus cher que celui de futaine.[55] Mais, le jupon de coton n'était pas dédaigné par les nobles. Celui de futaine était un article habituel des trousseaux de vêtements des nobles. Selon les comptes des ducs de Bourgogne, Jehan de Troyes, marchand demeurant à Paris, livra en 1389 un petit pourpoint de futaine blanche pour Guillemin La Buffe, page du duc. En 1390, eut lieu l'achat de douze jupons de futaine, sept pour les pages du duc et cinq pour les pages du comte de Nevers.[56] Les princes de Savoie portaient des pourpoints de futaine noire.[57] Les rois de France aussi portaient des jupons ou pourpoints de futaine.[58] Enfin le jupon de coton avait des attraits, qui séduisaient les clients nobles et royaux.

La consommation des jupons de coton était plus élevée dans les centres de fabrication et sur leurs marchés de distribution. A Milan, centre de la futaine de haute qualité, le jupon était confectionné le plus souvent de ce tissu. Cette tendance apparaît en Bourgogne vers laquelle une grande quantité de futaine milanaise était exportée.[59] Dans des enquêtes sur les inventaires après décès des groupes sociaux en Bourgogne aux XIVe et XVe siècles, F. Piponnier a repéré vingt-cinq jupons, parmi lesquels quatorze sont de futaine, cinq de soie, deux

---

[54] F. Piponnier, *Se vêtir au Moyen Age*, p. 107.

[55] Par exemple, en France dans les années 1410, le prix d'un pourpoint de satin noir était près de onze francs. En revanche, un pourpoint de futaine blanche coûtait seulement à peu près trois francs. M. Mollat, *Comptes généraux de l'Etat bourguignon entre 1416 et 1420*, p. 85, 197. Selon les comptes des dépenses de la cour de Savoie des années 1427 et 1447, les lévriers de la cour de Savoie portaient des jacques de futaine blanche. Dans un poème de Neidhart du XIIIe siècle est présent un paysan allemand en costume de futaine. Ces exemples suggèrent que les prix des jupons de futaine étaient abordables pour la classe populaire comme les paysans et les ouvriers. E.T. *Mclaughlin, Studies in medieval life and litterature*, New York et Londres, 1894, p. 91; A. Page, *Vêtir le prince, op. cit.*, p. 26.

[56] En 1389, Jehan Foucquet, pourpointier demeurant à Paris, donna quittance pour divers vêtements: six jupons pour des pages et deux pourpoints de futaine. B. Prost, *Inventaires mobiliers et extrait des comptes des Ducs de Bourgogne de la maison de Valois (1363–1477)*, Paris, 1902–1913, tome 2, p. 480, 497, 580–581.

[57] A. Page, *Vêtir le prince, op. cit.*, p. 26.

[58] L. Douët-d'Arcq, *Comptes de l'argenterie des rois de France au XIVe siècle*, Paris, 1851, p. 377.

[59] Dans son ouvrage, Henri Dubois a recensé cinquante-cinq Milanais qui y étaient présents entre 1367 et 1406, avec un marchand de Pavie et trois marchands milanais fixés à Dijon. H. Dubois, *Les foires de Chalon et le commerce dans la vallée de la Saône à la fin du Moyen Age (vers 1280 – vers 1430)*, Paris, 1976, p. 171.

de satin, quatre de tissus non précisés.[60] A Barcelone, la futaine était très fréquemment employée pour le jupon. Le déclin de l'industrie de la futaine frappa également les artisans de jupon.[61] Le 3 mars 1447, ils exposèrent leurs plaintes aux Conseillers de la ville, parce que les artisans de futaine ne leur en fournissaient pas en quantité suffisante. Malgré la promesse de les fournir en quantités désirées, la livraison fut insatisfaisante et en partie défectueuse. Ils refusèrent donc d'utiliser ces mauvaises futaines.[62] A Ancône, le jupon était confectionné notamment de *guarnelli*, principal produit cotonnier d'Italie du Centre.[63] Il représentait l'un des principaux articles d'exportation d'Ancône.[64]

C. *Les vêtements d'armes*

On utilisait généralement des tissus de coton pour les vêtements d'armes. Ceux-ci ressemblaient au jupon. Les statuts des métiers de Paris sont détaillés sur la façon de les fabriquer. Les artisans d'armes défensives, qui s'appelaient armuriers, haubergiers et brigandiniers selon leur spécialité, confectionnaient plusieurs types de vêtements destinés à protéger le corps: cotte, cuissard, *gamboison*, heaume, houppelande, bassinets, gantelets, collerettes, etc. La cotte ou le *gamboison* était une casaque militaire formée de plusieurs épaisseurs d'étoffes et rembourrées.[65] Selon les statuts de 1296, l'envers et l'endroit devaient être fabriqués de toile neuve, l'intérieur de ces doublures rembourré de bourre de coton et de poils de toile.[66] Cette opération exigeait trois livres de coton.[67]

---

[60] F. Piponnier, «Matières premières du costume et groupes sociaux Bourgogne XIVe–XVe siècles», p. 285.

[61] Sur ce problème, voir le dernier chapitre de la quatrième partie consacré à l'industrie de Barcelone.

[62] La réglementation des cotonniers de Barcelone nous montre d'une façon évidente que le coton entre dans la confection des jupons. C. Carrère, *Barcelone, centre économique à l'époque des difficultés 1380–1462*, Paris, 1967, p. 811, 816; AHCB, documentació municipal: registres deliberacions, consell de Cent 1B. II-4 (1446–1447), f. 92[v], 1 B. II-5 (1448–1449), f. 28[r], 1 B. II-6 (1449–1450), f. 155[v]: «—non poden donar compliment als sartres e juponers dels fustanis que han mester per fer jupons e altres cose—».

[63] ASA, Statuti, n° 11, anno 1558.

[64] ASA, archivio storico comunale, dazi delle merci, n° 92 = VII = 1518, f. 1[r].

[65] Le type *gamboison* comprend le paletot, le jupon, les *jacqués* et les houppelandes selon les statuts des armuriers, fabricants de courtepointe et heaumiers de l'année 1364. R. de Lespinasse, *Les métiers*, *op. cit.*, vol. 2, p. 321.

[66] *Ibid.*, pp. 313–318.

[67] *Ibid.*, p. 319.

Le coton était également employé dans la confection des casques de protection, le heaume et le bassinet. Le heaume englobe toute la tête, tandis que le bassinet ne protège que le crâne. Selon la réglementation de fabrication de Paris, le coton doit être inséré à l'intérieur de ces casques pour protéger la tête.[68] Sur le marché de Milan, ce genre de casque était vendu au XVe siècle.[69] Les couvertures de cheval aussi nécessitaient du coton. Le pavillon, soit la tente militaire, exigeait du coton.

La brigandine était fabriquée souvent en tissus de coton. Elle était considérée comme un type de pourpoint armé qui consiste en un tissu d'écailles d'acier rivées et dont l'intérieur est recouvert d'étoffes.[70] Un grand marchand français du XVe siècle, Jacques Cœur, trafiquait des brigandines de futaine, qui semblent être fabriquées dans les villes de Rouen et de Tours.[71] Au XVe siècle, la brigandine devint le vêtement de guerre des milices françaises organisées par Charles VII et Louis XI. La fabrication fut encouragée dans tout le royaume de France.[72] En 1467, Louis XI organisa une troupe composée de bourgeois, de marchands et d'artisans répartis en bannières pour la garde et la sûreté de la ville de Paris. Selon les lettres patentes, chaque homme devait être vêtu de brigandine ou *jacqués*.[73] La production de la brigandine se concentrait en Lombardie et en Allemagne, deux grands centres de fabrication de futaines. Milan notamment était le centre le plus actif.[74] Le gouvernement de Gênes fournissait des brigandines de *cotonine* à ses hommes installés à Famagouste.[75]

---

68 *Ibid.*, p. 317, 321.

69 A. Noto, *Liber datii, op. cit.*, p. 20, 40: *zupatae bombicis ponantur pro duodena a barbucis: bambaxoti pro barbutis.*

70 V. Gay, *Glossaire archéologique, op. cit.*, tome 1, pp. 218–219.

71 M. Mollat et al. (éd.), *Les affaires de Jacques Coeur*, tome 1, p. 198, tome 2, p. 499, 516, 650, 654.

72 R. de Lespinasse, *Les métiers, op. cit.*, vol. 2, p. 316.

73 *Ibid*, vol. 1, pp. 53–60: «Item, et lesquelz principaulx et soubz principaulx avec leur commissaire ordonneront et enjoigndront a tous ceulx de leurs banieres, qui ne seront en habillement souffisant, c'est assavoir, de brigandines ou jaques, salade, vouge, longue lance ou coulevraine a main, quilz se mectent en habillement souffisant, selon leur possibilité, dedans la quinzaine après ensuivant, sur peine de soixante solz d'amende a applicquer, le tiers au Roy, le tiers a la communauté desdits mestiers et companies, et l'autre tiers au principal et soubz principal; c'est assavoir les deux parts au principal, et la tierce partie au soubz principal.»

74 S.V. Grancsay, «A renaissance brigandine», p. 134; V. Gay, *Glossaire archéologique, op. cit.*, tome 1, pp. 218–219.

75 ASG, San Giorgio, Sala 34/1270, f. 14^r–14^v.

A Gênes était produit un autre type de vêtement militaire nommé *coyratia*. Celle-ci était également produite à Venise, à Raguse[76], à Nuremberg[77] et en Sicile.[78] La *coyratia* était une sorte de cuirasse. Avant le milieu du XIVe siècle en France, la cuirasse était une enveloppe de cuir destinée à protéger la poitrine de l'homme de guerre et plus tard elle adopta des pièces de fer ou acier qui complétaient l'armure. Comme dans le cas de la brigandine, l'intérieur de ce vêtement était garni d'étoffes de soie et de coton.[79] Les cuirasses garnies de futaine étaient très demandées en Italie au XVe siècle.[80] Selon un acte établi le 1er décembre 1450 à Gênes, deux *coyrasarii*, fabricants de *coyratia*, Ambrogio de Corchuli et Francesco de Saulo, promirent à un marchand génois, Constantino de Marinis, de lui fournir cent cinquante *coyratias* au mois de février 1451, qui seraient couvertes de futaines noires.[81] Ce produit génois était exporté vers diverses régions.[82] Dans l'inventaire des biens d'un Génois rédigé le 9 juillet 1457 à Famagouste est indiquée une cuirasse couverte de futaine noire.[83] La cuirasse était revêtue parfois de canevas et de velours.[84]

II. *Les voiles de navires*

L'emploi de tissus de coton pour les voiles de navires provoqua l'augmentation de la demande. Dans le monde arabe, la voile de coton remplaça celle de lin au début du Xe siècle. Le changement intervint plus

---

76 P. Sella, *Glossario latino italiano*, Città del Vaticano, 1944, p. 177.
77 V. Gay, *Glossaire archéologique, op. cit.*, tome 1, p. 519.
78 E. Mauceri, «Inventari inediti dei secoli XV e XVI», pp. 110–111.
79 V. Gay, *Glossaire archéologique, op. cit.*, tome 1, pp. 518–519.
80 P. Sella, *Glossario latino emiliano*, Città del Vaticano, 1937, p. 107.
81 ASG, Notai Antichi, nº 720, doc. 85.
82 D'après deux contrats établis à Gênes le 6 mai 1338 par un notaire génois, Lanfranco de Nazario, deux marchands génois, Giacomo Barberi et Niccolò de Rollando de Bisagno, reconnaissent avoir reçu respectivement en commande trente-cinq livres quinze sous et vingt-huit livres. Avec ces capitaux, ils vont acheter des futaines, des cuirasses, des peaux et des bougrans et les transporter de Gênes en Flandre à bord de la galée de Bernabò Cattaneo et de celle d'Aytone Doria. L. Liagre-de Sturler, *Les relations commerciales entre Gênes, la Belgique et l'Outremont d'après les archives notariales génoises (1320–1400)*, 2 vol., Bruxelles et Rome, 1969, nº 79 et 80.
83 ASG, Notai Antichi, nº 843, doc. 197.
84 J. Heers, «La vente des indulgences pour la croisade, à Gênes et en Lunigiana, en 1456», p. 91.

tardivement en Occident. Il semble que cette substitution eut lieu au cours du XIIIe siècle. Cette tendance devint générale à la fin du Moyen Age.[85]

Ce changement figure notamment dans les contrats de nolis, dans lesquels est indiqué l'équipement en matériaux nécessaires à la navigation. Un contrat de nolis rédigé le 23 février 1250 à Gênes prescrit que le navire doit avoir une voile de canevas et six de coton, dont trois sont neuves.[86] Une réglementation plus ou moins identique se répète dans plusieurs autres contrats de nolis des années 1250 et 1260: six voiles de coton et une de canevas ou cinq voiles de coton et une de canevas.[87] Selon la réglementation de l'*Officium Gazarie* de Gênes de 1335, les galées devaient être équipées de trois voiles de *cotonine.*[88] Cette mention explicite disparaît dans les contrats de nolis génois du XVe siècle, qui ne précisent pas le nombre de voiles et leurs tissus.[89] Cela nous suggère que l'emploi des voiles de coton était si généralisé à la fin du Moyen Age qu'il n'était plus la peine de le mentionner.

Le changement est perceptible à Venise aussi. D'après les statuts maritimes des années 1229 et 1255, les navires de plus de trois cents *milliaris* devaient être équipés de cinq voiles de coton et deux de lin. Les futainiers assuraient donc le ravitaillement en voiles de l'Arsenal et devaient fabriquer les futaines destinées aux voiles selon la norme, c'est-à-dire quarante-cinq bras de longueur et trois quarts de bras de largeur.[90] Dès les années 1360 et 1370, des voiles de coton étran-

---

85 L'emploi des tissus de coton pour les voiles est bien expliqué par M.F. Mazzaoui, *The italian cotton industry, op. cit.*, pp. 100–102.

86 «—*habere paratam et expeditam cum vellis sex cotoni inter que sunt tria vella nova et cum vello canabacii*—». E. Byrne, *Genoese shipping in the Twelfth and Tirteenth Centuries*, Cambridge, 1930, pp. 85–88.

87 «*vellis sex cotoni quorum quatuor sint nova et vello uno canabis*, soit *cum vellis novis quinque de cotono* ou *vellis quinque cotoni quorum duo sint nova, unum pro artimono et aliud pro terzarolio et vellono uno canabe*». *Ibid.*, pp. 99–102, 106–130.

88 *Monumenta historiae patriae: Leges municipales*, p. 342; G. Forcheri, *Navi e navigazione a Genova nel Trecento. Il «Liber Gazarie»*, Gênes, 1974, pp. 81–82, 149: «*De portando vella tria cotonina in galeis de Romania*».

89 «—*habere et tenere bene aptam et stagnam et suficienter furnitam arbore antenis, veliis, ferris, sarciis, cordibus et omnibus suis apparatibus et hominibus*, soit *bene et sufficienter armatam, stagnam et furnitam sarciis, corredibus, vellis, arbore, compagnia et omnibus indigentibus et necessariis ipsius secundum tractatus modernos Officii Gazarie civitatis Janue*—». R. Doehaerd et Ch. Kerremans, *Les relations commerciales entre Gênes, la Belgique et l'Outremont 1400–1440*, Bruxelles et Rome, 1952, n° 242, 443.

90 G. Monticolo, *I capitolari delle arti venezian* , 3 vol., Rome, 1905–1914., v ol. 2, partie II, pp. 549–550.

gères étaient importées à Venise.[91] Vers 1500, celles de Messine étaient introduites à Venise.

Il est évident que ce changement augmenta d'une façon considérable la consommation du coton en Occident. La croissance de la demande poussait les villes maritimes à produire leurs propres voiles de coton. La *cotonine* fabriquée à Gênes au XVe siècle était destinée à faire les voiles des navires.[92] A Marseille étaient fabriquées des voiles de navires en *bombaisine*, qui devait comprendre dix livres de coton d'Outremer pour six livres de fil de chanvre de Bourgogne d'après un statut de 1293. Les voiles de Marseille étaient très solides et leur qualité les faisait apprécier des marins non seulement provençaux, mais également étrangers.[93] A Barcelone la fabrication des voiles se faisait à chaîne de chanvre ou de lin et à trame de coton. La municipalité surveillait la fabrication pour obtenir des voiles de bonne qualité. En 1403, elle imposa aux consuls des tisserands la vérification préalable des fils à employer.[94] En 1505, Ferdinand, roi d'Aragon, confirma les statuts de la guilde cotonnière, en soulignant son importance pour les voiles des *naus* et des galées et en évoquant le fait que les cotonniers précédents contribuèrent loyalement au transport maritime de Barcelone.[95]

Outre la catégorie de moyenne qualité comme la *bambaxa*, la *cotonine* et les *veli di cotone*, la futaine était régulièrement employée pour les voiles. Les statuts maritimes vénitiens du XIIIe siècle attestent la présence de la voile de futaine. Les capitulaires du *Fondaco dei Tedeschi* de l'année 1373 racontent que les futaines fabriquées en dehors de Venise y sont introduites en quantité et utilisées pour les voiles de ses navires, ce qui provoque des dommages et met en péril ses bateaux, parce qu'elles ne sont pas de bonne qualité comme celles de Venise.

---

91 M.F. Mazzaoui, *The italian cotton industry, op. cit.*, p. 204.

92 J. Heers, *Gênes au XVe siècle: activité économique et problèmes sociaux,* Paris, 1961, p. 229.

93 E. Baratier, *Histoire du commerce de Marseille*, tome 2, pp. 811–812.

94 Cl. Carrère, *Barcelone, op. cit.*, p. 198.

95 A. de Capmany y de Monpalau, *Memorias históricas sobre la marina, comercio y artes artes de la antigue ciudad de Barcelona*, réédition, 3 vol., Barcelone, 1961–1963, vol. 2, partie I, pp. 630–631.

III. *La matière de rembourrage*

La bourre de soie et de coton servait de matière de rembourrage.[96] Celle de coton était préférablement employée, parce qu'elle représentait une alternative à la soie plus légère mais plus onéreuse.[97] Le coton non-filé sous forme de bourre était inséré dans les vêtements et la literie. Les chapeaux des femmes étaient parfois rembourrés de tampons de coton. Celui-ci était utilisé pour accentuer le ventre des femmes. Cette imitation de la forme d'une femme enceinte figure souvent dans la pose féminine typique des peintures et des sculptures de la Renaissance.[98]

Comme nous l'avons indiqué plus haut, le jupon était rembourré le plus souvent de coton.[99] Celui de mauvaise qualité était en quelque sorte exclu de cet emploi. Selon les statuts du métier de Venise de 1219,

[96] Selon les statuts des armuriers de Paris de 1296, la bourre de soie ou de coton devait être insérée à l'intérieur de la cotte gamboisée, vêtement militaire rembourré et recouvert d'une armature en fer. R. de Lespinasse, *Les métiers, op. cit.*, vol. 2, p. 317.

[97] D'après les comptes d'argenterie du roi Philippe de Valois, huit livres de coton et quatre onces de soie sont nécessaires pour confectionner un ou deux matelas. L.C. Douët d'Arcq, *Nouveau recueil des comptes d'argenterie des rois de France*, Paris, 1874, p. 27; P.G. Ballesteros, «Le coton au Moyen Age, op. cit.», p. 28.

[98] M.F. Mazzaoui, *The italian cotton industry, op. cit.*, p. 100.

[99] Le plus ancien exemple de cet emploi en France date des années 1160–1270. Les statuts du métier des armuriers de Paris de 1296 témoignent de l'usage du coton en tant que matière de rembourrage pour le jupon. L'addition d'articles de l'année 1311 précise le volume de la bourre de coton à l'intérieur de la cotte: trois livres. R. de Lespinasse, *Les métiers, op. cit.*, vol. 2, p. 317, 319. Une ordonnance prise le 24 novembre 1434 par la commune de Barcelone montre que le jupon était rembourré de coton battu. Dans les comptes de l'Etat bourguignon se trouvent des pourpoints rembourrés de coton. Dans les comptes de l'argenterie du roi Charles VI figurent plusieurs costumes rembourrés de coton: pourpoints, houppelandes, jaquettes et cottes. M. Mollat (éd.), *Comptes généraux de l'Etat bourguignon, première partie*, p. 197; F. Piponnier, *Se vêtir au Moyen Age*, p. 33; Cl. Carrère, *Barcelone, op. cit.*, p. 374; L.C. Douët d'Arcq, *Nouveau recueil des comptes d'argenterie, op. cit.*, p. 283, 287–288, 291, 295. Outre ces textes documentaires, nous avons plusieurs échantillons. Au musée des Tissus de Lyon est conservé un pourpoint de Charles de Blois, datant de 1360–1370, et rembourré de coton. Un pourpoint également rembourré de coton, lequel est attribué à Charles VI le Bien-Aimé, se trouve au musée des Beaux-arts de Chartres. Un jupon du Prince noir, fils du roi d'Angleterre Edouard III, est également rembourré de coton. P.G. Ballesteros, «Le coton au Moyen Age, op. cit.», pp. 29–32. Le jupon rembourré de coton n'était pas réservé aux rois et aux princes. Dans les livres de comptes des frères Bonis sont présents quelques jupons rembourrés de coton brut. B. et G. Bonis, *Les livres de comptes des frères Bonis, op. cit.*, p. 174, deuxième partie, p. 11, 186.

à l'intérieur du jupon devait être mis seulement du bon coton.[100] Suivant les statuts de 1400, les tailleurs de Troyes ne devaient mettre que du coton neuf dans les jupons et les jaquettes.[101] La quantité de coton utilisé pour le rembourrage n'était pas négligeable.[102] D'après les statuts de Paris de l'année 1323, les pourpoints devaient être rembourrés d'une livre et demie à plus de trois livres de coton selon l'état de ce dernier, vieux ou neuf.[103] Le rembourrage des jupons et des doublets nécessitait d'une à trois livres.[104] Parfois la quantité dépassait dix livres. D'après les livres de comptes de l'argenterie des rois de France de l'année 1487, quarante-deux livres de coton syrien de bonne qualité furent employées pour rembourrer quatre doublets.[105] Le corset exigeait une demi-livre de coton à rembourrer.[106]

Les couvertures, les matelas et les oreillers étaient également garnis de coton. Le vieux coton était souvent employé pour cela. La quantité utilisée était plus grande que pour des vêtements. Selon un document français du XIIIe siècle, quatre livres de coton devaient être mises dans un matelas royal.[107] En 1342, Edouardo Tadelin de Lucques fournit

---

[100] G. Monticolo, *I capitolari delle arti veneziane, op. cit.*, vol. 1, pp. 28–29.

[101] V. Gay, *Glossaire archéologique, op. cit.*, vol. 1, p. 778, v. 2, p. 122.

[102] Selon les livres de comptes des frères Bonis, trois aunes et un pan de futaine qui montent à 3, 77 mètres en longueur, sont utilisés pour l'envers et l'endroit du jupon. Celui-ci est rembourré de trois *cartairos* de coton brut. A Milan, une pièce de futaine forte dont la longueur est de près de trente-trois mètres, a besoin de treize livres de coton, soit une livre de coton faisant à peu près 2,6 mètres de futaine. En tenant compte de cette estimation, la quantité du coton brut comme matière de rembourrage n'était pas inférieure à celle de la futaine pour la confection du jupon. B. et G. Bonis, *Les livres de comptes des frères Bonis, op. cit.*, vol. 1, p. 174; M.F. Mazzaoui, *The italian cotton industry, op. cit.*, p. 164.

[103] R. de Lespinasse, *Les métiers, op. cit.*, vol. 3, pp. 208–209.

[104] La confection des jupons qui sont présents dans un livre de comptes des marchands montalbanais, engage en général plus de coton que celle du corset, une livre ou trois *cartairos*. Dans les comptes de la garde robe d'Edouard III de l'année 1347 sont présents plusieurs doublets dans lesquels sont mises une ou deux livres de coton. Parfois, plus de trois livres sont mises dans un jupon. E. Forestié, *Le vêtement civil et ecclésiastique dans le Sud-Ouest de la France*, p. 18; B. et G. Bonis, *Les livres de comptes des frères Bonis, op. cit.*, vol. 1, p. 174, vol. 2, p. 11, 186; V. Gay, *Glossaire archéologique, op. cit.*, tome 1, p. 565, 778.

[105] L.C. Douët d'Arcq, *Comptes d'argenterie, op. cit.*, p. 365.

[106] Une demi-livre de coton est mise dans un corset qui figure dans un livre de comptes des marchands de Montauban du XIVe siècle. Un corset fabriqué en 1455 pour le roi de France est rembourré d'une demi-livre de coton. V. Gay, *Glossaire archéologique, op. cit.*, tome 1, p. 437.

[107] M.F. Mazzaoui, *The italian cotton industry, op. cit.*, p. 204.

pour la commande de Guillaume de Moustereul, argentier du roi Philippe de Valois, huit livres de coton et quatre onces de soie pour faire un matelas.[108] Il livra soixante livres de coton, qui furent utilisées pour garnir un matelas pour le roi de France.[109]

Le rembourrage des couvertures, des matelas et des oreillers en coton était en plein usage à la fin du Moyen Age.[110] A Pavie, le vieux coton était fréquemment employé pour rembourrer des matelas.[111] A Pise, les artisans de couvertures nommés *copertoai* ne devaient pas mélanger du nouveau coton avec du vieux coton pour la fabrication des couvertures.[112] Venise appliquait une réglementation plus sévère, d'après laquelle du coton nouveau et pur sans aucune fraude devait être mis à l'intérieur des couvertures. Les couvertures étrangères importées dans les territoires vénitiens devaient être remplies de bon coton.[113] En France aussi, la bourre de coton était fréquemment utilisée pour garnir les couvertures.[114] La courtepointe, couverture de lit, était fabriquée d'une étoffe quelconque mise en double et rembourrée de coton.[115] Un autre type de courtepointe nommé doublet à lit était lui aussi souvent garni intérieurement de coton. Selon l'ordonnance du métier de Paris de l'année 1296, les couvertures de cheval devaient être remplies de coton.[116] L'inventaire du duc de Berry de l'année 1416 mentionne une couverture en tissu de soie et garnie de coton.

108 L.C. Douët d'Arcq, *Nouveau recueil des comptes d'argenterie, op. cit.*, p. 27.

109 *Ibid.*, p. 187.

110 Pourtant, la matière de rembourrage introduite dans la confection des couvertures n'est généralement pas mentionnée dans les inventaires après décès où ne sont indiqués que les tissus utilisés. E. Pandiani, *Vita privata, op. cit.*, p. 95, 103, 220, 229, 234, 239, 249, 263, 274.

111 M.F. Mazzaoui, *The italian cotton industry, op. cit.*, p. 204.

112 G. Monticolo, *I capitolari delle arti veneziane, op. cit.*, vol. 1, p. 29.

113 Les mauvais cotons nommés *cimadura, garzadura et pelame* étaient interdits pour la confection des couvertures. *Ibid*, pp. 28–29.

114 Pour cela, voir P.G. Ballesteros, «Le coton au Moyen Age, op. cit.», pp. 26–37.

115 L.C. Douët d'Arcq, *Comptes d'argenterie, op. cit.*, p. 366, 370–371.

116 Une couverture de cheval utilisée en 1309 par le vicomte de Rohan, était rembourrée de coton et de soie. V. Gay, *Glossaire archéologique, op. cit.*, vol. 1, p. 484.

IV. *La literie*

Outre la bourre de coton, les tissus en cette matière étaient également utilisés pour la literie.[117] Cependant les étoffes de lin étaient le plus fréquemment employées.[118] Selon un document milanais du XVe siècle, la couverture est classée comme un article linier.[119]

L'utilisation de tissus de coton pour la literie devint progressivement plus fréquente à la fin du Moyen Age. En effet, les couvertures étaient parfois fabriquées par les artisans cotonniers. A Venise, c'étaient les artisans de jupon qui s'en occupaient, d'après la réglementation du métier de 1219.[120] Plus tard, les futainiers aussi furent autorisés à les fabriquer.[121] A Gênes, de même, les couvertures étaient souvent faites d'étoffes de coton. Le bouracan, le bougran, le boucassin et le *burdo*, étaient pour la plupart employés pour la literie.[122] En Sicile, le nom du tissu *baracan*, soit *bouracan* en français, désignait la couverture même. Les matelas de tissus de coton sont constamment présents dans les inventaires de biens rédigés à Syracuse aux XVe et XVIe siècles.[123] Dans l'inventaire du duc de Savoie de 1498, nous trouvons un matelas de futaine.[124]

En France, cet emploi était moins fréquent. L'inventaire de Richard Picque de l'année 1389 cite onze couvertures, dont deux sont de futaine

---

[117] G. Monticolo, *I capitolari delle arti veneziane, op. cit.*, vol. 1, pp. 28–29.

[118] La literie était confectionnée de tissus de laine et de soie. La couverture de lin et de laine de Venise était exportée à Milan. Dans un inventaire de Richard Pique de l'année 1389 sont présentes plusieurs couvertures fabriquées de diverses sortes de tissus, quatre paires de serges, une de drap, une de drap vermeil fourré, une de menu vair, une de *sendal* vermeil, deux de futaine blanche. V. Gay, *Glossaire archéologique, op. cit.*, p. 484.

[119] A. Noto, *Liber datii, op. cit.*, p. 21.

[120] G. Monticolo, *I capitolari delle arti veneziane, op. cit.*, vol. 1, p. 23.

[121] *Ibid.*, p. 29.

[122] E. Pandiani, *Vita privata, op. cit.*, p. 220, 263, 274–275: Dans un inventaire des biens de Girolamo de Ricobono de l'année 1451 figurent deux couvertures de boucassin et une autre de *burdo*, tissu de coton. Celle-ci est présente dans un autre inventaire de l'année 1462.

[123] En Sicile, la futaine servait souvent à doubler des matelas depuis la fin du XIIIe siècle. F. Gabotto, «Inventari messinesi inediti del Quattrocento», tome 4, p. 160; E. Mauceri, «Inventari inediti dei secoli XV e XVI», tome 12, p. 111, tome 13, pp. 188–187: «Un matelas dit mataracium unum novum bonbicis mayuti plenum se trouve dans un acte du 25 novembre 1478», «Dans deux actes, l'un du 4 avril et l'autre du 23 juillet 1452 figurent des matelas de coton nommés *matarazo nova cum soi listi di cottuni et matarazo blanco cum listi di cottuni mayuto*».

[124] V. Gay, *Glossaire archéologique, op. cit.*, vol. 2, p. 123, voir matelas.

blanche.[125] Dans les livres de comptes des frères Bonis est présente une seule couverture de bougran.[126] Dans l'inventaire après décès des biens de la reine Clémence de Hongrie, veuve de Louis le Hutin, se trouvent plusieurs courtepointes et matelas de bougran.[127]

La literie de coton était moins chère que celle de lin, de laine et de soie. Toutefois, elle représentait un produit de luxe, qui n'était pas encore accessible aux couches sociales basses.[128]

V. *La* carta di bambagia *: vrai papier de coton?*

Nous rencontrons très fréquemment le terme *carta di bambagia*[129] dans les documents italiens. C'était un produit principalement de l'Italie du Centre, notamment de Fabriano.[130] Sa consommation était bien répandue en Occident au XVe siècle.[131] Ce terme se traduit par papier de coton au sens propre. Mais il reste une controverse sur l'existence de la fibre de coton dans ce papier. M.F. Mazzaoui indique qu'elle constitue un problème mystérieux dans l'histoire médiévale de la fabrication du papier, jusqu'au moment où de nouvelles données seront découvertes.

Au début, on avait considéré la *carta di bambagia* comme un papier de coton. Ensuite, sa véritable existence fut mise en cause par des analyses microscopiques de papiers de la région égyptienne du Fayoum, réalisées par Joseph Karabacek et Jules Weisner, qui ont trouvé qu'il n'y a aucune trace de fibre de coton mais de lin et de chanvre. Par

---

[125] *Ibid*, p. 484.

[126] B. et G. Bonis, *Les livres de comptes des frères Bonis, op. cit.*, p. 64.

[127] L.C. Douët d'Arcq, *Nouveau recueil des comptes d'argenterie, op. cit.*, pp. 74–76.

[128] G. Monticolo, *I capitolari delle arti veneziane, op. cit.*, vol. 1, pp. 28–29.

[129] Guillaume de Rubrouck qui laissa un récit de voyage après la visite de l'empire mongol au XIIIe siècle, fut l'un des tout premiers occidentaux à employer le mot *wambasio*. W. Rubruck, *The journey of William of Rubruck to the eastern parts of the world 1253–1255*, éd. W. Woodville Rockhill, nouvelle édition, New York, 1967, p. 44, 70–71.

[130] Même s'il y a plusieurs recherches sur la *carta di bambagia* de Fabriano, la plupart gardent silence sur la composition de ce papier. Il y a quelques articles traitant du papier de Fabriano dans G. Castagnari (éd.), *Contributi italiani alla diffusione della carta in Occidente tra XIV e XV secolo*, Fabriano, 1990; G. Castagnari, «Le principali fonti documentarie fabrianesi per la storia della carta dal XIV al XV secolo», pp. 29–60; N. Lipparoni, «Il ruolo del mercanti fabrianesi nella commercializzazione e nella organizzazione della attività produttiva tra XIV e XV secolo», pp. 61–82; G. Derenzini, «La carta occidentale nei manoscritti greci datati del XIII e XV secolo (con una giunta sulla produzione della carta a Fabriano agli inizi del Quattrocento)», pp. 99–146.

[131] F. Melis, *Documenti per la storia economica dei secoli XIII–XVI*, Florence, 1972, p. 142, 252.

l'examen de cent vingt-deux échantillons d'anciens papiers musulmans et occidentaux, Charles Briquet a confirmé que le papier était fabriqué pour la plupart de lambeaux de tissus de lin ou de chanvre avec une insertion minimale de fibre de coton.[132] En citant les recherches de ces trois personnes, Paul Pelliot a mis un point final à cette controverse en concluant que le papier de coton n'a jamais existé, ni en Occident ni en Orient. D'après son opinion, cette expression est née de l'analogie d'apparence du papier oriental avec une toile de coton, ou bien une confusion s'est produite entre *bambagia*, terme désignant le coton, et *bambyke*, nom d'une ville en Syrie, c'est-à-dire que la *carta di bambagia* devrait se traduire «la *carta* fabriquée dans la ville nommée *Bambyke*». Il a conclu que la *carta de wambasio* était au Moyen Age une expression courante pour désigner le papier tout court, par opposition au papyrus.[133]

En dépit de la conclusion ‹définitive› de Paul Pelliot, il reste toujours des doutes. En effet, nous avons des sources documentaires qui témoignent de papier fabriqué de fibre de coton en Occident. D'abord, le terme *carta di cotone* était souvent utilisé à la place de *carta di bambagia*.[134] Ce dernier mot ne désignait pas la ville citée plus haut, mais bien le coton. En fin de compte, il est vrai que le papier était confectionné de chiffons de tissus de coton. Pour connaître sa proportion dans la confection du papier, il faudrait une analyse microscopique générale des papiers de la fin du Moyen Age.

VI. *La matière d'emballage*

L'augmentation de l'expédition de marchandises entraînait celle de la demande de coton, parce que leur fragilité nécessitait parfois une sorte de protection lors du transport. La bourre de coton servait à cet usage.[135] Nous trouvons parfois l'expression *cotone battuto intorno* ou *cotone battuto* dans les documents médiévaux italiens. Il s'agissait de la bourre de coton produite après le battage et insérée dans les caisses

[132] M.F. Mazzaoui, *The italian cotton industry*, *op. cit.*, p. 104.

[133] P. Pelliot, *Oeuvres posthumes. Recherches sur les Chrétiens d'Asie centrale et d'Extrême-Orient*, Paris, 1984, p. 175.

[134] M.F. Mazzaoui, *The italian cotton industry*, *op. cit.*, p. 104, 206.

[135] M. Purgatorio, *I rapporti economici tra Venezia e Genova alla fine del Trecento (studio su documenti dell'archivio Datini di Prato)*, 2 vol., Florence, 1989–1990, vol. 2, p. 154, 156.

d'emballages pour protéger les marchandises.[136] Le *cotó per stiba*, qui est présent dans des documents barcelonais, avait la même fonction. Il s'agit de coton de second choix, utilisé pour combler les vides des caisses ou des colis.[137]

Quelles marchandises avaient besoin de ce genre de soin? Les épices notamment. En 1343, Johan Benet, marchand de Barcelone, expédia quinze caisses de cannelle de Famagouste à Barcelone, dans lesquelles une certaine quantité de coton fut mise pour la protection. En général, les paquets d'épices étaient couverts par des *serpalera* ou *matalafs*, à savoir une sorte de sac. Le coton était inséré entre le paquet et le sac.[138] L'emballage des tissus de haute qualité utilisait parfois de la bourre de coton.[139] Celle-ci était également employée pour le transport du safran et de l'indigo.[140] Le sac de sucre était protégé de coton.

Quelle quantité de coton était utilisée pour l'emballage? En 1398, Zanobi di Taddeo Gaddi envoya des tissus de soie de Venise à Bologne. Pour les protéger, il employa huit livres de coton battu.[141] En 1400, Donato di Bonifacio inséra la même quantité à l'intérieur d'un sac de poivre expédié de Venise à Majorque.[142] Les marchands allemands mettaient près de dix livres de coton dans une balle de safran ou d'indigo pour le transport de Barcelone en Allemagne par voie terrestre.[143]

On ne sait pas si ce genre de protection était constamment effectué. Toutefois, il ne représentait qu'une petite part de l'ensemble des dépenses. Dans les factures d'envoi de la compagnie Datini étaient énumérés plusieurs chapitres de dépenses. Nous y trouvons une catégorie

---

[136] ASP, fonds Datini, busta 550, correspondance de Venise à Pise, lettre du 23 mars 1400 adressée à Manno d'Albizio degli Agli par Donato di Bonifacio.

[137] Cl. Carrère, *Barcelone*, *op. cit.*, p. 368; D. Coulon, *Barcelone et le grand commerce d'Orient au Moyen Age: un siècle de relations avec l'Egypte et la Syrie-Palestine (1400–1450)*, Paris, 1999, p. 559.

[138] J.P. i Borràs, «The accounts of Joan Benet's trading venture from Barcelona to Famagusta;1343», p. 119, 122, 150.

[139] ASP, fonds Datini, busta 797, correspondance de Venise à Gênes, n° 513465.

[140] ACA, Real Patrimonio, Maestre racional, reg. 1400, f. 7^{r-v}, 10^{r-v}, 11^{v}, 12^{r}, 14^{r}, 15^{r-v}, 16^{r}, 17^{r}, 37^{v}, 42^{r-v}, 44^{v}; ACA, Real Patrimonio, Generalitat, reg. 186.1, f. 35^{r}.

[141] ASP, fonds Datini, busta 797, correspondance de Venise à Gênes, n° 513465.

[142] ASP, fonds Datini, busta 550, correspondance de Venise à Pise, lettre du 23 mars 1400 adressée à Manno d'Albizio degli Algli par Donato di Bonifacio.

[143] Quarante-six livres de coton étaient insérées dans quatre balles d'indigo envoyées de Barcelone en 1426 par Jos Humpis. En 1427, le marchand allemand, Johannes Karli, mit quarante livres de coton dans deux balles de safran expédiées de Barcelone. Il utilisa soixante livres de coton pour emballer neuf balles d'indigo la même année. ACA, Real Patrimonio, Maestre racional, reg. 1400, f. 7^{r}, 10^{r}, 11^{v}.

de canevas, corde, ficelle et coton battu[144] (*canovacci, corde, spago, cotone battuto*). Elle portait sur les frais d'emballage et ne dépassait pas 1 % du prix de vente.[145]

VII. *Les emplois secondaires*

Les tissus de coton servaient également à plusieurs accessoires vestimentaires: la coiffe, la toque, le voile, le capuchon, la guimpe, le mouchoir, le gant, la bourse, la frange, le ruban[146], etc. Le coton filé était en usage pour la broderie. Le linge, comme la nappe et les serviettes de table et de toilette, était fait en étoffes de coton. Dans les scènes de repas ou de chambres d'accouchées de la peinture religieuse italienne des XIVe et XVe siècles, on rencontre parfois un tissu nommé toile de Pérouse.[147] Cette étoffe dont la chaîne était de lin et la trame de lin et de coton, servait aux serviettes ou aux nappes. En Sicile au XVe siècle, les tissus de coton étaient en plein usage pour le linge de maison.[148]

La mèche de bougie était fabriquée avec du coton filé.[149] Avant son introduction en Occident, l'écorce des arbres ou la fibre de lin étaient utilisées.[150] La bougie de mèche de coton ne représentait plus un produit rare à la fin du Moyen Age. Selon les statuts florentins de l'année 1314, elle devait être fabriquée de cire bonne, pure et légale et de coton licite, bon et net.[151] Le besoin en coton entraînait un

[144] L'expression *cotone battuto* n'est pas toujours mentionnée dans la facture. Dans une facture d'envoi d'un *fardello* de soie de Venise à Avignon le coton battu n'est pas indiqué. L. Frangioni, *Milano fine Trecento, op. cit.*, vol. 2, pp. 415–416.

[145] M. Purgatorio, *I rapporti economici tra Venezia e Genova, op. cit.*, vol. 2, p. 154, 156.

[146] Les statuts des rubaniers de Paris de l'année 1585 montrent que les tissus de coton, notamment la futaine, avec d'autres étoffes de laine, de soie et de lin, étaient employés. R. de Lespinasse, *Les métiers, op. cit.*, vol. 3, pp. 32–36.

[147] P.G. Ballesteros, «Le coton au Moyen Age, op. cit.», p. 30, 35; I. Errera, «Les tissus reproduits sur les tableaux italiens du XIVe au XVIIe siècle», dans *La Gazette des beaux-arts*, 1921, tome 4, pp. 143–158.

[148] Dans les inventaires des biens et des trousseaux de mariages sont très souvent présentes des nappes et des serviettes de coton: *iannocta de bombice, magnusa de bombice, mensalia in tela cum listis de bombice, tobalia de bombice, manutergia cum listis bombacis, stuyabucca cum listis bombacis*. F. Gabotto, «Inventari messinesi inediti del Quattrocento», p. 259, 270, 484; E. Mauceri, «Inventari inediti dei secoli XV e XVI», p. 182, 184–185.

[149] M.F. Mazzaoui, *The italian cotton industry, op. cit.*, pp. 100–103.

[150] *Ibid.*, p. 102.

[151] Pour fabriquer la bougie, *licinium novum de bambagie mittere debeant licinium novum de banbagia, quod sit et esse debeat ponderis unius quarti, et omnes cireos faciant de bona legali cera trium, quattuor, sex, octo, X et XII unciarum, ab inde vero supra, quot volunt, sub pena soldorum*

rapprochement entre les artisans de bougie et ceux de futaines. A Gênes au XVe siècle, ils appartenaient à la même guilde nommée *ars candeleriorum et bambacariorum*. A Milan, de même, le coton pour la mèche de bougie était contrôlé par les futainiers.[152] Ce produit était un article de luxe et sa consommation se limitait aux clients ecclésiastiques et nobles.

decem f. p. pro quolibet cereo. Raffaele Ciasca, *Statuti dell'arte dei medici e speziali nella storia e nel commercio fiorentino dal secolo XII al XV*, réimpression de l'édition de 1927, Florence, 1977, p. 41.

152 M.F. Mazzaoui, *The italian cotton industry*, *op. cit.*, p. 205.

DEUXIÈME PARTIE

L'APPROVISIONNEMENT EN COTON DANS LES REGIONS PRODUCTRICES

CHAPITRE I

LES COTONS

Le coton est une plante subtropicale cultivée dans les régions chaudes et pluvieuses. Donc, le cotonnier ne peut être théoriquement cultivé que dans les régions où la température moyenne est supérieure à 5 ° C durant au moins sept mois de l'année.[1] Il épuise moins la terre que d'autres plantes textiles. En réalité, le coton était cultivé dans des régions n'ayant pas ces conditions optimales.[2] La date de plantation est variable selon le climat et la localisation. En général, on plante le coton depuis mars jusqu'au début de juin. Selon un calendrier populaire du XVe siècle du royaume de Grenade, c'est en mars que l'on plantait le coton.[3] Au cours de l'été, la graine mûrit. La récolte est réalisée en automne.

L'introduction de la culture du coton en Méditerranée a déjà fait l'objet de recherches.[4] Il est généralement reconnu que l'origine du cotonnier est l'Inde, à partir de laquelle cette plante se diffusa vers l'Asie et l'Occident. On trouvait globalement deux types de cotons, *gossypium herbaceum* et *gossypium arboreum*.[5] Ce dernier, qui ressemble à un petit arbre, ne joua pas un rôle aussi important que le premier

---

[1] D. Chaigne, *Le coton et l'industrie cotonnière*, 4e édition, Paris, 1982, p. 15.

[2] Il s'agissait de Santorin. C'est une île dépourvue de sources, où le taux de pluviosité est le plus faible de l'Archipel. En revanche, grâce à plusieurs éruptions volcaniques, des sols de Santorin sont fertiles. G. Saint-Guillain, «Les ducs de l'Archipel et le coton de Santorin (fin XIVe – début XVe siècle)», pp. 386–387.

[3] J. Vázquez, «Un calendario anónimo granadino del siglo XV», p. 42; R. Arié, *L'Espagne musulmane au temps des Nasrides (1232–1492)*, Paris, 1990, p. 350.

[4] A.M. Watson, *Agricultural innovation in the early islamic world: the diffusion of crops and farming techniques 700–1100*, Cambridge, 1983, pp. 31–41; Idem, «The rise and spread of old World cotton», dans *Studies in textile history in memory of Harold B. Burnham*, éd. V. Gervers, Toronto, 1977, pp. 355–368; M. Lombard, *Les textiles dans le monde musulman du VIIe au XIIe siècle*, Paris, 1978, pp. 61–79; L. Bolens, «The use of plants for dyeing and clothing», pp. 1003–1007; M.F. Mazzaoui, *The italian cotton industry in the Later Middle Ages 1100–1600*, Cambridge, 1981, *op. cit.*, p. 9.

[5] Le terme *gossypium* est employé par Pline l'Ancien pour désigner le cotonnier. Cependant, il désigne indifféremment le cotonnier arbustif ou arborescent et donne plus tard son nom botanique à la plante. G. Roche-Bernard, «Lin, coton et «arbres à laine». Connaissance du coton dans le monde antique», p. 21. En détail, il y a une quarantaine ou une cinquantaine de variétés de coton. A.M. Watson, *Agricultural*

qui fut introduit plus tôt en Méditerranée.[6] Même si l'on ignore les débuts de son introduction, on sait que le coton était cultivé dans la plupart des régions musulmanes déjà au Xe siècle. Sa culture dans la péninsule ibérique et dans l'île de Sicile date de la période d'occupation musulmane. A partir du monde musulman, le cotonnier fut diffusé dans le monde chrétien, la Grèce continentale, les îles égéennes, Chypre et l'Italie du Sud.[7]

La culture du coton persista à la fin du Moyen Age dans la plupart des régions qui avaient connu l'introduction de cette plante textile, mais leur volume de production et leur demande sur les marchés étaient différenciés. Avant de faire une enquête sur l'approvisionnement en coton par les marchands occidentaux dans les régions productrices en Méditerranée, il faudrait connaître les types de cotons vendus sur les marchés en Occident.

Le manuel de marchandise de Pegolotti nous donne une liste des cotons vendus sur les marchés occidentaux vers 1300: coton d'Outremer, de Romanie, des Pouilles, de Calabre, de Sicile et de Malte.[8] La catégorie ‹coton d'Outre-mer› comprenait trois sortes: coton de Syrie, coton d'Arménie et coton de Chypre.[9] Ce manuel est détaillé surtout sur les cotons syriens, en les classant par région comme suit: Hama, Sciame, Alep, Acre et Laodicée. En cela, ce manuel témoigne de l'intérêt de premier ordre porté au coton syrien par les marchands occidentaux. Un manuel catalan du XIVe nous offre un inventaire plus ou moins identique: coton d'Outre-mer, de Chypre, de Calabre, de Sicile, de Malte, d'Alexandrie, d'Oran, de *Lixa* et de *Xam*.[10] Ces deux dernières régions correspondent probablement à Laodicée et Sciame en Syrie. En effet, la ville de Laodicée était appelée *la Liza* par les Vénitiens.[11] Selon ce manuel catalan, l'Afrique du Nord était également un des lieux d'approvisionnement en cette matière première pour les

---

innovation in the early Islamic world: th diffusion of crops and farming techniques 700–1100, Cambridge, 1983, pp. 31–41.

[6] M.F. Mazzaoui, *The italian cotton industry, op. cit.*, p. 9.

[7] A.M. Watson, *Agricultural innovation, op. cit.*, pp. 31–41.

[8] F.B. Pegolotti, *La pratica della mercatura*, éd. A. Evans, Cambridge, 1936, p. 293; M. Balard, «Du navire à l'échoppe: la vente des épices à Gênes au XIVe siècle», p. 205.

[9] Pegolotti, *La pratica, op. cit.*, p. 366.

[10] M. Gual Camarena considère Xam comme Alcamo en Sicile. M. Gual Camarena, *El primer manual hispanico de mercaderia (siglo XIV)*, Barcelone, 1981, p. 230.

[11] Dans le manuel de Pegolotti, elle est nommée *Leccia*. E. Vallet, *Marchands vénitiens en Syrie à la fin du XVe siècle*, Paris, 1999, p. 188.

marchands catalans, qui étaient, en revanche, écartés du trafic du coton de Romanie. D'après un manuel vénitien datant de 1500 environ, les marchands de Venise se ravitaillaient en coton en grande partie en Syrie et fréquemment en Romanie et à Chypre.[12]

Il ressort de l'analyse de ces manuels que les deux cotons, celui de la péninsule ibérique et celui de la mer Noire, disparurent en quelque sorte du trafic des marchands occidentaux à la fin du Moyen Age.[13] En outre, ils montrent que chaque ville maritime possédait sa zone de préférence.[14]

Même s'ils énumèrent à peu près tous les types de cotons commercialisés en Méditerranée, les manuels de marchandise n'indiquent pas leur valeur relative sur les marchés occidentaux. Pour la fin du XIVe et le début du XVe siècle, nous avons des documents qui nous permettent de la connaître. Il s'agit des *valute* laissées par la compagnie Datini, à savoir les listes des prix des marchandises en vente, envoyées par ses agents d'affaires installés dans diverses villes.[15] Dans le fonds *Valuta di Mercanzie* des archives de Prato, nous trouvons vingt-quatre villes.[16] Les *valute* rédigées dans les villes marchandes telles que Venise, Gênes, Barcelone, Majorque, Pise et Avignon sont les plus nombreuses et les plus détaillées.

Suivant les *valute*, nous pouvons dresser une liste des cotons échangés alors sur les principaux marchés: coton de Syrie, d'Alexandrie, de Turquie, de Chypre, de Malte, de Romanie et d'Italie du Sud (Pouilles, Calabre, et Basilicate). Une première remarque à faire porte sur l'absence du coton sicilien. Aux XIIe et XIIIe siècles, ce dernier contribua

---

[12] Biblioteca marciana di Venezia, Tariffa de pexi e mesure congratia et privilegio, f. 57^{r}, 90^{v}, 91^{r}, 92^{r-v}, 94^{v}, 95^{r}, 96^{r}, 97^{r-v}, 98^{r}, 107^{v}, 108^{r-v}.

[13] En revanche, M.F. Mazzaoui indique qu'au XIVe siècle les navires d'Ancône et de Raguse importaient du coton des régions caucasiennes et de Crimée. M.F. Mazzaoui, *The italian cotton industry*, *op. cit.*, p. 43.

[14] A partir de la fin du Moyen Age, les marchands de Venise commencent à avoir plus d'intérêt pour le coton africain. A. Ducellier, «Le registre de Giovanni Manzini, notaire sur les galées vénitiennes de Barbarie (1472–1476)», p. 525; Mas-Latrie, *Traités de paix et de commerce et documents divers concernant les relations des Chrétiens avec les Arabes de l'Afrique septentrionale au Moyen Age*, Paris, 1866, pp. 276–278.

[15] F. Melis, *Documenti per la storia economica del secoli XIII–XVI*, Florence, 1972, pp. 298–320.

[16] ASP, fonds Datini, busta 1171, Valuta di Mercanzie. On les classe par ordre alphabétique comme suit: Alexandrie (1), Avignon (28), Barcelone (18), Beyrouth(1), Bruges (3), Damas (6), Fez (1), Florence (6), Foglino (1), Gaète (1), Gênes (31), Londres (1), Majorque (11), Milan (1), Montpellier (4), Naples (1), Palerme (1), Paris (5), Piombino (1), Pise (14), Prato (1), Rome (2), Savone (1), Valence (7), Venise (34).

au développement rapide de l'industrie des futaines en Lombardie.[17] Doit-on en déduire qu'il disparut des marchés occidentaux au cours du XIVe siècle? En fait, bien que les *valute* des archives Datini gardent le silence sur le coton sicilien, il n'avait pas totalement disparu des marchés occidentaux, surtout des marchés catalans comme Barcelone et Majorque.[18] Cependant, ces sources des archives Datini suggèrent qu'il perdit de la valeur au cours du XIVe siècle. Ce résultat témoigne d'une façon indirecte de la diminution probable de la culture du coton en Sicile.

Comme le coton sicilien, ceux d'Arménie et d'Afrique du Nord ne sont pas présents dans ces *valute*. L'Afrique du Nord, qui avait connu un essor de la culture du coton pendant le haut Moyen Age, devint un pays plutôt importateur qu'exportateur à la fin du Moyen Age.[19] Le coton africain était alors exporté en faible quantité et seulement vers une zone très limitée.[20] Dès la fin du XVe siècle, il gagna de nouveau de l'importance sur les marchés occidentaux. Les Vénitiens importaient du coton de Barbarie, et particulièrement d'Oran, et son transport était assuré par le convoi de galées de Barbarie.[21] Le coton d'Arménie, qui avait été très recherché par les marchands occidentaux, surtout pendant la période de la chute d'Acre jusqu'à la reprise du trafic avec la Syrie et l'Egypte, disparut des documents occidentaux avec la disparition de l'Etat d'Arménie. Malgré son absence dans les textes, cette région continuait à cultiver le coton à la fin du Moyen Age. Il semble que le

[17] M.F. Mazzaoui, *The italian cotton industry, op. cit.*, p. 32.

[18] Les contrats instrumentés par les notaires barcelonais prouvent que le coton sicilien était importé à Barcelone aux XIVe et XVe siècles. Cl. Carrère indique même que la demande en cotons sicilien et maltais n'a fait que croître entre 1380 et 1460. D. Coulon arrive à la même conclusion: l'approvisionnement de Barcelone était effectué en grande partie en Sicile, et les quantités de cotons syrien et égyptien transportées par des navires catalans entre 1371 et 1404 étaient faibles et très inégales selon la date. Cl. Carrère, *Barcelone, centre économique à l'époque des difficultés 1380–1462*, 2 vol., Paris, 1967, vol. 1, p. 368 et 637.

[19] J.M. Cuoq, *Recueil des sources arabes concernant l'Afrique occidentale du VIIIe au XVIe siècle*, Paris, 1985, p. 97, 100, 103, 108, 111, 117, 119, 204, 216, 245, 270, 373; El-Bekri, *Description de l'Afrique septentrionale*, tr. M. de Slane, *Journal Asiatique*, 1859, p. 98, 120, 504, 508; R. Brunschvig, *La Berbérie orientale sous les Hafsides des origines à la fin du XVe siècle*, 2 vol., Paris, 1940–1947, vol. 2, p. 223.

[20] M. Gual Camarena, *El primer manual, op. cit.*, p. 173.

[21] Mas-Latrie, *Traités de paix et de commerce, op. cit.*, pp. 276–278; A. Ducellier, «Le registre de Giovanni Manzini, notaire sur les galées vénitiennes de Barbarie (1472–1476)», p. 525. Sur les régions productrices au XVIe siècle, voir Léon l'Africain, *Description de l'Afrique*, éd. et tr. A. Epaulard, Paris, 1956, pp. 169–171, 251–252, 323–324, 328, 334, 341–342, 378–385, 403–406.

coton d'Arménie ait été introduit sur les marchés occidentaux sous le nom de coton syrien au XVe siècle. En effet, les marchands de Venise fréquentaient le port de L'Aïas pour transporter du coton vers les ports syriens à bord de bateaux de petite taille, et l'exporter ensuite par le convoi de coques.[22]

Outre la disparition de certains cotons, les *valute* témoignent de la prédominance de certaines variétés sur les marchés occidentaux. Nous repérons donc les trois plus demandées en Occident vers 1400: coton d'Asciam, de Turquie et d'Alexandrie. Le coton d'Asciam, une variété syrienne, était échangé sur la plupart des grands marchés occidentaux, comme Venise, Gênes, Barcelone, Valence, Majorque, Avignon, Bruges, Paris, Montpellier, Pise, Gaète. Selon les autres types de documents des archives Datini, cc coton syrien était également vendu dans d'autres villes comme Milan, Crémone, Bologne, Bruges, Florence, etc.[23] Les documents vénitiens attestent que l'Allemagne du Sud aussi représentait un grand marché pour le coton d'Asciam. En fin de compte, sa zone d'échange couvrait la plupart des pays occidentaux. Outre le coton d'Asciam, les deux autres variétés syriennes de Hama et d'Acre sont très fréquemment présentes dans les *valute*.[24] En somme, les *valute* nous forcent à conclure que les cotons syriens étaient les plus demandés sur les marchés occidentaux à cette époque.

---

[22] La Syrie nommée *Soria* par les Vénitiens englobait une région plus vaste que la Syrie d'aujourd'hui. Elle s'étendait bien plus au nord qu'Alep et bien plus au sud que Damas. Même si elle n'appartenait pas vraiment à la *Soria*, l'Aïas était sous l'espace commercial syrien. A la fin de l'année 1483, un marchand vénitien, Pietro Gabotto, s'y rendit pour acheter du coton. Il devait mille neuf cents ducats à Mamut Aga de l'Aïas. Ce dernier menaça de mettre sous scellés les marchandises des Vénitiens à l'Aïas. Un autre marchand vénitien, Ambrogio Malipiero, devait envoyer un *gripo* pour charger les cotons des marchands vénitiens, qui s'y trouvaient. E. Vallet, *Marchands vénitiens, op. cit.*, p. 185, 258.

[23] L. Frangioni, *Milano fine Trecento: il carteggio milanese dell'Archivio Datini di Prato*, 2 vol., Florence, 1994, vol. 1, p. 191; D.P. Torres, *El comerç internacional de Barcelona e el mar del Nord (Bruges) a finales del segle XIV*, Barcelone, 2002, pp. 204–206.

[24] La correspondance des archives Datini nous permet d'apprécier leur valeur et leur volume relatif. Par une lettre du 30 avril 1399 envoyée de Venise à Manno d'Albizo habitant à Pise, un marchand vénitien, Donato di Bonifazio, donna une information provisoire sur le volume du coton qui devait être transporté par le convoi de coques de mars, soit trois cent cinquante sacs de coton filé et cinq mille sacs de coton brut, dont neuf cents viendraient d'Acre, six cents de Hama et tout le reste d'Asciam. Cette proportion est confirmée par une autre lettre adressée à Manno d'Albizo par Donato di Bonifazio, d'après laquelle le convoi de coques de septembre 1399 transporterait trois mille sacs de coton de Syrie à Venise, dont la plus grande partie serait en coton d'Asciam, le reste étant deux cent-vingt sacs de Hama et deux cents sacs d'Acre. ASP, fonds Datini, busta 550, n° 8322 et 8344.

Le coton de Turquie était échangé dans des régions aussi vastes que celui de Syrie. Cependant, sa fourniture ne s'effectuait pas aussi bien que celle des cotons syriens. Le coton turc était souvent épuisé sur le marché de Venise. A Gênes même, qui monopolisait le trafic du coton turc, ce dernier était introduit moins régulièrement que celui d'Asciam vers 1400, selon les *valute*. Il faut pourtant insister sur le fait que la demande en coton turc semble augmenter au cours du XVe siècle. Selon l'administration de Francesco Draperio de la ferme des impôts de la Nouvelle Phocée du 1er janvier 1447 à octobre 1452, deux cent-dix mille *cantares* de coton arrivèrent de Turquie à Phocée.[25] Cette quantité n'est pas inférieure à celle du coton exporté de Syrie, à la même époque, par les marchands vénitiens.

Après le coton de Syrie et de Turquie, celui d'Alexandrie se plaçait au troisième rang. D'après les *valute*, il était écoulé sur de nombreux grands marchés occidentaux comme Venise, Gênes, Pise, Avignon, Montpellier, Majorque, Valence, Bruges et Paris, et sa demande était la plus élevée sur les marchés de Gênes et de Barcelone.[26] Les listes de cargaisons des archives Datini montrent aussi que la principale destination des navires provenant d'Alexandrie avec du chargement de coton était très fréquemment Gênes, quelquefois Marseille, Aigues-Mortes et Barcelone.[27] Mais, ce résultat doit être accepté avec réserve. Car cet essor du trafic du coton d'Alexandrie attesté par ces *valute* semble être de courte durée. Dans le prochain chapitre nous allons développer de près ce sujet.

Les cotons de Malte, de Chypre et de Romanie pouvaient être considérés comme de moindre importance, selon le volume de leur trafic et l'étendue de leurs marchés. D'après les *valute*, la zone d'échange du coton de Malte se concentrait en Méditerranée occidentale, surtout sur les marchés catalans comme Barcelone et Majorque. En effet, les marchands de ces villes catalanes monopolisaient la distribution du coton maltais.[28] Le coton de Romanie aussi avait des débouchés limités. Selon les *valute*, il n'était présent que sur le marché de Venise. De plus, seuls deux cotons romaniotes, celui de Candie et celui de San-

---

[25] J. Heers, *Gênes au XVe siècle: activité économique et problèmes sociaux*, Paris, 1961, pp. 404–405.

[26] E. Ashtor, «Le Proche-Orient au bas Moyen Age», p. 394.

[27] *Ibid.*

[28] Après avoir été travaillé à Barcelone, le coton maltais était réexporté vers des marchés non seulement proches, mais également lointains comme Bruges, Londres et Paris. Cl. Carrère, *Barcelone, op. cit.*, p. 374.

torin, sont mentionnés par ces *valute*. En cela, ces documents risquent de sous-estimer l'extension géographique des ventes et de réduire la gamme des cotons de cette région. Il faut donc confronter ces sources avec d'autres. Des documents vénitiens témoignent nettement de l'importation à Venise d'autres variétés de Romanie.[29] Malgré tout, la zone de commercialisation de premier choix était la péninsule italienne.[30]

Les *valute* des archives Datini gardent le silence sur le coton brut de Chypre. En revanche, elles mentionnent très fréquemment le coton filé de Chypre, qui était commercialisé sur les marchés tels que Venise, Gênes, Barcelone, Avignon, Montpellier, Paris et Bruges. Ce résultat doit être considéré comme inattendu et surprenant. En effet, en général, le coton était exporté de Chypre sous forme brute plutôt que filée.[31] En outre, les navires génois transportaient du coton en quantité non-négligeable à la fin du XIVe siècle. Par exemple, un navire génois dont le patron était Paolo Lercario et qui arriva à Gênes le 4 avril 1395 en provenance de Famagouste, apporta cinq cent quarante-quatre sacs de coton brut et vingt-cinq sacs de coton filé.[32]

Parmi les cotons cités dans les *valute*, les moins demandés sur les marchés occidentaux étaient ceux d'Italie du Sud. Ces derniers ne figuraient que dans les *valute* établies à Venise et à Gênes.[33] Même si sa zone d'échange était réellement plus vaste que celle avancée par ces documents des archives Datini[34], l'Italie du Nord constituait le principal client. Cette constatation est également confirmée par le fait que l'Italie du Sud était une région plutôt importatrice qu'exportatrice de coton.[35]

---

[29] ASV, Senato Misti, reg. 47, f. 16; C.N. Sathas, *Documents inédits relatifs à l'histoire de la Grèce au Moyen Age*, 9 vol., Paris, 1880–1890, vol. 3, n° 320; F. Thiriet, *Régestes des délibérations du Sénat de Venise concernant la Romanie*, 3 vol., Paris, 1955–1961, vol. 2, n° 1697.

[30] Les navires d'Ancône et de Raguse importaient des cotons romaniotes au port d'Ancône, qui étaient destinés à l'industrie cotonnière en Italie centrale. B. Kreckic, *Dubrovnick (Raguse) et le Levant*, Paris, 1961, p. 79.

[31] D'après un document de douanes qui concerne la période d'octobre 1376 à novembre 1377, les Génois importèrent de Chypre deux cent-neuf sacs de coton brut et vingt-six sacs de coton filé. J. Day, *Les douanes de Gênes 1376–1377*, Paris, 1963, passim.

[32] ASP, fonds Datini, busta 1171; Mas-Latrie, *Histoire de l'île de Chypre*, 3 vol., Paris, 1852–1861, vol. 3, pp. 776–777.

[33] En 1376–1377, une certaine quantité de coton de Tropea, en Calabre, fut importée à Gênes. J. Day, *Les douanes, op. cit.*, p. 909. Le coton d'Italie du Sud continue à être importé à Gênes au XVe siècle. J. Heers, *Gênes au XVe siècle*, p. 229.

[34] Le coton d'Italie du Sud était parfois exporté en Sicile, dans le Midi de la France et en Afrique du Nord aux XIVe et XVe siècles. E. Baratier et F. Reynaud, *Histoire du commerce de Marseille*, Paris, 1951, vol. 2, pp. 160–161.

[35] M. Del Treppo et A. Leone, *Amalfi medioevale*, Naples, 1977, p. 226; G. Imperato, *Amalfi e il suo commercio*, Salerno, 1980, p. 134.

Bien que les quelques conclusions tirées de l'analyse des *valute* des archives Datini ne puissent être définitives, nous pouvons toutefois apercevoir la hiérarchie des demandes de divers cotons en Occident vers 1400. Une constatation à souligner, c'est que le coton de Syrie et de Turquie dominait alors les marchés occidentaux. Leur quote-part de marché devint plus évidente au cours du XVe siècle.

Notre deuxième question porte sur la qualité des différents types de coton, qui constitue un facteur important, déterminant leurs différents emplois et influençant le niveau de demande sur les marchés.[36] Le critère de base pour le classement était la couleur, la longueur et l'uniformité de la fibre, l'absence de tache, l'humidité, etc. D'après le manuel de Pegolotti, le meilleur coton doit être de longue fibre, de couleur très blanche, très pelucheux, dépourvu de graine et de teigne, et sans tache causée par l'humidité ou les insectes.[37] Ainsi, le coton turc, d'une qualité inférieure, était appelé parfois le «coton rouge», par opposition au «coton blanc».

Les statuts des centres italiens de fabrication faisaient une distinction entre les cotons de bonne qualité et ceux de mauvaise qualité, qui ne devaient pas être mélangés. Selon ceux de Crémone, les trois types de cotons provenant de Turquie, des Pouilles et de la Barbarie étaient considérés comme de mauvaise qualité, à savoir de couleur rouge et de fibre courte.[38] Le manuel de Pegolotti est plus détaillé sur le classement: Hama–Alep–Arménie–Sciame–Acre–Chypre–Laodicée–Pouilles–Malte–Calabre–Sicile. Par contre, selon le manuel catalan du XIVe siècle, le coton sicilien était considéré comme de bonne qualité, au même niveau que celui de Chypre.[39]

Les prix servent également de référence pour le classement qualitatif. Les documents des archives Datini nous donnent beaucoup d'informations sur le prix des cotons sur les marchés occidentaux. D'après ces sources, le coton de Santorin coûtait le plus cher. Le 16 janvier 1382, il était échangé sur le marché de Venise au prix de sept livres et

[36] M.F. Mazzaoui, *The italian cotton industry, op. cit.*, p. 26; C.S. Almansi, *Statuti dell'Università e paratico dell'arte del pignolato bombace e panno di lino*, Crémone, 1970, pp. 151–152.

[37] Pegolotti, *La pratica, op. cit.*, p. 367; A. Noto, *Liber dati mercantie communis Mediolani (registro del secolo XV)*, Milan, 1950, p. 155.

[38] C.S. Almansi, *Statuti dell'Università e paratico, op. cit.*, pp. 151–152.

[39] «Cotó mapus d'Ultramar: aquest val més. Cotó de Xipra: aquest és bo. Cotó filat de Barchinona: aquest és bo. Cotó de Calàbria: aquest és àvol. Cotó de Cicilia: aquest és bo.» M. Gual Camarena, *El primer manual, op. cit.*, p. 102.

demie par mille livres légères, le même prix que le coton de Hama, qui était généralement considéré comme de meilleure qualité.[40] Une lettre du 31 mai 1399 envoyée de Venise à Gênes atteste également que le coton de Santorin était vendu au même prix ou un peu plus que celui de Hama.[41] Mais, quelques données éparses ne suffisent pas pour tirer une conclusion définitive. La qualité inférieure était parfois vendue plus cher, selon les conditions du marché et d'approvisionnement. Ce qui est certain, c'est que le coton de Santorin était en général plus cher que celui de Candie.[42]

Sauf pour le coton de Santorin, les documents des archives Datini confirment le classement habituel. D'abord, les cotons syriens se situaient en tête. Le plus cher était le coton de Hama. A la différence du classement de Pegolotti, les cotons d'Acre et de Laodicée devinrent plus chers que celui d'Asciam vers 1400.[43] Celui-ci représentait alors la variété syrienne la moins précieuse. Le coton de Chypre aussi était de bonne qualité. Même si elles gardent le silence sur le prix du coton brut de Chypre, les *valute* des archives Datini donnent assez d'exemples du prix du coton filé de Chypre. Ce dernier était toujours supérieur à celui d'Alexandrie. En général, le coton d'Alexandrie coûtait moins cher que celui d'Asciam, même si les documents des archives Datini nous donnent parfois des renseignements contradictoires.[44] La qualité du coton de Malte était inférieure à celle d'Alexandrie.[45] Pourtant, le coton de Malte était parfois plus cher que celui d'Alexandrie sur les marchés catalans comme Barcelone, Majorque et Valence.

Les cotons de plus basse qualité comprenaient ceux de Romanie, de Turquie et d'Italie du Sud.[46] La région de Romanie avait pourtant une gamme variée. Comme nous venons de l'indiquer, le coton de Santo-

---

[40] ASP, fonds Datini, busta 1171. Dans ce registre se trouvent trois *valute* mentionnant le prix du coton de Santorin, qui était toujours le plus haut.

[41] M. Purgatorio, *I rapporti economici tra Venezia e Genova alla fine del Trecento (studio su documenti dell'archivio Datini di Prato)*, Florence, 1989–1990, p. 196.

[42] G. Saint-Guillain, «Les ducs de l'archipel et le coton de Santorin (fin XIVe – début XVe siècle)», p. 390.

[43] Le coton de Foa aussi était plus coûteux que celui d'Asciam.

[44] Le coton d'Alexandrie était parfois plus cher que celui d'Asciam. E. Ashtor, *Levant trade, op. cit.*, pp. 175–179.

[45] Le 8 décembre 1404 à Venise, les cotons d'Alexandrie et de Malte étaient vendus respectivement 21 et 20 livres par mille livres. ASP, fonds Datini, busta 1171.

[46] Les sources des archives Datini nous donnent seulement quelques exemples sur le prix du coton d'Italie du Sud. D'après une *valuta* établie le 16 janvier 1382 à Venise, il coûtait cinq livres et demie par mille livres, le plus bas prix parmi tous les cotons disponibles à ce moment-là.

rin représentait un produit de très bonne qualité. Parmi différents types romaniotes, celui de Candie était également considéré comme un bon coton, même s'il était inférieur à celui d'Asciam, et était échangé parfois au même prix que ce dernier.[47] Mais, les autres variétés, probablement produites en Grèce continentale, étaient de qualité aussi médiocre que le coton turc. Le 28 août 1406, les cotons turcs et grecs étaient vendus au même prix de huit livres, sur le marché de Venise.[48] Même s'il figure rarement dans les documents des archives Datini, le coton d'Italie du Sud était considéré comme la qualité la plus inférieure, comme le coton turc.[49]

En dépit de la différence de qualité de plusieurs types de cotons, leur écart de prix n'était pas considérable, contrairement aux divers prix des laines. En effet, la laine de la plus haute qualité était quatre fois plus coûteuse que celle de la plus basse qualité.[50] En revanche, le prix du coton turc correspondait à 60 et 70 % de celui de Hama. Cela suggère que les mauvais cotons pouvaient remplacer ceux de haute qualité, au cas où ces derniers n'étaient pas fournis en quantité suffisante, malgré l'interdiction d'employer des cotons de qualité inférieure dans certains centres italiens de fabrication des futaines.

---

[47] ASP, fonds Datini, busta 715, n° 800667, busta 929, n°516102, 116745, 116753, 116758.

[48] Une lettre du 21 août 1406 montre également que les prix des cotons turcs et grecs étaient égaux, à savoir 8 et 8,5 livres. M. Innocenti, *L'intenso carteggio datiniano scambiato da Venezia con Barcellona nel 1400–1410, con le valide aperture sul Mediterraneo e l'Occidente che esso determina (con trascrizione di 361 lettere)*, Florence, 1977–1978, pp. 683–684, 1475.

[49] ASP, fonds Datini, busta 549, n° 307981, 307985.

[50] L. Frangioni, *Milano fine Trecento, op. cit.*, vol. 1, p. 190, 220–231.

CHAPITRE II

L'APPROVISIONNEMENT EN COTON DANS LES REGIONS NON-CHRETIENNES

I. *Le coton de Syrie*

A. *La production: une augmentation*

Pour ce qui est de la culture en Syrie, il nous faut d'abord identifier deux régions productrices: Asciam et Foa. F. Melis assimile cette dernière à Phocée, port principal d'embarquement pour le coton turc au XVe siècle.[1] Mais il s'agit en réalité d'une ville syrienne, comme l'atteste la correspondance de la *fraterna* Soranzo, une société d'affaires vénitienne, dont le principal intérêt était le commerce du coton syrien. Elle entretenait une correspondance avec deux partenaires demeurant à Foa dans les années 1400. Une lettre rédigée à Foa le 21 juin 1403 par Bartolomeo Soranzo, arriva le 23 juin 1403, soit en deux jours, à Donado Soranzo installé à Hama.[2] Une autre lettre envoyée de Foa par Marco Corner, elle aussi, fut adressée en deux jours au même destinataire.[3] En comparaison, c'est en cinq jours que la correspondance arrivait de Damas à Hama. On peut donc en déduire que Foa ne se situait pas très loin de Hama, à la distance d'une journée environ.

Pour ce qui est d'Asciam, on s'accorde pour la situer en Syrie. Pourtant, il subsiste une controverse sur son emplacement exact. On l'appelait très souvent Asciam ou Sciame (Siam ou Sciamo) et plus rarement Xam.[4] W. Heyd indique que le nom de Sciame est la reproduction du

---

1 F. Melis, *Documenti per la storia economica dei secoli XIII–XVI*, Florence, 1972, p. 302, 600; G. Saint-Guillain, «Les ducs de l'archipel et le coton de Santorin (fin XIVe – début XVe siècle)», p. 391.

2 ASV, Miscellanea Gregolin, busta 8, lettre du 21 juin 1403 de Bartolomeo Soranzo à Donado Soranzo.

3 *Ibid.*, lettre du 13 août 1403 de Marco Corner à Donado Soranzo.

4 Dans un manuel de marchandise de Barcelone du XIVe siècle figure le coton de Xam (*cotó mapus del Xam*). Bien que son éditeur prenne Xam pour la région d'Alcamo en Sicile, il est plus probable que Xam correspond à Sciame en Syrie. En effet, la ville d'Asciam s'appelle Came ou Xame dans la correspondance expédiée de Milan par des

mot arabe Cham qui désignait à la fois la Syrie en général, et plus spécialement la province de Syrie du Centre, parfois même la capitale de cette province, c'est à dire Damas.[5] Par contre, E. Ashtor est persuadé que le terme italien Siamo ou Sciamo représentait la ville de Sarmin en Syrie du Nord, au sud-ouest d'Alep. M.F. Mazzaoui avance l'idée que ce mot était en usage pour désigner la région à l'ouest de la Syrie centrale, desservie par les ports de Tripoli et de Beyrouth.[6] Mais on sait par ailleurs que le port principal d'embarquement pour le coton d'Asciam était Laodicée plutôt que Beyrouth ou Tripoli. Compte tenu du fait que le coton de Hama était le plus souvent embarqué au port de Tripoli, la ville d'Asciam se situait nécessairement au nord de Hama, et ne devait pas en être très éloignée. En effet, un partenaire de la *fraterna* Soranzo, Mafio Cavaza, s'occupait des achats de coton, non seulement à Hama, mais également à Asciam.[7]

D'après E. Ashtor, la caractéristique la plus notable du commerce du Levant au XIVe siècle est une croissance du trafic du coton syrien de la part des Occidentaux.[8] En effet, la production augmenta dans tous les pays du Proche-Orient. La demande moindre en céréales, par suite de la diminution de la population, causée successivement par l'expulsion des chrétiens de Syrie, les dévastations par les Mongols et les ravages des épidémies, contraignit les paysans musulmans à passer de la culture du blé à celle du coton. Cependant la réelle poussée de la culture du coton et de son exportation commença à partir de la seconde moitié du XIVe siècle, selon cet auteur.[9]

Il donne pour preuve des récits de voyage de pèlerins occidentaux qui mentionnent des plantations de coton dans des lieux où il n'y en avait pas autrefois et où sa culture venait d'être introduite. De fait, avant la chute d'Acre en 1291, les marchands chrétiens s'approvisionnaient en coton le plus souvent en Syrie du Nord, les Vénitiens à Alep

agents d'affaires ou partenaires de la compagnie Datini. M. Gual Camarena, *El primer manual hispanico de mercaderia (siglo XIV)*, Barcelone, 1981, p. 108; L. Frangioni, *Milano fine Trecento: il carteggio milanese dell'Archivio Datini di Prato*, 2 vol., Florence, 1994, vol. 2, p. 626.

[5] W. Heyd, *Histoire du commerce du Levant*, vol. 2, p. 612.

[6] M.F. Mazzaoui, *The italian cotton industry in the Later Middle Ages 1100–1600*, Cambridge, 1981, pp. 178–179.

[7] ASV, Miscellanea di carte non appartenenti a nessun archivio, busta 8–9.

[8] E. Ashtor, *Levant trade in the Later Middle Ages*, Princeton, 1983, pp. 24–25.

[9] E. Ashtor, «The venetian cotton trade in Syria in the Later Middle Ages», p. 677.

et les Génois à Antioche.[10] Les traités établis au XIIIe siècle entre les Vénitiens et les princes musulmans de Syrie du Nord montrent que la région était alors le foyer de la culture du coton.[11] Malgré des exagérations souvent présentes dans des récits de voyage, la conclusion qu'en tire E. Ashtor est tout à fait plausible.[12] En effet, la nouvelle industrie cotonnière d'Allemagne du Sud, datant des années 1360, entraîna une augmentation considérable de la demande en coton syrien. C'est pour satisfaire cette nouvelle demande que la Sérénissime mit en place en 1366 le convoi de coques qui devait transporter le coton de Syrie à Venise.[13]

Au cours de la fin du Moyen Age la culture du coton se répandit dans d'autres régions que la Syrie du Nord. L'augmentation en Palestine fut considérable. Le coton était alors cultivé dans plusieurs régions de Palestine, Acre, Ashqelon, Tibériade, Galilée, Nazareth, Ramla, Jaffa et Safed. Il convient de souligner surtout le cas d'Acre. Au fur et à mesure que le royaume latin de Syrie se réduisait autour de la cité, le trafic des marchands occidentaux se mit à graviter autour d'elle. Pourtant, ceux-ci devaient encore se rendre le plus souvent jusqu'à Alep pour acquérir du coton et puis le transporter à Acre pour le chargement.[14] Autour de 1379, le coton était devenu un produit agricole important à Acre, selon un auteur arabe qui écrivit l'histoire de la province de Safed. Roberto da San Severino, qui fit un pèlerinage à Jérusa-

[10] La ville d'Alep fut un lieu d'achat du coton depuis la Première croisade jusqu'à la fin du Moyen Age. En 1207–1208, l'émir d'Alep permit l'établissement d'un fondouk vénitien par un traité avec Venise selon lequel les Vénitiens devaient payer 17 *dirhams* pour une *soma* de coton d'Alep à Laodicée. M. Pozza, *I trattati con Aleppo 1207–1254*, Pacta Veneta II, Venise 1990, pp. 30–33; A. Rovere, *I libri iurium della repubblica di Genova*, Rome, 1992, pp. 14–15.

[11] E. Ashtor, «Le Proche-Orient au Bas Moyen Age: une région sous-développée», p. 395; J. Richard, «Agricultural condition in the Crusader states», p. 261.

[12] Dans son récit de voyage de l'Egypte et de la Terre sainte, un pèlerin florentin, Leonardo di Frescobaldi, décrit la production du coton aux alentours de Beyrouth en disant que *«il paese grasso, e ubertoso, e ricco, e evvi gran quantità di bambagia»*. L. di N. Frescobaldi, *Viaggio di Lionardo di Niccolo Frescobaldi fiorentino in Egitto e in Terra Santa*, Rome, 1818, p. 176. La description de la ville de Saïda par Guillebert de Lannoy exagère un peu la culture du coton dans cette région, en parlant d'une abondance de coton et de blé. En réalité, cette région n'était pas parmi les grands producteurs. G. de Lannoy, *Voyages et ambassades de Messire Guillebert de Lannoy (1399–1450)*, éd. C.P. Serrure, Mons, 1840, p. 110.

[13] ASV, Senato Misti, reg. 32, f. 3^{v}.

[14] D. Jacoby, «A venetian manual of commercial pratice from crusader Acre», p. 425.

lem en 1458, remarqua lui aussi des champs de coton près d'Acre.[15] Au XVe siècle le principal motif de séjour des marchands vénitiens dans cette ville était l'acquisition et l'exportation du coton.[16] Après l'occupation ottomane, sa culture en Palestine continua à croître.[17]

A la fin du Moyen Age, le coton était également produit en Syrie centrale : à Tripoli, Beyrouth, Saïda et Tyr. Malgré cette diffusion ou expansion en Palestine et en Syrie du Centre, la principale région productrice demeurait toujours la Syrie du Nord, notamment la région entre Alep et Hama comprenant Asciam, Foa, Laodicée et Gibelet.[18] Néanmoins on y observe des modifications : productrice de premier ordre aux XIIe et XIIIe siècles, Alep perdit une partie de son importance au profit d'Asciam et Hama.[19]

---

15 *Viaggio in Terra Santa*, Bologne, 1888, p. 185, cité par E. Ashtor, « The venetian cotton trade, op. cit. », p. 680.

16 ASV, Procuratori di San Marco, Commissarie miste, *buste* 116 et 117 ; F. Melis, *Documenti, op. cit.*, p. 296 ; E. Ashtor, « The venetian cotton trade, op. cit. », p. 699 ; B. Arbel, « Venetian trade in fifteenth century : the letters of Francesco Bevilaqua (1471–1472) », p. 242.

17 Les Ottomans conquirent la Palestine en 1516. La première enquête cadastrale semble avoir été faite en 1525 et fut répétée souvent au cours du XVIe siècle. Selon ces enquêtes, la Palestine était divisée en quatre régions (*Liwas*), Safed, Naplouse, Jérusalem et Gaza. Les cadastres de Palestine faits au début de leur domination, montrent que la culture du coton y était bien répandue. En Galilée et autour de Nazareth surtout, cette culture prit une importance nouvelle à la fin de l'époque des Mamelouks et au début de l'époque ottomane. Par contre, celle de Jaffa avait moins de place par rapport à la culture des trois principales céréales : le blé, l'orge, et le sésame. B. Lewis, *Notes and documents from the turkish archives : a contribution to the history of the Jews in the ottoman empire*, Jérusalem, 1952, p. 5 ; Idem, « Jaffa in the sixteenth century, according to the ottoman tahrir registers », dans *Studies in classical and ottoman Islam*, Variorum Reprints, Londres, 1976, pp. 444–445 ; Idem, « An arabic account of the province of Safed », *Bulletin of Oriental and African Studies*, XV : part 3 (1963), pp. 477–488 ; Idem, « Nazareth in the sixteenth century according to the ottoman tapu registers », dans *Arabic and islamic studies in honour of Hamilton A.R. Gibb*, Londres, 1965, pp. 416–425.

18 E. Ashtor, « The venetian cotton trade, op. cit. », pp. 678–681.

19 En dépit de la diminution de sa production, Alep constituait toujours un marché aussi important que Hama et Asciam à la fin du Moyen Age. En effet, elle se présentait comme un entrepôt pour les cotons produits non seulement dans sa propre région, mais également pour ceux qui provenaient de Turquie, surtout de l'ancien royaume d'Arménie. Elle était un carrefour entre la Turquie et la Syrie. Dans son récit de voyage effectué en 1500, Lodovico de Varthema décrit la ville d'Alep comme suit : « *el qual Alepo è una bellissima cità et è sottoposta al gran Soldano del Cairo et è scala della Turchia et della Surria, et sonno tutti Maumetani, et è terra de grandissimo trafico de mercanzia et maxime de Persiani e Azamini che arrivano li. E li se piglia lo camino per ire in Turchia e tin Surria, zoè de quelli vengano de Azemia (Armenia)* ». P. Giudici, *Itinerario di Ludovico de Varthema*, Milan, 1928, p. 84. Dans les années 1480, la famille Malipiero jouait une rôle très important dans le commerce du coton sur le marché d'Alep. Ambrogio et Marin Malipiero installés

La supériorité quantitative de la production de Syrie du Nord est bien documentée par la correspondance marchande occidentale. Le convoi de mars 1399 transporta de Syrie à Venise cinq mille sacs de coton brut: six cents d'Acre, neuf cents de Hama et le reste d'Asciam.[20] La composition du convoi de septembre 1399 était plus ou moins identique: deux cents sacs d'Acre, deux cent vingt de Hama et deux mille cinq cent quatre-vingts d'Asciam.[21] Le convoi de mars 1414 importa deux mille cent sacs de coton d'Acre à Venise. Celui de mars 1423 apporta mille deux cent cinquante sacs d'Acre, près de cinq cents de Hama et sept cent cinquante de Laodicée.[22] Les cotons, dits «d'Acre» ou de «Laodicée», semblent en fait désigner la totalité des cotons chargés dans ces ports: le coton ne portait pas nécessairement le nom du lieu producteur, mais celui du port de chargement ou du marché.[23] Mais il faut souligner la quantité importante de ce «coton d'Acre».

B. *La commercialisation: le monopole vénitien*

Pour l'acquisition du coton, les marchands occidentaux se rendaient fréquemment sur les lieux de production, qui constituaient donc aussi, le plus souvent, des marchés d'échanges. Pendant la période des croi-

à Tripoli y avaient de nombreux partenaires ou facteurs, Domenico Chapelan, Alvise Corner, Francesco Morosini, Almoro Donado, Giacomo Contarini, Francesco Zorzi, Geronimo Querini et Bernardo Zarabini. A la même période, Anzolo Malipiero et son frère Giovanni y faisaient des achats de coton. En 1485, ils y achetèrent deux cent trente sacs de coton de Hama pour une valeur de quatre mille cent quarante ducats. En 1488, Tommaso Malipiero et sa compagnie y firent deux achats de coton pour un total montant de 1338 ducats. Des décrets du Sénat vénitien des années 1477 et 1478 témoignent de l'existence d'autres marchands vénitiens que des Malipiero: Battista Morosini, Domenico et Angelo Contarini, Cristoforo Pisani et Francesco Campanati. Ils s'y ravitaillaient en coton par l'intermédiaire des courtiers musulmans. E. Vallet, *Marchands vénitiens en Syrie à la fin du XVe siècle*, Paris, 1991, pp. 317–318; ASV, Miscellanea Gregolin, busta 9; ASV, Procuratori di San Marco, Commissarie miste, busta 161, compte d'Anzolo Malipiero; ASV, Senato Mar, reg. 10, f. 76r, 132r, 153r; E. Ashtor, «The venetian cotton trade, op. cit.», p. 698.

[20] ASP, fonds Datini, busta 550, nº 8344, lettre du 30 avril 1399 de Donado di Bonifazio à Venise à Manno d'Albizo à Pise.

[21] *Ibid.*, nº 8322.

[22] ASV, Miscellanea di carte non appartenenti a nessun archivio, busta 8, lettre du 2 mai 1414 adressée à Donado Soranzo à Hama par Lorenzo Bembo à Venise; ASV, Procuratori di San Marco, Commissarie di Citra, busta 282, lettre du 11 mars 1423 envoyée par Giorgio Loredan d'Acre à Lorenzo Dolfin à Venise.

[23] B. Arbel, «Venetian trade in the fifteenth century Acre: the letters of Francesco Bevilaqua (1471–1472)», p. 245.

sades, Alep représentait la plus importante des places commerciales pour le marché du coton.[24] Comme nous l'avons indiqué plus haut, le rétrécissement des royaumes latins à Acre et à ses alentours entraîna un changement : c'était désormais par le port d'Acre que le coton était expédié en Occident. Un manuel vénitien de marchandise de la fin du XIIIe siècle en témoigne : le coton d'Alep, qui avait été chargé dans les ports de Syrie du Nord, était transféré jusqu'au port d'Acre.[25] Dans le manuel de Pegolotti sont énumérées les villes occidentales recevant du coton depuis Acre.[26]

Pendant la période des croisades, le trafic du coton en Syrie était partagé entre des marchands chrétiens. Ceux de petites villes occidentales n'en étaient pas exclus. Par exemple, un certain Cambio, marchand de San Gimignano, participait au commerce du coton à Alep en s'associant avec un marchand pisan.[27] Il convient de citer le procès entre sa fille et son partenaire d'affaires. Dans les années 1240, il envoya à Pise du coton acheté à Alep. A sa mort, il légua deux *salmas* de coton valant deux *cantares* et demi au *cantare* de la chaîne d'Acre, un *matarassa* de coton d'un poids de dix-neuf *rotoli* au poids de la chaîne d'Acre, une *sporta* de cannelle et un chapeau de feutre. Son associé pisan, Guido, remit les biens de feu Cambio au consul pisan. Avito, tuteur de la fille du défunt, déposa contre Guido. Il réclama la restitution de ces biens et voulut des preuves montrant que Cambio était allé à Alep pour le commerce, qu'il y était tombé malade et qu'il y était mort, qu'il avait

---

[24] En 1207 ou 1208, Ghiath-Eddin-Addahir, fils de Saladin, vit arriver à sa cour à Alep Pietro Marignoni, envoyé par le doge Pietro Ziani, pour conclure un traité de commerce. Il concéda aux Vénitiens à Alep un fondouk, un bain et une église, promit à ceux qui viendraient s'y fixer, de même qu'à ceux qui habitaient Laodicée, l'appui de ses fonctionnaires dans le cas où ils devaient aller en justice, et leur garantit l'inviolabilité de leur fortune en cas de décès. Il fixa d'une manière générale les droits de douane à 12 % à l'entrée et à la sortie du port. Pour les perles et les pierres précieuses, les marchands vénitiens devaient payer le même droit à chaque fois qu'ils voudraient les réexpédier pour les vendre ailleurs ; pour le coton, ils devaient acquitter en outre, à la porte de la ville, une taxe de dix-sept dirhams par charge de bête de somme. Dans les années 1220, ce tarif fut réduit jusqu'à quatre dirhams. M. Pozza, *I trattati con Aleppo 1207–1254*, Venise, 1990, p. 32, 41–42, 50, 52–53.

[25] Ce manuel est très détaillé sur l'emballage et l'acheminement de coton d'Alep à Acre. D. Jacoby, « A venetian manual of commerce pratice from crusader Acre », p. 425.

[26] Ce sont Ancône, Messine, Palerme, les Pouilles, Naples, Venise, Florence, Pise, Gênes, Marseille, Montpellier. Pegolotti, *La pratica della mercatura*, éd. A. Evans, Cambridge, 1936, pp. 65–68.

[27] D. Abulafia, « Crocuses and crusaders : San Gimignano, Pisa and the kingdom of Jerusalem », p. 227, 234–235 ; C. Otten-Froux, *Les Pisans en Orient de la Première croisade à 1406*, Paris, 1982, appendice I, n° 23.

confié ses biens à Guido et que celui-ci les avait fait porter à Acre. La réponse de Guido est comme suit: «Un consul des Pisans est élu, il doit demeurer à Acre et est le chef de tous les marchands venant, partant et demeurant à Acre et dans toute la Syrie *qui pro Pisanis recognoscuntur et habentur*. La coutume veut que le tiers des biens d'un marchand pisan décédé à Acre ou en Syrie parvienne au consul d'Acre pour la commune. Ceux de Cambio devaient être remis au consul.» Comme les marchands de San Gimignano n'avaient obtenu aucun privilège des souverains des Etats latins en Syrie et en Palestine, ils faisaient leurs affaires en tant que sujets de Pise. Les marchands de Florence, Pistoia, Lucques et Sienne en route vers Alep, se présentaient aussi comme des Pisans, pour profiter des privilèges pisans et y acheter du coton.

Dès la seconde moitié du XIVe siècle, le commerce du coton en Syrie tomba progressivement sous le contrôle des marchands vénitiens, et au cours du XVe siècle, la part vénitienne devint encore plus importante.[28] Même si des marchands de Gênes, de Barcelone, d'Ancône, de Pise et du Midi de la France, achetaient une bonne quantité du coton en Syrie vers 1400, leur volume était déjà très inférieur à celui de Venise.[29] Le passage en Syrie des navires de Barcelone et de Gênes devint rare au cours du XVe siècle. Leurs investissements pour le coton se réduisirent dès la fin du XIVe siècle. Leur intérêt principal était les épices, surtout le gingembre et le poivre. La Syrie n'était plus la principale destination des navires barcelonais. A sa place, Rhodes devint l'escale essentielle.[30]

Au contraire d'autres villes marchandes, Florence essaya d'augmenter ses achats de coton en Syrie. Le convoi florentin de galées visitait

[28] Ce phénomène est déjà souligné par E. Ashtor dans plusieurs ouvrages. E. Ashtor, *Levant trade, op. cit.*; Idem, «The venetian cotton trade, op. cit.», pp. 675–715; Idem, «Le Proche-Orient au Bas Moyen Age. Une région sous-développée», dans *Technology, industry and trade. The Levant versus Europe, 1250–1500*, Norfolk, 1992, pp. 375–433.

[29] La quantité moyenne de coton transportée par des navires de Barcelone et d'Ancône ne dépassait en général pas cent sacs. Il était rare que ces navires transportent plusieurs centaines de sacs de Syrie vers leurs villes. En 1391, près de trois cents sacs de coton furent transportés de Beyrouth à Barcelone par les navires de cette cité. En revanche, à cette époque, les deux convois de coques de Venise transportaient toujours plusieurs milliers de sacs de Syrie à Venise. En 1386, furent importés à Venise neuf mille neuf cents sacs. J. Heers, «Il commercio nel Mediterraneo alla fine del secolo XIV e nei primi anni del XV», p. 172; E. Ashtor, «The venetian cotton trade, op. cit.», p. 687.

[30] Cl. Carrère indique que les marchands de Barcelone se retirèrent de Syrie à partir de 1420. Cl. Carrère, *Barcelone, centre économique à l'époque des difficultés 1380–1462*, Paris, 1967, p. 647; D. Coulon, *Barcelone et le grand commerce d'Orient au Moyen Age. Un siècle de relations avec l'Egypte et la Syrie–Palestine (1330–1430 environ)*, Paris, 1999, p. 570.

régulièrement les ports de Syrie et d'Egypte. En 1460, le tarif du transport fut abaissé pour encourager les activités commerciales en Orient.[31] Le 26 janvier 1466, le convoi de galées dont le capitaine était Bernardo Corsi, débarqua cinq cent dix-huit sacs de coton syrien au port de Pise.[32] L'année suivante, la galée de Pietro Vespucci retourna à Pise avec quatre-vingt-onze sacs.[33] L'intérêt des marchands florentins pour le coton syrien se vérifie au travers des privilèges commerciaux fournis par les sultans.[34] En 1497, les marchands de Florence obtinrent les mêmes privilèges que ceux offerts en 1442 à ceux de Venise. Selon un article de ce traité de 1497, ils pouvaient par exemple s'habiller à la musulmane, au moment où ils visitaient des villages pour acheter du coton, afin d'éviter toute tentative de vol de leurs biens au cours du voyage.[35] Malgré tout, leur trafic n'arriva pas au niveau de celui de Venise. En effet, le fonctionnement du convoi de galées de Florence s'arrêta bientôt.

Dans un nouvel essai pour démontrer si les Vénitiens avaient réussi à monopoliser le grand commerce du Levant, E. Ashtor a nuancé sa première conclusion: «Venise, selon lui, domina ce commerce, mais n'y érigea jamais de monopole. En effet, les autres nations marchandes continuaient leurs activités en Orient, bien que diminuées ou irrégulières». Au contraire, nous affirmons pour notre part que Venise exerça bien un monopole, en ce qui concerne le trafic du coton syrien, au XVe siècle.

1. Les ports d'exportation: Acre, Beyrouth, Tripoli et Laodicée

La position monopolistique de Venise s'observe dans la différence d'utilisation des ports. Les navires de Venise chargeaient du coton dans quatre ports, Acre, Beyrouth, Tripoli et Laodicée, alors que les autres villes maritimes le chargeaient presque seulement à Beyrouth. Les listes

---

[31] E. Ashtor, «L'apogée du commerce vénitien au Levant. Un nouvel essai d'explication», p. 312.

[32] M. Mallet, *The florentine galleys in the fifteenth century*, Oxford, 1967, p. 118.

[33] *Ibid.*, p. 120.

[34] «*E sel occorea che i marchadanti Venetiani cavalchera per lo paixe per comprar gotoni e altre marchadantie, comandemo cher per segurta de le persone soe i possa vestir habito rabescho come vano Mori*». J. Wansbrough, «Venice and Florence in the Mamluk commercial privileges», p. 493; E. Ashtor, «Le Proche-Orient au bas Moyen Age: une région sous-développée», p. 402.

[35] J. Wansbrough, «Venice and Florence in the Mamluk commercial privileges», p. 518.

de cargaisons des archives Datini montrent que les navires de Gênes, de Barcelone, de Collioure et d'Ancône, embarquaient du coton presque toujours au port de Beyrouth.[36] La documentation des actes notariés de Barcelone, même partielle, témoigne incontestablement de ce fait. La liste des navires ayant effectué le voyage entre le Levant et Barcelone de 1403 à 1406, établie par D. Coulon, montre que Beyrouth était le seul port d'escale en Syrie pour les navires de Barcelone.[37]

Pourtant Beyrouth avait une valeur secondaire en tant que port d'embarquement du coton, par rapport aux trois autres. D'abord, la ville se situait loin des principales régions productrices. Il était rare que le coton produit en Syrie du Nord fût exporté à partir de Beyrouth.[38] En mars 1484, les Vénitiens d'Alep ne voulurent pas que leurs marchandises y fussent débarquées, à cause d'une taxe supplémentaire.[39] La moindre importance de ce port pour les Vénitiens est également attestée par le court délai d'escale du convoi de coton de Venise.

En réalité, Beyrouth était avant tout le débouché portuaire pour les épices achetées sur le marché de Damas.[40] Sur ce dernier, on échangeait certes également le coton des régions productrices comme Tibériade, Acre, Hama, Asciam et Laodicée[41], mais cela représentait un marché de second choix pour les Vénitiens.[42] D'ailleurs, le coton est fréquemment absent des listes de prix de marchandises, nommées souvent *valute*,

[36] Il est très rare que ces navires fassent escale dans d'autres ports. En 1379, un navire d'Ancône embarqua trois cent trois sacs de coton de Hama au port de Tripoli. F. Melis, *Documenti, op. cit.*, pp. 142–144.

[37] AHPB, Bernat Nadal, n° 58/169, f. 34^{r}, n° 58/170, f. 100^{r}, 156^{v}; Tomàs de Bellmunt, n° 79/37, f. 18^{r}, 105^{r}–106^{v}; Jaume Ballestre, n° 30/1, f. 52^{v}, 76^{v}–77^{r}, 85^{r}; Arnau Lledo, n° 51/13, f. 12^{r}; Antoni Brocard, n° 106/35, f. 9^{v}, 20^{v}, 27^{v}, 42^{r}, 75^{r}; D. Coulon, «Le commerce barcelonais avec la Syrie et l'Egypte», pp. 207–214.

[38] Lorenzo di Prioli envoya dix-sept sacs de coton de Hama à Beyrouth pour les transporter à Venise pour le compte de la *fraterna* Soranzo. ASV, Miscellanea di carte non appartenenti a nessun archivio, busta 8.

[39] E. Vallet, *Marchands vénitiens, op. cit.*, p. 187.

[40] En effet, le convoi de galées vénitiennes, qui s'occupait du transport des épices de Syrie à Venise, s'appelait le convoi de Beyrouth.

[41] Dans son récit de voyage à Jérusalem de l'année 1458, Gabriele Capodillista raconte l'abondance de diverses marchandises disponibles sur le marché de Damas: «*in questa cità è habundantia de tute cose pretiose, cioè oro, argento e zoglie de ogni sorte; pevere, zenzevere, gariofoli, cinamomo, gotoni et tute altre spetiarie*». G. Capodilista, *Viaggio in Terrasanta di Santo Brasca 1480 con l'itinerario di Gabriele Capodilista 1458*, éd. A.L. Momigliano Lepschy, Milan, 1966, p. 225; E. Ashtor, «The venetian cotton trade, op. cit.», p. 691. Les marchands musulmans achetaient une grande quantité de coton à Acre et l'envoyaient à Damas. B. Arbel, «Venetian trade in fifteenth century Acre», p. 250.

[42] En 1407, Niccolò Morosini acheta du coton à Damas pour une valeur de huit cent dix-sept ducats. ASV, Giudici di Petizion, Sentenze a giustizia, reg. 18, f. 23^{v}–25^{r}.

établies par eux à Damas.[43] En général, des marchands vénitiens installés en permanence à Damas se rendaient deux fois par an à Acre pour le trafic du coton au moment des *mude*.[44]

Laodicée constituait le plus important port de chargement pour le coton produit en Syrie du Nord, Asciam, Alep et Gibelet, tandis que le coton de Hama était le plus souvent chargé au port de Tripoli.[45] Celui d'Asciam était aussi fréquemment embarqué à Tripoli au lieu de Laodicée. Dès le milieu du XVe siècle, la position juridique et économique de Tripoli devint plus élevée. En 1442, l'Etat de Venise y nommait le premier consul, qui était le chef des colonies vénitiennes de Hama, Laodicée, Asciam et Alep.[46] Lors de la *muda* de septembre 1482, deux mille trois cents sacs de coton y furent chargés.[47] Quant à la ville d'Acre, elle servait de port d'embarquement non seulement pour le coton produit dans la région, mais également pour le coton acheté à Damas ou ailleurs.[48]

F. Melis a dressé une liste des navires d'une capacité de poids supérieure à cent cinquante tonnes, qui firent escale en Syrie de 1394 à 1408, en se fondant sur les documents de Datini et de Florence: 278 passages de navires de Venise, 262 de Gênes, 224 de la Catalogne, 30 du Midi de la France et 29 de la Toscane.[49] Ce résultat ne permet pas de

---

Bernardo Querini se procura vingt-cinq sacs de coton de Asciam pour un montant de six cents ducats. ASV, Giudici di Petizion, Sentenze a giustizia, reg. 18, f. 30^{v}–32^{r}.

[43] Le coton n'est pas présent dans une *valuta* établie à Damas le premier décembre 1386 par une personne de la compagnie Datini. De nombreuses *valute* faites à Damas en 1424 par un agent d'affaires de Lorenzo Dolfin gardent le silence sur le coton. F. Melis, *Documenti, op. cit.*, p. 318; ASV, Procuratori di San Marco, Commissarie di Citra, busta 282.

[44] B. Arbel, «Venetian trade in fifteenth century Acre», p. 241.

[45] Lorenzo di Prioli envoya cinq sacs de coton à Tripoli pour les transporter pour le compte de la *fraterna* Soranzo. ASV, Miscellanea di carte non appartenenti a nessun archivio, busta 8. Le soir du 23 décembre 1379, un navire d'Ancône arriva au port d'Ancône avec un chargement des marchandises chargées au port de Tripoli, dans lesquelles se trouvaient trois cent trois sacs de coton de Hama. F. Melis, *Documenti, op. cit.*, pp. 142–144.

[46] E. Ashtor, «The venetian cotton trade, op. cit.», pp. 692–693. Le coton acheté à Damas était parfois chargé au port de Tripoli. D'après une sentence prononcée le 11 juillet 1449 à Venise, Matteo Bembo envoya 109 sacs de coton de Damas à Tripoli pour le compte de Bernardo Zicia et sa compagnie. Leonardo Donato les embarqua sur le navire patronné par Leonardo Contarini. ASV, Giudici di Petizion, Sentenze a giustizia, reg. 107, f. 169^{r}.

[47] ASV, Miscellanea Gregolin, busta 9.

[48] E. Ashtor, «The venetian cotton trade, op. cit.», p. 692.

[49] F. Melis, «Note sur le mouvement du port de Beyrouth d'après la documentation florentine aux environs de 1400», pp. 371–373.

parler du monopole des marchands vénitiens pour l'ensemble du commerce en Syrie, mais il ne peut pas être appliqué au seul commerce du coton. Car c'est au port de Beyrouth que tous ces navires firent escale. Tenant compte de ce fait, nous pouvons dire que Venise accapara au moins l'approvisionnement en coton en Syrie.

2. L'apparition d'un nouveau type de marchand : le marchand de coton

A l'origine du monopole vénitien sur le commerce du coton syrien, se trouve avant tout le soutien de l'Etat. Le convoi de coton y contribua considérablement. Ses deux passages annuels étaient très régulièrement effectués et sa stabilité rassurait les investisseurs, tandis que la nouvelle industrie d'Allemagne du Sud entraînait une augmentation de l'importation du coton syrien. Grâce à ces facteurs favorables, apparut un nouveau type de marchand, spécialisé dans le trafic d'une seule marchandise.

En cela il se distinguait des marchands typiques du Moyen Age. Yves Renouard définit les caractéristiques des grands marchands italiens comme suit : « Leur activité est multiforme. Les hommes d'affaires italiens sont à la fois commerçants, transporteurs, assureurs, changeurs, banquiers, industriels, agents d'information. A ces titres divers, leurs affaires portent sur des quantités de produits et sur des sommes d'argent bien plus importantes qu'à la période précédente. »[50]

Les marchands typiques de cette époque faisaient le commerce de divers produits, dans un but de profit et dans la crainte de perdre tout en investissant dans une seule et unique marchandise.[51] Les deux marchands vénitiens, Andrea Barbarigo[52] et Lorenzo Dolfin, sont très représentatifs.[53] Même s'ils participaient très souvent au trafic du coton,

---

[50] Y. Renouard, *Les hommes d'affaires italiens du Moyen Age*, Paris, 1968, p. 219.

[51] Sur les particularités des marchands faisant des affaires en Syrie et en Egypte à la fin du Moyen Age, voir E. Ashtor, *Levant trade, op. cit.*, pp. 396–416 ; E.A. Congdon, « Venetian merchant activity within Mamluk Syria (886–893/1481–1487) », pp. 1–33. D'après E. Ashtor, les nombreux Occidentaux habitant en Syrie et en Egypte étaient des marchands d'expérience. La plupart d'entre eux étaient des agents pour plusieurs sociétés d'affaires et leur séjour était de longue durée. Même si E.A. Congdon nuance la conclusion d'E. Ashtor, l'image des marchands occidentaux au Levant dessinée par celui-ci est néanmoins globalement acceptable.

[52] Au sujet de ce marchand, il existe l'ouvrage de F.C. Lane, *Andrea Barbarigo, merchant of Venice*, Baltimore, 1944.

[53] Les marchands vénitiens en Syrie à la fin du XVe siècle, traités par E. Vallet

ils s'en retiraient volontairement selon les conditions du marché.[54] D'ailleurs, leurs zones d'affaires étaient très diversifiées. Lorenzo Dolfin, par exemple, avait ses agents d'affaires ou partenaires sur plusieurs marchés: Alexandrie, Acre, Beyrouth, Damas, Constantinople, Candie, Tana, Bruges et Londres.[55]

Nous essayerons d'expliquer ce phénomène de spécialisation à travers deux exemples: la *fraterna* Soranzo dans la première moitié du XVe siècle et la société entre Alvise Baseggio et Paolo Caroldo dans la seconde moitié du XVe siècle. Bien sûr, il existait de nombreux autres marchands vénitiens en Syrie qui se concentraient sur le trafic du coton.[56]

a. La *fraterna* Soranzo[57]

La *fraterna* est une société d'affaires organisée par des frères qui gèrent collectivement leurs activités.[58] La *fraterna* Soranzo était constituée de

---

dans son mémoire de maîtrise, peuvent être considérés comme des marchands typiques. E. Vallet, *Marchands vénitiens en Syrie à la fin du XVe siècle*, Paris, 1999.

[54] Au début, la transaction du coton ne présentait pas un grand intérêt pour Andrea Barbarigo. En fait, il pensait que le commerce du coton avait une moindre importance, était délicat et difficile à comprendre et que le succès dépendait de la chance, liée aux récoltes ou aux événements politiques, hors de son contrôle. Cependant, Alberto Dolceto persuada Andrea Barbarigo d'investir des capitaux dans le coton. F.C. Lane, *Andrea Barbarigo, op. cit.*, p. 101.

[55] ASV, Procuratori di San Marco, Commissarie di Citra, busta 282.

[56] E. Ashtor, «The venetian cotton trade, op. cit.», pp. 697–699; E. Congdon, «Venetian merchant activity within Mamluk Syria (886–893/1481–1487)», *Al-Masaq. Studio arabo-islamica Mediterranean*, 7 (1994), pp. 1–30.

[57] Les recherches sur les affaires de la *fraterna* Soranzo ont déjà été partiellement faites par E. Ashtor, F.C. Lane et W. von Strömer. Dans son ouvrage consacré à Andrea Barbarigo, F.C. Lane indique que la *fraterna* Soranzo représente un bon exemple pour le commerce du coton au Moyen Age. Dans un article, il traite le rythme du commerce du coton de cette *fraterna*. W. von Strömer s'intéresse principalement au rôle de la *fraterna* en tant que fournisseur de coton aux villes allemandes qui fabriquaient de la futaine. Selon l'interprétation d'E. Ashtor, la *fraterna* se spécialisait dans le commerce du coton, notamment dans celui de Hama, dont le volume était d'environ quatre-vingts à cent sacs par an, ce qui correspond à l'investissement de deux mille à trois mille ducats. Sa conclusion sur le commerce du coton de la *fraterna* se fonde principalement sur les livres de comptes, bien que la correspondance soit également utilisée. F.C. Lane, *Andrea Barbarigo, op. cit.*, pp. 145–146, 155, 159, 203; Idem, «Rhythm and rapidity of turnover in venetian trade of the fifteenth century», dans *Venice and history. The collected papers of Frederic C. Lane*, Baltimore, 1966, pp. 109–127; E. Ashtor, *Levant trade, op. cit.*, pp. 257–261, 323, 382, 431; Idem, «The venetian cotton trade, op. cit.», pp. 697–698; W. von Strömer, *Die Gründung der Baumwollindustrie in Mitteleuorpa*, Stuttgart, 1978, p. 37,54, 78–79, 82, 96,101, 147.

[58] Sur les relations entre marchands, il existe déjà plusieurs études. F.C. Lane,

quatre frères, Donado, Giacomo, Pietro et Lorenzo. Si l'on ne connaît pas la date de sa formation, sa gestion prend fin au mois de mars 1434. Ses affaires principales étaient d'importer des cotons de Syrie. Dans ce but, l'un des quatre frères au moins demeurait là-bas. Au début, Donado Soranzo s'engagea dans les affaires, en tant que chef, et résidait en grande partie à Hama, centre du commerce du coton de cette époque. Nous trouvons sa trace en Syrie de 1403 à 1416. Il est probable qu'il soit définitivement retourné à Venise en 1417, date à laquelle son jeune frère Pietro le remplaça.[59] Il est certain qu'entre les années 1418 et 1420, Lorenzo, le cadet, était lui aussi présent en Syrie avec Pietro. Lorenzo Soranzo resta à Hama jusqu'en 1448.[60] Les autres frères, restés à Venise, s'occupaient pour leur part non seulement de la vente des cotons importés de Syrie, mais également de l'envoi des capitaux et de l'acheminement des marchandises nécessaires à l'achat du coton.

Les affaires de la *fraterna* Soranzo constituent un bon exemple pour l'étude du commerce du coton vénitien.[61] En effet, les documents relatifs à celles-ci nous donnent des informations très abondantes, détaillées et précieuses. Grâce à eux, nous pouvons reconstituer les réseaux d'affaires, le volume de négoce, les conditions de transport, le type de clientèle, ainsi que les profits. Nous disposons de deux types de sources essentielles : la correspondance et les livres de comptes. La correspondance Soranzo est en grande partie conservée dans le fonds *Miscellanea Gregolin* comprenant plusieurs *buste*. La *busta* 13 regroupe les copies des lettres échangées soit entre les frères, soit entre la *fraterna* et ses agents

«Family partnerships and joint ventures in the venetian republic», dans *Venice and history*, Baltimore, 1966, pp. 36–55 ; E. Vallet, *Marchands vénitiens*, *op. cit.*, pp. 27–39.

[59] En 1419, Pietro voulait retourner à Venise, mais ses frères lui demandèrent de rester un peu plus longtemps. ASV, Miscellanea Gregolin, busta 13, une lettre du 30 juillet adressée à Pietro Soranzo à Hama.

[60] Selon une sentence prononcée le 19 novembre 1449 à Venise, Lorenzo Soranzo expédia vingt-deux sacs de coton de Hama à Tripoli pour le compte d'Antonio Polani en 1448. Leonardo Donado, facteur d'Antonio Polani, les chargea sur le navire patronné par Giacomo Malipiero. ASV, Giudici di Petizion, Sentenze a giustizia, reg. 111, f. 7^{v}–10^{r}.

[61] Nous ne connaissons pas les débuts de la *fraterna*. Au moment de l'ouverture du *Libro Nuovo Real*, le capital de la *fraterna* était de près de deux mille huit cent quarante ducats et l'investissement personnel de Donado était d'environ mille ducats. Elle termina sa gestion au mois de mars 1434. Cependant, trois frères et leur neveu, fils de Donado, continuèrent le commerce du coton en Syrie. F.C. Lane, *Andrea Barbarigo*, *op. cit.*, pp. 145–146 ; S. Sassi, *Sulle scritture di due aziende mercantili veneziane del quattrocento*, Naples, 1950, p. 17.

d'affaires locaux entre 1418 et 1420. La *busta* 8 renferme également l'original des lettres principalement échangées entre Donado Soranzo à Hama et ses agents d'affaires en Syrie entre 1403 et 1429. En outre, dans le fonds *Miscellanea di carte non appartenenti a nessun archivio*, nous trouvons quelques lettres adressées à Donado Soranzo, alors présent à Hama, par ses agents d'affaires dispersés dans plusieurs régions en Syrie. Il existe par ailleurs trois livres de comptes. Deux d'entre eux, dont l'état de conservation est parfait, se trouvent dans la *busta* 14 du fonds *Miscellanea Gregolin*. Le premier livre de comptes, intitulé *Libro Vecchio Real*, est constitué de cinquante folios, concernant les affaires de 1410 à 1417; le second, dit *Libro Nuovo Real*, contenant cent-soixante-dix folios, comprend le registre des affaires de 1406 à 1434. Le troisième livre de comptes, conservé dans le fonds *Miscellanea di carte non appartenenti a nessun archivio*, nous livre le détail des comptes tenus en 1413 par un agent, Lorenzo di Prioli, qui résidait à Hama.

Tous ces livres de comptes sont tenus en partie double.[62] On y trouve plusieurs sortes de comptes différents: compte de tiers, compte de marchandises, compte de voyage, compte de caisse et compte de profits. Il convient de citer un exemple de compte pour le coton.[63] Il est ouvert à l'occasion de l'arrivée du convoi de septembre 1416, revenu de Syrie à Venise avec trente et un sacs de coton de Hama, envoyés par Donado Soranzo. La colonne de gauche de ce compte, qui commence par l'expression *die dar*, c'est-à-dire, «doit donner», énumère les dépenses à faire à Venise, telles que le déchargement, le transport en magasin, la douane, le coût du transport et la commission de vente. Au bas de la colonne de gauche est noté le montant engagé par Donado Soranzo pour cet achat, ainsi que le montant du profit. Dans la colonne de droite commençant par l'expression *die aver*, soit «doit avoir», sont enregistrés: le nom de l'acheteur, sa ville d'origine, son volume d'achat, le poids, le prix par cent livres légères vénitiennes, ainsi que la date.[64] Ce type de compte ne dévoile pas la totalité d'une transaction. Pour cela, nous devons consulter une autre sorte de compte, rédigé par des marchands faisant des achats de coton en Syrie. Dans la colonne de

---

[62] Les livres de comptes de la *fraterna* Soranzo représentent les premiers exemples connus de comptes en partie double.

[63] ASV, Miscellanea Gregolin, busta 14, Libro Nuovo Real, f. 56.

[64] «*Gotoni Daman alinchontro de aver de 21 avril 1417 per ser Chorado Valsi per sacha 24 pexo neto L 12648 a ducati 7 1/2 el Cento monta neto apar ut supra*». ASV, Miscellanea Gregolin, busta 14, Libro Nuovo Real, f. 56.

gauche de ce compte sont cités tous les frais engagés en Syrie, ainsi que le prix initial d'achat et la quantité. La colonne de droite indique les navires et le montant total (tous les frais + le prix initial d'achat) jusqu'au moment de l'embarquement.[65]

La reconstitution des réseaux d'affaires de la *fraterna* atteste que la Syrie était un objectif de premier ordre. Même si elle utilisait des partenaires commerciaux dans d'autres endroits, son investissement ailleurs se faisait de façon intermittente et pour une valeur très faible.[66] La répartition géographique des partenaires et des agents d'affaires en Syrie suggère également que le coton était la préoccupation majeure. En effet, la plupart des agents d'affaires en Syrie s'installaient à la fois dans les ports d'embarquement et dans les centres de commerce du coton.[67] A cette époque, le chargement du coton en Syrie était accordé à quatre ports, Acre, Beyrouth, Tripoli et Laodicée, dans lesquels étaient installés des partenaires. Tripoli semble avoir été le port le plus important pour la *fraterna*: le coton de Hama y était le plus souvent chargé. Les centres du commerce du coton, où elle employait des partenaires commerciaux, couvraient la majorité des régions productrices, telles que Hama, Alep, Asciam, Foa, Laodicée, Gibelet, Ramla, Acre et Tripoli. Si l'acquisition de coton à Hama était réservée aux frères Soranzo, l'achat sur d'autres marchés était remis à leurs partenaires ou agents. La *fraterna* confiait cette tâche à une dizaine de marchands: Donado di Prioli à Tripoli, Lorenzo di Prioli à Hama, Alvise Morosini à Ramla, Bernardo Corner à Laodicée et à Ramla, Giovanni Francho à Acre, Domenico Contarini à Asciam, Giacomo Dandolo à Gibelet, Marco Corner à Foa, Bartolomeo Soranzo à Alep et à Foa.

---

[65] En général, des marchands rédigeaient plusieurs exemplaires. ASV, Procuratori di San Marco, Commissarie miste, busta 116.

[66] La *fraterna* Soranzo avait des correspondants dans d'autres pays: Lorenzo Soranzo à Chypre, Marco Donado à Candie, Stefano Contarini à Londres, Paolo et Pietro Dacanal, Niccolò Contarini, Marin Giustiniani à Bruges, Pietro Contarini à Tana, Pietro Soranzo à Alexandrie. ASV, Miscellanea Gregolin, busta 13, correspondance de 1418 à 1420; ASV, Miscellanea Gregolin, busta 14, Libro Nuovo Real, passim.

[67] Répartition des marchands vénitiens à la fois en correspondance et en relation d'affaires avec la *fraterna* Soranzo: Hama (Marco Polo, Mafio Cavaza), Asciam (Domenico Contarini), Foa (Bartolomeo Soranzo), Alep (Giovanni Francho), Laodicée (Bernarbò Dutto), Acre (Giovanni Francho), Ramla (Alvise Morosini, Bernardo Corner), Damas (Niccolò Soranzo, Almoro et Andrea Donado), Beyrouth (Pietro Morosini, Geronimo Amadi, Paolo Barbarigo, Pietro di Prioli), Tripoli (Stefano Tolpo, Donado di Prioli, Francesco di Jachomini, Geronimo Surian), Gibelet (Giacomo Dandolo, Lorenzo di Prioli).

Bien entendu, dispersés dans ces divers endroits, ils fournissaient des informations sur les marchés.[68]

Pourtant, il apparaît difficile de déterminer précisément la nature des relations entre la *fraterna* et ses partenaires commerciaux. Dans la plupart des lettres, ils se nommaient simplement *fradello*, sans autre mention pouvant éclairer davantage sur la nature de leurs liens. Il est évident toutefois qu'il s'agissait, dans la plupart des cas, de liens de parenté. Bartolomeo Soranzo et Marco Corner, qui s'occupaient des affaires non seulement à Foa mais également à Alep, étaient les cousins des frères Soranzo. Lorenzo di Prioli, fils de Constantino, qui jouait un rôle très important dans les affaires de la *fraterna*, était lui aussi leur cousin. Il s'occupait d'une compagnie avec eux[69] et il effectua plusieurs achats de coton pour leur compte.[70]

Parmi les marchandises traitées par la *fraterna*[71], le coton, et en particulier celui de Hama, tenait la part la plus importante. C'est la raison pour laquelle l'un des frères restait en permanence à Hama. Le trafic d'autres cotons syriens comme ceux d'Asciam, de Ramla, de Gibelet, d'Acre et de Tripoli, était en comparaison négligeable. Par exemple, si le coton de Hama, mentionné dans le *Libro Nuovo Real*, représente 82 % de l'ensemble des achats, les cinq autres, soit cent quarante-six sacs, en constituent seulement 8 %.

Quelle était l'envergure du commerce du coton de la *fraterna* Soranzo? Selon E. Ashtor, la quantité de coton achetée par un marchand de deuxième ordre au XVe siècle n'excédait pas trente ou quarante sacs, dont le prix d'achat variait de six cents à huit cents ducats par an. Le marchand de premier ordre, qui faisait acquisition de soixante-dix à cent sacs ou plus par an, y investissait plus de deux mille ducats. E. Ashtor considère la *fraterna* Soranzo, ainsi que Mafio Zane et Mafio Cavezza, comme des marchands de premier ordre dans la première moitié du XVe siècle, puisqu'il démontre que le montant d'achat de

---

[68] Dans une lettre réponse du 27 juin 1403 adressée à Donado Soranzo à Hama, Bartolomeo Soranzo donnait des informations sur le marché de coton à Foa: «*De condizion di gotoni di qui i responde molto bene val ai priexii uxadi*». ASV, Miscellanea Gregolin, busta 8.

[69] ASV, Miscellanea Gregolin, busta 13, lettre de février 1420 adressée à Pietro Soranzo à Hama.

[70] ASV, Miscellanea Gregolin, busta 14, Libro Nuovo Real, f. 22a, 68a.

[71] Il s'agissait du coton, du boucassin, de la toile nommée *canevaze*, du poivre et des draps. Cette toile était souvent utilisée pour l'emballage du coton. ASV, Miscellanea Gregolin, busta 14, Libro Nuovo Real, passim.

coton de la *fraterna* était supérieur à deux mille ducats par an.[72] Dans le *Libro Nuovo Real*, la quantité des achats effectués entre 1407 et 1428 s'élevait à un total d'environ mille huit cent cinq sacs (sans distinction des différents types de sac, types de cotons et de leur état), ce qui correspondait à près de quatre-vingt-deux sacs par an.

Cependant la correspondance Soranzo prouve que le volume réel des transactions était beaucoup plus grand que le chiffre avancé par ce livre de comptes. Pour preuve, il nous faut citer une lettre de Giovanni Francho, agent d'affaires de Donado Soranzo, qui s'occupait des achats à Acre. Cette lettre reçue le 25 août 1414 par Donado Soranzo à Damas, montre qu'il achetait plus de coton que ce qui est mentionné dans le compte: «*De condizion di qui e prima chomolezi al prexente pochisimi se acata*» et «*Quanto fin sto zorno per mi se a insachado sacca 130*».[73] Il parle donc de cent trente sacs, alors que le livre de comptes mentionne qu'il n'envoya que dix-sept sacs par le convoi de mars 1414.

Cette hypothèse peut être étayée par le fait que la *fraterna* faisait l'acquisition de coton, non seulement pour son propre compte, mais aussi pour celui d'autres marchands vénitiens. Dans la lettre du 7 mars 1415 adressée en réponse à celle de Donado Soranzo à Hama, Francesco Jachomini disait avoir reçu, pesé et mis en magasin cent vingt-quatre sacs envoyés à deux reprises par son destinataire. Parmi ces cotons, quarante et un étaient à Constantino di Prioli, trente-neuf au fils de celui-ci, quinze à Giovanni Contarini et seulement vingt-neuf à la *fraterna* Soranzo. En outre, cet expéditeur avait déjà chargé sur la coque de Benedetto, dix-sept sacs pour le compte de Constantino de Prioli, seize pour celui du fils de Constantino, dix pour celui de Giovanni Contarini et douze pour celui de Donado Soranzo, comme ce dernier le lui avait prescrit dans une lettre précédente.[74] En 1418, Lorenzo Foscari remit un ordre d'achat de cent sacs de coton à Lorenzo di Prioli à Hama, principal agent et associé de la *fraterna*.[75] Andrea

---

[72] E. Ashtor, «The venetian supremacy in levantine trade», p. 42. En réalité, le volume d'une transaction en Syrie par les marchands vénitiens dépassait très souvent cent sacs. Au mois de mars 1400, Niccolò Chaucho consigna cent quarante-six sacs de coton à son facteur installé à Laodicée pour le chargement. Selon une sentence du 11 juillet 1449, Matteo Bembo envoya cent neuf sacs de coton de Hama à Tripoli pour le compte de son maître. Selon une sentence du 7 août 1488, la compagnie d'Ambrogio Malipiero acheta cent quatre sacs à Tripoli. ASV, Giudici di Petizion, Sentenze a giustizia, reg. 16, f. 64^{v}–65^{r}, reg. 107, f. 169^{r-v}, reg. 185, f. 185^{r}–186^{v}.

[73] ASV, Miscellanea Gregolin busta 8.

[74] ASV, Miscellanea di carte non appartenenti a nessun archivio, busta 8.

[75] ASV, Miscellanea Gregolin, busta 13, une lettre du 16 janvier 1418 adressée à

Barbarigo, lui aussi, utilisait le service de Lorenzo Soranzo, toujours à Hama comme agent de commission dans les années 1430. Lorenzo lui envoya vingt-six sacs de coton de Hama par le convoi de mars 1434, vingt-huit par celui de mars 1435 et cent un par celui de septembre 1435.[76] Ainsi, la correspondance Soranzo suggère-t-elle que le volume d'acquisition pour le compte d'autres marchands était supérieur à celui effectué pour son propre compte.

Pour transporter du coton à Venise, la *fraterna* utilisait nécessairement le convoi, qui passait en Syrie aux mois de mars et de septembre.[77] Elle établissait un contrat de nolis avec des patrons qui y participaient. Dans ce genre de contrat sont généralement notés des conditions à observer: les marchandises à charger, les ports d'embarquement, le tarif des nolis et le délai d'embarquement. La *fraterna* ne manqua pas d'importer du coton par le convoi de coques chaque année, et ceci pendant vingt et un ans, soit de l'année 1407 jusqu'en 1428, exception faite pour l'année 1410.[78]

Quels étaient les acquéreurs du coton de cette *fraterna*? Les marchands allemands en étaient les principaux clients[79], et nous pouvons trouver la présence de marchands italiens.[80] Mais ces derniers constituaient une clientèle moins régulière et leurs achats étaient en quantité négligeable. De fait, leur volume d'achat ne dépasse pas 2 % du total, soit 28 sur 1779 sacs de coton vendus entre 1408 et 1432. Plus de la moi-

Pietro Soranzo à Hama. «Piero Foscharini mando avanti el partise una hordene al dito Ser Lorenzo di Prioli de saci 100 gotoni».

[76] ASV, Archivi di famiglie e di persone, Grimani e Barbargio, busta 41, livre de comptes d'Andrea Barbarigo, f. 127, 178 et 194. Outre l'acquisition de coton en Syrie, Andrea Barbarigo confiait à Lorenzo Soranzo la vente des marchandises sur les marchés syriens. En 1441, il lui expédia des draps. F.C. Lane, *Andrea Barbarigo, op. cit.*, p. 145, 155, 191.

[77] Le *Libro Nuovo Real*, même s'il ne mentionne pas les prénoms, nous permet de connaître les patrons des navires utilisés par la *fraterna*. Ils faisaient constamment partie du convoi de coton en Syrie. ASV, Miscellanea Gregolin, busta 14, Libro Nuovo Real, passim. Les documents juridiques vénitiens attestent également que les marchands utilisaient essentiellement le convoi de coques. ASV, Giudici di Petizion, Sentenze a giustizia, reg. 106, f. 66^v–69^r, reg. 111, f. 7^v–10^r, reg. 176, f. 94^v–96^r.

[78] Cette année-là, des marchands vénitiens furent maltraités, cent mille dirhams leur furent pris par force et un même montant d'amende leur fut imposé. Par conséquent, de nombreux marchands ne purent pas acheter de coton. E. Ashtor, *Levant trade, op. cit.*, p. 248.

[79] Sur ces clients allemands, voir la liste dans le chapitre II de la quatrième partie.

[80] Nombre des clients italiens / leur volume d'achats: Bergame (1 / 7), Florence(4 / 7), Mantoue (3 / 6), Pavie (1 / 1), Trévise (1 / 6), Vicence (1 / 1).

tié fut vendue à près de soixante-douze marchands venus de trois villes, Ulm, Nuremberg et Augsbourg.[81]

Le fait que la *fraterna* Soranzo ait plus d'une centaine de clients, nous fait penser qu'elle pouvait facilement écouler le coton sur le marché de Venise. La majeure partie de la cargaison n'était pas vendue tout de suite après l'arrivée du convoi, mais au cours des mois suivants.[82] En général, des marchands vénitiens cherchaient à se débarrasser de leur stock précédent avant l'arrivée du nouveau convoi, qui risquait de faire baisser les prix. La *fraterna* Soranzo s'en débarrassait souvent à bas prix.[83] La guerre militaire et économique de Sigismond, roi de Hongrie, perturba la circulation habituelle. Dans la correspondance des années 1418 et 1419 adressée à Pietro Soranzo à Hama par son grand frère, ce genre d'inquiétude est perceptible. Dans la lettre du 3 août 1418, il dit que «*daposa vene le nave per via di Fonttego nulla e sta fatto di gottoni, che di gran danno ttorno a i ditti*».[84] A ce moment-là, près de six mille neuf cents sacs restaient invendus sur le marché de Venise. Le convoi de septembre 1418 apporta de nouveau deux mille sacs. Cet afflux de marchandises abaissa considérablement les prix. En fin de compte, les deux passages annuels du convoi obligeaient les marchands à suivre leur rythme, c'est-à-dire à épuiser leurs stocks avant l'arrivée du nouveau convoi.

b. La société de Paolo Caroldo et Alvise Baseggio

Pour reconstituer les affaires de la société fondée par Alvise Baseggio et Paolo Caroldo, nous pouvons avoir recours à deux *buste* du fonds *Procuratori di San Marco*, les 116 et 117.[85] Elles comprennent des lettres

---

81 Pour les clients allemands de la *fraterna*, voir le chapitre II de la quatrième partie.

82 F.C. Lane, «Rhythm and rapidity of turnover in Venetian trade of the fifteenth century», dans *Venice and History*, pp. 115–116.

83 S. Sassi, *Sulle scritture di due aziende mercantili*, *op. cit.*, pp. 77–79.

84 Le livre de comptes de la *fraterna* Soranzo nous permet de noter qu'à partir du mois de mai 1418 et jusqu'à la fin de cette année, aucun coton ne fut vendu. La raison nous en est donnée dans la lettre du 10 juillet 1418 adressée à Lorenzo Bembo, cousin des frères Soranzo à Alexandrie: «*De gotoni el vene qui con le nave de Soria saci 5400 de qui, ne resta meio de saci 1500, siche in summa se atrova di qui da saci 6900 che son gran summa, ancor non e sta fato per non eser mercadantti in Fontego ma pur in Rialto per alguni marineri e sta dado Acre per L 4, Siami per L 4 meno 1/4, Aman per L 5, filadi per ducati 8 in 9 segondo bontado perche vedo non vignando mercadanti in Fontego fara la mala fin*». Le convoi de mars 1418 apporta cinq mille quatre cents sacs de coton de Syrie à Venise, mille cinq cents restant à Venise, alors qu'au total six mille neuf cents sacs étaient entreposés à Venise. ASV, Miscellanea Gregolin, busta 14, Libro Nuovo Real; ASV, Miscellanea Gregolin, busta 13.

85 Même s'il manque encore une étude approfondie sur cette société, il existe déjà quelques recherches et publications des sources. E. Ashtor, *Levant trade*, *op. cit.*, p. 376,

échangées entre les deux partenaires, des copies de lettres, des livres de comptes et des factures. Contrairement aux deux livres de comptes de la *fraterna* Soranzo, ceux de cette société sont trop fragmentaires pour connaître l'ensemble de son trafic de coton. En effet, il s'agit de comptes établis en Syrie, et qui ne montrent que les transactions de l'achat jusqu'à l'embarquement. En revanche, cette société a laissé de nombreuses factures nommées *polizze*,[86] dont la plupart concernent le trafic du coton, ce qui suggère qu'il s'agissait de son affaire principale. Dans le fond *Giudici di Petizion*, se trouvent d'autre part les pièces de procès au sujet du commerce du coton.

Nous sommes moins renseignés sur le début de cette société et sur l'origine des deux associés. On sait du moins que Paolo Caroldo n'était pas noble mais *cittadino*. Selon l'opinion d'un compatriote vénitien, il n'était pas un marchand compétent.[87] Son associé, Alvise Baseggio, participait activement à l'exportation du vin crétois à Bruges et à Southampton dans les années 1450. Les produits traités alors par lui étaient variés: le vin, le coton, le savon, la cannelle, la laque, le riz, la galle et la laine.[88] De toute manière, le volume du trafic du coton était déjà considérable.[89] En 1458 il expédia quatre-vingt-six sacs de Candie à l'Ecluse pour le compte de Marin Dandolo.[90]

Dans les années 1470 et 1480, le coton devint le premier centre d'intérêt de la société. L'approvisionnement en Syrie et l'écoulement sur le marché de Venise constituaient l'essentiel de ses affaires.[91] L'acquisition

432, 470; Idem, «The venetian cotton trade, op. cit.», p. 699; F. Melis, *Documenti, op. cit.*, p. 296, 302, 352, 354, 356, 358; Idem, *Origini e sviluppo delle assicurazioni in Italia (secoli XIV–XVI)*, 2 vol., Rome, 1975, vol. 1, fonti, pp. 77–79; B. Arbel, «Venetian trade in fifteenth-century Acre, op. cit.», p. 242.

86 ASV, Procuratori di San Marco, Commissarie miste, busta 116, fasc. XII: Polizze. Il existe plus de cent *polizze* concernant l'envoi du coton.

87 Dans une lettre adressée à son maître, ce Vénitien dit qu'il lui serait impossible de faire une bonne affaire, parce que Paolo Caroldo est toujours le premier à offrir le prix le plus haut pour le coton. B. Arbel, «Venetian trade in fifteenth century Acre, op. cit.», p. 242.

88 Alvise Baseggio était en relation d'affaires avec des marchands vénitiens installés à Bruges et à Southampton, comme Giovanni Carlo et Lorenzo Collona habitant à Bruges, Marin Contarini et Anzolo dacha Pexaro restant à Southampton. ASV, Procuratori di San Marco, Commissarie miste, busta 117, fasc. XVII: azienda Bruges.

89 *Ibid.*, fasc. XVII. Dans ce registre se trouvent trois livres de comptes concernant les affaires à Bruges.

90 ASV, Procuratori di San Marco, Commissarie miste, busta 116, fasc. XI.

91 Même s'il est évident que la société était spécialisée dans le commerce du coton entre Acre et Venise, elle continuait à exporter des marchandises, y compris du coton,

du coton en Syrie était à la charge de Paolo Caroldo installé à Acre, tandis que la transaction à Venise était contrôlée par son partenaire.[92] Le premier séjourna en Orient pour une longue durée, probablement plus de quinze ans.[93] Les marchands vénitiens constituaient le groupe dominant à Acre. Selon une lettre du 3 février 1472 envoyée par un marchand vénitien, Bevilaqua, il y en avait huit.[94] Mais ce nombre doit être considéré comme un minimum, car à cette date plusieurs marchands avaient déjà quitté la ville, à cause des conditions défavorables de cette période. Leur rôle principal à Acre était l'acquisition, l'entretien et le chargement du coton. Leur vie et leurs affaires étaient rythmées par les deux foires au coton, en mars et en septembre.

Paolo Caroldo se rendait souvent sur d'autres marchés comme Beyrouth, Damas, Safed et Kafr Kana (village en Galilée). Son objectif était avant tout la vente des draps pour avoir l'argent nécessaire à l'achat du coton, qu'il acquérait d'ailleurs parfois sur place,[95] souvent à des administrateurs locaux nommés *muqaddam*.[96] Il s'approvisionnait probablement par le biais des paysans de la région. En 1480, il monta à cheval pour se rendre à Safed et y faire un troc de draps contre du coton filé.[97] On trouve souvent dans des livres de comptes le terme de *cavalcature*, qui désignait la dépense pour le déplacement à cheval.

---

en Flandre. En 1474, Paolo Caroldo envoya trente sacs de coton à Famagouste pour les porter jusqu'en Flandre par Candie.

[92] Sur l'importance commerciale d'Acre, voir B. Arbel, «Venetian trade in fifteenth-century Acre: the letters of Francesco Bevilaqua (1471–1472)», pp. 227–291. Il était généralement reconnu que la ville d'Acre avait été désertée depuis la chute de l'année 1291 jusqu'à la période ottomane. Plusieurs recherches d'E. Ashtor dévoilent qu'Acre représentait cependant un centre important du commerce international, surtout pour l'exportation du coton à la fin du Moyen Age.

[93] La correspondance envoyée d'Acre à Venise en 1471 et 1472 par Francesco Bevilaqua, témoigne de la présence à Acre de Paolo Caroldo. En 1485, il envoya du coton d'Acre à son associé demeurant à Venise. B. Arbel, «Venetian trade in fifteenth century Acre, op. cit.», p. 242; ASV, Procuratori di San Marco, Commissarie miste, busta 117.

[94] B. Arbel, «Venetian trade in fifteenth century Acre, op. cit.», p. 227, 240–241, 243, 245.

[95] En 1481, il acheta vingt-deux sacs de coton à Beyrouth et quatre sacs à Tripoli en 1482. ASV, Procuratori di San Marco, Commissarie miste, busta 116, capitoli, 1481 a di 15 setenbre in Achre n° 22 et busta 117, fasc. XVI; E. Ashtor, «L'exportation de textiles occidentaux au bas Moyen Age (1370–1517)», pp. 376–377.

[96] ASV, Procuratori di San Marco, Commissarie miste, busta 116, capitoli, 1480 a di 2 agosto in Baruto n° 10; B. Arbel, «Venetian trade in fifteenth century Acre, op. cit.», p. 239.

[97] Dans une lettre écrite à Damas le 31 mars 1480, Paolo Caroldo dit: *Io montava a chavalo pro Safeto prima pro Achre et plui oltra*. Les marchands vénitiens avaient la permission de monter à cheval pour se rendre dans des villages afin d'acheter du coton. ASV,

D'après le manuel vénitien de marchandise du début du XVIe siècle, le coût des *cavalcature* était de seize dirhams pour un sac de coton d'Acre, quand l'agent nommé *fattore* faisait des achats pour le compte de son maître.[98] Le même tarif se retrouve dans le livre de comptes de Paolo Caroldo.[99] Comme d'autres marchands occidentaux, il était en quelque sorte obligé de payer ses achats comptant, à cause de la baisse du trafic de l'Occident avec la Syrie.[100] Le troc était donc préféré, si la situation le permettait. Ce moyen n'était pas limité aux marchés syriens. Son associé à Venise, Alvise Baseggio, se procurait des draps d'Italie du Nord auprès de marchands lombards et les leur payait en coton. Ces draps étaient envoyés à Paolo Caroldo, qui les troquait contre du coton sur les marchés syriens. En 1480, il acheta du coton brut et filé à Acre et le paya à la fois comptant et au moyen de draps.[101]

Quel était le volume annuel du commerce du coton de cette société? Il est difficile de l'estimer. En effet, les documents restant ne couvrent pas la totalité de ses affaires.[102] En général, il dépassait de loin cent sacs. Par une lettre du 24 mars 1474 rédigée à Acre, Paolo Caroldo annonça à Alvise Baseggio qu'il avait déjà emballé quatre-vingts sacs et avait encore à s'occuper de la valeur de deux cents sacs. Le convoi de mars 1481 transporta deux cent un sacs pour le compte de la société.

Procuratori di San Marco, Commissarie miste, busta 116, capitoli; B. Arbel, «Venetian trade in fifteenth-century Acre, op. cit.», p. 246.

[98] Biblioteca marciana di Venezia, Tarifa di pexi e spesse achade a metter e trare merchadantia de la terra di Allesandria e altri lochi, Ital. VII CCCLXXXIV (7530 = collocazione), f. 77v: «Quelo e de spexa per sacco uno de gotton che chava marchadanti d'Achre mette a chontto di soi maistri prima».

[99] ASV, Procuratori di San Marco, Commissarie miste, busta 117.

[100] E. Ashtor, «Pagamento in contanti e baratto nel commercio italiano d'oltremare (secoli XIV–XVI)», p. 373, 376, 378–379, 385–391.

[101] Nous avons plusieurs exemples de troc. En 1474, Paolo Caroldo vendit deux balles de draps de Bergame comptant et fit du troc avec une autre balle contre du coton. En 1479, les draps de Brescia furent échangés contre du coton dans un village de Kafr Kana ainsi que d'autres tissus de même qualité vendus aux marchands musulmans et officiers mamelouks à Safed. Un autre marchand vénitien à Acre, Francesco Bevilaqua, vendit des tissus de Londres, dont la mauvaise qualité lui valut un procès. B. Arbel, «Venetian trade in fifteenth century Acre, op. cit.», p. 248. Le tissu nommé *canevaze*, servant à emballer des marchandises, était souvent troqué contre le coton. ASV, Giudici di Petizion, Sentenze a giustizia, reg. 8, f. 1v.

[102] E. Ashtor dit que cette société acheta du coton pour une valeur de quatre mille sept cent quatre-vingt-deux ducats en 1480 et de deux mille six cent quatre-vingt dix-huit ducats en 1481. L'achat de l'année se composait de deux cent vingt-trois sacs de coton brut et mille quatre cent cinquante-trois *rotoli* de coton filé. E. Ashtor, *Levant trade, op. cit.*, pp. 470–471; Idem, «The venetian cotton trade, op. cit.», p. 699.

Par celui de septembre de la même année, cent sacs furent apportés à Venise. Le 14 décembre 1481 la société fit un contrat avec le patron, Domenico Galinberto, afin de transporter quatre cents sacs de coton d'Acre à Venise pour la *muda* de mars 1482.[103] Il faut y ajouter la transaction faite par cette société pour le compte de ses investisseurs. A une date inconnue, Paolo Caroldo expédia cent vingt-quatre sacs de coton: sept pour le compte d'A. Dacha Pexaro, treize pour celui de Marin Contarini, quatre-vingt-six pour celui de Marin Dandolo et de sa compagnie, neuf pour celui de Geronimo Dandolo, neuf pour celui de Marco Querini. En 1482, il envoya cent vingt sacs au nom d'un seul marchand, Marin Carlo, à bord du navire patronné par Galinberto.[104]

Pour ce transport, la société se servait presque toujours du convoi de coton.[105] Francesco Bevilaqua, qui était alors à Acre avec Paolo Caroldo, l'utilisait lui-même la plupart du temps.[106]

La vente à Venise était à la charge d'Alvise Baseggio, qui s'occupait également de l'envoi des capitaux et des marchandises à son partenaire. Il pouvait aisément écouler son stock sur le marché de Venise même. En effet, il avait de nombreux clients réguliers, provenant d'Italie du Nord et d'Allemagne du Sud: Milan, Crémone, Vérone, Brescia, Parme, Modène, Padoue, Faenza, Ferrare et Ulm.[107] A la différence de ce qu'on a vu pour la *fraterna* Soranzo, les clients italiens étaient les

---

[103] ASV, Procuratori di San Marco, Commissarie miste, busta 116.

[104] *Ibid.*, fasc. XI et XII.

[105] Dans les livres de comptes et des factures de cette société sont habituellement indiqués les patrons de navires. Citons un exemple de facture: *Zexus Maria 1481. Fatura de sachi LXXX goton di raxon de ser Alvixe Baseio et Polo Charoldo carichi in su le nave patron ser Dona di Bernardo per la muda di marzo, che l'altro Idio i fazi salvi et prima.* ASV, Procuratori di San Marco, Commissarie miste, busta 116. Une autre facture de la société fut publiée par F. Melis, *Documenti, op. cit.*, p. 296.

[106] B. Arbel, «Venetian trade in fifteenth century Acre, op. cit.», p. 262. Selon une lettre du 20 mai 1471, le convoi de septembre transporterait quatre cents ou cinq cents sacs de coton d'Acre à Venise. En avril 1472, Francesco Bevilaqua embarqua vingt et un sacs de coton sur le navire patronné par Pietro Trevisan et vingt-deux sacs sur le navire de Francesco Bonaver. B. Arbel suggère que ces navires appartenaient au convoi de mars 1472. Mais, ils ne se présentent pas dans la liste des navires mis aux enchères: Domenico Malipiero, Domenico Caravello, Pietro de Guido, Antonio A. Cependant, compte tenu de ce que ces deux navires firent escale en avril 1472, ils semblent faire partie du convoi de mars. En effet, le convoi de mars était très souvent prolongé en avril et le navire de Francesco Bonaver fit partie du convoi de mars 1478.

[107] Le fait que la plus grande partie du coton syrien importé à Venise était vendue aux deux principaux clients, marchands lombards et allemands, est attesté par le cas d'un marchand vénitien, Francesco Bevilaqua, qui faisait des affaires à Acre à la même période que Paolo Caroldo. Dans une lettre adressée à son maître, Nicolo Giustinian, à Venise, Francesco Bevilaqua indique que les clients principaux du coton d'Acre sont les

plus nombreux, en particulier ceux de Milan et de Crémone. Cette société fournissait également du coton à Bruges, et en vendait parfois sur les marchés des colonies vénitiennes en Romanie comme Candie et Modon.[108]

Pour le compte de ses investisseurs, cette société s'occupait non seulement du transport du coton de Syrie à Venise, mais également de la distribution vers diverses destinations occidentales. Elle importa ainsi cent quatre sacs à Venise pour son compte en 1474, et expédia quatre sacs à Cras Stalber au nom de Giovanni Contarini, investisseur assidu de la société. Alvise Baseggio fut longtemps en relation d'affaires avec la famille Carlo. Dans les années 1450, il offrait ses services pour envoyer des marchandises comme du coton, du savon, de la galle et du pastel à Giovanni Carlo demeurant à Bruges.[109] Dans les années 1470 et 1480, Marin Carlo à Venise recevait du coton de cette société.[110]

Tableau 5. *Distribution du coton de Venise vers les clients par la société de Paolo Caroldo et Alvise Baseggio.*[111]

Date	Quantité (en sacs)	Expéditeurs	Destinataires	Transporteurs
31/05/1475	22		Matteo Sinelin Riderer	B et C
05/08/1475	4	Z. Contarini	Cras Stalber et compagnie	B et C
07/09/1475	7	La. Rufeldelli	Giovanni Magno	B et C
26/02/1476	6 + 4 de coton filé	Francesco Bonarmigo	Francesco Terant de Brescia	B et C
22/03/1476	8	Francesco Bonarmigo	Damian di Todorin da Larolta	B et C

Todeschi et *Lombardi* et qu'ils étaient à la recherche de nouvelles du Levant pour acheter du coton dans des conditions favorables. B. Arbel, «Venetian trade in fifteenth century Acre, op. cit.», p. 248.

[108] Par une lettre du 4 mai 1474, Paolo Caroldo informa son partenaire du projet d'envoyer vingt sacs de coton d'Acre à Candie ou à Modon. En outre, en mai 1474, il envoya trente sacs de coton à Famagouste pour les transporter vers la destination finale de Flandre. ASV, Procuratori di San Marco, Commissarie miste, busta 116.

[109] ASV, Procuratori di San Marco, Commissarie miste, busta 116, fasc. X et XI.

[110] *Ibid.*, fasc. XII.

[111] Ce tableau reste à compléter. En effet, il existe de nombreuses autres factures d'envoi.

Date	Quantité (en sacs)	Expéditeurs	Destinataires	Transporteurs
02/04/1476	30	Geronimo Constantino	Cras Stalber	B et C
03/04/1476	10	Geronimo Constantino	Cras Stalber et compagnie	B et C
15/05/1476	10	Francesco Bonarmigo	Toldo Darqua de Brescia	B et C
23/03/1479	13 + 5 de coton filé	Francesco Bonarmigo		
31/07/1479	10	Marin Carlo	Marco Chor et Pietro Siler et compagnie	B et C
08/06/1481	1	B	Marco di Maistri de Parme	
28/06/1481	32	L° Rizo	Marco Dunarchi de Crémone	B
20/09/1481	11	Marin Carlo	Luca Focher et compagnie	
19/10/1481	40	B et C	Marin Carlo	
02/01/1482	44	B	A. Pauvor	
27/08/1482	100	B et C	Geronimo Rizo	
26/05/1487	24	Paolo Pelegrino	Bartolomeo di Braschin de Brescia	B
31/05/1487	5	Geronimo Rizo	Giorgio di Paganeti de Crémone	B
31/05/1487	3	Geronimo Rizo	Bernardo di Sabioni de Crémone	B
08/06/1487	20	Paolo Pelegrino	Stefano di Bilarvexi de Crémone	B

En somme, même si la société représente un nouveau type de marchands, elle avait plusieurs particularités communes avec les marchands traditionnels qui faisaient des affaires en Syrie à la fin du Moyen Age. Tout d'abord, Paolo Caroldo n'était plus le marchand itinérant de l'époque précédente : il restait en Syrie pour une longue durée. De plus, c'était un marchand d'expérience et il jouait le rôle d'agent pour de nombreuses firmes, les dispensant d'avoir à se déplacer avec des marchandises.

c. Les profits

Quels gains le commerce du coton syrien rapportait-il à la *fraterna* Soranzo et à la société ? Avant d'évaluer les profits qu'ils réalisaient dans ce commerce, il convient de faire une enquête attentive sur leurs dépenses. Il est bien connu que les dépenses engagées dans le commerce du coton étaient beaucoup plus élevées que celles nécessaires à celui des épices.[112]

Analysons les dépenses par étape et par lieu d'acquittement. Les premières dépenses concernent les frais en Syrie jusqu'à l'embarquement. Les deuxièmes couvrent les frais à Venise et le coût de transport. Les opérations étaient très détaillées dans les comptes : les marchands en Syrie enregistraient toutes les dépenses nécessaires jusqu'au chargement dans un premier compte ; puis, après l'avoir consulté, les marchands à Venise établissaient un deuxième compte pour les dépenses engagées à Venise, et enfin le montant total des dépenses depuis l'achat jusqu'à la vente finale des marchandises.

En 1413, Lorenzo di Prioli fit deux achats de coton pour la *fraterna* et établit deux comptes pour ces transactions. Dans le premier, qui commence par l'expression *Gottoni Daman sachi 17 de raxion di ser D. Soranzo e fradelli die dar a di 10 settenbrio*, sont notés seize articles : *sacharia, chusir, dretto di rochele, dretto di varia, turziman, chorde e spago, mesi da le terra, don a pesador e a basttaxi, chavattier, dano di dretti, logier de qui a Barutto, ttasfir e chafar, dretto per chamis, dretto di Damascho, spese e fattorazio e merziaria di Barutto, dretto per mio afano.*[113]

Tableau 6. *Dépenses par opérations de la fraterna Soranzo.*

Opérations	*Montant*[114]
Prix d'achat de 17 sacs de coton de Hama	513 ducats
Sacharia	612 dirhams
Chusir	3 dirhams

[112] E. Ashtor, « Profits from trade with the Levant in the fifteenth century », p. 266 ; Idem, *Levant trade, op. cit.*, p. 428.

[113] ASV, Miscellanea di carte non appartenenti a nessun archivio, busta 8.

[114] Le prix d'achat, le montant de toutes les dépenses et la commission de l'agent

Opérations	*Montant*
Dretto di rochele	153 dirhams
Dretto di varia	25 dirhams
Turziman	59 dirhams
Chorde e spago	41 dirhams
Mesi da le terra	31 dirhams
Don a pesador e a basttaxi	12 dirhams
Chavattier	8 dirhams
Dano di dretti	345 dirhams
Logier de qui a Barutto	1128 dirhams
Ttasfir e chafar	59 dirhams
Dretto per chamis	177 dirhams
Dretto di Damascho	714 dirhams
Spese e fattorazio e merziaria di Barutto	239 dirhams
Dretto per mio afano	19 ducats
Montant des dépenses sauf la commission de 19 ducats	120 ducats
Total (prix d'achat + dépenses)	652 ducats

Pour cette transaction, la dépense la plus importante est constituée par le transport jusqu'au port de chargement, soit 27 % du montant des dépenses (37,6 ducats sur 139 ducats). Puis dans l'ordre : *dretto di Damascho*, l'emballage, la commission et les deux articles nommés *dano di dretti et spese* e *fattorazio e merziaria di Barutto*. Le montant de ces dépenses constitue près de 27 % du prix d'achat (139 sur 513 ducats). On constate que le pourcentage de ces premières dépenses augmente légèrement dans la seconde moitié du XVe siècle. Pour la société de Baseggio-Caroldo, elles étaient supérieures à 30 % de l'achat initial.[115] En 1481, Paolo Carlodo acheta deux cent un sacs de coton d'Acre. Pour cette transaction, le montant des dépenses (1239 ducats) constitue 36 % du prix d'achat de 3366 ducats. Dans le compte sont notées dix-neuf opérations de dépenses[116], parmi lesquelles, notamment, le *dano de piper* contribue à cette augmentation. Cet article représente en effet près de 9 % du prix d'achat (315 sur 3366 ducats). Le manuel vénitien de marchandise de la fin du XVe siècle affirme que le *cotimo*

d'affaires nommé *fattore* sont indiqués en ducats, les autres opérations en dirhams. Un ducat correspondait à trente dirhams. On arrondit les chiffres.

[115] Sur ces dépenses, voir E. Ashtor, *Levant trade, op. cit.*, pp. 401–402 ; E. Vallet, *Marchands vénitiens, op. cit.*, p. 154.

[116] Il y a plusieurs copies de comptes concernant cette même transaction. ASV, Procuratori di San Marco, Commissarie miste, busta 117.

et le *dano de piper* constituaient les dépenses les plus importantes dans le trafic du coton.[117]

Tableau 7. *Dépenses par opérations de la société de Baseggio-Caroldo.*

Opérations	*Montant*
Prix d'achat de 201 sacs de coton d'Acre	3366 ducats
Toiles	8040 dirhams[118]
Spago tentta e chaxir	603 dirhams
Sensaria	1809 dirhams
Chortexa	1005 dirhams
Chondur da chaxalli a marina	4020 dirhmas
Fitto de magazen	1206 dirhams
Metter in magazen	603 dirhams
Chavallegadurra	3216 dirhams
Trar de magazen e metter in spiaza	804 dirhams
Carrgar in barrcha e chorttexa	1407 dirhams
Guardiani da marina	402 dirhams
Regallie al fantte	201 dirhams
Dano de monede e messi dalletter	603 dirhams
Spexe straxordenadi	1608 dirhams
Dritto a mastella	10553 dirhams
Chonsollazo	201 dirhams
Cottimo vaere	3216 dirhams
Danno di piper	15750 dirhams
Mia provixion	134 ducats
Total	4605 ducats 11 dirhams

Les types de dépenses engagées à Venise étaient moins nombreux qu'en Syrie. Ils se composaient le plus souvent d'au maximum cinq opérations: le déchargement, le transport au magasin, la taxe de douane, les frais de transport et les frais de courtier. Le coton était parfois échangé sans courtier.[119]

117 *Cotimo*: fonds servant à payer les dépenses des communautés vénitiennes en Syrie. *Dano di piper*: fonds des communautés en Syrie qui permettait de financer les achats forcés, au départ de poivre, puis d'autres marchandises. E. Vallet, *Marchands vénitiens, op. cit.*, p. 324. Au port d'Acre, on payait cent dirhams par sac pour le *cotimo* et le *dano de piper*. Les autres opérations de dépenses ne dépassaient pas cinquante dirhams. Biblioteca marciana di Venezia, Tarifa di pexi e spesse achade a metter e trare merchadantia de la terra di Allesandria e altri lochi, Ital. VII CCCLXXXIV (7530 = collocazione), f. 76^{r}–77^{v}.

118 Selon ce compte, un ducat correspondait alors à cinquante dirhams.

119 ASV, Miscellanea Gregolin, busta 14, Libro Nuovo Real, f. 41b.

Le montant des dépenses à Venise est inférieur à celui effectué en Syrie, 88 au lieu de 139 ducats. En fin de compte, le total des dépenses constituait près de 44 % du prix d'achat. Pour la transaction de deux cent un sacs de coton de la société, nous trouvons que les dépenses étaient plus coûteuses. Le total des dépenses correspondant à 2044,5 ducats, soit 1239 en Syrie et 805,5 à Venise, représente 60 % du prix d'achat.

La vente de dix-sept sacs de coton de Hama ne rapporta que quinze ducats à la *fraterna*.[120] Au contraire, la société gagna mille cent cinquante ducats par la vente de deux cent un sacs de coton d'Acre, soit 26 % de profit. Mais la *fraterna* faisait habituellement des profits oscillant entre 20 et 30 %. D'après E. Ashtor, ces bénéfices habituels de la *fraterna* étaient inférieurs à ceux des périodes précédentes et suivantes[121] et les profits typiques des marchands vénitiens du coton au milieu du XVe siècle s'élevaient jusqu'à 55 %.[122] Selon son estimation, le trafic du coton syrien rapportait autant de gain que celui des épices, malgré des dépenses plus onéreuses. Pour faire de tels bénéfices, les marchands devaient vendre le coton à Venise à un prix supérieur de 80 à 90 % par rapport au prix en Syrie. Cependant, dans les années 1400 et 1410, moment où les prix du coton restèrent élevés, les marchands durent sacrifier en partie leurs gains habituels.[123]

Le profit net réalisé par la *fraterna*, était-il vraiment faible comparé au profit type? En fait, elle réalisait un bénéfice moyen de 34 % sur le poivre. Une question peut alors être posée: pourquoi la *fraterna* engagea-t-elle le plus gros de ses capitaux dans une seule marchandise, et cela durant une trentaine d'années, malgré le maigre profit qu'elle en retirait? Le trafic du coton avait des raisons d'être. Il représentait un commerce en grande quantité, qui rendait difficile la participation de petits marchands et assurait une position de monopole aux grands investisseurs. En outre, deux passages réguliers du convoi de coton offraient deux occasions annuelles de profits, en opposition à un seul passage du convoi de galées s'occupant du transport des épices.

---

120 Ce faible profit fut partiellement causé par la vente tardive de six sacs à bas prix, soit huit ducats, huit *grossi*, par opposition à onze sacs à dix ducats. ASV, Miscellanea Gregolin, busta 14, Libro Nuovo Real, f. 41b.

121 E. Ashtor, *Levant trade, op. cit.*, pp. 431–432; Idem, «Profits from trade with the Levant in the fifteenth century», p. 271.

122 Giovanni Morosini gagna 55 % du profit net par le trafic de treize sacs de coton en 1455. E. Ashtor, «Profits from trade with the Levant in the fifteenth century», p. 271.

123 *Ibid.*, p. 266, 271; E. Vallet, *Marchands vénitiens, op. cit.*, p. 154.

Sur le marché de Venise se rendaient de nombreux marchands étrangers, auxquels les marchands vénitiens pouvaient écouler sans grande difficulté leur coton. En fin de compte, on est en quelque sorte forcé de dire que le profit moyen de la *fraterna* doit être considéré comme le gain habituel réalisé dans ce commerce. Beaucoup de recherches restent à faire pour répondre avec précision à cette question.

II. *Le coton de Turquie*

A. *La production*

On ignore encore de nombreux aspects sur la culture du coton en Turquie. Il est par exemple difficile de connaître les régions productrices grâce aux documents occidentaux, car ceux-ci ne mentionnent que du «coton turc» sans préciser les lieux de production. En général, on l'appelait «coton turc» ou «coton de Turquie».[124]

Si on ignore les débuts de l'introduction de la culture du coton en Turquie, on sait du moins qu'elle existait déjà pendant la période de l'Empire mongol. En effet, dans sa description géographique de l'Asie Mineure, Mustawfi, comptable d'Etat au service de l'Empire mongol pendant de longues années, indique les régions productrices: Sébaste (Sivas), Konya (Iconium), Malatya et Angora. Selon son explication, à Sébaste, la plus grande ville de cette époque, au climat froid, on cultivait le coton, les fruits et le blé. Les trois mêmes produits agricoles se trouvaient à Angora. Les cultures à Konya étaient abondantes et excellentes, et se composaient du coton, du blé et d'autres céréales. Malatya aussi produisait du coton, du raisin et beaucoup de fruits.[125]

Après la consolidation du règne ottoman qui entraîna l'installation forcée de tribus nomades, le gouvernement encouragea la culture du coton dans des conditions agricoles stables, en accordant une remise

[124] Selon les *valute* des archives Datini, le coton turc s'appelait *chotone turchieschi* ou *chotone di Turchia*. Les notaires génois utilisaient la première appellation. ASP, fonds Datini, busta 1171; ASG, Notai Antichi, n° 719, doc. 17: «*pro pretio carariorum trium cotonorum turcheschorum*».

[125] G. Le Strange, *The geographical part of the Nuzhat-Al-Qulub composed by Hamd-Allah Mustawfi of Qazwin in 740 (1340)*, p. IX, 95–99; S. Jr. Vryonis, *The decline of Hellenism in Asia Minor and the process of islamization from the eleventh century through the fifteenth century*, Berkley et Los Angeles, 1971, p. 23, 238, 268, 383–384; R.B. Serjeant, «Material for a history of islamic textiles up to the mongol conquest», *Ars Islamica*, IX–XVI (1941–1952), p. 57.

de taxes aux producteurs. Au XVe siècle déjà, le coton devint l'un des trois principaux produits agricoles de la région d'Anatolie, avec le lin et le sésame.[126] Sa production se concentrait alors dans trois régions: entre Konya et Brousse, aux alentours du fleuve Méandre et la plaine entre Adana et Tarse.[127] Le coton était produit dans d'autres régions de moindre importance comme Malatya et Alanya.[128] La région entre Konya et Brousse s'orienta en quelque sorte vers la monoculture.[129] D'après le récit de voyage d'Arnold von Harff, voyageur de Cologne, on ne cultivait là que le coton.[130] Celui-ci était transféré sur les marchés de Brousse et d'Ephèse et vendu aux marchands occidentaux, surtout les Florentins et les Génois. La région autour du fleuve Méandre avait une terre si fertile que la production agricole, dont celle du coton, était abondante.[131]

Dans la plaine entre Adana et Tarse était cultivé en abondance le coton à la fin du Moyen Age.[132] Elle avait été le territoire du royaume d'Arménie du XIIe au XIVe siècle[133], et depuis cette période, le coton y était produit en grande quantité. Les Génois et les Vénitiens obtinrent des rois de ce pays non seulement des facilités pour leur commerce d'exportation et d'importation[134], mais également le droit de se livrer à la culture du coton, de la vigne, de l'olivier, du mûrier et de débiter les

---

[126] M.F. Mazzaoui, *The italian cotton industry, op. cit.*, p. 24.

[127] S. Faroqhi, «Rural society in Anatolia and the Balkans during the sixteenth century», p. 177.

[128] S. Faroqhi, «Notes on the production of cotton and cotton cloth in XVIth and XVIIth century Anatolia», pp. 406–407.

[129] W. Heyd, *Histoire du commerce du Levant au Moyen Age*, p. 614.

[130] A. von Harff, *The pilgrimage of Arnold von Harff from Cologne, through Italy, Syria, Egypt, Arabia, Ethiopia, Nubia, Palestine, Turkey, France and Spain, which he accomplished in the years 1496 to 1499*, Londres, 1946, éd. et tr. M. Letts, p. 237.

[131] E.A. Zachariadou, *Trade and crusade: venetian Crete and the Emirates of Menteshe and Aydin (1300–1415)*, Venise, 1983, p. 129.

[132] Jusqu'au début du XVIe siècle, la culture du coton aux alentours de Tarse et d'Adana était active. En effet, on y trouve les établissements dits *kapan*, qui étaient spécialisés dans la mesure du poids du coton. Parmi les institutions qui se trouvaient non seulement à Tarse et à Adana mais également dans d'autres villes comme Ermenak et L'Aïas, le plus grand bureau se situait à Adana. S. Faroqhi, «Rural society in Anatolia and the Balkans during the sixteenth century», p. 177.

[133] S. Faroqhi, «Notes on the production of cotton and cotton cloth in the XVIth and XVIIth century Anatolia», pp. 406–407.

[134] Selon le privilège commercial octroyé par Léon III aux Génois le 23 décembre 1288, le coton, le sucre, le vif-argent, le corail, l'étain, le cuivre et toutes les autres choses devaient payer par charge de chameau quinze nouveaux *darem*. V. Langlois, *Le trésor des chartes d'Arménie de la chancellerie royale des Roupéniens*, Venise, 1863, p. 157.

fruits provenant de cette culture dans tout le royaume.[135] Après la chute d'Acre en 1291, le commerce du coton dans le royaume d'Arménie devint plus actif. Vraisemblablement, la production aussi augmenta.[136] Cependant ce coton ne portait pas nécessairement le nom de coton de Turquie.[137] Il s'appela coton d'Arménie pendant la période du royaume d'Arménie et, peut-être, coton syrien au XVe siècle.[138] En effet, le coton produit dans ces régions avait une qualité un peu inférieure ou semblable à celui de Syrie. Mais nous ne pouvons pas exclure la probabilité qu'il était aussi considéré comme du coton de Turquie. Un document génois de 1450 atteste que le coton turc était de plusieurs qualités.[139]

Dans l'île de Chio, de même, était produit du coton au XVe siècle.[140] André Thévet en témoigne encore au milieu du XVIe siècle.[141] Cependant cette production n'était pas effectuée à grande échelle et n'était pas tournée vers l'exportation. Le produit agricole le plus important de Chio était le mastic, d'où son nom de «l'île au mastic».[142]

---

[135] *Ibid.*, p. 92. Le coton était la plus recherchée des marchandises achetées par les Occidentaux dans le royaume d'Arménie. Le port de L'Aïas où il existait une douane maritime, était le plus important lieu d'importation et d'exportation pour eux. Marco Polo dessine la vivacité du port au milieu du XIIIe siècle, en déclarant qu'*il y a sur la mer de ladite province une ville appelée Laias, bonne et grande, au commerce actif, car sachez que toutes les épices et les draps de l'intérieur se portent à cette ville et toutes les autres choses précieuses. Il y a abondance de coton, et les marchands de Venise, de Pise, et de Gênes et ceux de toutes les parties de l'intérieur y viennent acheter et vendre et tiennent leurs entrepôts.* C. Mutafian, *Le Royaume arménien de Cilicie (XIIe–XIVe siècle)*, Paris, 1993, pp. 122–124.

[136] Marino Sanudo Torsello, *Liber secretorum fidelium crucis super Terrae Sanctae recuperatione et conservatione*, nouvelle édition, Toronto, 1972, p. 33.

[137] Après la chute du royaume d'Arménie en 1375, le coton d'Arménie n'est plus présent dans des documents occidentaux. Les *valute* des archives Datini ne le mentionnent pas. ASP, fonds Datini, busta 1171.

[138] En effet, les marchands vénitiens en Syrie fréquentaient le port de L'Aïas pour transporter du coton vers les ports syriens à bord de bateaux de petite taille pour l'exporter ensuite à bord du convoi de coton. E. Vallet, *Marchands vénitiens, op. cit.*, p. 185, 258.

[139] ASG, San Giorgio, Censaria Nova, passim.

[140] La réglementation de la ferme de l'impôt sur les produits agricoles de Chio atteste la culture du coton à la fin du Moyen Age. A. Rovere, *Documenti della Maona di Chio*, Gênes, 1979, pp. 487–489.

[141] Il était franciscain, né au début du XVIe siècle à Angoulême. Il fit son premier voyage au Levant en 1549. A. Thévet, *Cosmographie de Levant*, éd. critique par F. Lestringant, p. 44; S. Yerasimos, *Les voyageurs dans l'empire ottoman (XIVe–XVIe siècles). Bibliographie, itinéraires et inventaire des lieux habités*, Ankara, 1991, pp. 219–220.

[142] J. Heers, *Gênes au XVe siècle*, p. 396.

B. *La commercialisation*

Les marchands occidentaux n'achetaient pas le coton directement aux producteurs locaux. Ils s'approvisionnaient généralement sur les marchés d'entrepôt ou dans les ports de chargement.[143] Leurs lieux de préférence étaient modifiés selon les conditions économiques, politiques et militaires.

Au XIVe siècle, le coton turc était chargé notamment dans les ports comme Palatia, Ephèse (Altologo), Antalya (Sattalia) et Alanya. Les deux premiers, principaux ports des émirats turcs d'Asie Mineure, étaient les centres du trafic international à cette époque. D'après le récit de voyage de Ludolph de Sudheim de l'année 1341, le coton, la soie et le blé étaient exportés par Ephèse.[144] Les marchands italiens, surtout de Gênes et de Pise, y étaient bien représentés. Le consulat génois y fut établi avant l'année 1353 et les marchands génois y avaient leur propre quartier. Après le traité de l'année 1353, les Vénitiens pouvaient posséder leur quartier qui comprenait l'église, le magasin, le logement et la boulangerie. Les marchands de Florence, de Barcelone, d'Ancône, de Raguse et de Messine, eux aussi, fréquentaient la ville d'Ephèse.[145]

Palatia se situe à l'embouchure du fleuve Méandre, sur lequel on peut naviguer vers l'amont. Le bassin du fleuve était l'une des grandes régions productrices.[146] En 1376, trente-sept sacs de coton y furent chargés sur le bateau génois patronné par Luciano Cirio.[147] Le consul vénitien y résidait dès avant l'année 1331 et les marchands vénitiens y avaient leur propre quartier. Les marchands de Barcelone, de Florence, de Raguse et de Messine passaient souvent à Palatia pour leurs affaires.

Antalya et Alanya étaient également des débouchés pour le coton turc.[148] Les Génois et les Vénitiens jouaient un rôle de premier ordre dans le commerce d'Antalya.[149] Les marchands de Florence y faisaient leurs affaires. La compagnie Bardi notamment y avait des privilèges douaniers dans la première moitié du XIVe siècle. A la différence des

---

[143] *Ibid.*, pp. 379–380; Bertrandon de la Broquière, *The voyage d'Outremer by Bertrandon de la Broquière*, éd. et tr. G.R. Kline, New York, 1988, pp. 83–85; K. Fleet, *European and islamic trade in the early ottoman state*, Cambridge, 1999, pp. 172–173.

[144] H. Inalcik, *The ottoman state: economy and society, 1300–1600*, Cambridge, 1994, p. 233.

[145] E.A. Zachariadou, *Trade and crusade, op. cit.*, pp. 127–128.

[146] *Ibid.*, p. 129.

[147] J. Day, *Les douanes, op. cit.*, vol. 2, p. 693.

[148] Pegolotti, *La pratica, op. cit.*, p. 58.

[149] W. Heyd, *Histoire du commerce du Levant*, vol. 1, p. 549.

marchands de Chypre qui payaient deux pour cent de taxes à la fois pour l'importation et pour l'exportation, elle n'acquittait que deux pour cent à l'importation et rien pour l'exportation.[150]

Au fil du temps, le centre du commerce du coton turc se détourna vers Chio et Phocée. En même temps, son volume augmenta, et le trafic tomba sous le contrôle monopolistique des marchands génois. En conséquence, les autres marchands occidentaux commerçaient sur des marchés alternatifs de moindre importance, comme Constantinople et Rhodes. L'expansion commerciale de Chio fut à l'origine de ces transformations.

Dès la fin du XVe siècle, la stratégie économique de l'empire ottoman rendit plus difficile l'approvisionnement en coton par les marchands occidentaux, surtout vénitiens. L'administration ottomane devint de plus en plus désireuse d'interdire l'exportation des matières premières à valeur économique et militaire, comme les armes, le cheval et le blé. Le coton brut et filé était également considéré comme une marchandise stratégique, et il était donc destiné avant tout à la consommation locale. L'Empire ottoman espérait empêcher que le coton, utilisé pour fabriquer des voiles, n'entrât aux mains des Vénitiens. Et de fait, la permission d'exportation du coton était accordée plus rarement que celle de la laine.[151] Toutefois, une certaine quantité de coton filé était importée à Venise au XVIe siècle, ce qui provoquait parfois la protestation des tisserands locaux.[152]

1. Le monopole génois du commerce du coton turc

a. Chio et Phocée

Dans la seconde moitié du XIVe siècle, Phocée et Chio devinrent les centres les plus importants du commerce du coton turc pour des marchands occidentaux.[153] Occupée par les Zaccaria en 1304, reprise par l'empereur byzantin en 1329, l'île de Chio devint une colonie génoise, à la suite de l'expédition de Simone Vignoso en 1346. Les

---

[150] Pegolotti, *La pratica*, *op. cit.*, p. 58.

[151] S. Faroqhi, «Textile production in Rumeli and the arab provinces: geographical distribution and internal trade (1560–1650)», p. 65.

[152] *Ibid.*, pp. 73–74; Idem, «Rural society in Anatolia and the Balkans during the sixteenth century», p. 177.

[153] Dès le début du XIVe siècle, le coton était exporté de Phocée vers l'Occident. R.H. Bautier, «Les relations économiques des Occidentaux avec les pays d'Orient au Moyen Age», p. 317.

marchands génois, qui avaient financé cette reconquête, formèrent la Mahone de Chio et monopolisèrent désormais le trafic de ces deux colonies génoises de premier ordre. Chio devint ainsi le centre du grand trafic international en Orient à la fin du Moyen Age. Pour les Génois, elle représentait une autre métropole Outre-mer, parfois plus importante que Gênes.[154] Les Vénitiens l'appelaient l'œil droit des Génois.

Cette acquisition offrit aux Génois une solide base pour le commerce avec la Romanie et l'Asie Mineure. Celui-ci assura le succès et la fortune de l'île de Chio.[155] En effet, l'île constituait le principal débouché des produits d'Asie Mineure,[156] en particulier pour l'alun mais aussi le coton.

Si Chio était le centre du trafic du coton turc, le chargement était néanmoins effectué plus fréquemment à Phocée.[157] A Chio, les marchands génois faisaient les premiers préparatifs, constituaient le fonds et louaient le navire. Après avoir embarqué la plus grande partie du coton à Phocée, les navires regagnaient Chio pour compléter leur cargaison avant de se rendre en Occident.[158] Parfois on utilisait de petits bateaux nommés *griparia* afin de transférer le coton de Phocée jusqu'à Chio.[159] La quantité de coton exportée par Phocée était impressionnante. Selon l'administration de la ferme des impôts et revenus divers de Phocée Neuve du premier janvier 1447 à octobre 1452, deux cent dix mille *cantares* furent transportés de Turquie à Phocée, soit près de trente-cinq mille par an.[160]

---

[154] E. Ashtor, *Levant trade*, *op. cit.*, p. 82.

[155] On a beaucoup travaillé sur l'expansion du commerce de Chio à la fin du Moyen Age. De nombreux actes notariés rédigés à Chio sont publiés. Ph. Argenti, *The occupation of Chios by the Genoese and their administration of the island 1346–1566*, 3 vol., Cambridge, 1958; J. Heers, *Gênes au XVe siècle: activité économique et problèmes sociaux*, Paris, 1961; M.L. Heers, «Les Génois et le commerce de l'alun à la fin du Moyen Age», dans *Revue d'Histoire économique et sociale*, t. 32, 1954, pp. 31–53; M. Balard, *Notai genovesi in Oltremare. Atti rogati a Chio da Donato di Chiavari (17 febbrio – 12 novembre 1394)*, Gênes, 1988; K. Fleet, *European and islamic trade in the early ottoman state. The merchants of Genoa and Turkey*, Cambridge, 1999.

[156] J. Heers, *Gênes au XVe siècle*, p. 398.

[157] ASG, Caratorum Veterum, n° 1553 (année 1458), passim.

[158] ASG, Notai Antichi, n° 847, doc. 215, contrat de transport du premier décembre 1449, n° 848, doc. 18, contrat du 12 mars 1456.

[159] En 1449, une *griparia* avec un chargement de près de douze sacs de coton se livra à la piraterie, en gagnant Chio. Il semble qu'elle venait de Phocée. ASG, Notai Antichi, n° 847, doc. 121.

[160] J. Heers, *Gênes au XVe siècle*, p. 405.

Outre le rôle de débouché pour le coton turc, Chio avait une autre fonction, celle d'entrepôt pour les cotons romaniotes, chypriotes et levantins.[161] De même que le coton turc était transporté à Candie, le coton crétois était transféré à Chio.[162] Celui de Santorin aussi y était importé. Selon un contrat établi à Chio le 15 juillet 1450, Domenico Doria, fils de Celestrino, fournit une certaine quantité de coton de Turquie et de Santorin à Baldasare de Fornario, fils de Giorgio, pour les années précédentes.[163] Celui de Salonique était échangé à Chio.[164] Cette fonction est bien attestée par le contrat de transport conclu à Gênes le 4 janvier 1464 entre le patron Geronimo Salvago et l'Etat de Gênes, d'après lequel le coton était transféré d'Alexandrie, de Beyrouth, de Famagouste et de Rhodes vers l'île de Chio pour sa réexportation en Occident.[165]

b. Les marchands génois de coton: Francesco Draperio et ses associés

Le trafic du coton à Chio et à Phocée n'était pas réservé seulement aux marchands génois. D'autres marchands d'Italie et de Catalogne y participaient, mais pour ces derniers, selon des modalités différentes. En général, ils n'y séjournaient pas pour une longue durée, mais y passaient seulement pour un voyage d'affaires. A Chio en 1459, un marchand de Majorque, Francesco Setorre, acheta cent trente-sept sacs de coton grâce au profit tiré de la vente des draps qu'il avait lui-même apportés de Majorque. Il nolisa le navire patronné par Oliverio et Agostino Marruffo afin de rapporter la cargaison.[166] Les marchands d'Ancône utilisaient souvent les marchands génois en relations d'af-

---

[161] En 1436, quatre navires génois transportèrent du coton syrien et turc à Southampton. Ils provenaient probablement de Chio où ce coton syrien fut chargé. B. Foster, *The local port book of Southampton for 1435–1436*, Southampton, 1963, passim; M. Balard, *La Romanie génoise (XIIe – début du XVe siècle)*, pp. 741–742. M. Balard a déjà souligné cette fonction, en indiquant que Chio devint à la fin du XIVe siècle un entrepôt du coton turc, mais aussi peut-être du coton chypriote et syrien.

[162] Sur le commerce entre Chio et Candie, voir G. Pistarino et G. Olgiati, «Tra Creta veneziana et Chio genovese nei secoli XIV e XV», *Cretan Studies*, vol. II, pp. 197–219.

[163] ASG, Notai Antichi, n° 847, doc. 367.

[164] La relation commerciale entre Chio et Salonique était très active. Les navires génois y faisaient escale en allant de Chio à Péra pour charger diverses marchandises qui se dirigeaient vers Chio. J. Heers, *Gênes au XVe siècle*, pp. 389–390.

[165] ASG, Archivio Segreto, n° 575, f. 86v–87v.

[166] ASG, Notai Antichi, n° 847, doc. 281, 286.

faires avec eux.[167] Les Vénitiens de Candie se rendaient probablement aussi à Chio pour y acheter du coton.[168]

Le livre de comptes de Giacomo Badoer[169], marchand vénitien installé alors à Constantinople, montre que les marchands des différentes nationalités ne se trouvaient pas constamment en concurrence, mais coopéraient souvent dans ce trafic.[170] En 1438, Badoer chargea près de six cents *cantares* de coton à Phocée afin de les transporter à Majorque, mais ne put pas embarquer les autres quarante-neuf *cantares*. Ceux-ci furent alors confiés à la garde de Pantaleo Gordato, peut-être un marchand grec. Francesco Draperio, grand homme d'affaires génois, se mêlait lui aussi à ce trafic. En 1439, Francesco demanda à Pantaleo d'envoyer ces quarante neuf *cantares* à Ancône. Il avait probablement des parts dans cette transaction ou bien était créditeur de Giacomo Badoer.[171]

En dépit de ce genre de coopération, les marchands génois gardaient une position dominante ou monopolistique dans le commerce du coton. En fait, l'ensemble du trafic à Chio et à Phocée était sous le contrôle direct des Mahonais de Chio.[172] Cette institution financière administrait tous les revenus de Chio et de ses dépendances telles Phocée, Samos et Nicaria. Son premier intérêt était l'exploitation exclusive du trafic de l'alun. Celle du mastic, produit principal de Chio, était

---

167 Geronimo Giustiniani fournissait du coton turc à un marchand d'Ancône, Giacomo Quiriaci. ASA, Notaio di Ancona, n° 49; E. Ashtor, «Il commercio levantino di Ancona», p. 249.

168 Entre Chio et Candie existaient des relations d'affaires et des échanges entre personnes. M. Balard, *Notai genovesi in Oltremare: atti rogati a Chio da Donato di Chiavari (17 febbraio – 12 novembre 1394)*, Gênes, 1988, n° 5, 31, 43, 56, 59.

169 Ce livre de comptes fait l'objet de quelques recherches. M. Balard, «Les hommes d'affaires grecs de Constantinople au XVe siècle d'après le livre de comptes de Giacomo Badoer», *dans Finances, pouvoirs et mémoire: mélanges offerts à Jean Favier*, éd. J. Kerhervé et A. Rigaudière, Brest, 1999, pp. 478–489; Idem, «Giacomo Badoer et le commerce des esclaves», dans *Milieux naturels, espaces sociaux: études offertes à Robert Delort*, éd. E. Mornet et F. Morenzoni, Paris, 1997, pp. 555–564; J.C. Hocquet, «Giacomo Badoer, marchand-drapier à Constantinople et les draps du nord de l'Europe», *Atti dell'istituto veneto di scienze, lettere ed arti- classe di scienze morali, lettere ed arti*, 160:1 (2002), pp. 71–89.

170 G. Badoer, *Il libro dei conti di Giacomo Badoer, op. cit.*, p. 451, 524, 638, 643, 754.

171 Nous trouvons un autre Pantaleo Gordato dans le contrat établi le 6 mai 1457 à Chio, qui le considère comme un habitant de Chio. Dans un autre contrat établi le 12 juin 1471 à Chio est présent un Pantaleo Gordato en tant que grec demeurant à Chio. Il s'agit sans doute d'une seule et même personne. Le second Gordato participait également au commerce du coton. Il était l'un des fournisseurs de Giacomo Spinola. G. Badoer, *Il libro dei conti di Giacomo Badoer, op. cit.*, p. 638; ASG, Notai Antichi, n° 848, doc. 193; Ph. Argenti, *The occupation of Chios, op. cit.*, vol. 3, p. 803.

172 Pour la Mahone de Chio, voir les ouvrages suivants. L. Balletto, «Chio dei Mao-

également accaparée par cette association.[173] Le premier avril 1449 se forma à Chio une très grande société d'affaires qui groupa les principaux membres de la Mahone et Francesco Draperio[174], l'un des plus puissants marchands en Orient. Leur but essentiel était de contrôler la production, le transport et la vente de l'alun d'Orient.[175] Dans l'acte rédigé le premier avril 1449 à Chio par Tommaso Recco sont indiqués les participants et leurs associés.[176]

Tableau 8. *Les participants de la société de l'alun et leurs associés*

Participants	*Au nom de qui*
Cristoforo Giustiniani, procureur de Francesco Draperio	Niccòlo Giustiniani
Vesconte Giustiniani	Dario de Vivaldi
Pietro Paterio	Paolo Bocardo
Thobia Pallavicino	Lodovico de Fornario et d'autres associés de Thobia Pallavicino
Baldasare Adorno	Bernardo et Antonio Giustiniani
Valariano Giustiniani	Paris Giustiniani (père de Valariano Giustiniani)
Marco Doria	Bartolomeo et Domenico Doria

On ignore s'ils faisaient aussi ensemble le commerce du coton. La plupart d'entre eux y engageaient des capitaux considérables. Francesco Draperio tira un grand profit de l'administration de la ferme des impôts de Phocée Neuve du premier janvier 1447 à octobre 1452, en percevant des droits sur le trafic de 210 000 *cantares* de coton venus de Turquie.[177] Outre cette activité, il participait directement au trafic du coton. Giu-

nesi sulla fine del trecento (dagli atti del notaio Donatio di Chiavari)», pp. 133–147; J. Heers, *Gênes au XVe siècle*, pp. 386–388; M.-L. Heers, «Les Génois et le commerce de l'alun à la fin du Moyen Age», pp. 31–53; A. Rovere, *Documenti della Maona di Chio: secc. XIV–XVI*, Gênes, 1979; E. Basso, *Genova: un impero sul mare*, Gênes, 1994, pp. 67–68, 80.

[173] M. Balard, «Le mastic de Chio, monopole génois (XIVe–XVIe siècle)», pp. 223–228; Ph. Argenti, *The occupation of Chios, op. cit.*, p. 484.

[174] L. Balletto, «Francesco Draperio», dans *Dizionario biografico degli Italiani, vol. XLI (Donaggio-Dugnani)*, Rome, pp. 681–684.

[175] J. Heers, *Gênes au XVe siècle*, p. 396.

[176] ASG, Notai Antichi, n° 847, doc. 51; M.-L. Heers, «Les Génois et le commerce de l'alun à la fin du Moyen Age», p. 39.

[177] J. Heers, *Gênes au XVe siècle*, pp. 404–405.

liano Grillo qui avait acheté le droit de perception de la taxe sur le commerce de Chio à Francesco Draperio, demanda à Niccolò *Raspero*, procureur de Draperio, le paiement de l'impôt pour trois transactions de coton des années 1445, 1446 et 1447 : deux transports de Phocée à Chio et un de Phocée à Coron.[178]

Le volume du trafic de Marco Doria est impressionnant. Le 1er décembre 1449 à Chio, il établit un contrat avec le patron Baldasare Doria afin de transporter deux mille *cantares* de coton de Phocée à Bruges. Cela représentait une très grande quantité pour une seule transaction. Il avait ses agents à Phocée, qui s'occupaient du chargement.[179] En 1445, il en envoya soixante et un sacs en Flandre à bord du navire patronné par Cosma Dentuto.[180] Sa zone d'affaires s'étendait de Chio à la mer du Nord, ce pour quoi il plaçait des facteurs ou des agents dans les principales escales : Candie, Bruges et Southampton. En dépit de l'ampleur de ce trafic, son intérêt de premier ordre était l'alun. Le 19 juin 1449, Marco Doria, Cristoforo Giustiniani, Vesconte Giustiniani, Pietro Paterio, Thobia Pallavicino, Baldasare Adorno et Valariano Giustiniani établirent un contrat avec le patron Leonel Italiano. Il s'agissait du transport de dix mille trois cents *cantares* d'alun de Chio en Flandre.[181] Le 4 juillet 1449, ils conclurent un autre contrat avec le patron de Savone, Corrado de Cuvio, pour transporter mille cinq cent neuf *cantares* d'alun en Flandre.[182] Outre cet alun, huit cents *cantares* de coton, cinq cents pour le compte de Casano Casella et trois cents pour celui de Giovanni de Guiliermis, furent chargés sur ce même navire.[183] La société s'occupait donc à la fois du coton et de l'alun.

Baldasare Adorno aussi participait au commerce du coton.[184] En 1457, il chargea cinquante sacs à Phocée sur le navire de Filippo de Sarzana.[185] Sur un autre navire patronné par Bartolomeo Calvo furent embarqués trois cent cinquante-six sacs le 14 décembre 1457 et huit sacs le 4 janvier 1458. Tous ces cotons devaient être adressés à Gia-

---

178 ASG, Notai Antichi, n° 931, doc. 369.

179 ASG, Notai Antichi, n° 847, doc. 215.

180 ASG, Caratorum Veterum, n° 1552 (année 1445), f. 127v.

181 L. Balletto, « Commerce et lignes de navigation entre Occident et Proche-Orient au XVe siècle : l'importance de l'île de Chio », pp. 127–128.

182 *Ibid.*, p. 129.

183 *Ibid.*, p. 127.

184 Si la part de Francesco Draperio représentait la moitié de l'ensemble (250,000 *cantares* à lui seul), Baldasare Adorno versa 36,600 *cantares*. J. Heers, *Gênes au XVe siècle*, p. 202.

185 ASG, Caratorum Veterum, n° 1553 (année 1458), f. 41v.

como Doria installé à Bruges.[186] En 1445, Thobia Pallavicino chargea sept sacs sur le navire dont le patron était Geronimo Cattaneo et qui devaient être déchargés à Cadix, à Southampton et à Bruges.[187] Ce Thobia avait des relations commerciales avec une société traitant du coton.[188] Lanfranco Calvo vendit une certaine quantité de coton appartenant à la société de Luciano di Castello. Ce dernier demanda au premier le bénéfice tiré de cette transaction par l'intermédiaire de son procureur, Filippo de Francis. Thobia Pallavicino promit de le lui régler, à la place de Lanfranco Calvo qui était alors absent à Chio.[189] Domenico Doria, associé de Marco Doria membre de la société de l'alun, traitait quant à lui divers types de coton.[190]

Même si leur investissement était considérable, ces partenaires de la société de l'alun ne parvinrent pas à avoir une position monopolistique sur le commerce du coton. Celui-ci était ouvert à de nombreuses personnes. Selon les registres douaniers de 1445 et 1458[191], la part des membres de la société reste faible par rapport à celle d'autres marchands génois. A Phocée en avril 1457, Spineta Doria chargea sur le navire patronné par Melchione Doria près de sept cent cinquante-deux sacs de coton pour son propre compte et celui de deux autres marchands: Paolo Doria et Janoto Lercario.[192] Les Doria jouaient en particulier un rôle important dans le commerce du coton. Luciano Doria chargea environ cinquante-cinq sacs, Edoardo Doria vingt-cinq et Seva Doria deux cent dix-sept sur le même navire.[193] Les patrons et l'équipage avaient leur part dans ce trafic, bien qu'inférieure à celle des grands marchands. Melchione Doria chargea des centaines de sacs sur

---

186 *Ibid.*, f. 35^r. Giacomo Doria recevait du coton non seulement de Baldasare Adorno mais également d'autres marchands génois à Chio. Edoardo Grillo envoya près de cent cinquante-cinq sacs de coton, à bord du navire de Bartolomeo Calvo, à Giacomo Doria.

187 ASG, Caratorum Veterum, n° 1552 (année 1445), f. 142^v.

188 ASG, Notai Antichi, n° 847, doc. 335, contrat du 3 juin 1450 à Chio.

189 Lanfranco Calvo faisait du commerce du coton entre Chio et la Flandre. Lors du procès entre Ambrogio Giustiniani et Raffaele de Segestro concernant le transport du coton étaient présents en tant qu'arbitres Thobia Pallavicino, Vesconte Giustiniani et Paris de Marinis. Cette participation suggère que Thobia Pallavicino se mêlait au trafic du coton. ASG, Caratorum Veterum, n° 1552 (année 1445), f. 79^r; ASG, Notai Antichi, n° 847, doc. 186.

190 ASG, Notai Antichi, n° 847, doc. 367, acte d'accord entre le créditeur et le débiteur établi le 13 juillet 1450 à Chio.

191 ASG, Caratorum Veterum, n° 1552 (année 1445) et n° 1553 (année 1458).

192 ASG, Caratorum Veterum, n° 1553 (année 1458), f. 19^r.

193 *Ibid.*, f. 21^r–21^v.

son navire pour son propre compte et celui d'autres marchands. A Chio en 1449, le scribe du navire patronné par Leonel Italiano reçut en commende du coton et du riz pour un montant de quarante ducats.[194]

Par quel intermédiaire les marchands génois de Chio et de Phocée s'approvisionnaient-ils en coton? Comme nous l'avons indiqué, ils ne pénétraient pas dans les régions productrices.[195] Il semble que les marchands locaux, surtout turcs, leur en aient fourni. Pour cela, il convient de citer un contrat établi à Chio le 2 avril 1414. Il porte sur un arbitrage entre deux Génois, Raffaele Centurione et Giovanni Paterio, d'une part, et deux Turcs, Alamano Sofiano et Catip Bassa Turchi, d'autre part. Les deux premiers achetèrent aux seconds une certaine quantité de coton. En plus, Giovanni Paterio était facteur d'Alamano Sofiano.[196] Quelques traités entre Gênes et l'Empire ottoman montrent également que les marchands turcs apportaient du coton à Chio. D'après le traité de 1484, les Turcs et les sujets du sultan étaient exempts de l'impôt de 1 % sur les marchandises introduites par eux-mêmes à Chio.[197] Les marchands grecs aussi fournissaient du coton à Chio et à Phocée. En 1457, Giorgio et Pantaleo Gordato, marchands grecs habitant à Chio, avaient reçu huit cents ducats de Giacomo Spinola, en échange de la promesse de lui fournir une certaine quantité de coton. Mais ils lui en offrirent une partie et par conséquent, durent lui restituer trois cents ducats.[198] Le trafic entre marchands génois se faisait fréquemment. Domenico Doria, peut-être participant de la société de l'alun, pourvoyait Baldasare de Fornario en coton de Turquie et de Santorin.[199] Les Génois de Phocée jouaient souvent le rôle de fournisseurs. Giacomo Spinola s'approvisionnait en coton non seulement auprès des Grecs, mais également auprès de ses confrères à Phocée.[200]

---

194 ASG, Notai Antichi, n° 847, doc. 73, contrat du 30 avril 1449.

195 En Syrie, les Vénitiens fréquentaient les villages pour acheter du coton aux petits producteurs locaux. E. Ashtor, «The Venetian cotton trade, op. cit.», p. 691.

196 K. Fleet, *European and islamic trade, op. cit.*, pp. 172–173.

197 Ce document mentionne d'une façon générale les marchandises turques (*merces turcorum*) sans les préciser. A. Rovere, *Documenti della Maona di Chio*, pp. 383–385.

198 ASG, Notai Antichi, n° 848, doc. 173 et 193 (le 6 mai 1457 à Chio); Ph. Argenti, *The occupation of Chios, op. cit.*, vol. 3, p. 803: Dans un acte du 12 juin 1471, Pantaleo Gordato est indiqué *grechus habitator Chii quondam Georgii.*

199 ASG, Notai Antichi, n° 847, doc. 367, contrat établi le 15 juillet 1450 à Chio.

200 *Ibid.*, doc. 12, contrat du 12 mars 1456. Par la demande de Battista Spinacio, Geronimo Rosso vendit cent *cantares* de coton à Giacomo Spinola en 1454. Giovanni Spinacio installé à Phocée, frère de Battista, devait les lui envoyer, mais ne tint pas sa promesse.

Quels bénéfices ce commerce du coton leur rapportait-il? Nous n'avons aucun document à ce sujet. Toutefois, il représentait une grande affaire engageant beaucoup de capitaux, même si de petits marchands y avaient aussi libre accès. De plus, le volume était considérable et n'était pas du tout inférieur à celui des marchands vénitiens en Syrie.

2. Les lieux d'approvisionnement de second ordre: Brousse, Constantinople, Gallipoli et Rhodes

Brousse était l'entrepôt que les marchands occidentaux fréquentaient pour s'approvisionner en marchandises produites en Turquie et venues de Syrie et d'Egypte. Pour les marchands génois, elle représentait le marché des épices et de la soie. Celles-ci étaient transportées à Chio. Le trafic entre les deux villes était intense.[201]

Elle était également un lieu d'approvisionnement en coton pour des marchands occidentaux, surtout génois et florentins. Ce fait est bien attesté par deux récits de voyage. Selon la description de Bertrandon de la Broquière, conseiller et premier écuyer de Philippe le Bon, duc de Bourgogne (1432 et 1433), la ville de Brousse était un bon centre commercial où se trouvaient divers bazars, dont l'un était réservé à la vente du coton et du savon. Le premier chrétien qu'il y rencontra, était un marchand génois de la famille Spinola. Ce dernier l'emmena chez un marchand florentin, chez qui il put habiter pendant dix jours en visitant divers types de marchés. De Brousse, il gagna Constantinople avec trois marchands génois venus de Péra.[202] A la fin du XVe siècle, un voyageur de Cologne, Arnold von Harff (1496–1499) souligne l'importance du marché de Brousse. Il témoigne de la culture du coton lors de son voyage d'Iconium à Brousse. D'après lui, ce coton était transféré vers le marché de Brousse et y était écoulé auprès des marchands occidentaux.[203] Ceux de Florence y étaient bien présents. Ils y échangeaient les draps de laine, spécialité de leur ville, contre des marchandises locales et orientales, dont le coton. Dans sa chronique, Benedetto Dei raconte que les Florentins avaient le double avantage de se procurer plus facilement que les Vénitiens les épices, le coton et la cire et de vendre leurs draps sur le marché de Brousse.[204]

[201] J. Heers, *Gênes au XVe siècle*, pp. 379–380, 388–389.
[202] Bertrandon de la Broquière, *The voyage d'Outremer, op. cit.*, pp. 83–85.
[203] A. von Harff, *The pilgrimage of Arnold von Harff, op. cit.*, p. 237.
[204] W. Heyd, *Histoire du commerce du Levant*, vol. 2, p. 349.

Les marchandises étaient expédiées de Brousse non seulement à Chio, mais également à Constantinople. Les Vénitiens y chargeaient une grande quantité de poivre, venu souvent de Brousse. Le coton de Turquie aussi y était importé, ainsi que celui de Gallipoli et de Salonique. Le marché du coton de Constantinople attirait les marchands plutôt florentins et vénitiens que génois. Les manuels de marchandise témoignent que les Florentins y étaient assidus à la fin du Moyen Age.[205] En 1491 Geronimo *Rudolfo* de Florence affréta un navire dont le patron était Francesco *Raspantis*. Le trajet était le suivant: Ancône–Constantinople ou Gallipoli–Porto Pisano. Ce navire devait quitter le port d'Ancône au milieu de juillet ou août. A Constantinople, un facteur florentin s'occupait des affaires pour le compte de Geronimo. Le coton était l'une des marchandises à prendre et le patron devait le charger autant que possible.[206] Dès l'année 1447, la ligne des galées florentines dont le service commença au début du XVe siècle, y faisait escale.[207]

Des Vénitiens s'approvisionnaient en coton sur le marché de Constantinople depuis longtemps.[208] Le coton qu'ils achetaient le plus souvent était celui de Turquie et des régions proches de Constantinople comme Gallipoli et Salonique. Par un décret du 4 mars 1406, le Sénat vénitien prolongea la *muda gothonorum* en Basse-Romanie à cause du manque de navires disponibles. Cette mesure fut également appliquée sur la *muda* à Constantinople, à Gallipoli et dans des régions soumises aux Turcs.[209]

La correspondance adressée à Lorenzo Dolfin montre que Constantinople était un lieu d'achat. Par une lettre du 22 novembre 1437, Giovanni Morosini fournit des informations sur les marchandises que se procuraient habituellement ses confrères et sur leurs prix: poivre, cire, cuivre, coton turc et soie. Le coton turc coûtait alors quatorze hyperpères par *cantare*.[210] La liste plus ou moins identique est répétée dans une autre lettre du 28 mars 1438, d'après laquelle le prix du coton de

---

[205] C. Ciano, *La pratica di mercatura Datiniana (secolo XIV)*, Milan, 1964, p. 52; Uzzano, *La pratica della mercatura*, p. 88.

[206] ASA, Notaio di Ancona, Niccolo Cressi, n° 42, f. 70ᵛ–75ᵛ, contrat établi le 16 mai 1491 à Ancône.

[207] M.E. Mallet, *The florentine galleys*, *op. cit.*, p. 67.

[208] A. Stussi, *Zibaldone da Canal*, Venise, 1967, pp. 69–70; H. Noiret, *Documents inédits pour servir à l'histoire de la domination vénitienne en Crète de 1380 à 1485*, Rome, 1892, pp. 19–20.

[209] ASV, Senato Misti, reg. 47, f. 35ᵛ; F. Thiriet, *Régestes des délibérations*, *op. cit.*, n° 1204.

[210] ASV, Procuratori San Marco, busta 282.

Gallipoli était de quatorze hyperpères et demie.[211] Le mois précédent il en avait coûté quinze.[212] Dans les années 1440, Andrea Barbarigo participait à ce commerce par l'intermédiaire de son agent d'affaires, Carlo Capelo.[213] Le coton turc était transporté de Constantinople en Sicile à la fin du XVe siècle par les Vénitiens.[214]

Gallipoli était également un lieu d'embarquement pour le coton de Gallipoli et de Turquie, chargé entre autres sur des galées florentines.[215] Marco Bembo, marchand de Venise, fit expédier trois sacs de coton de Gallipoli en 1480.[216] Dès la fin du XVe siècle, les Génois augmentèrent progressivement leur achat à Gallipoli.[217] La sentence pour un procès entre deux frères, Theodor et Francesco Fieschi, témoigne d'un marchand génois faisant du commerce de coton à Gallipoli.[218]

Dès l'installation des Hospitaliers, Rhodes devint un marché international et une base excellente pour commercer avec les musulmans. Pour ce qui est du commerce du coton, Rhodes avait le même rôle, mais de moindre importance, que l'île de Chio. Autrement dit, c'était un entrepôt pour le coton venu non seulement de Turquie, mais également d'autres régions productrices.[219] Des négociants rhodiens faisaient du commerce sur le territoire des émirats turcs depuis le début du XIVe siècle, et le continuèrent pendant l'empire ottoman. Les produits achetés sur les marchés anatoliens étaient importés en Occident *via* Rhodes.[220]

---

[211] F. Melis, *Documenti, op. cit.*, p. 194.

[212] ASV, Procuratori San Marco, busta 282.

[213] ASV, Archivi di famiglie e di persone, Grimani e Barbargio, busta 41, lettre du 14 mai 1440.

[214] Biblioteca marciana di Venezia, Tariffa de pexi e mesure congratia et privilegio, f. 102^{v}.

[215] M.E. Mallet, *The florentine galleys, op. cit.*, p. 114; ASA, Notaio di Ancona, Nicolo Cressi, n° 42, f. 70^{v}–75^{v}.

[216] ASV, Miscellanea Gregolin, busta 8.

[217] D. Gioffré, «Il commercio d'importazione genovese alle luce di registri del dazio 1495–1537», p. 214.

[218] ASG, Notai Antichi n° 846, contrat sans numéro de classement.

[219] En 1383, une coque de Majorque transporta dix-neuf sacs de coton d'Alexandrie à Rhodes pour le compte de deux marchands génois, Andrea Marruffo et Paolo di Negro. En 1454, Lodovico de Maniac, *perceptor* génois, conclut un contrat de transport afin de transporter du blé, du vin et du coton à Rhodes. ASG, Notai Antichi, n° 381, f. 177^{v}–178^{r}; ASV, Notai Antichi, n° 843, doc. 125.

[220] N. Vatin, *Rhodes et l'Ordre de Saint-Jean de Jérusalem*, Paris, 2000, p. 58.

Sur ce marché de Rhodes étaient présents des commerçants de plusieurs nationalités comme les Génois, les Français, les Vénitiens, les Florentins, les Anconitains, les Ragusains et les Catalans. Nous n'avons que des sources fragmentaires sur leurs activités. Quelques contrats de transport et d'assurance maritime témoignent du fait que les Génois s'approvisionnaient en coton à Rhodes.[221] Ils payaient deux livres sept sous pour transporter un *cantare* de coton de Rhodes à Gênes.[222] Même si les Génois jouaient un rôle important dans ce trafic, leur volume était très faible par rapport à celui de Chio et de Phocée.

Les marchands vénitiens aussi y faisaient du commerce du coton. Leur trafic avec les ports turcs passait souvent par l'intermédiaire de Rhodes.[223] Toutefois, il n'était pas à la hauteur de celui de leurs rivaux, Génois, Florentins, Siciliens, Provençaux et Catalans. Lcs marchands du Midi de la France surtout, ceux de Narbonne et Montpellier, y jouissaient de privilèges exceptionnels. En tout cas, le contact économique entre Venise et Rhodes resta permanent et stable.[224] Le 8 mai 1388, le Sénat vénitien décida d'imposer une taxe de trois pour cent pour le transport, de l'Orient en Occident sans passer par Venise, des marchandises comme l'alun et le coton qui en étaient d'habitude exemptes. Dans ce décret est indiqué Rhodes comme lieu d'embarquement.[225] Au milieu du XVe siècle, le trafic du coton à Rhodes par les Vénitiens continue.[226] Le 11 avril 1448, le gouvernement de Venise proclama une interdiction aux navires vénitiens de se rendre dans les ports syriens avant la mi-novembre. Ils ne pouvaient transporter ni cotons ni épices provenant de Syrie ou de Rhodes, jusqu'à la fin de mars 1449.[227] Les Hospitaliers, maîtres de Rhodes, ne se montraient pas aussi bienveillants à l'égard des Vénitiens qu'à l'égard des Génois. Le 29 septembre 1457 fut envoyée une lettre de réclamations adressée aux Hospitaliers, portant sur des exactions subies par des marchands vénitiens

---

[221] Sur le transport du coton de Rhodes en Occident par les navires génois, voir le chapitre du transport du coton de Gênes. ASG, Notai Antichi, n° 322/II, f. 135^v, 161^r, 196^r; n° 381, f. 177^v–178^r; n° 481, f. 36^r; n° 843, doc. 125.

[222] ASG, Archivio Segreto, n° 575, f. 85^v–86^v.

[223] A. Luttrell, «Venice and the knights hospitallers of Rhodes in the fourteenth century», p. 200.

[224] *Ibid.*, p. 201.

[225] Les autres endroits étaient Constantinople, Négrepont, Coron, Modon, Crète, Alexandrie, la Syrie et certaines régions levantines. H. Noiret, *Documents inédits, op. cit.*, pp. 19–20.

[226] ASV, Miscellanea Gregolin, busta 8.

[227] F. Thiriet, *Régestes des déliberations, op. cit.*, n° 2770.

et crétois faisant un court séjour à Rhodes. Les douaniers de l'Ordre leur avaient confisqué du sucre, du poivre et du coton pour plus de sept mille ducats. Ils priaient le Grand-Maître de leur accorder satisfaction, à commencer par le remboursement des marchandises volées.[228]

Le trafic entre Rhodes et Raguse était intense à la fin du Moyen Age. Les Hospitaliers séjournaient à Raguse pour leurs affaires. Ils devinrent de plus en plus nombreux vers le début du XVe siècle. Dans l'ouvrage de B. Krekic sont présentées deux transactions de coton à Rhodes.[229] Le 9 février 1391 à Raguse, les deux frères Bunic, Luca et Marino confièrent une mission à Chasoto. Il s'agissait de vingt-huit sacs de coton que les Hospitaliers de Rhodes avaient confisqués à leur facteur Lorenzo de Rissa. Les marchands de Florence faisaient aussi des achats de coton à Rhodes. En effet, la ligne de galées florentine y chargeait du coton et le transportait en Occident.[230] Les Provençaux étaient bien accueillis dans cette île, car le centre économique et administratif de l'Ordre se situait dans le Midi de la France.[231] Des privilèges étaient ainsi accordés aux marchands de Narbonne et de Montpellier. En 1477, une nef de Rhodes apporta à Marseille du sucre, du coton et du thon.[232]

III. *Le coton d'Egypte*

A. *La production : une augmentation ?*

En ce qui concerne l'évolution de la culture du coton, il subsiste une controverse. Selon W. Heyd, la production n'était pas très développée en Egypte ou, tout au moins, elle n'y jouait pas un grand rôle. Comme preuve, il cite un auteur musulman mort en 1231 et des récits de voyage occidentaux. Même s'il décrit minutieusement tous les produits naturels égyptiens dans son ouvrage, Abdallatif ne mentionne pas le coton, et la plupart des voyageurs occidentaux gardent le même silence.[233]

[228] *Ibid.*, n° 3044.

[229] Dans son testament du 20 janvier 1390, le marchand et capitaine Pietro Cquaranin ordonne entre autres dispositions que l'on donne cent ducats à Giacomo de Ferigo, s'il n'a pas pris le coton à Rhodes ; s'il l'a pris, il ne faut pas lui donner d'argent. B. Krekic, *Dubrovnik (Raguse) et le Levant au Moyen Age*, n° 398, 407.

[230] M.E. Mallet, *The florentine galleys*, *op. cit.*, pp. 115–116.

[231] A. Luttrell, « Venice and the knights hospitallers of Rhodes in the fourteenth century », p. 201.

[232] E. Baratier, *Histoire du commerce de Marseille*, t. 2, p. 439.

[233] W. Heyd, *Histoire du commerce du Levant*, p. 613.

M.F. Mazzaoui a la même opinion. Pour preuve, elle souligne l'absence du coton égyptien dans le manuel de Pegolotti, en disant que ce silence reflète non seulement la réduction des relations commerciales entre les Mamelouks et l'Occident au début du XIVe siècle, mais aussi l'importance minimale de la culture du coton dans l'agriculture égyptienne.[234]

En revanche, E. Ashtor propose une analyse un peu plus nuancée. D'après lui, la production du coton en Egypte, qui avait été négligeable à l'époque des califes abbassides et des premiers Fatimides, se mit à croître dès le règne des Mamelouks et devint considérable à la fin du XIVe siècle et au début du XVe siècle.[235] Il utilise pour cela le témoignage d'Al Maqrizi. Selon cet auteur musulman, la plupart des cultures agricoles en Egypte étaient en déclin à la fin du Moyen Age. Dans sa topographie, il raconte que les trois principaux domaines en Egypte, agriculture, commerce et industrie, étaient dans des conditions misérables. Autre désastre, la dépopulation causait l'abandon des terres. Le déclin de l'agriculture forçait surtout l'Egypte à importer des produits agricoles de l'Occident, comme l'huile d'olive, le miel et divers fruits.[236] Pourtant, il indique que la culture de quelques plantes connut une expansion. Celle du coton notamment suivit cette conjoncture favorable à la fin du XIVe et au début du XVe siècle et son commerce était alors animé en Egypte.[237]

Cependant, le coton ne représenta pas un produit agricole de premier ordre en Egypte jusqu'à la fin du Moyen Age et la quantité produite n'arriva pas au niveau de celle de la Syrie. La culture du coton resta moins importante que celle du lin ou de la canne à sucre.[238] Mais elle connut une augmentation dans la seconde moitié du XIVe siècle et cela jusqu'au début du XVe siècle.

L'appellation générale de «coton égyptien», ou «coton d'Alexandrie», rend difficile l'identification des régions productrices. En tout cas, cette culture avait déjà une longue histoire.[239] Elle était effectuée à

---

[234] M.F. Mazzaoui, *The italian cotton industry, op. cit.*, pp. 42–43. Malgré tout, le coton était cultivé aux XIIe et XIIIe siècles en Egypte. Cl. Cahen, *Makhzūmiyyāt. Etudes sur l'histoire économique et financière de l'Egypte médiévale*, Leiden, 1977, p. 37, 40, 44, 67, 70, 185.

[235] E. Ashtor, «Le Proche-Orient au bas Moyen Age», p. 393.

[236] A. Darrag, *L'Egypte sous le règne de Barsbay (825–841/1422–1438)*, Damas, 1961, pp. 59–66; E. Ashtor, «Economic decline in the Middle East», pp. 258–262.

[237] E. Ashtor, «Le Proche-Orient au bas Moyen Age», p. 394: Khitat al-Maqrizi, II, p. 101, 128.

[238] M. Lombard, *Les textiles dans le monde musulman du VIIe au XIIe siècle*, Paris, 1978, pp. 70–71; E. Ashtor, «Le Proche-Orient au bas Moyen Age», p. 394.

[239] A la fin du Xe siècle, un géographe arabe, Ibn Hawqal, raconte que le coton

Fostat, dont un quartier spécial était réservé aux marchands de coton au Xe siècle.[240] Au XIIIe siècle, il était cultivé en Nubie, dans la basse vallée du Nil et dans la région du Fayoum.[241] Selon Al-Maqrizi, la culture continua sur les bords du Nil au XIVe siècle.[242] Après avoir visité l'Egypte en 1323, le pèlerin irlandais Simon laissa un récit de voyage, qui atteste la présence de plantations de coton près de la ville de Fuwa en Basse-Egypte.[243] Dans la province de Gharbiya[244], ainsi que dans la région entre Kayta et Ghaza, on produisait du coton à la fin du Moyen Age.[245]

B. *La commercialisation: un essor de courte durée*

Le coton égyptien était toujours appelé «coton d'Alexandrie» à la fin du Moyen Age. De fait, Alexandrie représentait à la fois un marché et un port d'exportation plutôt qu'un lieu de production. Cela suggère que les marchands occidentaux ne pouvaient pas pénétrer dans les villages producteurs, mais devaient se contenter de s'approvisionner dans l'enceinte d'Alexandrie. Cela entraîne une autre question: le terme «coton d'Alexandrie», désignait-il réellement celui d'Egypte? Selon W. Heyd, le coton non seulement d'Egypte, mais également d'origine étrangère y était vendu et ce coton étranger venait sans doute de l'Inde.[246] On sait en effet que du coton brut ou filé venant de l'Inde

---

était cultivé en Egypte. Ibn Hawqal, *La configuration de la terre (Kitab surat al-Ard)*, tome I, p. 135.

[240] P. Casanova, *Essai de reconstitution de la ville d'Al Foustât ou Misr*, Mémoires de l'Institut Français d'Archéologie orientale XXXV, 1919, p. 339: khaoukhat al Kattânîn (passage voûté pour les marchands du coton).

[241] A.M. Watson, *Agricultural innovation in the early islamic world. The diffusion of crops and farming techniques 700–1100*, Cambridge, 1983, p. 40.

[242] Selon le calendrier agricole de cet ouvrage, on sème le coton en *Barmoudah*. Chaque *feddan* exige pour la semence quatre *oueïbas* de graines. Il mûrit en Thot et rend par *feddan* huit *cantares* au plus. Hamdallah Mustaufi, un auteur persan, témoigne également de la culture de coton en Egypte au milieu du XIVe siècle. Maqrizi, *La description topographique et historique de l'Egypte*, tr. U. Bouriant, Paris, 1895–1900, p. 292; E. Ashtor, «Le Proche-Orient au bas Moyen Age», p. 393.

[243] *Ibid.*; G. Le Strange, *The georaphical parts of the Nuzhat-al-qulub*, p. 244.

[244] Dans son texte de l'année 1420, l'auteur crétois Emmanuel Piloti parle des vastes plantations de coton dans cette région. E. Piloti, *Traité d'Emmanuel Piloti sur le passage en Terre Sainte*, éd. P.-H. Dopp, Louvain, 1958, p. 69.

[245] D'après une description d'un pèlerin allemand de l'Egypte à la fin du XVe siècle, la région entre Kayta et Ghaza cultivait le coton. E. Ashtor, «Le Proche-Orient au bas Moyen Age», p. 393.

[246] W. Heyd, *Histoire du commerce du Levant*, vol. 2, p. 613.

était introduit en Egypte, mais il est peu probable qu'il fût ensuite réexporté en grande quantité vers l'Occident.[247] En tout cas, une réponse plus précise nécessite plus de documentation.

Les marchands occidentaux se procuraient le coton égyptien nécessairement sur le marché d'Alexandrie, où le chargement était aussi réalisé. Le port d'Alexandrie était un des lieux du monde musulman les plus connus en Occident pour les pèlerins et les marchands, en tant qu'escale obligatoire vers les Lieux Saints et principal comptoir commercial d'Egypte.[248]

Dès les années 1340, des marchands occidentaux reprirent des activités commerciales qui avaient été, non totalement mais considérablement, suspendues après la chute d'Acre en 1291.[249] Dans la seconde moitié du XIVe siècle, leur commerce du coton sur le marché d'Alexandrie était en plein essor. Les documents des archives Datini montrent que le coton d'Alexandrie était alors importé en Occident en bonne quantité. Parfois, le volume des importations dépassait mille sacs. En 1379, deux cent soixante-treize sacs furent importés à Gênes, deux cent quarante sacs étant destinés à Ancône.[250] Le convoi vénitien de mars 1398 apporta cinq cents sacs à Venise.[251] Le coton d'Alexandrie était transporté vers d'autres grands ports maritimes occidentaux: Barcelone, Majorque, Gaète, Aigues-Mortes et Marseille. Il était réexporté vers d'autres marchés comme Bruges, Londres et Paris. La Romanie aussi importait ce coton.[252]

Pourtant, bien que l'ampleur, à la fin du XIVe siècle, de l'exportation de coton par le port d'Alexandrie soit bien documentée, nous sommes peu renseignés sur les activités des marchands occidentaux sur place. En tout cas, leurs modalités de commercialisation étaient un peu différentes. Les Vénitiens y faisaient le commerce du coton selon le rythme des *mude* ayant lieu aux mois de mars et de septembre. Leur séjour était probablement de longue durée et ils n'y venaient pas nécessairement

247 M.F. Mazzaoui, *The italian cotton industry*, *op. cit.*, pp. 42–43.

248 B. Doumerc, «Les marchands du Midi à Alexandrie au XVe siècle», p. 270.

249 Cependant, dans la première moitié du XIVe siècle, le coton égyptien était importé à Majorque et de là réexporté vers la péninsule ibérique. Ch.-E. Dufourcq, *L'Espagne catalane et le Maghrib aux XIIIe et XIVe siècles*, p. 543.

250 ASP, fonds Datini, busta 1171, *carichi di navi*.

251 ASP, fonds Datini, busta 797, n° 513471.

252 Dans le fonds Datini se trouve un seul cas de transport du coton d'Alexandrie à Modon et à Péra. ASP, fonds Datini, busta 1171.

avec des marchandises.[253] En revanche, les marchands de Barcelone faisaient le voyage vers Alexandrie avec un chargement. Prenons un exemple typique. En passant un contrat de commende le 31 mai 1415 à Barcelone avec Johan de Junyent, un marchand barcelonais, Johan de Cardona, reçut de lui une balle de sept pièces de draps de laine. En général, des marchands barcelonais établissaient plusieurs contrats de commende pour un seul voyage d'affaires d'outre-mer.[254] Johan de Cardona se rendit à Alexandrie avec des draps et les y troqua contre du coton brut.[255]

La valeur relative d'Alexandrie en tant que marché du coton fut variable. A la fin du XIVe et au début du XVe siècle, les marchands de Gênes et de Barcelone jouaient un rôle de premier ordre dans ce trafic. Selon les listes de cargaisons des archives Datini, Gênes était la destination la plus fréquente pour des navires provenant d'Alexandrie.[256] Une enquête faite par E. Ashtor s'appuyant sur les actes rédigés à Alexandrie dans les années 1404 et 1405 par le notaire vénitien, témoigne également de la supériorité génoise et catalane pour le nombre des navires jetant l'ancre à Alexandrie: neuf bâtiments génois et huit navires catalans.[257] Malgré tout, E. Ashtor indique que les Catalans ne se procuraient pas beaucoup de coton à Alexandrie à la fin du Moyen Age.[258] Son point de vue semble ressortir de l'insuffisance des documents mentionnant d'une façon claire et directe le transport du coton d'Alexandrie vers la péninsule ibérique par les navires catalans. Dans les listes de cargaisons des archives Datini ne se trouvent que trois exemples.

---

253 ASV, Senato Misti, reg. 32, f. 3v; ASV, Ufficiali sopra le mercanzie del Levante, reg. 1, f. 12r.

254 Au printemps 1403, deux marchands barcelonais, Bernat Ferrer et Jaume de Sent Serni, contractèrent ensemble quarante et une commendes, dont les marchandises devaient être chargées sur la *nau* de Pere Doy et Bernat Roger. D. Coulon, «Le commerce barcelonais avec la Syrie et l'Egypte d'après les actes du notaire Tomàs de Bellmunt (1402–1416)», p. 226.

255 J.M. Madurell Marimón et A. Garcia I Sanz, *Comandas comerciales barcelonesas de la baja edad media*, Barcelone, 1973, p. 321; M. del Treppo, *I mercanti catalani e l'espansione della Corona aragonese*, deuxième édition plus complète, Naples, 1972–1973, p. 73.

256 Quelques recherches montrent que les marchands catalans et génois prenaient la plus grande part du commerce sur le marché d'Alexandrie à la fin du XIVe siècle et au début du XVe siècle. E. Ashtor, «The venetian supremacy in levantine trade», p. 7; D. Coulon, «Le commerce barcelonais avec la Syrie et l'Egypte d'après les actes du notaire Tomàs de Bellmunt (1402–1416)», p. 217.

257 E. Ashtor, «The venetian supremacy in levantine trade», p. 7.

258 E. Ashtor, «The venetian cotton trade, op. cit.», p. 688.

En dépit de ce nombre réduit, la quantité n'était pas négligeable.[259] De plus, le coton d'Alexandrie était plus régulièrement fourni sur le marché de Barcelone que celui de Syrie et de Turquie vers les années 1400.[260] Il en va de même sur les marchés de Majorque et de Valence, qui s'approvisionnaient souvent en cette matière première par l'intermédiaire de Barcelone. Cette ville était renommée pour la filature du coton, le plus souvent d'Alexandrie et de Malte. Ce produit barcelonais était exporté vers plusieurs marchés: Valence, Majorque, Avignon, Montpellier, Paris et Bruges.[261]

Cependant, il ne faut pas minimiser le rôle des marchands vénitiens dans ce commerce. Malgré des passages plus nombreux des navires génois et catalans, leur chargement par navire était plus faible en comparaison des cargaisons vénitiennes. En 1367, trois navires génois transportèrent au total deux cent quarante-sept sacs d'Alexandrie à Gênes. En 1368, huit bateaux génois apportèrent six cent un sacs de coton brut et filé à Gênes. La quantité moyenne de chargement d'un navire génois ne dépassait pas cent sacs.[262] La quantité la plus grande de chargement par les navires catalans était de deux cent dix sacs, mais un navire barcelonais chargeait en moyenne près de cent sacs.[263] La quantité de chargement des navires vénitiens était bien plus importante. En 1398, une seule coque transporta cinq cents sacs d'Alexandrie à Venise.[264] Cette différence vient du fait que Venise bénéficiait du convoi de coques à Alexandrie, avec pour premier objectif le transport du

---

[259] En 1388, le navire de Pere Salom transporta quatre-vingt douze sacs de coton brut et quatre balles de coton filé à Barcelone. Le 7 novembre 1391 à Barcelone arriva une coque avec un chargement de cent soixante-sept sacs de coton brut et un sac de coton filé, chargés au port d'Alexandrie. F. Melis, *Documenti, op. cit.*, p. 324; ASP, fonds Datini, busta 1171. Le manuel de marchandise catalan du XIVe siècle témoigne également de l'importation du coton d'Alexandrie en Catalogne. M. Gual Camarena, *El primer manual, op. cit.*, p. 108: Coto mapus d'Alexandria.

[260] ASP, fonds Datini, busta 1171, *valute.* Pour Gênes, il nous reste trente *valute*, qui font treize fois mention du coton d'Alexandrie, douze de celui d'Asciam et douze de celui de Turquie. Pour Barcelone, nous avons dix-huit échantillons. Le coton d'Alexandrie y est mentionné quinze fois, celui d'Asciam et de Malte douze et celui de Turquie neuf.

[261] Un navire génois paya une taxe douanière pour l'importation, à Gênes le 10 mai 1369, de soixante et un sacs de coton brut et six de coton filé provenant d'Alexandrie. ASP, fonds Datini, busta 1171.

[262] E. Ashtor, «The venetian cotton trade, op. cit.», p. 686.

[263] A une année inconnue, deux cent dix sacs de coton brut et un sac de coton filé furent importés à Barcelone. ASP, fonds Datini, busta 1171.

[264] ASP, fonds Datini, busta 797, n° 513471.

coton à Venise. En revanche, les navires des autres villes maritimes y faisaient escale avant tout pour les épices.[265]

Les marchands du Midi n'étaient pas exclus de ce trafic, mais leur part était réduite. Le 3 décembre 1387 à Marseille arriva un navire dont le patron était Ramon Pons avec un sac de coton filé chargé au port d'Alexandrie.[266] En 1394, Aigues-Mortes et Gaète étaient les destinations de quarante et un sacs provenant d'Alexandrie. En janvier 1396, quatre-vingt deux sacs de coton brut et deux de coton filé furent apportés d'Alexandrie à Aigues-Mortes. En 1401, le bateau d'Antoine Michel de Bere, patron marseillais, transporta à Aigues-Mortes des épices et du coton chargés à Alexandrie.[267] Des marchands du Midi utilisaient souvent des navires étrangers, surtout génois. Ce fut le patron génois, Paolo Lercario, qui accomplit le transport de l'année 1396 cité plus haut. En 1397, Maestro Luziano, peut-être patron génois, embarqua, sur son navire, trente-quatre sacs de coton brut et sept de coton filé au port d'Alexandrie afin de les transporter à Marseille.

Des marchands d'Ancône aussi venaient charger du coton à Alexandrie. Leur volume était parfois considérable. Partie d'Alexandrie le 3 novembre 1379, une coque anconitaine arriva à Ancône le 23 décembre avec un chargement de deux cent trente sacs.[268] Cette quantité doit cependant être considérée comme exceptionnelle. En effet, à cette époque, Venise et Gênes étaient en pleine guerre, ce qui perturbait leurs activités commerciales. Les marchands d'Ancône pouvaient profiter de cette situation. Compte tenu du fait que Venise s'acharnait à empêcher le commerce du coton d'Ancône, cette guerre représentait vraiment une belle occasion. En fait, les marchands d'Ancône en jouirent pleinement. Le même jour que la coque provenait d'Alexandrie, une autre apporta à Ancône trois cent trois sacs de coton de Hama chargés à Tripoli.

L'essor du commerce du coton d'Alexandrie par des marchands occidentaux ne dura pas longtemps. A la fin du XIVe siècle apparurent des symptômes de régression. Les marchands de Barcelone et de Gênes furent notamment frappés par cette conjoncture défavorable.[269] Au milieu du XVe siècle, la plupart des navires génois arrivant de

---

[265] Le poivre et le gingembre constituaient les deux produits les plus importants des cargaisons des navires génois provenant d'Alexandrie. ASP, fonds Datini, busta 1171.

[266] *Ibid.*

[267] B. Doumerc, «Les marchands du Midi à Alexandrie», p. 277.

[268] F. Melis, *Documenti, op. cit.*, pp. 142–144.

[269] E. Ashtor, «The venetian supremacy in levantine trade», p. 12.

l'Orient ne visitaient plus le port d'Alexandrie. S'ils le faisaient, ils n'y embarquaient pas de coton.[270] Des marchands de Barcelone continuaient à s'engager dans le trafic à Alexandrie au début du XVe siècle, mais leur investissement en coton devint très rare.[271] Le trafic d'Ancône suivit la même tendance.[272]

Par contre, les Vénitiens étaient toujours assidus sur le marché d'Alexandrie. Leur trafic continua sans interruption au cours du XVe siècle. Le convoi de coton composé d'une ou deux coques persistait à assurer le transport d'Alexandrie à Venise. Dans la seconde moitié du XVe siècle, les navires vénitiens effectuaient le service de transport d'Alexandrie en Ifriqiya. Le premier janvier 1478, plusieurs litiges éclatèrent contre des marchands vénitiens. Deux marchands maghrébins avaient acheté du coton égyptien et voulaient le transporter en Ifriqiya en utilisant les navires vénitiens. Cependant, les patrons vénitiens leur réclamaient un droit de nolis exorbitant.[273]

Dès lors, pourquoi les marchands de Gênes et de Barcelone se retirèrent-ils du marché du coton à Alexandrie? Il semble que la diminution de la culture soit liée à ce phénomène. En effet, l'Egypte importait une bonne quantité de coton syrien au XVe siècle. Ils pouvaient se dédommager de la baisse de leur commerce à Alexandrie par une augmentation dans d'autres lieux. Gênes se concentrait sur le coton turc et Barcelone sur le coton de Malte. A la différence de Venise, l'agressivité des marchands génois et catalans envers les Mamelouks était partiellement préjudiciable à leur commerce à Alexandrie.[274]

---

270 Le navire patronné par Cosma Dentuto, qui fit le voyage depuis Alexandrie jusqu'en Flandre en faisant escale dans divers endroits, Rhodes, Chio, Naples, Gaète, Tunis, Majorque, Cadix et Malaga, chargea la quasi-totalité du coton à Chio. ASG, Caratorum Veterum, n°1553 (année 1458), f. 127r-v.

271 D. Coulon, *Barcelone, op. cit.*, p. 570.

272 Les navires d'Ancône continuaient à visiter le port d'Alexandrie au début du XVe siècle. Un navire en revint à Ancône en octobre 1403, les deux autres navires au printemps 1404. En été 1404, un navire transporta du coton et du poivre d'Alexandrie à Ancône. Dans la seconde moitié du XVe siècle, leurs activités commerciales n'étaient pas interrompues. E. Ashtor, «Il commercio levantino di Ancona», pp. 238–239; Idem, *Levant trade, op. cit.*, p. 241.

273 B. Doumerc, «La ville et la mer: Tunis au XVe siècle», p. 129.

274 E. Ashtor, *Levant trade, op. cit.*, p. 227.

CHAPITRE III

L'APPROVISIONNEMENT EN COTON DANS LES REGIONS CHRETIENNES

I. *Le coton de Sicile, de Malte et de Pantelleria*

A. *La production*

1. Le déclin de la culture en Sicile

C'est M. Amari qui a initialement signalé ce phénomène. Il ne parle pas du déclin mais de la disparition de la culture du coton en Sicile au XIVe siècle.[1] M. Lombard le suit, sans ajouter de sources convaincantes pour confirmer cette disparition. Plus tard, Henri Bresc a tiré une conclusion bien fondée sur la documentation abondante des archives siciliennes. D'après lui, depuis le début du XIVe siècle, la culture du coton en Sicile était en déclin et son exportation devint très rare au XVe siècle.[2]

Il existe d'autre part un point de vue différent. Selon Stephan R. Epstein, depuis le milieu du XIVe siècle, la culture du coton semble se concentrer et prendre de l'ampleur dans l'est de la Sicile, notamment dans la région de Val di Noto, même si elle a connu une réduction dans certaines régions comme le Val di Mazara. Dans l'ensemble, dit-il, la production augmenta.[3] Claude Carrère énonce la même opinion, à savoir que la Sicile a connu une continuation ou même une expansion de la culture à la fin du Moyen Age. D'après lui, la Sicile était le seul pays chrétien à fournir du coton et la production en Méditerranée centrale fut encouragée par les bouleversements du monde syrien, du fait des conquêtes de Tamerlan, et de l'Asie antérieure, du fait de l'avan-

---

[1] M. Amari, *Storia dei Musulmani di Sicilia*, Florence, 3 vol., 1854–1872, vol. 2, p. 448 (n°. 4).

[2] Voir le registre du Portulan, dans H. Bresc, *Un monde méditerranéen: économie et société en Sicile 1300–1450*, Palerme–Rome, 1986, p. 558.

[3] S.R. Epstein, «The textile industry and the foreign cloth trade in late medieval Sicily», *Journal of Medieval History*, 15 (1989), p. 152.

cée turque; ces événements auraient perturbé l'approvisionnement en cotons syriens et turcs.[4] M.F. Mazzaoui est du même avis, et cite pour preuve l'exportation d'une grande quantité de coton de Sicile à Gênes en 1376–1377.[5]

En réalité, il est difficile de chiffrer la production à cause du manque de sources. Toutefois, ce qui est certain, c'est qu'elle ne disparut pas en Sicile à la fin du Moyen Age comme le croit M. Amari.[6] Au milieu du XIVe siècle, les marchands de Barcelone s'approvisionnaient en coton sicilien nommé alors coton rouge de Sicile (*cotó ros de Cicilia*).[7] Et à la fin du XVe siècle, cette matière première d'origine sicilienne était toujours commercialisée sur les marchés internationaux.[8]

Un autre constat, même s'il est moins évident, est que la Sicile connut effectivement une réduction de la production durant la fin du Moyen Age. De fait, les documents utilisés par ceux qui proposent l'expansion ou la continuation devraient être mis en cause. Il s'agit surtout de contrats de commende et d'assurance maritime de Barcelone. Premièrement, même s'ils témoignent de l'investissement fréquent en coton sur les marchés siciliens, ils ne mentionnent pas habituellement son lieu de production. S'ils le font, il s'agit plus fréquemment de Malte et moins souvent de Turquie, de Syrie, de Sicile et de Chypre.[9] Ce fait est bien attesté par le registre douanier barcelonais de 1404, dans lequel on lit que les deux navires en provenance de Sicile apportèrent près de cent trente sacs de coton, dont cent étaient du coton de Malte, un seul de Syrie. Pour le reste leur origine n'est pas mentionnée.[10] Ce fait

---

[4] Cl. Carrère, *Barcelone. Centre économique à l'époque des difficultés 1380–1462*, Paris, 1967, p. 637.

[5] M.F. Mazzaoui, *The italian cotton industry in the Later Middle Ages 1100–1600*, Cambridge, 1981, p. 177.

[6] En effet, contrairement à l'absence totale dans les *valute* des archives Datini, le coton sicilien se présente dans d'autres documents, par exemple, les registres douaniers de Milan et de Pavie, les manuels de marchandise, les contrats notariés et les documents douaniers de Barcelone. Le 13 mai 1373 un marchand barcelonais acheta du coton sicilien. J.M. Madurell Marimo et A. Garcia I Sanz, *Comandas comerciales barcelonesas de la baja edad media*, Barcelone, 1973, pp. 256–257; Noto, *Liber datii mercantie communis Mediolani (registro del secolo XV)*, Milan, 1950, p. 20.

[7] ACB, Joan Benet 1338–1344, f. 90^r, 91^r.

[8] AHPB, 239/59, f. 133^r–134^r.

[9] M. del Treppo, *I mercanti catalani e l'espansione della Corona d'Aragona nel secolo XV*, nouvelle édition plus complète, Naples, 1972–1973, pp. 166–167; AHPB, Antoni Vilanova, 165/94, contrat d'assurance maritime du 20 juillet 1461. Il porte sur le transport du coton maltais à Barcelone. AHPB, Thomàs de Bellmunt, 79/36, f. 27^r, contrat de commende du 19 juillet 1403. Il s'agissait de l'investissement en coton maltais en Sicile.

[10] ACA, Real Patrimonio, Generalitat, reg. 186.1.

indique que le coton exporté depuis la Sicile ne désigne pas nécessairement la production locale.

Le document douanier génois de 1376–1377 publié par J. Day, risque de surestimer le volume des exportations de Sicile vers Gênes. Selon cette source, M.F. Mazzaoui a conclu que Gênes s'était procurée la plus grande quantité de son coton, cette année-là, en Sicile, soit cent soixante-quinze sacs.[11] Mais ce chiffre repose sur une erreur de lecture, car il concerne non pas la quantité mais la valeur du coton.[12] En réalité, une dizaine de sacs seulement avait été importée à Gênes.

En tout cas, la production semble avoir maintenu son niveau jusqu'au début du XIVe siècle. En 1308, Bernat Comelli et Jacme Lonelli, marchands de Barcelone, établirent un contrat avec deux patrons, Bononato Russo et Bernat Ferrer, afin de transporter de soixante-dix à cent cinquante sacs de coton de Sicile à Barcelone. Leur chargement devait être réalisé dans trois ports, Palerme, Trapani et Syracuse. Le 20 janvier 1309 un autre marchand de Barcelone, Guillem Butardi nolisa un navire pour transporter deux cent cinquante sacs de coton à Barcelone. Leur chargement devait être réalisé à Palerme et à Trapani.[13] Même si l'origine du coton n'est pas indiquée dans les contrats, ses lieux d'embarquement indiquent qu'il était probablement de Sicile. En effet, les cotons étrangers étaient pour la plupart importés et réexportés par les autres ports, Syracuse et Messine. Au XVe siècle, le chargement du coton se faisait très rarement au port de Palerme. Cette ville devint en revanche un débouché de monopole d'exportation du sucre.[14]

La culture semble avoir commencé à diminuer véritablement à partir de l'époque de la Peste. A cause de cette épidémie qui diminua de moitié la population, la culture fut maintenue uniquement dans les terres aux conditions climatiques les plus favorables. Elle diminua à Mazara et ses environs, très gravement atteints par l'épidémie. La culture se concentra sur la plaine de Terranova et la vallée de Noto. Cependant même Terranova, à peu près complètement détruite en 1399, n'en exportait qu'une petite quantité. La région entre Syracuse et Noto, qui

[11] M.F. Mazzaoui, *The italian cotton industry, op. cit.*, pp. 33–34. D'après cette source, le coton de Sicile représenterait plus de 50 % (21441 livres de coton) des importations à Gênes. J. Day, *Les douanes de Gênes 1376–1377*, 2 vol., Paris, 1963, vol. 1, p. 292, 300, 312, 351, 372, 377, 431, 471.

[12] *Ibid.*, p. 300.

[13] R. Zeno, *Documenti per la storia del diritto marittimo nei secoli XIII e XIV*, Turin, 1936, pp. 104–107, 132–137.

[14] H. Bresc, *Un monde méditerranéen, op. cit.*, p. 564, 566.

avait de la terre légère et bien irrigable, put en revanche maintenir ou augmenter sa production.[15] Mais outre cette épidémie, l'expansion de la culture de la canne à sucre contribua aussi à la régression de celle du coton.[16] En effet, la production sucrière s'étendit rapidement dans les basses vallées irrigables de la côte tyrrhénienne, qui connurent la régression de la production du coton.[17] Celle-ci disparut quasiment dans la région des Madonies au XVe siècle.[18]

2. L'expansion de la culture à Malte et à Pantelleria

La diminution de la production du coton en Sicile était en quelque sorte compensée par son expansion à Malte et à Pantelleria. Sur ce sujet il n'existe plus de polémique.[19] La culture du coton à Malte existait dès avant la fin du Moyen Age. Elle y fut introduite à la même époque qu'en Sicile[20] : l'une des premières mentions remonte à l'année 1164.[21] Vers la fin du Moyen Age, nous avons davantage de témoignages.[22] Notamment, des documents concernant les finances royales de Malte suggèrent que le coton, favorisé par le climat, jouait un rôle prépondérant dans l'économie de l'île. Une quittance émise en 1373–1374 par un officier royal, Gaddo Cuskieri, nous apprend ainsi qu'il reçut cinq *quintals* (un *quintal* équivaut à 40 kg) de coton égrené

[15] S.R. Epstein, «The textile industry, op. cit.», p. 151.

[16] En revanche, S.R. Esptein indique que la disparition de la culture du coton en Sicile de l'Ouest ne peut pas être attribuable à la compétition ou à l'expansion de la culture de la canne à sucre.

[17] H. Bresc et F. d'Angelo, «Structure et évolution de l'habitat dans la région de Termini Imerese», p. 384.

[18] H. Bresc indique que les cotonniers de Femenino et de Cammarata étaient en déclin avant 1348. H. Bresc et F. d'Angelo, «Structure et évolution de l'habitat dans la région de Termini Imerese», p. 384; H. Bresc, *Un monde méditerranéen, op. cit.*, p. 170.

[19] «La culture du coton a pratiquement envahi toutes les terres de la petite île de Malte», dit Claude Carrère. H. Bresc, lui aussi, avoue qu'elle devint la spécialité des îles de Malte et Pantelleria dès le déclin subit de celle de Sicile. Dans son article, Carmeo Trasselli considère la première moitié du XVIe siècle comme le temps du *boom* du coton maltais. Cl. Carrère, *Barcelone, op. cit.*, pp. 367–368; H. Bresc, *Un monde méditerranéen, op. cit.*, p. 564; C. Trasselli, «Lino e cotone a Messina», p. 96.

[20] Bien que F.K. Movers et quelques historiens attribuent l'introduction du coton à Malte à l'époque antique, nous n'avons pas de témoignage documentaire avant le Moyen Age. M.F. Mazzaoui, *The italian cotton industry, op. cit.*, p. 26 et 170 (n° 22).

[21] D. Abulafia, «Henry count of Malta and his mediterranean activities: 1203–1230», p. 106.

[22] ASP, fonds Datini, busta 1171, nombreuses *valute* établies à Barcelone, à Majorque, à Valence; L. Galloppini, «Notizie su Maltesi e il cotone di Malta a Cagliari nella seconda metà del Trecento», p. 15.

avec du blé, de l'orge, des animaux, du vin, du miel, et de la cire parmi les paiements variés faits en nature pour louer à bail des terrains appartenant à la cour royale.[23] D'après le récit de voyage effectué dans les années 1470–1471 par Anselme Adorno, le coton dans l'île de Malte poussait en buissons épineux près du sol comme en Egypte et en Syrie.[24]

L'économie de Malte devint de plus en plus dépendante à la fois de la production du coton et de la piraterie.[25] Pour finir Malte s'orienta vers la monoculture, si bien que le coton représentait le plus important produit agricole d'exportation, voire le seul, qui permît à l'île d'équilibrer les dépenses engagées pour l'achat de blé.[26] La valeur économique de la culture du coton est également attestée par sa vaste zone de commercialisation. Il était échangé sur de nombreux marchés internationaux vers 1400: Sicile, Barcelone, Valence, Majorque, Cagliari, Gênes, Pise, Venise, Amalfi etc.[27]

A Pantelleria, la culture du coton semble commencer dès le début du XIVe siècle.[28] Elle s'imposa avec succès au XVe siècle, alors que cette petite île possédait des ressources agricoles très modestes. Le coton jouait le même rôle dans l'économie de Pantelleria qu'à Malte. Il servait de moyen de paiement pour l'achat des vivres et d'autres marchandises. En 1440, Brachamo Misilet, juif de l'île, paya en coton filé le nolis d'une barque de Trapani qui apporta dans l'île soixante *salmes* de froment.[29] Tout comme lui, un autre marchand de Pantelleria, Sabeit Chassuni, paya en coton les marchandises livrées par Muxa

---

23 H. Bresc, «The Secrezia and the royal patrimony in Malta: 1240–1450», pp. 131–132. L'exportation en dehors de Malte de la graine de coton était souvent interdite au XVe siècle, ce qui suggère que la culture du coton avait de l'importance dans l'économie maltaise. G. Wettinger, *Acta iuratorum et consilii civitatis et insulae Maltae*, Palerme, 1993, p. 209, 303.

24 J. Adorne, *Itinéraire d'Anselme Adorno en Terre Sainte (1470–1471)*, éd. J. Heers et al., Paris, 1978, pp. 148–149.

25 A.T. Luttrell, «Approaches to medieval Malta», p. 53. La production continua jusqu'au XVIIIe siècle. J. Debono, «The chamber of commerce and the cotton trade of Malta in the eighteenth century», *Melita Historica*, vol. X n° 1 (nouvelle série), pp. 27–50.

26 H. Bresc, «The secrezia and the royal patrimony», p. 132.

27 ASP, fonds Datini, busta 1171, *valute*; L. Galoppini, «Notizie su Maltesi e il cotone di Malta a Cagliari nella seconda metà del Trecento», pp. 13–26.

28 H. Bresc, «Pantelleria entre l'Islam et la chrétienté», p. 116.

29 C. Trasselli, «Frumento e panni inglesi nella Sicilia del XV secolo», dans *Annali della facoltà di economia e commercio dell'universita di Palermo*, cité par H. Bresc, «Pantellera entre l'Islam et la Chrétienté», dans *Politique et société en Sicile XIIe–XVe siècles*, Variorum Reprints, Norfolk, 1990, p. 116.

Saya, juif de Trapani.[30] Cependant la production de Pantelleria n'arriva pas au niveau de celle de Malte.

B. *La commercialisation en Sicile*

1. Sicile : l'entrepôt des cotons étrangers

La plupart des cotons étrangers étaient importés en Sicile à la fin du Moyen Age.[31] Le ravitaillement en variétés levantines était souvent réalisé par les marchands vénitiens.[32] Ceux-ci utilisaient l'île de Sicile comme lieu de transit. En effet, ils ne pouvaient pas transporter le coton syrien directement en Barbarie ; ils devaient le transférer préalablement en métropole et de là le réexporter en Afrique du Nord, ce qui impliquait une augmentation des dépenses. Donc, les patrons vénitiens nolisaient leurs navires aux marchands étrangers pour le transférer de Syrie en Sicile, pour le distribuer finalement en Barbarie ou en Catalogne. Pour interdire ce genre de trafic, le Sénat de Venise prescrivit que les galées vénitiennes ne devaient charger le coton qu'en métropole pour le transporter en Afrique du Nord ou ailleurs.[33] Malgré cette volonté d'encourager le bon déroulement du convoi de galées de Barbarie, la contrebande subsistait.[34] Les Vénitiens apportaient également du coton romaniote et turc en Sicile.[35]

Le coton turc était fourni par les navires génois provenant de Chio et souvent était réexporté vers la Catalogne, surtout Barcelone à bord des bateaux catalans.[36] Les marchands toscans participaient également au

---

[30] H. Bresc, « Pantelleria entre l'Islam et la chrétienté », p. 116, n° 56.

[31] Le coton syrien et chypriote était importé au début du XIVe siècle. Dans son manuel de marchandise, Pegolotti compare le *cantare* d'Acre et de Famagouste et celui de Sicile. Selon lui, un *cantare* de coton d'Acre correspondait à deux *cantares* quatre-vingt-cinq ou quatre-vingt-dix *rotoli* à Messine et à deux *cantares* soixante-quinze ou quatre-vingts *rotoli* à Palerme. Un *cantare* de coton de Chypre étai égal à deux *cantares* quatre-vingt-dix *rotoli* dans toute la Sicile. F.B. Pegolotti, *La pratica della mercatura*, éd. A. Evans, Cambridge, 1936, pp. 65–66.

[32] ASV, Incanti galere, reg. 1, f. 32[r].

[33] ASV, Senato Mar, reg. 2, f. 46[r] ; ASV, Incanti galere, reg. 1, f. 21[v].

[34] J. Guiral, « Les péages du royaume de Valence (1494). II. Informatique et péages du royaume de Valence (1494) », p. 157.

[35] Un manuel vénitien de marchandise du début du XVIe siècle montre que le coton turc et romaniote était introduit de Constantinople en Sicile. B. Paxi, Tariffa de pexi e mesure congratia et privilegio, f. 102[v].

[36] Le contrat d'assurance maritime établi le 20 juillet 1457 à Barcelone porte sur le transport de cinquante-quatre sacs de coton turc de Syracuse à Barcelone. En 1461 le

trafic des importations en Sicile. Dès le milieu du XIVe siècle, ceux de Pise y apportaient une quantité non négligeable, dont une part était destinée à l'industrie locale.[37] Au XVe siècle, le convoi de galées florentines y déchargeait du coton avant de gagner le port de Pise.[38]

Le coton d'Italie du Sud aussi était importé en Sicile,[39] essentiellement par les marchands de Messine. A partir de 1460, ces derniers commencèrent à accroître l'importation depuis la région de Calabre.[40] Au début du XVIe siècle, ils continuaient à s'y rendre pour s'y approvisionner.[41] La matière première sud-italienne, ainsi que le lin sicilien, étaient destinés à la fabrication de tissus mélangés à Messine.

Les importations des cotons étrangers n'étaient pas négligeables en quantité. Selon un contrat d'assurance maritime établi le 20 juillet 1457 à Barcelone, cinquante-quatre sacs de coton turc devaient être chargés à Syracuse à destination de Barcelone.[42] Un contrat établi le 16 juillet 1467 à Palerme porte sur le projet de transporter quarante-sept sacs de coton turc de Syracuse à Barcelone.[43] Cinquante balles de coton d'Alep furent importées à Messine en 1477.[44] En 1463, trente-neuf sacs de coton capturés d'un navire génois provenant du Levant furent vendus à Syracuse.[45]

Parmi les cotons étrangers, celui de Malte était le plus recherché sur les marchés siciliens, et comme celui de Pantelleria, il était en général redistribué depuis la Sicile sur les marchés internationaux. Il était bien sûr souvent transporté directement vers les autres destinations[46], mais la

navire de M. Prats transporta de Syracuse à Barcelone pour le compte des marchands catalans, Guillem et Francesch Alegra, trente sacs de coton turc et vingt-six sacs de coton sicilien. AHPB, 165/93, 14^{v}–15^{r}; M. Del Treppo, *I mercanti catalani, op. cit.*, p. 181; S.R. Epstein, «The textile industry, op. cit.», p. 175.

37 Dès le milieu du XIVe siècle, le coton dit *bombice pisanico* était importé en Sicile. H. Bresc, *Un monde méditerranéen, op. cit.*, vol. 1, p. 512.

38 En 1442, deux galées florentines chargèrent six balles de coton brut à Rhodes afin de les transporter en Sicile. M.E. Mallet, *The florentine galleys in the fifteenth century*, Oxford, 1967, pp. 115–116.

39 Depuis Amalfi aussi le coton était importé en Sicile. E. Bresc, *Un monde méditerranéen, op. cit.*, p. 512.

40 S.R. Epstein, «The textile industry, op. cit.», p. 151.

41 En 1528, Pietro Paolo de Benedetto et Francesco Manni de Messine établirent un contrat de commende pour une valeur de vingt-cinq ducats pour acheter du coton en Calabre. C. Trasselli, «Lino e cotone a Messina», pp. 95–96.

42 AHPB, Antoni Vilanova, 165/93, f. 14^{v}–15^{r}.

43 ASP, ND, 813, Antonino Aprea.

44 S.R. Epstein, «The textile industry, op. cit.», p. 175.

45 *Ibid.*

46 En 1353, le bateau patronné par Berenguer Despuig, transporta du coton pour

plus grande partie était d'abord transférée vers les deux ports siciliens de Syracuse et de Messine.[47] Le convoi vénitien de galées de Flandre chargeait du coton maltais à Messine pour le transporter vers la mer du Nord.[48] Ce trafic de transit était réalisé par les marchands siciliens, notamment juifs, en coopération avec les juifs de Malte et de Pantelleria. Ceux-ci avaient un contrôle presque exclusif de ce commerce dans ces deux îles.[49] Les cotons étaient importés en Sicile parfois à l'état filé.[50] Le 27 mai 1457, douze sacs de coton filé de Pantelleria furent transportés à Syracuse et réexportés à Barcelone par Johan Canyelles et Jacme Prats. En 1460, Sucha Milmet et Samuel Salsa, tous deux juifs de Pantelleria, payèrent en coton filé des draps majorquins et barcelonais achetés à Trapani, pour une valeur de près de quatorze onces.[51]

Dans la liste des cotons en vente sur les marchés siciliens, il faut ajouter celui de la Sicile elle-même. Il continuait à être commercialisé dans les grands courants d'échanges internationaux à la fin du Moyen Age, même si c'était en quantité plus réduite que pour l'époque précédente.[52] En fin de compte, l'île de Sicile représentait avant tout à la fois un entrepôt et un lieu de transit pour des cotons étrangers, notamment maltais. Grâce à ces deux fonctions de l'île, le trafic du coton en Sicile était bien animé à la fin du Moyen Age, en dépit de la régression de la production locale sicilienne.

---

une valeur de vingt livres de Malte à Cagliari. La même année, ce Berenguer paya vingt livres pour le transport des esclaves et du coton pour un montant de cinq cents livres de Malte à la même destination. L. Galoppini, «Notizie su Maltesi e il cotone di Malta a Cagliari nel seconda metà del Trecento», p. 14. En 1377, le navire patronné par le Maltais Bonfilio Favato transporta vers Barletta et Ancône du coton et des peaux d'agneaux de Malte, marchandises qui appartenaient aux juifs maltais Belchay, Simon, Messi, Lea et Braha Ecertia et à des marchands chrétiens de Malte. H. Bresc, *Arabes de langue, juifs de religion. L'évolution du judaïsme sicilien dans l'environnement latin, XIIe–XVe siècles*, Paris, 2001, pp. 235–236.

[47] Le coton de Pantelleria transitait parfois par Trapani. H. Bresc, *Un monde méditerranéen, op. cit.*, vol. 1, p. 564.

[48] D'après un manuel vénitien de marchandise, ceux qui voulaient avoir du coton brut et filé maltais de bonne qualité et de bonne couleur, pouvaient l'acheter à Messine. B. Paxi, Tariffa de pexi e mesure congratia et privilegio, f. 137^{v}.

[49] H. Bresc, *Arabes de langue, op. cit.*, pp. 235–237.

[50] Les juifs, venus de Sicile pour s'installer à Pantelleria, contribuèrent au transfert de leur expérience ancestrale du filage. Par conséquent, le coton de Malte et de Pantelleria était souvent exporté à l'état de produit déjà à demi-transformé et valorisé. H. Bresc, «Pantelleria entre l'Islam et la chrétienté», p. 116.

[51] *Ibid.*

[52] Un contrat d'assurance maritime établi le 4 janvier 1500 à Barcelone porte sur le transport du coton sicilien de Valence à Bougie. AHPB, 239/59, f. 133^{r}–134^{r}.

2. La suprématie catalane dans le commerce du coton en Sicile

L'approvisionnement en coton en Sicile connut un grand changement dans la seconde moitié du XIIIe siècle. L'expansion de la couronne d'Aragon en Méditerranée occidentale est avant tout à l'origine de cette modification.[53] Les Catalans, déjà maîtres des Baléares et de Valence, obtinrent l'île de Sicile après les Vêpres siciliennes. A partir de la fin du XIIIe siècle, le commerce entre l'Occident et l'Afrique du Nord, commerce d'ailleurs très affaibli et pas du tout comparable à celui du demi-siècle précédent, fut largement assuré par les galées et les nefs catalanes et majorquines, voire par les barques de Trapani et de Cagliari sous domination aragonaise.[54]

Ce bouleversement politique provoqua celui du commerce du coton en Sicile. Les marchands catalans se mirent à contrôler ce trafic, en chassant les marchands italiens, surtout génois, qui l'avaient accaparé pendant la période précédente. Ce phénomène est bien expliqué par H. Bresc. Bien que les données suivantes doivent être considérées comme minimales, elles témoignent pourtant de la tendance générale et de la quote-part relative de chaque région.

Tableau 9. *La destination du coton de l'exportation sicilienne (1290–1459)*.[55]

Année / *Destination*	1290–1299	1300–1309	1330–1339	1350–1359	1360–1369	1440–1449	1450–1459
Royaume de Naples		1, 8 %			100 %		
Ligurie–Toscane	95, 6 %	1, 4 %					
Catalogne		93, 6 %	100 %	100 %		100 %	100 %
Sardaigne	4, 4 %						
Total (en *cantares*)	2270	693. 14	555	4	49	172	80

Les marchands catalans se mirent à monopoliser l'exportation du coton depuis la Sicile à partir du début du XIVe siècle. Pourtant leur trafic date des siècles précédents.[56] Citons quelques exemples[57] : la famille de

[53] Sur l'histoire générale de ce phénomène, voir M. del Treppo, *I mercanti catalani, op. cit.*; M.T. Ferrer i Mallol et D. Coulon (éd.), *L'expansió catalana a la Mediterrània a la baixa edat mitjana*, Barcelone, 1999.

[54] R.H. Bautier, «Les relations commerciales entre l'Europe et l'Afrique du Nord», pp. 399–400, 415.

[55] H. Bresc, *Un monde méditerranéen, op. cit.*, p. 569.

[56] D. Abulafia, «Catalan merchants and the Western Mediterrranean, 1260–1300: studies in the notarial acts of Barcelona and Sicily», p. 225.

[57] Pour les autres exemples d'achat de coton en Sicile par des marchands catalans

Banyeres, qui avait d'étroites relations avec la cour royale, appartenait aux grands commerçants de Barcelone. En 1238, Johan Banyeres expédia une femme mauresque esclave en Sicile pour l'y vendre. Il ordonna à son agent d'investir l'argent en coton ou en cumin et d'envoyer les marchandises à Barcelone.[58] Bernat de Fonts, facteur de la société traitant les tissus, mettait la main non seulement à l'achat du coton mais aussi à la vente de la futaine. En 1260, il établit un contrat de commende avec Pere de Furno et Pere de Navata, d'après lequel il devait apporter du coton ou d'autres marchandises au retour de Sicile à Barcelone.[59] En 1267, il se procura du coton en Sicile en y vendant des tissus de Lerida.[60] Il s'occupait de l'importation de la futaine à Majorque. Le coton importé à Barcelone était utilisé pour fabriquer des futaines imitant le modèle italien. Celles-ci étaient parfois exportées en Afrique du Nord.[61]

Après le début même du XIVe siècle, moment où la position monopolistique commença à se former, les modalités du commerce catalan ne subirent pas de grande mutation. Les marchands catalans s'appuyaient continuellement sur les contrats de commende en plein usage aux XIIe et XIIIe siècles pour chercher des fonds. Cette méthode fut dépassée à Gênes et à Venise à la fin du Moyen Age.[62] Ils gardaient une autre coutume de l'époque précédente, à savoir qu'ils étaient marchands itinérants.[63] En mai 1415, Johan de Cardona établit sept contrats de commende avec plusieurs investisseurs barcelonais par le notaire Thomas de Bellmunt.[64] Il reçut des draps et du corail pour une valeur

---

au XIIIe siècle, voir J.M. Madurell Marimon et A. Garcia I Sanz, *Comandas, op. cit.*, n° 2 (le 5 octobre 1238), 10 (le 9 avril 1260), 23 (le 25 octobre 1267), 37 (le 8 avril 1272).

[58] D. Abulafia, «Catalan merchants and the Western Mediterrranean, 1260–1300: studies in the notarial acts of Barcelona and Sicily», p. 215.

[59] A.-E. Sayous, «Les méthodes commerciales de Barcelone au XIIIe siècle, d'après des documents inédits des archives de sa cathédrale», pp. 193–194.

[60] D. Abulafia, «Catalan merchants and the Western Mediterrranean, 1260–1300: studies in the notarial acts of Barcelona and Sicily», p. 218.

[61] *Ibid.*, p. 219.

[62] B.Z. Kedar, *Merchants in Crisis. Genoese and Venetian men of affairs and the Fourteenth Century*, New York, 1994, pp. 25–28.

[63] Le voyage d'affaires entre Majorque et Chio fait en 1450 par un marchand de Majorque, Francesch Setorre représente un bon exemple du marchand itinérant. Parti de Majorque, il se rendit à Chio à bord d'un navire génois avec des draps appartenant à lui-même et à ses compatriotes. Avec des gains tirés de leur vente, il acheta cent trente-sept sacs de coton à Chio et les transporta à Majorque, en nolisant un autre navire génois. ASG, Notai Antichi, n° 847, doc. 281, 286.

[64] AHPB, 78/38, f. 22ᵛ–24ᵛ; M. del Treppo, *I mercanti catalani, op. cit.*, p. 167.

de près de six cent quarante-trois livres et d'autres marchandises pour un montant de cinquante-sept livres, le tout à destination de la Sicile. Il devait les vendre sur les marchés siciliens et se procurer en échange divers types de coton, coton brut et filé de Malte, de Pantelleria et *faldeta*, soit mauvais coton, et d'autres marchandises disponibles, dont le choix lui était laissé selon les circonstances qu'il rencontrerait sur place. Le transport d'aller et de retour devait être assuré par le navire patronné par Johan Torra. Johan de Cardona devait voyager à bord de ce bateau avec des marchandises.

D'après B.Z. Kedar, les commendes utilisées largement par les marchands itinérants étaient parfaitement adaptées aux voyages d'affaires vers les régions lointaines et partiellement connues, qui pouvaient apporter un grand profit en cas de succès.[65] Cependant l'exemple des marchands catalans ne correspond pas tout à fait à ce schéma. D'abord, l'île de Sicile, qui constituait leur zone d'investissement de premier ordre, était bien connue. Les échanges avec la Sicile représentaient un trafic de routine. De plus, ils avaient leurs facteurs ou agents d'affaires sur les marchés locaux, même s'ils se rendaient sur place avec des produits à écouler. Pere de Cardona, peut-être fils de Johan cité plus haut, commerçait en tant que facteur en Sicile au milieu du XVe siècle. Le 18 mai 1461 Bernat Asa contracta un contrat d'assurance maritime pour transporter du coton de Syracuse à Barcelone. Son embarquement à Syracuse serait effectué par Pere de Cardona.[66] Le fait que même les marchands itinérants catalans avaient leurs partenaires sur place, est attesté par d'autres contrats d'assurance maritime. Le 15 juillet 1461 Pere Rovira établit un contrat d'assurance maritime pour transporter du coton de Malte à Barcelone. Installés à Malte, Johan Muxola et Johan Vidal s'occupaient du chargement sur un navire dont le patron était Francesc Marcofa. Ils chargeaient du coton pour le compte d'autres marchands barcelonais.[67]

Comme le montrent les contrats de commende, le trafic du coton en Sicile n'était pas réservé aux grands négociants. Les boutiquiers et les artisans comme les drapiers, les teinturiers et les couturiers, pouvaient y investir de petites sommes d'argent.[68] Par le contrat de

---

[65] B.Z. Kedar, *Merchants in crisis, op. cit.*, p. 25. Sur les marchands itinérants ou sedentaires, voir J. Le Goff, *Marchands et banquiers du Moyen Age*, 6ème édition, Paris, 1980, pp. 11–26.

[66] AHPB, 181/46, f. 81^{v}–82^{r}.

[67] AHPB, 165/95.

[68] Par le contrat de commende du 11 novembre 1406, Bernat Rocha, couturier, offrit

commende du 16 juillet 1400, Bertran Ferigola, teinturier de futaines, donna une balle de sept pièces de draps pour une valeur de trente-trois livres trois sous onze deniers à Guillem Fossies et Simon Cagell et leur demanda de l'investir en coton brut ou filé en Sicile.[69] Bernat Fabra, boutiquier, était un bailleur de fonds assidu pour l'achat de coton, les capitaux engagés n'étant pas considérables. Il garnissait sa boutique de diverses sortes de coton grâce à ses nombreux marchands itinérants.[70] Le montant fourni par les marchands-investisseurs n'était pas plus considérable que celui des artisans et il ne dépassait pas cent livres.[71] Dans les années 1410, un sac de coton brut de Malte coûtait un peu plus de dix livres.[72] D'après cette estimation, une commende moyenne représentait une petite transaction qui correspondait à moins de dix sacs.

En fin de compte, le trafic du coton en Sicile par les marchands catalans ne prit pas une si grande ampleur. Leur supériorité dans ce commerce n'était pas bien établie. Tout d'abord, la production du coton se réduisit à la fin du Moyen Age. De plus, l'importation en Sicile des cotons étrangers était assurée par les navires italiens. Enfin, ils ne pouvaient avoir de position monopolistique que dans le trafic du coton maltais, qui transitait le plus souvent par la Sicile. Cependant, même ce commerce ne s'effectuait pas sur une grande échelle, comparé à celui du coton syrien de Venise et du coton turc de Gênes.

---

trois pièces de draps pour un montant de vingt-trois livres quatorze sous quatre deniers à Anthoni Feliu et Francesch Nodrissa. Ces derniers devaient les investir en coton filé, probablement en Sicile. AHPB, 79/37, f. 17[r], 18[r].

69 AHPB, 58/170, f. 73[r–v].

70 AHPB 58/170, f. 2[v] (coton filé maltais en Sicile), f. 38[v] (coton brut ou filé en Sicile), f. 57[v] (coton filé à Beyrouth), f. 69[r] (coton brut ou filé ou *faldeta* en Sicile), 79/36, f. 15[v] (coton brut en Syrie), 79/37, f. 15[v] (coton filé de Damas), f. 16[v] (coton levantin), f. 82[v] (coton syrien), f. 87[v]–88[r] (coton turc), 79/38, f. 6[r–v] (coton brut ou filé en Romanie), f. 7[v] (coton brut en Romanie), f. 10[v] (coton en Sicile), f. 26[r] (exportation des futaines de Barcelone).

71 Berenguer Agnyoni, drapier, donna cinq balles et demie de draps correspondant à trente-neuf pièces pour une valeur de trois cent vingt-quatre livres à Francesch Oliver. Ce dernier devait les investir en coton en Sicile. Cette transaction représentait l'un des plus gros investissements. AHPB, 58/169, f. 53[v]–54[r].

72 ACA, Generalitat, reg. 181.1, f. 30[v], 42[v].

II. *Le coton de Chypre*

A. *La production*

La culture du coton semble avoir être introduite à Chypre par la Syrie.[73] On connaît pourtant peu de choses sur son premier développement. Pour le début du XIVe siècle, nous avons deux témoins qui attestent de son ampleur. Marino Sanudo indique que le coton était cultivé en grande quantité vers 1300.[74] Le deuxième est Francesc des Forn, qui se rendit à Chypre en tant qu'ambassadeur de Jaume II, roi d'Aragon pour demander à Henri de Lusignan le paiement du reste de la dot de Marie, épouse de son roi et fille de Henri, et envoya un rapport. D'après celui-ci, le coton et le sucre étaient produits en abondance.[75] Pourtant leurs témoignages doivent être considérés comme exagérés. En effet, Marino Sanudo avait une raison politique pour gonfler la production dans les terres chrétiennes, afin de persuader que le monde chrétien pouvait s'approvisionner suffisamment en coton sans se rendre en Syrie et en Egypte. Francesc des Forn semble quant à lui reprocher au roi de Chypre le retard du règlement de la dot, du fait que Chypre avait assez de ressources agricoles comme le coton et le sucre. En réalité, le coton syrien dominait celui de Chypre sur les marchés chypriotes au milieu du XIVe siècle.[76]

Il est donc difficile d'estimer avec précision le volume de la production. Pour la localisation des lieux producteurs chypriotes, il en va de même. La plupart des documents occidentaux de la fin du Moyen Age ne les précisent pas.[77] Quelques rares sources nous permettent de faire leur liste, bien qu'imparfaite. Le coton était surtout cultivé dans les terres de la plaine méridionale: Paphos, Episkopi, Limassol,

---

[73] M. Lombard, *Les textiles dans le monde musulman du VIIe au XIIe siècle*, Paris, 1978, p. 69.

[74] M. Sanudo Torsello, *Liber secretorum fidelium crucis super Terrae sanctae recuperatione et conservatione*, Toronto, 1972, p. 24.

[75] J.E. Martínez Ferrando, *Jaime II de Aragón. Su vida familiar*, 2 vol., Barcelone, 1948, vol. 2, n° 226.

[76] R. Morozzo della Rocca (éd.), *Lettere di mercanti a Pignol Zucchello*, Venise, 1957, p. 124.

[77] Dans les documents des archives Datini le coton chypriote est nommé constamment *cotone di Cipri* sans informations auxiliaires qui puissent permettre de connaître les lieux de production. Tous les manuels de marchandise ne les précisent pas. ASP, fonds Datini, busta n° 1171; M. Gual Camarena, *El primer manual hispanico de mercaderia*, Barcelone, 1981, p. 102 et 108: «*coto de Xipra*».

Salines (Larnaka) et Famagouste.[78] A Nicosie et à ses alentours existait aussi une production. Le district d'Episkopi situé au sud, traversé par le fleuve pérenne de Kouris, qui féconde toute l'année les jardins de cette région, est encore aujourd'hui fertile en blé, olives, coton et vin.[79] Au milieu du XIVe siècle, il tomba sous la domination de la noble famille vénitienne des Corner, très engagée dans le commerce et les affaires de banque à Chypre. Dans les années 1360, grâce aux services financiers rendus à la monarchie chypriote, la famille Corner obtint la propriété du district d'Episkopi. Elle y cultivait de la canne à sucre et du coton.[80] Cette terre resta aux mains des Corner jusqu'à la conquête ottomane au XVIe siècle, et ils continuaient à cultiver du sucre et du coton au XVe siècle. Il convient de citer le récit de voyage du chanoine Casola. Ce dernier y décrit la propriété de Federigo Corner comme suit:[81] «Je peux mentionner une grande firme non loin de Limassol, qui appartient à un certain noble vénitien, Federigo Corner, et qui s'appelle Episcopi, où l'on produit beaucoup de sucre qui suffirait au monde entier d'après moi. Le sucre de la meilleure qualité est réservé aux marchands vénitiens, et la quantité de vente est en pleine augmentation. [...]. Un des facteurs de Federigo m'a raconté qu'il y a une grande production de coton mais le coton n'est pas encore prêt pour la récolte.»[82] Lors de son voyage en 1532 Denys Poussot vit les champs de coton voisins de Salines arrosés au moyen de norias que faisaient tourner des ânes ou des chevaux aux yeux bandés.[83]

Le coton était cultivé à Paphos, à Limassol et dans leurs arrière-pays. En effet, les navires vénitiens y chargeaient du coton, puis le transportaient à Famagouste pour son exportation en Occident, selon le traité de 1383, établi entre Gênes et Chypre, obligeant tout navire à transiter par ce port et interdisant toute autre escale.[84] A Nicosie

---

[78] J. Richard, «Une économie coloniale? Chypre et ses ressources agricoles au Moyen Age», p. 340; Idem, «Agricultural conditions in the Crusader states», p. 268, 277.

[79] G. Luzzatto, «Capitalismo coloniale nel Trecento», pp. 119–120.

[80] D. Jacoby, «Citoyens, sujets et protégés de Venise et de Gênes en Chypre du XIIIe au XVe siècles», p. 174.

[81] M.F. Mazzaoui, *The italian cotton industry, op. cit.*, p. 181; P. Casola, *Canon Pietro Casola's pilgrimage to Jerusalem in the year 1494, tr. M. Magaret Newett*, Manchester, 1907.

[82] *Ibid.*, p. 216.

[83] J. Richard, «Une économie coloniale? Chypre et ses ressources agricoles au Moyen Age», *Byzantinische Forschungen* V (1977), pp. 333–334; D. Poussot, *Le voyage de Terre Sainte*, éd. Ch. Scheffer, Paris, 1890.

[84] ASG, Banco San Giorgio, Sala 34, 590/1292, f. 23^v, 105^v, 136^v; D. Stöckly, «Com-

le coton était également cultivé. Dans une correspondance adressée de Famagouste à Pignol Zuchello à Venise est mentionné le coton de Nicosie, dont le prix était de quarante-quatre besants sur le marché de Famagouste.[85]

Il semble que la production du coton ne fut pas effectuée sur une grande échelle jusqu'à la fin du XVe siècle. Elle n'était pas encouragée par les Lusignan avant l'occupation vénitienne de l'île. Au dire de J. Richard, avant la période vénitienne existait une économie rurale assez équilibrée sous les Lusignan. Même si les productions agricoles destinées à l'exportation prenaient une place importante dans l'économie de Chypre, les profits de cette production bénéficiaient en premier lieu à l'aristocratie locale et à la bourgeoisie marchande, puis à la population de l'île. Cet équilibre tend à se rompre après 1489 au profit des fournitures destinées à la république de Venise et au patriciat vénitien.[86]

Venise exploita d'une façon intensive les ressources agricoles, dont le coton. Pour arrêter la dépopulation de l'île et recruter de la main-d'œuvre, le gouvernement vénitien fit publier à Corfou, à Lépante, à Modon, à Coron, à Nauplie et à Monemvasie que ceux qui voudraient émigrer à Famagouste avec leur famille jouiraient du transport gratuit et recevraient en outre des vivres et trois ducats. Pour attirer les étrangers, il leur proposa des maisons et des propriétés dans la campagne.[87] Ces efforts aboutirent à un accroissement de la production, ce qui est bien attesté par la comparaison de deux sources statistiques, l'une de la fin du XVe siècle et l'autre de l'année 1531.[88] Selon un mémoire histo-

merce et rivalité à Chypre. Le transport du sucre par les Vénitiens dans les années 1440, d'après quelques documents génois», p. 1136.

[85] R. Morozzo della Rocca (éd.), *Lettere di mercanti a Pignol Zucchello*, *op. cit.*, p. 124.

[86] D'après F. Braudel, l'ensemble de cultures présentait un caractère colonial. Venise et Gênes forcèrent Chypre à exploiter la culture de certains produits agricoles, comme le sucre, le coton et le vin et les exportations de sucre et de coton ne portaient profit qu'aux marchands extérieurs, surtout marchands génois et vénitiens. J. Richard, «Une économie coloniale? Chypre et ses ressources agricoles au Moyen Age», p. 346, 352.

[87] W. Heyd, *Histoire du commerce du Levant*, 2 vol., Leipzig, 1885–1886, vol. 2, p. 425.

[88] La comparaison de la production de la fin du XVe siècle et de l'année 1531.

Marchandises	Avoine (en *moggia*)	Lin (en *moggia*)	Fromage (en *cantares*)	Huile d'olive (en *cantares*)	Coton (en *cantares*)	Sucre *di prima cotta* (en *cantares*)	Vin (en *some*)
Fin XVe siècle	20 000	25 000	3 500	350	7 000	7 000	100 000
1531	34 000	80 000	850	850	20 000	1 500 ou 150	200 000

rique sur l'île de Chypre d'un anonyme de la fin du XVe siècle, ouvrage qui renferme des renseignements statistiques sur les productions agricoles, sept mille *cantares* de coton étaient produits et cent cinquante sacs de coton filé étaient exportés chaque année. Un autre mémoire de François Attar, en 1531, montre que le volume s'éleva jusqu'à vingt mille *cantares*, soit une multiplication par trois environ.

L'augmentation de la culture de certains produits fut réalisée aux dépens des autres. Celle du sucre, qui avait pris la place centrale dans l'ensemble de la production agricole pour l'époque précédente, vivotait ou diminuait. La difficulté d'approvisionnement en coton en Syrie à cause de l'avance turque obligea Venise à chercher une alternative. Enfin elle trouva une solution dans l'île de Chypre, devenue son territoire à la fin du XVe siècle, et dont le coton avait la même qualité que celui de Syrie, ou de peu inférieure.

Sous la domination turque, la production augmenta trois fois plus que pour la période vénitienne.[89] A cette époque, Venise continuait à importer du coton en grande quantité, par exemple six mille sacs par an au XVIIe siècle.[90]

B. *La commercialisation*

L'approvisionnement en coton à Chypre bascula d'une façon considérable selon les modifications politiques, économiques et militaires: la chute d'Acre en 1291, la reprise des relations commerciales entre l'Occident et les Mamelouks dès l'année 1345, l'occupation génoise de Famagouste en 1373 et la possession directe par Venise de l'île en 1489. Une autre particularité venait du fait que ce commerce était en majorité réalisé par le port de Famagouste.

Il faut également tenir compte du fait que le coton produit dans l'île n'était pas entièrement destiné à l'exportation. Une bonne quantité était réservée à l'industrie locale. A la fin du XVe siècle il y avait au moins cinq cents maîtres-artisans cotonniers à Famagouste. Les tissus de coton chypriotes comme la *cotonine* et le boucassin étaient fréquemment exportés vers l'Occident.[91] La priorité entre l'exportation

---

Mas-Latrie, *Histoire de l'île de Chypre sous le règne des princes de la maison de Lusignan*, 3 vol., Paris, 1852–1861, vol. 3, pp. 493–513, 519–536.

[89] F.C. Lane, *Venise: a maritime republic*, Baltimore, 1973, p. 298.

[90] D. Sella, *Commerce e industrie a Venezia nel secolo XVII*, Venise, 1961, p. 3.

[91] Les *cotonines* de Chypre étaient importées à Barcelone. Les marchands de Gênes

et la consommation locale n'était pas toujours fixée. Ce qui est évident, c'est qu'elle était plutôt tournée vers l'exportation pendant l'occupation vénitienne.

1. Famagouste

Vers 1491, la communauté des habitants de Famagouste demanda au gouvernement de Venise le rétablissement des droits, usages, franchises et privilèges dont elle avait joui du temps de l'occupation génoise et dont le roi Jacques II lui avait en partie assuré la conservation lorsqu'il avait pris possession de la ville.[92] En matière de trafic du coton, leurs demandes sont ainsi rédigées: «tous les cotons de l'île doivent être transportés à Famagouste après la récolte, et les maîtres de l'industrie cotonnière, au nombre de cinq cents au moins à Chypre, sont tenus de résider tous à Famagouste, avec une permission pour que les autres habitants de l'île puissent travailler le coton réservé à leur propre usage et non celui qui serait destiné à la vente».[93] Cette demande ne fut pas acceptée. Mais elle montre clairement que Famagouste constituait un marché de monopole du coton pendant la période de l'occupation génoise de ce port. En 1383, les Génois obtinrent du roi Jacques un privilège qui obligeait tout le commerce de Chypre à passer uniquement par le port de Famagouste.[94]

Cette prérogative de Famagouste fut respectée. Dans les listes de cargaisons des archives Datini se trouvent quatre exemples de transport de coton de Chypre. Leur embarquement fut effectué uniquement au port de Famagouste.[95] Le capitaine génois de Famagouste donnait le permis de transport des marchandises. Le 9 avril 1440 Oberto Giustinian, capitaine de Famagouste, permit à Lodovico Corner de transporter à Famagouste près de cinquante sacs de coton, qui seraient chargés à Paphos, à Limassol et dans leurs environs. Ce transport devait être

achetaient des *cotonines* et des boucassins à Chypre. En 1369, la galée patronnée par Ambrogio di Negro apporta cent soixante-quinze pièces de boucassin de Famagouste à Gênes. A la fin du XIVe siècle, le tarif de nolis pour le transport d'un *cantare* de boucassin de Chypre à Gênes était de trente sous. AHPB, 58/169, f. 172^{v}, 182^{v}, 79/37, f. 18^{r}, 58/171, f. 20^{r-v}; ASG, San Giorgio, sala 34, Diversorum Cancellarie, 590/1290, f. 38^{v}; E. Ashtor, «Il volume del comercio levantino di Genova nel secondo trecento», p. 402; Mas-Latrie, *Histoire de l'île de Chypre*, *op. cit.*, vol. 3, pp. 775–777.

92 *Ibid.*, vol. 3, p. 491.

93 *Ibid.*

94 *Ibid.*, vol. 2, p. 403, vol. 3, p. 503.

95 ASP, fonds Datini, busta 1171.

assuré soit par le navire de Marco Brevio, soit par la galée patronnée par Pietro Morosini, soit par une autre galée vénitienne. Le 28 avril 1441, il accorda la licence à Giovanni *Mercenach* pour apporter à Famagouste entre cent cinquante et deux cents caisses de sucre en poudre et entre dix et quatorze *cantares* de coton, qui seraient chargés à Limassol ou dans les environs. Le 16 août 1441, il autorisa Luca de Soripando à transférer entre quatre et cinq sacs de coton de Paphos ou des environs à Famagouste.[96]

Cette position monopolistique de Famagouste fut de longue durée, elle commença dès la fin du XIIIe siècle après la chute d'Acre en 1291. Famagouste, qui n'avait représenté qu'une simple escale vers la Syrie et l'Egypte pour les navires occidentaux, devint un centre de commerce de premier ordre en Méditerranée orientale. Elle constituait le lieu de transit pour le coton syrien fourni par des réfugiés chrétiens.[97] Quoi qu'il en soit, dès la fin du XIIIe siècle, le commerce du coton à Chypre passait presque entièrement par Famagouste.

2. Les fluctutations de conjoncture

a. L'essor : trafic de transit

Même si elle porta un grand coup au monde chrétien, la perte d'Acre en 1291 fournit une belle occasion d'essor au commerce de Chypre. Les ports chypriotes, autrefois désertés ou utilisés en tant qu'escales pour se rendre en Syrie et en Egypte par les navires occidentaux, reprirent vie : la disparition des territoires chrétiens de Syrie-Palestine amena les commerçants occidentaux à se replier sur Chypre. En outre, l'interdiction, lancée par le pape, de trafiquer avec les musulmans força les marchands occidentaux à rompre, au moins officiellement, leurs relations avec la Syrie et l'Egypte. Enfin, les marchands occidentaux étaient contraints de s'approvisionner en marchandises syriennes et égyptiennes par l'intermédiaire des réfugiés chrétiens.[98] Les villes marchandes cherchèrent à obtenir des Lusignan divers privilèges. En 1306, les Vénitiens établirent un traité avec Amaury de Lusignan, par lequel ils obtinrent des

---

[96] ASG, Banco San Giorgio, Sala 34, 590/1292, f. 23^v, 105^v, 136^v.

[97] M. Balard, *Notai genovesi in Oltremare. Atti rogati a Cipro da Lamberto di Sambuceto (11 ottobre 1296 – 23 giugno 1299)*, Gênes, 1983–1984, pp. 177–178 (n° 150); R. Morozzo della Rocca (éd.), *Lettere di mercanti a Pignol Zucchello, op. cit.*, p. 124.

[98] L. Mas-Latrie, *Histoire de l'île de Chypre, op. cit.*, vol. 1, p. 512.

avantages commerciaux et fiscaux et l'autorisation d'établir leur quartier à Famagouste.[99]

Dans son ouvrage, E. Piloti retrace cette époque brillante de Chypre, plus particulièrement de Famagouste, comme suit: «*Et anciennement Famagouste, laquelle est au boutz de l'îsole de Cipre, du costé de Levant—que de là se passe à Baructi et à Tripoli de Surie, si a C et LX milles—en laquel Famagosta en celluy temps se faisait marchandise de toute la nation de crestiens de Ponent: pourquoy toutes caravannes d'espices arivoit à Barute et à Tripoli de Surie, et de là, avecque leurs navilz, marchans de celluy pays lez conduisoyent en Famagoste; et similement tous coutons et d'autres marchandises qui naissent en Surie, toutes passoyent avecques leurs navilz Famagosta, là où est terre murée et pors; et a une place loinge, en laquel a une rue loinge de loges magnifiques de toutes nations de crestiens de Ponent: et la plus belle loge de toutes est celle des Pisains; et ancores jusques au jour présent sont toutes empiée*»[100]

Philippe de Mézières, chancelier du roi Pierre Ier de Lusignan, témoigne lui aussi du trafic intense entre Chypre et la Syrie et l'Egypte. D'après lui, dans le port de Famagouste entraient annuellement de soixante à cent navires, grands et petits, et chacun apportait de Syrie et d'Egypte un chargement d'une valeur moyenne de cent mille écus d'or, qui se composait d'or d'Arabie, de pierres précieuses, d'épices et d'aromates, de camelots, de brocarts d'or et de soieries.[101]

Au dire d'Emmanuel Piloti, les marchands de Beyrouth et de Tripoli passaient la mer à bord de leurs navires pour aller vendre à Famagouste les produits de leurs pays, plus particulièrement les cotons de Syrie et les épices. Qui étaient ces marchands syriens? La réponse se trouve notamment dans les actes rédigés à Famagouste par un notaire génois Lamberto di Sambuceto, qui témoignent du fait que Famagouste devint un lieu de transit pour le coton syrien. Grâce à eux, nous pouvons reconstituer le déroulement de ce trafic. Premier constat: une partie du coton échangé à Famagouste venait de Syrie, surtout d'Alep et de Laodicée.[102] Dans un contrat du 22 mai 1299 à Famagouste, Simone Rosso déclara devoir à Babilano Salvago huit cent soixante besants sarrasins pour des draps de Lombardie et promit de lui donner à Gênes

---

[99] M.F. Mazzaoui, *The italian cotton industry, op. cit.*, p. 41.

[100] E. Piloti, *Traité d'Emmanuel Piloti sur le passage en Terre Sainte (1420)*, éd. P.-H. Dopp, Louvain, 1958, pp. 125–128.

[101] *Ibid.*, pp. 126–127.

[102] La plupart des contrats ne mentionnent pas l'origine du coton. S'ils la mentionnent, il s'agit toujours de villes syriennes. M. Balard, *Notai genovesi in Oltremare. Atti rogati a Cipro da Lamberto di Sambuceto, op. cit.*, pp. 177–178 (n° 150).

un même montant tiré de la vente de quatre sacs de coton d'Alep, qui seraient transportés de Famagouste à Gênes par la coque de cet investisseur.[103] D'après une ordonnance vénitienne du début du XIVe siècle, aucun coton produit au Levant ne pouvait être transporté à Venise, sinon chargé à Chypre et en Arménie.[104] Ce trafic de transit continua au milieu du XIVe siècle. Les marchands vénitiens s'approvisionnaient en coton plutôt syrien que chypriote sur le marché de Famagouste.[105]

La fourniture du coton syrien était assurée par les marchands syriens réfugiés à Chypre. Ceux-ci participaient activement à son transport vers l'Occident. Le 7 octobre 1301 Simone Dimitri de Laodicée passa huit contrats avec six marchands, tous syriens et chrétiens.[106] Par ces contrats, il se procura du coton pour une valeur totale de 24 894 besants blancs et devait le transporter à Venise et à Ancône. Ce montant correspondait alors à près de cent soixante-dix sacs.[107] Il existait plusieurs marchands syriens de ce niveau. Le 7 octobre 1300, Leone de Laodicée obtint 10160 besants blancs de quatre marchands en établissant cinq contrats de commende.[108] Un marchand pisan, Belluco de Belluchis, qui se réfugia d'Acre à Famagouste, participait également à ce trafic.[109]

La famille Corner jouait un rôle important dans le trafic à Chypre. Il convient de mentionner le cartel établi à Chypre entre la famille Corner et plusieurs armateurs. Ils voulaient monopoliser le trafic du coton, du sucre et du sel de Chypre à Venise. En contrôlant le volume du trafic et en faisant augmenter le prix sur le marché de Venise, ils essayèrent de maximiser leurs profits. En fait, cette famille avait la possibilité de ce contrôle car elle cultivait du sucre et du coton sur ses territoires. En 1358 une commission sénatoriale de trois personnes

---

[103] *Ibid.*, pp. 172–173 (n° 147).

[104] V. Langlois, *Le trésor des chartes d'Arménie ou Cartulaire de la chancellerie royale des Roupeniens*, Venise, 1863, p. 86: «*Nullus bombix natus in partibus ultramarinis possit adduci Venetias nisi caricatu in Cypro et Armenia*».

[105] R. Morozzo della Rocca (éd.), *Lettere di mercanti a Pignol Zucchello, op. cit.*, p. 124.

[106] R. Pavoni, *Notai genovesi in Oltremare. Atti rogati a Cipro da Lamberto di Sambuceto (6 luglio – 27 ottobre 1301)*, Gênes, 1982, n° 192, 193, 194, 195, 196, 198, 202, 208.

[107] Le 10 septembre 1301 un sac de coton coûtait près de cent quarante-cinq besants blancs.

[108] Damiano de Laodicée (5800), Giorgio de Laodicée (1750), Giorgio de Beyrouth (1060) et Simone Mestelis (1550). V. Polonio, *Notai genovesi in Oltremare. Atti rogati a Cipro da Lamberto di Sambuceto (3 luglio 1300 – 3 agosto 1301)*, n°.30, 31, 32, 33, 34.

[109] Il transporta du coton de Famagouste à Venise. *Ibid.*, pp. 387–388(n° 323); F. Thiriet, *Délibérations des Assemblées vénitiennes concernant Romanie*, 2 vol., Paris, 1966–1971, vol. 1, p. 72.

fut désignée afin d'enquêter sur ce consortium.[110] Celui-ci contraignait les patrons des navires à accepter certaines quantités de coton, en refusant le sel et le sucre à ceux qui étaient réticents. Le gouvernement de Venise ne fut pas toujours opposé à ce genre de cartels. A la fin du XIIIe siècle, les marchands vénitiens étaient encouragés ou parfois obligés de participer aux cartels pour importer des produits du Levant à Venise. En 1283 le gouvernement de Venise ordonna au baile vénitien d'Acre que les marchands se constituent en société pour acheter en commun du coton, du tissu nommé *bocharano* et du poivre, en groupant leurs fonds. Dans ce cas, tous les marchands vénitiens d'Acre pouvaient participer à ce cartel et prendre leur part dans l'ensemble du coton acheté. Mais le cartel des Corner était tout à fait différent, du fait que la plupart des marchands vénitiens étaient exclus de ce consortium au profit des Corner et de leurs associés.[111] Malgré l'interdiction de ce cartel par le gouvernement, la famille Corner garda des relations commerciales avec l'Etat de Venise jusqu'à la fin du XVe siècle et continua à produire du coton et du sucre dans ses jardins et à les commercialiser.[112]

b. Le déclin

D'après les informations des vieillards de Famagouste, Emmanuel Piloti dit que le grand triomphe commercial de cette ville, d'une durée de soixante ans, prit fin à cause de l'occupation génoise en 1373. A partir de celle-ci, les autres marchands occidentaux, dit-il, commencèrent à fréquenter Damas et le reste de la Syrie.[113] En réalité, cet événement politique accéléra la régression déjà amorcée de la conjoncture économique. La reprise des relations commerciales avec la Syrie et l'Egypte, qui date de 1345, était avant tout à l'origine de ce déclin.[114]

Bien que la prospérité de Famagouste en général subît une décadence, le chiffre d'affaires des Génois suivit une progression croissante. Leur trafic du coton connut la même conjoncture favorable. Notam-

---

110 Mas-Latrie, *Histoire de l'île de Chypre, op. cit.*, vol. 2, pp. 222–223.

111 G. Luzzatto, «Sindacati e cartelli nel commercio veneziano dei secoli XIII e XIV», dans *Studi di storia economica veneziana*, Padoue, 1954, pp. 195–196.

112 En 1440, Lodovico Corner obtint du capitaine génois de Famagouste une licence pour transporter cinquante sacs de coton de Paphos et de Limassol à Famagouste. ASG, San Giorgio, sala 34, 590/1292, f. 23^{v}.

113 E. Piloti, *Traité d'Emmanuel Piloti, op. cit.*, pp. 126–127; W. Heyd, *Histoire du commerce du Levant*, vol. 2, pp. 61–62.

114 *Ibid.*, vol. 2, pp. 62–63; E. Ashtor, *Levant trade, op. cit.*, pp. 64–102.

ment l'installation d'un service régulier de transport, dont l'objectif était le ravitaillement en blé de cette position nouvellement acquise, favorisa les activités commerciales des marchands génois à Chypre.[115]

La prospérité du commerce du coton des Génois ne dura pas longtemps. Au cours du XVe siècle la valeur commerciale de Famagouste se réduisit continuellement. Gênes essaya en vain de revitaliser son trafic. Les revenus diminuèrent. Enfin le gouvernement dut céder sa gestion à la *Banca di San Giorgio* en 1447.[116] Au milieu du XVe siècle, l'ensemble du trafic du coton à Chypre tomba au plus bas niveau et l'île ne représentait plus le principal lieu d'approvisionnement pour les marchands génois. Les documents de cette époque en témoignent. D'après le registre douanier de 1458, le seul navire faisant escale à Famagouste n'y chargea pas de coton.[117] Notamment les permissions de trannsport à Chypre accordées par les capitaines génois de Famagouste nous montrent les activités commerciales des marchands non seulement de Gênes, mais également d'autres villes occidentales, ainsi que les marchandises qui les intéressaient.[118] Il y eut peu de permissions pour le transport du coton dans les années 1440. D'ailleurs le volume du trafic restait faible. En ce qui concerne la nationalité, nous trouvons la présence de marchands de Venise, de Gênes, de Catalogne et de Rhodes. Notamment la famille Corner continua à participer à ce commerce et son volume était plus gros que celui des autres marchands. Même s'ils ne couvrent pas la totalité des transactions, ces documents génois montrent la tendance générale et la valeur relative de chaque marchandise.[119] En effet, ils témoignent d'une façon nette que le premier intérêt des marchands occidentaux était le sucre. Le volume du trafic de ce dernier était plus spectaculaire, et celui des marchands vénitiens était particulièrement impressionnant.[120]

---

[115] Le gouvernement de Gênes confiait cette mission aux patrons, en concluant le contrat de transport. ASG, Diversorum Communis Janue, n° 3021 ; C. Otten, «Les institutions génoises et les affaires de Chypre», p. 177.

[116] E. Ashtor, *Levant trade, op. cit.*, pp. 365–366.

[117] ASG, Caratorum Veterum, n° 1552 (année 1445), n°1553 (année 1458).

[118] ASG, San Giorgio, sala 34, Diversorum Cancellarie, 590/1289, 590/1290, 590/1291, 590/1292.

[119] Par contre, E. Ashtor indique que l'île de Chypre exportait une quantité de son coton et de son sucre vers les pays occidentaux pendant la période de 1422 à 1452 nommée par lui-même période de crise. E. Ashtor, *Levant trade, op. cit.*, p. 365.

[120] ASG, San Giorgio, sala 34, Diversorum Cancellarie, 590/1289, 590/1290, 590/1291, 590/1292 ; D. Stöckly, «Commerce et rivalité à Chypre. Le transport du sucre par les Vénitiens dans les années 1440, d'après quelques documents génois»,

Une autre constatation à faire, c'est que la nature du trafic du coton connut une modification par rapport à celle de la période précédente, où Famagouste avait constitué avant tout le lieu de transit du coton syrien. La ville gagna une nouvelle importance en tant que port d'exportation du coton chypriote. Autrement dit, le coton venu des régions productrices comme Paphos et Limassol était préalablement transféré à Famagouste et de là réexpédié vers l'Occident.

c. Le nouvel élan

L'approvisionnement en coton à Chypre connut un deuxième essor dès le milieu du XVe siècle, différent du premier qui reposait sur le trafic de transit après la chute d'Acre. L'intérêt des marchands vénitiens pour le trafic chypriote augmenta progressivement dès le milieu du XVe siècle. Le sucre en était l'origine. En 1445 fut rétabli le convoi de galées de Chypre qui avait été suspendu depuis 1373.[121] Son activité principale était le transport du sucre à Venise, et s'appelait pour cette raison le convoi de galées du sucre.[122] La réinstallation du service régulier de transport encouragea également le commerce d'autres marchandises dont le coton.[123]

Après l'expulsion des Génois en 1464, l'influence vénitienne augmenta.[124] L'occupation de l'île par Venise, après la mort de Caterina Corner en 1489, permit à ses marchands d'exploiter pleinement les ressources agricoles et de monopoliser leur commercialisation sur les marchés internationaux. L'augmentation de la production dans l'île de Chypre contribua à un nouvel élan. Celui-ci fut suscité par les marchands vénitiens.[125] La correspondance du *regimen* de Chypre de 1500 atteste que le trafic du coton était en plein essor.[126] A la fin du XVIe siècle, six mille sacs étaient chaque année importés à Venise.

---

pp. 1336–1338; M. Ouerfelli, *Le sucre: production, commercialisation et usages dans la Méditerranée médiévale*, thèse de doctorat, Paris, 2006, pp. 685–687.

[121] D. Stöckly, *Le système de l'incanto des galées du marché à Venise*, Leiden, New York et Cologne, 1995, pp. 126–127.

[122] D. Stöckly, «Commerce et rivalité à Chypre. Le transport du sucre par les Vénitiens dans les années 1440, d'après quelques documents génois», p. 1143.

[123] Le tarif de nolis de 1445 était de huit ducats pour mille livres de coton. ASV, Senato Mar, reg. 2, f. 76r–76v.

[124] ASV, Senato Mar, reg. 10, f. 15v.

[125] M.F. Mazzaoui, *The italian cotton industry*, *op. cit.*, p. 51; D. Sella, *Commercie e industrie*, *op. cit.*, p. 28.

[126] Par cette lettre, le gouvernement de Venise fut renseigné sur la grande quantité

III. *Le coton de Romanie*

L'expression *bambacium de Romania* se trouve dans les statuts maritimes vénitiens du milieu du XIIIe siècle.[127] Dans le manuel de Pegolotti, on peut lire aussi *Bambagio di Romania*[128], et le *coctone de Romania* est présent dans les statuts de la mer et des douanes d'Ancône de 1397.[129] Il faut d'abord définir quelle est la détermination géographique de ce «coton de Romanie», variable selon les périodes. Au XIIe siècle, la Romanie désignait plus ou moins le vaste ensemble de l'empire byzantin: la péninsule balkanique, le monde égéen, l'Asie mineure et l'espace pontique. La rétraction de l'empire byzantin et l'expansion de l'empire ottoman provoquèrent graduellement un changement de vocabulaire.[130] L'Asie Mineure n'appartenait plus à la Romanie mais s'appelait Turquie à la fin du Moyen Age. Donc la Romanie englobait alors le Péloponnèse, la Crète, l'Archipel, l'île de Négrepont et les côtes de Macédoine et de Thrace, ainsi que les Détroits. Constantinople marquait ainsi son extrémité septentrionale.[131]

Cette modification politique provoqua, mais pas immédiatement, un changement d'appellation du coton. En réalité, le coton turc est plus ou moins absent dans les documents du XIIIe siècle, même si l'Asie Mineure en produisait à cette époque. Le manuel de Pegolotti garde le silence sur le coton turc, qui semble y être considéré comme une variété romaniote.[132] Au cours du XIVe siècle, les mentions de coton turc deviennent plus nombreuses.[133] D'après M. Balard, la *Turchia* devint

---

de coton qui n'avait pas été transportée par la *muda* précédente et décida d'envoyer des navires complémentaires pour l'abondant transport de ce coton. ASV, Senato Mar, reg. 15, f. 35r.

127 R. Predelli et A. Sacerdoti, «Gli statuti marittimi veneziani fino al 1255», p. 210.

128 Pegolotti, *La pratica della mercatura*, p. 293.

129 M.V. Biondi, *Ancona e il suo mare. Norme, patti e usi di navigazione nei secoli XIV e XV*, tome I, p. 49.

130 M. Balard, *La Romanie génoise (XIIe – début du XVe siècle)*, 2 vol., Gênes–Rome, 1978, vol. 1, pp. 6–7.

131 F. Thiriet, *La Romanie vénitienne au Moyen Age (XIIe–XVe siècle)*, Paris, 1975, p. 4.

132 M. Balard, *La Romanie génoise, op. cit.*, vol. 2, p. 741.

133 Le coton turc s'appelait le plus souvent *cotone turcheschi* ou *cotone di Turchia* dans les documents des archives Datini. Le coton de Romanie s'appelait très rarement *cotone grascieschi*. M. Innocenti, *L'intenso carteggio datiniano scambiato da Venezia con Barcellona nel 1400–1410, con le valide aperture sul Mediterraneo e l'Occidente che esso determina (con trascrizione di 361 lettere)*, Florence, 1977–1978, vol. 2, pp. 683–684; F. Melis, *Documenti per la storia economica dei secoli XIII–XVI*, Florence, 1972, p. 302, 304, 306.

plus familière aux Génois vers 1340–1350.[134] A la fin du XIVe siècle, on faisait habituellement la distinction entre le coton de Turquie et celui de Romanie. Nous utiliserons donc l'expression de «coton de Romanie» dans ce dernier sens, qui n'inclut pas le coton de Turquie.

A. *La production*

La culture du coton en Romanie, datant de l'empire byzantin, s'est poursuivie jusqu'à la fin du Moyen Age. Il est pourtant difficile d'établir son évolution au long de plusieurs siècles. D'après F. Thiriet, c'est surtout à partir de la seconde moitié du XIVe siècle qu'elle connut une croissance spectaculaire.[135] Cependant les sources qu'il utilise, les délibérations du Sénat de Venise, ne permettent pas d'évalucr la quantité de la production.

Même si elle ne peut pas être chiffrée, celle-ci était loin d'être négligeable. Effectuée dans de nombreuses contrées romaniotes à la fin du Moyen Age, elle se concentrait plus particulièrement dans les colonies vénitiennes. Plusieurs décrets du Sénat vénitien de la fin du XIVe siècle et du début du XVe siècle nous permettent de reconstituer partiellement la liste des colonies vénitiennes effectuant la culture du coton. Voici, à titre d'exemple, un décret du sénat établi le 31 août 1405: *Cum propter tempora occursa muda gothonorum, qui nascuntur in territoris nostris Crete, Coroni, et Mothoni, Corphoy, Sante Herincis, Nigropontis et Salonici, que est per totum mensem septembris, non sit sufficiens ad faciendum conduci dictos gothonos Venecias; vadit pars quod muda dictorum gothonorum prorogetur usque per totum mensem octobris, proxime venturi, sicut alias consuetum est fieri.*[136] Crète, Coron, Modon, Corfou, Santorin, Négrepont et Salonique, appelées «nos terres», produisaient du coton.[137] Coron et Modon répresentaient

---

[134] M. Balard, *La Romanie génoise*, *op. cit.*, p. 6.

[135] F. Thiriet résume l'évolution de la culture du coton en Romanie comme suit: «la culture du cotonnier semble ainsi s'intensifier sous l'effet de la forte demande de coton à Venise même et, plus encore, en Allemagne où les centres futainiers d'Ulm et d'Augsbourg se développent. Mais l'importance des cotons demeure négligeable au cœur du XIVe siècle. L'heure des cultures industrielles n'est pas encore venue». F. Thiriet, *La Romanie vénitienne*, *op. cit.*, pp. 321–322.

[136] ASV, Senato Misti, reg. 47, f. 16.

[137] La région de Romanie basse est souvent citée comme une région productrice. Elle englobait le Péloponnèse, la Crète, l'Archipel et l'île de Négrepont pour les Vénitiens. C.N. Sathas, *Documents inédits relatifs à l'histoire de la Grèce au Moyen Age*, 9 vol., Paris, 1880–1890, vol. 3, n° 320; F. Thiriet, *La Romanie vénitienne*, *op. cit.*, p. 4; Idem, *Régestes des délibérations du Sénat de Venise concernant la Romanie*, 3 vol., Paris, 1955–1961, vol. 2, n°

plutôt les ports d'embarquement du coton produit en Morée.[138] Il faut y ajouter Nauplie en Péloponnèse.[139]

La capacité de production de chaque région sous domination vénitienne est difficile à estimer à cause du manque de sources statistiques. Une recherche sur le coton de Santorin a été réalisée par G. Saint-Guillain; elle peut être utilisée en guise de critère de comparaison. D'après cet auteur, Santorin produisait au moins cent cinquante sacs par an vers 1400.[140] Ce qui est certain, c'est que cela ne représentait qu'une faible production en considération de son espace agricole, par rapport à d'autres régions. Parmi elles, l'île de Crète représentait le principal producteur, comme le laissent penser trois documents, même s'ils sont narratifs et exagèrent quelque peu les faits. D'après Marino Sanudo, l'île de Crète produisait du coton en bonne quantité vers 1300.[141] Dans sa chronique, Antonio Morosini vante la richesse de la Crète en froment, en vins, en viandes et en fromages, produits «en quantité innombrable», ainsi qu'en coton, en huile et en sucre, produits «en bonne quantité».[142] Après avoir visité la Crète en 1439 ou 1440, Gilles Le Bouvier raconte quant à lui que la culture du coton et de la canne à sucre était effectuée sur une grande échelle.[143]

1697. En 1418 un *casal* du district de Coron, nommé Spanacori, fut cruellement pillé. Les articles dérobés étaient les animaux, le blé, l'orge, le millet et le coton.

[138] Le 16 juillet 1444 le gouvernement de Venise autorisa Giorgio Trevisan à transporter de Coron à Venise dix sacs de coton produit dans le pays de Morée hors de la *muda gothonorum*. G. Saint-Guillain, «Les ducs de l'archipel et le coton de Santorin (fin XIVe – début XVe siècle)», pp. 369–370.

[139] En 1388, le gouvernement de Venise acheta Nauplie à Marie d'Enghien, veuve du noble vénitien Pietro Corner. Par conséquent, les Vénitiens pouvaient garder une position plus stable dans les années 1388–1463. Nauplie était connue pour sa production de soie et son exportation de blé, miel, cire et résine. L'exportation du vin et du coton procurait également un profit à cette ville. D'après la délibération du Sénat du 13 février 1443, une bonne quantité de coton était exportée à Venise. D'après le manuel vénitien de marchandise de la fin du XVe siècle, le coton brut et filé était toujours importé de Nauplie à Venise. F. Thiriet, *Régestes des délibération, op. cit.*, vol. 3, n° 2598; V. Hrochova, «Le commerce vénitien et les changements dans l'importance des centres de commerce en Grèce du 13e au 15e siècles», p. 25; Biblioteca marciana di Venezia, *Tariffa de pexi e mesure congratia et privilegio*, f. 94^{v}.

[140] G. Saint-Guillain, «Les Ducs de l'archipel et le coton de Santorin (fin XIVe – début XVe siècle)», p. 393.

[141] Marino Sanudo Torsello, *Liber secretorum, op. cit.*, p. 24.

[142] F. Thiriet, *La Romanie vénitienne, op. cit.*, p. 410.

[143] D. Jacoby, «La production du sucre en Crète vénitienne. L'échec d'une entreprise économique», p. 179; G. Le Bouvier, *Le livre de la description des pays de Gilles Le Bouvier, dit Berry*, éd. E.T. Hamy, Paris, 1908; D. Iliadou, «La Crète sous la domination vénitienne et lors de la conquête turque (1332–1684)», *Studi Veneziani*, 15 (1975), p. 475.

Bien entendu, Venise fit des efforts pour exploiter pleinement ses colonies romaniotes. Ces dernières représentaient deux valeurs économiques de premier ordre pour la métropole. Premièrement, elles étaient utilisées comme relais indispensables pour le grand commerce maritime. De plus, elles fournissaient nombre de produits et de denrées essentiels à la métropole. L'Etat de Venise exploitait des ressources agricoles en encourageant certaines cultures dans ses territoires. En fait, après le progrès de la pacification crétoise et l'extension du territoire contrôlé par les agents de la Commune, c'est-à-dire vers 1350, le gouvernement de la métropole encouragea les nouvelles cultures comme le coton et la canne à sucre.[144] Dans l'île de Santorin, la culture du coton fut encouragée par les ducs de l'Archipel dans la seconde moitié du XIVe siècle.[145] A Nauplie aussi, l'Etat de Venise intervenait directement dans la production agricole. Le 13 février 1443, le Sénat vénitien ordonna au podestat de Nauplie de louer, au mois de mai de chaque année, les terrains cultivés. La location était mise aux enchères.[146]

L'exploitation vénitienne des ressources agricoles romaniotes n'était pas exercée impartialement sur toutes les cultures mais en privilégiait certaines. La priorité était constamment accordée aux grains et au vin[147], y compris pour le transport. Comme nous l'avons signalé plus haut, la durée de la *muda gothonorum* en Romanie était très fréquemment prolongée à cause du manque de navires disponibles, mobilisés pour la plupart pour le transport des grains.[148] De plus, la Romanie ne possédait pas de terres idéales pour la culture du coton. Les conditions naturelles étaient en général médiocres. La longue durée de la saison sèche, qui était particulièrement défavorable au cotonnier ayant besoin de beaucoup d'eau, exigeait une irrigation régulière et bien conduite. De même, quelques entreprises économiques de production du sucre en Crète, tournées vers l'exportation, n'aboutirent pas à un succès,

[144] F. Thiriet, «La condition paysanne et les problèmes de l'exploitation rurale en Romanie greco-vénitien», p. 63.

[145] G. Saint-Guillain, «Les ducs de l'archipel et le coton de Santorin (fin XIVe – début XVe siècle)», p. 392.

[146] F. Thiriet, *Régestes des délibérations, op. cit.*, n° 2598.

[147] F. Thiriet surnomme les céréales, le vin et l'huile «la trinité des produits romaniotes». La chronique d'Antonio Morosini témoigne que le froment et le vin constituaient les plus importants produits crétois, le coton appartenant à la catégorie de second ordre. F. Thiriet, *La Romanie vénitienne, op. cit.*, p. 416.

[148] La *muda* de printemps 1412 fut prorogée, parce que tous les navires étaient mobilisés pour le transport des blés de Romanie à Venise. ASV, Senato Misti, reg. 49, f. 81^{v}.

partiellement à cause des conditions climatiques défavorables.[149] Ces facteurs naturels avaient une influence sur la valeur du produit. En effet, la plupart des cotons romaniotes étaient de mauvaise qualité sauf celui de Santorin et de Crète. L'effet de la forte demande de coton à Venise même et, plus encore, en Allemagne n'était pas aussi considérable que F. Thiriet l'indique. Le coton le plus recherché sur le marché de Venise par les marchands allemands était celui du Levant car il était de haute qualité.[150]

Même si la culture du coton ne fut pas effectuée dans les colonies vénitiennes d'une façon aussi intensive qu'à Chypre après la prise de l'île par Venise,[151] il ne faudrait pas minimiser l'ensemble de la production romaniote. Le coton était également cultivé dans les autres contrées: Arta, Patras, Clarentza, Lépante et Gallipoli.[152] Les trois premières connurent probablement une augmentation de production au cours du XVe siècle.[153]

---

[149] D. Jacoby, «La production du sucre en Crète vénitienne. L'échec d'une entreprise économique», p. 180.

[150] G.M. Thomas, *Capitolare dei visdomini del fontego dei Todeschi in Venezia*, Berlin, 1874, p. 73.

[151] Après l'occupation vénitienne, la culture du coton à Chypre augmenta considérablement. J. Richard indique qu'avant la période vénitienne existait une économie rurale assez équilibrée sous les Lusignan. Cet équilibre, dit-il, tend à se rompre après 1489 au profit des fournitures destinées à la république de Venise et au patriciat vénitien. J. Richard, «Une économie coloniale? Chypre et ses ressources agricoles au Moyen Age», p. 346, 352.

[152] Un décret des assemblées vénitiennes démontre que la culture du coton à Clarentza et à ses alentours en Morée s'effectuait déjà à la fin du XIIIe siècle. Par ce décret, les Vénitiens pouvaient le transporter à Venise, à bord des galées armées par la Commune, à condition d'acquitter un droit de 6% *ad valorem*. Les étrangers étaient aussi autorisés à importer à Venise du coton, à bord du navire de leur choix, au même tarif de taxe. Sur le marché de Venise, ils pouvaient vendre le coton aux Vénitiens comme aux étrangers. Le décret prit effet au premier avril 1296 et s'appliqua pendant deux ans. F. Thiriet, *Délibérations des Assemblées vénitiennes, op. cit.*, vol. 1, p. 72; R. Cessi, *Deliberazioni del Maggior Consiglio di Venezia, volume secondo*, Bologne, 1931–1950, pp. 389–390: «Capta fuit pars quod nostri Veneti possint adducere Venecias bambacium a Clarencia et inde ultra cum galeis armatis, sicut possunt modo. Item, possint adducere Venecias bambacium ultra marinum de intra Culfum cum qualicumque navigio voluerint, solvendo Comuni sex pro centenario.»

[153] Les marchands de Raguse passaient fréquemment dans ces trois régions pour le coton. Au XVe siècle, Arta apparaît comme nouveau centre d'approvisionnement et les liaisons avec Raguse étaient particulièrement fréquentes. Le coton d'Arta et de ses environs était destiné à l'industrie cotonnière de Raguse, qui devint importante au XVe siècle. B. Krekic, *Dubrovnik et le Levant*, Paris, 1961, p. 79, 101; M.F. Mazzaoui, *The italian cotton industry, op. cit.*, p. 182.

B. *La commercialisation*

Comme la dispersion géographique de la production l'indique, la commercialisation était largement sous le contrôle des marchands vénitiens, ce qui est également attesté par les *valute* des archives Datini. D'après celles-ci, le coton de Romanie n'était échangé que sur le marché de Venise.[154] Cela ne signifie pas que les autres commerçants occidentaux fussent totalement exclus de ce trafic. Ceux de Raguse, d'Ancône et de Florence y prenaient leur part et leur intérêt commercial en Romanie devint plus notable au cours du XVe siècle.

1. Candie: le centre du commerce du coton en Romanie

L'approvisionnement en coton de Romanie par les marchands vénitiens gravitait autour de l'île de Crète, plus précisément Candie. Cette île constituait la plus importante colonie dans le trafic vénitien en Méditerranée, comme Chio pour Gênes à la fin du Moyen Age. Principal port d'exportation pour le coton crétois, Candie jouait aussi un autre rôle, celui d'entrepôt des cotons étrangers.[155] En général, celui de Santorin était transféré à Candie et de là réexporté.[156] Les produits de Thessalonique, parmi lesquels le coton, étaient d'habitude transportés en Crète par des navires désarmés faisant des voyages réguliers aller et retour depuis le XIVe siècle.[157] La dispersion de la culture dans plusieurs colonies entraînait probablement la nécessité de concentrer les cargaisons de coton dans un seul lieu pour faciliter le transport jusqu'à Venise.

Le coton syrien aussi était régulièrement fourni à Candie. Au retour de Syrie, le convoi de coques de Venise en déchargeait une partie à

[154] D'autres documents des archives Datini montrent que le coton de Romanie était vendu sur d'autres marchés que Venise. La compagnie de Datini participait au commerce de celui de Santorin. ASP, fonds Datini, busta 1171.

[155] Modon et Coron jouaient le même rôle, pourtant de second ordre, en comparaison de Candie. Selon un décret du Sénat de 1374, le coton qui était transféré à Candie, à Modon et à Coron et, ensuite, transporté à Venise, était désormais exonéré de la taxe imposée sur les marchandises importées dans ces villes. ASV, Senato Misti, reg. 58, f. 60v, 63v; F. Thiriet, «Les itinéraires des vaisseaux vénitiens et le rôle des agents consulaires en Romanie greco-vénitienne aux XIVe–XVe siècles», p. 596.

[156] E. Santschi, *Régestes des arrêts civils et des mémoriaux (1363–1399) des archives du duc de Crète*, Venise, 1976, p. 381.

[157] ASV, Senato Misti, reg. 34, f. 118v; F. Thiriet, «Les itinéraires des vaisseaux vénitiens et le rôle des agents consulaires en Romanie greco-vénitienne aux XIVe–XVe siècles», p. 596.

Candie, à Modon et à Coron.[158] Il était le plus souvent réexporté vers les régions proches ou lointaines et sa destination fréquente était la Flandre.[159] Il était parfois destiné à l'industrie crétoise qui était en plein essor à la fin du Moyen Age.[160] Le coton turc était également transféré à Candie avant de gagner sa dernière destination.[161] C'était de Chio que la majorité était introduite à Candie au XVe siècle par les marchands vénitiens et génois.[162]

Outre le rôle d'entrepôt, Candie avait une autre fonction, celle de centre d'informations sur l'approvisionnement dans d'autres régions productrices. Le *Regimen* de Candie s'occupait de récolter des informations sur le coton syrien et sur le déroulement des *mude* et de les transmettre à la métropole ; suivant celles-ci le gouvernement de Venise prenait des mesures nécessaires. Dans les années 1420 les mauvais traitements en Syrie et en Egypte se multiplièrent à l'égard des Vénitiens.[163] C'était en partie à cause des agressions continuelles des Catalans et

---

158 Selon une délibération de 1431, tous les sucres et les cotons bruts et filés, qui étaient conduits de Syrie à Modon et à Coron, ne pouvaient pas être à nouveau exportés de ces régions pendant les quatre mois à venir. ASV, Senato Misti, reg. 58, f. 63^{r}.

159 D'après F. Thiriet, une notable partie du coton provenant de Chypre et de Syrie était débarquée en Crète et entreposée dans l'attente de sa réexpédition vers Venise. Cependant en général, les navires en provenance du Levant avec un chargement de coton n'avaient pas une raison spéciale de décharger du coton en Crète pour le réexporter à Venise, parce que leur destination finale était la métropole. En 1474, une société vénitienne entre Alvise Baseggio et Paolo Caroldo envoya trente sacs de coton d'Acre à Candie. Ils devaient être de là de nouveau expédiés en Flandre. D'après la chronique d'Antonio Morosini, les coques transportaient fréquemment du coton de Crète vers la Flandre. F. Thiriet, *La Romanie vénitienne, op. cit.*, p. 417 ; A. Morosini, *La chronique d'Antonio Morosini*, 4 vol., Paris, 1898–1902, vol. 1, pp. 151–153, vol. 2, p. 295, 315, 327, 333 ; ASV, Procuratori di San Marco, Commissarie miste, busta 116.

160 Tous les Crétois s'habillaient de futaines au milieu du XVe siècle. V. Gay, *Glossaire archéologique du Moyen Age et de la Renaissance*, Nendeln et Liechtenstein, 1967, tome I, p. 750.

161 Par quelques lettres adressées à Pignol Zucchello de Candie à Venise au milieu du XIVe siècle, on peut suivre la route du trafic du coton turc. Un facteur ou associé de Pignol Zucchello installé à Candie lui annonça l'arrivée à Candie des marchandises, y compris le coton turc, sans mentionner leur provenance, et le projet d'envoyer dix sacs de coton, dont le poids était de mille sept cent douze livres, à bord du navire de Marco Fradello, au tarif de nolis de quatre livres quinze sous par mille livres. R. Morozzo della Rocca (éd.), *Lettere di mercanti a Pignol Zucchello, op. cit.*, p. 90, 93, 95.

162 Selon la réglementation générale, les marchands devaient présenter le coton turc aux recteurs ou consuls locaux aux mois de mars et de septembre afin d'obtenir la permission de transport au moment des *mude* en Romanie, soit avril et octobre. C.N. Sathas, *Documents inédits, op. cit.*, vol. 3, pp. 219–220, 226.

163 E. Ashtor, *Levant trade, op. cit.*, pp. 286–289.

des Génois envers les Mamelouks. Ceux-ci exercèrent des représailles en emprisonnant des marchands occidentaux et confisquant leurs marchandises. Le gouvernement de Venise intervint à plusieurs reprises. Le *Regimen* de Crète jouait un rôle important dans ce genre d'intervention. Selon la délibération du 18 février 1425, ce *Regimen* devait prendre contact avec le consul de Damas pour veiller à la sécurité des marchands en Syrie et expédier des coques armées pour apporter du coton syrien.[164] Par une lettre ducale, établie le 6 mars 1425 et reçue à Candie le 20 avril, le gouvernement ordonna au *Regimen* de Crète d'envoyer un navire jusqu'à Alexandrie pour y charger des épices et les ramener à Candie. Selon la délibération du 1er juillet 1425, les navires ayant chargé du coton en Crète, devaient attendre le navire de Balbi provenant de Syrie avec un chargement de coton.[165] Le 18 septembre de l'année 1425, le sénat vénitien commanda au gouvernement de Crète de tenir un compte exact des cotons de Syrie et de les envoyer à Venise en novembre.[166]

D'ailleurs les marchands vénitiens installés en Crète semblent avoir joui d'une priorité sur le commerce du coton, par rapport à leurs confrères dans d'autres colonies. En 1403, des Vénitiens de Modon et de Coron demandaient d'avoir les mêmes droits que ceux de Candie. Ils sollicitaient un traitement égal pour le transport, à Venise, du coton produit dans les régions de Morée. Leur demande fut acceptée par le Sénat qui proclama qu'il était à la fois juste et raisonnable de traiter tous ses marchands de façon égalitaire dans cette affaire. Cependant, cette prière suggère que les marchands vénitiens à Candie étaient auparavant privilégiés.[167]

2. La suprématie vénitienne dans le trafic du coton en Romanie

Le trafic du coton en Romanie par les marchands vénitiens était effectué suivant le rythme des *mude* ayant lieu aux mois d'avril et d'octobre. Les marchands ou leurs facteurs étaient obligés de présenter leurs mar-

---

[164] F. Thiriet, *Délibérations des assemblées vénitiennes, op. cit.*, vol. 2, n° 1282.

[165] F. Thiriet, *Régestes des délibérations, op. cit.*, n° 1994; F. Thiriet, «Candie, place marchande dans la première moitié du XVe siècle», p. 347.

[166] H. Noiret, *Documents inédits pour servir à l'histoire de la domination vénitienne en Crète de 1380 à 1485*, Rome, 1892, p. 310.

[167] Par conséquent, ils pouvaient charger le coton produit dans les régions de Morée pour l'apporter à Venise pendant tout le mois d'avril suivant, comme il était concédé

chandises, soit aux recteurs, soit aux consuls, soit aux officiers responsables dans chaque colonie vénitienne en Romanie; ceux-ci apposaient leurs sceaux sur les caisses de marchandises comme permis d'exportation, après les avoir scrupuleusement inspectées.[168] Cette présentation devait s'effectuer entre quinze ou quarante-cinq jours avant le début de l'embarquement, à savoir aux mois de mars et de septembre.[169] Pour le transport en dehors de cette période réglementée par l'Etat, on devait s'adresser souvent au Sénat afin d'avoir une permission exceptionnelle.[170]

Des marchands vénitiens achetaient parfois du coton aux producteurs nommés *villani*[171], mais il est difficile de savoir si ce mode d'achat direct était généralisé dans leurs colonies. En tout cas, il se pratiquait fréquemment en Crète. Les indigènes grecs de l'île étaient des paysans dépendants de propriétaires grecs ou latins et parfois de la Commune. Les vilains de l'Etat étaient très nombreux en Crète, et ils pouvaient être libérés par affranchissement.[172] Ces paysans non-propriétaires devaient aussi parfois reverser une partie de la production de coton au possesseur du sol, par exemple un quart dans un contrat de 1359.[173] Le paiement était fait le plus souvent au comptant, car au début, l'acquittement en ducats d'or avait été interdit. En 1420, le Sénat

pour le coton de Crète. La même condition était appliquée à tous les cotons produits dans les îles soumises à la domination vénitienne. ASV, Senato Misti, reg. 46, f. 67ʳ; C.N. Sathas, *Documents inédits, op. cit.*, vol. 3, nº 320.

[168] Par exemple, à Thessalonique, le consul vénitien s'occupait de cet examen et avait le droit d'apposer le sceau du consulat sur les marchandises examinées. F. Thiriet, «Les Vénitiens à Thessalonique dans la première moitié du XIVe siècle», p. 328.

[169] C.N. Sathas, *Documents inédits, op. cit.*, vol. 3, nº 385; F. Thiriet, *La Romanie vénitienne, op. cit.*, p. 339.

[170] Les ducs de l'Archipel établirent des contrats avec les marchands vénitiens installés à Candie afin de leur vendre le coton de Santorin. Ces contrats sont stricts sur les dates auxquelles le coton de Santorin devait être livré, car il devait arriver à temps à Candie, soit au moment de la *muda*. La révolte de 1363 en Crète perturba le trafic du coton et rendit impossible le chargement des navires au moment de la foire du coton. Le 5 juillet 1364, le Sénat autorisa les marchands vénitiens de Candie à transporter immédiatement et par n'importe quel navire tout le coton et l'alun qui se trouvaient là lors de la rébellion. G. Saint-Guillain, «Les ducs de l'archipel et le coton de Santorin (fin XIVe – début XVe siècle)», p. 385.

[171] Selon un manuel vénitien de marchandise, à l'île de Corfou, les Vénitiens achetaient du coton aux *villani* au prix de quatorze sous par livre. Biblioteca marciana di Venezia, *Tariffa de pexi e mesure congratia et privilegio*, f. 91ʳ.

[172] F. Thiriet, *La Romanie vénitienne, op. cit.*, p. 111, 115, 137, 209–210, 259, 294–297.

[173] G. Saint-Guillain, «Les ducs de l'archipel et le coton de Santorin (fin XIVe – début XVe siècle)», p. 390.

vénitien ordonna au gouvernement de Crète d'annuler cette interdiction.[174]

A part ces modalités générales du commerce du coton en Romanie, nous sommes moins renseignés sur les activités des marchands, par rapport à leurs compatriotes installés en Syrie.[175] Dans le fonds des *Giudici di petizion* se trouve un procès entre deux associés vénitiens ayant établi une compagnie dès l'année 1414. Leurs affaires les plus importantes portaient sur le trafic entre Venise et Négrepont. Giovanni Filicho installé à Négrepont envoyait diverses sortes de marchandises à Giovanni Barbo à Venise. En 1418, Giovanni Filicho envoya quarante-deux sacs de coton, dont le poids était de 14790 livres, à son partenaire. Le transport fut effectué par deux navires dont les patrons étaient Niccolò Chasopin et Pelegrino Panpano. Le tarif de nolis était de six ducats pour mille livres. Ces cotons furent vendus à Niccolò Loredan.[176] Mais cet exemple ne nous apprend finalement que peu de choses.

Dans l'article de G. Saint-Guillain sur le coton de Santorin, sont mentionnés quelques marchands de coton en Romanie : Lorenzo Gradenigo et Lorenzo Zane de 1363 à 1366, Pietro Bollani et Tommaso Mocenigo autour de 1368, Niccolò Zuccolo et Donato Rizzo autour de 1378, Francesco et Antonio Michiel de 1393 à 1399, Andrea Zane de 1400 à 1410 et Alvise Michel à partir de 1411 probablement.[177] Ces échantillons nous permettent de retracer leurs identités et leurs méthodes de commercialisation dans les moindres détails.[178] Tous ces marchands passaient des contrats avec les ducs de l'Archipel qui voulaient vendre le coton de Santorin par des intermédiaires vénitiens basés à Candie. A part Zuccolo et Rizzo, les marchands appartenaient à l'aristocratie vénitienne. Quelques-uns tenaient des postes stratégiques de l'administration coloniale, ce qui impliquait également une position privilégiée dans le commerce. Tommaso Mocenigo était le duc de Crète alors en exercice ; il devint doge ultérieurement.

---

[174] ASV, Senato Misti, reg. 53, f. 75^r ; H. Noiret, *Documents inédits, op. cit.*, p. 286.

[175] Il existe aux archives de Venise de nombreux documents laissés par des marchands de coton en Syrie. Le fonds de *Procuratori di San Marco* est particulièrement riche en ce genre de document. Dans le fonds de *Giudici di petizion* sont aussi conservés beaucoup de procès sur le trafic du coton, dont la plupart concernent le trafic du coton en Syrie.

[176] ASV, Giudici di petizion, sentenze a giustizia, reg. 52, f. 132^v–134^r.

[177] G. Saint-Guillain, «Les ducs de l'archipel et le coton de Santorin (fin XIVe – début XVe siècle)», p. 381.

[178] *Ibid.*, pp. 365–394.

Parlons d'abord de ces contrats. Le premier fut établi à Candie le 7 décembre 1362 entre Fiorenza Sanudo, duchesse de l'Archipel et Lorenzo Gradenigo, en son nom et au nom de son procureur à Venise, Lorenzo Zane. Par cet accord, dans un délai de trois ans, elle leur vendait la totalité du coton produit dans l'île de Santorin et s'engageait à fournir au minimum cent cinquante sacs par an. La livraison devait être effectuée chaque année de Santorin à Candie, aux frais de la duchesse. Dans le contrat était fixé le prix d'achat, soit dix-huit hyperpères pour cent livres. Il précise la période de livraison de Santorin à Candie: la première de cent sacs entre le 1er juillet et le 8 mars et la seconde de cinquante sacs avant fin avril. En effet, le coton devait arriver à temps à Candie pour la *muda gothonorum* afin d'être transporté à Venise. Les autres contrats de la période suivante comprennent les mêmes clauses que celui de 1362.

Les affaires de ces marchands n'étaient pas limitées à la commercialisation du coton de Santorin, comme le montre le cas d'Alvise Michel. Son testament, rédigé à Candie le 26 avril 1419, présente son stock de coton au dernier moment de sa vie. Il avait à Venise vingt-huit mille livres de coton de Crète et six mille livres de coton de Grèce. Six sacs de coton syrien et quatorze sacs de coton crétois furent chargés sur le navire dont le patron était Albano Capello pour son compte. Un autre navire patronné par Zannaki Travasser embarqua six sacs de coton de Syrie lui appartenant. Il avait aussi le monopole du coton de Santorin par le contrat établi en 1411 avec le duc d'Archipel pour une durée de dix ans. Il prenait part au trafic du coton turc.[179]

La première remarque à faire, c'est la diversité des provenances: Crète, Syrie, Grèce et Turquie. Ce fait témoigne à nouveau du rôle de Candie, soit comme base pour le commerce du coton, soit comme entrepôt pour le coton provenant de diverses régions productrices. La deuxième porte sur le volume. Le testateur indique que tous les cotons indiqués dans ce testament, soit près de cinquante mille livres, représentent un grand investissement. Cette quantité correspond à près de cent sacs, d'après le poids des sacs de cinq cents livres, utilisés souvent pour emballer le coton syrien. Contrairement au jugement fait par le testateur, ce n'est pas une quantité si impressionnante, comparée à celle en usage par ses confrères de Syrie. Par exemple, la *fraterna* Soranzo faisait en Syrie des achats de plusieurs centaines de sacs à la

[179] *Ibid.*, pp. 383–384.

fois pour son propre compte et pour celui d'autres marchands. Mais en tous cas, Alvise Michel appartient à la même catégorie de marchands que la *fraterna* Soranzo : ses intérêts portent avant tout sur le commerce du coton, même s'il investit dans d'autres marchandises comme le vin.[180]

La suprématie vénitienne dans le trafic du coton en Romanie n'en expulsa pas d'autres marchands occidentaux. La proximité géographique de la Romanie favorisait les activités commerciales des marchands de Raguse et d'Italie du Centre, plus particulièrement d'Ancône et de Florence. Ceux-ci semblent avoir augmenté leurs achats au cours du XVe siècle.[181] Par contre, les commerçants de Gênes dédaignaient en quelque sorte le coton de Romanie. En effet, ils avaient pour substitut le coton turc, de même qualité que celui de la Grèce continentale ou un peu inférieure.

Les lieux d'approvisionnement de premier choix de Raguse et d'Ancône semblent avoir été distincts de ceux de Venise. Il est probable que leurs achats dans les colonies vénitiennes n'aient pas été très aisés pour eux, compte tenu du fait que Venise s'efforçait de monopoliser le trafic du coton dans la mer Adriatique et s'acharnait à empêcher surtout celui d'Ancône. Ils préféraient donc les régions non vénitiennes comme Arta, Patras et Clarentza[182], même si des marchands vénitiens étaient également bien présents sur ces marchés grecs.[183] Au XVe siècle Arta

---

180 *Ibd.*, p. 384.

181 Le coton provenant de la Romanie et du Levant transitait par le port d'Ancône et était conduit à Florence ou à Rome. Selon les statuts de la mer et des douanes d'Ancône de 1397, le coton représentait l'un des articles principaux provenant de Romanie. M.F. Mazzaoui, *The italian cotton industry, op. cit.*, p. 175 ; C. Ciavarini, *Statuti anconitani del mare, del terzenale e della dogana e patti con diverse nazioni*, Ancône, 1896, p. 36, 240 : « *Le meste che viene da Romania. Cotone de Romania livere novecento a mesta* » ; J. Delumeau, « Un ponte fra Oriente e Occidente : Ancona nel cinquecento », pp. 31–32 ; M.V. Biondi, *Ancona e il suo mare. Norme, patti e usi di navigazione nei secoli XIV e XV*, 2 vol., Ancône, t. 1, pp. 48–49.

182 Les marchands de Raguse se procuraient du coton également dans les colonies vénitiennes. Le 24 décembre 1426 Giovanni Filingerio, capitaine d'une galée sicilienne, attaqua un navire de Raguse patronné par Stolodo Ghori, qui se trouvait dans le port « Santus Nicolaus » de l'île de Corfou. Une certaine quantité de coton fut chargée sur ce navire pillé. B. Krekic, *Dubrovnik et le Levant, op. cit.*, p. 285.

183 Certains marchands de Venise s'approvisionnaient en coton dans ces régions, qui ne représentaient pas pourtant des endroits de premier choix pour eux. Biblioteca marciana di Venezia, Tariffa de pexi e mesure congratia et privilegio, f. 92^{r-v} : « *Da Lepanto se traze per Venesia sede assai grane—gotoni uva passa : Da Lartha se traze per Venesia sede grane e polver de grana gotoni cere* ».

apparut comme un nouveau centre d'approvisionnement en coton pour les marchands de Raguse, en raison de leurs relations particulièrement fréquentes avec ce port.[184]

Salonique aussi représentait un lieu d'approvisionnement pour les marchands d'Italie du Centre, car le port servait de débouché pour le coton produit dans son hinterland. Au XIVe et XVe siècles, les navires de Florence, de Pise, d'Ancône et encore de Sicile et de Venise fréquentaient ce port.[185] Constantinople et Gallipoli constituaient également un marché du coton pour les marchands de Florence.[186] Les galées florentines faisaient escale à Gallipoli au XVe siècle.

Sur les marchés de Romanie, on pouvait acheter des cotons non seulement romaniotes, mais également d'autres provenances. A Arta, les marchands de Raguse se procuraient parfois du coton de Crète, du Péloponnèse, mais aussi de Syrie.[187] Ce type de commerce est confirmé par l'analyse de la composition des cotons importés à Ancône au XVe siècle. Le coton le plus régulièrement fourni sur le marché d'Ancône était celui de Syrie et de Turquie.[188] Les marchands d'Ancône l'achetaient le plus souvent sur les marchés romaniotes. En effet, l'ensemble de leur trafic avec la Syrie s'était réduit et la Romanie devint la région qu'ils fréquentaient le plus. Toutefois la fourniture du coton syrien sur ces marchés était forcément assurée par les marchands de Venise. Le convoi en provenance de Syrie déchargeait une partie du coton dans

---

[184] En 1450, mille cinq cents livres de coton filé furent importées d'Arta à Raguse pour le compte de Franko Crijevic. En 1452, des corsaires pillèrent dans le golfe d'Arta un bateau ragusain sur lequel une certaine quantité de coton filé était embarquée. B. Krekic, *Dubrovnik et le Levant, op. cit.*, p. 101, 365, 378.

[185] Les Florentins participaient activement à sa commercialisation à la fin du Moyen Age. En effet, la comparaison du poids du coton entre Salonique et Florence figure dans plusieurs manuels de marchandise de la fin du Moyen Age. Cent livres de coton de Salonique correspondaient à cent-deux livres de Florence. G. di Antonio da Uzzano, *La pratica della mercatura*, p. 88; C. Ciano, *La pratica di mercatura Datiniana (secolo XIV)*, Milan, 1964, p. 52; Giorgio di Lorenzo Chiarini, *El libro di mercantite et usanze de paesi*, éd. F. Borlandi, Turin, 1936, p. 30; M.F. Mazzaoui, *The italian cotton industry, op. cit.*, p. 43.

[186] Pour cela, il convient de citer un contrat de nolis établi en 1491 entre un marchand florentin installé à Ancône et un patron. Le contrat prescrit que le navire devait quitter le port d'Ancône au milieu de juillet ou d'août, gagner Gallipoli ou Constantinople pour charger du coton et d'autres marchandises et retourner au port de Porto Pisano. Le patron devait embarquer surtout autant de coton que possible. ASA, Notaio di Ancona, N° 42, f. 70^{v}–75^{v}.

[187] B. Kreckic, *Dubrovnik et le Levant, op. cit.*, p. 101.

[188] Le coton de Syrie et de Turquie est le plus fréquemment présent dans les actes notariés d'Ancône du XVe siècle que nous avons dépouillés.

les colonies vénitiennes, surtout Candie, Coron et Modon, qui était redistribuée vers d'autres marchés romaniotes. Le trafic vénitien avec les marchés grecs comme Clarentza et Patras portait sur des sommes considérables, par exemple des marchandises pour une valeur de 80 000 ducats étaient importées à Patras en 1400. En 1408, l'archevêque de Patras, Stefano Zaccaria, confia la ville à Venise par crainte des Turcs. L'occupation vénitienne dura jusqu'en 1419.[189]

Les relations commerciales coopératives entre les trois villes, Ancône, Florence et Raguse, favorisaient leur approvisionnement en coton de Romanie. Les marchands florentins utilisaient à la fois le port et les navires d'Ancône, et cette ville leur accordait des privilèges comme aux marchands de Raguse.[190] Les activités commerciales entre cette dernière et Ancône étaient particulièrement importantes à la fin du Moyen Age.[191] L'importation du coton romaniote vers Ancône était souvent assurée par les marchands de Raguse. Selon le traité commercial établi en 1372 entre Ancône et Raguse, les marchands de celle-ci payaient 6 % de douane pour l'importation du coton de Clarentza et de ses environs.[192] L'Italie du Centre constituait un débouché alternatif pour les marchands de Raguse qui écoulaient leur coton à Ancône quand ils ne trouvaient pas assez de clients dans leur propre port.[193]

189 F. Thiriet, *La Romanie vénitienne, op. cit.*, p. 349, 369.

190 Si les marchands de Florence payaient cinq *bolognini* pour le coton provenant de Chio et transitant par la ville d'Ancône, ceux de Gênes devaient payer un tarif plus élevé, soit six. Ce coton était acheminé en Italie du Nord, dans le Midi de la France et en Flandre. M. Vinicio Biondi, *Ancona e il suo mare, op. cit.*, tome 1, pp. 98–99.

191 M.F. Mazzaoui, «L'industria cotoniera italiana nel Medioevo», p. 23; C. Ciavarini, *Statuti anconitani, op. cit.*, p. 240.

192 Un traité de 1372 entre Ancône et Raguse établit un tarif de douane de 6 % *ad valorem* pour l'importation du coton de Clarentza et de ses environs par les marchands de Raguse. B. Krekic, *Dubrovnik (Raguse) et le Levan, op. cit.t*, p. 79; M.F. Mazzaoui, «L'industria cotoniera italiana nel Medioevo», p. 23; C. Ciavarini, *Statuti anconitani, op. cit.*, p. 240.

193 Par exemple, en 1450, Thomas Zivolinovic acheta à Franko Crijevic, marchand noble de Raguse, trente-deux pièces de draps de Raguse. Le premier devait les faire transporter, à bord d'un navire ragusain, à Arta et devait les y troquer contre de la cire et du coton filé. Ces marchandises d'Arta devaient être d'abord conduites à Raguse. Si elles n'y étaient pas vendues, ce Crijevic devait les écouler sur le marché d'Ancône. B. Kreckic, *Dubrovnick (Raguse) et le Levant*, p. 365, n° 1191.

IV. *Le coton d'Italie du Sud*

A. *La production*

La culture du coton fut probablement introduite en Italie du Sud par les Musulmans, au même moment qu'en Espagne, en Sicile et à Malte.[194] Pendant le règne de Frédéric II, la production agricole fut encouragée mais celle du coton ne connut pas de succès.[195]

La culture du coton subsistait toutefois à la fin du Moyen Age. Elle était effectuée dans trois régions méridionales, Calabre, Basilicate et Pouilles, même si l'on ne peut pas préciser les lieux de production. Dans le manuel de Pegolotti est présent le coton de ces trois contrées, classé comme de mauvaise qualité, un peu supérieur à celui de Sicile. Dans les *valute* des archives Datini aussi est présent le coton des Pouilles, de Basilicate et de Calabre.[196] Il semble que la contrée de Campanie ait produit également du coton.[197]

Sur le volume de la production sud-italienne, nous sommes très peu renseignés à cause du manque de sources permettant de l'estimer, même par approximation. Le fait que le coton d'Italie du Sud était faiblement demandé sur les marchés internationaux occidentaux à la fin du Moyen Age, nous pousse à conclure que la production n'était pas effectuée sur une grande échelle. La priorité de la production ne pouvait pas être accordée au coton. C'était le blé qui représentait la plus importante denrée tournée vers l'exportation, le produit le plus recherché en Italie du Sud par les marchands étrangers comme les Florentins, les Génois et les Marseillais.[198]

---

[194] M.F. Mazzaoui, *The italian cotton industry, op. cit.*, p. 26; M. Lombard, *Les textiles dans le monde musulman, op. cit.*, pp. 77–79.

[195] G. Yver, *Le commerce et les marchands dans l'Italie méridionale au XIIIe et au XIVe siècle*, Paris, 1903, p. 2, 104.

[196] Pegolotti, *La pratica, op. cit.*, p. 293, 367; ASP, fonds Datini, busta 1171; F. Melis, *Documenti, op. cit.*, p. 302.

[197] En 1376–1377, une *vacheta* dont le patron était Benedetto de Moneglia transporta du coton de Tropea, ville de Calabre, à Gênes. Quinze balles de coton de Sannio furent transportés de Gênes en Provence par un *lignum* d'Antonio Campore. J. Day, *Les douanes, op. cit.*, vol. 2, p. 731, 909.

[198] G. Yver, *Le commerce et les marchands, op. cit.*, p. 104.

B. *La commercialisation*

1. L'exportation

Le coton d'Italie du Sud ne fit pas l'objet d'un grand trafic et fut l'un des moins demandés sur les marchés occidentaux à la fin du Moyen Age.[199] Sa zone de distribution n'était pas aussi vaste que celle d'autres cotons, surtout syrien et turc. La commercialisation du coton d'Italie du Sud se limitait pour la plus grande part à la péninsule italienne et à la Sicile. Son emploi était souvent interdit à la fabrication de tissus de valeur à cause de sa mauvaise qualité.[200]

Les facteurs politiques influençaient parfois le déroulement du commerce. Le couronnement d'un Angevin au royaume de Naples eut pour effet de modifier en partie le trafic en Italie méridionale. Cet événement politique consolida les relations commerciales entre le Royaume de Naples et Marseille, de sorte que les marchands de celle-ci étaient en position d'obtenir assez facilement des privilèges. Bien que le commerce entre Marseille et Naples portât essentiellement sur les céréales, les Marseillais rapportaient aussi du coton d'Italie du Sud. Par exemple, le 12 novembre 1325, un marseillais dénommé Jacques Vidal acheta à ses concitoyens Pierre Lautaud et Guillaume Foulque trente et un *cantares* et quarante-deux livres de coton de Basilicate.[201] Ce coton d'Italie du Sud était destiné à l'industrie cotonnière de Marseille.[202]

Bien que Marseille fût sous la domination des princes angevins, elle était moins privilégiée que Florence en Italie méridionale.[203] Depuis l'avènement d'un prince angevin au royaume de Naples, l'Italie méridionale s'ouvrait aux Florentins. Les banquiers florentins mettaient leurs capitaux à la disposition des monarques angevins et recevaient des privilèges et des monopoles qui les rendaient en quelque sorte maîtres du pays. Nulle nation étrangère ne pouvait rivaliser avec la colonie florentine dans le royaume de Naples. En Pouilles, l'influence florentine tint en échec celle de Venise.

---

199 ASP, fonds Datini, busta 1171; J. Heers, *Gênes au XVe siècle*, p. 229.

200 C.S. Almansi, *Statuti dell'Università e paratico dell'arte del pignolato bombace e panno di lino*, Crémone, 1970, pp. 151–152.

201 E. Baratier et F. Reynaud, *Histoire du commerce de Marseille*, Paris, 1951, Tome II, pp. 160–161.

202 M.F. Mazzaoui, *The italian cotton industry, op. cit.*, p. 175.

203 D. Abulafia, «Southern Italy and the Florentine Economy, 1265–1370», p. 379.

Barletta, port d'exportation du coton de Calabre, constituait le centre des relations florentines avec l'Orient. Des épices et des cotons levantins étaient importés à ce port[204], puis réexportés vers l'Italie centrale.[205] La matière première à la fois levantine et italienne était destinée à l'industrie cotonnière des régions centrales comme l'Ombrie, la Toscane et la Romagne.[206]

Bien que Florence conquît économiquement l'Italie méridionale, les marchands de Venise et de Gênes participaient à la commercialisation du coton sud-italien. Celui-ci ne cessa pas d'être fourni sur le marché de Venise au cours du Moyen Age[207], ce qui est bien attesté par plusieurs manuels de marchandise, d'après lesquels mille livres de coton des Pouilles correspondaient à mille cent quatre-vingt livres vénitiennes.[208] De Venise ce coton était réexporté en Italie du Nord, soit par le Pô vers la Lombardie soit par le canal de *Naviglio* vers Bologne, et parfois en Italie du Centre, par chariot, vers Pérouse et les villes toscanes.[209]

---

[204] Cinq contrats de commende instrumentés à Famagouste le 7 octobre 1300 par un notaire génois Lamberto di Sambuceto attestent que les Pouilles étaient l'une des destinations principales des cotons levantins. V. Polonio, *Notai genovesi in Oltremare. Atti rogati a Cipro da Lamberto di Sambuceto (3 luglio 1300 – 3 agosto 1301)*, n° 30, 31, 32, 33, 34.

[205] Pegolotti, *La pratica, op. cit.*, p. 175; G. Yver, *Le commerce et les marchands, op. cit.*, p. 152.

[206] S.R. Blanshei, *Perugia, 1260–1340: conflict and change in a medieval italian urban society*, Philadelphia, 1976, p. 68; Uzzano, *La pratica della mercatura*, Lisbonnes–Lucques, 1766, pp. 18–19, 76; G. Yver, *Le commerce et les marchands, op. cit.*, pp. 140–141.

[207] Le coton de Calabre est indiqué dans les statuts maritimes vénitiens de 1255. R. Predelli et A. Sacerdoti, «Gli statui maritti veneziani fino al 1255», *Nuovo Archivio Veneto*, n.s., V (1903), p. 210; M.F. Mazzaoui, *The italian cotton industry, op. cit.*, p. 176, no. 15. Le coton des Pouilles est présent dans une délibération du 29 septembre 1346 des Assemblées vénitiennes, portant sur la liste des marchandises à taxer. F. Thiriet, *Délibérations des assemblées vénitiennes, op. cit.*, n° 529. Le coton des Pouilles, de Basilicate et de Calabre se trouve dans les *valute* des archives Datini établies sur le marché de Venise vers 1400. ASP, fonds Datini, busta 1171; F. Melis, *Documenti, op. cit.*, p. 302.

[208] «Migliaio 1 di cotone di Barletta fanno in Vinegia libbre 1180 sottili». Pegolotti, *La pratica, op. cit.*, p. 171; «Lo migliaio del cotone di Puglia torna in Vinegia, al peso sottile, libre 1180». C. Ciano, *La pratica, op. cit.*, p. 60; «Migliajo di cotone di Puglia torna in Vinegia a peso sottile libre 1180». Uzzano, *La pratica, op. cit.*, p. 95; «In Puglia si vende banbagio a migliaro lo quale si chonta chantari 4 in Vinegia». G. di L. Chiarini, *El libro di mercantie, op. cit.*, p. 96; Biblioteca marciana di Venezia, Tarrifa de pexi e mesure congratia et privilegio, f. 97r.

[209] Les statuts de la guilde de Vérone prescrivent que le tissu inférieur doit comprendre 3,75 livres de coton médiocre de Calabre et de Romanie, alors que celui de haute qualité est fabriqué de 3,5 livres de coton de bonne qualité provenant du Levant. A Crémone, ville qui se spécialisait dans la fabrication des futaines de haute qualité depuis le XIVe siècle, l'utilisation des cotons de mauvaise qualité, venus de Turquie,

En général, l'approvisionnement dans les régions productrices par les marchands vénitiens se déroulait selon le système de la *muda gothonorum*; mais son réglement n'était pas appliqué au trafic du coton italien. Celui-ci pouvait être transporté à Venise par n'importe quel navire et à n'importe quel moment.[210] Comme les marchands de Florence, ceux de Venise embarquaient du coton à Barletta. Les ports de Bari et Trani servaient de ports de chargement, et les marchands y payaient la taxe d'exportation de cinq *tari* d'argent pour mille livres de coton.[211] Ils s'approvisionnaient également sur le marché de Cosenza de Calabre.[212]

Les marchands de Gênes, qui monopolisaient le trafic du coton turc de même qualité que celui d'Italie du Sud, n'avaient pas d'intérêt particulier pour la variété italienne. Ils ne le dédaignaient pourtant pas totalement. En 1376–1377, une petite quantité fut importée à Gênes.[213] Le coton des Pouilles était aussi parfois, mais rarement, importé sur le marché de Gênes au XVe siècle.[214] Les navires génois faisaient parfois un détour par les ports des Pouilles et y embarquaient du coton avant de gagner la métropole. Cependant ils y déchargeaient plus de marchandises qu'ils n'en chargeaient à bord.

Les marchands de Sicile aussi s'approvisionnaient en coton italien à la fin du Moyen Age, ceux de Messine notamment, pour ravitailler leur industrie en matière première. Depuis 1460, l'importation à Messine du coton de la région de Calabre semble avoir augmenté.[215]

---

des Pouilles et de Barbarie, était totalement interdite. Mais cela indique toutefois qu'il existait bien une importation de coton italien sur ces marchés. M.F. Mazzaoui, *The italian cotton industry, op. cit.*, p. 79; C.S. Almansi, *Statuti dell'Università e paratico, op. cit.*, pp. 151–152, 155. Le transport d'un sac (*soma*) de coton de Venise à Pérouse coûtait trois florins d'or et demi. Pegolotti, *La pratica, op. cit.*, p. 151, 175.

210 ASV, Ufficiali sopra le mercanzie del Levante, reg. 1, f. 12r.

211 A. Zambler et F. Carabellese, *Le relazioni commerciali fra la Puglia e la repubblica di Venezia dal secolo X al XV*, Bologne, 1991, pp. 94–96, 136–152. «Item si aliquis predictorum vel aliorum venetiae iurisdictionis emerit bombicem extra Tranum ab aliquo forense cive sive venetorum subiecto» «Item solvant et solvere teneantur pro ponderatura seu pondere cuiuscumque imiaris bombicis grana quinque».

212 Biblioteca marciana di Venezia, Tarrifa de pexi e mesure contratia et privilegio, f. 97r.

213 J. Day, *Les douanes, op. cit.*, vol. 2, p. 909.

214 J. Heers, *Gênes au XVe siècle*, p. 229.

215 H. Bresc, *Un monde méditerranéen, op. cit.*, p. 512; S.R. Epstein, «The textile industry, op. cit.», p. 151; C. Trasselli, «Lino e cotone a Messine», pp. 95–96.

2. L'importation des cotons étrangers

Pays producteur, l'Italie du Sud importait aussi du coton à la fin du Moyen Age. Ce phénomène suggère que sa propre production ne suffisait pas à la demande locale, peut-être croissante, de cette matière première. Il faut tenir compte d'un autre facteur: la qualité inférieure du coton sud-italien. L'emploi de ce dernier était donc souvent interdit pour la fabrication des tissus de haute qualité. Par conséquent, l'industrie cotonnière en Italie du Sud exigeait des cotons étrangers de qualité supérieure.

Depuis l'époque des croisades, les cotons levantins étaient importés en Italie du Sud. Avant la chute d'Acre, ceux de Syrie chargés au port d'Acre, étaient acheminés vers la région des Pouilles. Après la disparition des royaumes latins, cette matière première syrienne continua à être importée, mais les modalités de son trafic furent changées. L'île de Chypre devint le lieu de transit des cotons syriens.

D'après les actes rédigés à Famagouste par un notaire génois, Lamberto di Sambuceto, les Pouilles étaient une des principales destinations du coton embarqué dans ce port. Un marchand réfugié de la ville de Laodicée après la chute d'Acre, Leone de Laodicée, participait fréquemment au transport du coton de Famagouste vers les Pouilles. Le 7 octobre 1300, il obtint d'autres marchands réfugiés de Laodicée et de Beyrouth cinq contrats de commende pour une somme de 1060 besants blancs, qu'il devait consacrer à l'achat du coton égrené, pour le vendre ensuite à Venise et dans les Pouilles.[216] Les marchands de Pise et d'Ancône prenaient également part à ce trafic. Le 16 octobre 1300, Simone de Giacomo de Fosso d'Ancône reçut 1675 besants en commende de deux frères, Damiano et Cosma de Laodicée. Ces capitaux devaient être investis en sucre, en coton et en autres marchandises, qui seraient écoulées sur les marchés d'Ancône et des Pouilles. Leur transport devait être assuré par le navire d'Ancône patronné par Barono et Pellegrino de Galiante.[217] Un marchand pisan, Belluco de Belluchis, qui semble avoir fait ses affaires à Acre avant son effondrement et s'être réfugié à Famagouste, faisait lui aussi de l'exportation de

---

[216] V. Polonio, *Notai genovesi in Oltremare. Atti rogati a Cipro da Lamberto di Sambuceto (3 luglio 1300 – 3 agosto 1301)*, n° 30, 31, 32, 33, 34.
[217] *Ibid.*, n° 54.

coton et de sucre de Famagouste vers les marchés occidentaux comme Venise, Ancône et les Pouilles.[218]

Pourtant la région des Pouilles représentait un marché de second choix, en comparaison avec Venise, Ancône et Gênes. Même si les contrats de Lamberto di Sambuceto ne précisent pas les ports de déchargement des Pouilles, il semble que ce fût souvent Barletta. En effet le manuel de Pegolotti témoigne du transport du coton de Chypre vers ce port.[219]

Acheteurs du coton sud-italien, les marchands de Venise et de Gênes jouaient un rôle important en tant que fournisseurs. Dans le manuel de marchandise vénitien de la fin du XVe siècle sont indiquées plusieurs foires qui avaient lieu dans le royaume de Naples. La plus célèbre d'entre elles était celle de Lanzano, dont l'emplacement exact reste à identifier. Cette ville avait deux foires annuelles, la première à partir du 29 mars et la seconde commençant le 15 août. Les Vénitiens ravitaillaient ces foires en produits provenant de l'Italie, de la Dalmatie, de la Romanie et du Levant. Leurs cotons venaient de Syrie, de Chypre et de Romanie.

Au retour d'Orient, les navires génois avaient l'habitude de faire escale dans les ports sud-italiens et d'y décharger une partie de leur cargaison, dont le coton, et d'y embarquer des produits locaux, avant de gagner la métropole. En 1401, deux navires génois provenant de Famagouste avec un chargement de six cents sacs de coton, débarquèrent cent-vingt sacs à Gaète, le reste étant destiné à Gênes.[220] Il existait une autre route. Les navires ayant embarqué du coton à Chio et à Phocée pour le transporter vers la mer du Nord, faisaient parfois des détours vers les ports sud-italiens comme Naples et Gaète et y déchargeaient une partie de la cargaison.[221] Celle-ci était plus souvent

---

[218] Ce marchand pisan reçut près de 2540 besants d'Oberto Rizardo qui travaillait pour le compte de Tommaso Grasso. Il devait l'investir en coton et en sucre, puis les commercialiser à Venise, à Ancône et en Pouilles. *Ibid.*, n° 323.

[219] Pegolotti, *La pratica, op. cit.*, p. 94: «Cantaro 1 e ruotoli 57 di cotone al peso di Cipri fa migliaia 1 in Puglia. Migliaio 1 di».

[220] E.C. Aste, *Il carteggio di Gaeta nel'Archivio del mercante pratese Francesco di Marco Datini 1387–1405*, Gaète, 1997, pp. 120–121.

[221] En 1445, le navire patronné par Cosma Dentuto déchargea du coton à Naples et à Gaète au cours du voyage vers la mer du Nord. Quinze sacs de coton chargés à Chio sur ce navire par Corrado Gentile furent adressés à Paolo de Maris à Gaète. ASG, Caratorum Veterum, n° 1552 (année 1445), f. 127^{v}; R. Doehaerd et Ch. Kerremans, *Les relations commerciales entre Gênes, la Belgique et l'Outremont d'après les archives notariales génoises (1400–1440)*, Bruxelles et Rome, 1952, n° 805.

d'origine turque. En effet, le coton turc dominait le marché d'Amalfi qui se ravitaillait en matière première généralement par l'intermédiaire des marchands de Gênes, qui étaient les plus nombreux et les plus actifs sur ce marché.[222]

La matière première à la fois locale et étrangère était destinée à l'industrie cotonnière locale, qui date de la période musulmane. La demande croissante des produits cotonniers la favorisa en quelque sorte. Les rois d'Aragon encouragèrent l'industrie textile, y compris celle de coton, dans les villes de l'Italie du Sud, surtout à Naples, espérant que le royaume de Naples ne serait pas soumis à l'invasion des tissus étrangers.[223]

Il ne faut pourtant pas exagérer l'importance de l'industrie cotonnière en Italie du Sud à la fin du Moyen Age. Sa production n'était pas à même de satisfaire les demandes locales. En effet, cette région importait une quantité non négligeable de futaines fabriquées en Italie du Nord. Celles de Milan et de Crémone surtout étaient bien demandées sur plusieurs marchés sud-italiens comme Naples, Barletta, Bari, Trani, Salerno et la foire de Lanzano citée plus haut.[224]

---

222 Les marchands de Gênes se procuraient du blé, du vin et de la charcuterie sur le marché d'Amalfi et, en contrepartie, fournissaient des draps, du coton, du sucre, du poivre et du girofle. G. Imperato, *Amalfi e il suo commercio*, Salerno, 1980, p. 134; M. Del Treppo et A. Leone, *Amalfi medioevale*, Naples, 1977, p. 226.

223 A. Sinno, «Commercio e industrie nel Salernitano dal XIII al primordi del XIX secolo», p. 104.

224 Cent *brazzio* de futaines de Crémone correspondaient à trente de ces marchés sud-italiens. Biblioteca marciana di Venezia, Tariffa de pexi e mesure congratia et privilegio, f. 79^v, 146^v.

TROISIÈME PARTIE

LE TRANSPORT DU COTON

CHAPITRE PREMIER

LE TRANSPORT DU COTON DE VENISE

I. *La politique vénitienne de transport du coton*

A. *La mainmise de l'Etat de Venise: la* muda gothonorum

L'histoire de la navigation commerciale vénitienne a déjà fait l'objet de diverses études.[1] La politique vénitienne de transport maritime se résume en quelques traits. L'Etat intervenait plus fortement que dans les autres villes maritimes. Le transport du coton lui aussi était de plus en plus sous tutelle d'Etat. La gestion directe par l'Etat de Venise sur l'ensemble de la navigation et son intervention efficace représentaient les raisons principales du succès du commerce vénitien. Toutes les procédures de transport étaient réglementées par l'Etat: période de chargement, types de navires, itinéraires, tarifs de nolis, etc.

Le transport du coton n'était pas exclu de cette formule. L'Etat de Venise intervenait dans les moindres détails. Même l'emballage du sac ainsi que la disposition du coton sur les navires étaient réglementés. La marchandise devait ainsi être chargée dans l'entrepont des navires.[2]

---

[1] F.C. Lane, *Venetian ships and shipbuilders of the Renaissance*, Baltimore, 1934; Idem, «Merchant galleys, 1300–1334: private and communal operation», dans *Venice and history*, pp. 194–226; Idem, «Fleet and fairs—the function of the venetian muda», dans *Venice and history*, pp. 128–142; Idem, «Rhythm and rapidity of turnover in venetian trade of the fifteenth century», dans *Venice and history*, pp. 109–127; Idem, «Cargaisons de coton et réglementations médiévales contre la surcharge des navires de Venise», *Revue d'histoire économique et sociale*, vol. 15 (1962), pp. 21–31; J.-C. Hocquet, *Le sel et la fortune de Venise*, 2 vol., Lille, 1978–1979; D. Stöckly, *Le système de l'incanto des galées du marché à Venise (fin XIIIe – milieu XVe siècle)*, Leiden–New York–Cologne, 1995; J.E. Dotson, «A problem of cotton and lead in medieval italian shipping», *Speculum* 57 (1982), pp. 52–62.

[2] Les réglementations de l'année 1332 prescrivent explicitement que l'espace situé entre le premier et le deuxième pont devront être remplis de coton. Selon une sentence prononcée le 11 juin 1408 à Venise, Paolo Pasqualigo, patron d'un navire, chargea deux balles de coton filé appartenant à Niccolò Venerio sur le pont de son navire à Acre, à cause de la surabondance de la cargaison. Par conséquent, ces cotons filés furent

Lors de la *muda* de septembre 1438 en Syrie, au mépris de cette règle, les patrons du convoi embarquèrent une grande quantité de coton sur les ponts, au risque d'endommager les navires. Par conséquent, le Sénat délibéra à ce sujet et les convoqua à leur arrivée à Venise.[3]

Pour bien saisir la mainmise de l'Etat sur le transport du coton, il convient de comprendre le système de la *muda*. Elle désignait à la fois la période autorisée pour le chargement de telle marchandise dans telle région, et le convoi de navires lui-même.[4] En principe, le coton ne devait être embarqué que pendant cette période réglementée dite *muda gothonorum*. Pour transporter du coton à d'autres moments de l'année, on devait s'adresser au gouvernement afin d'obtenir une permission exceptionnelle, en donnant des raisons convaincantes.[5]

Dès l'installation du système des convois de coques en 1366 par l'Etat, cette réglementation subit une légère modification. Le chargement pendant la *muda* n'était permis qu'à ces convois officiels, tandis que les navires privés ne pouvaient charger du coton qu'en dehors de cette période.[6] D'après la délibération du 25 mai 1426, aucune marchandise ne devait être chargée sur les navires privés, avant que les

---

abîmés au cours du voyage, ce qui fit l'objet du procès. F.C. Lane, «Cargaisons de coton, op. cit.», p. 25; ASV, Senato Misti, reg. 15, f. 27; ASV, Giudici di Petizion, Sentenze a giustizia, reg. 16, f. 50r–51r.

[3] ASV, Senato Misti, reg. 60, f. 107r.

[4] Plusieurs auteurs ont déjà défini le terme de *muda*. D'après G. Luzzatto, la *muda* désigne traditionnellement une flotte de navires faisant voile ensemble pour leur protection mutuelle, accompagnée, si besoin est, d'une escorte de navires de guerre. F.C. Lane a révélé que ce terme avait une autre signification, à savoir la période autorisée pour le chargement de telle marchandise dans telle région. Donc, la *muda gothonorum* de mars et de septembre en Syrie désignait à la fois le convoi de coques et la période pendant laquelle ce convoi de coques pouvait charger du coton en Syrie. Mais même si la *muda* désigne en principe un convoi de navires, cette définition traditionnelle ne peut être valable pour toutes les *mude* vénitiennes. En effet les navires de la *muda* des cotons de Syrie ne naviguaient pas de conserve, mais séparément en période de paix. Le voyage en commun n'était assuré qu'en période périlleuse pour éviter tout sinistre. Ce trait est bien expliqué par F.C. Lane dans l'article suivant, qui comprend une délibération témoignant de ce fait: «et navigantibus navibus nostris divisis a separatis prout tempore pacis facere solebat, de facili illis sequi possit aliquod sinistrum et periculum». F.C. Lane, «Fleets and fairs», pp. 128–130; ASV, Senato Misti, reg. 57, f. 139r, Senato Mar, reg. 1, f. 204v–205v, reg. 2, f. 17v, reg. 11, f. 40v–41r; J.-C. Hocquet, *Voiliers et commerce, op. cit.*, p. 175.

[5] G. Saint-Guillain, «Les ducs de l'archipel et le coton de Santorin», p. 373.

[6] Un décret du 15 avril 1437 pris par le Sénat de Venise nous montre qu'était permis le chargement du coton sur tous les navires privés après la *muda* officielle en Syrie. ASV, Senato Misti, reg. 60, f. 7r.

deux coques de Benedetto et de Cesano, faisant partie du convoi officiel, n'aient complété leur cargaison.[7] Cette formule se répète dans les délibérations du Sénat. Une clause du convoi de mars 1428 prescrivait que les navires, à condition d'avoir quitté Venise avant la délibération du 30 décembre 1427 et d'être arrivés en Syrie avant le convoi officiel, avaient le droit de charger du coton. Dans le cas contraire, ils ne pouvaient charger aucune marchandise.[8]

Venise avait en principe deux *mude* chaque année : celle de printemps et celle d'hiver. Le calendrier était un peu différent selon les régions productrices et subissait parfois des modifications et des prorogations, ce qui provoque des désaccords entre les historiens.[9] En général, la *muda* avait lieu aux mois de mars et de septembre en Syrie, en Egypte et à Chypre. En Romanie, le chargement du coton était autorisé aux mois d'avril et d'octobre.[10]

Le calendrier de la *muda* en Romanie était souvent modifié. D'après un décret du 26 janvier 1303, les navires quittaient la Crète ou la terre vénitienne en Romanie avec le chargement de coton et d'autres marchandises dans la période du premier au 30 avril, appelée *muda* de Pâques. Pour celle d'hiver, ils en partaient entre le 1er septembre et le 31 octobre.[11] En 1307, exceptionnellement, le coton produit en Crète et en Romanie pouvait être conduit à Venise à n'importe quel moment.[12] La *muda* de Pâques de l'année 1317 se fit au mois d'avril.[13] Selon un décret des *Ufficiali al Cattaver* de l'année 1374, celle de Pâques en Romanie avait lieu normalement entre la mi-mars et la mi-avril.[14] Le même calendrier est présent dans un ordre du Sénat vénitien du 17 février 1407.[15] Au

[7] ASV, Senato Misti, reg. 56, f. 17^{v}.

[8] *Ibid.*, f. 142^{v}.

[9] Le départ du convoi de Syrie était repoussé parfois jusqu'au mois d'août. La *muda* de septembre 1479 devait quitter Venise le 12 août pour la foire de Syrie. En 1493 le départ d'une coque de Venise pour Alexandrie eut lieu le 7 août. Mais le calendrier indiqué par D. Stöckly, selon lequel le départ de Venise avait lieu entre le 15 août et le 1er septembre, doit être considéré comme un cas très exceptionnel. D. Stöckly, *Le système de l'incanto, op. cit.*, p. 26 ; ASV, Senato Mar, reg. 11, f. 40^{v}–41^{r}, reg. 14, f. 18^{r-v}.

[10] ASV, Senato Mar, reg. 10, f. 15^{v}.

[11] R. Cessi, *Le deliberazioni del consiglio dei rogati (Senato) : serie mixtorum*, Venise, 1960–1961, p. 93.

[12] *Ibid.*, p. 122.

[13] *Ibid.*, pp. 169–170.

[14] ASV, Ufficiali al Cattaver, busta 1, f. 72^{r}.

[15] C.N. Sathas, *Documents inédits relatifs à l'histoire de la Grèce au Moyen Age*, 9 vol., Paris, 1880–1890, vol. 3, n° 395.

cours du XVe siècle, la *muda* de Pâques se déroulait aussi en grande partie au mois d'avril.[16]

En ce qui concerne la *muda* d'hiver en Romanie, il est un peu plus compliqué d'en définir la date exacte. En 1303, sa durée était de deux mois, du 1er septembre au 31 octobre.[17] Elle fut réduite à un mois et demi, soit entre le 15 septembre et le 31 octobre, selon un calendrier établi en 1328 pour les navires provenant de basse Romanie.[18] En revanche, une ordonnance du Sénat du 31 août 1405 nous indique que la *muda* d'hiver en Romanie, qui aurait normalement dû se faire au mois de septembre, serait prolongée jusqu'à la fin du mois d'octobre.[19] Au cours du XVe siècle, la *muda* d'hiver avait lieu généralement au mois d'octobre.[20]

A part ce petit écart de calendrier en Romanie, un règlement était toujours respecté, celui selon lequel les *mude* de Romanie étaient un peu plus tardives que celles de Syrie, d'Alexandrie et de Chypre. Une décision des *Ufficiali sopra le mercanzie del Levante* de l'année 1361 témoigne de ce genre de différence. Si la *muda* des cotons syriens et chypriotes avait lieu au mois de mars, celle de Crète se faisait au mois d'avril, avec un décalage d'un mois.[21] Dans la seconde moitié du XVe siècle, les deux *mude gothonorum* de Romanie s'appelaient respectivement celle d'avril et celle d'octobre, si celles de Syrie s'appelaient celle de mars et celle de septembre.[22] L'objectif de ce système était de faire coïncider l'arrivée des cotons provenant de diverses régions.

L'intervention de l'Etat aboutit finalement à l'installation en 1366 de convois officiels de coques, dont l'objectif essentiel était le transport d'une seule marchandise, le coton, comme le précise la première délibération du Sénat. Le système et la gestion des convois de coques sont,

---

16 «Quia muda gothonorum Romanie base est limitata per totum mensis aprilis». ASV, Senato Misti, reg. 60, f. 134ʳ; Senato Mar, reg. 10, f. 15ᵛ.

17 R. Cessi, *Le deliberazioni del consiglio, op. cit.*, p. 93.

18 F.C. Lane, *Venice: a maritime republic*, Baltimore, 1973, p. 133.

19 L'année suivante, également, le Sénat décida de prolonger la *muda* d'hiver jusqu'au milieu du mois d'octobre. C.N. Sathas, *Documents inédits, op. cit.*, vol. 3, nº 357 et 385.

20 D'après un décret du 19 mars 1482, pour tous les cotons qui venaient à Venise des régions telles que *Romanie, Culphi, Glaciei et omnium aliarum terrarum Turchi*, on devait respecter les règlements des *mude* d'avril et d'octobre, alors que le transport des cotons syriens à Venise était réglementé par le système des *mude* de mars et de septembre. ASV, Senato Mar, reg. 10, f. 15ᵛ, reg. 11, f. 133ʳ.

21 ASV, Ufficiali sopra le mercanzie del Levante, reg. 1, f. 12ʳ.

22 ASV, Senato Mar, reg. 10, f. 15ᵛ.

de loin, beaucoup moins étudiés que ceux des galées.[23] Les convois de coques fonctionnaient sur le même modèle que celui du système de l'*incanto* des galées. Une délibération du 23 mai 1426 prescrit clairement que *pro viagio Sirie deputentur due coche que incantari debeant die sabati ad publicum incantum in Rivoalto.*[24] Au lieu du terme *incanto*, les clauses relatives au convoi de coques portent souvent le titre d'*ordo*. Le titre complet du convoi de septembre 1427 est *ordo navigandi ad partes Syrie.*[25] La procédure de sélection des coques composant le convoi était identique à celle des galées. Les délibérations étaient publiées au *Rialto*, et la mise aux enchères des coques avait lieu au même endroit. Les enchères ne pouvaient être valides que si toutes les coques trouvaient preneurs.

Cependant il existait une distinction entre les deux types de convois vénitiens. Avant de procéder à une confrontation entre les deux, dressons une liste des clauses qui figurent fréquemment dans les textes.[26]

Titre et date
Conditions du voyage:
Destination du voyage et nombre de coques ou navires à envoyer.
Taille des navires
Publication au *Rialto* du projet d'enchères et date limite du dépôt des candidatures.

Délais, route et escales:
Terme limite de chargement et dates du départ.
Définition des étapes à suivre et des ports à atteindre
Limitation de la durée des escales

Equipement et équipage:
Désignation du capitaine.
Réglementation du salaire et de la dépense du capitaine.
Obligations du capitaine
Devoir des patrons de bien équiper leurs navires.
Réglementation du nombre de marins et des arbalétriers
Réglementation des armements et des équipements.

---

[23] Pour les convois de galées, nous avons un ouvrage, récent et complet. D. Stöckly, *Le système de l'incanto, op. cit.*

[24] ASV, Senato Misti, reg. 56, f. 17v.

[25] *Ibid.*, f. 104r–105v. Le titre du convoi de septembre 1430 porte *ordo navium Sirie.* ASV, Senato Misti, reg. 57, f. 227r–229r. D. Stöckly a déjà signalé que le terme d'*ordo* semble définir l'*incanto* et que le mot *ordo* est utilisé jusqu'au XVe siècle pour les convois de galées. D. Stöckly, *Le système de l'incanto, op. cit.*, p. 50.

[26] *Ibid.*, pp. 58–62. La liste des clauses du convoi de galées est déjà établie en détail par D. Stöckly.

Marchandises et tarif de nolis:
Obtention de la *bulleta*, une sorte de quittance, aux *Extraordinaires* à Venise et aux fonctionnaires locaux à Modon, à Coron et à Candie pour le chargement.
Fixation des nolis
Types de marchandises autorisées à être chargées sur les coques.

Offres privilégiées:
Attribution aux convois de coques d'une sorte de monopole: aucun navire désarmé ne peut charger de marchandises à Venise pour les apporter au pays de destination du convoi de coques; de plus, d'autres navires privés ne peuvent charger de marchandises jusqu'au moment où les convois terminent leur embarquement en Syrie.

Gestion et subventions:
Clause de solidarité: *ad unum denarium eundo, stando et redeundo.*[27]

Articles d'exception:
Prolongation du terme de la *muda*.
Renforcement des équipages.
Obligation de voyager de conserve et uni pour raisons de sécurité.

De la comparaison des clauses entre l'*incanto* des galées et celui des coques, il ressort que le fonctionnement des convois de coques était moins sévèrement contrôlé que celui des galées. Il faut d'abord indiquer que les textes, d'en moyenne un ou deux folios concernant les convois de coques, sont plus courts et moins détaillés que les documents relatifs aux convois de galées, qui comprennent parfois dix folios. Les résultats des enchères des convois de coques n'indiquent généralement ni le nom du preneur, ni le montant à payer, alors que ceux des galées sont mentionnés dans la dernière partie de la délibération.[28] En outre, pour la deuxième moitié du XVe siècle, nous disposons de peu de textes complets sur les enchères des convois de coques dans les registres du Sénat, malgré leur régularité de fonctionnement, ce qui est attesté par d'autres types de documents tels la correspondance marchande et les livres de comptes.

[27] Il s'agit d'une solidarité tant pour les pertes et les dommages en cours de route que pour les recettes et les profits de l'entreprise commerciale. Les nolis étaient équitablement repartis entre tous les patrons du convoi. Ce partage équitable des profits limite les effets de concurrence néfaste. *Ibid.*, pp. 206–207.

[28] Dans une délibération du 23 mai 1426 sont mentionnés les noms des patrons et des garants, et le prix à payer: *Cocha Bartholomei de Benedicto deliberata fuit nobili viro Ser Petro Superantio quondam Ser Antoni pro ducatis centum et sex. Cocha Francesci de Cesano deliberat fuit viro nobili ser Bernardo quondam ser Petri pro uno ducato.* ASV, Senato Misti, reg. 56, f. 17r.

La différence fondamentale entre les deux convois est leur gestion. Les convois de coques rasssemblaient des navires licenciés par l'Etat, mais de propriété et de gestion privée, alors que les convois de galées concernaient des navires de propriété communale loués aux enchères à des particuliers qui en assuraient la gestion.[29] Autrement dit, ceux qui voulaient mettre leurs propres coques en service public, étaient libres de poser leur candidature auprès du Conseil Majeur.[30]

En contrepartie de contrôles méticuleux, le gouvernement leur donnait divers privilèges afin d'aider au bon déroulement des trafics organisés par l'Etat.[31] Cette politique de l'Etat vénitien entraîna la raréfaction des navires de possesseurs et de gestion privés, qui étaient moins privilégiés mais n'étaient pourtant pas totalement exempts de toutes les réglementations appliquées aux convois officiels.[32]

En fait, l'intervention de l'Etat encourageait les affaires des marchands et patrons plutôt qu'elle ne limitait et empêchait leurs libertés ou leurs droits. Les réseaux maritimes publics offraient une infrastructure solide et facilitaient le travail des marchands, puisqu'ils n'avaient pas à organiser le transport eux-mêmes. L'avantage du système de la navigation vénitienne peut être mis en évidence par une comparaison entre le contrat de transport vénitien et celui d'autres nations commerçantes. Le contrat vénitien du XVe siècle est à la fois simple et succinct. A titre d'exemple, citons un contrat établi le 18 janvier 1423 entre Lorenzo Dolfin et un patron, Anzolo d'Avanzo, dont le navire se joignait au convoi de coques pour la *muda* de mars en Syrie. Le contrat dans son intégralité mentionne, comme suit: «*Cocha patron Ser Anzolo d'Avanzo noliza Ser Lorenzo Dolfin tute le suo raxon di gotoni e filadi l'avera in Achre abiandone e posandose cargar a raxon de del 5 doro per mier sotil con questa che la dita nave sia tegnuda de star tuta la muda in Achre. A questi grazia Dio Molte.*»[33] Cette simplicité résulte des décisions prises chaque année par le Sénat vénitien, prévoyant et prescrivant toutes les étapes suivies par les navires. Il n'était donc pas nécessaire de répéter dans le contrat la

[29] F.C. Lane, «Merchant galleys, 1300–1334: private and communal operation», pp. 194–199; D. Stöckly, *Le système de l'incanto, op. cit.*, p. 83.

[30] Dans la plupart des textes relatifs aux enchères des convois de coques, figure une expression ou formule qui nous permet de nous renseigner sur la propriété des coques: *Quilibet volens ponere aliquam suam cocham de dicta portata ad dictum viagium faciat ipsam se scribi ad curiam maiorem.* ASV, Senato Misti, reg. 35, f. 24v, reg. 47, f. 7r–v, reg. 56, f. 141v.

[31] ASV, Senato Misti, reg. 56, f. 17v, f. 104v–105r.

[32] D. Stöckly, *Le système de l'incanto, op. cit.*, pp. 82–83.

[33] ASV, Procuratori di San Marco, Commissarie di Citra, busta 282.

délibération du Sénat, qui, sur la *muda gothonorum* en Syrie, comprend en général plusieurs pages et édicte avec minutie chaque détail. Par comparaison, un contrat de transport établi le 16 mai 1491 à Ancône paraît d'autant plus long. Il occupe à lui seul cinq feuillets au lieu des quelques lignes du contrat vénitien.[34]

B. *La concentration de tous les cotons vers la métropole*

Le coton devait être, de préférence, préalablement transporté vers la métropole, puis réexpédié vers les divers marchés d'Occident.[35] Le 19 décembre 1334 le Sénat vénitien ordonna qu'aucun sujet et fidèle ne puisse transporter des épices et des marchandises classées comme *havere subtili*, directement du Levant en Occident sans escale à Venise, en utilisant des navires ou vénitiens ou étrangers.[36] Pourtant, ce règlement n'était pas appliqué à toutes les marchandises. Le coton, l'alun et les autres marchandises similaires en étaient dispensés.

Bien que l'Etat de Venise fût en partie obligé de permettre le transport du coton sans passage à Venise, il tenait à empêcher ce type de navigation. Le 18 mai 1388 le Sénat décida de frapper également ce transport direct d'une taxe de 3% *ad valorem*, autrefois imposée sur les marchandises importées du Levant à Venise, en expliquant cette décision comme suit: «Il est bien connu que le nombre de nos sujets et fidèles exportent du Levant des marchandises comme coton, alun, et produits similaires, et les importent en Occident, soit vers Pise soit ailleurs. Cela provoque des dommages et des inconvénients aux marchands désirant conduire des marchandises d'une façon directe à Venise.» L'Etat de Venise continuait à appliquer cette politique au XVe siècle. Le 4 décembre 1444 le Sénat prit la décision qu'aucun navire ou marchand vénitien ne pourrait désormais transporter des cotons provenant du Levant en Occident sans passage à Venise sous peine de payer le montant correspondant à ces marchandises, dont un tiers serait attribué aux accusateurs, un tiers aux consuls ou recteurs et un tiers à la commune de Venise. Seuls les navires à destination de la Flandre et de

---

[34] ASA, Notaio di Ancona, n° 42, f. 70v–75v. Il s'agit du contrat de nolis établi entre un patron d'Ancône et un marchand pisan. Le navire devait quitter le port d'Ancône et se rendre à Constantinople où il chargerait du coton avec d'autres marchandises. De Constantinople, il retournerait à Porto-Pisano.

[35] F. Thiriet, *La Romanie vénitienne*, pp. 304–305.

[36] H. Noiret, *Documents inédits pour servir à l'histoire de la domination vénitienne en Crète de 1380 à 1485*, Rome, 1892, pp. 19–20; F. Thiriet, *La Romanie vénitienne*, pp. 304–305.

l'Angleterre étaient dispensés de cette clause. De surcroît, le gouvernement de Venise cherchait toutes les informations pouvant lui permettre de sanctionner ceux qui ne payaient pas cette taxe.[37]

En dépit de quelques obstacles économiques et politiques, cette stratégie vénitienne aboutit à une réussite. La correspondance des archives Datini nous révèle que Venise rassemblait, deux fois par an, la plus grande foire au coton de l'Occident. Non seulement les marchands vénitiens, mais également les étrangers, attendaient avec impatience l'arrivée des convois de coques chargées de coton, et prenaient soin d'envoyer à leurs correspondants, dans de nombreux endroits, des informations et des pronostics sur l'état du marché de Venise.[38]

La raison principale du succès de cette politique, c'est que Venise avait pour clients les deux plus importants achcteurs de coton, la Lombardie et l'Allemagne du Sud. En effet, le transport vers ces régions devait inévitablement passer par la cité lagunaire.

II. *Les bateaux*

A-t-il existé à Venise un type de vaisseau exclusivement réservé au transport du coton? Des études passées sur les navires et la navigation, il ressort qu'à la fin du Moyen Age, le transport des marchandises lourdes, volumineuses et de valeur moindre comme l'alun, le coton et les cendres, était assuré par les navires ronds de grand tonnage telles les coques, tandis que les épices étaient transportées par les galées.[39]

Cette conclusion reste tout à fait valable d'après la réglementation de principe du transport maritime vénitien. Pour faciliter l'embarquement, on classait les marchandises par types. Selon les statuts maritimes du doge Tiepolo du XIIIe siècle, les marchandises se partagent en trois catégories: *pro imbolio, pro carico, et pro savorna.* La catégorie *pro carico* comprend la plupart des marchandises, en tout une quarantaine d'éléments.

---

[37] ASV, Senato Mar, reg. 2, f. 46r.

[38] Dans une lettre du 31 octobre 1396 adressée à Cristofano di Bartolo à Majorque, Zanobi di Taddeo, agent vénitien de la compagnie Datini, estima que deux mille sacs de coton avec cent balles de coton filé arriveraient à Venise. Par une autre lettre du 4 novembre 1396 adressée à Cristofano di Bartolo, Zanobi di Taddeo modifia la quantité provenant de la Syrie: deux mille cinq cents sacs de coton et trois cents balles de coton filé. ASP, fonds Datini, busta 1082, n° 903246 et 903249.

[39] E. Ashtor, *Levant trade in the Later Middles Ages*, Princeton, 1983, p. 115; F.C. Lane, «Fleets and fairs», pp. 131–132.

Le coton et le coton filé, avec les autres articles suivants: *lana de berretis, requiricia, zucarum cum casis, spignum*, appartiennent à la catégorie *pro imbolio*[40], soit les marchandises à emballer. La catégorie *pro savorna* comprend des produits lourds comme le blé et le sel, qui servaient pour le lest. Au cours de la fin du Moyen Age, on avait plutôt tendance à distinguer les marchandises lourdes et les produits légers. Ceux-ci se divisaient encore en deux catégories. L'une, comprenant les épices et la soie, était transportée par les grandes galées, tandis que l'autre, à laquelle le coton appartenait, était transportée par les navires ronds pendant la période de la *muda* prescrite par l'Etat de Venise.[41]

Les grands navires ronds nommés *navis* ou *nave* étaient le plus souvent utilisés pour le transport du coton sur de longues distances. Cependant, il faut se garder d'une généralisation trop hâtive en ce domaine. En effet, les galées vénitiennes jouèrent également un rôle important en tant que moyen de transport régulier.[42] Les navires dits *navigia disarmata* participaient eux aussi régulièrement au transport du coton, et bien sûr, les petits tonnages n'en étaient pas totalement exclus.[43]

Il faut aussi insister sur le fait que le choix du bateau était distinct selon plusieurs facteurs: la région productrice, la route maritime, la sécurité, la disponibilité des navires et les périodes. L'importation des cotons de l'Orient à Venise était en grande partie réservée aux *navi* et *navigia disarmata*, les galées étant plus ou moins exclues de cette mission, sauf cas d'exception. En revanche, pour l'exportation des cotons à partir de la métropole de Venise vers les marchés en Occident, l'Etat avait grand recours aux convois de galées, malgré les frais de transport élevés.

A. *La* navis *ou* nave *en mutation: nef latine–coque–caraque*

Le fait que les navires nommés *navi* ou *naves* assurèrent la plupart du transport du coton, est bien attesté par divers types de documents vénitiens, registres publics du Sénat, du *Collegio Notatorio* et des *Giudici di Petizion*, correspondance marchande et livres de comptes. Un décret

---

[40] Le mot *Imbolium* a un lien avec le mot italien moderne, *invoglio*, c'est-à-dire envelopper ou emballer. J.E. Dotson, «A problem of cotton, op. cit.», pp. 55–56.

[41] F. Lane, «Fleets and fairs», pp. 130–131; J.E. Dotson, «A problem of cotton, op. cit.», pp. 55–56.

[42] La galée fut exclue du commerce du sel à cause des frais de transport trop élevés selon J.C. Hocquet, *Voiliers et commerce, op. cit.*, p. 95.

[43] D'après une délibération du 3 janvier 1359, les petits navires étaient tenus d'avoir

du Sénat vénitien du 26 janvier 1303[44] autorisa les *naves*, parmi d'autres bateaux, à transporter du coton du Levant pendant la période de la *muda* de Pâques. Dans une lettre du 10 juillet 1418 adressée à Lorenzo Bembo à Alexandrie, il est dit que les *navi di Soria* emmenèrent cinq mille quatre cents sacs de coton de Syrie à Venise.[45] Dans un contrat de nolis établi le 18 janvier 1423 entre Lorenzo Dolfin et Anzolo d'Avanzo, qui était patron d'un navire appartenant au convoi de Syrie, la *nave* d'Anzolo d'Avanzo était tenue de rester au port d'Acre pendant toute la *muda* en Syrie pour le chargement du coton.[46] Le 22 février 1425 le Sénat décida d'envoyer deux *navi* pour le transport du coton de Syrie à Venise.[47] Le 30 juillet 1501 le Sénat prescrivit d'envoyer à Chypre la *nave*, dont le patron était Andrea Contarini, pour le transport du coton et du sucre à Venise.[48]

Cependant autour du terme *nave* ou *navis* subsiste une controverse parmi les historiens.[49] Une mise au point s'impose. En dépit de quel-

---

l'équipage nécessaire pour transporter du coton pendant la *muda*. ASV, Ufficiali sopra le mercanzie del Levante, reg. 1, f. 27^{r}.

44 R. Cessi, *Le deliberazioni del consiglio, op. cit.*, vol. 1, p. 93: «*Item, quod aliqua navis vel aliud lignum non armatum non possint venire de partibus cum bombice, cum seta, cum pipere, cum allumine roçe vel cum alio havere subtili per muduam Pasque, nisi recedendo a medio mense marcii usque ad medium mensi aprilis.*»

45 ASV, Miscellanea Gregolin, busta 13.

46 ASV, Procuratori di San Marco, Commissarie di Citra, busta 282.

47 ASV, Senato Misti, reg. 55, f. 91^{r}.

48 ASV, Senato Mar, reg. 15.

49 E. Ashtor prend la *nave* de la fin du Moyen Age pour la coque, en dressant les tableaux des convois des coques de Syrie de l'année 1403 jusqu'à l'année 1498. E. Ashtor, *Levant trade, op. cit.*, p. 255,321–322, 472. Même s'il considère la *nave* comme un terme générique, F.C. Lane conclut qu'elle désignait le navire rond, dont la capacité dépassait cent soixante-six *botti*. Par conséquent, d'après lui, elle représentait le bus, la coque et la caraque par ordre de leur apparition, et les coques étaient utilisées jusqu'au milieu du XVe siècle, lorsque la caraque apparaît progressivement dans la flotte vénitienne. F.C. Lane, *Venetian ships, op. cit.*, p. 35, 41, 254. A. Tenenti applique le nom de *nave* à tous les gros bateaux marchands: «nom générique indiquant les plus gros bateaux marchands à trois ou quatre mâts et à voiles carrées. Ce navire avait la proue et les flancs arrondis mais se rétrécissait vers la poupe qui était plate. Sa coque était très haute, ainsi que ses châteaux. Au-dessous du pont il y en avait au moins un deuxième et parfois un troisième. Les marchandises occupaient surtout le plus bas de ces étages. Le tonnage de la nave était très fort, mais variait de 3000 à 10000 salme». A. Tenenti, *Naufrages, corsaires et assurances maritimes à Venise 1592–1609*, Paris, 1959, p. 68. D. Stöckly indique qu'au début du XVe siècle, les coques étaient apparemment si répandues que le terme générique de *nave* signifiait la coque. D. Stöckly, *Le système de l'incanto, op. cit.*, p. 35. Indiquant que ce n'est pas la *nave* mais le *navigium* qui était un terme générique désignant les navires, J.C. Hocquet considère la *nave* comme un type de vaisseau de charge qui ne cessa pas d'évoluer et de se modifier, depuis le grand

ques contradictions sur des détails, nous pouvons repérer les particularités caractérisant ces navires. Premièrement, en général, le terme «*navi*» ne désignait pas les galées mais les navires ronds.[50] Deuxièmement, les *navi* ne désignaient pas les petits bateaux mais plutôt les navires de moyen ou grand tonnage réservés au transport à longue distance.[51]

En fin de compte, les *navi*, terme plus ou moins général, désignaient donc les grands navires ronds. Ils subirent plusieurs améliorations, et portèrent parfois différents noms au cours du temps: «nefs latines», «coques» et «caraques». Aux XIIe et XIIIe siècles, les principaux gros navires ronds vénitiens étaient les nefs latines. Au cours du XIVe siècle, les coques les remplaçèrent progressivement.[52] Par conséquent, à la fin du XIVe et au début du XVe siècle, les *navi* désignaient bien les coques pour les Vénitiens.[53]

Le changement devient notable dès 1360. Jusqu'alors, les nefs latines étaient utilisées pour le transport du coton du Levant à Venise. En 1364, l'Etat de Venise décida de noliser deux coques qui partiraient pour la Syrie mi-juillet. Au cas où ces navires ne seraient dans l'impossibilité de traiter à Alexandrie, ils pourraient se rendre à Chypre, hiverner et regagner Venise avec du coton.[54] En 1366 Venise établit une ligne régulière, mise aux enchères par l'Etat, qui allait assurer exclusivement le transport du coton de Chypre, de Syrie et d'Egypte à Venise.[55] Le

voilier à deux mâts et à voiles latines au XIIIe siècle, à la nouvelle nef à gréement complet au XVIe siècle. Il dit que F.C. Lane confond les deux types de vaisseaux, coque et *nave*, et prend lui-même le plus grand soin de distinguer *cocche* et *navi*. J. Cl. Hocquet, *Voiliers et commerce, op. cit.*, pp. 89–112, 125.

[50] Dans un folio d'une série des registres des *Giudici di Petizion, Extraordinario Nodari*, figurent trois décrets permettant aux marchands de récupérer leurs marchandises retenues dans le bureau de douanes. Ces décrets font la distinction entre la galée et la *nave*. Le 26 février 1460 un marchand noble de la famille Dolfin fut autorisé à décharger deux *collos* de gingembre de la *galea* Lauretana provenant du voyage de Beyrouth. Le même jour Gonfredo Giustinian aussi pouvait récupérer du bureau de douanes cinq *collos* de gingembre transportés par la même *galea*. Le troisième décret prescrit que Geronimo Loredan pourra extraire des douanes un sac de coton déchargé de la *nave* de Giacomo Judacha, provenant du voyage de Syrie. ASV, Giudici di Petizion, Extraordinario Nodari, reg. 23, f. 39^{r}.

[51] Dans la harangue du doge Tommaso Mocenigo figure ainsi une distinction entre les gros navires (*navi*) et les petits bateaux (*navilis*). F.C. Lane, *Venetian ships, op. cit.*, p. 254; J. Cl. Hocquet, *Voiliers et commerce, op. cit.*, p. 10.

[52] Une des premières mentions porte sur le naufrage en 1312 de la *navis vocacte choche*, la *Santa Maria Caloritissa. Ibid.*, pp. 174–175.

[53] D. Stöckly, *Le système de l'incanto, op. cit.*, p. 35.

[54] J. Cl. Hocquet, *Voiliers et commerce, op. cit.*, pp. 174–175.

[55] ASV, Senato Misti, reg. 32, f. 3^{v}.

document indique les types de bateaux en charge de cette mission, comme suit: *navem, cocham vel aliud navigium*. Le titre de cette délibération porte le nom de *Cocha di Alexandria*,[56] ce qui devient alors couramment le nom par lequel on désigne le convoi d'Alexandrie.

Finalement, la nef latine cède le nom même de *nave* à sa nouvelle rivale, la coque. Le 7 juillet 1368 le Sénat désigna pour le voyage vers Alexandrie «une coque, ou *nave*» (*deputetur una coca, sive navis*).[57] Dans les registres du *Collegio Notatorio* qui comprennent les enchères du convoi de Syrie, on utilisait le mot *navis* pour désigner la coque.[58] En réalité, ce convoi s'appelait tantôt *muda di Soria* tantot *nave di Soria*. Dès le début, il ne se composait que de coques. Neuf coques furent recrutées pour la *muda* de mars 1418 en Syrie.[59] Dans une lettre du 10 juillet 1418 adressée à Lorenzo Bembo à Alexandrie, les frères Soranzo disent que cinq mille quatre cents sacs de coton furent importés par ces neuf coques nommées *nave di Soria*.[60] Dans la plupart des lettres marchandes vénitiennes du XVe siècle, le terme *nave* était aussi très couramment employé pour désigner la coque.[61] Le 18 janvier 1423,

---

[56] *Ibid.*, f. 6^{v}.

[57] *Ibid.*, f. 263^{v}.

[58] ASV, Collegio Notatorio, reg. 6, f. 16^{v}.

> Infrascripti fecerunt se scribi cum navibus suis pro eundo ad viagium Sirie in muda presenti secundum ordines captos in consilio de centum.
> Die 10 januarii facta fuit proba et remaserunt
> +Nobilis vire ser Johannes Contareno quondam ser Alberti cum sua cocha de portata buttarum 770.
> +Bartolameus Jacobi navis nova portate buttarrum 608
> Lucal Longo cum chocha sua portate buttarum 550
> +Nobilis vir ser Antonius Condolmaris quondam ser Bernardi cum sua chocha portate buttarum 770.
> +Stephanus de Marmo cum sua chocha portate buttarum 763
> +Andreas de Feleto cum sua chocha portate buttarum 600
> Bartholomeus de Benedicto quondam Martini cum sua chocha portate buttarum 522
> +Antonius Duodo cum sua chocha nova portate buttarum 949
> +Jacobus Pampano cum sua chocha portate buttarum 600
> Franciscus de Cexanus cum sua chocha portate buttarum 700.
> Bartholomeus de Benedicto ser Sancti cum sua chocha portate buttarum 800
> Nobilis vir ser Antonius Contareno quondam ser Alberti cum sua chocha portate buttarum 550.
> Bernardus de Feleto cum sua cocha portate butarum septigentarum.

[59] ASV, Collegio Notatorio, reg. 5, f. 88^{v}.

[60] ASV, Miscellanea Gregolin, busta 13.

[61] *Ibid.* Une partie de la lettre envoyée à Pietro Soranzo à Hama par ses frères (le 28 juillet 1420): «Amado et amado fradelo nostro per lo zonzer de parte de le nave dela

Lorenzo Dolfin, noble marchand vénitien, passa avec Anzolo Davanzo, patron de la coque, un contrat de nolis pour le chargement du coton à Acre, dans lequel son navire s'appelait *cocha*.[62] En revanche, le même bateau d'Anzolo Davanzo était nommé *nave*, remplaçant le mot *coca*, dans les livres de comptes de Lorenzo Dolfin qui signalent le même contrat.[63]

Au fur et à mesure que l'utilisation des coques était si généralisée qu'elles devenaient synonymes des *navi*, le terme de «coques» disparaissait progressivement du vocabulaire maritime vénitien. Jean Claude Hocquet considère ce phénomène comme un symptôme de leur disparition réelle, en indiquant que le changement de vocabulaire signifie celui des navires, et conclut que les coques disparurent de la flotte vénitienne avant les années 1420–1430.[64]

Mais, comme les registres du *Collegio Notatorio* l'attestent, les coques étaient encore d'un emploi courant dans les années 1420. Cependant, à cette époque, les marchands employaient plus quotidiennement le terme *nave* au lieu de coque, ce qui est attesté par la correspondance de la *fraterna* Soranzo.[65] L'utilisation du terme *nave* est de loin dominante, au détriment de celle de coque, dans leurs lettres.[66] C'est vers la deuxième moitié du XVe siècle que le mot *coca* disparut quasiment totalement des documents vénitiens. Ce phénomène signifiait-il la disparition effective des coques de la flotte vénitienne? Le nouveau type de vaisseau, succédant à la coque, est la caraque à gréement complet, ayant de nombreux mâts (de trois à cinq), plusieurs voiles à la fois latines et carrées, et un gouvernail d'étambot.[67] Il est reconnu que l'utilisation des caraques était généralisée au moment de la découverte

---

muda Daman de ttuo rezevui a di 27 del pasado che fo per el Baxeio e per el Zuchato l'altra zoe el Soranzo de ora in ora de qui atendemo che i Dio con saludi le mandi e per simel le altre mancha a vegnir.»

[62] ASV, Procuratori di San Marco, Commissarie di Citra, busta 282: «Un contrat de nolis établi le 18 janvier 1423 entre Lorenzo Dolfin et Anzolo Davanzo: Cocha patron ser Anzolo Davanzo noliza ser Lorenzo Dolfin tute le suo raxon de gotoni e filadi lavera in Achre abiandone e posandose cargar a raxon de ducati 5 doro per mier sotil con questa condizion che la dita nave sia tegnuda de star tuta la muda in Achre.»

[63] *Ibid.*: «La comptabilité de Lorenzo Dolfin: Gotoni alincontro di aver per la montar di i diti sacca 7 con spexa fin marina in nave patron ser Anzolo Davanzo.»

[64] J. Cl. Hocquet, *Le sel et la fortune*, *op. cit.*, p. 109; Idem, «I meccanismi dei traffici», dans *La storia di Venezia*, vol. 3, p. 581.

[65] Sur cette société d'affaires, voir le deuxième chapitre de la deuxième partie de cette thèse.

[66] ASV, Miscellanea Gregolin, busta 13.

[67] J. Cl. Hocquet, *Voiliers et commerce*, *op. cit.*, p. 109.

de l'Amérique.[68] Mais les Vénitiens persistaient à employer le terme *nave* pour désigner le gros navire rond jusqu'à la fin du XVe siècle, et le nouveau vocabulaire n'apparait pas alors dans la langue vénitienne. Nous avons plusieurs documents nommés *fattura* et laissés par une société vénitienne d'affaires qui se spécialisait dans le commerce du coton à Acre en Syrie dans les années 1480. On n'utilisait que le mot *nave* dans toutes les *fatture*,[69] alors qu'il est évident qu'un changement de types de navires était en train d'apparaître au cours de la deuxième moitié du XVe siècle. Mais il est difficile de se rendre compte dans quelle mesure et avec quelle rapidité cette modification se réalisa, dans ce contexte. Il faut donc être réservé dans l'interprétation du mot *nave* dans la deuxième moitié du XVe siècle: en fait, il semblerait bien que les *navi* désignaient tantôt les coques, tantôt les nouveaux navires, les caraques.

En fin de compte, le terme *nave* persista jusqu'à la fin du XVe siècle pour désigner de manière générale le gros navire vénitien. La raison pour laquelle les Vénitiens continuaient à tous les appeler *navi* est que ces différents types de bateaux présentaient des caractères communs malgré les changements au cours du temps, et avaient le même usage. Une grande partie du transport du coton leur était toujours confiée. Mais malgré la permanence du vocabulaire, les *navi* subirent successivement des améliorations dans le gréement, du simple voilier latin à la caraque à gréement complet. Il y eut aussi une augmentation de leur capacité de chargement. En effet, l'apparition et l'évolution des coques ont un rapport étroit avec la nécessité d'augmenter le tonnage des *navi* utilisées en grande partie pour le transport des marchandises volumineuses comme le coton, et sur de longues distances.[70] A la différence des coques de Barcelone, qui restaient des navires d'assez faibles dimensions et qui disparurent plus ou moins de la route du Levant au XVe siècle[71], celles de Venise et de Gênes virent leur capacité augmen-

[68] F.C. Lane, *Venetian ships*, *op. cit.*, p. 41.

[69] ASV, Procuratori di San Marco, Commissarie miste, busta 116. A titre d'exemple, citons une *fattura*: «fattura de sachi 219 di gottoni de raxon de ser Alvixe Baxeio e Polo Charoldo charichi in sula *nave* pattron ser Domenego Gallinberto per la muda de marzo».

[70] F.C. Lane, *Venetian ships*, *op. cit.*, p. 41; J. Cl. Hocquet, *Voiliers et commerce*, *op. cit.*, p. 106.

[71] Cl. Carrère, *Barcelone, centre économique à l'époque des difficultés 1380–1462*, Paris, 1967, p. 280; M. Balard, J.C. Hocquet, et H. Bresc, «Le transport des denrées alimentaires en Méditerranée à la fin du Moyen Age», p. 122.

ter, et leur prospérité fut de plus longue durée. Cette évolution semble dériver de la différence entre les systèmes de commerce et de transport. Cette augmentation du tonnage était la conséquence d'impératifs économiques; il s'agissait de transporter à moindre coût des marchandises volumineuses, lourdes, et de moindre valeur, surtout l'alun pour Gênes et le coton pour Venise. En effet, la période qui vit l'utilisation générale des coques correspond à l'installation des convois de transport du coton du Levant à Venise.

B. *Les* navigia disarmata

Les *navigia disarmata* étaient utilisés pour transporter du coton, même si moins fréquemment que les *navi*. Selon un décret de l'année 1316, le transport du coton de Chypre et d'Arménie leur était autorisé.[72] Ils étaient également mobilisés pour transporter les marchandises nommées *rata*, qui restaient après le passage du convoi de galées de Chypre, mais seulement à condition qu'il y eût à bord quatre arbalétriers pour dix marins sur le trajet entre Famagouste et Venise.[73] Mais plus que tout, c'est le transport du coton de Romanie à Venise qui était en grande partie réservé à ces navires.[74]

Pourtant le mot *navigia disarmata* reste encore à définir. F.C. Lane indique que les réglementations vénitiennes faisaient une distinction entre les «navires armés» et les «navires désarmés» selon le nombre d'hommes d'équipage.[75] La galée, dont l'équipage ne dépasse pas soixante hommes, n'était pas toujours considérée comme un navire armé, car une galère armée comportait un équipage de cent quarante à cent quatre-vingts hommes. De même, toujours selon F.C. Lane, les navires ronds ayant le nombre d'hommes d'équipage requis pourraient être considérés comme des navires armés.[76] En revanche, Jean-Claude Hocquet insiste sur le fait que les petits tonnages, uniquement mus à la voile, sont considérés *a priori* comme des navires désarmés.[77] F. Thiriet

---

[72] R. Cessi, *Le deliberazioni del consiglio, op. cit.*, pp. 92–93.

[73] ASV, Ufficiali sopra le mercanzie del Levante, reg. 1, f. 27^{r-v}; ASV, Ufficiali al Cattaver, busta 1, f. 30^{v}–31^{r}.

[74] F. Thiriet, *La Romanie vénitienne*, p. 457.

[75] F.C. Lane, *Venice: a maritime republic*, p. 48.

[76] F.C. Lane, «Merchant galleys, 1300–1334: private and communal operation», p. 205.

[77] J. Cl. Hocquet, *Voiliers et commerce, op. cit.*, p. 505.

considère quant à lui que les navires désarmés sont les navires appartenant à des particuliers, c'est-à-dire les navires privés.[78]

Toutes ces interprétations sont justifiables du fait qu'elles se fondent sur les documents.[79] Nous devons donc centrer notre étude sur les navires désarmés utilisés pour le transport du coton. D'abord, comme le reconnaît F.C. Lane, en général, les navires armés désignaient les galées, les navires désarmés englobant d'autres types de navires, notamment les navires ronds.[80] Deuxièmement, les navires désarmés ne doivent pas être considérées comme uniquement de petit tonnage, surtout lorsqu'ils transportaient du coton sur de longues distances, par exemple de Famagouste à Venise.[81] En effet, les navires de petit tonnage étaient

---

[78] F. Thiriet, *La Romanie vénitienne*, p. 457; Idem, *Régestes des délibérations du Sénat de Venise concernant la Romanie*, Paris, 1955–1961, tome troisième, p. 262.

[79] Comme l'indique F.C. Lane, les galées étaient parfois considérées comme désarmées si elles n'avaient pas d'équipage suffisant pour la bataille; de même, les navires ronds pouvaient être considérés comme armés, s'ils avaient l'équipage suffisant. Dans un document du Sénat de l'année 1290 figure le navire nommé *lignum armatum*. En revanche, le *lignum non armatum* est présent dans un décret du Sénat du 26 janvier 1303. En 1437 un grand navire appartenant à la commune fut armé pour la sécurité des navires retournant à Venise avec des cotons chargés en Syrie et en Romanie. F.C. Lane, «Maritime law and administration», p. 234; R. Cessi, *Le deliberazioini del consiglio, op. cit.*, vol. 1, p. 93; ASV, Senato Misti, reg. 60, f. 32^{r}: «Et postea cum armata fuisset navis magna comunis elargatum esset ut omnes naves possent ad libitum navigare». L'explication de Jean-Claude Hocquet reste valable selon une délibération du Sénat de l'année 1369, dans laquelle les navires désarmés sont traités comme des tonnages petits ou moyens. Quand ils naviguaient à Négrepont et en Crète, tous les navires désarmés étaient obligés d'avoir trois arbalétriers pour dix marins. En revanche les vrais navires nommés *navigia vera*, plus grands que les navires désarmés, devaient compter quatre arbalétriers pour le même voyage. ASV, Ufficiali sopra le mercanzie del Levante, reg. 1, f. 27^{r-v}: «Omnia navigia disarmata navigantia extra Culphum a Nigroponte et a Creta citra et a capite Borsari citra teneantur habere balistarios tres pro decena marinarorum eundo et redeundo, navigia vero navigantia extra Culphum a Nigroponte et a Creta ut supra et ea que navigant ad partes Famagoste pro accipiendo gotonum et alia solita abduci per mudam septembris et similiter que navigant ultra Bucam fari et ad partes Constantinopolis teneantur balistarios quatuor pro decena marinarorum».

[80] Une délibération du Sénat du 28 juillet 1360 fait la distinction entre les galées armées et les navires désarmés, en ordonnant que ceux-ci ne puissent pas exporter de Venise des marchandises dont le transport était réservé à celles-là. En général, les navires désarmés naviguaient selon le système de la *muda* appliqué aux navires ronds. En principe, une catégorie de marchandises nommées *havere subtile*, comme les épices et la soie, pouvait être transportée uniquement par les galées. Le transport d'une autre catégorie des *havere subtile* comprenant le coton, était réservé aux navires ronds, dont le chargement n'était autorisé que pendant la *muda*. F.C. Lane, «Merchant galleys, 1300–1334: private and communal operation», p. 205; ASV, Ufficiali al Cattaver, busta 1, f. 68^{v}.

[81] L'utilisation fréquente des navires désarmés pour le transport du coton à longue distance est bien documentée. Un décret de l'année 1359 du Sénat prescrit que tous

exclusivement reservés au transport de cette matière entre des régions très proches. De fait, les coques étaient appelées souvent aussi «navires désarmés».[82]

Enfin, il faut nuancer également l'opinion de F. Thiriet selon laquelle les navires désarmés appartenaient à des particuliers. Une fois qu'elles étaient recrutées pour le convoi officiel, les coques privées n'étaient plus considérées comme navires désarmés. Bien que ces derniers puissent embarquer les mêmes produits que les convois de coques, il existait une différence de statut juridique entre eux. Le convoi de coques d'Alexandrie était exempt de la taxe nommée *5 pro centenario*, que les navires désarmés devaient payer pour le transport des marchandises dites *havere subtile* d'Alexandrie à Venise.[83] En outre, les navires désarmés ne pouvaient pas charger du coton en Syrie et à Alexandrie, au moment où les convois de coques y faisaient escale dans le même but. En 1500, le Sénat décida d'armer un navire dont le patron était Andrea Contarini (*armar una nave patron Andrea Contarini*) pour le transport des marchandises telles que le sel, le coton brut et filé, et le blé, de Chypre à Venise.[84]

En fin de compte, outre l'apparence et les équipages des navires, le caractère du service, soit public, soit privé, constituait le facteur principal déterminant quels étaient les navires désarmés à la fin du XVe siècle. En conclusion, on comprend que les navires désarmés utilisés pour transporter du coton sur de longues distances désignaient les grands navires ronds privés voyageant pour le compte de particuliers.

C. *Les navires longs: les galées*

Pour transporter du coton, Venise employait régulièrement les galées qui sont considérées comme des navires réservés au transport des produits de luxe, notamment des épices. Quelle était la raison de leur utilisation plus importante que dans les autres villes maritimes?

---

les navires désarmés pourront naviguer vers Famagouste pour prendre du coton et autres marchandises habituelles, lesquelles seront conduites à Venise pendant la *muda*. D'après une délibération de l'année 1374, les navires désarmés pouvaient transporter des marchandises de Constantinople et de Romanie à Venise pendant la *muda* du milieu de mars au milieu d'avril. ASV, Ufficiali sopra le mercanzie del Levante, reg. 1, f. 12ʳ, 27ʳ.

82 F.C. Lane, «Maritime law and administration», p. 234.

83 ASV, Senato Misti, reg. 38, f. 11ᵛ.

84 ASV, Senato Mar, reg. 15, délibération du 30 juillet 1500.

L'emploi de ces navires longs dépendait des routes suivies. Le transport du coton des régions productrices vers Venise était exclusivement réservé aux grands navires ronds, les nefs latines, les coques et les caraques. Le rôle des galées sur ces voies levantines restait marginal. Le chargement du coton n'était pas permis aux lignes de galées de Beyrouth, d'Alexandrie et de Romanie-mer Noire. Seul le convoi de galées de Chypre pouvait embarquer constamment du coton.

L'Etat de Venise permettait cependant parfois le transport du coton aux lignes de galées de Beyrouth et d'Alexandrie de manière exceptionnelle, le plus souvent pour des raisons économiques et de sécurité.[85] Au besoin, pour garantir une charge complète et donc le maximum de revenus sous forme de nolis, le gouvernement de Venise autorisait les galées, organisées par l'Etat, à transporter des marchandises moins précieuses.[86] En cas d'insuffisance en épices, les galées qui passaient en Syrie au mois d'octobre, pouvaient charger le coton restant après le passage du convoi de coques au mois de septembre.

En 1429, une galée à destination de Beyrouth et d'Alexandrie fut autorisée à charger du coton brut et filé. Dans ce but, elle pouvait rester à Acre, l'un des quatre ports d'embarquement du coton, pour quatorze jours d'escale, séjour plus long que les six jours habituels.[87] Cette mesure d'exception fut prise à cause de la diminution du nombre de coques composant le convoi de Syrie de septembre 1429. Deux coques patronnées par Fantinocia et Miani seulement furent recrutées. Un autre patron, Giacomo Panpano, dont le navire fut mis aux enchères pour le voyage d'Alexandrie, demanda une subvention à l'Etat et vit sa demande acceptée. Le convoi de deux coques de Syrie devait aller de conserve jusqu'à Modon avec les deux autres navires, l'un appartenant à Alberegna pour Candie et l'autre à Giacomo Panpano pour Alexandrie.[88] L'origine de cet événement était l'insécurité maritime en Méditerranée orientale, provoquée par l'attaque des Catalans contre le port d'Alexandrie; ils rencontraient une forte résistance de la part des Musulmans. Par conséquent, le trafic catalan avec l'Egypte et la Syrie était suspendu. Au mois d'août 1429, les Génois quittèrent même

---

85 En 1400 six galées de Beyrouth devaient ramener de Tripoli et de Chypre le coton et les poudres de sucre. F. Thiriet, *Régestes des délibérations, op. cit., tome deuxième*, n° 985.

86 ASV, Senato Misti, reg. 58, f. 160^r–161^r; D. Stöckly, *Le système de l'incanto, op. cit.*, p. 215.

87 ASV, Senato Misti, reg. 57, f. 140^r.

88 *Ibid.*, f. 139^r.

Alexandrie.[89] Cette situation difficile semble avoir dissuadé les patrons vénitiens de participer aux enchères pour le voyage du Levant.

Outre ces convois de galées, il existait les galées pèlerines et les galées de la *rata*.[90] La galée pèlerine de Donato Erizo assurant le voyage en Syrie en 1416, fit escale à Limassol et Famagouste pour charger du sucre en poudre et du coton.[91] De manière générale, le rôle des galées de la *rata* consistait à charger et transporter toutes marchandises surnuméraires laissées sur place pour cause d'insuffisance de place sur les galées du marché.

Sur les routes depuis Venise vers la Méditerranée occidentale, l'Afrique du Nord et la mer du Nord, l'utilisation des galées était plus fréquente. Les lignes de galées de Flandre, d'Aigues-Mortes et de Barbarie pouvaient embarquer du coton en permanence, sans autorisation exceptionnelle. Pourquoi Venise accordait-elle le transport du coton de Venise vers d'autres régions aux galées, en dépit des frais plus élevés qu'à bord des coques[92] ? Ce résultat dérivait du système d'ensemble des réseaux de transport et de la distribution des navires selon les routes maritimes. Le transport entre Venise et la Méditerranée orientale était partagé entre les coques et les galées. En revanche, pour le trafic entre Venise et l'Occident, la priorité était donnée aux galées.[93] En effet, les marchandises volumineuses, lourdes et de moindre valeur, avant tout le coton, jouaient un rôle aussi essentiel que les épices sur les routes maritimes de Syrie, d'Alexandrie, de Chypre, et de Romanie à Venise, de sorte que Venise préférait les navires ayant une grande capacité de chargement, plus particulièrement les coques, pour transporter cette matière première.[94] La plus grande partie du coton importé à Venise s'écoulait vers l'Italie du Nord et l'Allemagne du Sud. Venise n'avait donc pas besoin d'utiliser autant de coques pour le transport vers l'Occident, surtout en Flandre et, par conséquent confiait le transport du coton inévitablement aux galées.

---

[89] E. Ashtor, *Levant trade, op. cit.*, pp. 293–295.

[90] E. Ashtor, «The venetian cotton trade in Syria in the Later Middle Ages», p. 693.

[91] D. Stöckly, *Le système de l'incanto, op. cit.*, p. 186.

[92] Le tarif de nolis de la *muda* de mars 1433 à bord des galées était de seize ducats. En revanche, le tarif à bord du convoi de coques était de près de six ducats. ASV, Senato Misti, reg. 58, f. 159v.

[93] D'après les recherches de F.C. Lane, sur sept cent cinquante-six voyages de grands bateaux vénitiens entre 1404 et 1433, deux cent cinq *navi* et cent deux galées se dirigèrent vers la Syrie, tandis que cent sept galées et dix-huit *navi* voyagèrent vers l'Atlantique. J. Delumeau, *La civilisation de la Renaissance*, Paris, 1984, p. 166.

[94] F. Lane, «The merchant marine of the venetian republic», p. 148.

III. *Les routes maritimes*

A la fin du Moyen Age, l'Etat de Venise avait organisé le réseau de transports le plus abondant, le plus régulier et le plus efficace ; il s'étendait en Méditerranée, en mer du Nord et jusqu'en mer Noire. Il existait huit lignes de galées, dont la date d'installation est distincte : la ligne de Chypre et d'Arménie, celles de Romanie, de Flandre, de Beyrouth, d'Alexandrie, d'Aigues-Mortes, de Barbarie et de Trafego.[95] Leur fonctionnement était placé sous la gestion directe de l'Etat, par le système de l'*incanto* : les enchères. Quant aux routes des coques, la chronique d'Antonio Morosini nous en donne la liste. Selon lui, pour la *muda* de septembre 1408, partirent de Venise quatorze coques, parmi lesquelles trois pour le voyage de Romanie et Tana, quatre pour la Syrie, deux pour Alexandrie, deux pour le voyage de Chypre et trois pour le voyage de Candie.[96] Il omet probablement de citer la route de Crète à Bruges. En général, la gestion des coques était plus libre que celle des galées et donc le service de transport des premières était moins garanti que celui des dernières.

En dehors de ces grandes routes maritimes, il existait des voyages de second ordre et plus souvent à courtes distances, effectués pour la plupart par les navires de propriété et de gestion privées.[97]

Quant au transport du coton, nous repérons les deux courants principaux : importation des régions productrices vers la métropole et exportation depuis Venise vers diverses régions de consommation. Le premier transport assuré par les coques était plus important en quantité que le second, effectué par les galées.

A. *L'importation du coton à Venise*

1. La *muda gothonorum* en Syrie

Parmi les diverses routes maritimes du transport du coton, celle reliant la Syrie à Venise fut constamment la plus importante dès la Première croisade jusqu'à la fin du Moyen Age, même si son évolution fut parfois influencée par les circonstances économiques, militaires et politiques :

---

95 D. Stöckly, *Le système de l'incanto, op. cit.*, pp. 96–97.

96 Biblioteca marciana di Venezia, chronique d'Antonio Morosini, c. 208 (vol. 2, p. 545).

97 D. Stöckly, *Le système de l'incanto, op. cit.*, pp. 83–84.

la chute d'Acre en 1291, la reprise des relations commerciales avec les Mamelouks dès le milieu du XIVe siècle, etc.[98]

L'année 1366 notamment, marque un tournant décisif. En effet, le gouvernement vénitien établit pour la première fois une ligne officielle de coques, dont le premier objectif était le transport du coton.[99] La demande croissante de cette matière première, notamment en Allemagne du Sud, nouveau centre de fabrication des futaines, était à l'origine de l'établissement de ce convoi.

Même si nous avons déjà expliqué la gestion générale de ce convoi plus haut, il faut suivre de plus près son déroulement. La première étape consistait en des enchères, ayant lieu régulièrement deux fois par an, en janvier et en juillet, et grâce auxquelles on sélectionnait des coques destinées au transport du coton des ports syriens à Venise. Au *Rialto* était publiée la décision du Sénat, qui précisait le nombre des coques, le rôle du capitaine du convoi, les itinéraires, les ports d'embarcation en Syrie, la durée de séjour et le tarif de nolis. Le nombre d'enchérisseurs s'accroissait constamment, ce qui suggère que ce transport représentait une affaire rentable.[100]

Ensuite, les patrons signaient des contrats avec les marchands. Ceux-ci se précipitaient pour faire charger les marchandises et emportaient des capitaux, ainsi que des lettres comprenant des nouvelles personnelles, des informations sur les affaires, et des ordres d'affaires.[101] Après

---

[98] E. Ashtor, *Levant trade, op. cit.*, p. 64.

[99] Le décret du 24 juillet 1366 du Sénat vénitien souligne l'importance du coton dans l'économie et la vie des Vénitiens, disant que son importation était très utile et fructueuse pour leur terre, puisqu'une grande partie des Vénitiens vivait du marché du coton. ASV, Senato Misti, reg. 32, f. 3^{v}.

[100] La *muda* de septembre 1417 (5 sur 6), la *muda* de mars 1418 (9 sur 9), la *muda* de mars 1425 (7 sur 13), la *muda* de septembre 1426 (3 sur 7), la *muda* de mars 1427 (6 sur 9), la *muda* de septembre 1427 (9 sur 11), la *muda* de septembre 1430 (2 sur 4), la *muda* de mars 1431 (6 sur 10), la *muda* de septembre 1431 (6 sur 10), la *muda* de septembre 1433 (7 sur 11), la *muda* de mars 1439 (6 sur 8), la *muda* de mars 1441 (6 sur 9), la *muda* de septembre 1445 (3 sur 4). ASV, Collegio Notatorio, reg. 11, f. 111^{v}.

[101] A titre d'exemple, citons la *fraterna* Soranzo, établie entre quatre frères, dont l'un restait en Syrie. La *fraterna* Soranzo envoya à Pietro Soranzo demeurant à Hama en Syrie des toiles dites *canevaze* servant à emballer le coton, à bord du navire dont le patron était Troilo Soranzo et qui faisait partie de la *muda* de septembre 1418, avec l'ordre d'acheter du coton autant que possible. Pietro Soranzo chargea trente-trois sacs de coton sur le navire de Troilo Soranzo. Une galée de Querini, qui appartenait au convoi de galées de Beyrouth de la même année, apporta six cents ducats à Pietro Soranzo pour le compte de la *fraterna*. ASV, Miscellanea Gregolin, busta 13, une lettre du 18 juillet 1418; E. Vallet, *Marchands vénitiens en Syrie à la fin du Moyen Age*, Paris, 1999, p. 40.

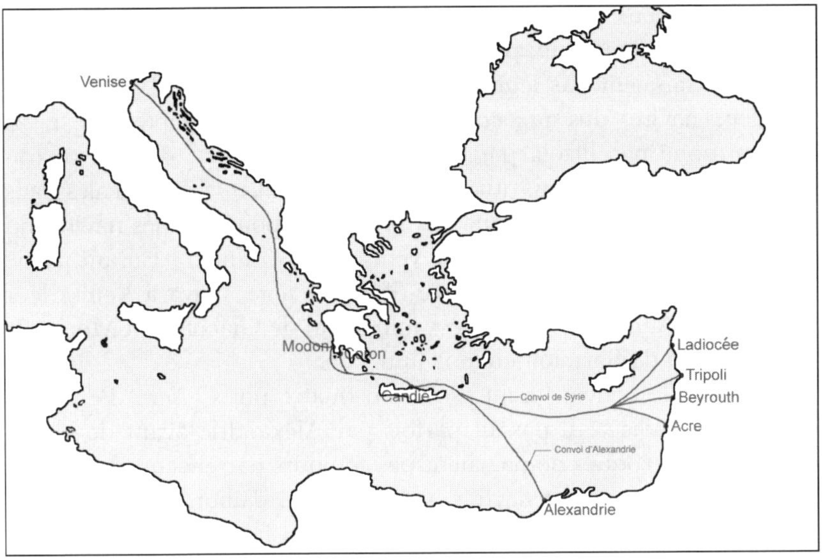

Carte 1. *Principales escales des convois du coton en Syrie et en Egypte*

avoir fini son chargement qui se composait de toutes sortes de marchandises, y compris le drap, excepté les produits interdits par l'Eglise, le convoi avait à quitter Venise à la fin de janvier pour la *muda* de mars[102] ou à la fin de juillet pour celle de septembre.[103] Le départ était souvent retardé, en grande partie, pour raisons de sécurité et de climat.[104] Toutefois, le convoi ne se voyait pas annulé, sauf cas exceptionnels.

Parti de Venise, et avant de gagner les ports en Syrie, le convoi passait à Modon et à Candie, où il séjournait pour une courte durée, soit

[102] La *muda* de mars 1428 était tenue de partir de Venise avant le 24 janvier. Celle de mars 1431 qui allait passer non seulement en Syrie mais également en Egypte, elle aussi devait quitter Venise avant le 25 janvier. ASV, Senato Misti, reg. 56, f. 142, reg. 58, f. 22r.

[103] ASV, Senato Misti, reg. 56, f. 104v. Le convoi de septembre 1427 devait quitter Venise avant le 20 juillet.

[104] Le convoi de mars 1411 fut prolongé jusqu'à la fin du mois d'avril pour raison climatique. Le mauvais temps qui régnait au début du mois de février 1417 força le Sénat à délibérer sur la prolongation de la *muda* de mars en Syrie jusqu'à la fin d'avril. Mais le vote ne fut pas favorable à cette prolongation. Celle de mars 1438 fut reportée jusqu'au 20 avril à cause de l'instabilité de la mer. Le manque de navires était une des raisons principales de la prolongation de la *muda gothonorum* en Romanie. Mais la pénurie des navires ne causa pas le retard de la *muda gothonorum* en Syrie. ASV, Senato Misti, reg. 49, f. 3r, reg. 51, f. 187r, reg. 60, f. 59v.

un jour, soit deux jours pour charger les draps et autres marchandises qui étaient présentés aux patrons. En général les navires composant le convoi ne faisaient pas leur voyage ensemble, sauf cas d'exception.[105] Sur deux navires mis aux enchères pour la *muda* de septembre 1422, l'un patronné par Pizola partit le 22 juillet et l'autre, dont le patron était Giovanni Contarini, quitta Venise le 25 juillet.[106] Les escales dans les ports syriens n'étaient donc pas identiques pour tous les navires du convoi. Finalement, leur retour à Venise était distinct.[107] Faisant partie du convoi de mars 1434, le navire de Gradenigo arriva à Venise le 4 juin, celui d'Andrea de Feleto le 5 juin, celui de Giacomo di Morizo le 7 juin et celui de Bartolomeo le 11 juin.[108]

En Syrie, le convoi faisait escale en quatre ports: Acre, Beyrouth, Tripoli et Laodicée. Il passait parfois par Alexandrie avant de les atteindre.[109] Les coques ne passaient pas toujours par chacun des quatre ports. En 1427, sur sept navires, un seul passa d'abord à Acre. Après Acre, il se rendit directement à Laodicée sans faire escale à Beyrouth et Tripoli. Trois coques restèrent à Beyrouth et les trois autres visitèrent Tripoli et Laodicée.[110] Dans le cas de la *muda* de septembre 1447, sur neuf coques, deux ne visitèrent que le port d'Acre[111], un navire passa

---

[105] Suivant une délibération exceptionnelle, le convoi de septembre 1444 devait quitter Venise uni, et se rendre en Syrie de conserve pour raison de sécurité. ASV, Senato Mar, reg. 2, f. 17^{v}.

[106] Biblioteca marciana di Venezia, chronique d'Antonio Morosini, vol. 3, p. 341.

[107] D'après une lettre adressée à Pietro Soranzo faisant des affaires à Hama pour le compte de la *fraterna*, société d'affaires établie entre quatre frères, les navires de la *muda* de septembre 1418 arrivèrent à Venise pendant la période du 30 octobre au 24 novembre. ASV, Miscellanea Gregolin, busta 13.

[108] ASV, Archivi di famiglie e di persone, Grimani e Barbarigo, busta 41, livre de comptes d'Andrea Barbarigo, Mastro A, f. 127.

[109] ASV, Senato Misti, reg. 58, f. 22^{r}.

[110] ASV, Senato Misti, reg. 56, f. 105^{r}.

[111] Au sujet de l'escale d'Acre, il faut noter ceci. Dans sa chronique, Morosini raconte comme suit: «*Per questo ano prexente se mese per la viazo de Soria coche ala muda de marzo, 2 per le viazo d'Acre, prima la cocha de Ser Donado Davanzo, e la cocha de ser Dario Malipiero, apreso per la Soria, prima ser Bernardo Soranzo, ser Stefano de Marin, ser Piero Taralo, ser Bartolomeo de Benedeto, ser Jachomo Panpano, ser Alvixe Loredan.*» Selon lui, cinq navires furent mis aux enchères pour le voyage de Syrie et deux navires furent recrutés pour le voyage d'Acre. Il fait donc une différence entre le voyage de Syrie et celui d'Acre. Ce fait est attesté par un contrat de nolis établi le 18 janvier 1423 entre Lorenzo Dolfin et un patron, Anzolo d'Avanzo, dont le navire appartenait au convoi de coques pour la *muda* de mars en Syrie. D'après ce contrat, le navire d'Anzolo d'Avanzo demeurerait au port d'Acre pour toute la période de la *muda*. Donc le reste des navires faisant partie du convoi de Syrie passait souvent d'abord par le port de Beyrouth. Toutefois, le voyage d'Acre appartenait au convoi de Syrie. Biblioteca marciana di Venezia, Chronique de

uniquement à Beyrouth et les six autres firent escale en deux ports: Tripoli et Laodicée.[112] Lors de la *muda* de septembre 1419, la coque dont le patron était Donado Davanza, fit escale dans trois ports, Beyrouth, Tripoli et Laodicée, mais pas à Acre.[113]

L'importance relative de Tripoli et Laodicée est également vérifiée par la durée de chargement. Les durées donnée ci-dessous ne prennent pas en compte le jour d'arrivée ni celui de départ.

Tableau 10. *La durée de chragement de la muda gothonorum dans quatre ports syriens*

Date	**Acre**	**Beyrouth**	**Tripoli**	**Laodicée**
La *muda* de mars 1374[114]		5	22	22
La *muda* de septembre1405	2	1	1	20
La *muda* de mars 1406	2	2	2	20
La *muda* de septembre 1425		20	10	10
La *muda* de septembre 1426	10	4	5	14
La *muda* de septembre 1427	8	35	6	25
La *muda* de mars 1428			5	10
La *muda* de septembre 1430	5	3	6–10	6–10
La *muda* de mars 1431	8	4	8	10
La *muda* de mars 1433[115]		2	15	
La *muda* de septembre 1433	8 ou toute la période de la *muda*	3	Toute la période de la *muda*	La durée non mentionnée
La *muda* de septembre 1447	15	15	25 ou 35	25 ou 35
La *muda* de mars 1474	2 mois et 4 jours[116]			
La *muda* de septembre 1484			8	

A la lecture de ce tableau, nous pouvons conclure que Laodicée était le port où la plus grande partie du coton était embarquée en Syrie dans la première moitié du XVe siècle.[117] A Laodicée arrivait le coton acheté dans la région alentour, surtout à Alep et à Asciam. La plupart des

Morosini, vol. III, p. 178 (C. 355): Pour le voyage de Syrie sont mentionnés six patrons. Il semble qu'un sur les six fût le capitaine du convoi de mars 1419; ASV, Procuratori di San Marco, Commissarie di Citra, busta 282; E. Vallet, *Marchands vénitiens, op. cit.*, p. 42.

[112] ASV, Senato Mar, reg. 3, f. 30^{v}.

[113] ASV, Miscellanea Gregolin, busta 13, lettre entre les frères Soranzo.

[114] Lors de la première délibération, trois jours pour Beyrouth et trente-cinq jours pour Tripoli et Laodicée. ASV, Senato Misti, reg. 34, f. 76^{v}–77^{r}.

[115] Au lieu du convoi de coques furent expédiées quatre galées pour le transport du coton de Syrie à Venise. Les huit autres galées furent attribuées au transport des épices. ASV, Senato Misti, reg. 58, f. 160^{v}.

[116] ASV, Procuratori San Marco, Commissarie miste, busta 116.

[117] E. Ashtor, «The venetian cotton trade, op. cit.», p. 692.

valute des archives Datini témoignent aussi de ce que le coton d'Asciam était le principal parmi les divers cotons mis en vente sur les marchés occidentaux à la fin du XIVe et au début du XVe siècle.[118]

Même si la durée des escales était déjà fixée au moment de la délibération du Sénat, le capitaine du convoi avait la possibilité de la modifier selon les impératifs locaux. Selon la délibération du convoi de septembre 1433, le capitaine devait choisir deux navires sur six pour l'escale d'Acre, huit jours pour l'un et toute la période de la *muda* pour l'autre. Avec les quatre autres, le capitaine était tenu de se rendre à Beyrouth et pouvait y rester pour trois jours avant de passer par Tripoli. La décision de la durée d'escale au port de Tripoli était à la discrétion du capitaine. En outre, il avait le droit de décider d'envoyer deux navires au port de Laodicée.[119]

Même si sa première mission était le transport du coton, le convoi chargeait les autres marchandises telles que le sucre, l'alun, la cendre, les perles, le tissu boucassin et les épices. Celles-ci étaient loin de représenter l'essentiel de la cargaison.[120] Les articles les plus couramment mentionnés dans les délibérations étaient le coton, la cendre, le sucre et l'alun. La principale cargaison du convoi de mars 1408 était la suivante: 1809 sacs de coton brut, 263 sacs de coton filé, 294 sacs de cendres, 34 sacs de sucre et 3 boîtes de perles.[121] La quantité de cendre de cette année-là doit être considérée comme faible. En effet, à cette époque, le convoi de mars importait de 400 à 800 sacs de cendre à Venise.[122] Malgré la grosse importation de cendre, le volume du coton restait assez écrasant pour que ce convoi s'appelât la *muda gothonorum*, soit le convoi des cotons.

La route de retour était plus ou moins identique à celle de l'aller. Le convoi de mars, parti au mois de janvier, revenait à la fin de juin ou au début de juillet et se préparait de nouveau à partir pour la *muda* de septembre en Syrie.[123] Le convoi de septembre, parti de Venise au

---

[118] *Ibid.* En revanche E. Ashtor indique que depuis le deuxième quart du XVe siecle, Tripoli tenait la première place parmi les ports d'exportation du coton syrien.

[119] ASV, Senato Misti, reg. 58, f. 219r.

[120] ASV, Senato Misti, reg. 56, f. 104r–105v.

[121] E. Ashtor, «The volume of levantine trade in the Later Middle Ages (1370–1498)», pp. 584–585.

[122] E. Ashtor, «Levantine alkali ashes and european industries», p. 511.

[123] Pour la *muda* de mars 1385, neufs navires arrivèrent plus tôt que prévu, soit le 19 mai 1385. ASP, fonds Datini, busta n° 548, correspondance entre Venise et Pise, n° 8409.

mois de juillet, retournait à la fin de novembre ou début de décembre. A cause du retour au début de l'hiver, le convoi de septembre s'appelait souvent *muda* d'hiver. Les navires de septembre 1418 revinrent à Venise entre le 30 octobre et le 24 novembre.[124]

Au retour, le convoi de coques déchargeait une partie des marchandises, y compris le coton, à Candie, Modon, et Coron. Au cours de la *muda* de septembre 1374, six sacs de coton furent transportés de Beyrouth à Modon pour le compte d'un marchand vénitien, Andrea Venerio.[125] En 1431, les biens chargés sur le convoi de coques pour les destinations de Candie et de Modon, payaient 2/5 du nolis imposé sur les marchandises transportées de Syrie à Venise par les galées.[126] Selon une délibération de la *muda* de septembre 1431 de Syrie, les sucres et les cotons bruts et filés, qui avaient été conduits de Syrie à Modon et à Coron, ne pouvaient pas être à nouveau exportés de ces régions pendant les quatre mois à venir.[127]

Parfois le convoi embarquait du coton dans les régions romaniotes. En 1427 Giovanni Pisani profita du convoi de Syrie pour transporter neufs sacs de coton qui n'avaient pas été transportés de Modon à Venise lors de la *muda* précédente et qui restaient encore à Modon. Selon son projet, le convoi irait charger ces cotons à Modon au retour de Syrie et les apporterait à Venise. Mais si le convoi n'arrivait pas à Modon pour la *muda* romaniote ayant lieu au mois d'octobre et, par conséquent, ne pouvait pas effectuer le chargement, ces cotons pourraient être transportés à Venise à bord de n'importe quel autre navire, selon une délibération du Sénat.[128]

En passant à deux reprises chaque année en Syrie, ce convoi transportait une quantité considérable de coton à Venise. Grâce à la correspondance des archives Datini, expédiée de Venise vers diverses villes, nous connaissons l'envergure de ce trafic.

---

124 ASV, Miscellanea Gregolin busta 13, lettre du 16 janvier 1419 adressée à Pietro Soranzo à Hama par ses frères à Venise.

125 ASV, Senato Misti, reg. 34, f. 111r.

126 ASV, Senato Misti, reg. 58, f. 60v, 63v.

127 *Ibid.*, f. 63r.

128 ASV, Senato Misti, reg. 56, f. 133r.

Tableau 11. *Le nombre de la muda gothonorum de Syrie et son volume d'importation du coton à la fin du XIVe siècle et au début du XVe siècle*

Année	*Convoi de mars*	*Convoi de septembre*
1373		1
1374	2	4
1384	(5000 sacs)	(3500 sacs)
1385	9 (6000 sacs)	(2000 sacs)
1386	(5900 sacs + 350 balles de coton filé)	(4000 sacs)
1387	(4770 sacs)	
1388	(3450 sacs + 300 balles de coton filé)	
1389	4 (2000 sacs)	2
1392		3 (3500 sacs)
1393	(5000 sacs + 450 balles de coton filé)	(3500 sacs + 150 balles de coton filé)
1394	(6058 sacs + 500 balles de coton filé)	(3500 sacs + 300 balles de coton filé)
1395	8 (3500 sacs + 250 balles de coton)	(4500 sacs + 180 balles de coton filé)
1396	7 (4800 sacs + 500 balles de coton filé)	(2500 sacs + 70 balles de coton filé)
1398	(4000 sacs)	3
1399	(5000 sacs + 200 balles de coton filé)	7 (3000 sacs + 60 balles de coton filé)
1400	10 (8000 sacs + 600 balles de coton filé)	6 (3800 sacs + 130–150 balles de coton filé)
1401	3 (1600–1700 sacs + 30 balles de coton filé)	(1200 sacs + 40 balles de coton filé)
1402	(1300 sacs + 300 balles de coton filé)	(2000 sacs)
1403	(300 sacs + 200 balles de coton filé)	
1404		(2000 sacs + 100 balles de coton filé)
1405	3	6
1406	3 (1400 sacs + 140 balles de coton filé)	
1408	4 (2500 sacs + 300 balles de coton filé)	4 (1050 sacs)
1410	(4000 sacs + 300 balles de coton filé)	

D'après ce tableau établi par E. Ashtor, le convoi vénitien transportait chaque année environ 8000 sacs de coton brut de Syrie à Venise à la fin du XIVe siècle.[129] Ce chiffre est tout à fait raisonnable et acceptable en considération de la crédibilité de la correspondance des archives Datini expédiée de Venise, exploitée par E. Ashtor. En effet plusieurs marchands vénitiens, soit agents d'affaires, soit partenaires de Francesco Datini, envoyaient des informations sur la cargaison du convoi, non seulement à Datini lui-même, mais également aux autres partenaires ou facteurs de la compagnie Datini, dispersés dans diverses villes telles que Gênes, Pise, Florence, Barcelone, Majorque, Milan, Avignon, Bologne, etc. Par une lettre du 31 octobre 1396 adressée à Cristofano di Bartolo à Majorque, Zanobi di Taddeo estima que deux mille sacs de coton avec

[129] E. Ashtor, *Levant trade, op. cit.*, p. 188.

cent balles de coton filé devaient arriver à Venise.[130] Plus tard, dans une autre lettre du 4 novembre 1396 adressée au même destinataire, Zanobi di Taddeo modifia la quantité provisoire : 2500 sacs de coton et 300 balles de coton filé. Dès avant l'arrivée du convoi, les marchands vénitiens commençaient à envoyer des informations provisoires sur la quantité du coton et finissaient par confirmer le chiffre exact après la venue du convoi.[131] Une lettre du 17 novembre 1396 expédiée par Inghilese d'Inghilese confirme avec exactitude que 2500 sacs de coton brut et 70 sacs de coton filé furent réellement apportés à Venise par le convoi de septembre 1396.[132]

En revanche, pour le XVe siècle, nous n'avons pas suffisamment de documents statistiques semblables à la correspondance des archives Datini pour la fin du XIVe siècle. Les délibérations du Sénat sur le convoi de Syrie n'indiquent que le nombre des navires mis en recrutement. De plus, toutes les délibérations ne sont pas inscrites dans ces registres publics.[133] Nous devons donc avoir recours aux autres documents tels que livres de comptes, correspondance, chroniques et des jugements judiciaires, qui aident à compléter le manque des registres du Sénat.

E. Ashtor a déjà fourni des tableaux du nombre de navires engagés dans le service du transport du coton de Syrie à Venise au cours du XVe siècle. Suivons d'abord ses études. Pendant la période de 1403 à 1421, dit-il, cinq à sept navires faisaient partie de la *muda* de mars ; celle de septembre en avait quatre à cinq. Selon lui, entre 1422 et 1452, la *muda* de mars se composait de sept à neuf navires, mais celle de septembre n'était formée que de deux à quatre coques.[134] Son dernier tableau concerne la période de 1453 à 1498. Il estime que la *muda* de mars avait six à sept navires et que celle de septembre se composait de deux à trois. E. Ashtor a conclu que les deux convois annuels transportaient en moyenne 5000 sacs de coton, en tenant compte de ce qu'une coque transportait en général 500 sacs et qu'une dizaine de coques était engagée dans ce trafic.[135]

---

130 ASP, fonds Datini, busta 1082, n° 903246.

131 *Ibid.*, n° 903249.

132 E. Ashtor, *Levant trade, op. cit.*, p. 186.

133 *Ibid.*, p. 255, 321–322, 472, 515–516. La liste du nombre de navires de la *muda gothonorum* en Syrie est déjà établie par E. Ashtor.

134 *Ibid.*, p. 320.

135 E. Ashtor, « The venetian cotton trade, op. cit. », p. 709. En revanche, M.F. Mazzaoui indique que le chiffre de 5000 sacs proposé par E. Ashtor semble trop bas, en

Les résultats d'E. Ashtor nous aident à apprécier la grande envergure du transport du coton syrien, mais peuvent pourtant prêter à confusion ou malentendu, si l'on oublie qu'ils sont imparfaits et attendent d'être complétés.[136] C'est notamment le cas du dernier tableau, qui comprend la liste des navires de 1453 à 1498, dans laquelle ne sont indiqués que trente-sept navires. Par conséquent, ces données risquent de minimiser le rôle et l'importance de ce convoi dans la deuxième moitié du XVe siècle.

Nous avons essayé de combler ces lacunes[137], mais sans résultat notable. Car les enchères pour la *muda* en Syrie au cours de la deuxième moitié du XVe siècle ne sont pas toujours enregistrées dans les registres du Sénat et du *Collegio Notatorio*.[138] Mais, quelques sources éparses témoignent que le convoi passait en Syrie à deux reprises dans la deuxième moitié du XVe siècle. Selon une délibération du 28 août 1474 du Sénat, les cotons syriens avaient habituellement deux *mude* aux mois de mars et de septembre.[139] Dans les années 1470 et 1480, la société d'affaires établie entre Alvise Baseggio et Paolo Caroldo, avait couramment recours au convoi pour transporter du coton de Syrie

---

tenant compte de deux phénomènes: la suprématie vénitienne dans le commerce du coton syrien et la deuxième place prise par le coton, après les épices, dans l'ensemble des marchandises achetées en Syrie par les marchands vénitiens. M.F. Mazzaoui, *The italian cotton industry in the Later Middle Ages 1100–1600*, Cambridge, 1981, pp. 184–185.

[136] E. Vallet, *Marchands vénitiens, op. cit.*, p. 46; B. Doumerc, *La storia di Venezia*, Rome, 1996, vol. 4, p. 129.

[137] Voir le tableau en annexe (n° 4). Tout d'abord, il y eut des *mude* en Syrie pendant la période des années 1409 à 1412 y compris 1407, alors que la présence du convoi n'est pas indiquée dans le tableau de l'année 1403 à 1421 d'E. Ashtor. Pendant cette période la *fraterna* Soranzo utilisait le convoi pour transporter du coton de Syrie à Venise. Le deuxième tableau qui mentionne les coques de 1422 à 1452, reste toujours incomplet pour les années 1434, 1435, 1437, 1438, 1441, 1442, 1445, 1447. Bien qu'il soit difficile de connaître le nombre exact des convois de coques pour les années précitées, leur passage en Syrie est bien attesté. Prenons pour simple exemple trois coques parties pour la *muda* de septembre 1441, qui ne sont pas mentionnées dans ce tableau. Il faut ajouter dans son troisième tableau deux navires pour la *muda* de septembre 1470 et quatre navires pour la *muda* de mars 1472. En outre, une délibération du 28 août 1474 du Sénat témoigne avec précision que les cotons syriens avaient habituellement deux *mude*, aux mois de mars et de septembre. E. Ashtor, *Levant trade, op. cit.*, p. 255, 322; ASV, Miscellanea Gregolon, busta 14. Voir le tableau en annexe des navires employés par cette *fraterna* (n° 5). ASV, Senato Mar, reg. 10, f. 15v.

[138] Pour la deuxième moitié du XVe siècle, trois enchères pour la *muda* des cotons en Syrie sont enregistrées dans les documents du *Collegio Notatorio*. ASV, Collegio Notatorio, reg. 9, f. 81r, 93v, reg. 11, f. 111v.

[139] ASV, Senato Mar, reg. 10, f. 15v.

à Venise.[140] En fin de compte, des analyses des tableaux d'E. Ashtor et d'autres sources complémentaires, nous pouvons conclure qu'une dizaine de navires était mobilisée chaque année et de façon régulière au cours du XVe siècle, avec une légère fluctuation selon les périodes.

Pour estimer avec plus de précision le volume du trafic, il faut tenir compte d'un autre facteur, à savoir le tonnage et la capacité.[141] E. Ashtor conclut que le volume du transport du coton diminuait, même si progressivement, au cours du XVe siècle, et surtout après les années 1420. Sa conclusion se fonde sur la diminution du nombre des coques. F.C. Lane montre qu'il y eut parallèlement une augmentation de la capacité des navires vénitiens au cours du XVe siècle.[142] Ce fait pourrait-il nuancer la conclusion d'E. Ashtor?

Il faut d'abord insister sur le fait que la différence de tonnage entre les plus petits et les plus grands navires recrutés dans le convoi, était considérable. La capacité des petits était de 400 à 500 *botti*, soit 200 à 250 tonnes. En revanche, il existait des navires ayant une capacité de plus de 1000 *botti*.[143] A part ces deux extrêmes, la plupart des coques mobilisées dans le transport de Syrie à Venise dans la première moitié du XVe siècle avaient un tonnage compris entre 600 et 700 *botti*. Pour la deuxième moitié du XVe siècle nous disposons de documents moins nombreux que pour la période précédente. Il reste donc difficile de tirer une conclusion définitive.

En plus de la quantité de coton apportée à Venise par le convoi officiel de coques, il faut tenir compte de celle transportée par d'autres navires en dehors de ce convoi. Même si l'on ne connait pas la quantité précise, elle doit être considérée comme faible.[144] En effet, le gouver-

---

140 ASV, Procuratori di San Marco, Commissarie miste, busta 116 et 117.

141 Voir le tableau en annexe (n° 5).

142 Suivant les recherches de F.C. Lane, il y eut une augmentation des navires dont le tonnage dépassait 800 *botti* pendant la période du début du XVe siècle aux années 1460, soit neuf navires de plus de 1000 *botti* et cinq navires qui jaugeaient 800 et 1000 *botti* dans les années 1460, comparé aux années 1410 où un seul navire répondait à cette capacité de tonnage. F.C. Lane, *Navires et constructeurs à Venise pendant la Renaissance*, Paris, 1965, p. 226.

143 Sur le terme *botti*, voir l'article de F.C. Lane, «Tonnage, Medieval and Modern», pp. 357–358. Nous trouvons un tonnage de 1150 *botti* pour un navire dont le patron était Lodovico Contarini et qui fit partie de la *muda* de septembre 1447. Avant Lodovico Contarini, ce navire était patronné par Niccolò Duodo. Le navire de Cristoforo Soligo qui s'engagea dans la *muda* de septembre 1456, jaugeait 1175 *botti*. En 1465 le tonnage du navire de Cristoforo Soligo est mentionné 1440 *botti*. ASV, Collegio Notatorio, reg. 8, f. 61^{v}, reg. 9, f. 81^{r}; F.C. Lane, *Navires et constructeurs*, *op. cit.*, p. 226.

144 E. Ashtor, «The venetian cotton trade, op. cit.», p. 707.

nement vénitien privilégiait ce convoi, en lui accordant le monopole de chargement pendant la *muda* et le moindre coût de transport.[145] Les marchands de Venise n'avaient donc pas de raison d'utiliser d'autres navires que ce convoi, sauf cas d'exception. En réalité, des analyses de plusieurs livres de comptes des marchands vénitiens qui participaient au commerce du coton syrien au XVe siècle, il résulte qu'ils s'appuyaient pour la majorité sur le convoi officiel pour le transport.[146]

Le service de ce convoi connut un grand succès. La clé de ce dernier réside avant tout dans sa régularité, bien qu'il existât quelques dysfonctionnements tels que les fréquents retards, causés par plusieurs sortes de facteurs politiques, économiques et climatiques.[147] Le rythme régulier du convoi persista jusqu'à la fin du XVe siècle.[148] Les deux passages annuels représentaient également un facteur de réussite. Ils rendaient possible la rotation relativement rapide du commerce. Par exemple, le coton importé à bord du convoi de mars pouvait être vendu sur place au comptant; le produit de la vente était expédié en Syrie pour un nouvel achat, et pouvait être échangé contre d'autres marchandises possibles à exporter par la convoi de septembre.[149]

Parmi plusieurs routes maritimes du coton en Méditerranée à la fin du Moyen Age, la ligne de la *muda gothonorum* de Syrie était l'une des deux plus importantes avec la route de Chio vers la Flandre, pour les navires génois. Dans l'ensemble des réseaux maritimes vénitiens, elle représentait une route de premier ordre en considération du nombre des navires engagés dans chaque route et du volume du trafic: trois galées pour la Romanie, trois ou quatre pour l'île de Chypre, pour Beyrouth et pour Alexandrie, quatre pour la Flandre, une ou deux pour le Midi de la France et pour la Barbarie.[150] Une dizaine de coques était mobilisée pour le transport du coton de Syrie à Venise. Leur capacité de chargement était plusieurs fois plus grande que celle des galées.

---

145 ASV, Senato Misti, reg. 56, f. 17v, 104v–105r.

146 Il s'agit des livres de comptes de la *fraterna* Soranzo, d'Andrea Barbarigo, de la société d'affaires entre Paolo Caroldo et Alvise Baseggio.

147 E. Ashtor, *Levant trade, op. cit.*, pp. 304–310.

148 La *fraterna* Soranzo ne manquait pas d'importer des cotons en profitant du convoi de coques pour la Syrie chaque année, pendant vingt et un ans de l'année 1407 jusqu'à l'année 1428, exception faite pour l'année 1410.

149 F.C. Lane, «Rhythm and rapidity of turnover in venetian trade of the fifteenth century», p. 111. Une coque, dont le patron était Taralo, fit trois voyages consécutifs, la *muda* de mars 1418, celle de septembre 1418 et celle de mars 1419. ASV, Miscellanea Gregolin, busta 14, Libro Nuovo Real, f. 75, 77, 79.

150 D. Stöckly, *Le système de l'incanto, op. cit.*, p. 118, 130, 142, 151, 163, 168, 173.

En définitif, le service de la *muda gothonorum* permit aux marchands de Venise de monopoliser le trafic du coton syrien au XVe siècle.

2. La *muda gothonorum* en Egypte

Le convoi de coques d'Alexandrie fut mis en place en 1366, comme celui de Syrie.[151] Bien sûr, dès avant son installation, le coton égyptien était transporté à Venise, suivant la réglementation de la *muda*.[152] La gestion du convoi d'Alexandrie était identique à celle de Syrie. Parfois le Sénat s'occupait de deux enchères en même temps sans les traiter à part. De plus, ces deux convois voyageaient parfois en s'unissant pour raison de sécurité.[153]

Sous plusieurs aspects, le convoi d'Alexandrie était attaché à celui de Syrie. Il passait souvent dans les ports syriens pour compléter la cargaison du coton, en cas d'insuffisance sur le marché d'Alexandrie. Dans une réglementation fixée par le Sénat pour une coque allant à Alexandrie pour la *muda* de septembre 1367 figure un article additif, selon lequel cette coque pourrait se rendre au port de Tripoli, si les marchands le voulaient, après être arrivés à Alexandrie et y avoir trouvé un manque de marchandises.[154]

Le fonctionnement du convoi d'Alexandrie était à peu près identique à celui du convoi de Syrie. D'abord, les deux convois suivaient le même calendrier. En général, leur départ de Venise avait lieu normalement au milieu du mois de juillet pour arriver à temps pour la *muda* de septembre sur le marché d'Alexandrie. Plus rarement, il existait des cas où le convoi d'Alexandrie quittait Venise avant le milieu du mois de juillet. En 1373 trois coques furent mises aux enchères pour le voyage d'Alexandrie. Parmi ces trois navires, le premier était tenu à partir de Venise au mois de mai, le second jusqu'au 22 juin, le dernier au milieu de juillet.[155] Ainsi que pour le cas du convoi de Syrie, le départ de celui

---

[151] ASV, Senato Misti, reg. 32, f. 3ᵛ.

[152] Une délibération du Sénat de l'année 1352 précise que les navires envoyés à Chypre et à Alexandrie, pouvaient charger du coton dans l'entrepont. J.-C. Hocquet, *Voiliers et commerce, op. cit.*, p. 159; ASV, Ufficiali sopra le mercanzie del Levante, reg. 1, f. 12ʳ: «Et sic notum est di partibus Alexandrie continue conducitur gotonum contra formam dictorum ordinum et terminorum datorum super inde».

[153] ASV, Senato Misti, reg. 57, f. 115ᵛ.

[154] ASV, Senato Misti, reg. 32, f. 108ᵛ–109ᵛ. En 1429 une coque dont le patron était Giacomo Panpano, fit escale en Syrie pour la *muda gothonorum* après avoir quitté le port d'Alexandrie. ASV, Senato Misti, reg. 57, f. 139ᵛ.

[155] ASV, Senato Misti, reg. 34, f. 47ʳ–50ᵛ.

d'Alexandrie était souvent retardé, de sorte qu'il se tenait à la fin de juillet ou au mois d'août.[156]

Avant d'atteindre le port d'Alexandrie, le convoi de cette ville égyptienne suivait les mêmes routes que celui de Syrie. Quelques jours avant le départ, le convoi d'Alexandrie devait terminer le chargement des marchandises. Il avait le droit de transporter toutes les marchandises que l'on trouvait d'habitude à bord des navires désarmés, sauf les articles interdits par l'Eglise.[157] De Venise, il allait directement vers les deux ports vénitiens, Modon et Coron, de là passait à Candie en Crète, et, finalement, faisait escale au port d'Alexandrie. Le passage de Chypre n'est pas indiqué dans la plupart des délibérations du Sénat vénitien. Dans les trois premiers ports, Modon, Coron et Candie, ce convoi chargeait des marchandises qui n'étaient pas contre la réglementation pontificale, pour la destination d'Alexandrie ; deux jours d'escale étaient permis dans ces deux premiers ports et quatre jours à Candie. A Alexandrie, le convoi restait pendant tout le mois de septembre.[158] Après l'arrivée du convoi, les marchands qui voulaient embarquer du coton, devaient donner et confirmer aux patrons la quantité à charger durant une période limitée, seize jours pour l'année 1367 et vingt-deux jours pour l'année 1368.[159]

Le convoi d'Alexandrie était constamment autorisé à rapporter les produits nommés *rata*, laissés par les galées, à cause du manque d'espace provoqué par l'abondance des marchandises.[160] Pour cela, le convoi ne pouvait pas quitter Alexandrie avant le départ des galées, mais il pouvait quand même effectuer son chargement. La composition de la cargaison de retour du convoi d'Alexandrie était à peu près identique à celle de Syrie : coton, sucre, alun, épices et riz. Il existait pour-

---

156 Pour la *muda* de l'année 1368, la date d'ultimatum du départ de Venise était le 8 août. Pour la *muda* d'Alexandrie de l'année 1371, il fut établi par le Sénat que le convoi était obligé de quitter Venise avant le 26 juin après avoir terminé le chargement. Mais, le départ de cette année-là aussi fut prolongé jusqu'au 16 juillet. En 1372, le départ qui aurait dû avoir lieu le 12 juillet, fut reporté jusqu'au 18 juillet, sous peine d'une amende de cent ducats s'il y avait encore un prolongement. En 1488, un navire dont le patron était Appolo Massa, devait partir de Venise avant le 27 juillet. En 1493, un navire dont le patron était Sebastian Marcello, devait partir avant le 8 août. ASV, Senato Misti, reg. 33, 110^{v}–111^{r}, reg. 34, f. 17^{v}; Senato Mar, reg. 12, f. 146^{r}, reg. 14, f. 18^{r}.

157 ASV, senato Misti, reg. 46, f. 32^{v}–33^{r}.

158 *Ibid.*

159 ASV, Senato Misti, reg.32, f. 264^{r} : « *mercatores voluerint dare et firmare patrono ipsius milliaria ducenta gothonorum* »

160 ASV, Senato Misti, reg. 38, f. 11^{v}.

tant une faible différence. Il s'agissait du lin. Dans le tarif de nolis des enchères de la *muda* d'Alexandrie, le lin qui devait six ducats par mille livres, même tarif que pour le coton, est nommé juste après celui-ci, qui apparaît toujours le premier dans le registre des enchères.[161] Le sel aussi constituait un fret essentiel de retour. A la fin du XIVe siècle, le conseil du sel nommé *collegio salis* délibérait parfois sur l'expédition du convoi d'Alexandrie.[162] Lest et fret de retour, le sel fournissait un bénéfice d'appoint, si les autres marchandises embarquées ne suffisaient pas à amortir le coût du voyage. Par conséquent cette cargaison de sel représentait la garantie d'un revenu pour les patrons.[163] Au retour, le convoi d'Alexandrie semble suivre la même route qu'à l'aller.

Même si leur gestion était identique, la valeur économique de ces deux convois de Syrie et d'Alexandrie était considérablement différente. En général, le convoi d'Alexandrie ne naviguait qu'une seule fois par an, soit pour la *muda* de septembre, soit pour celle de mars, en comparaison de deux passages pour celui de Syrie. Il y eut des années où les deux *mude* eurent lieu à Alexandrie.[164] D'autre part, en moyenne, une ou deux coques étaient mobilisées pour le voyage d'Alexandrie, en comparaison de la dizaine de coques qui composait le convoi de Syrie.[165]

---

[161] ASV, Senato Misti, reg. 46, f. 32^{v}–33^{r}.

[162] ASV, Collegio Notatorio, reg. 2, f. 17^{v}, 27^{r}, 47^{r}.

[163] J.-Cl. Hocquet, *Voiliers et commerce, op. cit.*, pp. 148–150. En 1396 une coque mise sur le voyage d'Alexandrie pouvait ramener du sel à Venise pour la «subvention» (c'est-à-dire l'amortissement du voyage de retour) de cette coque. ASV, Senato Misti, reg. 43, f. 130^{v}–131^{r}: «*Et possit ista cocha pro subventione sua conducere Venetias salem di Alexandria*».

[164] Dans les années 1380, 1390 et 1410, il y eut souvent deux passages du convoi de coques pour le transport du coton d'Alexandrie à Venise. Pour la *muda* de mars à Alexandrie en 1416 et en 1418, deux navires furent exceptionnellement expédiés. En 1419, quatre navires furent utilisés pour le convoi de coques d'Alexandrie. Il semble que la *muda* de mars d'Alexandrie commençât à fonctionner de nouveau dès l'année 1474. En effet, une délibération du 28 août 1474 témoigne que le coton syrien avait deux *mude* chaque année, alors que les cotons de Chypre, de Crète, et de Romanie n'avaient qu'une seule *muda* chaque année, soit celle de septembre. D'après cette décision, il y aurait désormais deux *mude*. ASV, Senato Misti, reg. 42, f. 42^{v} et reg. 51, f. 88^{v}, 187^{r}; ASV, Senato Mar, reg. 10, f. 15^{v}; E. Ashtor, *Levant trade, op. cit.*, p. 390.

[165] Voir le tableau en annexe (n° 6). Pour le nombre des coques d'Alexandrie, nous pouvons en grande partie avoir recours aux listes établies par E. Ashtor, qui restent encore à compléter. D'après ces données, une coque naviguait, en moyenne, chaque année pour transporter du coton d'Alexandrie à Venise jusqu'à la fin du XIVe siècle, sauf trois années 1382, 1384 et 1385. Dès les années 1410, deux coques étaient, en moyenne, recrutées. En 1430, il y eut un désaccord sur le nombre des coques à lancer dans le voyage d'Alexandrie. Le 10 juin 1430, le Sénat vénitien mit au vote le

Par ailleurs, la quantité du coton transporté par le convoi d'Alexandrie restait très faible en comparaison de celle du convoi de Syrie. Une coque provenant de la *muda* de mars 1398 d'Alexandrie apporta cinq cents sacs à Venise.[166] Cette quantité correspondait à peu près à la capacité moyenne de chargement par les coques faisant partie du convoi de Syrie. En tenant compte des faits cités ci-dessus, le volume d'importation d'Alexandrie devrait se situer entre 500 et 1000 sacs par an.[167]

Le transport du coton d'Alexandrie à Venise continua jusqu'à la fin du XVe siècle, mais subit des fluctuations légères selon les périodes. La fin du XIVe siècle et le début du XVe siècle qui connurent souvent deux passages du convoi, devraient être considérés comme une période de plein essor. Dans le dernier quart du XVe siècle, il semble que le convoi soit passé deux fois par an.[168] Cependant, dans l'ensemble du transport du coton de Venise, le convoi d'Alexandrie représentait une route de second ordre pour toute la fin du Moyen Age. En effet, le marché d'Alexandrie était avant tout celui des épices dont l'importance était en cours d'augmentation au long du XVe siècle.[169] Ce fait est bien attesté

---

projet d'expédier trois coques en Syrie et deux coques à Alexandrie pour la *muda* de septembre. Le 1er juillet, le deuxième vote fut effectué. Par le troisième vote, le Sénat décida finalement de mettre en voyage deux coques pour la Syrie et une coque pour Alexandrie. Vers la seconde moitié du XVe siècle, le nombre oscillait entre une et deux coques. E. Ashtor, *Levant trade, op. cit.*, p. 255, 321–322, 472, 516–516; ASV, Senato Misti, reg. 57, f. 218^{v}–220^{r}, 227^{r}–229^{r}, 232^{r}.

166 Nous avons une source statistique permettant d'estimer le volume de transport. Il s'agit d'une lettre adressée à Andrea di Bonanno à Gênes par Janobi di Taddeo Gaddi, marchand vénitien. ASP, fonds Datini, busta 797, n° 513471.

167 A cette quantité, il faut ajouter du coton importé par les autres navires comme les galées et les navires désarmés. En 1429, une galée mise aux enchères, elle aussi, chargea du coton à Alexandrie pendant la *muda* d'hiver. Par une délibération du 3 décembre 1432, les galées de Beyrouth et d'Alexandrie étaient autorisées à charger du coton. Toutefois, le chargement du coton sur les galées devait être considéré comme un événement exceptionnel. En fin de compte, ainsi que pour le cas de la *muda* de Syrie, le volume d'importation du coton par ces navires complémentaires ne représentait qu'une petite partie de l'ensemble. ASV, Senato Misti, reg. 57, f. 139^{v}–140^{r}, reg. 58, f. 159^{r}–160^{r}.

168 ASV, Senato Mar, reg. 10, f. 15^{v}.

169 Ce fait est bien attesté par plusieurs documents vénitiens, comme les listes du prix des marchandises établies sur le marché d'Alexandrie et les deux manuels vénitiens de marchandise vers 1500. Dans plusieurs documents, soit des *valute*, faites à Alexandrie de l'année 1419 à l'année 1423 et adressées à Lorenzo Dolfin à Venise, ne figure pas le coton. Un manuel ne mentionne pas l'exportation du coton d'Alexandrie. L'autre manuel, même s'il en parle, montre que les principaux lieux d'approvisionnement en coton pour les Vénitiens n'étaient pas Alexandrie, mais les marchés syriens. En effet, la culture du coton en Egypte était en diminution au cours du XVe siècle, et, par conséquent, l'Egypte importait elle-même du coton syrien. ASV, Procuratori di

par la différence entre le nombre des galées et celui des coques. Le transport des épices occupait quatre ou cinq galées en moyenne chaque année au XVe siècle. En revanche, une ou deux coques seulement étaient mobilisées pour le transport du coton.

3. La *muda gothonorum* en Romanie

Par rapport au transport du coton de Syrie et d'Alexandrie, nous sommes moins renseignés sur celui de Romanie. Les divers aspects de ce dernier restent toujours obscurs à cause du manque de sources : l'itinéraire, le nombre de navires engagés dans ce transport, le volume du trafic, etc. Cette situation semble dériver du fait que le gouvernement n'administrait pas le convoi officiel mis aux enchères par l'Etat pour le transport du coton de Romanie à Venise. Celui-ci devait pourtant être effectué selon la *muda gothonorum* en Romanie, foire au coton, qui avait lieu à deux reprises annuellement.[170]

L'Etat de Venise cherchait à assurer un transport régulier du coton de Romanie à Venise, même si cela n'aboutit pas à l'établissement d'un convoi officiel exclusivement réservé au transport de cette matière.[171] Il encourageait le trafic du coton en prenant des mesures économiques particulières.[172] En 1409 le Sénat décida d'accorder une subvention aux marchands désireux de faire transporter à Venise, du coton produit à Salonique, Négrepont, Modon, Coron, en basse Romanie et en Turquie.[173] En 1412 fut proclamée une décision de même genre, c'est-à-dire d'accorder une subvention aux marchands qui achetèrent du coton à

San Marco, Commissarie di Citra, busta 282, fasc. 1 ; Biblioteca marciana di Venezia, Tariffa de pexi e mesure congratia et privilegio, f. 110r ; Tarifa di pexi e spesse achade a metter e trare merchadantia de la terra di Allesandria e altri lochi, f. 33v–34r.

170 La *muda gothonorum* en Romanie, qui figure souvent dans plusieurs documents vénitiens ne désignait pas le convoi mais la période de chargement. Voici, à titre d'exemple, un décret proclamé le 30 juillet par le Sénat vénitien : « *Cum muda gothonorum et aliarum mercationum, que intelliguntur ad mudam Insule, Nigropontis, et aliorum locorum Romanie basse, sit et intelligatur esse per totum mensem septembris proximum* ». ASV, Senato Misti, reg. 47, f. 63v ; F.C. Lane, « Fleets and fairs », pp. 128–130.

171 Le navire de Lorenzo Cadena partit de Venise pour la destination de Candie pour la *muda gothonorum* de septembre 1488. ASV, Senato Mar, reg. 12, f. 146r.

172 En 1364 les marchands vénitiens de Crète qui avaient souffert des dommages pendant la rébellion se voyaient allouer une subvention par l'Etat de Venise pour le transport du coton et de l'alun de Candie à Venise, à bord de n'importe quel navire. ASV, Senato Misti, reg. 31, f. 128v.

173 C.N. Sathas, *Documents inédits*, *op. cit.*, vol. 3, no 461.

Négrepont, à Salonique, à Coron, à Modon, à Corfou, et à Santorin, pour le transporter à Venise.[174]

Le coton de Romanie était parfois importé par le convoi officiel de coques mis aux enchères par l'Etat de Venise à destination de la Crète. Il s'agissait du convoi des vins nommé *muda vindemiarum*. Son objectif principal était le transport du vin crétois à Venise.[175] Au retour, ce convoi apportait d'autres marchandises comme le coton, le fromage et les grains.[176] Sa gestion était à peu près identique à celle du convoi de Syrie. En 1432 l'Etat de Venise qui avait voulu au début engager six navires, mit en voyage vers la Crète trois navires, dont la capacité dépassait 480 *botti*. Après l'arrivée du convoi en Crète, le *Regimen* de cette île fit subitement annoncer que ceux qui voulaient charger du vin, du coton ou d'autres produits sur ce convoi, devaient se présenter devant lui et faire enregistrer la quantité de marchandises à embarquer auprès de la chancellerie. Il était interdit aux autres navires de charger des biens tant que ce convoi n'avait pas complété sa cargaison. Au retour les patrons ne pouvaient pas entasser le coton dans la cale. Les marchands payaient trois ducats pour le transport de mille livres de vin et cinq ducats pour mille livres de coton.

Mais, il n'est pas certain que le gouvernement de Venise utilisât constamment ce convoi des vins de Crète. En général, le transport du coton de Romanie à Venise était assuré par les navires privés nommés souvent *navigia disarmata*.[177] Cela ne signifie pourtant pas que le

---

[174] *Ibid.*, vol. 3, n° 520.

[175] U. Tucci, «Il commercio del vino nell'economia cretese», p. 186.

[176] Un résumé de cette délibération se présente dans F. Thiriet, *Régestes des délibérations*, *op. cit.*, tome troisième, pp. 23–24; ASV, Senato Misti, reg. 58, f. 125^{r-v}.

[177] Une délibération établie le 26 juin 1374 par le Sénat montre bien que les navires désarmés étaient utilisés pour le transport des marchandises de Romanie à Venise, en stipulant que *quia est limitatus terminus recedendi di partibus Romanie per mudam Martii rebus que possent conduci cum navigiis disarmatis videlicet a medio mensis martii usque medium mensis aprilis*. Tous les navires désarmés qui naviguaient vers Négrepont, la Crète, ou encore Famagouste pour acheminer le coton à Venise, tenaient à se pourvoir d'arbalétriers nécessaires pour défendre le navire, soit trois ou quatre pour dix marins. Dans la première moitié du XIVe siècle, l'Etat de Venise cherchait à encourager l'importation du coton à Venise. Pour cela, il offrait plus de libertés à la fois aux marchands vénitiens et aux marchands étrangers. Donc, selon une décision des Assemblées vénitiennes de l'année 1295, les galées étaient également autorisées à transporter du coton de Morée et de Romanie à Venise. Pour le coton d'Outre-mer, n'importe quel navire était libre de transporter du coton à Venise. Les marchands étrangers aussi avaient licence pour importer du coton à la fois de Romanie et d'Outre-mer à Venise, à bord du navire de leur choix, à condition d'acquitter un droit de 6% au même titre que les marchands vénitiens. Ce décret prendrait effet à partir du 1er avril 1296 et s'appliquerait pendant

transport du coton de Romanie à Venise se réalisait à n'importe quel moment et sur n'importe quel navire. Le chargement n'était accordé que pendant la période de la *muda*, qui correspondait généralement aux mois d'avril et d'octobre en Romanie. Nous avons déjà expliqué la souplesse de cette période de chargement réglementée par l'Etat.

Le chargement et le transport du coton de Turquie faisaient aussi partie du système et du calendrier de la *muda gothonorum* en Romanie. Comme le coton de Romanie, celui de Turquie devait lui aussi quitter les régions productrices pour Venise dans la période autorisée, à savoir aux mois d'avril et d'octobre.[178] Afin de charger du coton turc pendant ces deux *mude*, les marchands devaient le présenter aux recteurs ou aux consuls locaux aux mois de mars et de septembre. A la fin du XIVe et au début du XVe siècle l'Etat de Venise avait pour habitude de prolonger la période de la *muda* en Romanie. Le transport du coton turc subissait également ces prolongations habituelles.[179]

La *muda gothonorum* en Romanie ne se produisait pas régulièrement deux fois par an. Pendant une certaine période du XVe siècle, celle d'octobre fut suspendue. D'après une délibération prise le 28 août 1474 par le Sénat, la Romanie, qui n'avait que la *muda* d'avril jusqu'alors, en aurait désormais deux.[180] Le début de cette suspension de la deuxième *muda* avant 1474 n'est pas indiqué dans ce décret.

Cette période réglementée était très souvent prolongée. Il était de plus en plus courant de la différer à la fin du XIVe et au début du XVe siècle. Un décret du 22 mars 1404 démontre que la prolongation devint une habitude.[181] En général la *muda* de Pâques était retardée jusqu'au mois de mai, celle d'hiver étant prolongée jusqu'à la fin du mois d'octobre, soit un mois supplémentaire.[182] Parfois la prolongation

---

deux ans. F. Thiriet, *La Romanie vénitienne*, p. 321; ASV, Ufficiali sopra le mercanzie del Levante, reg. 1, f. 13^r, 27^r; R. Cessi, *Deliberazioni del Maggior Consiglio di Venezia*, Bologne, 3 vol., 1931–1950, vol. 3, p. 389; F. Thiriet, *Délibérations des assemblées vénitiennes concernant la Romanie*, 2 vol., Paris, 1966–1971, vol. 1, p. 72.

[178] C.N. Sathas, *Documents inédits*, *op. cit.*, vol. 3, pp. 219–220, 226.

[179] *Ibid.*, vol. 3, pp. 219–220, 226.

[180] En réalité, les deux *mude* avaient lieu chaque année en Romanie pendant le dernier quart du XVe siècle. ASV, Senato Mar, reg. 11, f. 133^r.

[181] C.N. Sathas, *Documents inédits*, *op. cit.*, vol. 3, n° 336: «*cum omni anno consuetum sit ellongare terminum gothonis, ortis in districtibus Crete, Coroni et Mothoni, Nigropontis, Corphoy et Sancte Heritus possendi conduci Venecias per totum mensem aprilis, Et propter novitates preteritas non potuerint conduci Vencias dicti gothoni; vadit pars, quod prorogetur termis dictis gothonis usque per totum mensem maii proximi*».

[182] ASV, Senato Misti, reg. 47, f. 16.

était de plus longue durée: en 1412, par exemple, la *muda* de Pâques fut reportée jusqu'au mois de septembre.[183]

Quelle était la raison de ce prolongement habituel? Les mauvaises conditions météorologiques étaient parfois à son origine.[184] Ces sinistres naturels retardaient également le départ des convois de Syrie et d'Alexandrie. Pourtant la prolongation de la *muda gothonorum* en Romanie avait une autre cause plus fondamentale: le manque de navires disponibles. En 1350, celle de Pâques fut prolongée jusqu'à la fin de mai en raison du déficit de navires.[185] Cette même raison força à proroger le terme de celle de Pâques de l'année 1370.[186] La *muda* d'hiver 1405 fut prolongée jusqu'à la fin d'octobre, en raison, toujours, du manque de bateaux disponibles.[187] L'année suivante, celle de Pâques fut retardée, d'une part en raison de nouvelles défavorables, mais aussi du défaut de navires dans les régions comme la Crète, Coron, Modon, Négrepont, Corfou, Santorin et Salonique.[188] Cette pénurie de navire se présenta à nouveau à l'occasion de la *muda* d'hiver de l'année 1406, de sorte qu'elle fut prolongée.[189] Au printemps de l'année 1412, la pénurie de navires s'aggravait: il n'y avait plus de navires disponibles pour le transport du coton, parce que tous les navires étaient requis pour transporter du blé. Cet état de fait contraignit le Sénat à retarder son terme et à autoriser les marchands vénitiens à affréter ou à acheter des navires étrangers, quel qu'en soit le type, pour assurer l'acheminement du coton à Venise.[190]

Enfin, l'absence de convoi officiel réservé au transport du coton de Romanie à Venise constituait la principale raison pour la prolongation. En effet, la participation volontaire des patrons dépendait inévitablement de la rentabilité des affaires et leur rythme de navigation

---

183 Les années où la prolongation de la *muda* se produisit sont les suivantes: 1345, 1350, 1361, 1369, 1370, 1403, 1404, 1405, 1406, 1407, 1409, 1411, 1412, 1437. ASV, Senato Misti, reg. 49, f. 81v; F. Thiriet, *Régestes des délibérations, op. cit.*, n° 1440; Idem, *Duca di Candia. Ducali e lettere ricevute (1358–1360; 1401–1405)*, Venise, 1978, pp. 133–134.

184 Au printemps de l'année 1411, plusieurs journées consécutives de mauvais temps empêchèrent le départ des navires transportant du coton produit à Négrepont, Salonique, Coron, Modon, Corfou, Santorin vers la métropole de Venise. C.N. Sathas, *Documents inédits, op. cit.*, vol. 3, n° 520.

185 ASV, Senato Misti, reg. 33, f. 150; F. Thiriet, «Les Vénitiens à Thessalonique dans la première moitié du XIVe siècle», p. 329.

186 ASV, Senato Misti, reg. 33, f. 48r.

187 C.N. Sathas, *Documents inédits, op. cit.*, vol. 3, n° 357.

188 *Ibid.*, n° 364.

189 *Ibid.*, n° 385.

190 ASV, Senato Misti, reg. 49, f. 81v; C.N. Sathas, *Documents inédits, op. cit.*, vol. 3, n° 523; F. Thiriet, *Régestes des délibérations, op. cit.*, n° 1440.

variait souvent au gré des circonstances locales. De plus, l'Etat accordait constamment la priorité au transport des céréales de la Romanie à Venise.

Cette absence empêche d'autre part de reconstituer divers aspects du transport du coton de Romanie. Car il n'existe pas de documents, comme les délibérations sur les enchères, permettant de connaître les itinéraires des navires, le nombre de ces derniers, etc. Nous sommes pourtant bien renseignés sur les lieux d'embarquement. Pour charger du coton, les navires désarmés vénitiens faisaient couramment escale à Candie, à Santorin, à Coron, à Modon, à Corfou,[191] à Négrepont et à Salonique.[192] Même si moins fréquemment, le chargement était effectué à la Canée en Crète, à Arta, à Lépante et à Nauplie.[193] Constantinople représentait également un marché et un lieu d'embarquement.[194]

Une autre particularité à souligner, c'est que le coton était transféré de diverses régions productrices vers les grands marchés proches de celles-ci, comme Candie, Coron et Modon, avant d'être acheminé à Venise.[195] Ce genre de transport était assuré par des navires de petit tonnage. En 1374 le gouvernement de Venise délibéra pour encourager ce type de trafic en accordant des privilèges douaniers: le coton qui était transféré à Candie, à Modon, et à Coron et, ensuite, transporté à la métropole de Venise, était désormais exonéré de la taxe imposée sur le coton importé dans ces villes. De Thessalonique, les marchandises, peut-être y compris le coton, étaient d'habitude transférées en Crète.[196]

---

[191] Le 21 juillet 1483 le cours de pétition permit à Manolo Sulvalagi et à Giorgio Ganuzi de récupérer respectivement trois et cinq sacs de coton des douanes, déchargés du navire patronné par Andrea Sirma, qui les chargea à Corfou. ASV, Giudici di Petizion, Terminazioni, reg. 8, f. 96^{v}.

[192] ASV, Senato Misti, reg. 47, f. 16.

[193] ASV, Senato Mar, reg. 1, f. 143^{r}–143^{v}; Biblioteca marciana di Venezia, Tariffa de Pesi e mesure congratia et privilegio, f. 92^{r-v}, 94^{v}, 96^{r}.

[194] ASV, Procuratori di San Marco, Commissarie di Citra, busta 282; F. Melis, *Documenti per la storia economica dei secoli XIII–XVI*, Florence, 1972, p. 194. Dans son ouvrage est publiée une lettre envoyée par Giovanni Morosini demeurant à Constantinople, et adressée à Lorenzo Dolfin à Venise, qui révèle que les Vénitiens faisaient le commerce du coton sur le marché de Constantinople. Dans ce fonds de Lorenzo Dolfin restent encore des lettres expédiées de Constantinople, qui racontent la même histoire.

[195] F. Thiriet, «Les Vénitiens à Thessalonique dans la première moitié du XIVe siècle», p. 328.

[196] Les navires désarmés faisaient des voyages réguliers entre Candie et Thessalonique depuis le milieu du XIVe siècle. T. Thiriet, «Les itinéraires des vaisseaux vénitiens et le rôle des agents consulaires en Romanie greco-vénitienne aux XIVe–XVe siècles», p. 596; ASV, Senato Misti, reg. 34, f. 118^{v}.

Parmi ces trois ports, Candie jouait le rôle le plus important.[197] Nous avons déjà expliqué ce rôle, à savoir celui de lieu de transit, dans la partie précédente.

Notre dernière question porte sur le volume d'ensemble de transport des cotons romaniotes, mais nous n'avons pas trouvé de sources statistiques pour cela.[198] En tout cas, le volume du transport de Romanie à Venise n'atteignait pas le niveau de celui de Syrie, en considération de ce que l'Etat de Venise n'installa pas de convoi officiel pour importer du coton de Romanie. Il n'était pourtant pas négligeable et représentait une quantité de mille sacs au moins ou de plusieurs milliers.[199]

4. La *muda gothonorum* à Chypre: ligne de galées et coques

Le transport du coton de Chypre à Venise s'effectuait également selon la réglementation imposée par l'Etat, nommée *muda gothonorum*. Le coton ne pouvait être chargé qu'aux mois de mars et de septembre pour être acheminé vers Venise.[200] Le gouvernement cherchait à garder ce calendrier, en interdisant au baile et aux recteurs de Chypre, fonctionnaires locaux vénitiens, de le prolonger.[201]

Le transport de Chypre à Venise était fortement influencé, tantôt favorablement, tantôt défavorablement, par les événements politiques. Nous avons déjà expliqué ces derniers dans la partie précédente. Il faut pourtant les répéter brièvement. Après la chute d'Acre de l'année 1291,

---

[197] Pour le rôle important de Candie, voir l'article de F. Thiriet, «Candie, grande place marchande dans la première moitié du XVe siècle», réédition dans *Etudes sur la Romanie greco-vénitienne (Xe–XVe siècles)*, Variorum Reprints, Londres, 1977, pp. 338–352.

[198] La chronique d'Antonio Morosini nous apporte un indice. En automne 1408, dit-il, quatorze coques partirent de Venise, parmi lesquelles quatre se mirent en route vers la Romanie et Tana, et trois entamèrent le voyage de Candie. Biblioteca marciana di Venezia, chronique d'Antonio Morosini, vol. 2, p. 545.

[199] Selon G. Saint-Guillain, l'île de Santorin produisait 150 sacs de coton. Parmi plusieurs régions productrices romaniotes, cette île doit être considérée comme une des plus petites. Venise s'approvisionnait en coton dans une dizaine de régions de Romanie. Compte tenu de ces conditions, le volume du trafic du coton de Romanie devrait dépasser au moins mille sacs. G. Saint-Guillain, «Les ducs de l'Archipel et le coton de Santorin (fin XIVe–début XVe siècle)», p. 394.

[200] Selon un décret de l'année 1316, le coton ne pouvait être transporté de Chypre et d'Arménie à Venise qu'à partir du milieu de septembre jusqu'au milieu d'octobre, soit par la *muda* d'hiver. La réglementation de l'année 1360 des *Ufficiali sopra le mercanzie del Levante* témoigne de l'existence de celle de Pâques, qui se déroulait au mois de mars. ASV, Ufficiali sopra le mercanzie del Levante, reg. 1, f. 12^r; ASV, Ufficiali al Cattaver, busta 1, f. 69^v–70^r.

[201] ASV, Ufficiali sopra le mercanzie del Levante, reg. 1, f. 28^r.

l'île de Chypre et le royaume d'Arménie devinrent des lieux de transit du coton syrien, grâce à la politique des papes qui promulguèrent une série d'édits visant à interdire le trafic avec les Musulmans afin de porter un coup préjudiciable à l'économie musulmane. Venise n'était pas totalement libre vis-à-vis de cette situation politique, même si elle faisait pourtant des efforts pour continuer des affaires en Syrie et en Egypte.[202]

Pour favoriser l'importation du coton à Venise à cette époque, le gouvernement adopta une stratégie plus libérale.[203] D'abord, Venise permettait aux marchands étrangers d'importer du coton à Venise, à bord des navires de leur choix, à condition d'acquitter un droit de 6 % *ad valorem*.[204] En réalité, d'après les actes rédigés à Famagouste par un notaire génois, Lamberto di Sambuceto, les marchands étrangers participaient activement au transport du coton de Famagouste à Venise, en affrétant des nefs et des galées armées.[205] Deuxièmement, l'Etat de Venise permettait à la ligne de galées de Chypre-Arménie de transporter du coton, alors qu'il l'interdisait aux deux autres lignes de galées de Beyrouth et d'Alexandrie. Cette politique libérale dura jusqu'au milieu du XIVe siècle. Selon une réglementation de l'année 1360 des *Ufficiali sopra le mercanzie del Levante*, tous les types de navires pouvaient apporter du coton de Chypre à Venise.[206]

En tenant compte de la *muda gothonorum* à Chypre qui avait lieu aux mois de mars et de septembre, le convoi de galées assurait le transport d'automne, tandis que celui de printemps était pris en charge par les navires des particuliers. Pourtant les marchands semblaient préférer les coques à ce convoi de galées, du fait que les frais de transport avec ce dernier étaient plus élevés.[207] En 1333, un marchand noble, Romano

---

[202] D'après une ordonnance vénitienne du début du XIVe siècle, le coton levantin ne devait être chargé que dans ces deux pays chrétiens pour être transporté à Venise. *L'Armeno-Veneto: Compendio storico e documenti delle relazioni degli Armeni coi Veneiani*, Venise, 1893, p. 86.

[203] E. Ashtor, *Levant trade, op. cit.*, pp. 24–25; G. Giomo, *Lettere di Collegio rectius minor consiglio 1308–1310*, Venise, 1910, n° 35, 36.

[204] F. Thiriet, *Délibérations des assemblées vénitiennes, op. cit.*, vol. 1, p. 72.

[205] M. Balard, « Les Vénitiens en Chypre dans les années 1300 », pp. 601–602.

[206] D'après un décret ordonné le 1er mars 1352 par le Sénat vénitien, les coques qui se rendaient à Chypre avaient le droit de charger autant de coton que possible. L'année suivante aussi, des coques revinrent à Venise du voyage de Chypre. ASV, Ufficiali sopra le mercanzie del Levante, reg. 1, f. 12r; ASV, Senato Misti, reg. 26, f. 86v, 116r.

[207] Dans les années 1330, le tarif de nolis pour le transport de mille livres légères vénitiennes de coton était de douze *grossi* à bord des galées. Mas-Latrie, *Histoire de l'île*

Morosini, fut condamné pour ne pas avoir payé cinquante-neuf sacs de coton, achetés à crédit à Chypre. Il se défendit en disant que pour cet acquittement, il avait envoyé de l'argent chargé sur les galées armées, mais avant l'arrivée de celles-ci, ces cotons avaient été transportés à bord d'un autre navire, peut-être une coque.[208] Le premier mars 1352 le Sénat prit une décision concernant les patrons des coques devant appareiller pour Chypre. Selon ce décret, les patrons étaient tenus de charger sur leurs coques autant de coton que possible à Chypre.[209]

L'Etat de Venise mettait parfois des coques appartenant à la commune à disposition du transport entre Venise et Chypre.[210] En 1366, le Senat décida de mettre en place le premier convoi officiel de coques pour Chypre, de même que ceux de Syrie et d'Alexandrie.[211] Son objectif était le transport du coton de cette île à Venise.[212] Cependant le convoi de Chypre ne fonctionna pas aussi bien que ceux de Syrie et d'Alexandrie et fut probablement suspendu rapidement. En effet, c'est alors d'une façon régulière qu'avaient lieu les enchères aux fins d'attribution de convois de coques pour le voyage de Syrie et d'Alexandrie, comme en témoignent les jugements enregistrés dans les registres du Sénat et du *Collegio Notatorio*. Mais ces documents restent quasiment muets sur les enchères du convoi de Chypre.

En 1375, la ligne de galées fut également interrompue pour une longue période, jusqu'en 1444.[213] Enfin, il n'exista pas de service public de transport garanti par l'Etat pendant plus d'un demi-siècle. L'arrêt du service fut provoqué par deux principaux facteurs. La reprise des relations commerciales avec les Mamelouks qui date du milieu du XIVe siècle, permit aux marchands chrétiens de détourner leurs affaires de Chypre vers la Syrie et l'Egypte. L'occupation de Famagouste par les

---

de Chypre sous le règne des princes de la maison de Lusignan, 3 vol., Paris, 1852–1961, vol. 2, p. 136.

[208] ASV, Senato Misti, reg. 15, f. 128^r.

[209] ASV, Senato Misti, reg. 26, f. 86^r–86^v.

[210] Suivant un décret du 15 juin 1353, les marchands ayant des denrées à récupérer à la douane, transportées par les coques de la commune, nommées *cochis comunis*, provenant de Chypre, devaient se présenter aux officiels concernés. ASV, Senato Misti, reg. 26, f. 116^r.

[211] Le 24 juillet 1366, au *Rialto*, fut annoncée une délibération stipulant que celui qui voulait mettre un navire, une coque ou un autre bâtiment dans le voyage de Chypre, de Syrie et d'Egypte pour charger du coton destiné à Venise, devait faire *se scribi ad curiam maiorem*, c'est-à-dire poser sa candidature par écrit aux enchères, dans les trois jours à venir. ASV, Senato Misti, reg. 32, f. 3^v.

[212] ASV, Senato Misti, reg. 33, f. 71^r.

[213] D. Stöckly, *Le système de l'incanto, op. cit.*, pp. 124–125.

Génois en 1374 et leur stratégie qui consistait à faire passer tout le trafic de Chypre uniquement par ce port, accélèrent cette évolution.

La disparition de ces deux convois officiels atteste évidemment que les contacts commerciaux avec Chypre étaient en déclin, même si elle ne signifie pas l'arrêt du transport du coton de cette île vers Venise. Le chargement du coton à Chypre s'effectuait désormais de moins en moins fréquemment et en quantité réduite. Des navires expédiés à destination de Chypre, visitaient parfois les ports syriens pour charger du coton.[214] En dépit de l'absence du transport public géré par l'Etat et des conjonctures difficiles, le coton continuait à être importé de Chypre à Venise, à bord de navires privés, surtout des coques et, moins fréquemment, sur des galées.[215] Le 9 avril 1440, Oberto Giustinian, capitaine génois de Famagouste, accorda à Lodovico Corner une licence pour transporter cinquante sacs de coton de Paphos ou de Limassol à Famagouste, à bord du navire de Marco Brevio nommé *nave* ou sur la galée de Pietro Morosini.[216]

Vers le milieu du XVe siècle, le grand essor du commerce à Chypre pour les Vénitiens redémarra avant tout grâce au trafic du sucre. En 1445, l'Etat de Venise reprit le service du convoi de galées pour Chypre, dont le principal objectif était le transport du sucre à Venise. En effet, il recevait le nom de *galea zucharorum*.[217] Ce convoi de galées avait encore le droit de transporter du coton.[218] Le nouveau tarif de

[214] En 1378, le Sénat décida d'envoyer une coque de plus de 500 *botti* pour Chypre. Selon la délibération, elle devrait passer par le port syrien de Laodicée pour charger du coton. ASV, Senato Misti, reg. 36, délibération du 2 juillet 1378.

[215] Pendant la suspension du convoi officiel de galées de Chypre, les galées privées n'avaient pas totalement disparues de la route maritime entre Chypre et Venise. D. Stöckly, « Commerce et rivalité à Chypre. Le Transport du sucre par les Vénitiens dans les années 1440, d'après quelques documents génois », p. 1140.

[216] ASG, San Giorgio, sala 34, Diversorum Cancellarie, 590/1292, f. 23^{v}.

[217] D. Stöckly, « Commerce et rivalité à Chypre. Le transport du sucre par les Vénitiens dans les années 1440, d'après quelques documents génois », p. 1143.

[218] La ligne des galées de Chypre gardait en permanence la permission de transporter du coton à Venise, alors que les trois lignes orientales de galées vénitiennes n'étaient autorisées à apporter du coton qu'exceptionnellement: ligne de Beyrouth, ligne d'Alexandrie et ligne de Romanie. Ce phénomène semble dériver de la composition des marchandises disponibles à Chypre. L'objectif des deux lignes de galées de Beyrouth et d'Alexandrie était de transporter des épices, qui étaient généralement faciles à acheter sur ces grands marchés levantins. Par conséquent on leur attribuait le transport des marchandises moins précieuses comme le coton, plus souvent pour raison de sécurité ou de garantie de charge complète. En revanche à Chypre il n'existait pas suffisamment d'épices pour combler les galées. Le sucre occupait la place la plus importante dans la cargaison des galées de Chypre, le coton tenant la deuxième. En

nolis était de huit ducats pour mille livres de coton, plus élevé qu'à bord des coques.[219] En 1474, année où les Génois furent expulsés de Famagouste, la *muda gothonorum* de septembre, en suspens pour une durée indéterminée, fut restaurée.[220] La foire aux cotons avait lieu désormais deux fois chaque année aux mois de mars et de septembre. En réalité, celle de septembre se déroulait normalement, ce qui est attesté par la prolongation de sa durée en 1484 et en 1491.[221] Enfin, l'Etat de Venise normalisa ou améliora le service du transport entre Venise et Chypre. Grâce à ce dernier, le commerce du coton à Chypre par les marchands vénitiens connut un nouveau grand essor. A la fin du XVe siècle, sept mille sacs de coton brut et cent cinquante sacs de coton filé étaient exportés de Chypre. Au milieu du XVIe siècle, cette exportation annuelle s'éleva à vingt mille *cantares*.[222]

Nous allons enfin aborder les itinéraires des navires et les lieux de chargement à Chypre. Pour les navires privés, il est difficile de retracer leurs parcours. En revanche, nous sommes davantage renseignés sur les étapes suivies par le convoi de galées. Après avoir fait plusieurs escales dans diverses villes telles que Pula, Zara, Raguse, Durazzo, Corfou, Clarence, Modon, Coron, Candie et Rhodes, le convoi de galée abordait l'île de Chypre.[223] Selon une délibération du 16 mai 1447, une galée devait gagner d'abord le port de Paphos (25 jours), ensuite se rendrait à Episkopi (2 jours), passerait à Limassol (4 jours), et s'arrêterait à Salines ou à Famagouste (8 jours). Le chargement du coton se réalisait dans tous ces ports chypriotes[224], dont l'importance était

effet au moment des délibérations on donnait priorité aux deux produits, le sucre et le coton. En 1447 l'Etat de Venise décida d'expédier une galée à destination de Chypre. Au retour elle chargerait exclusivement des poudres de sucre, du coton et de l'indigo. D. Stöckly, *Le système de l'incanto, op. cit.*, p. 215; F. Thiriet, *Régestes des délibérations, op. cit., tome troisième*, n° 2745, 2829, 2970, 3038.

219 Les frais de transport à bord des coques au début du XVIe siècle étaient de quatre ducats. ASV, Senato Mar, reg. 3, f. 18r, 201r, reg. 15, f. 145v–146v.

220 ASV, Senato Mar, reg. 10, f. 15v.

221 ASV, Senato Mar, reg. 12, f. 17v, reg. 13, f. 71r.

222 Mas-Latrie, *Histoire de l'île de Chypre, op. cit.*, vol. 3, pp. 493–513, 519–536; Bibliothèque Nationale de France, MS. Italien, n° 1230.

223 D. Stöckly, *Le système de l'incanto des galées du marché à Venise (fin XIII – milieu XVe siècle)*, pp. 119–130.

224 Les Corner, noble famille vénitienne, possédaient des plantations de canne à sucre et des raffineries à Episkopi et à Morphou depuis le milieu du XIVe siècle. Suivant la description du pèlerin Pietro Casola, de l'année 1494, dans les terres des Corner à Episkopi étaient cultivés la canne à sucre et le cotonnier. Concernant Limassol, il

pourtant différente. Dans la première partie du XIVe siècle, la plupart des chargements étaient réalisés à Famagouste qui servait de port d'embarquement non seulement pour le coton produit à Chypre, mais également pour les cotons transférés de Syrie à Famagouste.[225] Pendant l'occupation génoise de Famagouste, escale obligatoire pour tous les navires, ceux de Venise chargeaient du coton pour la plupart dans les trois ports, Paphos, Episkopi et Limassol, puis le transféraient vers Famagouste afin de le transporter à destination de l'Occident.[226] Ce tranfert forcé vers Famagouste semble avoir décliné après l'expulsion des Génois de cette ville. En effet, à la fin du XVe siècle, les habitants de Famagouste essayèrent en vain de rétablir ce privilège, à savoir que tous les cotons de l'île devaient être transportés après la récolte à Famagouste afin d'être exportés.[227]

5. Le transport du coton de l'Italie du Sud, de Sicile et de Malte

Pour le transport du coton de ces régions à Venise, il convient d'abord de préciser qu'il est difficile de reconstituer son évolution au cours de la fin du Moyen Age, à cause du manque de sources. Cette pénurie relative des documents nous suggère que le gouvernement de Venise n'avait pas grand intérêt à ce transport. Il semble que la *muda gothonorum* n'ait pas toujours existé dans ces régions.[228]

relate la destruction ainsi que l'état misérable de cette ville, autrefois belle et grande. Toutefois, en se promenant sur le quai, il décrit une maison située en bordure de mer, dans laquelle étaient entreposées de nombreuses balles de coton et de sucre attendant leur embarquement. Un autre voyageur, Denys Poussot, a vu en 1532 les champs de coton voisins de Larnaka arrosés au moyen de norias, qu'actionnaient des ânes ou des chevaux aux yeux bandés. Ce coton semble avoir été chargé au port de Salines. D. Stöckly, «Commerce et rivalité à Chypre. Le transport du sucre par les Vénitiens dans les années 1440, d'après quelques documents génois», p. 1134; P. Casola, *Canon Pietro Casola's pilgrimage to Jerusaem in the year 1494*, tr. M.M. Newett, Manchester, 1907, pp. 213–215; J. Richard, «Une économie coloniale? Chypre et ses ressources agricoles au Moyen Age», pp. 333–334; D. Poussot, *Le voyage de Terre Sainte*, éd. Ch. Scheffer, Paris, 1890.

225 Le coton produit dans les environs de Nicosie était transféré à Famagouste pour l'exportation. En 1364, le gouvernement interdit au baile et aux recteurs la prolongation du terme de chargement des navires provenant de Famagouste avec du coton pour Venise (*navigiis venientibus di Famagosta cum gothono Venecias*). ASV, Ufficiale sopra le mercanzie del Levante, reg. 1, f. 28r.

226 D. Stöckly, «Commerce et rivalité à Chypre. Le transport du sucre par les Vénitiens dans les années 1440, d'après quelques documents génois», p. 1140.

227 Mas-Latrie, *Histoire de l'île de Chypre, op. cit.*, vol. 3, p. 491.

228 D'après le règlement de l'Office du Levant de l'année 1361 qui définit la *muda*

En tout cas, le coton de ces régions ne cessa pas définitivement d'être importé à Venise. Le premier registre d'importation du coton de Calabre se trouve dans le code maritime vénitien du doge, Ranieri Zeno, en 1255.[229] L'importation vénitienne du coton d'Italie méridionale se poursuivit au XIVe siècle. Le 29 septembre 1346, les Assemblées vénitiennes prirent une délibération sur la liste des marchandises à taxer, dans laquelle figure le coton des Pouilles.[230] Le produit de Calabre se présentait comme l'un des moins chers sur le marché de Venise en 1393.[231] En 1473, le gouvernement de Venise interdit l'importation du coton du royaume de Naples, en raison de sa surabondance sur son marché.[232] Un manuel vénitien de marchandise révèle que le coton de Calabre était importé à la fin du XVe siècle.[233]

Malgré notre ignorance sur plusieurs aspects de ce transport, nous disposons de documents apportant quelques précisions sur les lieux de chargement. Barletta était un port incontournable et principal où les navires vénitiens chargeaient du coton pour le transporter à Venise. Bari et Trani aussi étaient des marchés où les marchands étrangers s'approvisionnaient en cette matière première, et sur lesquels les Vénitiens payaient cinq *tari* d'argent pour l'exportation de mille livres de coton.[234]

B. *L'exportation du coton de Venise*

Après s'être réservé une part pour son industrie, Venise réexportait la plupart de ses cotons vers de nombreux marchés occidentaux par voie de terre ou de mer. La plus grande partie était distribuée en Italie du

---

gothonorum, période autorisée pour le chargement, le transport des cotons produits en Sicile et dans la région de Calabre était exclu de cette obligation, et, donc, pouvait se faire à n'importe quel moment. ASV, Ufficiali sopra le mercanzie del Levante, reg. 1, f. 12ʳ.

229 R. Predelli et A. Sacerdoti, «Gli statui maritti veneziani fino al 1255», *Nuovo Archivio Veneto*, n.s., V (1903), p. 210, cité par M.F. Mazzaoui, *The italian cotton industry, op. cit.*, p. 176.

230 F. Thiriet, *Déliberations des Assemblées vénitiennes, op. cit.*, nº 529.

231 F. Melis, *Documenti, op. cit.*, p. 302.

232 ASV, Senato Mar, reg. 9, f. 177ᵛ.

233 Biblioteca marciana di Venezia, Tarrifa de pexi e mesure congratia et privilegio, f. 97ʳ.

234 A. Zambler et F. Carabellese, *Le relazioni commerciali fra la Puglia e la repubblica di Venezia dal secolo X al XV*, Bologne, 1991, pp. 94–95, 136–152: «Item si aliquis predictorum vel aliorum venetiae iurisdictionis emerit bombicem extra Tranum ab aliquo forense cive sive venetorum subiecto» «Item solvant et solvere teneantur pro ponderatura seu pondere cuiuscumque imiaris bombicis grana quinque».

Nord et en Allemagne du Sud. Une autre partie plus faible était à nouveau expédiée par mer vers les autres pays ou régions de consommation comme l'Atlantique, le Midi de la France, la péninsule ibérique, l'Afrique du Nord, etc. Ce second transport maritime était essentiellement assuré par les trois lignes officielles de galées de Venise : celle de Flandre, d'Aigues-Mortes et de Barbarie.[235] D'autres types de navires privés vénitiens et des bateaux étrangers participaient également à ce transport.[236] Ces trois convois officiels de galées acquéraient une réputation pour leur régularité de service garantie par l'Etat de Venise, de sorte que les marchands étrangers aussi les utilisaient souvent pour transporter du coton depuis Venise vers leurs villes.

1. La ligne de Flandre

De manière générale, le commerce vénitien avec la Flandre et l'Angleterre consistait à la fois en l'écoulement des produits importés du Levant et en l'approvisionnement en laine et draps réutilisés pour l'achat des marchandises levantines en Orient.[237] Venise confiait le transport vers la mer du Nord, d'abord au convoi de galées de Flandre et, dans une moindre mesure, aux coques.[238]

---

[235] De manière générale, au regard du système des galées vénitiennes, nous pouvons nous référer aux travaux de D. Stöckly, *Le système de l'incanto, op. cit.*

[236] La correspondance des archives Datini prouve que les bateaux étrangers participaient à l'exportation du coton depuis Venise. Des facteurs vénitiens de Francesco Datini s'occupaient de l'envoi du coton à Majorque, Valence, et Barcelone, en utilisant non seulement les galées vénitiennes mais également des navires d'autres villes. Zanobi di Taddeo, facteur principal à Venise pour la compagnie de Francesco Datini, envoya quatorze sacs de coton d'Asciam à Cristofano di Bartolo Carocci, à bord du navire de Niccolò Orsatto. Le 22 février 1400, Marco di Verzoni demeurant à Venise, patron d'un navire spécialisé dans le voyage de Catalogne, écrit une lettre à Cristofano di Bartolo Carocci à Majorque, qui précise qu'aucun navire vénitien ne peut aller ni à Majorque, ni à Barcelone, ni à Valence et qu'en conséquence il va charger des marchandises sur son navire. En 1400, un autre facteur vénitien de la compagnie de Francesco Datini, Donato Bonifazio, envoya huit balles de coton à Francesco di Marco et Stefano di Bartolo installés à Majorque, à bord du navire de Marco di Verzoni. ASP, fonds Datini, busta 550, n° 8329, busta 1082, n° 903258 ; F. Melis, *Documenti, op. cit.*, p. 188.

[237] D. Stöckly, *Le système de l'incanto, op. cit.*, p. 153.

[238] En 1410, le Sénat publia une délibération selon laquelle toutes les personnes qui désiraient se rendre en Flandre avec leurs navires étaient invitées à le faire, à la condition de n'embarquer que les marchandises comme le vin, le coton et l'alun. ASV, Senato Misti, reg. 48, f. 121v.

Les années 1310 et 1320 sont considérées comme une première phase d'essai de la ligne de Flandre.[239] Son itinéraire habituel suivait le schéma suivant: Zara, Raguse et Corfou, premiers ports d'escale. Après la mer Adriatique, les galées faisaient escale à Messine et Palerme en Sicile pour quatre jours, passaient par Majorque, pour une durée de trois jours et touchaient Malaga, Cadix et Lisbonne. De là, elles se dirigeaient vers le nord, Southampton, Londres, l'Ecluse, Middlebourg et Anvers. Les deux principales destinations étaient Londres et l'Ecluse. En général, si le convoi se composait de quatre galées, deux allaient à Londres et deux à l'Ecluse; s'il comportait cinq galées, trois passaient à l'Ecluse et deux à Londres. La durée de l'escale en Flandre se situait entre quarante et cinquante jours. Une quarantaine de jours était accordée à Londres.[240]

La cargaison d'aller du convoi de galées de Flandre était variée. Les marchandises mentionnées couramment dans les registres d'enchères se décomposaient comme suit: épices grosses et légères, coton, sucre levantin, draps, futaine, peaux, tissus de soie, corail, cire.[241] Les documents marchands témoignent également de la variété du fret d'aller.[242] Selon la liste de cargaisons des archives Datini, le convoi de Flandre de 1396 composé de quatre galées, chargea une quarantaine de sortes de marchandises à Venise.[243]

La part la plus importante de la cargaison était les épices, surtout le poivre et le gingembre. Quant au chargement, la priorité était accordée aux épices. L'importance des épices se vérifie clairement dans une délibération du 11 mai 1429 proclamant que «dorénavant, chaque année, pour le bien et profit de nos marchands et citoyens de Venise, sur le fait

---

[239] D. Stöckly, *Le système de l'incanto, op. cit.*, p. 155.

[240] *Ibid.*, p. 159.

[241] *Ibid.*, pp. 362–364.

[242] Nous pouvons citer quelques lettres adressées à Lorenzo Dolfin, restant à Venise, par ses associés à Londres et à Bruges. D'après le descriptif de cette correspondance, en 1424, la ligne de Flandre porta à Bruges les produits suivants: poivre, gingembre, *mechin*, cannelle, clou de girofle, noix, *macis, galanga, verzi* (bois de brésil), coton, et *comini*, et la ligne de galées de Flandres de l'année 1441 arriva avec le chargement suivant: poivre, gingembre, cannelle, clous de girofle, *macis, verzi, galanga*, coton syrien et turc, soie teinte et les autres marchandises usuelles. La réglementation du Sénat vénitien sur la navigation des galées de Flandre de 1334 énumère les marchandises autorisées à embarquer sur les galées de Flandre, parmi lesquelles figurent le coton brut et le coton filé. ASV, Procuratori di San Marco, Commissarie di Citra, busta 282, lettre du 18 septembre 1424 envoyée de Bruges à Venise; F. Melis, *Documenti, op. cit.*, p. 188.

[243] ASP, fonds Datini, busta 1171; J. Heers, «Il commercio nel Mediterraneo alla fine del sec. XIV e nei primi anni del XV», p. 177.

du chargement des épices que l'on envoie avec les galères de Flandre à Bruges et à Londres, il serait établi, pour toutes les galères, que leurs *sovracomiti* ne pourraient en aucune manière charger nulle autre marchandise, c'est-à-dire des vins, des raisins secs ou toute autre grosse denrée, sans avoir d'abord chargé toutes les grosses épices, et de même les papiers et le sucre et que les patrons seraient tenus de prendre les épices et d'en faire les bulletins, et non pas des cotons bruts ni filés, sous peine d'une très forte amende.»[244] Nous rencontrons fréquemment cette priorité d'ordre dans les registres du Sénat, selon laquelle le coton gardait tout de même la deuxième place après les épices. En 1441, contre la réglementation de l'*incanto* des galées de Flandre, on avait trop chargé de marchandises telles que les raisins secs, les draps et le coton sur les galées, de sorte qu'une partie de la cargaison des épices restait à terre. Par conséquent le Sénat ordonna que les raisins secs et les draps fussent déchargés pour céder la place aux épices. Excepté de cette décision, le coton restait embarqué.[245] Ceux qui débarquaient des épices pour prendre à bord du coton et autres marchandises, devaient payer une amende de 500 ducats selon une décision du 6 mars 1477 du Sénat vénitien.[246] En outre, le chargement des épices pouvait se faire jusqu'à la dernière minute, alors que le coton devait être présenté parfois plusieurs jours avant le début de l'embarquement des épices.

Après les épices, le coton tenait une place de second ordre, avec le vin et le sucre.[247] En effet, selon un décret du 16 mai 1441, le voyage de Flandre fut originairement institué pour le profit des marchands vénitiens, et afin de transporter des épices et du coton.[248] La quantité de chargement du coton était également considérable. Nous avons quelques listes de cargaisons du convoi de Flandre, laissées par Datini et conservées aux archives de Prato.[249] Le convoi de Flandre de 1394 composé de trois galées chargea 319 balles de coton brut. Celui de 1395 embarqua une quantité plus grande: 192 *colli* de coton brut, 117 *colli* de coton filé et 316 *colli* de coton teint. En 1396, trois cent quarante

---

[244] A. Morosini, *La chronique d'Antonio Morosini*, vol. 3, pp. 4–7.

[245] ASV, Senato Mar, reg. 1, f. 40^{v}.

[246] ASV, Senato Mar, reg. 3, f. 2^{v}–3^{r}.

[247] J. Heers, «Il commercio nel Mediterraneo alla fine del sec. XIV e nei primi anni del XV», p. 177.

[248] L. Gilliodts-van Severen, *Cartulaire de l'ancienne estaples de Bruges, recueil de documents concernant le commerce intérieur et maritime, les relations internationales et l'histoire économique de cette ville*, Bruges, 1904–1906, n° 783.

[249] ASP, fonds Datini, busta 1171.

sacs de coton brut et cinquante balles de coton filé furent transportés en Flandre par le convoi comprenant quatre galées et dont le capitaine était Pietro Danidore. En 1400, seulement cent cinquante-cinq sacs de coton brut furent chargés.[250] En 1401, la ligne de Flandre composée de cinq galées, dont le patron était Niccolò Foscari, partit au mois de mars ou d'avril de Venise et gagna l'Atlantique après avoir fait escale en Sicile, à Majorque et à Cadix avec un chargement de presque toutes les marchandises provenant d'Orient et de quelques produits de l'industrie vénitienne et lombarde : épices, sucre, vin, coton, alun, papier, et draps de soie. Cette cargaison comptait 396 sacs de coton brut et 19 balles de coton filé.[251] D'après les listes de cargaisons des archives Datini, une plus grande quantité de coton transportée par le convoi de galées de Flandre comptabilisait 594 sacs de coton brut et 52 balles de coton filé. Malheureusement, la date n'est pas indiquée dans le document.[252]

Outre la considérable quantité, il faut souligner la variété du coton. Sur les marchés de Bruges et de Londres, deux escales de premier ordre pour le convoi de galées vénitiennes, étaient vendues la plupart des sortes de cotons produits en Méditerranée. Même si elles ne couvrent pas l'ensemble, les *valute* des archives Datini nous permettent d'établir un inventaire des cotons en vente dans les trois principales villes suivantes, Bruges, Londres et Paris : coton d'Alexandrie, de Turquie, d'Asciam et coton filé de Chypre, Barcelone et Montpellier. Le convoi de galées vénitiennes assurait pour la plupart le transport du coton syrien et moins fréquemment celui d'origine turque et maltaise. En 1441, la ligne de galées de Flandre apporta du coton syrien et turc sur le marché de Bruges.[253] Le chargement du coton brut ou filé maltais était effectué à Messine.[254] Les familles marchandes en Sicile, Sollima, Faraone et Otranto, elles aussi, participaient à ce trafic.[255]

La futaine, tissu de coton, était également transportée par ce convoi de Flandre.[256] Ainsi que le coton, cette étoffe figure toujours dans la liste des marchandises indiquées dans la délibération des enchères. Suivant les règlements pour les galées de Flandre de 1334, le chargement

---

250 F. Melis, *Documenti*, *op. cit.*, p. 324 ; J. Heers, « Il commercio nel Mediterraneo », p. 190.

251 *Ibid.*, p. 177.

252 ASP, fonds Datini, busta 1171.

253 F. Melis, *Documenti*, *op. cit.*, p. 188.

254 B. Paxi, *Tariffa de pexi e mesure congratia et privilegio*, f. 137v.

255 C. Trasselli, « Lino e cotone a Messina », p. 98.

256 A. Morosini, *La chronique d'Antonio Morosini*, vol. 1, p. 239 et vol. 2, p. 235.

des futaines devait être terminé trois jours avant la fin de l'embarquement.[257] Une délibération du 3 décembre 1422 précise que les futaines étrangères pouvaient être chargées jusqu'au dernier jour du départ.[258] Cependant ce trafic n'était pas aussi remarquable que celui du coton. Le convoi de 1395 chargea vingt-deux *colli* de futaines, celui de 1401 vingt-quatre balles.[259]

La plupart du coton chargé à Venise était destiné à Bruges et à Londres, une faible partie étant déchargée dans les ports d'escale sur la route de Flandre, comme Messine, Palerme, Majorque, Malaga et Cadix.[260] Majorque était cependant un lieu de débarquement habituel. En 1396, Zanobi di Taddeo, facteur à Venise de la compagnie de Francesco Datini, chargea six sacs de coton et six balles de coton filé sur le convoi de galées de Flandrc, sacs qui seraient déchargés et remis à Ambrogio di messer Lorenzo à Majorque.[261] L'année suivante, ce même facteur envoya de nouveau une certaine quantité de coton à Cristofano di Bartolo à Majorque, à bord du convoi de galées de Flandre.[262] Déchargé à Majorque, le coton était souvent de nouveau transporté à Valence ou à Barcelone. Les marchands de cette dernière organisaient un service supplémentaire de navires de petite taille, destinés à se rendre à Majorque pour acheter des produits débarqués dans cette île par les galées vénitiennes.[263] Après l'installation de deux autres lignes de galées, celle d'Aigues-Mortes en 1412 et celle de Barbarie en 1437, la tâche du transport du coton en Catalogne devait être partagée par ces trois convois de Venise.

Enfin, le convoi de galées de Flandre assurait un service de transport, non seulement pour les marchands vénitiens, mais également pour les marchands étrangers. Ceux de Catalogne en profitaient pour importer du coton. Ce convoi de galées était pourtant obligé d'embarquer des épices et du coton appartenant d'abord aux marchands vénitiens, et en second lieu seulement aux marchands étrangers.[264]

---

257 D. Stöckly, *Le système de l'incanto, op. cit.*, p. 362.

258 *Ibid.*, pp. 362–364; ASV, Senato Misti, reg. 54, f. 65^r–68^r, f. 178^v–181^v.

259 ASP, fonds Datini, busta 1171.

260 *Ibid.* Le convoi de galées de 1397 transporta trois cent quarante sacs de coton brut et soixante-neuf sacs de coton filé vers l'Atlantique, en déchargeant seulement une balle de coton filé en Sicile.

261 ASP, fonds Datini, busta 1082, n° 903231.

262 *Ibid.*, n° 903267.

263 D.I. Luis, «Las galeras mercantiles venecianas y el puerto de Valencia (1391–1534)», p. 183.

264 ASV, Senato Mar, reg.1, f. 37^r–37^v.

Pour comprendre l'ensemble du transport du coton vers la mer du Nord, il faut insister sur le fait qu'outre ce convoi de galées, il existait un autre service de transport, assuré par les coques. Celles-ci chargeaient du coton dans les régions productrices, surtout à Candie, puis le transportaient directement vers l'Atlantique sans escale à Venise.

2. La ligne d'Aigues-Mortes

La ligne d'Aigues-Mortes fut établie en 1412. Son objectif était d'approvisionner les ports languedociens et provençaux en produits importés du Levant.[265] L'inauguration du convoi officiel de galées ne constitue que la simple reprise du trafic déjà existant entre le Midi de la France et Venise. A titre d'exemple, citons une délibération du gouvernement vénitien du 13 décembre 1273: «Tous les Vénitiens ou les étrangers qui voulaient aller de Venise dans les régions de la Provence, soit Marseille, soit Aigues-Mortes, pouvaient y aller librement et de manière générale, et y porter toutes les marchandises qui venaient du Levant à Venise, tous les produits provenant de la Romanie à Venise, et tous les articles fabriqués à Venise[266] ».

Dès l'année 1425, la route du convoi d'Aigues-Mortes était souvent prolongée jusqu'aux villes de Catalogne, Collioure, Barcelone, Valence et Majorque. Cet itinéraire en plein essor se présente comme suit: Messine – Palerme – Naples – Gaète – Civitavecchia – Talamon – Porto Pisano – Marseille – Port de Bouc – Aigues-Mortes – Agde – Collioure – Barcelone – Valence – Majorque.[267] Avant cette prolongation du voyage jusqu'en Catalogne, les navires vénitiens visitaient ces trois derniers ports et leur fournissaient du coton.[268] Depuis ce prolongement, le convoi officiel d'Aigues-Mortes pouvait assurer le transport plus régulier du coton

---

265 B. Doumerc, «Le trafic commercial de Venise au XVe siècle. Le convoi d'Aigues-Mortes», p. 181; D. Stöckly, *Le système de l'incanto, op. cit.*, p. 165.

266 J. Morize, «Aigues-Mortes au XIIIe siècle», p. 343.

267 D. Stöckly, *Le système de l'incanto, op. cit.*, p. 167.

268 Pour illustrer cet état de fait, une lettre mérite d'être citée. Un patron catalan, Marco de Verzoni, écrivit une lettre le 22 février 1400 à Venise et l'envoya à un marchand de Majorque, Cristofano di Bartolo Carocci. Il lui expliqua qu'il devrait se rendre de Venise à Majorque à la place des navires vénitiens, parce qu'aucun navire vénitien ne pourrait passer pour le moment ni à Majorque, ni à Barcelone, ni à Valence. Avant la rédaction de cette lettre, huit balles de coton avaient été déjà chargées sur le navire de Marco de Verzoni par un marchand vénitien, Donato di Bonifacio, pour les expédier à Francesco di Marco et à Stefano di Bartolo à Majorque. F. Melis, *Documenti, op. cit.*, p. 188; ASP, fonds Datini, busta 550, n° 8329.

depuis Venise vers Barcelone, Valence et Majorque.[269] Il chargeait également du coton en Sicile, surtout à Messine et le transportait vers les marchés ibériques.[270] En 1494, et à Valence, furent importés deux cent soixante-treize sacs de coton, dont la majeure partie transita par Aigues-Mortes, via le convoi vénitien.[271]

La composition de la cargaison et le fonctionnement des galées d'Aigues-Mortes étaient à peu près similaires à ceux de Flandre.[272] En effet, les enchères de l'année 1416 stipulent que le convoi d'Aigues-Mortes sera soumis aux mêmes ordres que celui de Flandre.[273] Suivant la réglementation des enchères de l'année 1470, sur les deux galées, «Eriza» et «Justiniana», provenant du voyage de Beyrouth, pouvaient être chargés tous les produits que l'on prenait à bord sur les galées de Flandre.[274]

Le coton constituait un article habituel de la cargaison du convoi d'Aigues-Mortes. Car il figure couramment dans les registres d'enchères indiquant la règle de chargement et le tarif de nolis. Ceux qui désiraient charger du coton devaient le présenter tant de jours avant le départ des galées, trois jours pour les années 1438[275] et 1439[276], et quinze jours pour les années de 1451 et 1470.[277] En général, le coton devait être présenté quelques jours avant le terme de chargement des épices, six pour l'année de 1423[278] et trois pour l'année 1430.[279] Au milieu du XVe siècle le tarif de nolis était de près de dix ducats.[280]

Le fait que le coton était l'un des produits principaux dans l'ensemble de la cargaison des galées d'Aigues-Mortes, est bien attesté par

269 Le coton brut et filé et la futaine fabriquée en grande partie à Crémone sont indiqués comme principales marchandises envoyées de Venise à Barcelone, à Valence et à Majorque dans un manuel vénitien de marchandise du début du XVIe siècle, qui ne mentionne malheureusement pas le moyen de transport. Biblioteca marciana di Venezia, Tariffa de pexi e mesure, f. 125^v–127^r.

270 Y. Auffray et J. Guiral, «Les péages du royaume de Valence (1494)», p. 157.

271 J. Guiral, *Valence, port méditerranéen au XVe siècle (1410–1525)*, Paris, 1986, p. 305; D.I. Luis, «Las galeras mercantiles venecianas y el puerto de Valencia (1391–1534)», pp. 188–189.

272 ASV, Senato Misti, reg. 57, f. 69^r.

273 D. Stöckly, *Le système de l'incanto, op. cit.*, p. 166.

274 ASV, Incanti galere, reg. 1, f. 3^v.

275 ASV, Senato Misti, reg. 60, f. 58^r.

276 *Ibid.*, f. 108^r.

277 ASV, Incanti galere, reg. 1, f. 4^r.

278 ASV, Senato Misti, reg. 54, f. 68^v.

279 ASV, Senato Misti, reg. 57, f. 69^r.

280 ASV, Senato Mar, reg. 1, f. 7^v–8^r.

un autre épisode. En 1426, le départ du convoi fut différé, parce qu'il ne pouvait pas compléter son chargement de marchandises, surtout de coton, jusqu'au terme réglementé par l'Etat. Ces contretemps furent causés par le retard des navires provenant de Syrie avec du coton.[281] En général, le convoi de galées d'Aigues-Mortes, quittant Venise au mois de mars, pouvait charger du coton apporté à Venise par le convoi de coques de Syrie, qui revenait à Venise au mois de novembre ou de décembre de l'année précédente.

Même si le coton était couramment transporté par ce convoi d'Aigues-Mortes, ce trafic ne représentait pas une affaire capitale pour les marchands de Venise. Il existait d'abord une autre route non maritime, mais terrestre. Depuis Venise, le coton était exporté vers les marchés du Midi de la France en transitant par l'Italie du Nord. De plus, les marchands de Barcelone, de Gênes, de Savone[282] et de Florence[283], eux aussi, participaient au ravitaillement du Midi de la France. Bien entendu, les marchands français n'en étaient pas exclus. Les marchands barcelonais et génois surtout y jouaient un rôle de premier ordre. Après être filé à Barcelone, le coton était exporté à la fois par terre et par mer vers les villes en France du Sud comme Montpellier, Marseille et Avignon.[284]

3. La ligne de Barbarie

L'Afrique du Nord constitue la dernière destination à inclure dans le système commercial des réseaux de galées vénitiennes. La ligne de Barbarie fut mise en place en 1437. Après les premières tentatives de voyage, elle connut une phase d'essor à partir de 1459, à compter de laquelle les prix des enchères augmentèrent et où en moyenne trois

[281] ASV, Senato Misti, reg. 56, f. 26^r.

[282] ASG, Notai Antichi, n° 312, Andreolo Caito, f. 168^r–168^v.

[283] Depuis 1468 les galées florentines passaient d'une manière régulière à Marseille, Aigues-Mortes et Bouc, en y apportant des marchandises orientales et de là exportant des produits provenant de Barcelone et de Barbarie. Pour le transport du coton de Porto Pisano à ces trois villes, le tarif de nolis était d'un florin dix sous pour cent livres de coton brut et de trois florins pour le coton filé. E. Baratier, *Histoire du commerce de Marseille*, Paris, 1951, t. II, p. 466; A. Grunzweig, «Le fonds du consulat de la mer aux archives de l'Etat à Florence», *Bulletin de l'Institut historique belge de Rome*, X (1930), pp. 75–78.

[284] ASP, fonds Datini, busta 1171; J. Combes, «Un groupe d'hommes d'affaires montpelliérains à la fin du XIVe et au commencement du XVe siècle», p. 114.

galées faisaient le voyage public.[285] En 1460, le Sénat décida de créer une dernière ligne de galées, celle du Trafego. Le but de celle-ci était de ravitailler l'Afrique du Nord, qui n'avait pas ses propres navires et par conséquent ne pouvait pas se passer des flottes chrétiennes, en produits orientaux. L'installation du convoi du Trafego risquait donc de nuire à celui de Barbarie. D'une première délibération il ressort que la priorité était donnée à ce dernier. En matière de transport du coton, cette délibération prescrit que la ligne du Trafego ne puisse le charger ni à Venise ni à Alexandrie.[286]

Dès le début de son fonctionnement, le convoi de galées de Barbarie était autorisé à transporter du coton pour l'Afrique du Nord. Les premiers ordres du Sénat vénitien mentionnent les épices, les draps étrangers et le coton comme les produits principaux sur la route de Venise vers l'Afrique du Nord.[287] Un manuel vénitien de marchandise du début du XVIe siècle en témoigne aussi.[288] Le convoi de galées de Barbarie emportait du coton également pour la péninsule ibérique. Dans la deuxième moitié du XVe siècle, l'importation du coton à Valence était en partie assurée par ce convoi de Venise.[289]

Avant l'installation de cette ligne de galées, le transport du coton de Venise en Barbarie semble n'être pas très animé. En 1445, le marchand vénitien Andrea Barbarigo fit charger du coton filé d'Acre, importé à Venise par le convoi de Syrie, sur les galées de Barbarie, en s'inquiétant de cette nouvelle aventure.[290] Pendant la période précédente, en général, le coton avait été transporté des régions productrices en Afrique du Nord sans passer par Venise. Par exemple, les navires vénitiens transportaient du coton du Levant d'abord en Sicile, puis de là en Afrique du Nord sans passage par Venise. Syracuse en Sicile, étape obligatoire de la ligne de Barbarie, représentait à la fois un entrepôt du coton provenant des diverses régions productrices et son lieu de transit.[291] L'Etat de Venise essayait d'interdire ce transport direct pour protéger et encourager le bon déroulement du convoi de Barbarie. En

---

285 D. Stöckly, *Le système de l'incanto, op. cit.*, p. 173.

286 B. Doumerc, *Venise et l'émirat hafside de Tunis (1231–1535)*, Paris, 1999, pp. 103–104, 232–233.

287 G. Stöckly, « Les premiers convois de galées commerciales vénitiennes en direction de la Barbarie au milieu du XVe siècle », p. 493.

288 Biblioteca marciana di Venezia, *Tariffa de pexi e mesure congratia et privilegio*, f. 135r.

289 J. Guiral, « Valence et la Berbérie au XVe siècle », pp. 112–113.

290 F.C. Lane, *Andrea Barbarigo, merchant of Venice 1418–1449*, Baltimore, 1944, p. 31.

291 ASV, Incanti galere, reg. I, f. 21v.

1444, le Sénat délibéra pour arrêter ce genre de transport: «Pour le bien de notre ville, de nos navires et de nos galées en voyage de Barbarie, les marchands vénitiens ne pourront pas porter en Barbarie du coton du Levant, sinon venant de Venise». Des ordonnances similaires se répètent. Suivant une délibération de 1473, les galées de Barbarie ne pouvaient pas charger des cotons bruts et filés à Syracuse à destination de Valence.[292] Un décret du 10 février 1475 confirme à nouveau que ce n'est qu'à Venise que les patrons de galées pouvaient charger du coton et des épices appartenant tantôt aux marchands étrangers, tantôt aux marchands vénitiens.[293] Malgré la volonté du gouvernement, ce type de trafic n'avait pas totalement disparu de la grande navigation maritime vénitienne. En réalité, le coton continuait à être expédié des colonies vénitiennes de Romanie en Afrique du Nord sans passer par Venise à la fin du XVe siècle.[294]

Les enchères de la ligne de Barbarie nous donnent d'autres informations. Nous y trouvons toujours une réglementation pour la période de chargement et le tarif de nolis. En général les galées commençaient leur chargement par le coton.[295] D'après le décret du 11 janvier 1448, les galées étaient tenues de prendre à bord tous les cotons qui leur avaient été présentés jusqu'à quarante jours avant leur départ.[296] Cette réglementation subissait de petites modifications selon les années.[297] En 1450 la galée de Barbarie devait d'abord charger du coton qui devait être présenté jusqu'à vingt jours avant son départ et les marchands désirant son chargement devaient obtenir des sceaux nommés *bulletas* jusqu'au 15 mars, et marquer le nombre de sacs ainsi que leur poids, sur ces sceaux. Les marchands payaient dix ducats pour le transport de mille livres légères vénitiennes de coton à bord de cette ligne de galées.[298]

292 *Ibid.*, f. 21^{v}, 32^{r}: «non possint patroni galearum Syrachusis, Tunisii, Tripoli et in tota costa nec in quolibet alio loco quo ibunt levare gothonos nec species forenses neque et gotonos et species notrorum que fuissent extracte ex hac urbe et decimas ad datia consueta non solivissent.»

293 Les produits de soie et l'argent aussi devaient obéir à cette réglementation. ASV, Senato Mar, reg. 1, f. 89^{r}; ASV, Incanti galere, reg. 1, f. 32^{r}.

294 Modon et Coron représentaient à la fois un marché du coton produit en Romanie, et un entrepôt pour le coton provenant du Levant. Biblioteca marciana di Venezia, Tariffa de pexi e mesure congratia et privilegio, f. 103^{v}; ASV, Senato Misti, reg. 34, f. 118^{v}.

295 «Incipiendo levare hic Venetiis omnes gothonos qui sibi presentabuntur per octo dies ante terminum recessus». ASV, Senato Mar, reg. 1, f. 21^{r}.

296 ASV, Senato Mar, reg. 3, f. 39^{r}.

297 Huit jours pour les années 1441 et 1442. ASV, Senato Mar, reg. 1, f. 21^{v}, f. 89^{r}.

298 ASV, Senato Mar, reg. 1, f. 21^{r}; ASV, Incanti galere, reg. 1, f. 1^{v}, f. 21^{r}.

Mise à part cette réglementation de transport, nous sommes peu renseignés sur d'autres aspects quantitatifs, notamment sur le volume du trafic. Toutefois malgré l'absence de sources statistiques, il semble que le volume du trafic soit resté faible. Par exemple en 1491 six sacs de coton furent débarqués à Valence par les galées vénitiennes.[299] En outre, la ligne de galées de Barbarie importait du coton de l'Afrique du Nord à Venise à la fin du XVe siècle.[300] Même si ce genre de trafic était empêché par l'Etat, il commençait à s'accroître petit à petit dès la fin du XVe siècle.[301] Au XVIe siècle, les Vénitiens exportaient en quantité non négligeable du coton de toute la Barbarie, et particulièrement d'Oran. La matière première africaine de médiocre qualité servait pour la fabrication des voiles.[302]

C. *Le transport direct sans escale å Venise*

L'Etat de Venise avait pour stratégie principale de concentrer du coton de plusieurs provenances dans la métropole. Cette tactique aboutit à un si bon résultat que Venise devint le plus important marché de redistribution en Occident.

Pourtant, le transport du coton vers les lieux de consommation, sans escale à Venise, se réalisait régulièrement, même si c'était en quantité plus faible en comparaison de l'importation à Venise. Le fait que ce genre de trafic représentait une habitude d'affaires est bien attesté par une délibération établie le 8 mai 1388 par le Sénat.[303] Dans ce décret, Pise est indiquée comme une destination du coton provenant de Romanie, de Syrie, d'Alexandrie et de Rhodes. Mais les autres destinations y sont indiquées d'une façon incertaine: *in partibus Pisarum*

---

299 J. Guiral, «Valence et la Berbérie au XVe siècle», pp. 112–113.

300 L'importation du coton africain s'effectuait dès avant le XVe siècle. Le coton de Barbarie était distribué dans les villes en Italie du Nord fabriquant des tissus cotonniers, surtout Crémone. C.S. Almansi, *Statuti dell'università e paratico dell'arte del pignolato bombace e panno di lino*, Crémone, 1970, pp. 177–179.

301 Nous en avons un exemple dans le registre de Giovanni Manzini, qui fut notaire de bord sur une galée du convoi de Barbarie en 1475. Malgré les ordres de l'Etat, la galée chargea du coton à Oran pour le transporter à Venise. A. Ducellier, «Le registre de Giovanni Manzini, notaire sur les galées vénitiennes de Barbarie (1472–1476)», p. 525.

302 Mas-Latrie, *Traités de paix et de commerce et documents divers concernant les relations des Chrétiens avec les Arabes de l'Afrique septentrionale au Moyen Age*, p. 221; M.F. Mazzaoui, *The italian cotton industry, op. cit.*, Paris, 1866, p. 42, 182.

303 H. Noiret, *Documents inédits, op. cit.*, pp. 19–20.

et aliis similibus locis Ponentis. Comme nous l'avons indiqué plus haut, le coton était importé des régions productrices vers l'Afrique du Nord sans passage par Venise.[304] Dans ce trafic, l'île de Sicile jouait le rôle de lieu de transit. Les navires vénitiens avaient coutume d'apporter du coton syrien en Sicile, puis de le transférer en Afrique du Nord.[305] Cependant le gouvernement vénitien cherchait à empêcher le transport sans passage par la métropole.[306]

En revanche, l'Etat de Venise était moins sévère pour le transport direct vers la mer du Nord. Le 11 décembre 1444, le Sénat prit une mesure selon laquelle le transport direct du coton du Levant en Occident sans escale à Venise serait interdit, mais les régions de Flandre et d'Angleterre étaient exemptes de cette décision. Les marchands de Venise pouvaient toujours transporter du coton vers la mer du Nord, s'ils payaient la taxe de 3 %.[307]

En général, le coton n'était pas transporté d'une façon directe de Syrie, d'Alexandrie et de Chypre vers la mer du Nord. Il était d'abord transféré des régions productrices levantines à Candie avant d'être acheminé vers l'Atlantique, sans passer par Venise. Ce transport était en grande partie assuré par les coques.

Plusieurs documents vénitiens, notamment la chronique d'Antonio Morosini, témoignent de la pleine activité de cette route maritime au XVe siècle.[308] La nécessité de transporter du vin de Crète à bord des coques était à son origine. Le coton prenait la deuxième place dans l'ensemble de la cargaison de cette ligne.[309] Au milieu du XVe siècle,

---

[304] En outre, les navires vénitiens fournissaient un service de transport d'Alexandrie en Ifriqiya aux marchands musulmans au XVe siècle. Le 1er janvier 1478 plusieurs litiges éclatèrent contre des marchands vénitiens. Deux marchands maghrébins achetèrent du coton égyptien et voulurent l'apporter en Ifriqiya en profitant des navires vénitiens, dont les patrons vénitiens réclamèrent un nolis exorbitant. B. Doumerc, «La ville et la mer: Tunis au XVe siècle», p. 129.

[305] Comme les Vénitiens, les marchands génois avaient un rôle dans ce genre de trafic. Le 13 mai 1378, un marchand génois à Palerme, Niccolò Spinola, établit un contrat avec un patron génois, Chiccus Pezagnus. Il s'agissait du transport du coton de Candie à Palerme ou à Trapani. ASV, Senato Mar, reg. 2, f. 46r; ASP, Notai defunti, B. Bononia 129, f. 264r.

[306] ASV, Incanti galere, reg. 1, f. 32r: «non possint patroni galearum Syrachusis, Tunisii, Tripoli et in tota costa nec in quolibet alio loco quo ibunt levare gothonos nec species forenses neque et gotonos et species nostorum que fuissent extracte ex hac urbe et decimas ad datia consueta non solivissent.»

[307] ASV, Senato Mar, reg. 2, f. 46r.

[308] A. Morosini, *La chronique d'Antonio Morosini*, vol. 1, pp. 151–153, vol. 2, p. 295, 315, 327, 333.

[309] De l'analyse de la coque de Niccolò Rosso arraisonnée en 1403 par le corsaire

les navires transportant du vin se rendaient vers la mer du Nord d'une manière tellement fréquente que le Sénat de Venise essaya de freiner les contrebandes, en prescrivant des peines de détentions sévères.[310] Cependant les coques ne cessèrent pas de fréquenter la route directe de Crète à Londres et en Flandre dans la deuxième moitié du XVe siècle. Dans les années 1470 une compagnie de Alvise Baseggio et de Paolo Caroldo envoyait du coton syrien en Flandre par Candie sans escale à Venise.[311]

Le coton était transporté en bonne quantité sur cette route directe. Dans le port de Cadix, le 11 février 1403, les Génois s'emparèrent d'une coque vénitienne allant en Flandre avec un chargement d'épices et de sucres, d'une valeur de 40 000 ducats, et de coton pour une valeur de 10 000 ducats.[312] Ce montant correspondait à près de deux cents sacs de coton.[313] Pour l'année 1426 nous avons un exemple plus précis. Une coque neuve de tonnage de huit cents *botti*, dont le patron était Pietro Balbi, fut attaquée le long de la côte de Barbarie par une grande coque génoise de Lomellino Grimaldi et deux autres coques. Cette coque vénitienne était en train de faire route de la Crète en Flandre avec un chargement de trois cents sacs de coton, sept cents *botti* de vin, une certaine quantité d'alun et un peu d'épices, dont la valeur totale était de 30 000 ducats d'or.[314] Même si une coque de cette taille avait la capacité de transporter de loin plus de trois cents sacs de coton, cette quantité doit être considéré comme un maximum sur la route de Crète en Flandre, si l'on considère la place importante prise par le vin.

---

génois Niccolò de Moneglia, il résulte que le vin était le fret le plus important de sa cargaison. Dans les produits portés à Ermude en Flandre en 1427 par une caraque vénitienne, le vin de Crète et le coton dominent le lot. Ph. Braunstein, «La capture d'une coque vénitienne», pp. 123–133; L. Gilliodts-van Severen, *Cartulaire de l'ancienne estaple de Bruges, op. cit.*, pp. 564–565.

[310] U. Tucci, «Le commerce vénitien du vin de Crète», p. 204.

[311] ASV, Procuratori di San Marco, Commissarie miste, busta 116.

[312] A. Morosini, *La chronique d'Antonio Morosini*, vol. 1, pp. 151–153.

[313] Cette chronique ne mentionne que le montant du coton. Pourtant nous pouvons établir une approximation. Le 24 décembre 1404, mille livres de coton de Hama de la plus haute qualité étaient vendues sur le marché de Venise au prix de douze livres, égales à cent vingt ducats. Donc, le prix d'un sac de coton de Hama, d'un poids de quatre cents livres légères vénitiennes, correspondait à près de quarante-huit ducats. En tenant compte de cette estimation, la quantité de coton d'une valeur de 10 000 ducats correspondait à peu près à un peu plus de deux cents sacs. ASP, fonds Datini, busta n° 1171.

[314] A. Morosini, *La chronique d'Antonio Morosini*, vol. 2, p. 315.

Le nombre de navires mobilisés pour cette mission nous aide à faire une estimation de l'envergure de ce transport direct. D'après la chronique de Morosini, au moins deux coques étaient chaque année mises en service pour le voyage de Flandre.[315] En 1416, trois coques furent attribuées pour ce voyage. La première escale fut Candie, où ces coques chargèrent du vin, peut-être du coton.[316] En 1421, trois coques firent un périple de Crète en Flandre.[317] En 1430 quatre coques apportèrent du vin à l'Ecluse, d'après la chronique d'Antonio Morosini.[318] Cette cargaison de vin suggère que ces coques venaient du même endroit que pour les précédents exemples.

En somme, Venise administrait les deux routes maritimes du transport du coton vers la mer du Nord, assuré à la fois par le convoi officiel de galées et par les coques. Une différence entre les deux, c'est que le premier chargeait du coton à la métropole, les dernières surtout dans l'île de Crète. Le convoi de galées de Flandre apportait en moyenne cinq cents sacs vers la mer du Nord vers 1400 d'après les documents des archives Datini.[319] Tenant compte de cette estimation même imparfaite, nous pouvons plus ou moins conclure que le total du coton transporté par les galées et les coques se situait aux alentours de mille sacs par an.

IV. *Le tarif de nolis*

En principe, le tarif de nolis était fixé par l'Etat de Venise et *grosso modo* bien respecté. Cependant il est probable que les marchands et les patrons avaient une certaine tendance à négocier parfois le fret du transport.[320] Une délibération du Sénat du 16 février 1443 interdit ainsi aux marchands et aux patrons de négocier le fret à leur guise, en précisant que les patrons ne devaient pas demander aux marchands plus de six ducats et que les marchands ne pouvaient pas donner moins

[315] Un nombre plus élevé est suggéré par J. Heers, *Gênes au XVe siècle*, pp. 453–454.

[316] A. Morosini, *La chronique d'Antonio Morosini*, vol. 2, pp. 92–93: les patrons des trois coques étaient Giovanni Buono de' Zilioli, Marco Bochetta et Antonio Ungareno.

[317] *Ibid.*, pp. 205–207.

[318] *Ibid.*, vol. 3, p. 311.

[319] Le plus gros volume effectué par la ligne de galées de Flandre était 594 sacs de coton et 52 balles de coton filé à bord de quatre galées. ASP, fonds Datini, busta 1171, cette liste n'a pas de date.

[320] En effet nous rencontrons parfois la clause suivante dans les registres d'enchères des convois de coques: *Non possendo dari dicto patrono de nabulo plures octo ducatis pro quolibet milliario gothonorum.* ASV, Senato Misti, reg. 32, f. 108^{v}–109^{v}.

de six ducats.[321] En plus quelques livres de comptes nous offrent des exemples du fait que les marchands payaient un autre tarif que celui fixé par l'Etat. L'Etat fixa à six ducats le tarif de nolis du convoi de mars 1418 de Syrie. Mais la *fraterna* Soranzo paya cinq ducats et quatre ducats et demi, tous les deux différents du tarif réglementé par l'Etat.[322]

Même si le tarif de nolis était déjà établi par l'Etat de Venise, les marchands et les patrons avaient la charge de dresser des contrats. Nous avons deux exemples écrits en vénitien, laissés par un marchand vénitien, Lorenzo Dolfin. Il s'agit des contrats conclus avec des patrons de navires faisant partie du convoi de Syrie. Dans ces contrats sont indiqués d'abord la quantité de coton à embarquer, le tarif de nolis, les ports d'embarquement et le moyen de paiement du nolis.[323] En général le paiement était fait plusieurs mois après le retour des navires à Venise, d'après les livres de comptes des marchands vénitiens.[324] Cependant il reste un doute sur le fait que la date indiquée dans les livres de comptes désigne réellement celle du paiement. Un jour du mois de juin 1416 la *fraterna* Soranzo reçut soixante-six sacs de coton transportés de Syrie à Venise par le convoi de mars 1416. Elle régla le fret du transport les 7, 26, et 28 septembre.[325] Pour le convoi de septembre qui arrivait au mois de novembre ou décembre, l'acquittement était souvent exécuté aux mois de mars et d'avril de l'année suivante.[326] Mais pour les trois lignes de galées de Flandre, d'Aigues-Mortes et de Barbarie, le mode de paiement semble différent. Avant le départ, les marchands payaient le nolis aux *Extraordinaires* à Venise, qui remettaient les sommes au capitaine du convoi de galées. En général les nolis de toutes les galées d'un convoi étaient considérés comme un revenu commun partagé

---

321 ASV, Senato Mar, reg. 1, f. 143v.

322 ASV, Miscellanea Gregolin, busta 14, Libro Nuovo Real, f. 143a.

323 Un contrat établi le 26 janvier 1423 entre Lorenzo Dolfin et Pelegrino Panpano, patron du navire, indique que l'on payait le nolis suivant l'usage habituel (*pagar el nolo segondo usanza).* Dans la correspondance de la *fraterna* Soranzo aussi, figure ce que les contrats de nolis comprennent en général: «avexemotte aver noliza su ser Zan Contarini patron de una son patron novelo saci 13 gottoni abiandoli e posandoli cargar per ducati 5 el mier». ASV, Procuratori di San Marco, Commissarie di Citra, busta 282; ASV, Miscellanea Gregolin, busta 13.

324 Il est reconnu que les délais de paiement des nolis étaient relativement uniformes en Méditerranée et dans l'Atlantique. Mais, à Gênes et à Venise le paiement s'effectuait parfois à plus long terme, échelonné entre six et huit mois. M. Balard, J. Cl. Hocquet, et H. Bresc, «Transports des denrées alimentaires en Méditerranée», p. 139.

325 ASV, Miscellanea Gregolin, busta 14, Libro Nuovo Real, f. 54b.

326 *Ibid.*, f. 15b.

équitablement entre les patrons.[327] Le convoi de coques d'Alexandrie suivait le même système. La moitié du nolis était destinée aux patrons des coques, l'autre moitié réservée à ceux des galées d'Alexandrie.[328]

Jusqu'au XIIIe siècle, le tarif de nolis était calculé par *cantare*. En 1281 les patrons allant à Acre prêtèrent un serment dans lequel était indiqué le tarif de nolis pour le transport des produits d'Acre à Venise, soit six besants sarracénats par *cantare*, tarif standard, par exemple six besants pour le poivre et douze besants pour le coton. Cependant dès le début du XIVe siècle le tarif était donné pour mille livres légères vénitiennes, égales à près de 300 kg.[329] En général le même tarif était imposé sur le coton brut et sur le coton filé,[330] mais un tarif plus élevé était parfois appliqué au coton filé. Pour la *muda* de mars 1406 les marchands payaient sept ducats pour le coton brut et huit ducats pour le coton filé.[331] Au début du XVIe siècle le coton brut et le coton filé devaient payer des frais de transport distincts, quatre ducats pour le transport de mille livres de coton de Syrie et de Chypre à Venise et cinq ducats pour celui du coton filé.[332]

Nous venons d'indiquer des caractères techniques concernant le nolis. Au sujet du tarif de nolis pour le transport du coton à la fin du Moyen Age, il faut souligner deux points. Le premier est que le coût du transport du coton était plus lourd que celui d'autres marchandises.[333] Le deuxième, c'est que le tarif de nolis diminua progressivement au cours de la fin du Moyen Age pour la plupart des routes maritimes du transport du coton.

A. *La lourdeur du coût du transport*

Diverses recherches permettent de montrer que le tarif de nolis à la fin du Moyen Age était généralement bas.[334] Mais toutes les marchan-

---

327 D. Stöckly, *Le système de l'incanto, op. cit.*, pp. 215–216.

328 ASV, Senato Misti, reg. 32, f. 108v–109v, f. 263v–264v.

329 J.E. Dotson, «A problem of cotton, op. cit.», pp. 55–56, 58; R. Cessi, *Le deliberazioni del consiglio, op. cit.*, p. 242: «curamen concium, bombix filatus et pelizaria solvant soldos XXV grossorum pro milliare ad subtile de naulo».

330 ASV, Senato Mar, reg. 2, f. 185r: «habeant ducatos sex de nabulo de quolibet miliari subtili gothonorum sive filatorum».

331 ASV, Senato Misti, reg. 47, f. 25v.

332 F.C. Lane, *Venetian ships, op. cit.*, p. 262; ASV, Senato Mar, reg. 15, f. 146v.

333 E. Ashtor, «Profits from trade with the Levant in the fifteenth century», pp. 260–261.

334 *Ibid.*, p. 260.

dises n'étaient pas à même enseigne. F. Melis nous montre que le coût du transport du coton de Venise en Catalogne à bord des galées vénitiennes ne représente que 2,6 % du prix de vente sur le marché de Venise vers 1400.[335] Mais ce chiffre doit être révisé. Tout d'abord, les tarifs de nolis des deux lignes de galées vénitiennes qui passaient en Catalogne, étaient très élevés pour cette période, vingt ducats pour mille livres de coton à bord de la ligne de Flandre en 1375[336], quinze ducats pour les années 1410, et dix ducats à bord de la ligne de galées d'Aigues-Mortes au milieu du XVe siècle. Pour le prix du coton sur le marché de Venise nous avons plusieurs données pour la fin du XIVe et le début du XVe siècle.[337] Le coton de Hama, celui de meilleure qualité et le plus cher, était vendu de soixante à quatre-vingts ducats pour mille livres. Sauf les années qui connurent une augmentation considérable[338], son prix ne dépassait pas cent ducats. Une fois tenu compte de ces deux conditions, le coût du transport dépasse les 10 % du prix de vente sur le marché de Venise.

En réalité ce qui entraînait la dépense la plus lourde dans le trafic du coton, à part le prix d'achat, c'était le coût du transport. Citons deux exemples. La *fraterna* Soranzo reçut vingt-cinq sacs de coton de Hama, transportés à Venise par cinq navires qui faisaient partie du convoi de septembre 1408. Elle paya 90 livres 12 sous 9 deniers pour cet achat en Syrie. Le coût du transport était de 11 livres 11 sous.[339] Donc, le nolis dépasse de loin les 10 % du prix d'achat. Pour la compagnie entre Alvise Baseggio et Paolo Caroldo, spécialisée dans le trafic du coton d'Acre dans les années 1470 et 1480, le prix du transport correspond à un peu moins de 10 % du prix d'achat.[340] Un pourcentage voisin peut aussi être trouvé pour le convoi officiel de coques sous gestion de l'Etat, lequel, parmi les diverses lignes maritimes des navires vénitiens,

---

335 F. Melis, «Werner Sombart e i problemi delle navigazione nel Medioevo», p. 52, 56–57, 64.

336 ASV, Senato Misti, reg. 34, 151r–152v.

337 ASP, fonds Datini, busta 1171.

338 Voir le tableau en annexe (n° 1).

339 Le montant n'est pas indiqué en ducats mais en livres. ASV, Miscellanea Gregolin, busta 14, Libro Nuovo Real, f. 15b.

340 La compagnie entre Alvise Baseggio et Paolo Caroldo fit un achat de 201 sacs de coton sur le marché d'Acre en 1481 pour le prix net de 4423 ducats. Elle obtint un profit de 1150 ducats en les vendant pour le montant de 5528,5 ducats. Parmi les diverses sortes de dépenses engagées jusqu'à la vente, le coût de transport de 424,5 ducats représente à peu près la moitié de tous les frais qui correspondent à 805, 5 ducats. E. Ashtor, *Levant trade, op. cit.*, p. 432.

réclamait le tarif le plus bas. Celui-ci demeurait toujours élevé par rapport au fret demandé par les navires génois de plus gros tonnage de cette époque.[341] En réalité, au milieu du XVe siècle le prix du transport du coton à bord des coques dépassait généralement 10 % de la valeur du coton, tarif considérablement élevé par rapport aux 2 ou 2,6 % pour le transport des tissus de Venise à Alexandrie et aux 3 % pour les épices apportées du Levant à Venise par les galées.[342]

De ce fait, il faut souligner que l'Etat de Venise appliquait différents tarifs selon les routes maritimes et les types de navires. Si l'on charge du coton sur les lignes de galées, le coût du transport devient plus considérable. Au milieu du XVe siècle, le tarif de nolis pour le transport de mille livres de coton de Chypre à Venise, était de huit ducats à bord des galées.[343] En 1470 l'Etat de Venise permit aux galées de Beyrouth de charger du coton en Syrie et établit douze ducats pour le fret du transport.[344] Les autres lignes de galées exigeaient un tarif élevé. Au milieu du XVe siècle on devait payer douze ou quatorze ducats pour le transport du coton à bord de la ligne de galées de Flandre.[345] Le transport de Venise au Midi de la France par le convoi de galées d'Aigues-Mortes engageait dix ducats.[346] En revanche c'est seulement cinq ducats que les marchands vénitiens payaient pour le transport du coton de Syrie à Venise, trajet plus long que celui de Chypre à Venise, en utilisant le convoi de coques.

B. *La diminution du tarif de nolis*

Même si le prix du transport du coton demeura très élevé, il se mit à diminuer vers la fin du Moyen Age. Le 21 octobre 1501 il y eut un débat au Sénat de Venise. Il s'agissait de l'abaissement du nolis et de son impact négatif sur la navigation vénitienne. Selon ce discours, Venise possédait trois cents navires de grand tonnage entre 1420 et 1450. Au cours de la deuxième moitié du XVe siècle le nombre des navires vénitiens, non indiqué dans ce document, s'était réduit. La baisse du

[341] Dans un contrat établi le 4 janvier 1464 entre le patron Geronimo Salvago et l'Etat de Gênes figure le tarif de nolis pour diverses lignes maritimes du transport du coton. ASG, Archivio Segreto, n° 575, f. 85v–86v.

[342] E. Ashtor, «Profits from trade with the Levant in the fifteenth century», p. 261.

[343] ASV, Senato Mar, reg. 3, f. 200v–201r.

[344] ASV, Senato Mar, reg. 9, f. 63r.

[345] ASV, Senato Misti, reg. 57, f. 192v–193r.

[346] ASV, Senato Mar, reg. 2, f. 35r–35v.

nolis en était considérée comme la raison principale. Le tarif de nolis pour le transport du coton brut de Syrie et de Chypre était alors de quatre ducats, cinq pour le coton filé.[347]

Le tarif de l'année 1366, moment où le convoi de coques de Syrie fut installé, était de dix ducats. Sa réduction à la fin du XVe siècle est impressionnante.[348] Au début de l'installation de ce nouveau convoi, le prix du transport était bien rentable pour les patrons et les propriétaires des navires.[349] Pendant les premières années, il fut souvent modifié. Le tarif était de neuf ducats pour l'année 1374, quinze pour l'année 1378, et douze pour l'année 1405. Dès le début du XVe siècle il ne dépassait pas les dix ducats, sauf les années d'exception.

Dans les années 1410 le tarif se stabilisait aux alentours de six ducats, sauf sept pour la *muda* de mars 1412.[350] Le tarif, réduit à cinq ducats pour celle de septembre 1418, fut prolongé jusqu'en 1424, excepté quatre pour celle de septembre 1419. Dans les années 1420 le tarif qui remonta de nouveau à six ducats en 1425, oscillait entre cinq et six. Des bouleversements politiques et militaires provoquaient des modifications des tarifs de nolis. Au moment de la première délibération sur la *muda* de septembre 1431, le Sénat proposa huit ducats, tarif plus élevé que les années précédentes.[351] Mais un tarif de dix ducats fut finalement fixé. Lors de la *muda* de mars 1433 le tarif de nolis monta de nouveau jusqu'à seize ducats à bord des galées.[352] Ces tarifs d'exception furent provoqués plus ou moins par la guerre contre Milan et Gênes.[353] Après la guerre, ils se stabilisèrent de nouveau aux alentours de cinq à six ducats, plus fréquemment cinq, et continuèrent ainsi jusque dans les années 1460. Le dernier quart du XVe siècle connut le tarif le plus bas, soit quatre ducats pour mille livres de coton à bord du convoi officiel de Syrie. La société établie entre Alvise Baseggio et Paolo Caroldo, dont

---

347 ASV, Senato Mar, reg. 15, f. 145^v–146^v.

348 Au sujet du tarif de nolis, F.C. Lane a tout à fait raison d'indiquer qu'il se produisit une diminution du nolis au XVe siècle. A la fin du XVe siècle le nolis était plus bas de 25% que celui du premier quart du XVe siècle, en ce qui concerne le transport du coton et de l'alun de Syrie à Venise. F.C. Lane, *Venetian ships, op. cit.*, p. 46.

349 ASV, Senato Misti, reg. 32, f. 6^v–8^r.

350 E. Ashtor compte dix ducats pour le tarif de nolis de l'année 1374. E. Ashtor, *Levant trade, op. cit.*, p. 394; ASV, Miscellanea Gregolin, busta 14, Libro Nuovo Real.

351 ASV, Senato Misti, reg. 58, f. 63^r–63^v.

352 *Ibid.*, f. 167^v.

353 Cet événement est bien expliqué par F.C. Lane, *Andrea Barbarigo, op. cit.*, pp. 59–60, 75–77; M.F. Mazzaoui, *The italian cotton industry, op. cit.*, p. 184.

les affaires principales étaient le commerce du coton syrien, payaient le plus fréquemment quatre ducats pour le transport du coton syrien à Venise.

Outre la réduction des frais de transport, un tarif de nolis avantageux était appliqué sur la route de Syrie à Venise à bord du convoi officiel.[354] Comme pour Gênes, les tarifs vénitiens de nolis pour le transport du coton étaient différents selon les types de navires et les routes maritimes.[355] La diminution du prix du transport était pourtant un phénomène généralisé dans les principales lignes maritimes vénitiennes au cours de la fin du Moyen Age. Le coût du transport du convoi d'Alexandrie était de huit ducats pour les premières années après son installation en 1366 et diminua à six ducats dès la *muda* de septembre 1372.[356] Sur la ligne de galées de Flandre se manifeste une baisse des frais de transport parfois plus considérable que pour les autres routes maritimes. En 1375 les marchands payaient vingt ducats pour le transport de mille livres de coton à bord des galées à destination de la Flandre.[357] En 1430 et 1438 ils ne payaient que douze ducats, ce qui fait une réduction de 40 %.[358] Cependant le tarif de nolis des galées de Flandre se situait plus fréquemment entre quatorze et seize ducats au XVe siècle, ce qui donne quand même une baisse de 25 %. La ligne de galées d'Aigues-Mortes exigeait un tarif plus ou moins identique à celui de Flandre pour la première période de son établissement. Au milieu du XVe siècle le prix du transport se stabilisait aux alentours de dix ducats.

Quelle est la raison pour laquelle le coût du transport du coton baissa au cours de la fin du Moyen Age, non seulement pour les lignes de galées mais également pour les routes de coques? Ce phénomène était-il généralisé pour le transport d'autres marchandises? D'après F. Melis, il existait une différenciation des nolis, abaissés pour les marchandises de moindre valeur et augmentés pour les produits les plus chers. Mais cette opinion ne peut pas être appliquée pour toutes les marchandises. Le tarif du transport du sel connut une hausse considé-

---

354 Voir les tableaux en annexe (n° 7 et 8).

355 Au XIVe siècle les Génois payaient pour le transport d'un *cantare* de coton de Gênes en Flandre dix sous à bord des coques et de vingt-deux à vingt-quatre sous à bord des galées. C. Ciano, *La pratica di mercatura datiniana (secolo XIV)*, Milan, 1964, pp. 73–74; J. Heers, *Gênes au XVe siècle*, p. 315.

356 ASV, Senato Misti, reg. 34, f. 7^{v}–8^{r}.

357 *Ibid.*, f. 151^{r}–152^{v}.

358 ASV, Senato Misti, reg. 57, f. 192^{v}–193^{r}, reg. 60, f. 60^{v}–63^{r}.

rable.[359] Le point de vue selon lequel l'augmentation du tonnage des navires, surtout les coques, a rendu possible la diminution du coût du transport du coton, est acceptable mais ne reste pas toujours convaincant.[360] En effet dès la fin du XIVe siècle des coques de 600 et 700 *botti* s'engageaient dans le service public du transport du coton de Syrie et d'Alexandrie à Venise. La plupart des coques composant le convoi de Syrie au milieu du XVe siècle, entrent dans cette gamme.[361] De plus les périodes de baisse étaient distinctes selon les types de navires et les chemins à suivre. Il y a une réponse probable: la volonté de l'Etat de Venise d'encourager le commerce du coton contribua plus ou moins à baisser le coût du transport de cette matière première, en favorisant les marchands plutôt que les patrons et les propriétaires des navires. Mais répondre plus précisément exige plus de documentation.

Quoi qu'il en soit, la réduction des frais de transport favorisa le trafic du coton, en rendant possible le transport massif à bas prix.

---

359 J.-Cl. Hocquet, *Voiliers et commerce*, *op. cit.*, p. 369.

360 F.C. Lane, *Venetian ships*, *op. cit.*, pp. 45–46; M.F. Mazzaoui, *The italian cotton industry*, *op. cit.*, p. 48, 184.

361 Les tonnages de cinq navires qui posèrent leurs candidatures aux enchères de la *muda* de septembre 1385 d'Alexandrie étaient comme suit: 700, 600, 600, 600, et 450 *botti*. ASV, Collegio Notatorio, reg. 2, f. 48r.

CHAPITRE II

LE TRANSPORT DU COTON DE GENES

Gênes jouait un rôle aussi important que Venise dans le transport du coton. En effet, elle offrait un service de transport aussi vaste que celui de Venise, et qui s'étendait de Méditerranée en mer du Nord, non seulement pour ses propres marchands, mais également pour les étrangers. Dans la deuxième partie, nous avons montré que les deux cotons, syriens et turcs, étaient les plus demandés en Occident. Si le transport et la distribution du coton syrien étaient en majeure partie assurés par les navires vénitiens, ceux du coton turc étaient réservés aux navires de Gênes. En plus, le volume du coton turc transporté par les navires génois n'avait rien d'inférieur à celui du coton syrien par les navires vénitiens.

Les deux puissances maritimes prenaient en quelque sorte une part plus ou moins égale dans le transport du coton, mais le système de Gênes avait des caractères très distincts de celui de Venise. Tandis que celui-ci était réglementé et encouragé par l'Etat de Venise, à Gênes il était laissé à l'initiative des marchands. Sans l'intervention efficace et le soutien de l'Etat, les marchands génois réussirent aussi brillamment que ceux de Venise. Quels étaient leurs atouts ?

Il est toutefois regrettable que nous ne puissions pas reconstituer en détail l'évolution du transport du coton par Gênes autant que nous avons pu le faire pour Venise. En effet, le manque de sources rend difficile l'établissement de la plupart des aspects du transport de Gênes.[1]

---

[1] Dans les archives de cette ville on ne trouve pas l'équivalent des documents vénitiens, où les registres du Sénat nous permettent de connaître l'ensemble du système du transport de Venise, et secondairement la correspondance et les livres de comptes des marchands. M. Balard, «Le film des navigations orientales de Gênes au XIIIe siècle», p. 99.

I. *La particularité génoise: la supériorité du transport privé*

Le transport de Gênes n'était pas sous le contrôle méticuleux de l'Etat. Donc, Gênes n'établit pas de système de transport comme les convois de galées et de coques de Venise, notamment la *muda gothonorum*, qui s'effectuaient selon les calendriers réglementés par l'Etat. L'absence de calendrier de transport établi et déterminé entrava souvent la circulation rapide des affaires. Le transport de Chio en Flandre sur les navires génois et leur retour à Gênes prenait près de deux ans de voyage.[2] En revanche, le convoi officiel vénitien de coques pouvait effectuer deux passages annuels entre Venise et la Syrie.[3] Le chargement des navires génois à Chio faisait notamment perdre beaucoup de temps, souvent plusieurs mois, durée très longue par comparaison avec un mois d'escale accordé au convoi de coques de Venise en Syrie pour l'embarquement.

En fin de compte, les marchands génois avaient une totale initiative pour transporter du coton de tel à tel endroit. Ils commençaient par établir un contrat de transport. A cause du défaut de réglementation déjà établie comme pour le système de la *muda* vénitienne, les contrats génois sont inévitablement attentifs aux moindres détails. Un contrat établi le 1er décembre 1450 entre Marco Doria et Baldasare Doria, patron du navire nommé «Sainte-Marie, Saint-Jean-Baptiste et Saint-Julien», prescrit que «le navire devra partir de Chio avant le 15 janvier et se rendre à la Nouvelle Phocée pour charger 2000 *cantares* de coton, qu'un ou des facteurs de Marco Doria consigneront à Baldasare Doria. Il sera tenu de revenir à Chio, d'où il devra gagner Candie où un mois d'escale sera accordé pour charger 1500 *vegetes* de malvoisie. Après avoir terminé le chargement à Candie, le navire devra naviguer vers l'Occident, plus précisément vers Southampton et l'Ecluse. Le facteur de Marco Doria, qui sera à bord de ce navire, choisira de décharger ces marchandises dans tels lieux ou en telle quantité»[4]

Cependant l'absence de subvention et d'encouragement de l'Etat n'empêchait pas habituellement le bon déroulement du trafic. La liberté suscite souvent des changements et des progrès. Dans son ouvrage consacré aux marchands italiens du Moyen Age, Yves Renouard indi-

---

[2] ASG, Caratorum Veterum, n° 1553 (année 1458), f. 19^{r-v}.

[3] F.C. Lane, «Rhythm and rapidity of turnover in venetian trade of the fifteenth century», p. 111.

[4] ASG, Notai Antichi, n° 847, doc. CCXV.

que que les caractères dominants des marchands génois étaient l'individualisme et que cet esprit d'entreprise permettait d'étonnantes réussites privées et suscitait des progrès techniques.[5]

II. *Les bateaux*

Les particularités du transport maritime génois se manifestent dans le choix des navires. Le recul des marchands génois du trafic des épices fit baisser l'utilisation des galées destinées au transport de ces marchandises de valeur. En second lieu, la nécessité de transporter d'abord des marchandises lourdes et bon marché, avant tout l'alun, provoqua l'emploi fréquent dc navires ayant une grande capacité de chargement, notamment les coques.

A. *Les nefs et les galées : leur disparition dans le transport du coton*

Jusqu'à la fin du XIIIe siècle, la plus grande partie du transport du coton était assurée par les nefs latines. Dans le recensement des navigations orientales de Gênes au XIIIe siècle établi par M. Balard figurent cinq transports de coton. Ils furent tous accomplis par des nefs latines.[6] En septembre 1235, une grande nef dont les patrons étaient Cassino de Porta et Niccolò Cigala, arriva à Gênes avec un chargement de coton provenant d'Outre-Mer. Mais, toutes les marchandises ne furent pas déchargées à cause d'un incendie. Pourtant, par bonheur, la majorité du coton fut récupérée.[7] En 1264, la nef appelée Oliva importa à Gênes du coton chargé au port de Tyr en Syrie.[8]

A partir des années 1300, la nef latine commença à disparaître. M. Balard explique ainsi cette disparition : « Même si la grande capacité de la cale de la nef facilitait le trafic des produits lourds, la crise des frets après la fin de la croisade et le ralentissement de la construction navale exigeaient une productivité et la réduction du coût du transport. En sus, un changement capital de la technique nautique a rendu possible l'ap-

[5] Y. Renouard, *Les hommes d'affaires italiens du Moyen Age*, sixième édition, Paris, 1968, p. 123.

[6] M. Balard, « Le film des navigations orientales de Gênes au XIIIe siècle », p. 103, 107, 110, 113; L.T. Belgrano—C. Imperiale di Sant'Angelo, *Annali di Caffaro e dei suo continuatori*, 5 vol., Rome, 1890–1929, vol. 3, p. 76, vol. 4, p. 56.

[7] *Ibid.*, vol. 3, p. 76.

[8] *Ibid.*, vol. 4, p. 56.

parition d'un nouveau type de bateaux, la coque»[9]. En réalité, la nef requérait toujours un équipage de plus de cent hommes occupés à la manœuvre des voiles. En revanche, la manœuvre de la coque nécessitait moins de marins.[10] Pour deux coques dont les patrons étaient Antonio Morando et Giovanni Todeschi, ayant établi en 1391 un contrat de transport avec le gouvernement de Gênes pour ravitailler en blé la ville de Famagouste, et qui transportèrent du coton de Famagouste à Gênes, l'équipage à bord exigé par l'Etat était de 90 et 80 hommes.[11]

Les galées génoises partageaient au début le transport du coton avec les nefs latines et plus tard avec les coques, même si leur part resta très faible. Dans un contrat notarié du 12 février 1310, deux galées qui se trouvaient au port de Gênes, devaient transporter du coton de Majorque à l'Ecluse en Flandre.[12] Une réglementation génoise sur le voyage de Gênes à Aigues-Mortes du 14 octobre 1317 prescrit que l'alun, le coton, la guède peuvent être conduits de Gênes à Aigues-Mortes à bord des galées.[13] Un manuel de marchandise de la fin du XIVe siècle témoigne de la présence de galées dans le transport génois du coton.[14] Selon ce document, le coût du transport d'un *cantare* de coton de Gênes en Flandre était de six sous à bord de la coque et de seize et dix-huit à bord de la galée. En 1376, une galée dont le patron était Raffaele Moronecio, apporta trois sacs de coton de Famagouste à Gênes.[15] Le 14 février 1396, deux galées génoises arrivèrent de Syrie à Gênes avec un chargement de neuf balles de coton filé et soixante balles de boucassin.[16]

Cependant, l'emploi des galées se faisait très rare dans la seconde moitié du XIVe siècle. Sauf exception, les galées furent en quelque

---

[9] M. Balard, *La Romanie génoise*, vol. 2, pp. 553–555.

[10] Pourtant, la différence n'était pas très considérable. Les équipages inférieurs à soixante-dix hommes étaient rares pour les coques génoises du XVe siècle et beaucoup dépassaient cent hommes. J. Heers, *Gênes au XVe siècle*, p. 292.

[11] ASG, Diversorum Communis Janue, n° 3021. La coque vénitienne avait besoin de bien moins d'équipage. Par exemple, la coque vénitienne dont le patron était Niccolò Rosso et qui était en voyage en Flandre en 1403 était équipée d'à peu près vingt et un hommes. Ph. Braunstein, «La capture d'une coque vénitienne sur la route de Flandre au début du XVe siècle», p. 126.

[12] R. Doehaerd, «Les galères génoises dans la Manche et la Mer du Nord à la fin du XIIIe et au début du XIVe siècle», pp. 54–57.

[13] L. Sauli (éd.), *Imposicio Officii Gazarie*, dans Monumenta Historiae Patriae, *Leges municipales*, t. I, Turin, 1838, p. 370.

[14] C. Ciano, *La pratica di mercatura datiniana (secolo XIV)*, Milan, 1964, pp. 73–74.

[15] J. Day, *Les douanes de Gênes 1376–1377*, Paris, 1963, p. 515.

[16] Trente-six sacs de coton furent transportés de Syrie à Gênes par une galée

sorte expulsées non seulement du transport du coton, mais également de l'ensemble de la flotte génoise. Ce phénomène était une particularité génoise, contrairement à Venise et à Barcelone, qui continuaient à utiliser les galées au XVe siècle pour transporter le coton.

B. *Les coques: leur spécialisation dans le transport des produits lourds et volumineux*

Ce sont les coques qui monopolisèrent le transport du coton sur les longs parcours, en remplaçant les nefs latines et les galées. Dès les années 1300, elles commencèrent à apparaître dans la flotte génoise. D'après un contrat établi à Famagouste le 22 mai 1299, une coque dont le patron était Babilano Salvago, devait transporter quatre sacs de coton syrien de ce port chypriote à Gênes.[17] Dans les premières années du XIVe siècle, leurs mentions se multiplient et concernent le plus souvent le transport de l'alun de Phocée. Il est donc évident que l'adoption précoce à Gênes de la coque fut faite sous l'impulsion du groupe des marchands désireux de transporter à moindres frais une cargaison lourde, mais de valeur réduite, surtout l'alun, sur des itinéraires de Chio jusqu'en mer du Nord.[18]

Vers le milieu du XIVe siècle, nous avons quelques exemples de transport du coton par les coques génoises. En 1343, une coque appelée *Santus Bartholomeus* et patronnée par Giacomo Dentuto avait le projet de transporter du coton de Gênes en Flandre.[19] Au cours de la seconde moitié du XIVe siècle, la prédominance des coques en tant que transporteurs devint plus nette. Selon un registre douanier de 1367 nommé *drictus Alexandrie*, qui enregistre la taxe de douane sur les marchandises transportées entre Gênes d'une part et la Syrie et l'Egypte d'autre part, ce ne sont que les coques qui importèrent du coton de ces régions levantines à Gênes dans les années 1367, 1368, 1369 et 1371.[20] Un registre de douanes de l'année 1376–1377 en témoigne également.

---

génoise, année non précisée, selon une liste de cargaisons des archives Datini. ASP, fonds Datini, busta 1171.

17 M. Balard, *Notai genovesi in Oltremare. Atti rogati a Cipro da Lamberto di Sambuceto (11 ottobre 1296 – 23 giugno 1299)*, Gênes, 1983–1984, n° 147.

18 M. Balard, *La Romanie génoise*, II, pp. 555–556.

19 R. Doehaerd, *Les relations commerciales entre Gênes, la Belgique et l'Outremont*, Brussel et Rome, 1941, n° 127.

20 E. Ashtor, «Il volume del commercio levantino di Genova nel secondo Trecento», pp. 396–405.

Tableau 12. *L'utilisation des navires selon les routes maritimes*

Routes maritimes	*Types de navires utilisés*
Famagouste–Gênes	3 coques et une galée (ou 4 coques)[21]
Alexandrie–Gênes	2 coques
Beyrouth–Gênes	1 coque
Tropea–Gênes	1 coque
Espagne–Gênes	1 coque
Malte–Gênes	1 coque
Palatia–Gênes	1 *lignum*
Sicile–Gênes	4 *ligna*
Corse–Gênes	1 barque
Gênes–Flandre	4 coques
Gênes–Espagne	2 coques
Gênes–Barcelone	1 coque
Gênes–Séville	1 coque
Gênes–Provence	3 galées, 1 barque, 7 *ligna*, 1 *vacheta*
Gênes–Pise	8 *vacheta*, 1 *laudo*
Gênes–Naples	1 *lignum*

De ces données, nous pouvons tirer quelques conclusions. Le choix du type de navires était différent selon la distance. Le transport à courte distance, par exemple de Gênes à Pise et en Provence, était assuré par les bateaux de petit tonnage tels les *lignum, barcha, vacheta* et *laudo*. En revanche, les coques monopolisaient le transport sur les longs parcours: d'Orient à Gênes et de Gênes en Espagne et Flandre. Ce résultat nous permet également de conclure que les galées étaient quasiment exclues du transport à longue distance. Sur la route de Gênes en Provence seulement étaient employées les galées. Depuis longtemps, celles-ci jouaient un rôle important dans le transport de Gênes en Provence. Selon une ordonnance de 1317 sur le trafic entre Gênes et Aigues-Mortes, les galées et les *ligna* s'occupaient du transport des marchandises entre les deux villes.[22]

Les documents des archives Datini nommés *carichi di navi* confirment les conclusions tirées des deux sources génoises précédentes.[23] Dans ce fonds figure une vingtaine d'exemples de transport de coton par les navires génois, dont deux ou trois furent assurés par des galées et le

[21] J. Day, *Les douanes, op. cit.*, p. 472, 515. Ce bateau est appelé tantôt *gallea*, tantôt *cocha*.

[22] L. Sauli (éd.), *Imposicio Officii Gazarie*, p. 370.

[23] ASP, fonds Datini, busta 1171.

reste par des coques. D'ailleurs, leur volume de transport reste très limité, en comparaison de celui des coques.

A Gênes, les coques devinrent finalement le plus ou moins ‹seul› moyen de transport du coton sur les longs parcours. Outre ce fait, les coques génoises avaient une autre particularité par rapport aux coques étrangères: leur grande capacité de chargement. Celles de Venise qui étaient requises pour le transport du coton syrien à Venise, avaient en moyenne une portée de sept cents *botti* au milieu du XVe siècle.[24] Le nombre des navires vénitiens ayant une capacité de mille *botti* ne dépasse pas une dizaine à la fin du XVe siècle.[25] En revanche, selon la chronique de Benedetto Dei, Gênes avait soixante-trois gros navires de plus de mille *botti* dès les années 1420.[26] Enfin, cette grande capacité de chargement permit le transport massif de l'alun et du coton sur de longs parcours à bas prix. En 1458, le navire patronné par Melchione Doria chargea près de 1569 sacs de coton à Phocée et à Chio.[27]

III. *Les routes maritimes*

Comme nous l'avons déjà indiqué, Gênes offrait un service de transport aussi vaste que Venise, s'étendant de la Méditerranée à la mer du Nord. Quelques documents nous permettent d'établir les grands réseaux maritimes du transport du coton. Par l'analyse du registre de douanes de l'année 1376–1377, nous repérons les deux grands courants:

[24] Pour la *muda* de mars 1425 en Syrie, treize patrons vénitiens de coques posèrent leurs candidatures aux enchères, parmi lesquelles sept furent élues pour cette mission. Les tonnages de ces treize coques se situent entre 550 et 949 *botti*. ASV, Collegio Notatorio, reg. 6, f. 16^{v}.

[25] Venise possédait quelques navires ayant une capacité de plus de 1000 *botti* au XVe siècle. Leur nombre était très faible. Citons le navire de Niccolò Duodo de 1025 *botti* qui fut recruté dans le convoi de coques pour la *muda* de septembre en Syrie en 1427 et le navire de Christoforo Suligo de 1175 *botti* qui participa à la *muda* de septembre 1456. Le navire de Niccolò Duodo était la seule coque de plus de 1000 *botti* dans les années 1420 à Venise. Le nombre des coques de plus de 1000 *botti* monta à neuf dans les années 1450 et 1460. En 1499 existaient six coques de cette grande taille. F. Lane, *Venetian ships and shipbuilders of the Renaissance*, Baltimore, 1934, pp. 238–239.

[26] La différence entre les nefs latines précédentes et les coques génoises était énorme. Au XIIIe siècle, les tonnages moyens des nefs génoises étaient de trois cent vingt-deux tonnes correspondant à près de 644 *botti*, excepté quelques grandes nefs latines de cinq cents tonnes. M. Balard, *La Romanie génoise*, vol. 2, p. 562.

[27] ASG, Caratorum Veterum, n° 1553 (année 1458), f. 22^{r}.

importation à Gênes et exportation de Gênes. Le coton provenait de plusieurs régions productrices: Famagouste, Alexandrie, Syrie, Sicile, Italie du Sud et Palatia. Arrivée à Gênes, une partie de la marchandise était réexportée vers de nombreuses destinations: Flandre, Southampton, Provence, Italie du Centre et du Sud et Espagne. Cette source suggère que Gênes représentait le centre de gravité des réseaux maritimes génois.

Pourtant, le XVe siècle connut des changements qui commencent dès la seconde moitié du XIVe siècle, à savoir l'apparition ou l'essor d'autres routes maritimes. Le contrat de transport établi le 4 janvier 1464 entre l'Etat de Gênes et Geronimo Salvago, témoigne du transport du coton de Chio à Gênes.[28] Les registres douaniers et les contrats de transport attestent une autre route qui devint la plus importante au XVe siècle. Il s'agit de la ligne directe de Chio ou Phocée à la Flandre sans passage par Gênes. Finalement, Chio devint un poste de premier ordre pour le transport génois du coton à la place de la métropole de Gênes.

A. *L'importation du coton à Gênes*

Le coton était importé à Gênes de diverses régions. Pourtant, le rôle et la valeur de celles-ci en tant que fournisseurs de matière première étaient différents selon les périodes. En tout cas, l'ensemble des importations ne semble pas avoir subi d'expansion de la fin du XIIIe siècle jusqu'au milieu du XVe siècle. En effet, la plus grande partie du transport du coton évitait alors la métropole de Gênes. La seconde moitié du XVe siècle connut une augmentation, au fur et à mesure que le grand courant des réseaux maritimes de Gênes se tournait de plus en plus vers la métropole.

1. Le transport de Sicile, de Malte et de l'Italie du Sud à Gênes

Dès la fin du XIIIe siècle, l'importation à Gênes du coton de Sicile, de Malte et d'Italie du Sud se raréfiait de plus en plus. Avant d'entrer dans le vif du sujet, il faudrait apporter un éclairage sur l'époque précédente. Les XIIe et XIIIe siècles connurent l'essor du transport du coton de Sicile à Gênes. En outre, cette période est celle où sa

---

[28] ASG, Archivio Segreto, n° 575, f. 85^{v}–86^{v}.

culture se propagea à travers toute l'île.[29] Le produit sicilien avait un avantage pour Gênes en comparaison des variétés levantines: en dépit de sa qualité inférieure, les frais de transport étaient moins onéreux. D'ailleurs, le traité conclu à Palerme en 1156 entre Gênes et le roi de Sicile Guillaume 1er, offrit la primauté aux Génois, en leur accordant des tarifs privilégiés pour l'exportation du coton et du blé. L'année suivante, Gênes consolida de nouveau ses relations avec ce roi. Le nouveau traité de commerce signé entre le roi et les ambassadeurs génois Ansaldo Doria et Guglielmo Vento, encouragea les Génois à exporter de Sicile du blé, du coton, des peaux, à des conditions avantageuses, faisant reculer les Provençaux et les Pisans des marchés siciliens.[30] Par conséquent, les marchands de Gênes purent capturer la plus grande partie du trafic sicilien, y compris le commerce du coton.

A cette époque, les navires génois apportaient du coton sicilien majoritairement à Gênes et en Afrique du Nord, notamment à Bougie et à Ceuta. Arrivé à Gênes, le coton était distribué vers l'arrière-pays. L'approvisionnement en matière première de l'Italie du Nord contribua au premier développement remarquable de l'industrie de la futaine, qui s'orienta dès le début vers la production de masse destinée à l'exportation. Enfin, un axe commercial entre la Sicile en tant que productrice de matière première et les villes d'Italie du Nord, fabricantes de la futaine, se forma au cours des XIIe et XIIIe siècles. Ce sont les Génois qui assumaient le rôle le plus important d'intermédiaires entre les deux parties. La collaboration entre les Génois et les Siciliens, elle aussi, fut un des facteurs qui encouragea la formation de l'axe commercial entre la Lombardie et la Sicile.

Mais, dès le milieu du XIIIe siècle, les positions dominantes des marchands génois en Sicile furent menacées, à cause de l'expansion du royaume d'Aragon dans la Méditerranée occidentale. Les Génois se tournèrent de plus en plus vers la Méditerranée orientale. Enfin, au cours des XIVe et XVe siècles, le transport du coton de Sicile à Gênes n'avait plus l'ampleur de l'époque précédente et le volume d'importation restait très faible.

Mais il y a un point de vue opposé. M.F. Mazzaoui indique que le coton continue à représenter une partie considérable dans la cargaison

---

[29] H. Bresc, *Un monde méditerranéen: économie et société en Sicile 1300–1450*, 2 vol., Palerme, 1986, vol. 1, p. 169.

[30] G. Jehel, *Les Génois en Méditerranée occidentale (fin XIe – début XIVe siècle: ébauche d'une stratégie pour un empire)*, Amiens, 1993, pp. 43–44, 337.

des navires provenant de Sicile jusqu'au XVIe siècle. Elle donne trois documents comme preuve: registre douanier génois de l'année 1376–1377, manuel de marchandise et registre des *Carati Maris Orientis* du milieu du XVIe siècle.[31] Son opinion se fonde notamment sur le registre de l'année 1376–1377, publié par J. Day. De l'analyse de ce document, il résulte que la Sicile était le deuxième grand fournisseur pour Gênes. Mais, nous devons accepter ce résultat avec réserve. En effet, il dérive d'une faute de transcription commise par J. Day, qui pourrait gonfler le volume du trafic. Selon cette transcription, le bateau patronné par Giacomo de Iordano transporta 375 sacs de coton de Messine à Gênes pour le compte de Giorgio de Claritea. Mais ce chiffre ne désigne pas la quantité mais le prix (375 livres). En effet, ce propriétaire paya seulement sept livres six sous comme droit d'importation, le même montant que celui imposé sur dix sacs de coton transportés de Sicile à Gênes par un autre navire. D'ailleurs, le *lignum* de Giacomo de Iordano, petit navire, n'était pas capable de transporter cette grande quantité.[32] Compte-tenu de ce contexte, la quantité totale de coton provenant de Sicile ne dépasse pas cent-cinquante sacs.

Au cours du XVe siècle, cette mauvaise conjoncture se prolongea. Dans les *valute* des archives Datini établies sur le marché de Gênes à la fin du XIVe et au début du XVe siècle ne figure pas le coton sicilien. L'absence de ce dernier continue à se manifester dans la plupart des documents génois du XVe siècle. Les deux registres douaniers des années 1445 et 1458 ne mentionnent pas le transport du coton de Sicile à Gênes. Dans les actes notariés du XVe siècle le coton sicilien est quasiment absent. Dans les registres douaniers du début du XVIe siècle réapparaissent des importations de coton de Sicile à Gênes. Mais le volume du trafic restait très faible en comparaison des importations du coton provenant de Chio, qui correspondaient à plusieurs milliers de sacs à cette époque: en 1507, 73 sacs de coton arrivèrent de Sicile à Gênes, 35 sacs en 1519, 50 en 1520, 10 en 1521, 25 en 1526, 65 en 1531, 37 en 1535, 176 en 1537.[33]

---

[31] D'après ce manuel, le coton sicilien apparaît dans les registres douaniers de Milan et de Pavie. Les documents douaniers génois du XVIe siècle témoignent toujours de l'importation du coton de Sicile. M.F. Mazzaoui, *The italian cotton industry in the Later Middle Ages 1100–1600*, Cambridge, 1981, p. 32, 177.

[32] J. Day suggère une autre version plus correcte. A savoir que le chiffre de 375 désigne le prix du coton. J. Day, *Les douanes, op. cit.*, p. 300, 351.

[33] D. Gioffrè, «Il commercio d'importazione genovese alle luce di rigistri del dazio 1495–1537», p. 210.

La diminution du transport de Sicile à Gênes fut provoquée par deux facteurs principaux. Le premier était celui des changements politiques et économiques en Méditerranée occidentale, à savoir l'expansion du royaume d'Aragon et son occupation de l'île de Sicile.[34] Le second facteur, l'affaiblissement de la culture du coton en Sicile, était également à l'origine de cette évolution.[35]

Le transport du coton de Malte et d'Italie du Sud à Gênes représentait également un trafic très limité. En 1376, seulement quelques dizaines de sacs de coton furent importées de Tropea de Calabre à bord d'une coque dont le patron était Benedetto de Moneglia.[36] L'Italie du Sud était le plus petit fournisseur pour Gênes. C'était plutôt la ville ligurienne qui était le fournisseur de l'Italie du Sud. En effet, au retour d'Orient, les navires génois faisaient escale dans les ports d'Italie du Sud et y déchargeaient du coton.[37]

2. Le transport d'Alexandrie et de Syrie à Gênes

Le transport des cotons syriens et égyptiens suivit la même conjoncture que celui de Sicile. La périodisation et les causes en sont pourtant distinctes.

Les cotons syriens et égyptiens étaient importés de façon régulière à Gênes jusqu'au tournant de 1400, même si leur volume n'était pas impressionnant. Pour les années 1367, 1368 et 1369, nous trouvons quelques exemples dans le document nommé *drictus Alexandrie* qui comprend le droit de 1 % imposé sur les marchandises exportées de l'Egypte et de la Syrie et importées à Gênes et dans d'autres régions en Occident.[38]

---

[34] Pour l'expansion de la couronne d'Aragon, voir M. del Treppo, *I mercanti catalani e l'espansione della corona aragonese nel secolo XV*, deuxième édition plus complète, Naples, 1972–1973; H. Bresc, *Un monde méditerranéen, op. cit.*, vol. 1, p. 569.

[35] *Ibid.*

[36] Même si la quantité n'est pas mentionnée, elle semble ne pas dépasser trente sacs, en considération du montant de la taxe. J. Day, *Les douanes, op. cit.*, p. 909.

[37] J. Heers, *Gênes au XVe siècle*, p. 229, 418–419.

[38] E. Ashtor, « Il volume del commercio levantino di Genova nel secondo trecento », pp. 396–407.

Tableau 13. *L'exportation du coton d'Alexandrie à Gênes*

Date d'arrivée à Gênes	*Types de navires*	*Patron*	*Lieu de départ*	*Valeur du coton (en livres)*
04/11/1367	*Nave*	Luciano Squarciafico	Alexandrie	5730
15/11/1367	*Nave*	Oberto Lercario	Alexandrie	4860
03/12/1367	*Cocca*	Ottobono Doria	Alexandrie	8433
21/01/1368	*Cocca*	Giovanni Blanco d'Arenzano	Alexandrie	6487
21/01/1368	*Cocca*	Matteo Marruffo	Alexandrie	21581
03/01/1369	*Cocca*	Pietro Scotto	Alexandrie	4327
13/01/1369	*Cocca*	Bernabò Cattaneo	Alexandrie	2060
28/01/1369	*Cocca*	Oberto Squarciafico	Alexandrie	4778
04/03/1369	*Cocca*	Ottobono Doria	Alexandrie	6780 (coton brut) + 577 (coton filé)
10/05/1369	*Cocca*	Lucchetto Lercario et Giovanni Italiano	Alexandrie	4860 (coton brut) + 360 (coton filé)

De ce tableau établi à partir des données d'E. Ashtor, nous pouvons tirer quelques conclusions. D'abord, il n'y eut aucun transport de coton de Syrie à Gênes. Deuxièmement, le transport fut toujours assuré par les coques. Malgré leur passage en Syrie et à Alexandrie, les galées n'embarquèrent pas de coton. Enfin, le volume de ce trafic n'était pas du tout négligeable. Au total, dix navires transportèrent du coton pour une valeur de 70833 livres. A quelle quantité ce montant correspondait-il? Selon une *valuta* établie à Gênes en 1396, un *cantare* de coton d'Alexandrie comptant 150 livres en poids était vendu dix livres.[39] Ainsi, on pourrait dire que près de 7083 *cantares* furent importés d'Alexandrie à Gênes en trois ans. Même si cette estimation est approximative, ce volume paraît considérable. Il n'était pas inférieur à celui de Venise. Vers 1400, le convoi vénitien d'Alexandrie, qui se composait d'une ou deux coques, apportait de 500 à 1000 sacs à Venise.[40]

Le registre de douanes de l'année 1376–1377 montre que le trafic se réduisit: seulement cinquante et un sacs furent importés d'Alexandrie à Gênes.[41] Pour la fin du XIVe et le début du XVe siècle, nous trouvons plusieurs cas de transport du coton de Syrie et d'Alexandrie par les navires génois dans le fonds Datini nommé *carichi di navi*.[42]

---

[39] F. Melis, *Documenti per la storia economica dei secoli XIII–XVI*, Florence, 1972, p. 304.

[40] ASP, fonds Datini, busta 797, n° 513471.

[41] Une coque patronnée par Raffaele de Moronecio apporta quarante-six sacs de coton d'Alexandrie à Gênes. Cinq balles de coton filé furent importées d'Alexandrie à Gênes par une coque d'Ioffredo Panzani. J. Day, *Les douanes*, *op. cit.*, p. 300, 693.

[42] ASP, fonds Datini, busta 1171; E. Ashtor, «Il volume del commercio levantino di

Tableau 14. *Le transport du coton de Syrie et d'Alexandrie par les navi par les navires génois selon le fonds Datini.*

Date de départ	*Date d'arrivée à Gênes*	*Type de navires*	*Patron*	*Lieu de départ*	*Quantité*
19/02/1380	13/03/1380	*Nave*	Raffaele da Castello	Alexandrie	273 sacs de coton brut et 2 balles de coton filé
04/02/1381	07/03/1381	*Nave*	Pelegrino Buontenpo	Alexandrie	7 sacs de coton
04/02/1381	07/03/1381	*Nave*	Stefano Borando	Alexandrie	16 sacs de coton
02/02/1392	27/03/1392	*Nave*	Buto Squarciafico	Alexandrie	142 sacs de coton brut et 42 sacs de coton filé
	14/11/1394	*2 navi*	Giorgio Riccio et Cristiano Lomellini	Alexandrie	36 sacs de coton brut et 4 balles de coton filé
	04/09/1394[43]	*Nave*		Alexandrie	une certaine quantité
	06/05/1395	*Nave*	Bernabò Dentuto	Alexandrie	2 sacs de coton brut et 2 sacs de coton filé
	06/05/1395	*Nave*	Tommaso Panzano	Alexandrie	25 sacs de coton
	14/02/1396	Deux galées		Syrie	9 balles de coton filé
	18/03/1397	*Nave*	Raffaele Squarciafico	Alexandrie	163 sacs de coton brut et 6 balles de coton filé
	06/01/1397	*Nave*	Lomellini	Alexandrie	83 sacs de coton
10/04/1397		2 galées		Alexandrie	4 balles de coton filé

Genova nel secondo trecento», pp. 421–429; J. Heers, «Il commercio nel Mediterraneo», p. 172.

[43] L. Frangioni, *Milano fine Trecento: il carteggio milanese dell'Archivio Datini di Prato*, 2 vol., Florence, 1994, vol. 1, p. 188 et vol. 2, p. 162. Cette date est celle où Tommaso di ser Giovanni à Milan envoya une lettre à Andrea di Bonanno à Gênes pour donner les informations de l'arrivée des navires génois d'Alexandrie avec un chargement de coton.

Date de départ	*Date d'arrivée à Gênes*	*Type de navires*	*Patron*	*Lieu de départ*	*Quantité*
Sans date	Sans date	*Nave*	Marruffo et Doria	Syrie	396 sacs de coton brut et 5 balles de coton filé
Sans date	Sans date	Galées		Syrie	310 sacs de coton brut et 16 sacs de coton filé

Ces documents Datini montrent que les navires génois préféraient toujours Alexandrie à la Syrie pour charger cette matière première comme pour la période précédente.[44] Cependant, le volume du trafic diminua par rapport aux années 1360, où une coque chargeait en moyenne sept cents *cantares* de coton.

Ces documents génois et étrangers livrent également des informations sur le calendrier de la navigation génoise et son rythme. D'abord, le cycle de passage des navires génois était distinct de celui de Venise. En général, les navires vénitiens faisaient escale en Syrie et à Alexandrie aux mois de mars et septembre pour charger du coton; après ces dates ils devaient quitter les ports. Puis, le convoi de mars retournait à Venise à la fin de juin et au début de juillet, et le convoi de septembre arrivait à Venise au mois de novembre, selon le rythme habituel. En revanche, les navires génois quittaient en général le port d'Alexandrie à la fin de l'hiver pour gagner Gênes au printemps. Par conséquent, leur retour à Gênes se concentrait sur les deux mois de janvier et mars (six en janvier et en mars, trois en mai et novembre, un en février et décembre). Ce résultat montre que les navires de Gênes et de Venise différenciaient leurs rythmes de passage pour éviter de se concurrencer. En plus, la navigation des navires de Gênes fonctionnait en quelque sorte selon les calendriers établis comme la *muda* de Venise. La durée de retour des coques génoises était plus courte que celle des coques vénitiennes. Les coques génoises ne prenaient qu'un mois pour revenir d'Alexandrie à Gênes.[45] Au retour de Syrie et d'Alexandrie, les navires génois faisaient escale et déchargeaient une partie du coton dans quelques ports comme Naples, Gaète et Pise, avant de gagner Gênes.[46]

[44] E. Ashtor, *Levant trade in the Later Middle Ages*, Princeton, 1983, p. 136.

[45] J. Heers, «Il commercio nel Mediterraneo alla fine del secolo XIV e nei primi anni del XV», p. 170.

[46] En 1401, deux navires génois arrivèrent à Gaète et y déchargèrent 120 des 600

Au cours du XVe siècle, le transport du coton de Syrie et d'Alexandrie diminua et devint négligeable. A Alexandrie même, les affaires des marchands génois devinrent très réduites, et les voyages entre Alexandrie et Gênes étaient rares. A titre d'exemple, sur neuf navires qui firent le voyage de l'Orient à Gênes en 1445, un seul visita le port d'Alexandrie. Comme nous l'avons indiqué plus haut, le transport du coton syrien devint très rare dès la seconde moitié du XIVe siècle. En Syrie, les activités commerciales des marchands génois se concentraient en grande partie sur l'axe Beyrouth–Damas.[47] Leur intérêt principal était le trafic des épices. En effet, Beyrouth constituait un port d'embarquement pour les épices plutôt que pour le coton, alors que les navires vénitiens embarquaient la plus grande partie du coton à Acre, Tripoli et Laodicée, même s'ils chargeaient aussi de la matière première à Beyrouth.

Si l'expansion du royaume d'Aragon et son occupation de la Sicile fit reculer le transport génois du coton sicilien, le monopole du trafic du coton syrien des marchands vénitiens, qui était rendu possible grâce aux efforts de l'Etat de Venise pour entretenir de bonnes relations avec les Mamelouks et grâce au service de transport assuré par les convois de coques, était à l'origine de la régression du transport de cette matière première d'origine syrienne ou égyptienne par les navires génois. D'autre part, l'occupation génoise de Famagouste, qui devint un lieu principal pour l'embarquement du coton par les navires génois, contribua en partie à cette diminution ou la dédommagea en quelque sorte.

3. Le transport de Chypre à Gênes

Le transport du coton de Chypre à Gênes subit plusieurs circonstances à la fois mauvaises et bonnes. L'occupation génoise de Famagouste en 1373, port le plus important de Chypre, marque un tournant en provoquant une nouvelle réorganisation du trafic de l'île.[48] Cet événement offrit aux marchands de Gênes une belle opportunité, tout en écartant d'autres marchands occidentaux du trafic à Chypre. Selon le registre

sacs de coton dont le chargement fut effectué à Famagouste. Le reste était destiné à Gênes. J. Heers, *Gênes au XVe siècle*, p. 419; E.C. Aste, *Il carteggio di Gaeta nel Archivio del mercante pratese Francesco di Marco Datini 1387–1405*, Gaète, 1997, pp. 120–121.

[47] J. Heers, *Gênes au XVe siècle*, pp. 373–379.

[48] W. Heyd, *Histoire du commerce du Levant au Moyen Age*, p. 461.

de douanes de l'année 1376–1377, la route maritime de Famagouste à Gênes était la plus importante parmi plusieurs lignes parcourues par les navires génois pour importer du coton à Gênes. Ce fait est bien confirmé par l'analyse de 1169 contrats d'assurance maritime de la seconde moitié du XIVe siècle par M. Balard.[49] Au fur et à mesure que l'importation de la matière première de Famagouste à Gênes augmentait, il semble que celle de Syrie et d'Alexandrie à Gênes ait diminué.

Avant tout, le ravitaillement en blé de Famagouste fut à l'origine de l'essor du transport du coton. Après l'occupation, la première nécessité de l'Etat de Gênes était de nourrir les troupes génoises installées sur place. Pour cet objectif, le gouvernement génois établit une ligne officielle et régulière.[50] Pour encourager le bon déroulement de cette dernière, il offrit des privilèges du même genre que ceux que l'Etat de Venise accordait aux convois de galées et de coques, à savoir qu'aucune personne ou navire de Gênes et de ses territoires ne pût voyager de Famagouste en Syrie, puis retourner de Famagouste à Gênes pendant la durée de navigation des navires engagés par l'Etat de Gênes.[51]

Le gouvernement de Gênes concluait, une ou deux fois par an, des contrats avec des patrons pour remplir cette obligation. A titre d'exemple, citons un contrat établi le 17 février 1391 entre le gouvernement de Gênes et deux patrons, Antonio Morando et Giovanni Todeschi. Il précise les itinéraires à suivre : d'abord, le navire naviguera vers l'île de Sicile. Il était souvent permis de visiter le port de Pise pendant trois jours. De là, il gagnera Trapani et continuera son voyage vers Agrigente. Dans les deux ports de la Sicile, il chargera du blé. Du port d'Agrigente, la navigation se fera directement vers Famagouste. Il était parfois autorisé aux patrons d'aller à Rhodes avant de gagner ce port chypriote. En général, quatre jours d'escale étaient accordés à Rhodes. Après l'arrivée à Famagouste, le blé devra être consigné auprès du capitaine et des trésoriers de Famagouste.

Au retour de Famagouste à Gênes, les navires transportaient plusieurs sortes de marchandises telles que poivre, sucre, poudre de sucre, coton brut et filé, boucassin et camelot chypriote. L'embarquement du coton pouvait être réalisé après celui des épices. Après avoir complété

---

[49] D'après l'analyse de M. Balard, les Génois s'approvisionnaient en coton, en grande partie, à Chypre. M. Balard, «Assurances et commerce maritimes à Gênes dans la seconde moitié du XIVe siècle», pp. 277–278.

[50] C. Otten, «Les institutions génoises et les affaires de Chypre», p. 177.

[51] ASG, Diversorum Communis Janue, n° 3021.

leur cargaison, les navires revenaient en général à Gênes *recto et continuato viagio*.[52] Les escales sur la route du retour ne sont pas indiquées dans les contrats. Les navires passaient probablement par quelques ports avant de gagner la métropole. A Gaète, en novembre 1401, arrivèrent deux navires génois provenant de Famagouste avec un chargement de coton, dont 120 sacs y furent déchargés.[53]

Tableau 15. *Liste des navires engagés dans le ravitaillement en blé de la ville de Famagouste*

Date de contrat	*Patrons*	*Itinéraires*	Nolis *pour un* cantare
07/05/1380	Filippo de Grimaldi (Castellana)	Gênes–Sicile–Famagouste	
02/02/1391	Antonio Morando (Santa Maria) et Giovanni Todeschi	Gênes–Porto Pisano–Trapani–Agrigenti–Rhodes–Famagouste–Gênes	1 livre 5 sous et 1 livre (10 sous pour le coton filé)
26/08/1392	Celestro di Negro (Santa Maria et Santus Johannes)	Gênes–Porto Pisano–Sicile–Rhodes–Famagouste–Gênes	Idem
18/03/1393	Marcelo Grillo	Gênes–Porto Pisano–Sicile–Rhodes–Famagouste–Gênes	Idem
28/03/1394	Paolo Lercario (Santa Maria)	Gênes–Porto Pisano–Gaète–Sicile–Gênes	Idem
09/11/1394	Niccolò Andrea Lomellini (Santus Nicolaus et Santus Jacobus)	Gênes–Porto Pisano–Gaète–Sicile–Famagouste–Gênes	Idem
04/01/1464	Geronimo Salvago		2 livres 10 sous

Le rythme de transport du ravitaillement était flexible selon les années. D'après le contrat du 2 février 1391 cité plus haut, les navires devaient partir de Gênes à la fin de février pour arriver à Famagouste au mois

52 *Ibid.*

53 E.C. Aste, *Il carteggio di Gaeta, op. cit.*, pp. 120–121.

de juillet et retourner à Gênes avant le mois de janvier 1392.[54] Selon un contrat établi le 18 mars 1391 entre le gouvernement de Gênes et le patron Marcelo Grillo, le départ du navire devait avoir lieu entre le 1er et 15 mai. A Famagouste, il devait rester, au moins, jusqu'au début de septembre et quitter Famagouste, au plus tard, le 15 septembre. Le contrat dressé le 26 août 1392 avec Celestro di Negro, prescrit que son navire était tenu de quitter Gênes entre le 15 septembre et le mois d'octobre 1392. Après son arrivée à Famagouste, ce navire devait rester jusqu'au 20 mars 1393. Pour l'année 1394, le gouvernement de Gênes conclut deux conventions, l'une avec Paolo Lercario au mois de mars et l'autre avec Niccolò Andrea Lomellini au mois de septembre. Le navire de Paolo Lercario devait partir de Gênes entre le 1er et le 15 mai comme le navire de Marcello Grillo de l'année 1391 et le navire de Niccolò Andrea Lomellini était obligé de quitter Gênes avant le milieu de novembre. Malgré la différence de date de départ, ce genre de voyage prenait, en moyenne, près d'un an. En réalité, le navire de Paolo Lercario dont le départ de Gênes avait eu lieu entre le 1er et le 15 mai, revint de Famagouste à Gênes le 4 avril de l'année suivante, ce qui fait onze mois de navigation.[55]

La quantité de coton importée par les navires engagés par l'Etat de Gênes n'était pas négligeable, ce qui est attesté par les documents des archives Datini.[56] Le navire de Paolo Lercario qui fit une convention pour le transport du blé à Famagouste avec le gouvernement de Gênes le 28 mars 1394, arriva à Gênes le 4 avril 1395 avec 544 sacs de coton brut et 25 sacs de coton filé.[57] Même s'il n'est pas évident qu'ils fussent engagés par l'Etat de Gênes, deux navires embarquèrent une considérable quantité de coton à Famagouste en 1401. D'après une lettre de Gaète, six cents sacs furent chargés sur ces deux bateaux.[58] Selon une autre lettre envoyée de Venise à Barcelone, sept cent cinquante sacs furent embarqués.[59] Outre les navires recrutés en moyenne deux

[54] ASG, Diversorum Communis Janue, n° 3021; Mas-Latrie, *Histoire de l'île de Chypre sous le règne des princes de Lusignan*, 3 vol., Paris, 1852–1861, vol. 3, pp. 774–776.

[55] ASP, fonds Datini, busta 1171.

[56] *Ibid.* Il y avait des années où le trafic descendait au bas niveau. Le 9 avril 1383 arriva à Gênes un navire de Francholino Luciano avec neuf sacs de coton brut et deux sacs de coton filé chargés à Famagouste.

[57] *Ibid.*

[58] Cent vingt sacs de coton furent déchargés au port de Gaète au retour vers Gênes. E.C. Aste, *Il carteggio di Gaeta, op. cit.*, pp. 120–121.

[59] M. Innocenti, *L'intenso carteggio datiniano scambiato da Venezia con Barcellona nel 1400–1410, con le valide aperture sul Mediterraneo e l'Occidente che esso determina (con trascrizione di 361*

fois par an par l'Etat, il faudrait compter d'autres bateaux.[60] En effet, en 1376–1377, quatre navires transportèrent du coton de Famagouste à Gênes.[61]

Au cours du XVe siècle, le transport du coton de Famagouste à Gênes perdit de son importance progressivement. Au milieu du XVe siècle, Chypre ne constituait plus un grand entrepôt et ne présentait qu'un intérêt secondaire même pour les Génois. L'augmentation du coût de transport défavorisa en partie l'importation de cette matière première de Famagouste à Gênes. Les frais qui avaient été d'une livre cinq sous, montèrent à deux livres dix sous au milieu du XVe siècle.[62] La faillite de Famagouste en tant que port d'embarquement du coton est bien attestée par l'itinéraire et le chargement faits en 1457 et 1458 par un navire génois commandé par Oberto Squarciafico. Il embarqua quatre sacs de coton et trois sacs de riz au port de Beyrouth en mai 1457, puis visita Famagouste où il ne chargea pas de coton. A l'escale suivante, Chio, la plus grande partie du coton rapporté fut embarquée.[63]

Ce phénomène était lié à l'essor de Chio, qui devint la colonie génoise la plus importante en Orient au XVe siècle. Le coton de Syrie, d'Alexandrie et de Chypre était souvent transféré à Chio pour la réexportation en Occident.[64]

4. Le transport de Chio à Gênes

Finalement, la route maritime de Chio à Gênes devint la ligne de premier ordre parcourue par les navires génois pour importer du coton en métropole. Cependant il est difficile d'en dater le début. Le registre

lettre), 2 vol., Florence, 1977–1978, vol. 2, p. 220. Une autre lettre du 9 octobre 1401 envoyée de Venise à Valence atteste que sept cent cinquante sacs furent chargés sur deux navires génois. ASP, fonds Datini, busta 1004, n° 520066.

[60] D'après un contrat d'assurance maritime établi à Gênes en 1374 ou 1375, un *panfilo* patronné par Luchino Cerum, irait transporter quarante-six sacs de coton de Famagouste à Gênes pour le compte d'un marchand génois, Giovanni. En 1378, Geronimo Italiano fit un contrat d'assurance pour transporter de Famagouste à Gênes deux sacs de coton filé à bord d'un navire dont le patron était Giovanni Pancie. ASG, Notai Antichi, n° 310, f. 68^{r-v}, n°322/II, f. 35^{r}, 67^{r}.

[61] J. Day, *Les douanes*, *op. cit.*, p. 216, 256, 288, 303, 322, 344, 347, 376, 378, 420, 460, 472, 480, 492, 495, 515, 537, 830, 857.

[62] ASG, Archivio Segreto, n° 575, f. 85^{v}–86^{v}.

[63] ASG, Caratorum Veterum, n°1553 (année 1458), f. 28^{r-v}.

[64] ASG, Archivio Segreto, n° 575, f. 85^{v}–86^{v}.

douanier de 1376–1377, qui contient la perception d'une taxe exceptionnelle frappant le commerce génois du mois d'août 1374 au mois de décembre 1377, ne mentionne pas le transport du coton de Chio à Gênes. Mais il faudrait faire attention à ne pas le prendre comme la preuve que cette importation n'avait pas encore commencé. En effet, ce document ne comprend pas le commerce avec la mer Noire dont les taxes étaient levées à Péra. Le trafic avec l'île de Chio n'était peut-être pas touché.[65] En Romanie et en mer Egée, seule Palatia figure comme lieu d'embarquement dans ce document. Un *lignum* dont le patron était Luchino Cirii, transporta trente-sept sacs de coton de Palatia à Gênes.[66]

En dépit de la pénurie des sources attestant le transport du coton de Chio à Gênes, ce dernier se déroulait déjà régulièrement à la fin du XIVe siècle. En effet, le coton turc, dont la plupart de la commercialisation vers l'Occident se réalisait par Chio, était alors échangé habituellement sur le marché de Gênes.[67]

En tout cas, au XVe siècle, la plus grande partie des importations de coton à Gênes provenait de Chio et de Phocée. Cette importation ne représentait pourtant qu'une faible quantité de l'ensemble du coton exporté depuis Chio et Phocée vers l'Occident. En effet, dans la première moitié du XVe siècle, les navires génois en provenance de Chio se rendaient très fréquemment vers la mer du Nord sans passer par Gênes. D'ailleurs, les navires déchargeaient une partie limitée à Gênes, quand ils faisaient escale en métropole avant de gagner de nouveau la mer du Nord. Selon le registre de douane de 1458, quatre navires revinrent de Chio à Gênes, dont trois ne déchargèrent pratiquement rien à Gênes et poursuivirent leur route pour la destination finale, la Flandre.[68] Le navire patronné par Oberto Squarciafico ne débarqua que vingt-cinq sacs à Savone et un sac à Gênes, même s'il embarqua près de cinq cent soixante sacs de coton à Phocée et à Chio.[69] Seul le navire dont le patron était Filippo de Sarzana déchargea une quantité considérable, près de 374 sacs, à Gênes et Savone.[70]

Cependant, ce document douanier risque de minimiser la valeur économique de cette route maritime, du fait que ce genre de sources

---

[65] Il ne mentionne qu'une seule fois Chio. J. Day, *Les douanes*, *op. cit.*, p. 968.

[66] *Ibid.*, p. 693.

[67] ASP, fonds Datini, busta 1171.

[68] J. Heers, *Gênes au XVe siècle*, p. 416.

[69] Le navire patronné par Bartolomeo Calvo déchargea dix-sept sacs de coton à Savone. ASG, Caratorum Veterum, n° 1553 (année 1458), f. 25^v–26^r, 35^r, 36^r.

[70] *Ibid.*, f. 41^r–42^v, 44^r.

ne couvre jamais la totalité du trafic. En effet, au contraire d'un autre registre douanier de 1445 qui se signale par l'absence de transport de coton de Chio à Gênes, les actes notariés de la même époque enregistrent fréquemment des navires effectuant le voyage de Chio à Gênes. En cela, le procès qui eut lieu en 1449 entre Francesco Italiano et Bartolomeo Spinola, mérite d'être cité.[71] Le premier, fils de Franco Italiano, demanda au dernier, partenaire d'affaires de son père, la restitution des marchandises reçues en 1433, soit après la mort de Franco, par Bartolomeo Spinola et Luca Grimaldi, en disant qu'elles appartenaient à son père. Dans le procès-verbal sont énumérés diverses marchandises et les quatre navires qui les transportèrent à Gênes. Le navire patronné par Alaone Cibo importa quarante-six charges de coton et le navire de Percivale de Canula apporta près de vingt sacs. Vingt sacs de coton syrien et quatorze *cantares* trente et un *rotoli* de coton turc arrivèrent à bord du navire dont le patron était Simone Spinola. Le navire de Bartolomeo Doria déchargea un sac de coton et huit charges de coton turc. Il est regrettable que ce document ne précise pas leur provenance. Pourtant, leur cargaison composée de coton, cannelle et camelot, nous suggère qu'ils vinrent de Chio, du fait que les trois articles de premier ordre importés de Chio à Gênes étaient le coton, le camelot et la soie à la fin du XVe siècle.[72]

Outre cet exemple ambigu, nous avons d'autres contrats notariés témoignant plus clairement du transport du coton de Chio à Gênes. D'après un contrat établi à Chio le 30 avril 1449, un *nauclerius* du navire patronné par Leonelis de Italiano reçut en commende du coton et du riz pour une valeur de quarante ducats. Ces marchandises devaient être transportées de Chio à Gênes à bord de ce navire.[73] En 1458, le navire de Pasquale Pinello apporta une certaine quantité de coton de Chio à Gênes.[74] Suivant un contrat établi le 13 janvier 1458 à Chio, Niccolò Granello vendit huit *cantares* de coton à Martino Buzelino pour un montant de cinquante ducats de Chio. Le contrat prescrit que ce

---

[71] ASG, Notai Antichi, n° 845, document du 26 mai 1449 à Gênes.

[72] D. Gioffrè, «Il commercio d'importazione genovese alla luce di registri del dazio 1495–1537», p. 213.

[73] ASG, Notai Antichi, n° 847, doc. 73.

[74] Un contrat dressé à Gênes en 1458 par Risso Baromeo, notaire génois, cite un autre contrat rédigé à Chio en 1451 par Battista de Casanova. Selon ce dernier, Niccolò de Marini devint procureur de Paridus de Marini, fils de Simone. Giacomo Spinola consigna du coton à Paridus de Marini. Ce coton fut transporté de Chio à Gênes à bord du navire de Pasquale de Pinello. ASG, Notai Antichi, n° 719, doc. 105.

coton doit être transporté par le navire de Filippo de Sarzana et remis dans le magasin de Franca Libera à Gênes. En plus des huit *cantares*, il transporta une autre quantité de coton à Gênes.[75]

Au cours de la deuxième moitié du XVe siècle, le transport du coton de Chio à Gênes gagna plus d'importance. Ce fait est étroitement lié au déclin du trafic de l'alun. Son transport direct de Chio en Flandre sans escale à Gênes perdait de la vigueur et devenait beaucoup moins rentable, à la suite à la fois de l'occupation turque de Phocée et de la découverte des mines d'alun à Tolfa. Par conséquent, les gros navires génois indiqués dans le transport de cette matière utilisée en teinture passaient de plus en plus par Gênes avant de poursuivre leur voyage vers la mer du Nord. De plus, ils déchargeaient à Gênes la plus grande part du coton embarqué à Chio, autrement que pendant la première moitié du XVe siècle. En 1516, trois navires transportèrent près de trois mille sacs de coton de Chio à Gênes.[76] A cette époque, l'importation annuelle se situait entre mille et trois mille sacs.[77]

5. Le transport de Rhodes à Gênes

Nous sommes peu renseignés sur le transport du coton de Rhodes à Gênes. Quelques sources rares témoignent pourtant que Rhodes était également un lieu d'embarquement de cette matière première pour les navires génois. En 1414, à Gênes, Asano Doria établit une assurance maritime pour le transport d'une certaine quantité de coton de Rhodes à Gênes. Ce contrat prescrit que le chargement sera effectué par un autre marchand génois demeurant à Rhodes, Gherardo Calvo, et que le transport sera assuré par le navire patronné par Antonio de Coronato.[78] Au milieu du XVe siècle, les marchands génois payaient deux livres sept sous pour faire transporter un *cantare* de coton de Rhodes à Gênes.[79]

---

[75] ASG, Notai Antichi, n° 848, doc. 17; Caratorum Veterum, n°1553 (année 1458), f. 41^{r-v}. Ingo Giustiniani chargea vingt-six sacs de coton à Phocée sur ce navire, qui furent confiés à Savone ou à Gênes à Luciano de Rocha.

[76] ASG, Caratorum Veterum, n° 1560 (année 1516), passim.

[77] 1507(122 sacs), 1516 (2976 sacs), 1519 (3550 sacs), 1520 (6526 sacs), 1526 (1724 sacs), 1531 (1054 sacs), 1535 (2089 sacs), 1537 (1568 sacs). D. Gioffrè, «Il commercio d'importazione genovese alle luce di rigistri del dazio 1495–1537», p. 214.

[78] ASG, Notai Antichi, n° 481, f. 36^{r}.

[79] ASG, Archivio Segreto, n° 575, f. 85^{v}–86^{v}.

Rhodes jouait un rôle de même nature que Chio: un lieu d'entrepôt et un point de départ pour les cotons venus de nombreuses régions productrices, Turquie, Alexandrie, Syrie et Famagouste. Le 27 octobre 1383, une coque dont le patron était Nicolau Theri de Majorque arriva à Rhodes avec des marchandises chargées à Alexandrie. En profitant de ce navire, Andrea Marruffo et Paolo di Negro, marchands génois, firent transporter dix-neuf sacs de coton d'Alexandrie à Rhodes. Leur opération au port d'Alexandrie fut réalisée par leur partenaire, Honofrio Ricus.[80] Le 24 janvier 1454 à Famagouste, le *preceptor* génois, Lodovico de Maniac, dressa un contrat avec le patron Antonio Raybaldo, citoyen de Famagouste. Il s'agissait du transport de marchandises comme le blé, le vin et le coton. Ce coton fut adressé à Bartolomeo Doria demeurant à Rhodes.[81]

Gênes n'était pas la seule destination pour les navires génois en provenance de Rhodes. Ceux-ci distribuaient du coton vers d'autres endroits en Occident tels qu'Aigues-Mortes, Gaète et Bruges. En 1378, Gioffre Doria établit un contrat d'assurance maritime pour le transport du coton de Rhodes à Gaète. Oberto Cattaneo s'occuperait de son chargement sur le navire patronné par Francholini Luciano.[82] La même année, Gaspare Salvago établit un contrat d'assurance maritime afin de transporter du coton de Rhodes à Aigues-Mortes. Le navire de Niccolò de Marcheto accomplirait cette mission.[83] Apparemment, ces deux navires firent escale au port de Gênes avant de gagner leurs destinations. Encore en 1378, un autre marchand génois, Pietro Centurione, fils de Niccolò, participa à l'exportation du coton de Rhodes à destination de l'Ecluse. L'embarquement serait effectué par Pietro lui-même ou quelqu'un d'autre pour son compte. Le transport serait confié au navire patronné par Ottaviano Lercario. Ce bateau passerait à Candie où était en place un autre Centurione, Andrea, qui chargerait du vin.[84] Il est probable que le bateau navigua d'une façon directe jusqu'en Flandre sans passer par Gênes.

En somme, le transport du coton de Rhodes à Gênes ne constituait pas une route maritime aussi importante que celui de Chio à Gênes au XVe siècle. En général, après avoir accompli le chargement à Chio,

---

80 ASG, Notai Antichi, n° 381, f. 177v–178r.

81 ASG, Notai Antichi, n° 843, f. 125.

82 ASG, Notai Antichi, n° 322 (II), f. 135v.

83 *Ibid.*, f. 161r.

84 *Ibid.*, f. 196r.

les navires génois ne passaient pas nécessairement à Rhodes, mais parfois pour compléter leur cargaison. Pour le coton, le volume de chargement restait très limité.[85] D'ailleurs, cette matière première était très souvent transférée de Rhodes à Chio pour la réexpédition en Occident.[86]

B. *L'exportation du coton de Gênes*

Arrivé à Gênes, une partie du coton était distribuée vers l'arrière-pays par voie de terre, une autre partie étant de nouveau réexportée vers plusieurs endroits. Pour le deuxième trafic, nous relevons deux courants. Tantôt le coton était d'abord déchargé d'un navire et de nouveau embarqué sur un autre navire. Tantôt un même navire continuait à voyager vers d'autres destinations, après avoir débarqué une partie de la cargaison au port de Gênes. Dans le premier cas, l'importation du coton à Gênes était assurée par de grands navires comme les coques, l'exportation depuis Gênes étant réservée aux embarcations de petites dimensions, telles que le *lignum* et la *vacheta*. Dans le second cas, les destinations fréquentes étaient des régions lointaines, plus particulièrement la Flandre.

Le coton de Gênes était transporté par mer vers quatre régions principales: le Midi de la France, l'Espagne, l'Italie du Centre et la Flandre. Le registre de douanes de l'année 1376–1377 notamment nous permet d'établir un tableau montrant le volume et la fréquence du transport du coton de Gênes vers chaque région.

---

[85] ASG, Caratorum Veterum, n° 1552 (année 1445), f. 80^{r}. En 1445, parti de Chio, le navire patronné par Niccolò Gentile fit escale à Rhodes et y chargea près de soixante-six sacs de coton.

[86] Le coût de transport d'un *cantare* de coton de Rhodes à Chio était de 0,25 ducat au milieu du XVe siècle. ASG, Archivio Segreto, n° 575, f. 85^{v}–86^{v}.

Tableau 16. *L'exportation du coton de Gênes vers quelques régions*

Régions	*Nombre des navires utilisés*	*Coton brut*	*Coton filé*	*Coton et autres marchandises (valeurs en livres)*[87]
Provence	12	28 sacs + 81 balles		10498 livres[88] (Sucre, indigo, coton, gingembre) + 739 livres (sénevé, gingembre, coton)
Pise	9	4 sacs + 38 balles	Une balle	225 livres (coton, pastel, poivre) + 2325 livres (coton et d'autres marchandises)
Flandre	4	2 sacs + 7 balles	19 balles	
Espagne	2	2 sacs	18 *faxii*	
Barcelone	1	10 balles		
Séville	1	2 sacs		
Naples	1	4 balles		

D'après ces données, le transport du coton de Gênes en Provence était plus important que sur les autres routes maritimes. L'exportation en Flandre restait très faible et négligeable. Globalement, l'ensemble des exportations monte juste à quelques centaines de sacs, très faible quantité par rapport à celui des importations à Gênes. Cela signifie que la plus grande partie des importations était distribuée de Gênes vers les centres de fabrication des futaines en Italie du Nord.

Cependant ce résultat doit être accepté avec réserve et confronté avec d'autres documents, même s'il démontre en quelque sorte les tendances générales de cette époque. Avant tout, cette source à caractère fiscal risque de sous-estimer le volume du trafic réel. Il y avait toujours des efforts de la part des marchands pour éviter les droits de douane. Par ailleurs, les conjonctures étaient susceptibles d'être modifiées selon les périodes.

---

[87] Dans le registre douanier n'est pas toujours indiquée la quantité de coton, mais sont indifféremment mentionnés le coton et d'autres marchandises, leur valeur totale étant citée comme suit: «*Item—ea die pro dicto Dominicho et sunt pro zucaro endeci cotono et gingibre in summa per L. XCCCCLXXXXVIII misis in Provinciam in gallea Dominici de Auria in iornatis in XV*». J. Day, *Les douanes, op. cit.*, p. 284.

[88] Huit sacs de coton qui furent transportés de Gênes en Provence par le *ligno* patronné par Marco de Rustegino, coûtaient 264 livres, soit 33 livres pour un sac. D'après cette estimation, 10 498 livres correspondaient à près de trois cent quatre-

1. Le transport du coton de Gênes en Flandre

Le transport du coton de Gênes en Flandre commença après l'ouverture de la route maritime vers la mer du Nord.[89] Cette mission était, au début, partagée par les galées et les coques, mais fut progressivement réservée à celles-ci, à cause de la différence considérable du coût de transport entre les deux types de navires. Au XIVe siècle, on payait un tarif quatre fois plus élevé à bord des galées qu'à bord des coques.[90]

Vraisemblablement, au cours de la fin du Moyen Age, le transport du coton de Gênes en Flandre par le détroit de Gibraltar diminua. En effet, une grande quantité de coton était transportée directement d'Orient en mer du Nord par les navires génois qui évitaient de plus en plus la métropole de Gênes. Malgré tout, le chiffre tiré du registre douanier de 1376–1377 est trop bas. Selon ce document, quatre navires, dont les patrons étaient Iane di Negro, Giovanni di Negro, Luciano Doria et Raffaele di Castro, transportèrent seulement dix-huit balles de coton filé, deux sacs de coton brut et sept balles de coton brut.[91]

Le fait que ce document douanier ne couvre pas la totalité du trafic, est attesté par des actes notariés. Dans le registre, le navire d'Iane di Negro ne transporta que deux balles de coton filé pour le compte de Antonio de Vivaldi. Mais deux contrats d'assurance maritime témoignent de l'existence d'autres chargements sur le même navire. Le 31 janvier 1376, Isnardo de Montelgro de Moneglia, fabricant de tissu de coton, conclut deux contrats d'assurance maritime, l'un avec Giuliano Grillo pour un montant de 125 livres et l'autre avec Luchino de Mari pour une valeur de 125 livres. Le premier contrat assure deux balles de coton filé à bord du navire d'Iane di Negro pour la destination de l'Ecluse. Le deuxième contrat porte sur une balle de coton filé, dont le transport serait réalisé par la coque de Luciano Doria pour la même

---

vingt-un sacs. Cependant, le coton ne représente qu'une partie de ce montant. *Ibid.*, p. 392.

[89] R. Doehaerd, «Les galères génoises dans la Manche et la Mer du Nord à la fin du XIIIe et au début du XIVe siècle», pp. 54–57.

[90] Pour le transport d'un *cantare* de coton de Gênes en Flandre, les marchands génois devaient payer six sous à bord des coques et vingt-deux ou vingt quatre sous à bord des galées. C. Ciano, *La pratica, op. cit.*, pp. 73–74.

[91] J. Day, *Les douanes, op. cit.*, vol. 2, p. 785. Enrico de Camilla (six balles de coton filé), Niccolò de Ricobono (sept balles de coton), Antonio de Vivaldi (deux balles de coton filé), Andriolo de Mari (un sac de coton), Pietro Cazanus (un sac de coton).

destination.[92] Mais, le registre ne mentionne pas cette balle de coton appartenant à Isnardo.[93] En 1376 ou 1377, un Pallavicino dressa aussi un contrat d'assurance maritime pour transporter du coton de Gênes à l'Ecluse avec escale au royaume de Grenade, à bord du navire de Filippo Scotto qui se trouvait alors au port de Gênes.[94] Mais, ce navire ne figure pas sur le registre de douanes.

En fin de compte, le volume réel du transport de Gênes en Flandre est plus considérable que celui avancé par ce registre de douanes. D'après un manuel de marchandise du XIVe siècle, mille sacs étaient annuellement apportés de Gênes en Flandre par des navires génois.[95] En réalité, cinq navires transportèrent plus de mille sacs de coton de Gênes en Flandre en 1401.[96]

Malgré tout, la croissance du transport direct de Chio en Flandre provoqua la diminution du transport du coton de Gênes en Flandre. Mais, au fur et à mesure que la route directe était de plus en plus délaissée à partir des années 1450 et 1460, cela exigeait une nouvelle réorganisation des réseaux maritimes génois. Par conséquent, l'importation du coton à Gênes augmenta. Le transport de cette matière première de Gênes vers la mer du Nord reprit-il alors de la vigueur? Le manque de sources nous empêche d'y répondre.

2. Le transport du coton de Gênes vers le Midi de la France

Le trafic entre Gênes et le Midi de la France était intense depuis longtemps. Gênes et la Ligurie envoyaient à Marseille et en Provence des produits de leur sol et des marchandises orientales, comme les épices, le sucre, le coton et les riches étoffes de l'Orient.[97] Les Génois voulaient monopoliser cet approvisionnement de la Provence et du Languedoc. Notamment lorsque leurs voyages en Orient étaient rendus

---

92 Léone Liagre-de Sturler, *Les relations commerciales entre Gênes, la Belgique et l'Outremont d'après les archives notariales génoises (1320–1400)*, Brussel et Rome, 1969, tome 2, n° 341 et 342.

93 D'après le registre de douanes, la coque de Luciano Doria transporta un sac de coton pour le compte d'Andriolo de Mari et six balles de coton filé au nom d'Enrico de Camilla. J. Day, *Les douanes, op. cit.*, p. 226, 307.

94 ASG, Notai Antichi, n° 321, f. 276v–277r.

95 C. Ciano, *La pratica, op. cit.*, pp. 73–74.

96 ASP, fonds Datini, busta 1171.

97 Les tissus de coton comme la futaine et le boucassin étaient fréquemment transportés de Gênes vers le Midi de la France. ASG, Notai antichi, n° 310, f. 176r–176v, n° 314, f. 149, 168r, n° 379, f. 54r–54v; J. Day, *Les douanes, op. cit.*, passim.

difficiles, les marchands du Midi de la France devaient avoir recours aux intermédiaires génois pour satisfaire les besoins en marchandises orientales.[98]

Pour la première moitié du XIVe siècle, nous avons quelques sources témoignant du transport du coton de Gênes vers le Midi de la France. En mars 1310, Laurent Calmette, poivrier de Marseille, reconnut devoir payer 416 livres 13 sous 4 deniers royaux à Antonio Usodimari de Gênes, pour l'achat de seize sacs de coton brut d'Outre-Mer, pesant soixante-deux quintaux cinquante livres.[99] Une réglementation de l'*Officium Gazarie* de Gênes du 14 octobre 1317 prescrit que tous les Génois ou les étrangers travaillant pour le compte de ceux-là, qui veulent transporter des marchandises y compris le coton de Gênes à Aigues-Mortes à bord de galées ou *ligna*, doivent les déposer au bureau de l'*Officium Gazarie.*[100] En 1362, un *lignum* génois transporta deux balles de coton à Aigues-Mortes pour le compte d'un marchand florentin, Giovanni Uppi.[101]

Selon le registre de douanes de l'année 1376–1377, la plus grande partie du coton exporté depuis Gênes était destinée à la Provence. Douze navires assurèrent ce transport. Cependant, la quantité précise est difficile à estimer, puisque le registre mentionne parfois indifféremment plusieurs marchandises, en mettant leur valeur totale et en n'indiquant pas leur quantité respective. Compte tenu de ce fait, le volume doit se situer aux alentours de cent à deux cents sacs.

Le coton provenant de Gênes était déchargé le plus souvent à Marseille et Aigues-Mortes et moins fréquemment à Bouc et Arles.[102] Aux XIIIe et XIVe siècles, les marchands de Gênes jouaient un rôle important dans le commerce d'Aigues-Mortes.[103] En 1378, un navire dont le patron était Ottaviano Lercario importa à Aigues-Mortes une certaine quantité de coton chargé à Rhodes. Il avait probablement fait escale à Gênes avant d'y arriver.[104] En 1388, la compagnie Datini de Pise dressa un contrat d'assurance maritime afin de transporter du coton de Gênes

---

98 E. Baratier, *Histoire du commerce de Marseille*, Paris, 1951, t. II, p. 199.

99 *Ibid.*

100 L. Sauli (éd.), *Imposicio Officii Gazarie*, p. 370.

101 ASG, Notai Antichi, n° 320, f. 173r–173v.

102 Le registre indique comme destination le terme général *Provincia* qui désignait alors tout le Midi méditerranéen de la France, plutôt que la région Provence d'aujourd'hui. J. Day, *Les douanes, op. cit.*, vol. 2, p. 967.

103 H. Chobaut, «Le commerce d'Aigues-Mortes au XIVe siècle», p. 125.

104 ASG, Notai Antichi, n° 322/II, f. 161.

à Aigues-Mortes.[105] En 1401, un navire génois sur deux provenant de Famagouste avec un chargement de près de sept cent-cinquante sacs de coton, arriva à Aigues-Mortes, peut-être après un passage par Gênes.[106] Le 17 mars 1393 à Gênes, Valariano Lomellini dressa un contrat d'assurance pour transporter une balle de coton filé avec d'autres marchandises de Savone à Bouc à bord de la coque d'Andrea Calderia.[107] Un navire génois allant vers Arles en 1385 apporta du chanvre, du coton, de la cire et de l'étain.[108]

Au XVe siècle, les navires génois continuaient à apporter du coton, notamment provenant de Chio, dans le Midi de la France.[109] Toutefois, même s'il se déroulait d'une façon régulière, ce transport n'avait pas une grande envergure. En effet, cette mission était généralement confiée aux navires de petite dimension comme les *ligna* et *vacheta*. Par exemple, les douze navires qui transportèrent du coton de Gênes en Provence en 1376–1377, comptaient sept *ligna*, trois galées, une barque et une *vacheta*.[110]

3. Le transport du coton de Gênes vers l'Italie du Centre

Le transport maritime du coton de Gênes vers l'Italie du Centre, notamment Pise, était très fréquent. En 1376–1377, huit bâtiments génois participèrent à ce trafic.[111] La compagnie Datini prenait part habituellement à ce commerce à la fin du XIVe siècle et au début du XVe siècle.[112] D'après un manuel florentin de marchandise, le transport du

---

105 ASP, fonds Datini, busta 1158, assurance maritime, fasc. 62.

106 M. Innocenti, *L'intenso carteggio datiniano scambiato da Venezia con Barcellona, op. cit.*, vol. 2, p. 220.

107 ASG, Notai Antichi, n° 312, f. 168r–v.

108 E. Baratier, *Histoire du commerce de Marseille*, t. II, p. 198.

109 Au milieu du XVe siècle sur le marché de Marseille, Francolino Luciano vendait du coton turc et de l'alun qui lui arrivaient sans doute du Levant par l'intermédiaire de Gênes. E. Baratier, *Histoire du commerce de Marseille*, t. II, p. 669; ASG, Notai Antichi, n° 847, doc. 74.

110 J. Day, *Les douanes, op. cit.*, p. 284, 361, 392, 401, 458, 510, 527, 730–731, 789.

111 M.F. Mazzaoui, «L'industria cotoniera italiana nel Medioevo», p. 175; J. Day, *Les douanes, op. cit.*, vol. 1, p. 430, 438–440, 458, vol. 2, p. 714, 837.

112 Un marchand milanais, Tommaso di ser Giovanni, qui faisait des affaires pour le compte de la compagnie Datini, expédia du coton reçu de Venise à Pise. Vraisemblablement, le coton était embarqué au port de Gênes à destination de Pise. Dans une lettre du 2 janvier 1391 adressée à Datini à Pise, Pucci Salvestro di Bongianni et Bruno di Francesco disent qu'ils vont envoyer du coton filé de Gênes à Pise à bord d'un navire pisan. En 1391, la compagnie Datini de Pise fit un contrat d'assurance mari-

coton de Gênes à Florence par Pise entraînait une augmentation de 5 % sur le prix définitif.[113]

En dépit du passage fréquent des navires entre Gênes et Pise, ce transport ne connut pas de grande ampleur. En 1376–1377, la quantité de coton transportée de Gênes à Pise par huit navires était la suivante : quatre sacs et trente-huit balles de coton brut, et une balle de coton filé.[114] De plus, tous ces navires étaient des petits bateaux, tels le *vacheta* et le *laudo*.

Par ailleurs, le trafic entre Gênes et Pise ne s'effectuait pas à sens unique. Le coton était parfois transporté dans le sens inverse, soit de Pise à Gênes. Par une lettre du 11 janvier 1383 adressée à Datini et à sa compagnie à Pise, Damiano da Pessana demanda un troc de ses dix balles de futaines contre du coton sur le marché de Pise.[115] Par une autre lettre du 17 mars 1383, il demanda d'envoyer sans délai du coton si son prix restait assez bas.[116] Une lettre du 19 mai 1383 montre qu'il renonça à l'idée du troc, parce que du coton de bonne qualité viendrait de Venise à Gênes.[117] Le 24 avril 1384 la compagnie Datini de Pise établit un contrat d'assurance afin de transporter quatre balles de voiles et une certaine quantité de coton teint de Pise à Savone.[118] En général, après avoir reçu le coton de Venise par voie terrestre, Pise le réexportait à Gênes par voie maritime.[119] Ces documents des

time afin de transporter huit balles de coton filé de Gênes à Pise. L. Frangioni, *Milano fine Trecento, op. cit.*, vol. 2, pp. 379–380, 382–383, 386 ; ASP, fonds Datini, busta 513, n° 406405, lettre du 2 janvier 1391, busta 1160, assurance maritime, contrat du 2 mai 1391.

[113] S'appuyant sur le registre de douanes de 1376–1377, M.F. Mazzaoui conclut qu'il existait un trafic très intense du coton entre Gênes et Pise. Mais, cette conclusion dérive de la mauvaise transcription de cette source génoise publiée par J. Day. M.F. Mazzaoui, *The italian cotton industry, op. cit.*, p. 184.

[114] La *vacheta* de Bernardo Bommato conduisit huit balles de coton pour le compte de Michaele Rodulff, une certaine quantité de coton par la *vacheta* de Niccolò de Sygestro, deux balles par la *vacheta* d'Andrea de Boliascho, six balles par le *laudo* de Branchino de Multedo, quatre balles par la *vacheta* de Galvani de Lando, trois balles par la *vacheta* de Bartono de Vando, trois balles et quatre sacs par la *vacheta* de Niccolò de Sado, douze balles de coton brut et une balle de coton filé par la *vacheta* de Giovanni de Goagnino, et une quantité de coton par la *vacheta* de Giacomo Buzola. La plupart de ces cotons appartenaient à un seul marchand, Michaele Rodulff. J. Day, *Les douanes, op. cit.*, p. 430, 438, 439, 440, 458, 714, 837.

[115] L. Frangioni, *Milano fine Trecento, op. cit.*, vol. 2, p. 3.

[116] *Ibid.*, p. 12.

[117] *Ibid.*, p. 18.

[118] ASP, fonds Datini, busta 1158, assurance maritime, fasc. 4.

[119] ASP, fonds Datini, busta 381, f. 178^v–179^r.

archives Datini nous montrent que les prix et conditions des marchés déterminaient la direction de la circulation du coton entre Gênes et Pise.

Au-delà de Pise, le coton était transporté à Rome et parfois jusqu'à Naples. En 1376, un *lignum* dont le patron était Geronimo Marini transmit quatre balles de coton de Gênes à Naples pour le compte de Michaele Rodulff. Un marchand florentin, Luca del Sera, participait d'une façon régulière à ce genre de trafic. En 1392, il envoya deux balles de coton de Gênes à Rome, dont le transport fut effectué par le navire patronné par Colla Jacopo.[120] Le 21 avril 1393 à Gênes, il conclut un contrat d'assurance maritime avec un groupe d'assureurs à la fois génois et florentins. Selon ce contrat, Luca del Sera voulait envoyer quatorze balles de coton de Gênes à Rome, en affrétant un *laudo* génois.[121] Ce type de transport était également effectué par les navires de Gaète. Selon un contrat d'assurance maritime du 2 mai 1391 à Gênes, Andrea di Bonanno confia le transport de huit balles de coton de Gênes à Pise ou à Livourne à un petit bateau de Gaète patronné par Biello di Barone.[122]

A première vue, le transport du coton de Gênes à Pise, Rome et Naples n'apparaît pas rentable. En effet, en général, les navires génois avaient pour habitude de faire escale dans les ports d'Italie du Sud et du Centre pour décharger une certaine quantité de marchandises provenant de l'Orient, y compris du coton, avant de se rendre à Gênes.[123] Deux facteurs étaient peut-être à l'origine de ce phénomène. Les navires génois de grand tonnage tenaient à réduire le nombre d'escales. Par conséquent, ils se hâtaient de retourner directement à Gênes et leur cargaison était de nouveau embarquée sur des bateaux de petite dimension pour ces destinations de l'Italie du Centre et du Sud. Une autre cause est la suivante : les cotons syriens étaient exportés de Venise à Gênes par la route terrestre et fluviale, puis réexpédiés vers l'Italie du Centre par la voie maritime.

---

120 ASP, fonds Datini, busta 1160, assurance maritime. Contrat établi le 27 août 1392 à Gênes.

121 ASG, Notai Antichi, n° 312, f. 221^r–221^v.

122 ASP, fonds Datini, busta 1160, assurance maritime.

123 Porto- Pisano était l'une des principales destinations pour les navires génois apportant du coton de Chio au milieu du XVe siècle. ASG, Archivio Segreto, n° 575, f. 85^v–86^v.

4. Le transport du coton de Gênes en Espagne

La route du transport du coton de Gênes en Espagne avait une valeur de moindre importance, par rapport aux trois lignes mentionnées ci-dessus. D'après le registre de douanes de l'année 1376–1377, quatre navires génois transportèrent une faible quantité: dix-huit fardeaux, quatre sacs et dix balles de coton vers la péninsule ibérique.[124]

Les destinations étaient plus souvent Barcelone et Majorque. Selon un manuel de marchandise de Barcelone du XIVe siècle, de Gênes à Barcelone venaient des marchandises comme l'alun, le coton filé, le coton brut et toutes les sortes de laines.[125] Au XVe siècle, les navires génois importaient du coton de Chio à Barcelone par Gênes.[126] Cependant, cette matière première prenait une petite part de l'ensemble du trafic entre Gênes et Barcelone. Au XVe siècle, les principaux articles d'exportation de Gênes à Barcelone étaient l'alun venu de Chio, le pastel lombard et les futaines fabriquées en Lombardie et en Allemagne.[127]

Les marchands de Majorque avaient probablement plus d'intérêt à ce trafic que ceux de Barcelone. Ils ne le laissaient pas exclusivement aux marchands de Gênes[128], mais ils y participaient eux-mêmes en profitant des navires génois. Pour cela, il faut citer trois contrats notariés génois, l'un rédigé le 4 août 1450 à Gênes par Risso Baromeo et les deux autres établis les 24 et 27 mars 1450 à Chio par un autre notaire génois, Tommaso Recco. Il s'agissait du transport du coton de Chio à Majorque via Gênes. Les 24 et 27 mars 1450 à Chio, un marchand de Majorque, Francesco Setorre, conclut deux contrats de transport avec deux patrons génois, Oliverio et Agostino Marruffo, qui

---

[124] Une coque dont le patron était Antonio Dragi transporta de Gênes en Espagne dix-huit fardeaux de coton pour une valeur de 720 livres et pour le compte d'Antonio Grillo. Une autre coque commandée par Moruel Lomellini apporta deux sacs de coton de Gênes en Espagne, qui appartenaient à Ioffredo Pamzanus. A Barcelone, dix balles de coton furent importées à bord du *lignum* d'Agostino Iohannisboni. A Séville, une coque d'Antonio Grasi transporta deux sacs de coton pour le compte d'Oberto de Moneglia. J. Day, *Les douanes, op. cit.*, p. 215, 363, 476, 789.

[125] M. Gual Camarena, *El primer manual hispanico de mercaderia (siglo XIV)*, Barcelone, 1981, p. 126.

[126] M. Del Treppo, *I mercanti catalani, op. cit.*, p. 183.

[127] C. Carrère, *Barcelone centre économique à l'époque des difficultés 1380–1462*, pp. 591–600.

[128] En 1376, Giovanni Rodini, épicier génois, conclut un contrat d'assurance maritime avec Gregorio di Negro. Il s'agissait du transport d'une certaine quantité de coton de Gênes à Majorque, réalisé par la coque patronnée par Giorgio Lomellini. Gregorio di Negro payerait à Giovanni 125 livres, si ce navire n'arrivait pas à Majorque sain et sauf. ASG, Notai Antichi, n° 310, f. 141^r–141^v.

commandaient ensemble un seul navire nommé *Burgondia*.[129] Au-delà du transport du coton de Chio à Majorque, ces documents parlent de l'aventure de ce marchand de Majorque, qui se déroula de son départ de Majorque à son arrivée à Chio. Il commença par embarquer à Majorque une certaine quantité de draps, qui appartenait à lui-même et à ses compatriotes, sur un autre navire génois, dont le patron était Maurizio Cattaneo. Du profit tiré de sa vente en Sicile et à Chio, il se procura près de cent trente-sept sacs de coton sur l'île de Chio. Afin de les transporter de Chio à Majorque, il s'adressa aux patrons génois. Avant de gagner Majorque, ce navire fit escale au port de Gênes. En effet, le 4 août 1450 à Gênes, Oliverio Marruffo signa un contrat de compromis avec un autre marchand de Majorque, Gaspare Seforteze, par l'arbitrage de Demetrio de Vivaldi. Il porte sur les frais engagés pour le déchargement du coton. Le patron débarqua son coton pour raison de sécurité et lui demanda de payer ces frais. Gaspare déclara qu'il ne voulait pas le déchargement et n'en était pas au courant. Mais, enfin, il accepta de les payer.[130]

Le coton était exporté depuis Gênes jusqu'à Malaga et Cadix. Partis de Gênes pour la Flandre, les navires y faisaient souvent escale et débarquaient du coton.[131] Le 2 septembre 1398, Pietro de Mari, fils d'Antonio, établit un contrat d'assurance maritime pour le transport du coton de Gênes à Malaga. Cette mission serait effectuée par le navire patronné par Angelo de Mari.[132] Le 28 septembre 1398, un autre marchand génois dressa un contrat d'assurance maritime avec sept assureurs. Il concerne le transport de l'alun et du coton de Savone à l'Ecluse. Au cours de la navigation, une partie de la cargaison serait déchargée à Malaga.[133]

---

129 ASG, Notai Antichi, n° 847, doc. 281, 286.

130 ASG, Notai Antichi, n° 715, doc. 156.

131 Par un contrat notarié du 10 avril 1343, Giacomo Dentuto, patron de la coque nommée *San Bartolomeo*, reconnut avoir reçu à titre de lettre de change d'Alessandro Doria une certaine quantité de monnaie génoise. Le remboursement serait effectué à Bruges dans les six semaines après l'arrivée de ce navire chargé d'alun et de coton. Il ferait escale à Majorque, Malaga et Cadix avant de se rendre à l'Ecluse. L. Liagre-de Sturler, *Les relations commerciales, op. cit.*, n° 127.

132 ASG, Notai Antichi, n° 324, f. 145^r–145^v.

133 L. Liagre-de Sturler, *Les relations commerciales, op. cit.*, tome II, n° 620.

C. *Le transport direct du coton de Chio en Flandre sans escale à Gênes*

Avant le XIVe siècle, la métropole de Gênes représentait le centre du transport maritime entre l'Orient et l'Occident. En effet, pour apporter des marchandises d'Orient en Flandre ou vice-versa, les navires génois faisaient escale régulièrement au port de Gênes. Cependant, le transport direct d'Orient en Flandre l'emportait au cours de la fin du Moyen Age. Par l'analyse de 1169 contrats d'assurance maritime de la seconde moitié du XIVe siècle, M. Balard explique ainsi ce phénomène: «la métropole ligure ne commande plus directement l'ensemble du trafic que ses ressortissants animent, et ces itinéraires, au centre desquels se trouve Gênes, commencent à perdre leur prédominance au profit de lignes de navigation qui établissent des liaisons directes entre les Flandres et l'Espagne d'une part, Alexandrie, Beyrouth, Chio, Péra et la mer Noire d'autre part»[134]. En 1372, le doge et les Anciens de Gênes interdirent à tous les citoyens de conclure des contrats avec des patrons désireux d'éviter le port de Gênes pour échapper aux taxes.[135]

La route directe reliant l'Orient et la mer du Nord fut ouverte à la fin du XIIIe siècle, moment où les marchands génois disposaient d'un nouveau type de bateau, la coque, capable de transporter de lourdes cargaisons sur de longs itinéraires. Avant tout, le transport de l'alun de Chio en mer du Nord fut à l'origine de la création de la nouvelle route maritime.[136] Les marchands de Gênes se retiraient progressivement du trafic des épices en Syrie, qui passa sous le contrôle de ceux de Venise. Le trafic des Génois en Méditerranée orientale gravitait de plus en plus autour de l'île de Chio, leur colonie la plus importante. La marchandise de premier choix commercialisée par ce comptoir génois était l'alun. Le plus grand client de cette matière première utilisée en teinture était la Flandre, centre de l'industrie de la laine. La nécessité de transporter de l'alun de Chio en Flandre et en Angleterre suscita plusieurs améliorations navales, plus particulièrement l'adoption des coques au tonnage le plus grand de l'époque, indiquées pour le transport des marchandises lourdes, volumineuses ou de moindre valeur.[137] Mais l'utilisation de gros

---

[134] M. Balard, «Assurances et commerce maritimes à Gênes, dans la seconde moitié du XIVe siècle», pp. 278–279.

[135] M. Balard, *La Romanie génoise*, pp. 866–867.

[136] En 1292, six mille *cantares* d'alun chargés à Phocée furent transportés en Flandre par une coque génoise patronnée par Carloto et Andalò di Negro. *Ibid.*, p. 866.

[137] J. Heers, «Types de navires et spécialisation des trafics en Méditerranée à la fin du Moyen Age», pp. 112–113.

navires avait des inconvénients. Les opérations de chargement étaient longues, d'où la nécessité de diminuer le nombre des escales et de choisir une route plus directe. Par conséquent, elles évitaient très fréquemment de passer par Gênes au cours du voyage de Chio en Flandre. Après le passage de Gibraltar, les coques faisaient escale surtout aux deux ports de Southampton et de Bruges.

Ce transport direct de l'alun entraîna également l'augmentation de celui du coton.[138] En effet, produit lourd, l'alun avait besoin de marchandise légère pour l'équilibre de la cargaison, comme le coton, marchandise légère, nécessitait son partenaire pesant. En fait, la cargaison des coques parties de Chio ou de Phocée à destination de la Flandre était composée avant tout d'alun et de coton.[139]

Cependant, jusque vers 1350, le voyage direct était l'exception, à cause de la situation difficile du trafic génois de l'alun.[140] Il devint plus régulier dans la seconde moitié du XIVe siècle. Il en allait de même pour le coton, mais quelques décennies plus tard. Or deux routes maritimes, l'une par Gênes et l'autre sans escale en métropole, coexistaient alors. Comme nous l'avons déjà montré plus haut, le coton continuait à être exporté de Gênes en mer du Nord.[141] En tout cas, au cours du temps, son transport direct devint plus fréquent en même temps que celui de l'alun.

[138] L'importation à Venise du coton syrien contribua au développement de l'industrie du verre dans cette ville. La légèreté et le grand volume du coton obligeaient les patrons des navires vénitiens à trouver un fret lourd avec lequel ils pouvaient équilibrer leur cargaison. Il s'agissait de cendre en Syrie, matière première utilisée pour l'industrie du verre. F.C. Lane, «Cargaison de coton et réglementations médiévales contre la surcharge des navires», pp. 30–31; E. Ashtor, «Levantine alkali ashes and european industries», p. 511.

[139] L'alun et le coton représentaient quasiment la totalité de la cargaison d'un navire de Melchione Doria, qui retourna au port de Gênes après avoir accompli un long voyage: Chio–Afrique du Nord–Angleterre–Flandre–Savone–Gênes. ASG, San Giorgio, Sala 38/54, n° 1552 (année 1445), n° 1553 (année 1458), f. 19ʳ, 20ʳ–22ʳ.

[140] Phocée, le plus grand producteur de l'alun, était, dès la fin du XIIIe siècle, la possession de la famille génoise des Zaccaria. La plupart des autres mines passèrent progressivement sous leur contrôle. Après la mort, en 1314, du dernier descendant des Zaccaria, les Cattaneo della Volta les dirigèrent. En 1340, l'empereur byzantin les reprit jusqu'en 1346, année où se forma la *Mahona* de Chio, puissante institution financière, qui avança les sommes nécessaires à la construction de navires afin de reconquérir Chio et Phocée. Désormais, elle tenait le monopole de l'exploitation et de la vente jusqu'au milieu du XVe siècle. M.-L. Heers, «Les Génois et le commerce de l'alun à la fin du Moyen Age», pp. 31–33; M. Balard, *La Romanie génoise*, pp. 866–867.

[141] Entre 1376 et 1377, quatre coques génoises, dont les patrons étaient Iane di Negro, Giovanni di Negro, Luciano Doria et Raffaele di Castro, transportèrent du coton de Gênes en Flandre. J. Day, *Les douanes, op. cit.*, p. 217, 226, 307, 464, 785, 897.

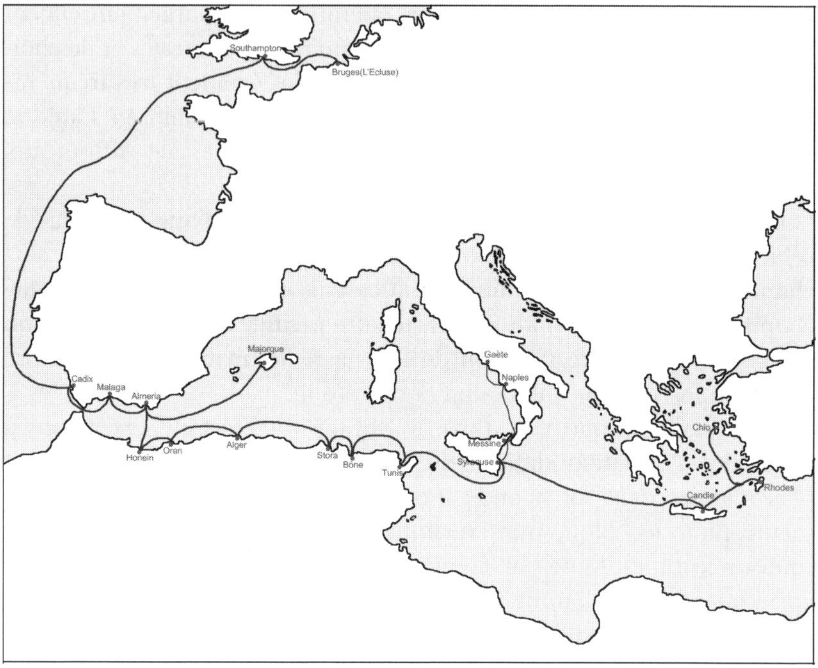

Carte 2. *Principales escales du transport direct de Chio en Flandre*

Au milieu du XVe siècle, la grande partie du transport du coton évitait Gênes. Selon la ferme des impôts et revenus de Nouvelle Phocée du 1er janvier 1447 à octobre 1452, deux cent dix mille *cantares* de coton furent exportés de Turquie en Occident par Phocée, à savoir en moyenne près de 35 000 *cantares* chaque année.[142] Nous ne connaissons pas la part destinée à Gênes. Pourtant, les deux registres douaniers des années 1445 et 1458 témoignent qu'une très faible quantité fut importée à Gênes, la plupart étant transportée en Flandre par les navires génois ayant fait des voyages directs d'Orient en Flandre sans passer par Gênes.[143]

La route directe de Chio en Flandre ne signifiait pas que les navires ne faisaient aucune escale avant de gagner la destination finale. Ils jetaient l'ancre dans de nombreux ports en Italie du Sud, en Afrique du Nord et en Espagne pendant le voyage et y déchargeaient une partie

[142] J. Heers, *Gênes au XVe siècle*, p. 405.
[143] ASG, San Giorgio, Sala 38/54, Caratorum Veterum, n° 1552 (année 1445), n° 1553 (année 1458).

de leur cargaison. Cependant, les lieux d'escale et le rythme de navigation n'étaient pas toujours identiques, mais variaient selon les navires. Par conséquent, les contrats de transport indiquent nécessairement les routes à suivre. La possibilité de relâche pendant le voyage et la quantité à décharger étaient fréquemment décidées par les propriétaires des marchandises ou leurs agents, qui étaient à bord du navire, selon des conditions locales.[144] A Chio le 2 mai 1405, trois marchands génois dressèrent un contrat avec Pietro Natono de Savone, patron d'un navire se trouvant à Chio, afin de transporter cinq cents *cantares* de coton et de noix de galle. Même s'il indique quatre lieux d'escale, Malaga, Cadix, Southampton et l'Ecluse, le contrat ne précise pas la quantité des produits à décharger à chaque port. La décision définitive est laissée à la discrétion des marchands à bord pendant le voyage. Si le coton est déchargé à Malaga ou à Cadix, on paie vingt-cinq sous par *cantare*. A Southampton ou à l'Ecluse, on acquitte trente sous.[145] D'après le registre douanier génois de 1445, Corrado Gentile chargea à Chio quinze sacs de coton sur le navire patronné par Cosmo Dentuto, qui les déchargerait, à Naples, à Gaète, à Tunis, à Majorque, à Malaga ou à Cadix, selon sa volonté, en considération des conditions des marchés de chaque escale.[146]

En tout cas, à l'aide de deux registres de douanes des années 1445 et 1458 et de plusieurs contrats de transport, nous pouvons repérer les ports où les navires génois faisaient escale fréquemment au cours du voyage de Chio jusqu'en Flandre : Rhodes, Candie, Syracuse, Messine, Naples, Gaète, Tunis, Stora, Bône, Alger, Oran, Honein, Majorque, Almeria, Malaga, Cadix et Southampton.[147] Nous allons retracer en détail toutes les étapes suivies par les navires génois de Chio en Flandre. D'abord, à Chio avaient lieu les premiers préparatifs comme la location du bateau par l'établissement du contrat de transport. Pourtant, le chargement s'effectuait plus fréquemment à Phocée qu'à Chio. D'après un contrat dressé à Chio le 1er décembre 1450 entre Marco Doria et

---

[144] L. Balletto, « Commerce et ligne de navigation entre Occident et Proche-Orient au XVe siècle : l'importance de l'île de Chio », p. 125.

[145] R. Doehaerd et Ch. Kerremans, *Les relations commerciales entre Gênes, la Belgique et l'Outremont d'après les archives notariales génoises 1400–1440*, n° 13.

[146] ASG, Caratorum Veterum, n°1552 (année 1445), f. 127v.

[147] ASG, Caratorum Veterum, n° 1552 (année 1445), n° 1553 (année 1458), pasim ; J. Heers, *Gênes au XVe siècle*, p. 455 ; R. Doehaerd et Ch. Kerremans, *Les relations commerciales entre Gênes, la Belgique et l'Outremont d'après les archives notariales génoises (1400–1440)*, n° 644, 666, 668, 698,779, 805.

Baldasare Doria, le navire de ce dernier irait de Chio à Phocée pour charger deux mille *cantares* de coton et les transporterait en Flandre.[148] Compléter la cargaison était lent et prenait plusieurs mois.[149] Après avoir terminé l'embarquement à Phocée et à Chio, les navires génois se rendaient à Candie pour charger, avant tout, du vin et parfois du coton.[150] Parfois, ils passaient par Rhodes.[151]

Avant de gagner la mer du Nord, les navires génois déchargeaient une partie du coton dans plusieurs ports en Italie du Sud, en Sicile, en Afrique du Nord et dans la péninsule ibérique. Les navires se rendaient d'abord en Sicile et y débarquaient de la matière première, qui était le plus souvent d'origine turque.[152] Le débarquement était effectué généralement à Messine. En 1445, Antonio de Camogli chargea à Chio dix-huit sacs de coton sur le navire dont le patron génois était Pietro Embrono. Ils furent débarqués à Messine.[153] La même année, un autre navire patronné par Geronimo Cattaneo transporta une quantité de coton de Chio à Messine au cours d'un voyage en Flandre.[154] Après l'escale en Sicile, les navires faisaient parfois des détours vers le nord jusqu'à Gaète ou Naples avant d'atteindre l'Afrique du Nord.[155]

---

[148] ASG, Notai Antichi, n° 847, doc. 215.

[149] Un navire dont le patron était Melchione Doria, commença à charger de l'alun le 1er décembre 1456 à Chio et puis se rendit à Phocée pour embarquer du coton. Le 5 mai 1457 ce navire retourna de Phocée à Chio pour compléter le reste de sa cargaison avant de partir pour la Flandre. ASG, Caratorum Veterum, n° 1553 (année 1458), f. 20^{r}–21^{v}. En 1403, Giovanni d'Andrea, patron génois, chargea du coton sur son navire en Crète. F. Thiriet, *Duca di Candia. Ducali e lettere ricevute (1358–1360; 1401–1405)*, Venise, 1978, pp. 67–68.

[150] En 1378, Pietro Centurione établit un contrat d'assurance pour transporter du coton chargé à Rhodes par lui-même et du coton chargé à Candie par Andrea Centurione sur le navire d'Ottaviano Lercario. La destination était Bruges. ASG, Notai Antichi, n° 322/II, f. 196.

[151] En 1445, après avoir quitté Chio, le navire dont le patron était Niccolò Gentile, fit escale à Rhodes et y chargea une certaine quantité de coton. ASG, Caratorum Veterum, n° 1552 (année 1445), f. 78^{r}, 80^{r}.

[152] Les marchands de Barcelone s'approvisionnaient en coton turc parfois à Syracuse. En 1461, le navire de M. Prats transporta trente sacs de coton turc et vingt sacs de coton sicilien de Syracuse à Barcelone. M. Del Treppo, *I mercanti catalani, op. cit.*, p. 181; S.R. Epstein, «The textile industry and the foreign cloth trade in late medieval Sicily: (1300–1500): a «colonial relationship»?», p. 175.

[153] ASG, Caratorum Veterum, n° 1552 (année 1445), f. 85^{r}.

[154] Bartolomeo Doria chargea à Chio un sac de coton sur ce navire et Gabriele Spinola embarqua six sacs de coton sur le même navire. Ces cotons furent débarqués à Messine et à Naples. *Ibid.*, f. 143^{r}.

[155] Selon un contrat de nolis établi à Gênes le 9 novembre 1439, Giacomo Lomellini, patron du navire nommé «Sancta Maria, Sanctus Johannes Baptista et Sanctus

En 1445, le navire patronné par Cosmo Dentuto déchargea du coton à Naples et à Gaète.[156] Le navire de Geronimo Cattaneo aussi passa à Naples et à Gaète et y débarqua une certaine quantité de coton.[157]

L'étape suivante était l'Afrique du Nord. Parmi les nombreux ports de l'Afrique du Nord, Oran et Honein constituaient les principaux lieux pour le débarquement du coton. Le volume de déchargement n'était pas négligeable. En 1458, le navire patronné par Melchione Doria déchargea une certaine quantité de coton à Oran et Honein.[158] Un contrat notarié de 1447 relatif au conflit entre Gaspare de Grimaldi, patron d'un navire et quelques marchands génois installés à Chio, nous permet en quelque sorte d'apprécier le volume du déchargement à Oran et à Honein. Aux dires des marchands, ils chargèrent à Chio trois cent cinquante charges et quatorze sacs de coton sur le navire de Gaspare de Grimaldi. La plupart furent débarqués à Oran et Honein, sauf vingt-trois sacs à Almeria et Malaga.[159] En mars 1449, Corrado de Cunio de Savone nolisa son navire mouillant à Chio à plusieurs

---

Franciscus», loua son navire à plusieurs marchands génois. Il s'agissait du transport de l'alun de Chio à Middelbourg ou l'Ecluse. Ce navire ferait escale à Naples ou à Tunis, selon les volontés des marchands. R. Doehaerd et Ch. Kerremans, *Les relations commerciales entre Gênes, la Belgique et l'Outremont d'après les archives notariales génoises (1400–1440)*, n° 805.

156 Quinze sacs de coton chargés à Chio sur ce navire par Corrado Gentile furent adressés à Paolo de Mari à Gaète. ASG, Caratorum Veterum, n° 1552 (année 1445), f. 127v.

157 Non seulement les navires faisant le voyage direct de Chio en Flandre, mais également les bateaux revenant d'Orient vers la métropole de Gênes fournissaient du coton en Italie du Sud. E.C. Aste, *Il carteggio di Gaeta, op. cit.*, pp. 120–121; G. Imperato, *Amalfi e il suo commercio*, Salerno, 1980, p. 134; M. Del Treppo et A. Leone, *Amalfi medioevale*, Naples, 1977, p. 226.

158 La mention ‹*consignanda omnia ipsa pro in Horano, Onerio, Marica, Cadix, Antone et Scluxis ad suam voluntatem*› figure souvent dans les registres de douanes de l'année 1458. Par conséquent, on ne peut pas estimer chaque quantité déchargée à chaque port. ASG, Caratorum Veterum, n°1553 (année 1458), f. 20r–21r.

159 Lodovico de Fornario, Luciano de Castello, Martino de Clavica et Lanfranco Cario chargèrent trois cent cinquante charges et quatorze sacs de coton à Chio sur le navire de Gaspare de Grimaldi. Pourtant deux charges ne furent pas embarquées En détail, Lodovico de Fornario chargea cent *cantares*, qui seraient adressés à Antonio Malfante à Oran ou à Honein. Si Antonio Malfante était absent, Luciano de Castello les recevrait à sa place. Lanfranco Cario chargea trois cents *cantares*. Martino de Clavica chargea vingt-huit *cantares* et vingt *rotoli*. Le navire déchargea deux cent deux sacs de coton (546 *cantares* et 8 *rotoli*) pour Luciano de Castello et ses associés à Horano. A Onerio furent déchargés cent quarante-cinq sacs de coton (311 *cantares* et 59 *rotoli*). A Almeria furent débarqués vingt sacs de coton (39 *cantares* et 50 *rotoli*) pour le marchand Martino de Clavica. A Malaga Benedetto Calvo reçut un sac de coton (3 *cantares* et 25 *rotoli*). ASG, Notai Antichi, n° 717, doc. 76.

marchands de Gênes et de Savone, qui voulaient transporter des marchandises comme du vin, du coton, des épices et de la noix de galle de Chio à l'Ecluse. Giovanni de Guillermis de Savone promit d'embarquer trois cents *cantares* de coton sur ce navire, dont cinquante huit seraient débarqués à Oran ou à Honein.[160] Dans les années 1451, 1452, et 1453, Valeriano Cattaneo reçut près de 493 *cantares* de coton à Oran, dont le transport fut assuré par le navire patronné par Oliverio Calvo.[161] De 1460 à 1644, Niccolò Marruffo importa 351 sacs de coton à Oran, en profitant du navire dont le patron était Luciano de Marini.[162]

L'escale de Majorque était assez fréquente et le coton y était très souvent déchargé. Les marchands de Majorque utilisaient très volontiers cette route maritime assurée par les navires génois. En 1445, Lasario Lercario chargea à Rhodes dix sacs de coton sur le navire patronné par Niccolò Gentile, qui devait se rendre de Chio en Flandre. Ces cotons appartenaient à un marchand catalan, Gabriel Olius, et furent débarqués à Majorque et adressés à Franco Virelle.[163] La même année, les autres navires génois dont les patrons étaient Cosmo Dentuto et Percivale Grillo, importèrent du coton de Chio à Majorque.[164] Outre cette route directe, les marchands de Majorque profitaient d'une autre voie maritime passant par la métropole de Gênes.[165]

Avant d'atteindre la mer du Nord, les navires génois faisaient des arrêts dans les ports de la péninsule ibérique comme Almeria, surtout Malaga et Cadix. J. Heers souligne l'importance de cette dernière pour le commerce génois au bas Moyen Age, en disant que Cadix était de tous les ports d'Europe occidentale celui que les navires génois visitaient le plus souvent.[166] En 1445, le navire patronné par Percivale Grillo déchargea trois ou trente sacs de coton à Cadix au cours d'un voyage de Chio en Flandre.[167] La même année, Francesco Spinola envoya trois

---

160 ASG, Notai Antichi, n° 847, doc. 45 et 46; L. Balletto, «Commerce et lignes de navigation entre Occident et Proche-Orient au XVe siècle: l'importance de l'île de Chio», p. 127.

161 ASG, Notai Antichi, n° 931, doc. 229.

162 *Ibid.*, doc. 209.

163 ASG, Caratorum Veterum, n° 1552 (année 1445), f. 80ʳ.

164 *Ibid.*, f. 62ʳ, 127ᵛ.

165 L. Balletto, «Commerce et lignes de navigation entre Occident et Proche-Orient au XVe siècle: l'importance de l'île de Chio», pp. 135–136.

166 J. Heers, *Gênes au XVe siècle*, p. 484.

167 Ambrogio Squarciafico chargea ces cotons sur le navire de Percivale Grillo, qui appartenaient à Toma Pallavicino et furent adressés à Battista Gentile à Cadix. ASG, Caratorum Veterum, n° 1552 (année 1445), f. 61ᵛ.

sacs de Rhodes à Cadix, à bord d'un navire de Niccolò Gentile.[168] Un autre navire dont le patron était Cosmo Dentuto débarqua, lui aussi, une certaine quantité à Malaga et à Cadix.[169] Le grand marchand génois, Thobia Pallavicino, expédia deux sacs à son partenaire installé à Cadix, Francesco Salvago, dont le transport fut effectué sur le navire de Geronimo Cattaneo.[170] En 1458, le navire de Filippo de Sarzana et celui de Melchione Doria débarquèrent à Malaga et Cadix une certaine quantité de coton chargé à Phocée et Chio.[171] En 1453, le bateau de Gaspare de Grimaldi prit à bord une certaine quantité de coton à Chio pour Almeria et Malaga.[172]

Pour apprécier l'ampleur de l'importation du coton dans le royaume de Grenade par les navires génois et par le port de Malaga, il convient de citer l'anecdote suivante.[173] Le 21 juillet 1443, des Génois menèrent une action de piraterie sur des marchands maures et leurs biens pour une valeur de 80 000 ducats, qui étaient à bord d'un navire génois patronné par Niccolò Doria, dans le port de Rhodes. En guise de représailles, le roi de Grenade confisqua toutes les marchandises des Génois qui trafiquaient dans ses terres. Dans les archives de Gênes est conservé un document énumérant les marchandises prises par ce roi. Le dommage subi par les marchands génois monta à près de 38 000 livres. Parmi les biens confisqués[174], le coton, dont la valeur totale était de 6588 livres 10 sous 8 deniers, représente une part considérable, à savoir 17,3 %.[175]

---

[168] *Ibid.*, f. 80^r.

[169] *Ibid.*, f. 127^v.

[170] *Ibid.*, f. 142^v.

[171] Le navire de Filippo de Sarzana était passé par Gênes avant d'arriver à Malaga. ASG, Caratorum Veterum, n° 1553 (année 1458), f. 20^v, 41^r.

[172] ASG, Notai Antichi, n° 717, doc. 76.

[173] Pour cet événement, voir J. Heers, «Le royaume de Grenade et la politique marchande de Gênes en Occident», dans J. Heers, *Société et économie à Gênes (XIVe–XVe siècles)*, Variorum Reprints, Londres, 1979, pp. 87–121.

[174] Il s'agit de marchandises comme l'alun, la cannelle, la cire, le camelot, la noix de galle, le mastic, les draps, le poivre, l'encens, la toile, le canevas et la soie. G. Airaldi, *Genova e Spagna nel secolo XV: il liber damnificatorum in Regno Granate 1452*, Gênes, 1966, pp. 157–158.

[175] *Ibid.*, p. 8, 24, 30, 34, 47, 51, 59, 61, 65, 69. G. Airaldi considère le coton comme un des produits d'exportation du royaume de Grenade. D'après elle, les Génois n'importaient pas ces cotons, mais les achetaient pour l'exportation. Mais la production du coton dans le royaume de Grenade n'était pas suffisante pour l'exportation. De plus, nous avons plusieurs sources génoises qui témoignent de l'introduction du coton dans le royaume de Grenade par les navires génois.

Après le passage par Gibraltar, les dernières escales étaient Southampton et Bruges. La plus grande partie de l'alun y était déchargée. De même, la plupart des cotons y étaient débarqués. Malgré leur ambiguïté[176], les deux registres de douanes de 1445 et 1458 citent le plus fréquemment Southampton et Bruges comme lieux de débarquement pour le coton venu de Chio et de Phocée. D'autres documents, notamment les actes notariés, nous permettent d'apprécier la grande envergure des importations à Southampton et à Bruges par les navires génois. Selon un contrat établi à Chio le 1er décembre 1449 entre le patron Baldasare Doria et le marchand génois Marco Doria, le navire irait transporter deux mille *cantares* de coton de Chio à Southampton et à Bruges pour le compte de Marco Doria.[177]

Les documents douaniers de Southampton attestent également que la plupart des importations dans cette ville étaient assurées par des navires génois. Un poème anglais de l'année 1436 témoigne également que c'étaient les caraques génoises qui apportaient du coton à Southampton.[178] En 1437, quatre caraques génoises importèrent à Southampton 237 sacs de coton syrien et 590 *nets* de coton, qui représentaient la quasi-totalité des importations de cette année-là.[179] Même si leur provenance n'est pas indiquée dans le document, il semble que ces navires génois vinrent de Chio. L'introduction à Southampton de cette matière première était accaparée par quelques grandes familles génoises, les di Negro, les Cattaneo, les Spinola, les Lomellini, les Marini et les Giustiniani. Franco Giustiniani reçut cent vingt-huit sacs de coton syrien et cent quatre-vingt-trois *nets* de coton turc en 1437.[180] Edoardo Cattaneo importa soixante-dix-sept sacs de coton au port de Southampton en 1448 et 1449. Ingo et Franco Cattaneo reçurent respectivement soixante-quinze *nets* de coton et deux *nets*.[181]

---

[176] Dans ces documents figurent souvent des expressions qui rendent difficile l'estimation du volume du coton déchargé à chaque port. Par exemple, on débarque du coton à Oran, Honein, Malaga, Cadix, Southampton ou l'Ecluse selon la volonté des propriétaires «*Consignanda ipsa in Orano, Onerio, Marica, Cadixe, Antone vel in Scluxis ad suam voluntatem*». ASG, Caratorum Veterum, n° 1553 (année 1458), f. 20^{v}.

[177] ASG, Notai Antichi, n° 847, doc. 215.

[178] A.A. Ruddock, *Italian merchants and shipping in Southampton 1270–1600*, Southampton, 1951, pp. 79–80.

[179] Le terme *net* qui désignait une sorte de filet, servait d'unité métrologique. Un *net* correspondait à peu près à un demi-sac. B. Foster, *The local port book of Southampton for 1435–1436*, Southampton, 1963, pp. 94–95, 106–107.

[180] *Ibd.*, pp. 94–95, 106–107.

[181] E.A. Lewis, *The Southampton port and brokage books 1448–1449*, Southampton, 1993, pp. 222–223; J. Heers, *Gênes au XVe siècle*, p. 409.

Vraisemblablement, la plus grande partie du coton était déchargée à Bruges, destination finale. Dans la plupart des contrats de transport établis à Chio, le volume indiqué dépasse très souvent plusieurs centaines de sacs et monte parfois à des milliers. Le 2 mai 1405, trois marchands, Toma Pallavicino, Giovanni de Castello et Bernabo de Pagana, dressèrent un contrat avec un patron de Savone, Pietro Natono, afin de transporter cinq cents *cantares* de coton de Rhodes à Southampton et l'Ecluse. Ce contrat prescrit qu'une partie serait déchargée à Malaga ou à Cadix.[182] Le 24 mars 1449 à Chio, Corrado de Cunio de Savone, patron d'un navire, conclut deux contrats, l'un avec Casano Casella et Galeoto Scotto et l'autre avec Giovanni de Guiliermis. Il s'agissait du transport de quelques marchandises de Chio à l'Ecluse. Les deux premicrs marchands chargeraient cinq cents *cantares* de coton et le dernier embarquerait trois cents *cantares*, dont cinquante seraient déchargés à Oran ou à Honein.[183] En juillet 1449, ce patron de Savone acheta deux cents *cantares* de coton à un marchand génois, Marco Lercario.[184] En 1445, trois frères, Oliverio, Filippo et Batista Doria, qui avaient procuré trois cent cinquante *cantares* de coton à un certain Pietro à Chio, les transportèrent à Bruges à bord de leur bateau.[185] En 1458, le navire de Melchione Doria distribua près de 1569 sacs de coton dans plusieurs endroits, au cours de sa navigation de Chio à Bruges. La plus grande partie fut déchargée à Bruges.[186]

Au retour, les navires génois ne suivaient pas toujours la même route qu'à l'aller de Chio en Flandre.[187] Ils revenaient souvent à la métropole de Gênes. Pour la cargaison de retour, on chargeait des toiles, des futaines et de la mercerie à Bruges. Les futaines d'origine

---

[182] R. Doehaerd et Ch. Kerremans, *Les relations commerciales entre Gênes, la Belgique et l'Outremont d'après les archives notariales génoises 1400–1440*, n° 13.

[183] ASG, Notai Antichi, n° 847, doc. 45 et 46; L. Balletto, «Commerce et lignes de navigation entre Occident et Proche-Orient au XVe siècle: l'importance de l'île de Chio», pp. 127–128.

[184] ASG, Notai Antichi, n° 847, doc. 110.

[185] ASG, Notai Antichi, n° 724, doc. 225.

[186] Selon l'estimation de J. Heers, la cargaison du coton de deux navires génois, dont les patrons étaient Melchione Doria et Bartolomeo Calvo, allant de Chio en Flandre en 1458, était respectivement 2800 et 1900 *cantares* de coton. J. Heers, *Gênes au XVe siècle*, p. 652.

[187] Un contrat d'assurance maritime établi le 22 mai 1434 témoigne du transport des marchandises de Southampton à Chio. Il ne mentionne pas l'escale de Gênes. Pourtant, il existait des transports de la mer du Nord à Gênes. R. Doehaerd et Ch. Kerremans, *Les relations commerciales entre Gênes, la Belgique et l'Outremont d'après les archives notariales génoises 1400–1440*, n° 716, 717.

allemande étaient destinées à la péninsule ibérique, surtout à Cadix.[188] A Southampton, on embarquait des draps anglais.[189]

La quantité totale du coton distribuée dans de nombreuses régions par les navires génois naviguant de Chio vers la mer du Nord sans escale à Gênes était considérable. Quelques sources comme les registres douaniers et les actes notariés nous permettent de l'estimer. Pourtant, il faudrait les traiter avec prudence. Notamment le registre douanier de l'année 1445 risque de sous-estimer le volume du trafic. En 1445, neuf navires naviguèrent de l'Orient à la mer du Nord, dont six transportèrent du coton. Le tableau suivant représente la quantité de coton embarquée surtout à Phocée et à Chio par six navires.

Tableau 17. *La quantité de coton embarquée à Phocée et à Chio en 1445 par six navires.*

Patrons de navires	Percivale Grillo	Niccolò Gentile	Cosmo Dentuto	Pietro Lomellini	Geronimo Cattaneo[190]	Pietro Embrono
Quantité de coton (valeurs en livres)[191]	63 sacs + 1 sac de coton filé (1400 livres)	77 sacs (4800 livres)	118 sacs + 4 sacs de coton filé (6800 livres)	17 sacs (3200 livres)	38 sacs (2500 livres)	37 sacs (500 livres)

En 1458, quatre navires effectuèrent le voyage de Chio en Flandre. Le navire patronné par Melchione Doria, déchargea près de 1569 sacs de coton dans diverses régions au cours du voyage.[192] Sur un autre navire dont le patron était Bartolomeo Calvo, furent embarqués à Chio environ mille neuf cents *cantares*. Le navire patronné par Oberto Squarciafico chargea plus de cinq cents sacs. Même s'il est difficile de connaître son volume exact, le dernier navire, dont le patron était Filippo de Sarzana, transporta plus de mille sacs. En fin de compte, la quantité totale de l'année 1458 dépasse quatre mille sacs.

---

188 D'après le registre de douanes de 1445, le navire dont le patron était Luca Spinola transporta des futaines de Bruges à Cadix. ASG, Caratorum Veterum (année 1445), f. 34^{v}.

189 J. Heers, *Gênes au XVe siècle*, pp. 457–458.

190 Battista Spinola était le prédécesseur de Geronimo Cattaneo. J. Heers, *Gênes au XVe siècle*, p. 651.

191 Dans le registre douanier, la quantité est indiquée en sacs ou *cararium*. Le mot *cararium* correspondait à peu près au sac. ASG, Caratorum Veterum, n° 1552 (année 1445), passim; J. Heers, *Gênes au XVe siècle*, p. 651. Les valeurs en livres sont celles de J. Heers.

192 ASG, Caratorum Veterum, n° 1553 (année 1458), f. 22^{r}.

Donc la différence de volume entre l'année 1445 et l'année 1458 est trop grande pour en tirer des conclusions. Malgré tout, nous devons nécessairement considérer 1445 comme une mauvaise année, exceptionnelle. D'abord, la valeur des cargaisons de neuf navires allant de l'Orient à la mer du Nord en 1445, est très basse. Le navire patronné par Domenico de Camilla transporta des marchandises pour une valeur de seulement 9000 livres. Si ce montant avait représenté vraiment la totalité de la cargaison, le patron aurait fait faillite.[193] La plus grande valeur de l'année 1445 elle-même, doit être prise comme un faible montant, par rapport à celle de l'année 1458. En 1458, le navire dont le patron était Melchione Doria embarqua des marchandises pour un montant de 167 000 livres. Une cargaison de 265 000 livres fut chargée sur le navire patronné par Bartolomeo Calvo.[194]

Le volume de l'année 1458 même doit être considéré comme une quantité relativement basse. D'abord, selon la ferme des impôts de Nouvelle Phocée du premier janvier 1447 à octobre 1452, près de 35 000 *cantares* de coton, qui correspondaient à 17 500 sacs[195], étaient annuellement exportés de Turquie en Occident par Phocée.[196] En second lieu, en 1458, moins de navires furent mobilisés. Au dire de Jacques Heers, au minimum, huit navires étaient mobilisés chaque année sur cette route directe.[197] Selon une lettre des archives Datini, neuf navires génois arrivèrent au port de Southampton en 1400. Une grande par-

---

[193] J. Heers, *Gênes au XVe siècle*, p. 651.
La valeur de la cargaison de neuf navires allant de l'Orient à la mer du Nord en 1445.

Patrons de navires	*Valeurs*
Percivale Grillo	68,100
Domenico De Camilla	9,000
Niccolò Gentile	44,000
Oberto de Grimaldi	30,000
Cosmo Dentuto	45,800
Bartolomeo Doria	36,400
Pietro Lomellini	19,000
Battista Spinola	34,800
Pietro Embrono	38,000

[194] *Ibid.*, pp. 650–652.

[195] D. Gioffrè, «Il commercio d'importazione genovese alle luce di rigistri del dazio 1495–1537», p. 214; J. Heers, «Il commercio nel Mediterraneo», pp. 183–184.

[196] J. Heers, *Gênes au XVe siècle*, p. 405.

[197] *Ibid.*, p. 453.

tie de leur cargaison fut embarquée à Alexandrie.[198] Le registre douanier de Southampton de l'année 1433 témoigne de huit navires jetant l'ancre dans ce port. En 1445, neuf navires effectuèrent le voyage de Chio en Flandre, selon le registre douanier génois Les contrats de transport dans les actes notariés génois donnent des informations complémentaires. Pour les années 1454 à 1459, une moyenne de sept à huit navires fut engagée dans ce transport. D'après ces différentes données, nous pouvons dire que huit navires transportaient chaque année près de huit mille sacs de coton de Chio et de Phocée vers la mer du Nord, une partie étant déchargée dans plusieurs régions au cours du voyage.

En clair, cette route directe était l'une des deux plus importantes du transport du coton, avec celle de Syrie à Venise. Pourtant leur rythme était considérablement différent. Ce transport direct génois était un des voyages les plus longs de l'époque. D'abord, le temps d'embarquement était très long. Le 24 mars 1449, Corrado de Cunio, patron d'un navire qui mouillait alors au port de Chio, conclut deux contrats.[199] Trois mois et dix jours plus tard, il était toujours à Chio, selon un contrat de promesse établi le 5 juillet 1449.[200] Pour un autre navire patronné par Filippo de Sarzana, l'embarquement prit plusieurs mois. Le 13 janvier 1459 à Chio, Niccolò Granello, scribe de ce navire, vendit huit *cantares* de coton à Martino Buzelion, qui seraient transportés par le navire de Filippo de Sarzana.[201] Près de quatre mois plus tard, soit le 16 mai 1458, Niccolò Granello chargea environ vingt-quatre *cantares* de coton à Chio.[202] Grâce aux registres douaniers de 1445 et 1458, nous pouvons connaître la durée totale du voyage de quelques navires. Le 21 septembre 1458, le navire de Melchione Doria arriva au port de Gênes, après avoir terminé un long voyage : Chio–Flandre–Gênes. Convoqués le 2 octobre 1458 par les gouverneurs des douanes, Melchione Doria et Luciano Doria, scribe du navire, firent un rapport sur leur voyage.[203]

---

198 E.C. Aste, *Il carteggio di Gaeta, op. cit.*, p. 51.
199 ASG, Notai Antichi, n° 847, doc. 45, 46.
200 *Ibid.*, doc. 110.
201 ASG, Notai Antichi, n° 848, doc. 17.
202 ASG, Caratorum Veterum, n° 1553 (année 1458), f. 45r.
203 J. Heers suggère que le navire de Melchione Doria fit escale à Gênes avant d'atteindre la mer du Nord. Il semble qu'il ait effectué un voyage direct de Chio en Flandre et ait été retourné finalement à Gênes. Cependant, il reste toujours un doute. *Ibid.*, f. 19r-v.

Selon leur relation, le premier embarquement eut lieu à Chio le 1er décembre 1456. De Chio, le navire se rendit à Phocée pour prendre à bord du coton. Le 5 mai 1457, il retourna de nouveau à Chio pour compléter la cargaison avant de partir pour la Flandre. En près de deux ans, il accomplit un long voyage. En fin de compte, l'absence de calendriers établis et réglementés comme pour la *muda* vénitienne faisait se prolonger le voyage des navires génois.

Dès les années 1460, cette route directe commença à perdre la vigueur de l'époque précédente. La perturbation du trafic de l'alun était à l'origine de cet événement.[204] La prise de Phocée en 1455 par les Turcs ne bouleversa cependant pas immédiatement le trafic génois de l'alun. En effet, en 1458, deux navires génois chargèrent une énorme quantité d'alun pour la destination de la mer du Nord.[205] C'est plutôt la découverte en 1462 des mines de Tolfa en Italie, qui perturba le commerce génois de cette matière première utilisée pour la teinture des étoffes. Cela provoqua une réorganisation des réseaux de la flotte génoise. Le transport direct entre Chio et Bruges devenait de plus en plus rare et moins rentable. Désormais, avant de gagner la Flandre et l'Angleterre, les navires en provenance de Chio retournaient plus fréquemment à Gênes ou à Civitavecchia pour compléter leurs cargaisons avec du pastel lombard ou l'alun des mines pontificales.[206] En même temps, le trafic génois avec l'Orient, en particulier avec l'île de Chio, se tournait vers les produits de luxe comme la soie et les épices.[207]

Le registre douanier génois de 1495 notamment, témoigne d'une façon définitive de ces modifications. Tout d'abord, cette année-là, il n'y eut aucun passage direct de Chio en Flandre. Les navires s'arrêtèrent à Cadix sans gagner la mer du Nord. Malgré la disparition de la route directe, le transport du coton de Chio jusqu'à la péninsule ibérique avec quelques escales en Afrique du Nord continua toutefois selon une modalité différente de celle de la période précédente. Il y eut en effet des changements dans les types de navires et leur provenance.

---

[204] J. Heers indique que l'effondrement du trafic de l'alun de Turquie explique certainement l'abandon des très gros navires sur les itinéraires d'Orient et des voyages directs vers la Flandre. J. Heers, *Gênes au XVe siècle*, p. 472.

[205] *Ibid.*, p. 652.

[206] *Ibid.*, pp. 467–473.

[207] J. Heers, « Types de navires et spécialisation des trafics en Méditerranée à la fin du Moyen Age », p. 117.

Les caravelles et les barques portugaises remplacèrent ainsi les navires génois de gros tonnage.[208] En dépit de ces modifications, le transport du coton de Chio jusqu'à Cadix gardait de la vigueur.[209] En effet, les cargaisons des caravelles et des barques portugaises provenant de Chio se composaient *grosso modo* de trois principaux produits: le coton, la noix de galle et le camelot. En 1495, une barque portugaise transporta près de quatre cents sacs de coton de Chio à Oran et à Cadix.[210] Toutefois, les marchands génois continuaient à prendre leur part dans ce trafic. En 1495, Francesco Doria chargea cinq sacs de coton sur la barque commandée par le patron portugais Gabriele Alfonso.[211] Parfois, le mastic et les épices étaient transportés par les navires portugais.[212]

Malgré la disparition générale de l'alun sur la route de Chio en Flandre, le coton continuait à être transporté en mer du Nord, suivant la nouvelle route modifiée, celle passant par Gênes. Les cargaisons des navires génois arrivant de Chio à Gênes à cette époque étaient plus ou moins identiques à celles des embarcations portugaises. Le coton, le camelot et la soie en constituaient les trois composantes.[213] Une partie des importations à Gênes était expédiée vers la mer du Nord.

[208] Liste des navires partis de Chio avec un chargement de coton en 1495 d'après le registre douanier génois de l'année 1495. ASG, Caratorum Veterum, n° 1555 (année 1495).

[209] En ce qui concerne le trafic entre Cadix et Chio, voir l'article de J. Heers, «L'expansion maritime portugaise à la fin du Moyen Age: la Méditerranée», pp. 21–24. Selon le registre douanier génois de l'année 1495, la ligne la plus fréquentée par les navires portugais était celle entre Cadix et Chio. A l'aller, ils chargeaient du sucre en grande partie à Madère et parfois à Cadix. Au retour, ils apportaient trois produits principaux: coton, camelots et noix de galle. Les épices étaient beaucoup moins présentes.

[210] Dans ce document sont indiquées quatre cents charges de coton. La charge nommée *carium* correspond plus ou moins au sac. ASG, Caratorum Veterum, n° 1555 (année 1495), f. 78^v.

[211] *Ibid.*, f. 57^v.

[212] A titre d'exemple, la cargaison d'une caravelle de Lisbonne se composait de coton, de noix de galle et de camelot. A Chio, Silvestro Brignoli embarqua 108 sacs de noix de galle, 27 sacs de coton et 2 *rotoli* de camelots pour le compte d'un marchand génois, Andrea Doria, sur cette caravelle. *Ibid.*, f. 54^r, 60^v, 78^v, 92^r.

[213] D. Gioffrè, «Il commercio d'importazione genovese alle luce di registri del dazio 1495–1537», p. 213.

IV. *Le tarif de nolis*

Pour étudier les tarifs de nolis de Venise, nous avons vu de nombreux documents, en particulier les registres du Sénat, qui nous ont renseigné sur deux points: tout d'abord, les frais de transport constituaient une grosse part des dépenses totales du trafic du coton, et d'autre part, ils tendaient à diminuer d'une façon considérable au cours de la fin du Moyen Age. En revanche, pour Gênes, il ne reste pas assez de sources qui puissent permettre de connaître l'évolution du prix des transports à la même époque.

Toutefois, de l'analyse des rares documents génois, nous pouvons faire quelques observations. D'abord, les tarifs de nolis n'étaient pas totalement laissés à la disposition des marchands et patrons. Le contrat établi à Chio le 1er décembre 1449 entre Baldasare Doria, patron du navire, et Marco Doria, témoigne qu'il existait des tarifs coutumiers sur la route de Chio en Flandre.[214] Dans le contrat établi le 4 janvier 1464 entre le patron Geronimo Salvago et l'Etat de Gênes sont également indiqués les tarifs de nolis sur diverses routes maritimes, réglementés ou proposés par le gouvernement.[215]

Bien entendu, les frais de transport variaient selon les types de navires et les routes. Suivant un manuel de marchandise du XIVe siècle, pour le transport d'un *cantare* de coton de Gênes en Flandre, on payait six sous à bord des coques, et de vingt-deux à vingt-quatre sous à bord des galées.[216] Par conséquent, les galées furent progressivement abandonnées pour ce commerce.

Même s'ils étaient distincts selon les routes, les frais de transport n'étaient pas toujours proportionnels à la distance réelle.[217] Le coût de transport du coton de Chio à Southampton était égal à celui de Chio à Bruges.[218] D'ailleurs, certaines routes étaient privilégiées par rapport à

---

214 ASG, Notai Antichi, n° 847, doc. 201: «*secundum quod consuetum est solvi pro talibus nauliis in locis predictis.*»

215 ASG, Archivio Segreto, n° 575, f. 85^v–86^v.

216 C. Ciano, *La pratica, op. cit.*, pp. 73–74. Même si ce manuel de marchandise démontre la différence des frais de transport entre les coques et les galées, ces tarifs ne sont pas corrects. En effet, d'après un contrat notarié de 1310, le coût de transport d'un *cantare* de coton de Majorque à l'Ecluse était de vingt et un sous à bord d'un navire. R. Doehaerd, «Les galères génoises dans la Manche et la Mer du Nord à la fin du XIIIe et au début du XIVe siecle», p. 17.

217 J. Heers, *Gênes au XVe siècle*, p. 315.

218 P.P. Toniolo, *Notai genovesi in Oltremare. Atti rogati a Chio da Gregorio Panissaro (1403–1405)*, Gênes, 1995, n° 157.

d'autres. Cette différence est bien attestée par le contrat cité plus haut, celui du 4 janvier 1464 entre le patron Geronimo Salvago et l'Etat de Gênes.[219] Il s'agissait du ravitaillement en blé de Famagouste. Dans ce contrat sont indiqués les prix de transport du coton des diverses routes maritimes

Tableau 18. *Le coût de transport par routes maritimes*

Routes maritimes	*Coût de transport par* cantare *de coton*
Syrie ou Egypte–Gênes	Trois livres
Famagouste ou Rhodes–Gênes	Deux livres dix sous
Chio–Gênes	Une livre cinq sous
Beyrouth ou Famagouste ou Rhodes–Chio	Un ducat d'or correspondant à près de cinquante-cinq sous[220]

Ce tableau est en partie complété par les contrats notariés de transport du milieu du XVe siècle.[221]

De Chio en Barbarie : 25 à 33 sous
De Chio à Cadix ou à Malaga : 25 sous[222]
De Chio en Flandre : 40 à 44 sous[223]

Il en résulte que les tarifs les plus avantageux étaient appliqués sur deux lignes : l'une de Chio à Gênes et l'autre de Chio en Flandre. En fin de compte, la différence du coût de transport entre les routes maritimes contribuait en quelque sorte à leur succès relatif. Les routes les moins privilégiées connurent ainsi un déclin. Les frais de transport de Syrie à Gênes étaient plus onéreux que ceux de Chio en Flandre. Ceux de Chio à Gênes étaient les moins chers parmi toutes les routes maritimes reliant les régions productrices à Gênes. Grâce à un tarif rentable, Chio

[219] ASG, Archivio Segreto, Diversorum negotiorum cancellarie ducalis Communis Janue, n° 575, f. 85^{v}–86^{v} (le 4 janvier 1464).

[220] J. Heers, *Gênes au XVe siècle*, p. 318.

[221] *Ibid.*, p. 317.

[222] Ce tarif se trouve dans un contrat fait le 2 mai 1405, qui mentionne vingt-cinq sous pour le transport d'un *cantare* de coton de Chio à Cadix ou à Malaga. Selon un contrat établi le 19 octobre 1450 à Chio, les frais de transport de Chio à Cadix étaient de quinze sous. Il semble que le dernier tarif devrait être considéré comme une exception. P.P. Toniolo, *Notai genovesi in Oltremare. Atti rogati a Chio da Gregorio Panissaro (1403–1405)*, n° 157.

[223] Marco Doria établit un contrat pour le transport de deux mille *cantares* de coton de Phocée à Southampton et Bruges, avec un patron, Baldasare Doria, dans lequel ils fixèrent le nolis à quarante sous par *cantare*. ASG, Notai Antichi, n° 847, doc. 215. Le même tarif figure dans un autre contrat établi le 24 mars 1449 à Chio. ASG, Notai Antichi, n° 847, doc. 46.

devint un point de départ privilégié pour le transport du coton. Ce système reflète la valeur relative prise par chaque route maritime.

A la différence de Venise, qui connut une diminution des tarifs dans l'ensemble des réseaux maritimes du transport du coton, à Gênes, le fret de transport semble avoir augmenté au XVe siècle sur certaines routes. D'après un contrat établi à Chio le 2 mai 1405 entre un patron de Savone, Pietro Natono, et trois marchands génois désireux d'envoyer cinq cents *cantares* de coton à Southampton et à l'Ecluse, les marchands promirent de payer trente-deux sous par *cantare* pour le transport.[224] Au milieu du XVe siècle, quarante sous étaient les frais habituels sur le même trajet. A la fin du XIVe siècle, les frais de transport d'un *cantare* de coton brut de Famagouste à Gênes étaient d'une livre dix sous.[225] Ils s'élevèrent à deux livres dix sous au milieu du XVe siècle.[226]

En dépit de cette probable augmentation, les frais de transport restaient toujours abordables. Ils représentaient 6 % du prix d'achat pour la route de Chio à Gênes.[227] En revanche, pour Venise, le coût de transport correspondait à près de 10 % du prix d'achat sur la ligne de Syrie à Venise dans la seconde moitié du XVe siècle, malgré une baisse considérable depuis la fin du XIVe siècle.[228] Cet avantage dérive de l'organisation des transports maritimes génois. La nécessité de transporter l'alun, produit lourd et de peu de valeur, sur un très long parcours de Chio en Angleterre et en Flandre, donna naissance à l'emploi exclu-

---

224 R. Doehaerd et Ch. Kerremans, *Les relations commerciales entre Gênes, la Belgique et l'Outremont*, n° 13.

225 ASG, Archivio Segreto, Diversorum Communis Janue, registre, n° 3021. Dans ce registre se trouvent plusieurs contrats de nolis établis entre l'Etat de Gênes et des patrons. Il s'agissait du ravitaillement en blé de Famagouste. A titre d'exemple, un contrat dressé le 17 février 1391 entre l'Etat de Gênes et deux patrons génois, Antonio Morandi et Giovanni Todeschi, mentionne les frais de transport de Famagouste à Gênes : une livre cinq sous pour un *cantare* de coton filé et une livre dix sous pour un *cantare* de coton brut.

226 ASG, Archivio Segreto, Diversorum negotiorum cancellarie ducalis Communis Janue, n° 575, f. 85v–86v (le 4 janvier 1464).

227 J. Heers, *Gênes au XVe siècle*, pp. 317–318. Au début du XIVe siècle, le prix de transport d'un *cantare* de coton de Famagouste à Marseille et à Aigues-Mortes était de vingt et un besants blancs. Un *cantare* de coton coûtait près de deux cent soixante besants blancs. Dans ces conditions, les frais représentent près de 8 % du prix d'achat. R. Pavoni, *Notai genovesi in Oltremare. Atti rogati a Cipro da Lamberto di Sambuceto (6 luglio – 27 ottobre 1301)*, Gênes, 1982, n° 18 et 128.

228 Sur le tarif de nolis de Venise, voir le premier chapitre de la troisième partie. Une société vénitienne d'affaires entre Alvise Baseggio et Paolo Caroldo payait en général un coût de transport du coton de Syrie à Venise correspondant à près de 10 % du prix d'achat en Syrie dans les années 1470 et 1480. E. Ashtor, *Levant trade, op. cit.*, p. 432.

sif des plus gros navires, afin de baisser les frais. Cette spécialisation maritime génoise favorisa également le transport du coton sur la même route.

Enfin, la grande capacité de chargement des navires génois et donc le coût de transport relativement bas rendit possible le transport massif du coton, matière première volumineuse et de moindre valeur, sur de longs parcours.

CHAPITRE III

LE TRANSPORT DU COTON DE CATALOGNE: BARCELONE ET MAJORQUE

A la fin du Moyen Age, les navires catalans étaient avant tout ceux de Barcelone et de Majorque. Leurs bateaux transportaient du coton de toutes les régions productrices vers de nombreux marchés de consommation à la fois catalans et étrangers.

Grâce à quelques ouvrages consacrés à l'histoire du commerce de ces deux villes maritimes catalanes, nous sommes déjà renseignés sur plusieurs aspects caractéristiques de leur transport du coton.[1] Une conclusion à souligner est que l'île de Sicile devint le lieu essentiel d'embarquement, au fur et à mesure que les Catalans reculaient dans le transport de la matière première d'Orient vers l'Occident, au profit des marchands de Venise et de Gênes.

Cependant ces recherches ne permettent pas toujours d'estimer avec précision le volume du transport. En réalité, nous avons peu de sources pour cela. Les deux registres douaniers de Barcelone des années 1404 et 1434 sont fréquemment utilisés par les historiens pour montrer l'ampleur de son trafic du coton.[2] Cependant ces sources mêmes ne sont pas complètes. Le registre de 1404 couvre trois mois, du 1er septembre au 30 novembre, celui de 1434 concernant la période du 1er juillet au 30 septembre. Cl. Carrère souligne la large utilisation du coton en indiquant que son importation de l'automne 1404 atteint près de 1642 livres, ce qui représente une arrivée annuelle de 4500 à 6000 livres. Mais ce chiffre risque de gonfler le volume du trafic sans permettre de connaître la quantité réelle. En réalité, seulement près de cent trente

---

[1] Sur le commerce de Barcelone, nous avons déjà trois ouvrages. Cl. Carrère, *Barcelone, centre économique à l'époque des difficultés 1380–1462*, 2 vol., Paris, 1967.; M. Del Treppo, *I mercanti catalani e l'espansione della corona d'Aragona nel secolo XV*, deuxième édition plus complète, Naples, 1972–1973; D. Coulon, *Barcelone et le grand commerce d'Orient au Moyen Age: un siècle de relations avec l'Egypte et la Syrie-Palestine (1330–1430 environ)*, Thèse de l'université Paris I, 1999. Sur le commerce de Majorque, voir O.V. Bennasar, *El comerç marítim de Mallorca 1448–1531*, Majorque, 2001; P. Macaire, *Majorque et le commerce international (1400–1450 environ)*, Paris, 1986.

[2] Cl. Carrère, *Barcelone, op. cit.*, pp. 591–600; M. Del Treppo, *I mercanti catalani, op. cit.*, p. 183.

sacs de coton furent importés à Barcelone pendant les trois mois de l'année 1404, ce qui correspondrait à une importation annuelle de près de cinq cents sacs. Pendant les trois mois de l'année 1434, fut introduite une quantité plus ou moins égale à celle de l'année 1404.

En fin de compte, le volume annuel de cinq cents sacs devrait être considéré comme une faible quantité, surtout par comparaison à l'importation à Venise, qui correspondait à plus de dix mille sacs.[3] Alors, Barcelone joua-t-elle un rôle de moindre importance dans le transport du coton, comme montre le chiffre avancé par ces deux documents douaniers, par rapport aux deux grandes puissances maritimes italiennes, Venise et Gênes? Sinon, ces sources à caractère fiscal, englobent-elles seulement une partie du trafic total? Ce chapitre cherche à répondre à ces questions. Plusieurs contrats d'assurance maritime et de commendes pourraient combler, même partiellement, la lacune des deux registres des années 1404 et 1434.[4]

I. *Les bateaux*

Le choix des navires assurant le transport du coton était différent selon les routes maritimes, les distances à parcourir et les époques.[5] En général, les navires nommés *navi* s'occupaient du transport sur de longues distances. Ce terme général soulève de nouveau un problème d'identification. Il correspond au début de la période à la coque, et désigne plus tard plutôt la *nau*. Dans un contrat notarié de 1365, une coque de Barcelone partit pour Famagouste et Beyrouth où elle alla charger

[3] D'ailleurs, le sac de Barcelone ayant moins de cent kg était plus petit que celui de Venise. Deux sacs de coton brut de Malte, importés en 1404 par le navire patronné par Jacme Esteve, pesaient quatre *cantares* et dix livres. Un *cantare* de Barcelone pesait près de quarante-deux kg. ACA, Real Patrimonio, Generalitat, reg. 186.1, f. 30v; D. Coulon, *Barcelone, op. cit.*

[4] Nous avons trouvé près de cent cinquante contrats dans les archives notariales de Barcelone. Quelques contrats concernant le trafic du coton sont publiés. J.M. Madurell Marimón et A. Garcia Sanz, *Comandas comerciales barcelonesas de la baja edad media*, Barcelone, 1973, p. 250, 256–257, 261, 267; A. Garcia I Sanz, *Assegurances i canvis maritims medievals a Barcelona*, Barcelone, 1983, n° 345; M.E. Soldani, *Assicurazioni marittime e comerci a Barcellona attraverso lo studio del Manual d'assegurances maritimes di Bartomeu Masons (1428–1429)*, Barcelone, 1999–2000, n° 137, 277.

[5] Sur les informations générales des navires catalans, voir Cl. Carrère, *Barcelone, op. cit.*, pp. 277–285; M. Del Treppo, *I mercanti catalani, op. cit.*, pp. 440–458; D. Coulon, *Barcelone, op. cit.*, pp. 174–194; J. Guiral-Hadziiossif, *Valence, port méditerranéen au XVe siècle (1410–1525)*, Paris, 1986, p. 29; P. Macaire, *Majorque, op. cit.*, pp. 239–279.

des épices, du sucre et du coton. Le notaire y employa indifféremment les deux termes, coque et *nave*.[6] Les coques catalanes étaient différentes de celles de Venise et de Gênes. Leur prospérité fut de courte durée. En outre, elles n'arrivèrent pas à avoir la grande capacité de transport de celles de Venise et de Gênes.[7] Mais elles n'étaient pas totalement exclues du transport du coton sur de longues distances au début du XVe siècle.[8]

Au XVe siècle, les *naus* catalanes devinrent les plus importants transporteurs de coton. Le transport entre la Sicile et Barcelone, route maritime catalane la plus fréquentée du XVe siècle, était pour la plupart assuré par elles.[9] La *nau* catalane, grand voilier rond, était destinée au trafic des pondéreux. Elle avait en général quatre mâts et parfois cinq.[10] Au XIIIe siècle, l'importation du coton de Sicile à Barcelone était le plus souvent effectuée par de petits bateaux nommés *ligni*.[11] Ce changement dans le choix des navires indique que le volume des échanges entre la Sicile et la Catalogne augmenta.

Les galées constituaient également un moyen de transport du coton. D'après le contrat établi le 4 décembre 1394 entre Barthomeu Vidal, patron de galée et un groupe de marchands barcelonais pour le voyage commercial à Beyrouth, un emplacement spécifique dans chaque galée devait être réservé pour le coton de qualité.[12] En dépit de leur emploi

---

[6] AHPB, Jaume Ferrer, Libre 1353–1357, f. 55^{v}.

[7] M. Balard, J.-C. Hocquet, J. Hadziiossif et H. Bresc, «Le transport des denrées alimentaires en Méditerranée à la fin du Moyen Age», pp. 115–125.

[8] D'après un contrat de commende établi en février 1368 à Barcelone entre Simon Sartre et Bernat Costa, le transport du coton de Sicile à Barcelone fut assuré par la coque patronnée par Pere et Jacme Palau. D'après le contrat de commende du 12 avril 1403, la coque patronnée par Bernat Guardiola apporterait du coton de Syrie à Barcelone. La même année, celle de Gerardo Doni transporta du coton maltais de Sicile à Barcelone. En 1414, la coque dont le patron était Pere Salvador transporta du coton et de l'alun de Romanie à Barcelone. J.M. Madurell Marimón et A. Garcia I Sanz, *Comandas, op. cit.*, p. 250; AHPB, 79/36, f. 15^{v}, 27^{r}, 79/38, f. 7^{v}, 8^{r},.

[9] Selon une recherche dans les assurances maritimes de Barcelone des années 1428–1429, vingt-deux navires firent le voyage entre la Sicile et Barcelone. Il s'agissait uniquement de *naus*. M. Del Treppo, «Assicurazioni e commercio internazionale a Barcellona nel 1428–1429», p. 58.

[10] J. Guiral-Hadziiossif, *Valence, op. cit.*, p. 29.

[11] J.M. Maurell Marimón et A. Garcia I Sanz, *Comandas, op. cit.*, n° 2, 10, 23.

[12] Dans ce contrat est indiqué le tarif de nolis: six sous pour le transport d'un *cantare* de coton filé de Beyrouth à Barcelone. Clause 41de ce contrat: «Item, los dits patrons han e són tenguts metre en cascuna galea tant cotó soberch que servescha en fer dos versos en l'artimó, si mester hi serà.» A. Garcia I Sanz et N. Coll I Julià, *Galeres mercants catalanes dels segles XIV I XV*, Barcelone, 1994, pp. 452–453; D. Coulon, *Barcelone, op. cit.*, p. 559.

régulier[13], leur volume de transport restait limité.[14] En 1395 trois galées catalanes transportèrent vingt sacs de coton brut et onze de coton filé de Beyrouth à Barcelone. L'année suivante cinq galées apportèrent soixante-dix sacs de coton filé de Beyrouth à Barcelone.[15] En général les galées de Barcelone étaient la propriété de la cité ou de la généralité, qui consentait à les louer aux marchands, ce qui ressemblait au système des convois de galées de Venise.[16] Outre la route de l'Orient, les galées catalanes étaient fréquemment utilisées sur celle de la mer du Nord.[17] Cette particularité était liée à deux facteurs principaux, la piraterie et le caractère des échanges. Lors des *Cour Générale* du royaume d'Aragon à Monzón en 1389, les Barcelonais demandèrent au roi Jean 1er l'autorisation de confier le commerce avec la Flandre à des galées armées, à cause de la piraterie troublant la navigation atlantique, en s'associant aux Majorquins. Il leur accorda l'envoi annuel de quatre galées, deux de Barcelone et deux de Majorque.[18] La deuxième raison, c'est que les marchandises principales fournies aux pays de la mer du Nord par les Catalans étaient les épices. En général, leur transport était confié aux galées, alors que les *naus* ou les coques étaient réservées à celui des produits lourds et volumineux.[19] Venise aussi, le plus grand fournisseur des épices en Flandre et en Angleterre, préférait les galées sur cette route maritime.

---

[13] Plusieurs contrats établis en juin 1397 entre Pere Oliver, patron de la galée et certains marchands, montrent qu'elle devait transporter du coton de Sicile à Barcelone lors du retour du Levant. APHP, 58/169, f. 166^{r}, 167^{v}, 172^{v}, 182^{v}.

[14] J.M. Madurell Marimón et A. Garcia I Sanz, *Comandas, op. cit.*, pp. 260–261, 267.

[15] ASP, fonds Datini, busta 1171.

[16] La généralité de Barcelone élisait le capitaine du convoi. En 1395, trois galées furent prêtées aux marchands Pere de Quintana, Miquel de Gualbes et Barthomeu Vidal. En 1396, Ferrer de Gualbes était capitaine du convoi de galées patronnées par Barthomeu Vidal, Pere Vicens, Bernat Sa Closa et Guillem Sa Tria pour la destination de Beyrouth. Cl. Carrère, *Barcelone, op. cit.*, pp. 212–215.

[17] AHPB, 106/35, f. 12^{v}; M.E. Soldani, *Assicurazioni marittime, op. cit.*, n° 277; ASV, Procuratori di San Marco, Commissarie di Citra, busta 282, lettre du 23 mars 1425 envoyée de Bruges à Venise.

[18] A. de Capmany y de Montpalau, *Memorias históricas sobre la marina, comercio y artes de la antigua ciudad de Barcelona*, nouvelle édition, II-1, pp. 344–346; Cl. Carrère, *Barcelone, op. cit.*, pp. 571–572.

[19] Les galées pouvaient transporter des marchandises comme toutes les épices, le sucre en pains et en poudre, le safran, le bois de brésil, la laque, l'indigo, l'encens, le coton filé, les dattes, le mastic, les amandes, l'anis, les *fastuchs*. Le 18 mars 1425 à Bruges arriva une galée catalane provenant de Valence avec les marchandises suivantes: alun, cire, blé, coton, soie, et diverses sortes d'épices. ASV, Procuratori di San Marco, Commissarie di Citra, busta 282, lettre du 23 mars 1425 envoyée de Bruges à Venise.

Le transport à courte distance était assuré par les petits bateaux: barque, baleinier, *lahut*, *sagetia* et *fusta*.[20] Ils étaient souvent utilisés sur la route entre la Catalogne et le Midi de la France et sur celle reliant entre elles les régions ibériques. Ces navires de petit tonnage transportaient parfois du coton de Sicile à Barcelone.

II. *Les routes maritimes*

A. *L'importation du coton en Catalogne*

Les navires catalans importaient du coton en Catalogne de toutes les régions productrices, mais en particulier de Beyrouth, Alexandrie, Rhodes et l'île de Sicile. Le chargement était parfois réalisé à Constantinople.[21] Même si le manuel catalan de marchandise témoigne de l'importation depuis Tunis, elle était très rarement effectuée.[22] Outre les régions productrices, les marchands catalans s'approvisionnaient sur les marchés de redistribution comme Venise, Gênes, Pise et Gaète.[23] Ce transport était assuré non seulement par des navires italiens, mais également par ceux de Catalogne.

Parmi plusieurs routes, celle entre la Catalogne et l'Orient était la plus importante voie maritime de transport du coton. En effet, les navires catalans partant pour l'Orient faisaient escale dans la plupart des ports principaux jalonnant les côtes entre la Catalogne et le Levant:

---

[20] ACA, Bailia general de Catalogne, reg. 1057, f. 19^{v}, 29^{v}, 56^{v}–57^{r}, 82^{r}, reg. 1056, f. 193^{v}, 199^{v}, 214^{r-v}, 215^{v}, 218^{r}, 228^{v}; AHPB, 193/14, f. 125^{r-v}, 129^{r-v}, 181/46, f. 33^{v}.

[21] AHPB, 30/1, f. 15^{r}.

[22] M. Gual Camarena, *El primer manual hispanico de mercaderia (siglo XIV)*, Barcelone, 1981, p. 102, 108; Le 20 octobre 1412 Pere dez Puig et Johan Poncy reçurent une commende de Bernat Fabre pour l'investir en coton à Tunis. AHPB, 79/37, f. 87^{v}–88^{r}.

[23] Gaète représentait un marché où les marchands catalans s'approvisionnaient en coton syrien. Par une lettre du 10 mai 1400, Agnolo di ser Pino et Giuliano di Giovanni, marchands de Gaète et agents d'affaires de la compagnie Datini, envoyèrent des informations sur le marché de Gaète à leur partenaire à Barcelone. Selon cette lettre, il y avait un marchand catalan qui acheta une grande quantité de coton syrien et le chargea sur un navire dont le patron était un certain Pujades. Ces deux marchands de Gaète demandent à leur partenaire de s'informer de la vente de ces cotons sur le marché de Barcelone. Par une autre lettre écrite le 12 mai, ils exigèrent encore une fois des informations futures sur le prix des cotons, en signalant le départ de ce navire. E.C. Aste, *Il carteggio di Gaeta nell'archivio del mercante pratese Francesco di Marco Datini 1387–1405*, Gaète, 1997, pp. 46–49.

Alexandrie, Beyrouth, Famagouste, Rhodes et les ports siciliens.[24] Tous étaient des lieux où les navires occidentaux chargeaient habituellement du coton. Par exemple, le 27 novembre 1400 Francesch Mironi et Gabriel Amigo reçurent en commende cinquante livres en lettre de change de Pere Regassol. Ils devaient les investir en coton, en clous de girofle ou en laque, soit à Chypre, soit à Beyrouth, soit à Alexandrie, où ils devaient se rendre à bord du navire patronné par Gerardo de Doni.[25]

1. Le transport d'Orient en Catalogne: en recul

A cause des édits visant à interdire le trafic avec les Mamelouks, promulgués par les papes après la chute d'Acre en 1291, les navires catalans comme d'autres étaient en quelque sorte obligés de charger des cotons levantins seulement dans les pays chrétiens, Arménie et Chypre.[26] Le port de L'Aïas du royaume d'Arménie constituait déjà un lieu d'embarquement très important pour les navires catalans.[27] Le 27 février 1274 Pere Thome et Guillem de Lidone, marchands de Barcelone installés à L'Aïas, nolisèrent un navire patronné par leurs compatriotes afin de transporter de quatre-vingt-dix à cent sacs de coton à Barcelone.[28] Famagouste, qui devint un lieu de transit du coton syrien après l'année 1291, était un autre port fréquenté par les navires catalans.[29] Après la reprise des relations commerciales avec l'Egypte et la Syrie, qui date de l'année 1345, l'importance de Famagouste diminua. Au milieu du XVe siècle, l'objet principal du séjour à Chypre des marchands catalans

---

[24] D. Coulon, «Le commerce barcelonais avec la Syrie et l'Egypte d'après les actes du notaire Tomàs de Bellmunt (1402–1416)», pp. 206–220.

[25] AHPB, 58/170, f. 95^{r-v}.

[26] La Catalogne et Chypre étaient en bonnes relations au début du XIVe siècle. Jaume II, roi d'Aragon, épousa Marie de Lusignan, sœur de Henri II, roi de Chypre en 1315. En 1316, Isabelle, nièce du roi de Chypre, se maria avec le fils cadet du roi de Majorque. Constança, fille de Federico, roi de Sicile, prit pour époux Henri II de Chypre en 1317. P.W. Edbury, *The Kingdom of Cyprus and the crusades, 1191–1374*, pp. 138–139; J. Plana I Borràs, «The accounts of Joan Benet's trading venture from Barcelona to Famagusta:1343», pp. 106–107.

[27] C. Otten, «Les échanges commerciaux», dans C. Mutafian, *Le Royaume arménien de Cilicie XIIe–XIVe siècle*, Paris, 1993, pp. 119–126.

[28] L. Balletto, *Notai genovesi in oltremare. Atti rogati a Laiazzo da Federico di Piazzalunga (1274) e Pietro di Bargone (1277, 1279)*, Gênes, 1989, n° 35.

[29] En 1299, Guillem Ramon, patron de Barcelone, transporta quarante sacs de coton d'Alep depuis Famagouste à Barcelone pour le compte d'Arnau Sauraurino et Guillem de Rosrente. Sur les activités commerciales des marchands catalans à Chypre au milieu du XIVe siècle, voir J. Plana I Borràs, «The accounts of Joan Benet's trading venture from Barcelona to Famagusta:1343», pp. 105–168.

était le trafic du sucre.[30] La prise de L'Aïas en 1337 par les Mamelouks marque la fin de la prospérité du royaume arménien, qui tomba en 1375.[31]

Dans la seconde moitié du XIVe siècle, Beyrouth et Alexandrie devinrent les ports d'embarquement du coton de premier choix pour les navires catalans, en remplaçant Famagouste et L'Aïas.[32] Le tarif de nolis des années 1350 était de cinq sous pour le transport d'Alexandrie à Barcelone d'une *sporta* de coton brut et de six sous pour celui d'un *cantare* de coton filé.[33]

Le coton était une cargaison habituellement chargée à Beyrouth et à Alexandrie par les navires catalans. Cependant sa valeur restait très faible par rapport à celle d'autres marchandises.[34] Selon des recherches faites par D. Coulon sur des contrats barcelonais de commendes à destination de Chypre, de la Syrie et de l'Egypte pour les années 1348–1417, le taux de l'investissement en coton au retour de voyage reste constamment inférieur à 5 %, sauf pour la période entre 1360 et 1379 (8,3 %) et, en plus, subit une diminution avec le temps.[35] Même si ces résultats montrent une tendance, on doit les prendre avec précaution. En effet, les contrats de commende ne précisent pas souvent les produits à acheter. S'ils le font, ils citent plusieurs endroits disponibles. Donc la décision définitive était le plus souvent laissée à la volonté des marchands voyageant selon les conditions des marchés locaux.[36]

Les archives Datini nous laissent des données plus concrètes qui nous permettent d'estimer le volume de transport des navires catalans. Nous avons treize échantillons dans les archives de Prato.[37]

---

[30] Le 18 mai 1447 Johan Bernat, marchand catalan, fut autorisé à transporter cinq sacs de coton et huit caisses de sucre de Limassol à Famagouste. Il voulait probablement les expédier de nouveau en Catalogne. ASG, San Giorgio, Diversorum Cancellarie, 590/1289, f. 44^{v}.

[31] C. Otten, «Les échanges commerciaux», p. 126.

[32] En 1347 la *nau* patronnée par Pere Comte transporta six sacs de coton d'Alexandrie à Barcelone pour le compte de Berenguer Benet. D. Duran I Duelt, *Manual del viatge fet per Berenguer Benet a Romania, 1341–1342*, Barcelone, 2002, p. 36.

[33] AHPB, 19/17, f. 19^{v}, 51^{r}, 55^{v}, 80^{r}.

[34] E. Ashtor, «The venetian cotton trade in Syria in the Later Middle Ages», pp. 688–689; Cl. Carrère, *Barcelone, op. cit.*, pp. 367–368; M. Del Treppo, *I mercanti catalani, op. cit.*, p. 71; D. Coulon, *Barcelone, op. cit.*, p. 570.

[35] *Ibid.*

[36] Dans les contrats de commende est souvent présente l'expression *implicare in illis rebus et mercibus que utilis videbuntur* ou *implicare in reditu ad nostri noticiam.*

[37] Tous les exemples sont déjà exploités par plusieurs historiens. E. Ashtor, «The venetian cotton trade, op. cit.», pp. 688–689; D. Coulon, *Barcelone, op. cit.*, pp. 558–559.

Tableau 19. *Le transport du coton du Levant en Catalogne d'après les documents des archives Datini*

Date de départ	*Lieu du départ*	*Date d'arrivée*	*Lieu d'Arrivée*	*Patrons*	*Quantité*
	Beyrouth	07/11/1371	Barcelone		160 ou 107 sacs et 13 *costals* de coton filé[38]
	Beyrouth	21/03/1379	Barcelone	Francesch de Casasaja	94 sacs de coton brut et 177 sacs de coton filé[39]
02/11/1383	Beyrouth	04/04/1384	Barcelone	Cap de Bou	80 sacs, 10 caisses de coton brut, et 10 caisses de coton filé
01/03/1388	Alexandrie	10/11/1388	Barcelone	Pere Salom	92 sacs de coton
?/11/1390	Beyrouth	07/11/1391	Barcelone		12 sacs de coton de Laodicée, 4 sacs de coton d'Alexandrie, 107 ou 160 sacs de coton filé et 17 *costals* de coton filé
1391	Alexandrie	07/11/1391	Barcelone		167 ou 143 sacs de coton et 1 sac de coton filé
01/04/1391	Beyrouth	30/05/1391	Barcelone	Francesch de Casasaja	8 balles de coton filé
01/04/1391	Beyrouth	30/05/1391	Barcelone	Johan Morella	10 sacs de coton, 11 sacs de coton d'Alexandrie et 4 costals de coton filé
	Rhodes	27/05/1392	Barcelone	Anthoni di Malco	80 sacs de coton
	Beyrouth	17/09/1393	Barcelone	Guillem Pujades	295 sacs de coton, 42 *costals* de filé et 5 caisses de *cotonine*
	Beyrouth	23/03/1394	Collioure	Pasqual	124 sacs de coton brut et 6 de coton filé de Chypre

[38] *Ibid.*, p. 559.
[39] *Ibid.*; J. Heers, «Il commercio nel Mediterraneo (sec. XIV–XV)», p. 174.

Date de départ	*Lieu du départ*	*Date d'arrivée*	*Lieu d'Arrivée*	*Patrons*	*Quantité*
11/03/1395	Rhodes	03/06/1395	Blanes	Martin Vineregio	62 sacs de coton, 21 balles de coton filé et 1 balle de boucassin
17/06/1395	Beyrouth		Barcelone (?)	2 navires de Catalogne	1 balle de coton filé
	Beyrouth	07/08/1396	Barcelone	5 galées catalanes	70 sacs de coton filé et 150 pièces de *cotonine*
09/04/1397	Beyrouth	02/06/1397	Collioure	Johan de Marese	56 sacs de coton brut, 29 sacs de coton filé et 3 balles de boucassin
	Beyrouth		Barcelone	Johan?	57 sacs de coton, 12 sacs de coton filé et 6 sacs de *cotonine*

Cette liste ne montre pas tous les navires ayant transporté du coton du Levant en Catalogne à cette période. Le 9 mars 1394 Bernat Fusteri et Ramon Torroella reçurent une commende de près de soixante-dix livres pour l'investir en coton d'Alexandrie et en gingembre, dont le transport devait être assuré par le navire patronné par Nicholau Pujades.[40] D'après ce tableau complété en partie par les contrats de commende de Barcelone, les navires catalans, *naus*, coques ou galées, revenaient constamment avec un chargement de coton, dont l'embarquement était réalisé à la fin du XIVe siècle tantôt à Beyrouth, tantôt à Alexandrie, tantôt à Rhodes, tantôt à Chypre. En dépit de sa régularité, ce trafic ne prit pas une grande ampleur. Sa petitesse relative est mise en relief par comparaison avec celui de Venise, qui correspondait alors à plusieurs milliers de sacs. D'ailleurs, au cours du XVe siècle, le passage des navires catalans devint moins fréquent. Dans la deuxième moitié du XVe siècle ils reculèrent nettement des ports de Beyrouth et d'Alexandrie.[41]

Malgré ce recul, le ravitaillement de la Catalogne en coton syrien n'était pas pour autant en repli. Les navires catalans l'embarquaient

[40] AHPB, 51/13, f. 3^{v}.

[41] Voir le tableau de la fréquence des navires catalans dans les escales du Levant établi par M. Del Treppo, *I mercanti catalani*, *op. cit.*, p. 59.

parfois à Gaète.[42] Le lieu de chargement le plus important était Venise. Les marchands catalans s'y approvisionnaient habituellement en produit syrien. Son transport était assuré en grande partie par des navires vénitiens, comme nous l'avons déjà indiqué. Ceux de Catalogne y prenaient pourtant leur part. A Venise le 22 février 1400, Marco di Verzoni, patron de Majorque, écrit une lettre à Cristofano di Bartolo Carocci à Majorque, où il précise qu'aucun navire vénitien ne pouvait aller ni à Majorque, ni à Barcelone, ni à Valence et qu'en conséquence on devait charger des marchandises sur son navire.[43] En réalité, Donato Bonifazio, facteur de la compagnie Datini, envoya huit balles de coton à Francesco di Marco et Stefano di Bartolo installés à Majorque, en nolisant le navire de Marco di Verzoni.[44] Cet événement ne représente pas un cas exceptionnel. La compagnie Datini utilisait parfois des navires non vénitiens, peut-être catalans, pour le transport de Venise en Catalogne, surtout à Majorque et Barcelone.[45] Toutefois, sur le marché de Venise, les marchands catalans ne représentaient que de petits acheteurs. La plus grande partie du coton était confiée aux marchands venus de l'Italie du Nord et de l'Allemagne du Sud, les deux centres de fabrication les plus importants.

L'importation du coton turc subit une évolution différente. D'après le registre douanier du 1er juillet au 30 septembre 1434 furent importés à Barcelone cent vingt et un sacs de coton turc.[46] La quantité importée à Majorque était plus considérable encore. En 1450 cent trente-sept sacs y furent transportés de Chio par un marchand de Majorque, Francesch Setorre.[47] Le coton turc était un des plus régulièrement fournis sur le marché de Majorque dans la seconde moitié du XVe siècle.[48] Une

---

[42] En 1400 le navire de Pujades transporta du coton syrien de Gaète à Barcelone. E. Cecchi Aste, *Il carteggio di Gaeta*, *op. cit.*, pp. 46–49.

[43] F. Melis, *Documenti per la storia economica dei secoli XIII–XVI*, Florence, 1972, p. 188.

[44] ASP, fonds Datini, busta 550, n° 8329.

[45] Zanobi di Taddeo, facteur principal de la compagnie Datini, envoya quatorze sacs de coton d'Asciam à Cristofano di Bartolo Crocci, à bord du navire de Niccolò Orsatto. Il semblerait qu'une partie de ce coton était destinée à Barcelone. En 1396, il expédia une balle de coton au même marchand, en nolisant le navire de Pietro *Gharigha*. ASP, busta 1082, n° 903258, 903252.

[46] Claude Carrère considère ce cas comme une exception, en indiquant qu'à l'automne 1404, la Romanie et Chio envoyèrent du coton pour un montant de deux cent cinquante-six livres. Cl. Carrère, *Barcelone*, *op. cit.*, pp. 367–368.

[47] ASG, Notai Antichi, n° 847, doc. 281, 286.

[48] Les types de coton échangés fréquemment à Majorque dans la seconde moitié

bonne partie était réexportée vers Barcelone. Il faut souligner ce rôle de Majorque en tant que lieu de transit des cotons provenant non seulement des régions productrices, mais également des marchés de distribution, notamment de Venise.[49] Rhodes aussi constituait un lieu d'embarquement.[50] Au XVe siècle, elle devint le port de Méditerranée orientale le plus fréquenté par les navires catalans. Cependant il est difficile de connaître avec quelle fréquence et en quelle quantité le chargement s'y effectuait. En effet, la plupart des contrats de commende mentionnent indifféremment Rhodes et d'autres destinations comme lieux d'embarquement.

Comme nous l'avons déjà montré dans la deuxième partie, l'île de Sicile représentait un lieu de transit du coton turc à destination de la Catalogne.[51] Son importation régulière à Barcelone est attestée par sa grande réexportation vers d'autres régions, surtout l'Afrique du Nord. En 1461, la *nau* patronnée par Johan Benet transporta plus de cent sacs de coton turc de Barcelone à Oran.[52] D'après l'ordonnance du 30 mai 1444 qui prescrit les opérations techniques et le nombre de battages faits par les cotonniers barcelonais, le coton de Malte et de Turquie était le plus fréquemment utilisé.[53] Ce ravitaillement stable en produit turc était effectué plutôt par des navires étrangers. Ainsi, c'est un navire génois patronné par Oliverio et Agostino Marruffo, qui transporta cent trente-sept sacs de coton turc de Chio à Majorque pour le compte du marchand majorquin cité plus haut.

La Romanie était également un lieu où se procurer du coton. Il s'agissait avant tout de Constantinople pour les marchands catalans.[54] En 1342 Berenguer Benet, marchand de Barcelone, acheta cinq sacs de coton, dont le poids était de près de 920 kg, sur le marché de

du XVe siècle sont les suivants: coton de Turquie, de Syrie, de Sicile et de Malte. O.V. Bennasar, *El comerç marítim*, *op. cit.*, pp. 378–379.

[49] Un contrat d'assurance maritime établi le 27 février 1492 à Barcelone porte sur le transport de quatre sacs de coton, soit turc, soit syrien, soit chypriote. AHPB, 239/56; O.V. Bennasar, *El comerç marítim*, *op. cit.*, p. 448.

[50] AHPB, 193/14, f. 139^{r}; O.V. Bennasar, *El comerç marítim*, *op. cit.*, p. 77. En 1479, Nicholau Cotoner, marchand de Majorque, se rendit à Rhodes vendre de l'huile d'olive, puis acheter du coton et des esclaves avec le profit tiré de cette vente.

[51] Un contrat d'assurance maritime du 20 juillet 1457 concerne le transport de cinquante-quatre sacs de coton turc de Syracuse à Barcelone. AHPB, 165/93, f. 14^{v}–15^{r}.

[52] AHPB, 181/46, f. 67^{r}–68^{v}, 165/94, contrat d'assurance maritime du 5 février 1461.

[53] Cl. Carrère, *Barcelone*, *op. cit.*, pp. 374–375.

[54] O.V. Bennasar, *El comerç marítim*, *op. cit.*, p. 78.

Constantinople.[55] Le 24 avril 1367 Bernat et Ramon de Cases reçurent en commende de Guillem de Font et de son frère, de l'huile d'olive pour une valeur de près de trente-cinq livres, pour l'investir en coton ou en d'autres marchandises à Constantinople.[56] Le 28 mars 1368 ce Bernat obtint en commende trente pièces de draps de cent douze livres quatre sous. Avec le profit tiré de leur vente, il devait acheter du coton, du gingembre ou des clous de girofle à Constantinople. Au début du XVe siècle, le coton était transporté de Romanie à Barcelone,[57] mais les navires catalans se dirigeaient alors vers Constantinople avec une moindre fréquence que vers Beyrouth, Alexandrie et Rhodes.[58]

2. Le transport de Sicile et de Malte en Catalogne : en essor

Les navires catalans tendaient à charger du coton plutôt en Sicile qu'aux ports levantins au cours de leur voyage entre la Catalogne et l'Orient. A l'automne 1404, deux navires, l'un patronné par Jacme Esteve et Nicholau Madrenchs et l'autre dont le patron était Pere Ortolà, revinrent à leur lieu de départ, Barcelone, avec un chargement de coton et des tissus de coton comme suit : coton brut (15 sacs + 1 sac de Syrie + 98 sacs de Malte), coton filé (2 sacs de Malte + une petite quantité), coton *faldeta* (16 sacs + une petite quantité), coton *per stiba* (2 livres + une certaine quantité), futaines (4 pièces de Sicile + 34 pièces + 6 cannes de Montpellier + 12 cannes), *cotonines* (16 cannes + 1 balle de 30 pièces + 4 pièces de Damas + une certaine quantité), voiles de coton (14 pièces + une certaine quantité). Le fait que le coton maltais constitue la majeure partie de l'ensemble des importations indique que son chargement a été réalisé en Sicile. Ce résultat doit être considéré comme révélateur. D'abord, ces deux navires ne chargèrent presque pas de coton dans les ports levantins, Beyrouth, Alexandrie, Famagouste et Rhodes, même s'ils y firent escale.[59] Ce fait n'avait pas de rapport avec les conditions de ces marchés levantins. En effet, cette année-là, le trafic

---

55 D. Duran I Duelt, *Manual del viatge, op. cit.*, p. 110, 429–430.

56 AHPB, 30/1, f. 15v, 19v.

57 AHPB, 79/38, f. 6r–v, 7v, 8r.

58 Les principales escales commerciales en Méditerranée orientale pour les navires catalans étaient Rhodes, Beyrouth, Alexandrie et Chypre. Cl. Carrère, *Barcelone, op. cit.*, p. 643 ; D. Coulon, « Le commerce barcelonais avec la Syrie et l'Egypte d'après les actes du notaire Tomàs de Bellmunt (1402–1416) », pp. 207–214, 218.

59 ACA, generalitat, reg. 181.1, f. 24r–45v ; D. Coulon, « Le commerce barcelonais avec la Syrie et l'Egypte d'après les actes du notaire Tomàs de Bellmunt (1402–1416) »,

en Syrie ne fut pas suspendu. Le convoi vénitien de septembre 1404 transporta deux mille sacs de coton brut et cent sacs de coton filé à Venise.

Cet exemple témoigne que la Sicile devint le lieu d'embarquement de premier choix. Dès 1300, l'ensemble du trafic catalan gravitait de plus en plus autour de la Sicile. D'après les analyses des assurances maritimes des années 1436–1493 faites par M. Del Treppo, la destination la plus fréquente des navires catalans était cette île.[60] La plupart des cotons étrangers étaient échangés sur les marchés siciliens.[61] Si leur importation en Sicile était laissée aux navires étrangers, surtout italiens, ceux de Catalogne s'occupaient de leur distribution depuis la Sicile vers d'autres régions. En 1457, quarante-sept sacs de coton turc furent transportés de Syracuse à Barcelone par la caravelle patronnée par Pere Pardo de Majorque.[62]

Le chargement était effectué surtout à Syracuse et à Messine. Ces deux ports constituaient les lieux de transit du coton de Malte. Palerme et Trapani[63] avaient une importance secondaire pour l'embarquement du coton, même si Palerme représentait le plus grand port sicilien. Les contrats notariés rédigés à Palerme, eux aussi, indiquent plus fréquemment Syracuse comme port d'embarquement du coton.[64] Parfois une bonne quantité était chargée au port de Palerme. En 1449, cent cin-

p. 207. En effet, plusieurs contrats de commende contractés en août 1403 témoignent que les lieux d'escale de ces navires étaient la Sicile, Rhodes, Chypre, Beyrouth et Alexandrie.

[60] M. Del Treppo, *I mercanti catalani, op. cit.*, p. 412; M. Balard, J.-C. Hocquet, J. Hadziiossif, et H. Bresc, «Le transport des denrées alimentaires en Méditerranée à la fin du Moyen Age», p. 123.

[61] Cette particularité est déjà expliquée dans la deuxième partie de cette thèse.

[62] ASP, Notai Defunti, Antonino Aprea, n° 813, contrat du 16 juillet 1457.

[63] A Trapani les navires catalans prenaient à bord des cotons à la fois locaux et levantins. Le coton de Malte et de Pantelleria transitait parfois par ce port. Les habitants de l'île de Pantelleria payaient en coton leurs achats nécessaires comme les draps et les blés. En 1444 Brachamus Misilet, juif de Pantelleria, paya en coton filé le fret d'une barque de Trapani qui apporta du froment dans l'île. En 1460, Sucha Milmet et Samuel Sala, tous deux juifs de Pantelleria, eux aussi, réglèrent en coton filé leur achat à Trapani de draps de Majorque et de Barcelone. Sur le coton exporté de Trapani était imposé un tarif douanier favorable de 1 %, en comparaison de 3 % appliqué sur les autres marchandises. H. Bresc, *Arabes de langue, juifs de religion. L'évolution du judaïsme sicilien dans l'environnement latin XIIe–XVe siècles*, Paris, 2001, p. 236; M.F. Mazzaoui, *The italian cotton industry in the Later Middle Ages*, Cambridge, 1981, p. 175.

[64] ASP, Notai Defunti, Antonino Aprea, n° 808, contrat du 9 janvier 1451 (transport d'un sac de coton filé de Syracuse à Barcelone), contrat du 27 juilllet 1451 (celui de deux sacs de coton filé de Syracuse à Barcelone).

quante sacs y furent pris à bord d'une nef de Collioure se rendant à Barcelone.[65]

Même si le coton maltais était en grande partie transféré en Sicile par les navires maltais et siciliens, ceux de Catalogne se rendaient directement et d'une façon régulière à Malte.[66] Le 15 juillet 1461 Pere Rovira établit un contrat d'assurance maritime pour transporter du coton de Malte à Barcelone à bord du baleinier patronné par Francesch Marcofa. Cinq jours plus tard, un autre marchand, Barthomeu Sanxo, passa un contrat pour le même objectif. D'après ces contrats, deux marchands installés à Malte, Johan Muxola et Johan Vidal, devaient s'occuper du chargement. Le 4 août 1463 Nicholau Cambi, patron d'une caravelle, fit assurer le même voyage de Malte à Barcelone. Quatorze jours plus tard, Pere Rovira et Gaspar Muntmany établirent un contrat d'assurance maritime pour le transport des marchandises, non indiquées dans le contrat, de Malte à Barcelone, en nolisant la caravelle de Nicholau Cambi. Cette fois-ci de même, l'embarquement devait être à la charge de Johan Muxola et Johan Vidal.[67]

Le coton de Malte était transporté directement à Cagliari, sans passer par la Sicile, par des navires maltais.[68] En 1353, le *legno* patronné par Berenguer Despuig y apporta du coton de Malte pour une valeur de vingt livres. Ce patron importa aussi du coton et des esclaves pour cinq cents livres pour son propre compte. Grâce au trafic de ces deux marchandises, la relation commerciale entre Cagliari et Malte était intense et directe. Les marchands génois participaient à ce trafic. En 1360, Guglielmo Pastorello fit transporter du coton et d'autres marchandises pour une valeur de cent quinze livres à bord de la coque patronnée par Stheva Viles.

---

[65] ASP, Notai Defunti, Antonino Aprea, n° 813, contrat du 21 janvier 1449. Un autre contrat du 30 janvier 1449 concerne le transport du coton filé de Palerme à Barcelone par le même navire.

[66] Les navires de Gênes aussi se rendaient à Malte pour charger du coton. ASP, Notai Defunti, B. Bononia, un contrat de transport du 13 mai 1378. Le 15 janvier 1450, Geronimo Salvago, marchand de Gênes, contracta un contrat d'assurance maritime pour transporter du coton de Malte, peut-être, à Amalfi. ASP, Notai Defunti, Giacomo Comito, n° 847.

[67] AHPB, 165/94, contrats des 15 et 20 juillet 1461, 165/95, f. 5^v (contrat du 4 août 1463), 7^v (contrat du 18 août 1463).

[68] En 1360, la coque patronnée par Thomas Panser transporta du coton de Malte à Cagliari pour un montant de cent quinze livres. En septembre 1362, arriva une barque maltaise avec des esclaves. L. Galoppini, «Notizie su Maltesi e il cotone di Malta a Cagliari nella seconda metà del Trecento», pp. 14–17.

B. *L'exportation du coton de Catalogne*

Les destinations les plus fréquentes pour les cotons transportés depuis les îles de Sicile et de Malte par les navires catalans étaient Barcelone et Majorque. Leur ravitaillement était également assuré par les navires étrangers, surtout italiens. Donc, non seulement le coton de Malte et de Sicile dont le trafic était sous le contrôle des marchands catalans, mais également celui de Syrie et de Turquie commercialisé pour la plupart par les marchands de Venise et de Gênes, étaient constamment disponibles sur les marchés de Barcelone et de Majorque.[69]

Une partie du coton importé était destinée à l'industrie locale. Une autre partie, peut-être plus considérable, était réexportée, parfois après l'opération de filage, vers diverses régions aussi bien proches que lointaines: la péninsule ibérique, le Midi de la France, l'Afrique du Nord et les pays de l'Atlantique.[70] La gamme des exportations était aussi variée que pour les importations: coton de Malte, de Turquie, de Chypre, de Syrie, d'Egypte et de Sicile.

1. La péninsule ibérique et le Midi de la France

Les navires de Barcelone et de Majorque ravitaillaient régulièrement la péninsule ibérique et le Midi de la France. La zone fréquentée était comprise entre Valence et le Languedoc. Il s'agissait de routes de cabotage reliant Barcelone aux ports des côtes valenciennes, catalanes et languedociennes, le transport étant assuré par des navires de petite taille. Depuis longtemps, Barcelone jouait un rôle de distributeur vers d'autres régions de la péninsule ibérique: Valence, Tarragone et Tortosa.[71] Au XIIe siècle, depuis Barcelone, le coton était expédié vers les régions intérieures, par exemple Tortosa, par la rivière de

[69] Les *valute* de Datini nous permettent de connaître les types de cotons échangés à Barcelone et à Majorque vers 1400: plusieurs variétés syriennes, coton d'Alexandrie, celui de Chypre, celui de Turquie, celui de Malte. En dépit de son absence dans ces documents, le coton de Sicile et d'Italie du Sud aussi était importé. Celui d'Afrique du Nord était importé, même si très rarement. ASP, fonds Datini, busta 1171, *valute* de Barcelone et de Majorque; M.G. Gamarena, *El primer manual, op. cit.*, p. 102, 108.

[70] Le coton filé de Barcelone était échangé sur de nombreux marchés: Majorque, Valence, Montpellier, Avignon, Paris, Londres et Bruges. ASP, fonds Datini, busta 1171.

[71] M. Gual Gamarena, *Vocabulario del comercio medieval*, Tarragone, 1968, pp. 56–183; Idem, «Tarifas hispano-lusas de portazgo, peaje, lezda y hospedaje (siglos XI y XII)», p. 378.

l'Ebre.[72] A la fin du Moyen Age, ce trafic de redistribution continuait. Valence et Majorque constituaient alors les débouchés les plus fréquents.[73] Les échanges entre Barcelone et Majorque ne se faisaient pas à sens unique. Majorque représentait plutôt un fournisseur de coton brut.[74] Après avoir été filé à Barcelone, il était réexporté à Majorque.[75] Grâce à sa position géographique, cette île était utilisée comme lieu de transit. D'après un manuel de marchandise de Majorque de la fin du XVe siècle, le coton venu de Sicile et d'autres régions productrices était importé en Catalogne continentale en transitant par Majorque.[76] Le transport de Venise à Barcelone ou à Valence se faisait souvent via Majorque. Cristofano di Bartolo à Majorque, agent d'affaires de la compagnie Datini, s'approvisionnait en coton par son partenaire de Venise, Zanobi di Taddeo, et le redistribuait vers Barcelone et Valence. Par une lettre du 8 août 1398, celui-ci mit son correspondant de Majorque au courant d'un projet d'envoi de trente à cinquante sacs et lui demanda de les écouler sur les marchés de Barcelone et de Valence.[77]

Les sources de Barcelone indiquent que ses navires fournissaient régulièrement du coton à Valence. En revanche, les documents de cette dernière ville à la fin du XVe siècle montrent que le coton ne provenait pas alors de Barcelone. D'après les péages de 1488, quatre cent quarante-quatre sacs, cinquante-deux fardeaux, trois balles, deux caisses et un *costal* de coton furent importés. La quantité de 1491 tomba à quatre-vingts sacs. Les importations de 1494 étaient composées de deux cent soixante-treize sacs, vingt fardeaux, dix-neuf *massos*, un *costal* et un *sesto*. Parmi ces importations, quelle part provenait de Barcelone ?

---

[72] M. Gual Camarena, « Peaje fluvial del Ebro (siglo XII) », p. 169.

[73] En 1347, P. Blanos, patron du *lahut*, transporta de Barcelone deux sacs de coton à Valence et un sac à Peñiscola. C.G. Maubert, « Le port de Barcelone pendant l'hiver 1357 », pp. 668–669 ; Cl. Carrère, *Barcelone, op. cit*, p. 550.

[74] Au début du XIVe siècle, Majorque réexportait vers la péninsule ibérique du coton et du sucre en provenance d'Egypte. Ch.-E. Dufourcq, *L'Espagne catalane et le Maghrib aux XIIIe et XIVe siècles*, Paris, 1966, p. 543. Un contrat d'assurance maritime du 27 février 1492 porte sur le transport de quatre sacs de coton, soit syrien, soit chypriote, soit turc, de Majorque à Barcelone. AHPB, 239/55, f. 103^{r} ; P. Macaire, *Majorque, op. cit.*, p. 471.

[75] Les sortes de cotons échangés sur les deux marchés étaient plus ou moins identiques. Le coton filé de Barcelone était bien fourni à Majorque. ASP, fonds Datini, busta 1171, *valute* de Majorque.

[76] O.V. Bennasar, *El comerç marítim, op. cit.*, p. 448 ; F. Sevillano Colom, « Un manual mallorquin de mercadería medieval », pp. 517–530.

[77] ASP, fonds Datini, busta 1082, n° 903252, 903258, 903307, 903334.

D'après J. Guiral, ce coton était originaire surtout de Sicile et importé à Valence en transitant par les îles (Sicile, Sardaigne et Baléares), par Gênes, Livourne, Nice, Villefranche, Marseille, Aigues-Mortes ou Collioure. D'après cet auteur, la plus grande partie des importations de 1494, soit près de 30 %, provint d'Aigues-Mortes.[78] Ce transport fut effectué par le convoi vénitien de galées d'Aigues-Mortes.[79] Le coton levantin était, même en quantité limité, aussi importé. Le convoi vénitien de galées de Barbarie apporta six sacs de coton syrien et égyptien en 1491 et quatre-vingt-huit sacs en 1494, ce qui correspondait à 17 % du total.[80] Deux sacs de coton syrien arrivèrent en 1494 à bord de la *nau* du commandeur de Rhodes en provenance de Naples, Cagliari et Barcelone.[81]

Le coton était réexporté de Barcelone en Sardaigne.[82] Celle-ci n'était qu'une clientèle secondaire. Les marchands sardes aussi s'investissaient dans ce trafic. Le 20 février 1461 Pere Goterris, marchand d'Alghero, établit un contrat d'assurance maritime afin de transporter cinq sacs ou

---

[78] Ce résultat est un peu surprenant. En effet, Aigues-Mortes était un port d'importation plutôt que d'exportation et la plus grande partie des importations était redistribuée vers l'arrière-pays. Les navires de Gênes, de Venise et de Barcelone apportaient une quantité non-négligeable de coton. En 1499, un petit navire de Barcelone apporta près de cinquante sacs de coton à Aigues-Mortes. J. Guiral-Hadziiossif, *Valence, op. cit.*, p. 305; Idem, «Les relations commerciales du royaume de Valence avec la Berbérie au XVe siècle», pp. 112–113; AHPB, 239/59, f. 58r, contrat d'assurance maritime du 22 octobre 1499.

[79] Les deux lignes de galées de Venise, l'une d'Aigues-Mortes et l'autre de Barbarie, faisaient escale à Valence. Les importations de coton à Valence étaient largement assurées par elles. D. Stöckly, *Le système de l'incanto des galées du marché à Venise (fin XIIIe – milieu XVe siècle)*, Leiden, New York et Cologne, 1995, p. 164, 170; J. Guiral, «Les péages du royaume de Valence (1494): II. Informatique et péages du royaume de Barcelone (1494)», p. 157.

[80] J. Guiral, «Les relations commerciales du royaume de Valence avec la Berbérie au XVe siècle», pp. 112–113; D.I. Luis, «Las galeras mercantiles venecianas y el puerto de Valencia (1391–1534)», *Anuario de Estudios Medievales*, 24 (1994), pp. 179–200.

[81] D'après J. Guiral, le coton syrien et égyptien empruntait parfois l'Afrique du Nord pour atteindre Valence à bord des galées vénitiennes. Mais le convoi vénitien de galées de Barbarie ne devait charger du coton qu'à la métropole pour le transporter à Valence. Il s'agissait probablement de contrebande. J. Guiral, «Les relations commerciales du royaume de Valence avec la Berbérie au XVe siècle», pp. 112–113; Voir le chapitre du transport du coton de Venise. ASV, Incanti galere, reg. 1, f. 21v.

[82] En 1343, Berenguer Benet, marchand de Barcelone, fit plusieurs achats de draps de Barcelone pour les investir en coton maltais et sicilien en Sicile. Ce coton devait être destiné à Cagliari de Sardaigne. D. Duran I Duelt, *Manual del viatge, op. cit.*, p. 35; AHPB, 165/94, contrat d'assurance maritime du 20 février 1461; Cl. Carrère, *Barcelone, op. cit.*, p. 611. Les futaines étaient également expédiées de Barcelone en Sardaigne.

balles de Barcelone à sa ville. En 1457, Pere Augusti Alba envoya un sac de Barcelone à son associé, Guillem Guich, marchand d'Alghero.[83]

Le sud de la péninsule ibérique et la façade atlantique recevaient très rarement du coton de Barcelone et de Majorque.[84] En réalité, les relations commerciales entre la Catalogne et ces régions n'étaient pas intenses. Le transport était le plus souvent assuré par des navires castillans et basques. Le 18 décembre 1392, Matheu Alanya, marchand de Barcelone, nolisa la barque patronnée par Johan Doterran, castillan, pour se rendre à Azemmour au Maroc. Il reçut onze commendes maritimes, pour une valeur totale de quatre cent soixante-dix livres cinq sous et un denier, en coton et autres marchandises.[85] Une autre raison de la faiblesse du transport du coton, est qu'il existait d'autres grands fournisseurs italiens. Les navires de Gênes et de Venise en déchargeaient une quantité non négligeable avant de gagner la mer du Nord. Dans la seconde moitié du XVe siècle, les navires portugais transportaient, à la place de ceux de Gênes, une quantité significative de Chio vers le sud de la péninsule ibérique, surtout Cadix et Malaga.[86]

L'exportation de Barcelone vers la France ou vers l'Allemagne via le Midi de la France était une affaire coutumière. Le transport s'effectuait par deux moyens: la route maritime et la voie terrestre. Par cette dernière, le coton était expédié vers Toulouse et Montpellier par Puigcerda ou par Perpignan.[87] Les lieux de déchargement pour les navires catalans étaient le plus souvent Collioure, Narbonne, Agde et Aigues-Mortes.[88] Entre celle-ci et Majorque les liaisons commerciales

[83] C. Carrère considère Guillem Guich comme un Barcelonais installé à Alghero en tant qu'associé de Pere Augusti Alba. AHPB, 165/93, f. 6v, 165/94, contrat du 20 février 1461; Cl. Carrère, *Barcelone, op. cit.*, p. 615.

[84] Le 20 avril 1461 Feron Bertran, marchand de Barcelone, établit un contrat d'assurance maritime pour transporter du coton de Majorque à Malaga à bord du baleinier patronné par Pere Tanlor. AHPB, 181/76, f. 76r. Le transport était également assuré par les navires de ces régions. Cl. Carrère, *Barcelone, op. cit.*, pp. 553–554.

[85] Un contrat de commende du 2 avril 1400 concerne douze livres de coton à bord de la *nau* du Basque Johan Ferrandis. Cl. Carrère, *Barcelone, op. cit.*, pp. 553–554.

[86] ASG, Caratorum Veterum, n° 1555 (1495), passim.

[87] En 1434, Johan Dellach envoya trente-six livres de coton et vingt livres de coton filé vers la France par Puigcerda. La même année, Anthoni Berenguer expédia vers la France par Perpignan quarante livres de coton. Cl. Carrère, *Barcelone, op. cit.*, p. 561; Ph. Wolff, *Commerce et marchands de Toulouse (vers 1350-vers 1450)*, Paris, 1954, p. 246.

[88] En 1357 Th. Prat, patron de *lignum*, transporta une balle de coton de Barcelone à Agde et le *lahut* patronné par Rogeri transporta du coton à Collioure. C.G. Maubert, «Le port de Barcelone pendant l'hiver 1357», pp. 676–679. ASP, fonds Datini, busta 906, n° 314755. Une lettre du 12 août 1399 adressée à la compagnie Datini de Barcelone

étaient fréquentes. Selon une lettre adressée en 1395 à Datini par Luca del Sera, trois ou quatre barques ou *lenys* faisaient le voyage entre Majorque et Aigues-Mortes. Le coton était transporté à Aigues-Mortes, alors que les futaines venaient en sens inverse.[89] En général, les navires catalans ne dépassaient pas la région languedocienne. En effet, la côte orientale du Midi de la France s'approvisionnait plutôt par Gênes.[90] Sur ces routes terrestres et maritimes était transportée une quantité très limitée. Les marchands allemands et savoyards utilisaient des cotonnades la plupart du temps comme matière d'emballage pour le safran et l'indigo.[91] De grands hommes d'affaires allemands comme Jos Humpis et Gaspar Vat, eux aussi, en achetaient une faible quantité sur le marché de Barcelone.[92]

Malgré sa régularité, ce trafic de distribution vers la zone comprise entre le Languedoc et Valence ne prit pas une grande ampleur. Tout d'abord, le transport était confié aux navires de petit tonnage, notamment barques et *lahuts*. Dans les archives de la couronne d'Aragon se trouvent des documents qui concernent des licences de transport délivrées par le bailli général de Catalogne. D'après ces sources, le coton était expédié de façon régulière vers les marchés ibériques et français, mais son volume était insignifiant.

Tableau 20. *Les licences de transport délivrées par le bailli général de Catalogne.*

Date	*Patrons*	*Types de navire*	*Quantité*	*Destinations*	*Source*
06/11/1358	Bernat de Petro	*Lahut*	Une balle de coton	Agde	1057, f. 19ᵛ
06/11/1358	Bernat de Petro	*Lahut*	Une balle de coton	Collioure	1057, f. 19ᵛ
28/11/1358	P. Blanch	*Lahut*	2 sacs de coton	Valence	1057, f. 29ᵛ
09/05/1458	Galerando Sola	Barque	2 balles de coton filé	Majorque	1056, f. 57ʳ

par Pietro Tecchini témoigne que le coton était transporté de Barcelone à Perpignan en passant par Collioure et Aigues-Mortes.

[89] P. Macaire, *Majorque, op. cit.*, pp. 503–504.

[90] J. Day, *Les douanes de Gênes 1376–1377*, Paris, 1963, p. 284, 361, 392, 401, 458, 510, 527, 730–731, 789.

[91] ACA, Real Patrimonio, Maestre racional, reg. 1400, f. 4ᵛ, 7ʳ⁻ᵛ, 9ʳ, 10ʳ⁻ᵛ, 11ᵛ–12ʳ.

[92] R. Salicrú I Lluch, *El trafic de mercaderies a Barcelona segons els comptes de la Lleuda de Mediona (febrer de 1434)*, Barcelone, 1995, p. 256, 290, 297, 371, 377. Jos Humpis: 42 livres de coton (le 6 février 1434), 28 livres (le 13 février), 56 livres (le 25 février), Gaspar Vat: 1 *roure* 13 livres (le 6 février), 30 livres (le 13 février), 40 livres (le 26 février).

Date	*Patrons*	*Types de navire*	*Quantité*	*Destinations*	*Source*
15/05/1458	Berenguer ?	Barque	Un sac de coton filé	Rosas	1056, f. 61
30/06/1458	Johan *Fenyol*	*Lahut*	4 balles de coton filé	Non indiquée	1056, 102[v]
13/07/1458	Guillem Daguillar	*Lahut*	Un *costal* de coton	Collioure	1056, f. 87[r]
16/07/1458	Jacme Galdo	*Lahut*	Un *costal* de coton	Agde	1056, f. 123[r]
23/07/1458	Gilabert *Espinales*	*Lahut*	Un *costal* de coton	Collioure	1056, f. 125[r]
06/09/1458	Jacme de Barthomeu	*Lahut*	2 *costals* de coton filé	Destination effacée	1056, f. 130[r–v]
12/09/1458	Anthoni Figar	*Lahut*	2 *costals* de coton	Narbonne	1056, f. 156[v]
22/10/1458	Pere Bon Macip	*Lahut*	6 sacs de coton	Valence	1056, f. 193[v]
30/10/1458	A. de *Casisnovis*	Barque	4 *faxia* de coton	Valence	1056, f. 199[v]
13/11/1458	Jacme Serra	*Lahut*	Une certaine quantité de coton	Narbonne	1056, f. 214[r]
05/12/1458	Stefano A.	*Lahut*	2 sacs de coton	Tarragone	1056, f. 228[v]
14/12/1458	Francesch Vilar	*Lahut*	Un sac de coton	Collioure	10956, f. 215[v]

Cependant il ne faut pas trop minimiser la valeur de ce commerce. En général, les documents publics ne couvrent qu'une partie du trafic total. Ainsi le 22 octobre 1499 Johan Palandaries établit un contrat d'assurance maritime pour transporter quarante-six sacs de coton brut et un sac de coton filé de Barcelone à Aigues-Mortes à bord du *lahut* patronné par Anthoni Galter.[93]

2. L'Afrique du Nord

La Catalogne fournissait une bonne quantité de coton à l'Afrique du Nord. En revanche, celle-ci, pays producteur, constituait un lieu d'approvisionnement pour les marchands catalans et valenciens.[94] Le coton

---

[93] AHPB, 239/59, f. 58[r], contrat d'assurance maritime du 22 octobre 1499.

[94] En 1306, Jacme II, roi d'Aragon, fit des réclamations à Mohammed II de Tunis, par l'intermédiaire de son ambassadeur, Pere Busot. Dans la liste de ces réclamations se trouve le coton. M. Alarcon Santon et R. Garcia de Linares, *Los documentos arabes diplomaticos del archivo de la corona d'Aragon*, Madrid–Grenade, pp. 257–266.

était importé en Catalogne par Tunis, le Maroc et la zone oranaise.[95] Les Musulmans du royaume de Valence importaient du coton syrien et égyptien de Barbarie et de Grenade dans la seconde moitié du XVe siècle.[96] Pourtant, la circulation d'Afrique du Nord vers la péninsule ibérique restait très marginale. Tout d'abord, le coton de Barbarie n'était pas très demandé sur les marchés occidentaux à cause de sa mauvaise qualité. De fait, une autre variété de qualité inférieure, celle d'origine turque, était fournie en abondance. La rareté des documents occidentaux mentionnant le coton maghrébin laisse entendre que sa valeur était faible.[97]

Malgré sa propre production, l'Afrique du Nord restait un pays plutôt importateur qu'exportateur à la fin du Moyen Age. Les navires génois déchargeaient une quantité considérable dans les ports d'Afrique du Nord au cours de leur voyage vers l'Atlantique. Ceux de Venise y apportaient du coton. Ceux de Catalogne fournissaient de cette matière première en Afrique du Nord. Il faut souligner avant tout le rôle de Majorque, qui connut un essor commercial à la fin du Moyen Age. A partir du début du XIVe siècle la majeure partie du commerce catalan avec le Maghreb se faisait par l'intermédiaire de Majorque. La destination la plus fréquente de ses navires dans la seconde moitié du XVe siècle était la Barbarie.[98] D'après P. Macaire, le coton occupait la sixième position dans les marchandises exportées de Majorque au Maghreb, le premier produit étant les draps.[99] Il représentait un produit d'exportation coutumier. En revanche, le coton était très rarement transporté dans le sens Maghreb–Majorque.[100] Les navires de Majorque transportaient du coton vers plusieurs villes d'Afrique du Nord: Alcudia, Alger, Bougie, Honein, Oran et Ténès.[101] Le volume du trafic

---

[95] D'après un manuel catalan de marchandise du XIVe siècle, les Barcelonais se procuraient du coton à Tunis. M. Gual Camarena, *El primer manual, op. cit.*, p. 173; Ch.-E. Dufourcq, *L'Espagne catalane, op. cit.*, p. 546.

[96] J. Guiral-Hadziiossif, *Valence, op. cit.*, p. 345.

[97] Les *valute* des archives Datini ne mentionnent pas le coton d'Afrique du Nord. ASP, fonds Datini, busta 1171.

[98] D. Valérian, «Facteur économique dans la politique catalane à Bougie (XIIIe–XVe siècles)», pp. 145–148; F. Sevillano Colom, «Mercaderes y navegantes mallorquines (siglos XIII–XV)», p. 470, 478; O.V. Bennasar, *El comerç marítim, op. cit.*, pp. 66–67.

[99] P. Macaire, *Majorque, op. cit.*, pp. 426–427.

[100] O.V. Bennasar, *El comerç marítim, op. cit.*, p. 143.

[101] D. Valérian, «Facteur économique dans la politique catalane à Bougie (XIIIe–XVe siècles)», pp. 145–148; Ch.-E. Dufourcq, *L'Espagne catalane, op. cit.*, p. 538; O.V.

n'était pas négligeable. Le 24 octobre 1459, Cristòfol Llinàs, marchand de Majorque, reçut de Johan Barthomeu, son compatriote, cinquante-trois sacs de coton pour les transporter à Honein à bord de la *nau* dont le patron était Johan Peris.[102] Les marchands d'Afrique du Nord faisant leurs affaires à Majorque participaient également à ce trafic. Le 5 février 1453, Asday Natgar, marchand juif de Ténès, reçut en commende de Lluís de Bellviure, marchand de Majorque, mille six cents douze livres dix deniers, investis en laque, argent, coton, huile d'olive, draps et perles. Le premier devait les transporter à Ténès à bord de la *nau* patronnée par Francesch de Bellviure.[103] A Valence aussi on embarquait du coton à destination de l'Afrique du Nord.[104]

Les navires de Barcelone transportaient aussi fréquemment du coton en Afrique du Nord. Leur destination la plus fréquente était Oran, le déchargement étant effectué quelquefois à Alger.[105] Le volume de transport était parfois considérable et les types de coton étaient très variés. Le 30 janvier 1460, Lins de Sors établit un contrat d'assurance pour le transport de dix sacs de coton turc et syrien de Barcelone à Oran à bord du baleinier patronné par Johan Benet. Deux jours plus tard, un autre marchand, Benet Asa, contracta une assurance sur le transport de Barcelone à Oran de cinquante-cinq sacs de cotons turc et chypriote par le même navire. Celui-ci devait transporter encore cinquante-deux sacs de coton et quatre sacs de coton filé pour la même destination pour le compte de Gaspar et Barthomeu Muntmany et Barthomeu Rovira.[106]

Pourquoi le coton faisait-il le détour par Barcelone avant de gagner l'Afrique du Nord? Celui d'origine turque était souvent importé à Bar-

Bennasar, *El comerç marítim, op. cit.*, p. 328, 331, 333, 335, 432. Le tarif de nolis de 1297 pour le transport d'un *cantare* de coton de Majorque à Bougie était de deux sous de Valence. A Barcelone le 20 octobre 1460 Andreu Sunyer, marchand de Majorque, contracta une assurance maritime pour transporter du coton de Majorque à Ténès à bord d'un navire patronné par son compatriote, Johan de Campis. AHPB, 181/46, f. 9v–10r (transport du coton de Majorque à Honein), 52r–v.

102 O.V. Bennasar, *El comerç marítim, op. cit.*, p. 333.

103 *Ibid.*, p. 328.

104 Le 4 janvier 1500 Gabriel Mas, marchand de Valence, établit un contrat d'assurance maritime pour transporter quatre sacs de coton sicilien de Valence à Bougie. AHPB, 239/59, f. 133r–134r.

105 Un contrat d'assurance établi le 19 août 1499 concerne le transport de six *cantares* de coton de Barcelone à Alger à bord du *balener* patronné par Onofre Riera. Garcia I Sanz, *Assegurances, op. cit.*, n° 345.

106 AHPB, 181/46, f. 67r–68v, 165/94, contrat du 5 février 1461.

celone par la Sicile et Majorque. Les navires de Barcelone faisaient escale en Sicile et à Majorque au cours de leur voyage vers l'Afrique du Nord. Ces doubles passages impliquaient une augmentation des frais de transport et de ceux de déchargement et d'embarquement. Les épices du Levant suivaient le même chemin. Pour ce phénomène, Cl. Carrère indique que «le détour par Barcelone s'explique par le caractère peu pondéreux de ces épices et par le fait qu'il s'agit d'un commerce spéculatif pour lequel l'Afrique du Nord n'était pas le meilleur client: les marchands préfèrent ramener leurs épices à Barcelone où se fixent les cours et où l'on se renseigne sur les débouchés les plus favorables». Cependant, son explication ne s'applique pas au trafic du coton. En effet, ce dernier était un produit volumineux et de moindre valeur. De plus, c'était une marchandise coutumière plutôt qu'un produit de spéculation. Pour répondre avec précision, il faudrait plus de documentation. Une réponse provisoire serait que Barcelone avait la même stratégie commerciale que Venise, à savoir que toutes les marchandises devaient être préalablement transportées en métropole et de là réexportées.

3. La mer du Nord

Les navires de Gênes et de Venise s'occupaient de la majeure partie du transport du coton vers la mer du Nord. Ceux de Catalogne y prenaient aussi part, mais en seconde position. Les produits d'exportation de Catalogne, surtout de Barcelone et de Majorque, vers la Flandre étaient composés de trois catégories selon leurs provenances géographiques: marchandises d'Orient, biens de Sicile et produits de la péninsule ibérique.[107] Dans le transport des produits orientaux, les navires catalans ne pouvaient se prévaloir d'une position privilégiée, à cause de la concurrence avec leurs rivaux italiens, surtout vénitiens et génois et encore florentins au XVe siècle. En revanche, pour les deux autres catégories, leur prééminence était en quelque sorte garantie.

Il en va de même pour le transport du coton. Celui d'Orient était transporté pour la plupart par les navires de Venise et de Gênes, même si ceux de Catalogne n'en étaient pas totalement exclus.[108] En revanche,

---

[107] M. Del Treppo, *I mercanti catalani*, *op. cit.*, pp. 132–133; Cl. Carrère, *Barcelone*, *op. cit.*, pp. 576–577.

[108] D'après la correspondance envoyée de Bruges à Barcelone ou en sens inverse

celui d'origine sicilienne et maltaise était le plus souvent transporté par les navires catalans, non pas de leurs lieux de production vers l'Atlantique, mais plutôt depuis le port de Barcelone.[109] Le chargement était effectué parfois à Majorque.[110]

Le coton était transporté en état filé plutôt que brut.[111] Selon les termes des privilèges sur le trafic entre la mer du Nord et la Catalogne accordés aux marchands de Barcelone et de Majorque en 1389 par Jean 1er, le coton filé représentait l'un des produits d'exportation habituels.[112] En 1435 une compagnie de Barcelone dont la principale affaire était le commerce des draps, expédia huit balles de coton filé en Flandre.[113] L'année suivante, la galée dont le patron était Johan Lull transporta de Barcelone en Flandre sept balles de coton filé pour le compte de Johan Amat.[114] Le coton filé de Barcelone notamment était très régulièrement fourni sur les grands marchés comme Paris, Londres et Bruges vers 1400.[115] La matière première de Malte et d'Alexandrie était alors plus fréquemment destinée au filage.[116] Au fur et à mesure que l'approvisionnement en produit égyptien se raréfiait, le coton turc le remplaça progressivement.[117]

---

entre les agents d'affaires de la compagnie Datini, les Catalans écoulaient également du coton syrien, égyptien, turc et chypriote. ASP, fonds Datini, busta 853, n° 113385, 113393, 418535; D. Pifarré Torres, *El comerç internacional de Barcelona i el mar del Nord (Bruges) a finals del segle XIV*, Barcelone, 2002, pp. 204–206.

[109] Le coton de Malte était quelquefois transporté de Sicile en Angleterre et en Flandre sans passer par Barcelone. Des marchands de Messine comme les familles Sollima, Faraone et De Otranto, participaient à l'exportation du coton maltais de Sicile vers la mer du Nord au début du XVIe siècle. C. Trasselli, «Lino e cotone a Messina», p. 98.

[110] P. Macaire, *Majorque, op. cit.*, pp. 328–329.

[111] Le 18 mars 1399 Johan Colom, marchand de Barcelone, reçut pour les écouler en Flandre, en commende, huit balles de coton filé, dont le transport devait être assuré par le navire patronné par Johan Marquia. AHPB, 58/170, f. 33^{v}.

[112] Cl. Carrère, *Barcelone, op. cit.*, pp. 571–577.

[113] N. Coll I Julià, «Una compania para el comercio de panos», pp. 384–385.

[114] Il reçut en commende une balle de coton filé de Gaspar de Cardona et six de Ramon Amat. AHPB, 106/35, f. 12^{v}; M. Del Treppo, *I mercanti catalani, op. cit.*, p. 133.

[115] ASP, fonds Datini, busta 1171, *valute* de Bruges, de Paris et de Londres; F. Melis, *Documenti, op. cit.*, pp. 312–316.

[116] ASP, fonds Datini, busta 1171, *valute* de Barcelone.

[117] Le fait que les cotons maltais et turcs étaient en majorité utilisés pour le filage, est attesté par l'ordonnance du 30 mai 1444 qui prescrit le nombre de battages des cotons à filer, trois ou quatre fois pour le coton turc, quatre ou cinq fois pour le coton maltais. Cl. Carrère, *Barcelone, op. cit.*, pp. 374–378.

Les navires catalans transportaient de façon régulière du coton vers la mer du Nord. Cependant il ne reste pas de documents statistiques qui puissent nous permettre d'estimer l'ampleur de ce trafic. Toutefois, ils n'étaient que des transporteurs de second ordre en comparaison de ceux de Gênes et de Venise.

QUATRIÈME PARTIE

LE RAVITAILLEMENT EN MATIERE PREMIERE DES CENTRES DE FABRICATION

CHAPITRE I

L'ITALIE DU NORD

I. *L'expansion des marchés de Venise: Piémont, Milan et Crémone*

La stratégie de Venise de concentration des cotons vers la métropole aboutit à un grand succès, de sorte qu'un volume impressionnant était importé dans cette ville. La plus grande partie était distribuée aux deux grands clients, l'Italie du Nord et l'Allemagne du Sud.[1] La grande ampleur de ce commerce est bien attestée par la harangue du doge Tommaso Mocenigo à la fin de sa vie en avril 1423.[2] Le poivre, le coton et le drap dominaient, parmi toutes les marchandises exportées

[1] M.F. Mazzaoui propose un point de vue différent: le volume de distribution vers l'Italie du Nord représentait seulement une partie de l'ensemble du commerce vénitien du coton et une grande quantité était transportée par les galées en Flandre. Mais, en réalité, une faible quantité, près de cinq cents sacs de coton à la fin du XIVe et au début du XVe siècle d'après les données des sources des archives Datini, était exportée en Flandre par le convoi de galées de Flandre. M.F. Mazzaoui, «The cotton industry of northern Italy in tha Later Middle Ages: 1150–1450», p. 282.

[2] Sur l'authenticité du discours de Tommaso Mocenigo, voir G. Luzzatto, «sull'attendibilità di alcune statistiche economiche medievali», dans *Studi di storia economica veneziana*, Padoue, 1954, pp. 271–284; A.M. Stahl, «The deathbed oration of doge Mocenigo and the mint of Venice», dans *Intercultural contacts in the medieval Mediterranean*, éd. B. Arbel, Londres, 1995, pp. 284–301. Même s'il existe une controverse sur l'authenticité des chiffres rapportés par Tommaso Mocenigo, son estimation sur le trafic du coton reste acceptable. Dans la correspondance Soranzo figure un chiffre plus ou moins identique. L'absence des marchands *tedeschi*, qui étaient d'habitude les principaux acheteurs, provoqua la saturation du marché du coton. Le convoi de mars 1418 apporta 5500 sacs de coton de Syrie à Venise, et il restait déjà 2000 sacs à Venise, dont la plus grande partie était en mauvais état, à savoir au total 7500 sacs au mois de juillet 1418. Selon la correspondance Soranzo, si le convoi de septembre apportait 2000 sacs de Syrie à Venise et si l'on ne vendait pas de coton, le stock monterait à 10000 sacs. Dans une lettre adressée à Lorenzo Bembo, nous avons deux autres chiffres, 8000 sacs et 6900 sacs (le convoi de mars 1415 importa 5400 sacs de coton et 1500 sacs de coton restaient à Venise). ASV, Miscellanea Gregolin, busta 13. «De gotoni el vene qui con le nave di Soria saci 5400 de qui ne restva meio de saci 1500, siche in summa se atrova di qui da saci 6900 che son gran summa ancor non e sta fato per non eser mercadantti in fontego ma pur in Rialto per alguni marineri e sta dado Acre per libr. 4, Siami per libr. 4 meno 1/4, Aman per libr. 5, filadi per ducat 8 in 9 segondo bontadi perche vedo non vignando mercadanti in fontego fara la mala fin».

de Venise en Lombardie. Le coton brut et filé, représentait 13,6 % du total annuel de la valeur des exportations de Venise en Lombardie, qui était égale à celle de l'exportation du poivre. En réalité, selon ce discours solennel, Venise redistribuait en Lombardie cinq millions de livres légères vénitiennes de coton par an, soit environ dix mille sacs, chaque sac ayant le poids de cinq cents livres. Il semble que l'exportation en Allemagne à travers les Alpes ait été comprise dans cette énorme quantité. D'ailleurs, le volume croissant des relations commerciales vénitiennes avec la Terre Ferme à la fin du Moyen Age est attesté par l'installation d'une nouvelle douane au *Rialto* en 1414.[3]

En fournissant une énorme quantité de matière première, Venise réussit à élargir ses marchés jusqu'à la région du Piémont, en s'emparant des principaux débouchés génois. Dans le manuel vénitien de marchandise de la fin du XVe siècle, nous pouvons trouver les villes d'Italie du Nord qui recevaient du coton de Venise : Udine, Trévise, Vicence, Vérone, Mirandole, Carpi, Padoue, Brescia, Ferrare, Bologne, Mantoue, Modène, Côme, Bergame, Crémone, Plaisance, Milan, Crema, Turin et la région du Piémont.[4] Cette liste même n'est pas complète. Gênes aussi était client de Venise.[5] La correspondance des archives Datini témoigne de ce trafic. Les marchands vénitiens qui avaient des relations d'affaires avec la compagnie Datini, envoyaient du coton de Venise à Bologne. Les marchands de cette dernière l'expédiaient de nouveau à Pise ou à Florence. De Pise, il était transporté à Gênes par voie maritime.[6] Outre cette route compliquée, il existait une autre voie plus simple. Les marchands génois importaient du coton de Venise à leur ville par l'intermédiaire de Milan.[7]

[3] A. Tenenti et U. Tucci, *Storia di Venezia dalle origini alla caduta della serenissima, vol. IV: Il Rinascimento politica e cultura, capitolo III : La conquista della Terraferma*, Rome, 1996, p. 234.

[4] Dans ce manuel sont énumérées également d'autres villes italiennes vers lesquelles le coton était exporté de Venise : Ravenne, Cesena, Forli, Faenza, Rimini, Recanati, Florence, Rome et Ancône. B. de Paxi, Tariffa de pexi e mesure, *passim*.

[5] Dans la correspondance des archives Datini de Venise à Gênes, nous rencontrons très souvent des informations sur le marché du coton de Venise : volume des importations par le convois de Syrie, prix, volume des exportations de Venise vers d'autres destinations, etc. Les cotons syriens sont le plus souvent mentionnés dans cette correspondance. Asciam (34), Hama(25), Acre (3), Foa (4), Alexandrie (1), Santorin (1). M. Purgatorio, *I rapporti economici tra Venezia e Genova alla fine del Trecento (studio sui documenti dell'archivio Datini di Prato)*, 2 vol., Florence, 1989–1990, vol. 2, p. 30, 52, 77–78, 92, 105, 113, 115, 154, 156, 168, 174, 187, 194, 196, 218, 222.

[6] ASP, fonds Datini, busta 1149 (correspondance de Bologne à Pise), n° 9131000 (lettre du 22 juillet 1385 de Matteo di Ser Nello à Francesco Datini et sa compagnie).

[7] Dans une lettre du 21 juin 1396 adressée à Francesco di Marco et Andrea di

Arrivée en Lombardie occidentale, une partie du coton franchissait les Alpes, tantôt vers Genève et la France par le col du Grand Saint-Bernard, tantôt vers les villes allemandes comme Constance par la Valteline.[8]

La fourniture stable en grande quantité de matière première par Venise contribua au développement de l'industrie dans de nouvelles régions, surtout en Piémont et en Savoie.[9] Le volume de production de celles-ci était impressionnant. Selon un rapport fait en 1530 par Henry Pugnet après des enquêtes sur la situation monétaire dans le duché de Savoie, six ou sept mille balles de futaines du Piémont étaient exportées chaque année.[10] Sur le marché de Lyon en 1522 et 1523 furent importées 1638 balles de futaines fabriquées en Piémont et en Savoie, 484 balles de Milan, 287 balles d'Ulm.[11]

L'industrie en Piémont commença à peu près à la fin du XIVe siècle et connut un grand succès au cours des XVe et XVIe siècles.[12] Dans la ville d'Asti existait une fabrication de futaines dès la fin du XIVde siècle, stimulée par les ducs d'Orléans.[13] L'immigration des artisans lombards contribua au développement de l'industrie de la futaine à Pinerolo.[14] Dans cette région, la ville de Chieri était l'un des centres

Bonanno à Gênes par Tommaso di ser Giovanni à Milan, l'expéditeur dit que *sono avisato quanto dite sopra i cotoni, cioè saccha 12 che vengono da Vinegia e come in essi avete parte.* L. Frangioni, *Milano fine Trecento: il carteggio milanese dell'archivio Datini di Prato,* 2 vol., Florence, 1994, vol. 2, p. 389.

8 En 1449, Andrea Barbarigo envoya un sac de coton turc dont le poids était de deux cent soixante-cinq livres à Giorgio Corner à Genève pour sa vente. ASV, Fonds Grimani e Barbarigo, busta 42, f. 223.

9 V.B. di Aramengo indique que seulement vers le milieu du XVe siècle les artisans de Chieri commencèrent à produire des futaines à grande échelle. En revanche, R. Comba dit qu'entre la fin du XIVe siècle et le début du XVe siècle la production des futaines était déjà diffusée dans les villes en Piémont comme Asti et Pinerolo. V.B. di Aramengo, *Statuti dell'arte del fustagno di Chieri*, Turin, 1966, p. 7; R. Comba, *Contadini, signori e mercanti nel Piemonte medievale*, Rome, 1988, p. 138.

10 M. Abrate, «Il memoriale di Henry Pugnet», p. 5, 31.

11 R. Gascon, *Lyon et ses marchands*, Paris, 1971, p. 74.

12 R. Comba, *Contadini, signori e mercanti nel Piemonte medievale*, Rome, 1988., p. 138; M.F. Mazzaoui, «La diffusione delle tecniche tessili del cotone nell'Italia dei secoli XII–XVI», p. 162.

13 En 1397, Louis d'Orléans décida d'encourager les activités artisanales de la ville d'Asti, donnant exemption pour trois ans des taxes douanières sur l'importation des matières premières nécessaires pour la fabrication des tissus lainiers et cotonniers, comme la laine, le coton et la guède. R. Comba, *Contadini, op. cit.*, pp. 138–139; Idem, «Produzioni tessili nel Piemonte tardomedievale», pp. 324–325.

14 *Ibid.*, p. 349. En 1443 un certain Bernardo de Milan, futainier, émigra vers la ville de Pinerolo.

les plus importants. La majeure partie des futaines de Chieri était commercialisée par les marchés de Lyon et de Genève. Une partie était exportée par Savone et Gênes.[15]

Les produits cotonniers de Piémont et de Savoie coûtaient moins cher que ceux d'autres grands centres tels Milan, Crémone et Ulm. Chieri notamment se spécialisait dans la fabrication des tissus ordinaires et de moindre valeur. Sur le marché de Lyon en 1522 et 1523, le prix des futaines du Piémont correspondait à la moitié de celui de Milan.[16] Ce fait pourrait nous conduire à conclure que l'industrie de cette région utilisait du coton turc de qualité inférieure, disponible sur le marché de Gênes. De plus, on pourrait facilement supposer que l'industrie de Chieri s'adressait en priorité au marché génois pour le ravitaillement en matière première, en considération des facilités de transport, organisées le long des routes reliant la zone subalpine à la côte ligure.[17]

Mais le coton de haute qualité, surtout d'origine syrienne, était également utilisé.[18] En réalité, les gens de Chieri se rendaient de préférence sur le marché de Venise pour l'acquérir, en profitant du bas tarif du transport fluvial sur le fleuve Pô.[19] La raison pour laquelle Chieri pouvait produire des tissus bon marché, en dépit de l'utilisation d'une matière première de haute qualité, se trouve ailleurs. Les artisans de Chieri utilisaient très souvent le chanvre au lieu du lin pour fabriquer la futaine et inséraient une moindre quantité de coton.[20] En tout cas, la fourniture en matière première de haute qualité assurée par Venise contribua sans doute à l'essor de l'industrie du Piémont et de la Savoie, même si celles-ci avaient d'autres lieux d'approvisionnement.[21]

---

[15] *Ibid.* Les futaines de Chieri s'écoulaient à Avignon et Pézenas.

[16] L. Allegra, *La città verticale. Usurai, mercanti e tessitori nella Chieri del Cinquecento*, Milan, 1987, pp. 102–103; R. Comba, *Contadini, op. cit.*, p. 138.

[17] V.B. di Aramengo, *Statuti, op. cit.*, p. 91; R. Comba, *Contadini, op. cit.*, p. 138.

[18] D'après les procès-verbaux de Chieri, le coton syrien était employé de même que le coton turc. M.F. Mazzaoui, «La diffusione delle tecniche tessili del cotone», pp. 169–170. Le coton était importé à Chieri par les ports du Midi de la France comme Marseille. L. Allegra, *La città verticale, op. cit.*, pp. 102–103.

[19] V.B. di Aramengo, *Statuti, op. cit.i*, p. 93; B. di Paxi, Tariffa de pexi e mesure, f. 129^r.

[20] R. Comba, «Produzioni tessili nel Piemonte tardomedievale», p. 351; L. Allegra, *La città verticale, op. cit.*, p. 109.

[21] Notons l'exemple de Savone. Les marchands génois utilisaient souvent le port de Savone pour le débarquement du coton. Leur objectif était d'éviter les taxes douanières. Barcelone, de même, était l'un des lieux où les marchands de Savoie s'approvisionnaient en coton. Au XVIe siècle, les marchands de Chieri participaient au com-

Outre la grande envergure de sa distribution, le marché du coton de Venise avait une autre particularité, à savoir que le coton de haute qualité, surtout d'origine syrienne, était importé de la manière la plus stable, et sur la plus grande échelle. Cela répondait tout à fait à l'une des solutions recherchées par quelques anciens centres, qui rencontrèrent une conjoncture défavorable au XIVe siècle : il s'agissait de fabriquer des tissus de haute qualité, ce qui exigeait d'abord une matière première de niveau supérieur. Milan et Crémone notamment maintenaient leur monopole sur ce genre de production.[22] Par conséquent, elles s'appuyaient de plus en plus sur le marché de Venise dans ce but. Ce phénomène n'était pas réservé à ces deux villes. A Vérone aussi, les tissus de qualité devaient être fabriqués avec des cotons d'Outre-mer, qui ne devaient pas être mêlés à ceux de bas niveau provenant de Calabre ou de Romanie.[23]

Le fait que Milan se détourne de Gênes vers Venise comme marché d'approvisionnement principal, prouve que le développement de l'industrie en Italie du Nord était considérablement conditionné par celui du trafic du coton en Méditerranée. Les XIIe et XIIIe siècles furent l'époque où l'axe entre Milan et Gênes était en plein essor. Celle-ci pouvait ravitailler l'industrie de celle-là en coton provenant de diverses régions productrices, comme la Syrie, l'Egypte et la Sicile.[24] Les marchands de Gênes accaparaient alors le trafic du coton sicilien[25], qui

merce des cotons levantins, en s'associant avec les marchands de Marseille. Après avoir été filé à Marseille, le coton était transporté à Chieri.

R. Comba, *Contadini*, *op. cit.*, p. 138 ; A. de Capmany y de Montpalau, *Memorias históricas sobre la marina, comercio y artes de la antigue ciudad de Barcelona*, vol. 2, pp. 972–979 ; L. Allegra, *La città verticale*, *op. cit.*, p. 104.

22 Les statuts de Crémone de l'année 1388 prescrivent qu'aucune personne ne puisse tisser ou faire tisser dans la ville de Crémone du coton de Turquie, des Pouilles et de Barbarie. C.S. Almansi, *Statuti dell'Università e pratico dell'arte del pignolato bombace e panno di lino*, Crémone, 1970, pp. 151–152, 155.

23 P. Racine, « De la matière première au produit commercialisé : l'exemple des futaines lombardes », p. 100.

24 Le péage génois de l'année 1140 mentionne les contrées où les Génois acquéraient du coton : Sicile, Egypte et Antioche « Hoc modo accipitur pesatura de cantario et de rubo per unumquemque sacum bambaci de Sicilia denarios brunetos quatuor per cantarium bambaci Alexandrie et Antioche similiter denarios quatuor per cantarium ». A. Rovere (éd.), *I liber iurium della repubblica di Genova*, Rome, 1992, pp. 14–15.

25 Ce qui donna une primauté aux Génois, ce fut le traité conclu à Palerme en 1156 entre Gênes et le roi de Sicile Guillaume Ier. Cet accord, qui traitait du coton et du blé d'une façon minutieuse, privilégiait les Génois au détriment de leurs rivaux

contribua au premier développement de l'industrie de Milan, Plaisance et Pavie.[26] Gênes assurait également la commercialisation des produits finis de ces villes sur les marchés internationaux, surtout en Sicile et en Afrique du Nord.[27]

Dès la fin du XIIIe siècle, l'axe d'approvisionnement de Milan commença à se détourner de Gênes vers Venise.[28] P. Racine explique ce changement comme suit: «à la fin du XIIIe siècle, le seul coton de qualité importé à Gênes, en provenance d'Egypte, vient à manquer, du fait des interdictions pontificales après la chute d'Acre en 1291. Manquant de cotons de qualité, les futainiers de Lombardie occidentale et de Toscane se tournent vers Crémone pour y trouver les matières premières dont ils ont besoin. Le coton d'Outremer est importé par les Vénitiens d'Arménie, de Syrie et d'Egypte, grâce à une active contrebande par Chypre[29] ». On doit pourtant accepter cette conclusion avec réserve. Tout d'abord, comme les marchands de Venise, ceux de Gênes prenaient leur part dans le trafic du coton syrien par l'intermédiaire de Chypre, après la chute d'Acre.[30] De plus, les Génois pouvaient s'appro-

en matière de droits de douane. En 1157, Gênes consolida à nouveau ses relations avec le roi de Sicile, Guillaume Ier. Les traités de commerce signés entre ce dernier et les ambassadeurs Ansaldo Doria et Guglielmo Vento, encourageaient nettement les Génois à exporter de Sicile du blé, du coton, des peaux, à des conditions avantageuses, excluant simultanément les Provençaux et les Pisans des marchés siciliens. G. Jehel, *Les Génois en Méditerranée occidentale (fin XIe-début XIVe siècle). Ebauche d'une stratégie pour un empire*, Amiens, 1993, pp. 43–44, 337.

[26] Les marchands de Plaisance aussi se procuraient du coton sur le marché de Gênes, en considération du fait qu'en 1154 la commune de Gênes remboursa le prêt sous forme de coton, alun, indigo et encens à la commune de Plaisance. C. Imperiale di Sant'Angelo, *Codice diplomatico di Genova*, Rome, 1936–1942, t. I, n° 252–261; P. Racine, «De la matière première au produit commercialisé: l'exemple des futaines lombardes», p. 97.

[27] Les futaines de Crémone étaient également exportées par le port de Gênes. M.W. Hall-Cole, H.G. Krueger, R.G. Reinert et R.L. Reynolds, *Giovanni di Guiberto (1200–1211)*. Pour les marchands de Milan, n° 83, 173, 278, 282, 288, 306, 308, 326, 327, 328, 366, 367, 369, 380, 394, 399, 471, 502, pour les marchands de Plaisance, n° 215, 263, 264, pour les marchands de Pavie, n° 124, 345, pour les marchands de Lucques, n° 201, 239, 305, 307, 374, pour les marchands de Crémone, n° 200.

[28] A Stussi, *Zibaldone da Canal*, Venise, 1967, pp. 71–72.

[29] P. Racine, «A Crémone, à la fin du XIIIe siècle: note sur le marché du coton», dans *Studi in memoria di Federigo Melis*, 5 vol., Naples, 1978, vol. 1, p. 538.

[30] Nous avons plusieurs contrats rédigés à Famagouste par un notaire génois, Lamberto di Sambuceto, lesquels concernent l'exportation du coton de Famagouste à Gênes après la chute d'Acre.

visionner en coton de haute qualité dans le royaume de Petite Arménie dès avant la chute d'Acre,[31] et ils y étaient aussi privilégiés que les Vénitiens.[32]

En tout cas, au cours du XIVe siècle, le centre de gravité du commerce de Milan se détourna de plus en plus de Gênes vers Venise. Dès le milieu du XIVe siècle, Milan renforçait ses rapports commerciaux avec Venise. En 1349, celle-ci obtint un accord avec les Visconti selon lequel les Milanais ne pourraient plus désormais acquérir certains produits ailleurs qu'à Venise.[33] De plus, la crise de l'industrie milanaise, à partir du milieu du XIVe siècle, exigea des changements et cette ville s'orienta vers la fabrication de tissus de haute qualité, ce qui accéléra le détournement vers Venise, principal marché pour le coton de premier ordre.

---

[31] Dans un accord de 1288 octroyé aux Génois par le roi arménien Léon III, figurent les marchandises principales exportées et importées par les Génois. Ceux-ci apportaient en Arménie du blé, de l'orge, du vin, de l'huile, de la soie, des toiles, des draps fabriqués en Europe, des gonelles ou robes de soie à ramages et à blasons, des épices, de l'indigo, des drogues, du gingembre, du coston, du sucre en poudre, du vif argent, du corail, de l'étain, du cuivre, des métaux précieux, du savon et des armes. Le coton, le sucre, le vif-argent, le corail, l'étain, le cuivre et toutes les autres choses devaient payer par charge de chameau quinze nouveaux dirhams; par charge de mulet, douze; par charge d'âne, neuf. V. Langlois, *Le trésor des chartes d'Arménie*, Venise, 1863, p. 96, 157–158. Les actes notariés génois nous donnent quelques exemples concernant l'exportation du coton de Petite Arménie avant la chute d'Acre de 1291. Le 8 mai 1274 Ottolino Rubeo reçut en commande 200 besants sarrasins de Opicino di Santa Fede, pour les investir en épices, *zendado*, et coton filé destinés à être transportés à Gênes. Selon ces actes, les marchands génois importaient du coton de Petite Arménie à Gênes et étaient engagés dans le commerce du long des côtes de Petite Arménie. Le 27 novembre 1279, Daniel Rubeo passa deux contrats, l'un avec Grimaldo Bestagno et Oberto Piccamiglio et un autre avec Bertolino Pinello, par lesquels il investissait en partie ses 2809 besants dans l'achat du coton. Sa destination n'était pas Gênes mais Konia. L. Balletto, *Notai genovesi in Oltremare. Atti rogati a Laiazzo da Federico di Piazzalunga nel 1274 e da Pietro di Bargone nel 1277 e 1279*, Gênes, 1989, pour Federicus de Platea Longa, n° 35, 40: pour Petrus de Bargono, n° 72, 130, 134, 135.

[32] Alors que les marchands étrangers payaient indistinctement en Arménie, tant pour l'importation que pour l'exportation, un droit de 4%, les plus privilégiés, les Génois, les Vénitiens et plus tard les Siciliens ne payaient que 1 %. Les moins favorisés tels les Provençaux, les Catalans, les Pisans et la compagnie de Peruzzi de Florence payaient 2%. Outre les facilités que les rois d'Arménie avaient accordées aux Génois et aux Vénitiens pour leur commerce d'exportation et d'importation, ceux-ci obtinrent, par la suite, le droit de se livrer à la culture du coton, de la vigne, de l'olivier, du mûrier et de débiter les fruits provenant de cette culture dans tout le royaume. V. Langlois, *Le trésor, op. cit.*, p. 92.

[33] E. Ashtor, *Levant trade in the Later Middle Ages*, Princeton, 1983, p. 70.

Ce détournement est bien patent à la fin du XIVe siècle, qui connut la suprématie des marchands vénitiens dans le trafic du coton syrien. La correspondance des archives Datini expédiée de Milan atteste d'une façon très claire que Venise devint le plus grand fournisseur en matière première pour l'industrie milanaise.[34] La compagnie Datini participa aussi très activement au commerce entre Venise et Milan, en s'associant avec la riche famille marchande de Milan, da Pessina (Bassano da Pessina, Damiano da Pessina, Giovanni da Pessina). Associé de la succursale d'Avignon, Tieri di Benci s'occupait de ce commerce, en fréquentant Milan. Il fut remplacé par Tommaso di ser Giovanni qui arriva à Milan le 4 août 1394.[35] L'achat du coton à Venise et son envoi vers Milan étaient effectués par plusieurs agents d'affaires vénitiens de la compagnie Datini, surtout Zanobi di Taddeo Gaddi et Bindo Piaciti.[36] La famille milanaise da Pessina faisait fabriquer des futaines avec le coton expédié de Venise par ces marchands vénitiens. Les produits finis étaient souvent utilisés pour payer par troc l'achat de la matière première à Venise.

En général, les marchands de Milan se rendaient ou demeuraient à Venise afin de se procurer le coton.[37] Le plus recherché par eux sur le marché de Venise était d'origine syrienne, ce qui explique le détournement de lieux d'approvisionnement de Gênes vers Venise, afin de s'approvisionner en matière première de haute qualité. En réalité les agents d'affaires vénitiens de la compagnie Datini n'envoyaient que des variétés syriennes à leurs partenaires à Milan.[38]

---

[34] La correspondance de Milan est publiée par L. Frangioni, *Milano fine Trecento, op. cit*, vol. 2.

[35] *Ibid.*, vol. 1, pp. 75–79.

[36] Bindo Piaciti envoyait régulièrement du coton à Giovanni di Pessina, dix sacs en 1401 et dix et onze sacs en 1402. Outre vingt et un sacs, en décembre 1402, Giovanni di Pessina demanda de nouveau à Bindo Piaciti d'envoyer douze sacs. L. Frangioni, *Milano fine Trecento, op. cit.*, vol. 1, p. 189, vol. 2, p. 569: Ph. Braunstein, «Relations d'affaires entre Nurembergeois et Vénitiens à la fin du XIVe siècle», p. 228. En général, les marchands allemands se rendaient directement à Venise et y avaient leurs sièges ou succursales pour l'achat du coton qui s'effectuait au *fondaco dei Tedeschi*. Les Vénitiens franchissaient rarement les Alpes pour leurs affaires.

[37] ASV, Miscellanea di Gregolin, busta 14 et Procuratori di San Marco, Commissarie miste, busta 116–117. La *fraterna* Soranzo et la société entre Alvise Baseggio et Paolo Caroldo fournissent du coton aux marchands milanais résidant à Venise. Nous trouvons pourtant aussi des marchands vénitiens vendant de la matière première sur le marché de Milan. P. Mainoni, «Gli atti di Giovannolo Oraboni, notaio di Milani (1375–1382)», p. 580, 616, 619, 620.

[38] Zanobi di Taddeo Gaddi envoya douze sacs de Foa et huit sacs d'Asciam en 1396 à Tommaso di ser Giovanni à Milan. Bindo Piaciti envoyait le coton d'Acre et

Au cours du XVe siècle les intérêts des deux puissances, Milan et Venise, se heurtaient en Italie du Nord et se manifestaient par plusieurs guerres. Milan essaya en vain de transférer les activités des marchands allemands de Venise à Milan, en leur assurant des privilèges et en fournissant des produits orientaux importés par le port de Gênes. En effet, Venise avait une sorte de suprématie dans le ravitaillement en marchandises levantines comme les épices et le coton au XVe siècle,[39] si bien que, comme les marchands allemands, ceux de Milan étaient obligés de s'approvisionner en produits orientaux par Venise essentiellement. Dans les années 1420, la *fraterna* Soranzo fournissait du coton d'une façon régulière à plusieurs marchands de Milan, de Pavie et de Bergame: Giacomo da San Giorgio de Milan, Beltramer Dandria de Bergame et Giovanni Zuchi de Pavie.[40] D'après une délibération du Conseil des Quarante de Venise de l'année 1453, les marchands de Milan devaient payer une taxe d'exportation d'un sou par sac de coton.[41] Dans les années 1470 et 1480, une autre société d'affaire vénitienne établie entre Paolo Caroldo et Alvise Baseggio avait plusieurs clients provenant de la Lombardie occidentale comme Milan, Brescia, Crémone: Gabriele da Chorezo, Gaspare da Chorezo, Giovanni Pietro da Chastello, Pietro Danbrobo, Francesco Daroma, Giovanni Alvise di Pichi, Giuliano di Gresossi.[42]

---

de Hama à Tommaso di ser Giovanni. L. Frangioni, *Milano fine Trecento, op. cit.*, vol. 2, p. 403, 432–433, 553, 569–570.

[39] E. Ashtor, *Levant trade, op. cit.*, p. 333.

[40] ASV, Miscellanea Gregolin, busta 14, Libro Nuovo Real, f. 93a, 108a, 108b, 121b, 134b.

[41] C. Cantù, *Scorsa di un lombardo negli archivi di Venezia*, Milan et Venise, 1856, pp. 190–191.

[42] ASV, Procuratori di San Marco, Commissarie miste, busta 116 et 117. «M Charlo 1481 adi 2 hott goton 10, ser Chabriel da Chorezo da Milan de Baxeio.»

«M. Charllo 1479, adi 15 mazo goton 1, ser Zuan Piero da Chastello da Milan da Baxeio et Polo.»

«F° Charlo 1476, adi 27 agosto goton 1, ser Piero Danbrobo da Milan da Polo et Baxeio. 3

«F° Charlo 1476, adi 27 agosto goton 1, ser Piero Danbrobo da Milan da Polo et Baxeio. 3

«M Charlo 1475, adi 15 marzo goton 4, ser Yasparo di Chodazi da Milan de Polo et Baxeio.»

«La Rizo 1479 adi 24 setenbre goton 3 ser Francesco Daroma da Milan da Baxeio et Polo.»

«A di Zorzi 1481 a di 4 frever goton 4, ser B a ser Zuan Alvixe di Pchi di Milan.»

«A di Zorzi 1479 adi 24 zener goton 16, Durama da Milan da B et P.»

«ser P a ser Julian di Gresossi da Milan sacca 5 goton pexa L 2861.»

La ville de Crémone, un autre grand client de Venise, se trouvait dans la zone, autour de laquelle se heurtait la rivalité commerciale entre Venise et Gênes. Or les marchands de Crémone s'approvisionnaient en coton sur ces deux marchés et écoulaient également leurs produits par ces deux ports.[43]

A la fin du XIIIe siècle déjà, Venise devint le principal fournisseur pour l'industrie de Crémone. Cette ville, grand centre de fabrication de futaines de haute qualité, avait un autre rôle, celui de marché de redistribution du coton provenant de Venise. Les marchands de la Lombardie occidentale ou de l'Italie du Centre achetaient souvent la matière première sur le marché de Crémone sans se rendre jusqu'à Venise.[44] Les marchands de Plaisance, qui avaient autrefois été les principaux clients de Gênes, commencèrent à fréquenter Crémone en priorité pour le coton dès la fin du XIIIe siècle. Les affaires, à Crémone, vers 1300, de Palmerio de Montebissago, marchand de Plaisance, donnent un exemple du déroulement du trafic sur ce marché de redistribution.[45] Ses activités essentielles étaient l'achat de matière première et les opérations de change, le plus souvent de monnaie impériale contre des gros vénitiens. Il achetait du coton non seulement aux marchands de Crémone, mais également à ceux de Milan et de Florence, et le fournissait aux ateliers placentins. Le plus recherché à Crémone par Palmerio de Montebissago, était le coton d'Outre-mer, à savoir un produit de haute qualité, introduit sur le marché de Crémone par l'intermédiaire du port de Venise. Palmerio de Montebissago négociait également des toiles et des futaines. Ses nombreuses activités, la matière première, les produits finis et les lettres de change, étaient pourtant étroitement liées les unes aux autres. En effet, le paiement des achats de coton exigeait des opérations de change. Comme les marchands de Crémone, les marchands de Plaisance fournissaient la monnaie de Crémone de type impérial aux marchands vénitiens, et en obtenaient le gros vénitien. Celui-ci permettait aux marchands de Plaisance d'importer du coton depuis Venise ou

---

[43] Les actes notariés génois des XIIe et XIIIe siècles témoignent de la présence, à Gênes, des marchands de Crémone en tant que vendeurs de futaine. Dans le registre génois de l'année 1450, nommé *Censaria Nova*, figurent trois marchands de Crémone qui payèrent la taxe pour l'achat du coton sur le marché de Gênes. ASG, Censaria Nova, f. 1 91^{v}, 214^{r}, 215^{r}.

[44] P. Racine, «A Crémone, op. cit.», pp. 536–537.

[45] *Ibid.*, pp. 527–541. P. Racine nous offre un contre-exemple. Il s'agit de Salvo da Gragnano. C'était un homme d'affaires de Plaisance, lié notamment aux Scotti. Salvo da Gragnano importait du coton de Gênes, le faisait travailler dans les ateliers placentins et exportait des produits finis, les futaines.

de l'acheter sur le marché de Crémone auprès des marchands vénitiens. En contrepartie, les Vénitiens pouvaient acquérir des futaines avec cette monnaie impériale.

Au XVe siècle, cette tendance générale continua ou devint plus évidente. Selon un décret du Sénat vénitien de l'année 1454, il fut défendu aux villes de Bergame, Brescia, et Crémone de recevoir des épices, des laines, des cotons et d'autres marchandises qui ne fussent pas importées de Venise. Les marchands de Crémone apparaissent les plus nombreux en tant qu'acheteurs dans les documents laissés par une société vénitienne etablie entre Alvise Baseggio et Paolo Caroldo, qui se spécialisait dans le commerce des cotons syriens, notamment d'Acre dans les années 1470 et 1480.[46] Finalement, en 1499, Venise arriva à acquérir Crémone. Dès lors, l'industrie de la futaine de Crémone bénéficia des faveurs accordées par le gouvernement de Venise, jusqu'en 1515.[47]

Venise assurait en contrepartie pour ses deux grands acheteurs de coton, Milan et Crémone, la commercialisation de leurs produits finis. Ceux-ci étaient transportés par les convois de galées de Venise vers de nombreuses régions comme l'Afrique du Nord, la Sicile, le Midi de la France, la péninsule ibérique, l'Angleterre et la Flandre.[48] De plus, en dépit de la stratégie protectionniste pour sa propre industrie cotonnière, qui se manifestait souvent par l'interdiction d'introduire à Venise des futaines étrangères, Venise offrait souvent des privilèges à celles de Milan et de Crémone, en les exemptant de cette interdiction ou en leur accordant une taxe plus favorable ou une exemption.[49]

L'une des raisons pour lesquelles Venise pouvait élargir ses marchés en Italie du Nord à la fin du Moyen Age, était la facilité de communication offerte par le Pô. En réalité, la plupart des destinations pour les

---

[46] ASV, Procuratori di San Marco, Commissarie miste, busta 116 et 117. Nous y trouvons des factures d'envoi dites *polizza di merci*, où sont marqués l'expéditeur de la marchandise, son destinataire et son vendeur.

[47] M.F. Mazzaoui, «La diffusione delle tecniche tessili del cotone nell'Italia dei secoli XII–XVI», p. 168.

[48] ASV, Senato Misti, reg. 54, f. 65^r–68^r, 178^v–181^v, reg. 56, f. 15^r–16^r; ASV, Senato Mar, reg. 2, f. 46^v; A. Morosini, *La chronique d'Antonio Morosini*, extraits relatifs à l'histoire de France, éd. G. Lefevre-Pontalis, 4 vol., Paris, 1898–1902, vol. 1, p. 239, vol. 2, p. 235; D. Stöckly, *Le système de l'incanto des galées du marché à Venise (fin XIIe-milieu XVe siècle)*, Leiden, New York et Cologne, 1995, pp. 362–364.

[49] M.F. Mazzaoui, *The italian cotton industry, op. cit.*, p. 146.

cotons expédiés de Venise se situaient aux alentours du Pô.[50] La principale route était la suivante: Venise–Mantoue–Crémone–Lodi–Milan.[51] Arrivé à Milan, une partie du coton était redistribuée vers diverses villes françaises, suisses et allemandes.[52] Enfin, pour Venise, l'Italie du Nord représentait à la fois des marchés de distribution des marchandises d'Orient et des voies de communication vers le nord à travers les Alpes. Au XVe siècle, la politique économique de Venise se manifestait par l'expansion vers la Terre-Ferme, dont l'objectif principal était le contrôle de la navigation fluviale pour la circulation sans obstacle des marchandises, plutôt que l'occupation de territoires.

La concurrence dans le ravitaillement de l'Italie du Nord entre Venise et Gênes, rivalité qui se déroula du XIIe siècle jusqu'à la fin du Moyen Age, se termina en quelque sorte par la victoire de Venise. Ce résultat était un reflet de ce qui se produisit pour le commerce du coton en Méditerranée à la fin du Moyen Age. A cette époque, le trafic des cotons syriens de haute qualité était de plus en plus sous le contrôle des marchands de Venise, et une grande partie était d'abord importée à Venise pour sa redistribution.

II. *Gênes et les nouveaux centres ruraux de l'industrie cotonnière*

Le document *Censaria Nova*, qui enregistre les sommes dues par les marchands au titre de la taxe qui frappait les ventes réalisées à Gênes en 1450, permet de cerner la zone qui s'approvisionnait sur le marché génois.[53] Cependant, ce document comprenant une centaine de transactions, n'en couvre pas la totalité. Les actes notariés de la même époque peuvent permettre de le compléter.[54] Pour faire des achats de coton, venaient à Gênes des marchands d'Acqui, Alexandrie, Asti,

[50] D'après un texte de péages de Plaisance de l'année 1304, le coton arrivait à Plaisance par le Pô. P. Racine, «Aperçu sur les transports fluviaux sur le Pô au bas Moyen Age», pp. 261–271.

[51] Une lettre du 17 décembre 1402 nous offre un exemple du transport du coton jusqu'à Milan. De Venise, le coton est envoyé d'abord à Mantoue, et de là à Crémone. Le coton gagne Milan par Lodi. L. Frangioni, *Milano fine Trecento, op. cit.*, vol. 1, p. 133, vol. 2, pp. 569–570.

[52] *Ibid.*, vol. 2, pp. 543–544.

[53] Voir le tableau en annexe (n° 9). ASG, San Giorgio, Sala 36/1039, Censaria nova, Liber debitorum, anno 1450.

[54] Surtout, Rizzo Baromeo nous laisse plusieurs actes notariés concernant notamment le trafic des futaines. ASG, Notai Antichi, Rizzo Baromeo, n° 715–720.

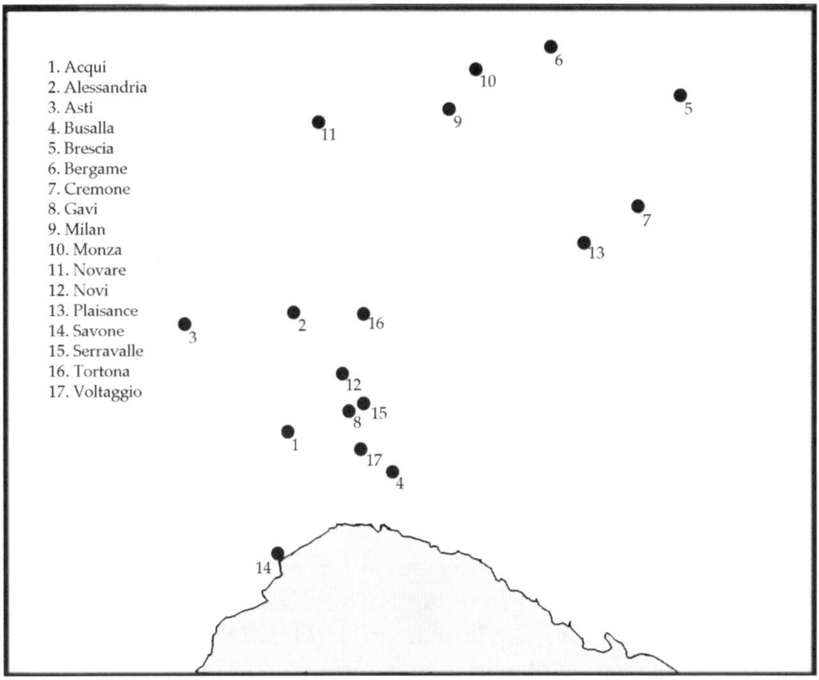

Carte 3. *La répartition géographique des clients du coton de Gênes d'après le document Censaria Nova*

Busalla, Brescia, Bergame, Castellacio, Castronovo, Crémone, Gavi, Milan, Monza, Novare, Novi, Plaisance, Savone, Serravalle, Tortona et Voltaggio[55].

Par cette liste, nous pouvons constater que l'étendue de la répartition géographique des clients de Gênes restait très limitée, surtout par rapport à celle de Venise. Néanmoins ce résultat montre que la victoire vénitienne dans le ravitaillement de l'Italie du Nord n'était pas parfaite à Milan, à Crémone, à Plaisance, à Bergame et à Brescia. Les marchands milanais ne désertaient pas complètement Gênes. L'introduction à Milan du coton par Gênes ne cessa pas avant et après le milieu du XVe siècle.[56] Dans un manuel de marchandise de Saminiato

[55] Au XIVe siècle les marchands de Voltaggio payaient 18 deniers pour l'importation à Gênes d'une charge de futaines et 13 deniers et demi pour l'exportation de Gênes d'une charge de coton. D. Gioffrè, *Liber institutionum Cabellarum Veterum (Comunis Janue)*, Milan, 1967, n° 57.

[56] Au XVIe siècle le coton était introduit à Milan par Gênes. En 1511, Giovanni de Haonee, chevalier de l'Ordre de Saint-Jean de Jérusalem, déposa à Gênes chez

de Ricci de l'année 1396 figure le tarif pour le transport du coton de Gênes à Milan. Au début du XVe siècle, les Génois payaient quatre sous *terzuoli* pour l'importation d'un sac de Gênes à Milan.[57] D'après un contrat du 17 mai 1408, Belloto de Noceto, marchand génois, promit de transporter sept balles de Gênes à Milan pour le compte d'un marchand milanais, Choradosio de Fopa.[58] Dans le document *Censaria Nova* figurent deux marchands milanais, Giovanni de Lugano et Bartolomeo de Lapugrano, qui achetèrent respectivement trois, quinze et onze *cantares*.[59] Malgré leur absence dans le registre *Censaria Nova*, il existait d'autres marchands à Gênes. En 1451, Matteo de Nigris, marchand milanais, acheta dix-huit sacs de coton syrien pour la valeur de 1087 livres et 17 sous de Pietro Marco.[60] Venturino Borromée, grand marchand milanais, participait au trafic du coton à Gênes au milieu du XVe siècle. Les marchands de Crémone ne cessèrent pas non plus de se rendre à Gênes. En 1450, trois marchands de Crémone y achetèrent au total 24,4 *cantares*.[61]

Une confrontation entre le document *Censaria nova* du milieu du XVe siècle et les actes notariés génois des XIIe et XIIIe siècle démontre qu'il y eut des changements sur le marché de Gênes.[62] Une modification consiste en ce que la plupart des marchands étrangers venaient des régions rurales, contrairement aux époques précédentes où une grande partie du coton était destinée à l'industrie des principales villes de Lombardie occidentale. En second lieu, les marchands milanais, qui avaient été les plus grands acquéreurs aux XIIe et XIIIe siècles, ne l'étaient plus au XVe siècle. Ceux de Voltaggio et d'Alexandrie les remplacèrent.[63]

Notamment les deux familles de Voltaggio, les Schorchia et les Verrus, acquéraient une grande partie du coton à Gênes par plusieurs

---

Francesco Gentile 33 sacs de coton destinés à la vente à Milan, à Lyon ou ailleurs. G. Gioffrè, *Gênes et les foires de change de Lyon à Besançon*, Paris, 1960, p. 156.

57 A. Noto, *Liber datii mercantie communis Mediolani (registro del secolo XV)*, Milan, 1950, p. 123.

58 ASG, Notai Antichi, n° 472 (Giovanni Allegro), f. 2r.; Notai Antichi, n° 587 (Antonio Fazio), doc. 197.

59 ASG, Censaria Nova, f. 215v, 233v.

60 ASG, Notai Antichi, Antonio Fazio, n° 587, doc. 197.

61 ASG, San Giorgio, Sala 36/1039, Censaria nova, Liber debitorum, anno 1450, f. 191v, 214r, 215r.

62 R. Lopez, *L'attività economica di Genova nel marzo 1253, secondo gli atti notarili del tempo*, dans *Atti della Società ligure di Storia Patria*, t. LXIV (1935), pp. 163–269.

63 M.F. Mazzaoui, *The italian cotton industry, op. cit.*, p. 153.

grands marchands de celle-ci: Francesco Grimaldi, Niccolò Spinola, Quilicio di Albaro (facteur d'Eliano Spinola, seigneur de la Scrivia), Battista Cassina, Niccolò Marini (procurateur de Paridis de Marini selon un contrat de procuration rédigé à Chio en 1451).[64] Leurs activités permettent de saisir le processus, de l'achat de la matière première à la vente des produits finis, et de préciser l'organisation de l'industrie rurale. A ce propos, il n'y eut pas de changement considérable, en comparaison avec l'époque précédente, les XIIe et XIIIe siècles, où les marchands de Milan étaient les plus grands acheteurs sur le marché de Gênes: les négociants de village s'approvisionnaient en matière première à Gênes, la livraient aux futainiers de leurs villages et écoulaient les produits finis sur le marché génois.[65] Enfin, ce système correspond à un genre de *putting-out-system*, qui était généralisé dans la plupart des régions fabriquant des produits de coton à la fin du Moyen Age.[66]

En 1455, Niccolò Marini, procurateur de Paridis de Marini, importa du coton de Chio à Gênes à bord du navire de Pasquale Pinello.[67] Ce marchand génois était un des fournisseurs d'Antonio Verrus[68] et de Bartolomeo Schorcia, marchands de Voltaggio.[69] Bartolomeo Schorcia pourvoyait un autre marchand génois, Lorenzo de Ferraris, en futaines, probablement fabriquées à Voltaggio. Pour cela, Lorenzo de Ferraris payait souvent les créditeurs génois de Bartolomeo Schorcia, comme

[64] Giovanni Verrus s'approvisionnait en coton par l'intermédiaire de Francesco de Grimaldi, qui en recevait d'autres marchands génois, par exemple, Niccolò Spinola. Ce dernier vendit du coton pour un montant de 45 livres 6 sous 4 deniers à Francesco de Grimaldi. En 1450, Andriano Schorcia fit un achat de trente-trois sacs de coton. Un autre Schorcia, Giovanni, fit un achat de douze sacs de coton à Francesco Spinola, fils de Niccolò, et à Marco Doria. Octaviano Schorcia aussi participait à ce genre de trafic, par exemple un achat de douze *cantares* de coton en 1450. Niccolò Spinola vendit du coton pour un montant de 45 livres 6 sous 4 deniers à Francesco de Grimaldi. ASG, Notai Antichi, n° 587, doc. 53; Censaria Nova, f. 219^r^, 225^v^, 227^v^, 229^r^, 235^r^.

[65] J. Heers, *Gênes au XVe siècle: activité économique et problèmes sociaux*, Paris, 1961, p. 229.

[66] Dans son article, W. von Strömer indique que l'une des clés des succès des maisons de commerce d'Allemagne du Sud était le système nommé *Verlagssystem*, plus ou moins semblable au *putting-out-system*, et que la création de l'industrie du coton et de la futaine en Allemagne du Sud constituait un exemple-type particulièrement marquant des possibilités des entreprises organisées selon le *Verlagssystem*. W. von Strömer, «Une clé du succès des maisons de commerce d'Allemagne du Sud: le grand commerce associé au *Verlagssytem*», p. 33, 45.

[67] Selon un contrat de procuration rédigé à Chio en 1451 par le notaire Battista de Casanova. ASG, Notai Antichi, Rizzo Baromeo, n°719, doc. 105.

[68] Le 14 août 1453 Antonio Verrus acheta une certaine quantité de coton pour un montant de 102 livres d'un marchand génois, Niccolò Marini. ASG, Notai Antichi, Rizzo Baromeo, n° 717, doc. 157.

[69] *Ibid.*, doc. 150.

Niccolò de Marini, Quilicio de Albaro et Battista de Cassina, qui fournissaient de la matière première à ce Bartolomeo.[70] Bien entendu, les Schorcia ravitaillaient également en produits finis leurs fournisseurs génois de matière première.[71]

Outre cette suprématie des marchands de Voltaggio, une autre modification porte sur la composition des cotons échangés sur le marché de Gênes. Jusqu'à la fin du XIIIe siècle, le coton de Sicile dominait à Gênes, même si celui de Syrie et d'Egypte était aussi importé. Vers 1400, diverses sortes étaient commercialisées, selon les *valute* des archives Datini, notamment le coton de Syrie, d'Alexandrie et de Turquie, qui était le plus habituellement fourni.

Au cours du XVe siècle, le coton turc semble s'imposer de plus en plus. Cette constatation doit être regardée avec prudence car la plupart des documents génois de cette époque ne précisent pas l'origine du produit. Pourtant, nous avons des indices indirects tels le poids des sacs et leur prix. Les Génois mettaient le coton turc en sacs de petite taille comprenant près de deux *cantares* et les variétés levantines en sacs de plus grande taille dont les poids atteignaient parfois jusqu'à huit *cantares*. Pour la majorité d'une centaine de transactions réalisées en 1450 sur le marché de Gênes d'après le document *Censaria Nova*, les cotons étaient emballés en petits sacs ayant le poids de deux *cantares*. Les prix oscillaient de onze à dix-huit livres pour un *cantare*: onze fois pour onze livres, trente fois pour douze livres, seize fois pour treize livres, quinze fois pour quatorze livres, seize fois pour quinze livres, deux fois pour seize livres, cinq fois pour dix-sept livres, une fois pour dix-huit livres.

Pour la dernière transaction, nous possédons un contrat notarié lui correspondant. D'après le registre *Censaria Nova* qui ne mentionne pas l'origine du coton, le 17 avril 1450, Pietro de Marco vendit dix-huit sacs correspondant à cinquante-huit *cantares* au prix de dix-huit livres par *cantare* à Pietro de Torte, marchand de Castronovo.[72] Le

---

[70] ASG, Notai Antichi, Rizzo Baromeo, n°720, doc. 359.

[71] Dans un contrat du 23 août 1454, Lanfranco Schorcia promit de fournir soixante-quinze pièces de futaine à deux marchands génois, Quilico de Albaro et Giacomo Pinelli. Le premier qui était facteur d'Eliano Spinola, seigneur de la Scrivia, fournissait du coton à un autre marchand de Voltaggio, Martino et recevait quant à lui des tissus cotonniers fabriqués à Voltaggio. ASG, Notai Antichi, Rizzo Baromeo, n° 719, doc. 26, n° 720, doc. 265; J. Heers, *Gênes au XVe siècle*, p. 229.

[72] ASG, San Giorgio, Sala 36/1039, Censaria Nova, liber debitorum, anno 1450, f. 198r.

contrat notarié correspondant, plus détaillé que le contenu du registre *Censaria Nova*, précise la transaction: «un marchand de Milan, Matteo de Nigris, acheta dix-huit sacs de coton syrien équivalents à cinquante-huit *cantares* et quatre-vingt-seize *rotoli* pour une valeur de 1087 livres 17 sous de Pietro de Marco, marchand génois.»[73] Selon le contrat, Matteo de Nigro fit cet achat pour le compte de Pietro et Francesco de Torte de Castronovo. Une fois tenu compte de ces deux conditions, nous pouvons conclure que la présence du coton syrien restait très limitée sur le marché de Gênes et que des qualités inférieures, notamment d'origine turque, étaient en grande partie utilisées par ces nouvelles industries rurales.[74]

Ces changements sur le marché de Gênes dérivèrent avant tout des transformations du trafic du coton en Méditerranée pour les marchands de cette cité maritime. Au cours de la fin du Moyen Age, leur centre d'approvisionnement s'orientait de plus en plus vers Chio et Phocée, ports d'embarquement de premier ordre pour le coton turc. Une grande partie du transport vers l'Occident évitait la métropole de Gênes. Par conséquent, celle-ci devait se contenter de ravitailler les régions proches, notamment rurales, en matière première de mauvaise qualité, en perdant ses anciens clients, surtout Milan qui choisit de fabriquer des produits de haute qualité pour surmonter des obstacles croissants causés par la diffusion de l'industrie vers de nouvelles régions, au profit de Venise qui monopolisait le commerce du coton syrien de haute qualité au XVe siècle.

---

[73] ASG, Notai Antichi, Antonio Fazio, n° 587, doc. 197.

[74] J. Heers, *Gênes au XVe siècle*, p. 229, 659; M.F. Mazzaoui, *The italian cotton industry, op. cit.*, p. 153, 214.

CHAPITRE II

L'ALLEMAGNE DU SUD

La production massive de l'industrie en Allemagne du Sud n'aurait pas été rendue possible sans ravitaillement régulier en matière première en grande quantité. L'origine de cette réussite prodigieuse se trouve dans le commerce avec Venise, qui exerça la plus profonde influence sur le développement économique de cette région à la fin du Moyen Age. En réalité, en 1366, Venise installa les convois de coques, dont l'objectif était de transporter du coton du Levant à Venise, afin de répondre à la demande explosive en matière première de ses nouveaux clients.[1]

D'autre part, les marchands allemands désiraient échapper à une sorte de dépendance totale à l'égard de Venise pour le ravitaillement et essayaient de trouver des marchés alternatifs. Il s'agissait de Milan, Barcelone, Bruges, Anvers et la Mer Noire.[2] Cependant, ce genre d'efforts n'aboutit pas à des succès notables et Venise garda une position de monopole en tant que principal fournisseur de coton pour les marchands venus de l'Europe centrale.

I. *Milan, Barcelone, Bruges, Anvers et la mer Noire: les marchés secondaires du coton*

Milan était l'un des lieux où les marchands allemands s'approvisionnaient en coton à la fin du Moyen Age.[3] Dans les actes rédigés entre

---

[1] E. Ashtor a indiqué que l'essor du commerce du coton des marchands vénitiens était la conséquence de la demande croissante en Europe centrale, où l'industrie de la futaine était en train de se développer rapidement depuis les années 1360 et que surtout, il y eut une augmentation remarquable de la fabrication de futaine dans les villes en Allemagne du Sud. E. Ashtor, *Levant trade in the Later Middle Ages*, Princeton, 1983, p. 93, 173.

[2] Dans son ouvrage, W. von Strömer repère comme marchés du coton pour les marchands allemands les villes suivantes: Venise, Gênes, Bruges, Anvers, Kilia et Moncastro. Il faudrait y ajouter Barcelone et les villes du Midi de la France. W. von Strömer, *Die Grundung der Baumwollindustrie in Mitteleuropa, Wirtschaftspolitik im Spätmittelalter*, Stuttgart, 1978, p. 83.

[3] H. Kellenbenz, «The fustian industry of the Ulm regions in the fifteenth century

1375 et 1382 à Milan par un notaire milanais, Giovannolo Oraboni, figurent de grands marchands allemands et suisses, pour la plupart venus de Nuremberg et d'Ulm, échangeant à la fois du coton et de la futaine sur le marché de Milan : Johann Val d'Ulm, Andrea Berthold d'Ulm, Johann Tierlin d'Ulm, Olrico Ysfogel (Hirschvogel) de Nuremberg, Konrad Bernardo de Nuremberg, Konrad Stromer de Nuremberg, Conzina Stromer de Nuremberg, Konrad Verdar de Saint-Gall et Rodolfo de Saint-Gall, Berzio di Formazo de Lucerne.

Cependant, Milan ne pouvait pas devenir un marché alternatif, remplaçant celui de Venise, parce que lui aussi s'appuyait fortement sur cette dernière pour son propre ravitaillement.[4] Les actes de Giovannolo Oraboni présentent un exemple typique du trafic par Milan. Il s'agit d'un marchand milanais, Beltramo Frixiano. Le 2 avril 1375 il vendit une certaine quantité de coton à un marchand d'Ulm, Giovanni Val.[5] Le 7 avril 1375, ce marchand milanais acheta du coton pour une valeur de 340 livres de Nicoletto de Guarino, marchand vénitien demeurant à Milan.[6] Le 6 juillet 1375 il effectua un nouvel achat pour un montant de 76 livres d'un autre marchand vénitien, Marco Soranzo.[7]

Barcelone et le Midi de la France aussi représentaient des lieux d'approvisionnement pour les Allemands.[8] De quelques villes du Midi de la France et de Barcelone, le coton remontait vers les centres allemands de la futaine, faisant escale à Lyon puis à Genève.[9] Mais les achats de coton sur le marché de Barcelone par les marchands allemands restaient très limités. Leurs affaires principales à Barcelone étaient d'écouler leurs produits finis, surtout des toiles et des futaines et de s'y pro-

and early sixteenth century», p. 259 : H. Kellenbenz dit que le coton venait de Venise ou de Gênes.

[4] F. Lane, *Venise : une république maritime*, Paris, 1985, carte, n° 8.

[5] P. Mainoni, «Gli atti di Giovannolo Oraboni, notaio di Milano (1375–1382)», dans *Felix Olim Lombardia. Studi di storia Padana dedicati dagli allievi a Giuseppe Martini*, Milan, 1978, p. 572.

[6] *Ibid.*, p. 580.

[7] *Ibid.*, p. 620.

[8] Antonio de Capmany y de Montpalau, *Memorias históricas sobre la marina, comercio y artes de la antigue ciudad de Barcelona*, réédition, 3 vol., Barcelone, 1961–1963, vol. 3, pp. 937–940. Cet ouvrage explique que les marchands allemands importaient du coton vers le port de Barcelone. Mais, en réalité, ils n'importaient pas mais exportaient du coton depuis Barcelone.

[9] J.-F. Bergier, *Genève et l'économie européenne de la Renaissance*, Paris, 1963, p. 354 : le rayonnement du commerce genevois au XVe siècle.

curer plus particulièrement du safran.[10] Ils vendaient également des futaines italiennes et des métaux, dont le volume n'était pas aussi important que pour les tissus. Les marchands allemands achetaient du coton plus souvent afin de protéger le safran et les épices lors du transport.[11]

Ce trafic, très limité, était quant à lui le fait des grands marchands allemands. Dans une lettre du 31 décembre 1446 conservée dans les archives municipales de Barcelone, les conseillers de Barcelone écrivent au roi que les quatre Allemands, Jos Hompis, Gaspare de Vat, Johann de Cologne et Mathäus Destany, sont les gros marchands allemands les plus représentés dans le royaume.[12] En 1434, Gaspare de Vat et Jos Hompis exportèrent du coton à plusieurs reprises de Barcelone.[13] Gaspare de Vat, qui établit une firme commerciale de Saint-Gall avec Klaus von Diesbach, participait dès les années 1420 activement et régulièrement à l'exportation du coton de Barcelone, dont la destination semble avoir été la ville de Saint-Gall ou des villes allemandes, centres de fabrication de la futaine. Cette société d'affaires utilisait souvent la ligne de galées vénitiennes d'Aigues-Mortes pour le premier transport jusqu'aux ports du Midi comme Bouc et Marseille. Et ensuite, le coton était transporté par voies terrestres vers le nord. Cette firme se servait d'une autre route, à savoir la route par Perpignan.[14] Gaspare de Vat était en affaires avec la famille Hompis, qui gérait une compagnie de Constance ou de Ravensbourg. Cette famille aussi prenait part à l'exportation du coton de Barcelone.[15]

---

[10] Cl. Carrère, *Barcelone, centre économique à l'époque des difficultés 1380–1462*, Paris, 1967, pp. 65–570.

[11] ACA, Real Patrimonio, Maestre racional, reg. 1400, f. 7^{r-v}, 10^{r-v}, 11^{v}, 12^{r}, 14^{r}, 15^{r-v}, 16^{r}, 17^{r}, 37^{v}, 42^{r-v}, 44^{v}; ACA, Real Patrimonio, Generalitat, reg. 186.1, f. 35^{r}.

[12] Cl. Carrère, *Barcelone, op. cit.*, vol. 1, pp. 31–32.

[13] R. Salicrú I Lluch, *El tràfic de mercaderies a Barcelona segons els comptes de la Lleuda de Mediona (febrer de 134)*, Barcelone, 1995, p. 256, 290, 297, 371, 377.

[14] H. Ammann, *Die Diesbach-Watt-Gesellschaft. Ein Beitrag zur Handelsgeschichte des 15 Jahrhunderts*, urkunden und regesten, St. Gallen, 1928, pp. 16–21 (n° 50), 22–25 (n° 52), 26(n°56); A. de Capmany y de Montpalau, *Memorias históricas, op. cit.*, vol. 3, pp. 937–940.

[15] Une grande société d'affaires de la famille Hompis de Ravensburg est bien étudiée. Antonio de Capmany y de Montpalau, *Memorias históricas, op. cit.*, vol. 3, pp. 937–940; H. Ammann, *Die Diesbach-Watt-Gesellschaft. Ein Beitrag zur Handelsgeschichte des 15 Jahrhunderts*, urkunden und regesten, pp. 22–25 (n° 52); H. Kellenbenz, «Las relaciones económicas y culturales entre Espa´/na y Alemania meridional alrededor de 1500», Actas del I congresso international de historia mediterrânea. *Anuario de Estudios medievales*, 10 (1980), pp. 545–554; J.H. Montalvo, «Mercaderes alemanes en la Valencia del

Le Midi de la France représentait un lieu de transit, plutôt qu'un marché du coton pour les marchands allemands jusqu'à la fin du Moyen Age. Pourtant, au XVIe siècle, cette région devint importante pour eux. Notamment, le port de Marseille commença à servir de destination principale pour les navires provenant du Levant avec du coton, et de lieu de redistribution. A la fin du XVIe siècle, un marchand d'Augsbourg, Melchior Manlich, et sa compagnie faisaient venir du coton à Marseille, où leurs propres navires le transportaient depuis Chypre.[16]

Du littoral de la mer Noire, le coton, ainsi que les autres marchandises comme les épices, gagnaient l'Europe Centrale et les villes allemandes par voies terrestres à la fin du Moyen Age. Leurs points de départ vers l'ouest étaient Moncastro et Kilia, où les Génois s'étaient bien installés. Dans une autre colonie sur le littoral de la mer Noire, Caffa, les marchands russes s'approvisionnaient en coton.[17] Le passage de ce dernier par ces routes continentales laissa des traces. Une charte accordée en 1412 aux marchands de Braşov en Roumanie par Stibor, voïvode de Transylvanie, fournit la liste des marchandises entrées ou sorties de Valachie par leur intermédiaire. Ils importaient en Valachie notamment les draps occidentaux et exportaient de Valachie des produits agricoles valaques et des marchandises d'Orient comme les épices, le coton, etc. Selon ce document, ce sont les marchands musulmans qui apportaient ces produits orientaux. Un autre règlement douanier délivré à Braşov en 1413 par un autre voïvode de Valachie, Mircea, précise que le poivre, le safran, le coton, le poil de chèvre, les peaux et les autres marchandises venaient de la mer, à savoir la mer Noire. Or, les marchands musulmans apportaient du coton avec d'autres marchandises orientales, en grande partie aux deux ports de Kilia et Moncastro, d'où ces produits étaient transportés vers l'Europe Centrale.[18]

---

siglo XV: la «Gran compania» de Ravensburg», *Anuario de Estudios medievales*, 17 (1987), pp. 455–468.

[16] H. Kellenbenz, «From Melchior Manlich to Ferdinand Cron: german levantine and oriental trade relations (second half of XVI th)», p. 612; A.-E. Sayous, «Le commerce de Melchior Manlich et compagnie d'Augsbourg à Marseille et dans toute la Méditerranée entre 1571 et 1574», pp. 389–411.

[17] M. Malowist, «Le commerce du Levant avec l'Europe de l'Est au XVIe siècle. Quelques problèmes», p. 354; H. Inalcik, «Bursa and the commerce of the Levant», p. 139.

[18] Z.P. Pach, «La route du poivre vers la Hongrie médiévale (contribution à l'histoire du commerce méditerranéen au XVe siècle)», p. 452; Idem, «Levantine trade and

Une série d'actes judiciaires ou notariés instrumentés à Lwów en Pologne entre 1441 et 1448 témoigne aussi de ce genre du trafic.[19] Ces documents fournissent des renseignements sur les marchandises entrant dans la ville de Lwów par la route moldave: poivre, étoffes de soie, vin de Malvoisie, coton, tapis, gingembre. Cette composition correspond à peu près à celle des marchandises orientales dans les deux chartes accordées aux marchands de Braşov par les voïvodes de Valachie. Cependant il existait une différence dans le fait que l'approvisionnement de Lwów en marchandises orientales était assuré en grande partie par les marchands arméniens, alors que les marchands musulmans fournissaient les biens orientaux à ceux de Braşov. En 1448, Gregor, le bailli des marchands arméniens de Siret, vendit à Joon, probablement l'un des échevins de Lwów, une certaine quantité de coton et de poivre pour une valeur de 140 florins hongrois. Même s'ils étaient relativement peu nombreux, les marchands italiens, notamment les Génois, participaient à ce commerce. Ces marchands génois, dont la plupart étaient établis à Péra, appartenaient souvent aux grandes familles telles les Giustiniani, les Gravaigo, les Lercario et les Spinola. Un bourgeois génois de Péra, Pietro Gravaigo, perdit en Moldavie dix-huit balles de coton avec d'autres marchandises, à cause de leur confiscation par les autorités de Moldavie. Dès le milieu du XVe siècle, les marchands de Lwów ne se contentaient pas d'acheter des marchandises par les intermédiaires sur les étapes de la route moldave, mais se rendaient jusqu'à Constantinople et à Brousse pour chercher les marchandises orientales.

Une partie du coton était redistribuée de Hongrie et de Pologne vers le nord et l'ouest, notamment en Allemagne. D'ailleurs, ce type de trafic ne cessa pas après la prise de Constantinople par les Turcs et leur expansion territoriale dans ces régions.[20] Pourtant, cette route ne

---

Hungary in the Middle Ages (Theses, controversies, arguments)», pp. 21–24; Idem, «The transylvanian route of levantine trade at the turn of the 15th and 16th centuries», pp. 5–35; R. Manolescu, «Le rôle commercial de la ville de Braşov dans le sud-est de l'Europe au XVIe siècle», pp. 207–220.

[19] M. Berindei, «L'empire ottoman et la route moldave avant la conquête de Kilia et de Cetatea-Alba (1484)», pp. 169–170, 172–173; P.P. Panaitescu, «La route commerciale de Pologne à la mer Noire au Moyen Age», *Revista Istorica Romana*, vol. 3 (1933), pp. 172–193.

[20] M. Malowist, «Le commerce du Levant avec l'Europe de l'Est au XVIe siècle. Quelques problèmes», pp. 355–356.

fut jamais la voie principale des produits d'Orient vers l'Occident, et ne remplaça pas les lignes maritimes monopolisées par les Italiens, surtout vénitiens et génois.

Pour mieux comprendre le transport du coton à partir de la mer Noire vers l'Europe Centrale par voies de terre, il faut citer la guerre économique entre Venise et le roi de Hongrie, Sigismond de Luxembourg.[21] L'histoire de ce conflit étant bien connue, notre enquête se limitera à son impact sur le commerce de Venise. La guerre avait avant tout pour origine l'expansion territoriale de Venise en Italie du Nord au XVe siècle, ce qui apparut comme une offense personnelle à Sigismond ayant en quelque sorte des droits sur cette région. Dans la Dalmatie aussi se heurtaient les intérêts économiques et politiques de Venise et de la Hongrie.[22] Le conflit entre Venise et Sigismond se déroula sur une longue durée de 1411 à 1433, et parfois se manifesta par des opérations militaires en 1411–1413, en 1418–1419, et en 1431–1433. Pendant la période de l'interruption des actions de guerre, Sigismond essaya d'attaquer Venise par le moyen économique du blocage commercial. Cependant, en dépit de plusieurs tentatives de Sigismond, les relations commerciales entre Venise et l'Europe Centrale comprenant l'Allemagne, l'Autriche et la Hongrie, ne furent jamais complètement interrompues sur une longue période.[23]

En tout cas, l'interruption du trafic avec Venise poussa en quelque sorte Sigismond et les marchands allemands à chercher des routes alternatives. Pour eux, il existait deux possibilités, la côte dalmate et la mer Noire. Cependant, après avoir perdu en 1409 à nouveau la côte dalmate en faveur de Venise, Sigismond manifesta un intérêt exceptionnel pour Kilia et en général pour la Moldavie. Grâce à deux accords conclus à Lublau et à Buda au cours des années 1412 et 1413, Sigismond put réaliser son projet économique, après avoir échoué dans sa tentative d'acculer Venise par la force des armes. Il s'efforça d'enlever la principale source de revenus de Venise, le commerce avec le Levant, en

---

[21] Pour ce sujet, nous avons déjà plusieurs études faites par W. von Strömer, «Die Kontinentalsperre Kaiser Sigismunds gegen Venedig 1412–1413, 1418–1433 und die Verlagerung der transkontinentalen Transportwege», dans *Trasporti e sviluppo economico, secoli XIII–XVII, Atti della quinta settimana di studio (4–10 maggio 1973)*, éd. A. Vanniani Marx, 1986, pp. 61–84; Idem, «Wirtschaftspolitik im Spätmittelalter: Die Gründung der Baumwoll-Industrie in Oberungarn im Jahr 1411», dans *Studi in memoria di Federigo Melis*, 5 vol., Naples, 1978, vol. 3, pp. 245–270.

[22] G. Székely, «Les facteurs économiques et politiques dans les rapports de la Hongrie et de Venise à l'époque de Sigismond», pp. 41–42.

[23] *Ibid.*, p. 49.

encourageant le trafic de l'Europe Centrale avec le monde oriental par les voies continentales à partir du littoral de la mer Noire.[24] Pour cela, Sigismond s'adressa aux marchands génois, qui possédaient plusieurs colonies de premier ordre en mer Noire, comme Kilia et Caffa, et monopolisaient le trafic du coton turc au XVe siècle. Pour Sigismond, Gênes, maîtresse de la mer Noire et grande ennemie de Venise, représentait deux avantages en même temps. Les marchands génois étaient capables de donner vie aux voies terrestres reliant la mer Noire et l'Europe Centrale et donc pouvaient ébranler en partie le monopole de Venise dans le commerce avec l'Orient.[25]

La métropole de Gênes aussi essaya de profiter des conflits entre Venise et Sigismond.[26] En 1417, les émissaires de Gênes et de Milan passèrent à Constance et promirent aux marchands allemands qu'ils pourraient jouir de conditions plus favorables qu'à Venise, et, en plus, transporter leurs marchandises à Gênes par mer, alors que Venise interdisait ce genre de trafic aux marchands étrangers. Au mois de juillet 1423, un représentant de Gênes fut envoyé à Constance pour le même objet. Un mois plus tard, Sigismond proclama une nouvelle prohibition du commerce avec Venise. A cette époque, Gênes était sous le contrôle de Filippo Visconti, duc de Milan. Comme Gênes, Milan offrit aussi de nouveaux privilèges aux marchands allemands pour transférer leurs activités de Venise à Milan. Les efforts de Gênes n'aboutirent pas à de grands succès. En effet, Venise avait déjà en quelque sorte le monopole dans le commerce des épices et des cotons, notamment de haute qualité comme le coton syrien, qui était en demande croissante en Allemagne.[27]

Les marchands allemands avaient également des intérêts dans la politique économique de Sigismond. Quelques maisons de commerce allemandes manifestaient un vif désir d'augmenter leur part dans le trafic avec l'Orient en utilisant ces routes continentales, sans passer par Venise pour s'approvisionner en marchandises levantines telles les épices et le coton.[28]

---

[24] S. Papacostea, «Kilia et la politique orientale de Sigismond de Luxembourg», pp. 423–424; G.I. Bratianu, «Notes sur les Génois en Moldavie au XVe siècle», pp. 152–153.

[25] A. Ducellier, «Deux projets vénitiens d'assassinat du roi Zsigmond», p. 64.

[26] Ph. Dollinger, «Projets d'un ‹Fondaco dei Tedeschi› à Gênes et à Milan au XVe siècle», pp. 675–688.

[27] E. Ashtor, *Levant trade, op. cit.*, p. 227, 333.

[28] S. Papacostea, «Kilia et la politique orientale de Sigismond de Luxembourg»,

L'installation de la nouvelle industrie de la futaine dans la Hongrie médiévale, installation qui commença dès la fin du XIVe siècle, mit en relief l'importance de ces routes continentales. Car la guerre entre Sigismond et Venise mettait en difficulté l'approvisionnement sur le marché de Venise par les villes hongroises médiévales, qui devaient chercher une alternative.[29] Cette production en Hongrie était encouragée tantôt par Sigismond, tantôt par les marchands de Hongrie, tantôt par les marchands allemands.[30] En 1411, Sigismond accorda à la ville de Kaschau le monopole de la production de la futaine et de l'achat des matières premières, lequel couvrait toute la Hongrie médiévale.[31] W. von Strömer indique que le roi Sigismond fut le fondateur de cette nouvelle entreprise à Kaschau qui n'avait pas d'industrie de la futaine, et que deux ministres, Ulrich et Marcus de Nuremberg, lui inspirèrent ce projet, en désirant atteindre les marchands polonais qui étaient en concurrence avec les entreprises de l'Allemagne du Sud. En revanche, O.R. Halaga met en cause le point de vue de W. von Strömer et conclut que ce n'était pas Sigismond mais la ville de Kaschau qui établit ces privilèges, en disant que la ville finançait les guerres de Sigismond et, par conséquent, pouvait imposer ses conditions à son débiteur pour obtenir des privilèges économiques et légaux. Malgré la controverse au sujet des débuts de l'industrie de la futaine de Kaschau, il est évident que son industrie recevait du coton non seulement de Venise, mais également du littoral de la mer Noire, dont le rôle devenait plus important au moment où les routes vers Venise étaient interrompues.

L'effort de Sigismond pour transférer les lieux d'approvisionnement en coton et en d'autres marchandises orientales de Venise à la mer Noire eut-il du succès ? E. Ashtor le considère comme une tentative sans espoir, en indiquant que l'industrie de la futaine en Allemagne du Sud aurait été contrainte d'augmenter son coût de production en achetant de la matière première dans cette lointaine région.[32] En revanche,

---

p. 435 ; O.R. Halaga, « A mercantilist initiative to compete with Venice : Kaschau's fustian monopoly (1411) », p. 410.

[29] S. Sassi, *Lettere di commercio di Andrea Barbarigo, mercante veneziano del 400*, Naples, 1950, pp. 7–9.

[30] W. Von Strömer, «Wirtschaftspolitik im Spätmittelalter: Die Gründung der Baumwoll-Industrie in Oberungarn in Jahr 1411 », dans *Studi in memoria di Federigo Melis*, 5 vol., Naples, 1978, vol. 3, pp. 245–279 ; O.R. Halaga, « A mercantilist initiative to compete with Venice : Kaschau's fustian monopoly (1411) », pp. 407–435.

[31] *Ibid.*, p. 407.

[32] E. Ashtor, *Levant trade, op. cit.*, p. 246.

W. von Strömer exprime un point de vue différent.[33] Quoi qu'il en soit, le trafic du coton du littoral de la mer Noire en Europe Centrale par des routes continentales ne devint pas une alternative suffisante, mais représentait un commerce secondaire pour les marchands allemands, qui étaient forcément contraints de revenir sur le marché de Venise après le conflit.

Une autre alternative, plus raisonnable économiquement que la route continentale depuis la mer Noire, pour le ravitaillement en matière première, était Bruges. En effet, cette ville était la destination principale des navires italiens et catalans venus de la Méditerranée avec un chargement de coton. Même s'il est difficile d'estimer le volume exact des importations, il semble, d'après plusieurs sources, que plusieurs milliers de sacs y étaient transportés.[34] Selon un manuel de marchandise du XIVe siècle, les navires génois apportaient mille sacs en Flandre chaque année.[35] Au XVe siècle, leur volume d'importation devint plus considérable. En 1458, les deux navires génois, l'un de Melchione Doria et l'autre de Bartolomeo Calvo, transportèrent respectivement 2800 et 1900 *cantares* de Chio en Flandre.[36] Pour apprécier le volume du trafic des marchands génois, il suffirait de citer le registre de douane de l'année 1445, témoignant que neuf gros navires firent des voyages de Chio en mer du Nord. Les actes notariés des années 1450 nous montrent qu'au minimum sept et huit navires jetèrent l'ancre dans les ports atlantiques.[37] Il faut y ajouter des transports faits par les navires vénitiens, catalans, et florentins. Les galées et coques vénitiennes transportaient annuellement près de mille sacs de coton en Flandre à la fin du Moyen Age.

Après avoir été filé à Bruges, une partie du coton était exportée à Londres.[38] La majeure partie était vendue aux marchands hanséatiques, allemands et français.[39] Par exemple, les marchands de Cologne s'y pro-

[33] W. von Strömer, «Die Schwarzmeer und Levante-Politik Sigismunds von Luxemburg», p. 607.

[34] ASG, San Giorgio, Sala 38/54, n° 1552 (anno 1445), n° 1553 (1458); ASG, Notai Antichi, n° 847, p. 215; ASP, fonds Datini, busta 1171.

[35] C. Ciano, *La pratica di mercatura datiniana sec. XIV*, Milan, 1964, pp. 73–74.

[36] J. Heers, *Gênes au XVe siècle*, p. 652.

[37] *Ibid.*, p. 453.

[38] F. Melis, *Documenti per la storia economica dei secoli XIII–XVI*, Florence, 1972, p. 316.

[39] L. Gilliodts-van Severen, *Cartulaire de l'ancienne estaples de Bruges, recueil de documents concernant le commerce intérieur et maritime, les relations internationales et l'histoire économique de cette ville*, Bruges, 1904–1906, n° 381.

curaient de la matière première, faisaient fabriquer des futaines par les artisans de Cologne, et les écoulaient à Bruges ou les exportaient jusqu'en Angleterre par Bruges. A la fin du XVe siècle, le rôle d'Anvers s'imposa au détriment de Bruges. Dans la période précédente, les marchands génois et vénitiens se déplaçaient déjà parfois de Bruges à Anvers pour vendre leurs marchandises.[40] La société marchande vénitienne qui faisait ses affaires à Bruges dans les années 1450 vendait ses cotons souvent sur le marché d'Anvers, où elle avait plusieurs clients, Andrian van Panchart, épicier, Colin van Strat et sa compagnie, Wilhelm et Johann Dich, Gaspare Vastablat, et Peter Foris. Le 14 mai 1458 à Anvers, un épicier, Andrian van Panchart lui acheta trois sacs. Lorsque l'approvisionnement sur le marché de Venise était difficile, le rôle de ces villes devenait alors plus important. L'entreprise de fabrication de futaine de la famille Fugger recevait du coton d'Anvers et de Hambourg, quand la route vers Venise fut bloquée au début du XVIe siècle.[41] Mais ces marchés n'arrivèrent pas au niveau de celui de Venise.

II. *Venise et le Fondaco dei Tedeschi: le principal marché du coton*

Venise demeura constamment le marché du coton le plus important pour les marchands allemands dès le lancement de l'industrie dans leurs régions. Philippe Braunstein a tout à fait raison d'indiquer que Venise était sans conteste la ville d'Italie qui exerça la plus profonde influence sur le développement économique de la Haute-Allemagne à la fin du Moyen Age et que le *Fondaco dei Tedeschi* était le poumon de Venise.[42]

Dans l'ensemble, pour les marchands allemands nommés alors *Tedeschi*, Venise était le port d'exportation vers l'Orient pour leurs produits, surtout les métaux et les objets de métal provenant des sites miniers d'Europe centrale, qui permettaient à leur tour aux marchands vénitiens de se procurer des produits orientaux au Levant. Pour Venise, l'Allemagne signifiait le débouché principal pour les marchandises levantines, surtout les épices, et le coton qui servait de matière première à l'industrie de la futaine en Allemagne du Sud. Ces relations écono-

---

[40] *Ibid.*, n° 191.

[41] H. Kellenbenz, «The fustian industry, op. cit.», p. 271.

[42] Ph. Braunstein, «Relations d'affaires entre Nurembergeois et vénitiens à la fin du XIVe siècle», pp. 227–228.

miques réciproques et complémentaires se virent renforcées au cours du XVe siècle.[43] Pour ces clients majeurs, Venise accordait des facilités et des faveurs, quelquefois individuelles.[44]

Une particularité des relations d'affaires entre les deux partenaires, c'est qu'en général les marchands vénitiens ne gagnaient pas l'Allemagne à travers les Alpes pour y faire leurs affaires et que l'ensemble des transactions se déroulait à Venise, plus précisément dans l'enceinte du *Fondaco dei Tedeschi* au *Rialto*.[45] Le coton étant déchargé au *Rialto*, la plus grande partie était confiée aux marchands *tedeschi* dans ce *Fondaco* qui se trouvait juste à côté du *Rialto*. Avant d'aller directement à notre point principal, il faudrait d'abord identifier ces marchands. Leur communauté englobait alors ceux qui provenaient non seulement d'Allemagne, mais également d'autres pays comme l'Autriche, la Hongrie, la Pologne, la Suisse, et parfois la Flandre. A la fin du Moyen Age, cent à cent-vingt marchands résidaient en permanence au *Fondaco dei Tedeschi*, avec près de deux cents hommes nécessaires à la fois au commerce et à la vie quotidienne.[46] La plupart d'entre eux venaient d'Allemagne du Sud, notamment de Nuremberg, d'Augsbourg et d'Ulm.[47] Cette composition de la communauté des *Tedeschi* suggère que les marchands venus de ces trois villes monopolisaient le trafic du coton. Par conséquent, leur position privilégiée permettait à leurs propres villes de devenir les centres les plus importants de fabrication de la futaine en Europe centrale à la fin du Moyen Age.

Ces marchands *tedeschi* étaient les plus gros clients sur le marché du coton de Venise, ce qui est bien attesté par divers documents vénitiens

---

[43] Ph. Braunstein, «Réseaux familiaux, réseaux d'affaires en pays d'Empire: les facteurs de sociétés (1380–1520)», p. 26.

[44] En 1393, le Sénat vénitien offrit une exemption de taxe à un grand marchand allemand, Wilhelm Mendel de Nuremberg, qui avait subi un dommage de ses marchandises, sucre et coton, à cause des mauvaises conditions de la route aux alentours de Trévise au cours d'un voyage vers l'Allemagne. Le Sénat lui permit de les retourner au *fondaco dei Tedeschi*, et de les porter de nouveau en Allemagne librement et sans aucune taxe supplémentaire. H. Simonsfeld, *Der Fondaco dei Tedeschi und die deutschvenezianischen Handelsbeziehungen*, Stuttgart, 1887, p. 131 (n° 273): Dans cet ouvrage, il a publié de nombreux documents conservés aux archives d'Etat de Venise, qui témoignent des faveurs de Venise à l'égard des marchands allemands.

[45] Ph. Braunstein, «Réseaux familiaux, réseaux d'affaires en pays d'Empire: les facteurs de sociétés (1380–1520)», p. 26.

[46] Ph. Braunstein, «Appunti per la storia di una minoranza: la popolazione tedesca di Venezia nel Medioevo», p. 515.

[47] Ph. Braunstein, «Réseaux familiaux, réseaux d'affaires en pays d'Empire: les facteurs de sociétés (1380–1520)», p. 26.

du XVe siècle comme les correspondances marchandes, les livres de comptes des firmes vénitiennes, les documents publics. Même si elle se produisait très rarement, leur absence intermittente sur le marché de Venise frappait d'un coup très brutal le trafic vénitien du coton. C'est surtout la guerre économique entre Venise et le roi de Hongrie, Sigismond de Luxembourg, qui se déroula dans les années 1410–1430, qui causa ce genre de problèmes. Cet événement politique, militaire et économique, représente un bon exemple pour percevoir la nécessaire réciprocité entre Venise et les marchands allemands dans le trafic du coton.

Nous analysons ici les impacts sur le marché de Venise de cette guerre économique selon le point de vue des marchands vénitiens, parce que nous avons plus haut expliqué les objectifs politiques et économiques de Sigismond et des marchands allemands. En réalité, ces derniers faisaient leurs affaires d'une façon assidue sur le marché de Venise pendant ce long conflit.[48] Mais des actions militaires les empêchaient parfois de se rendre à Venise, ce qui bouleversait d'une façon très violente le trafic du coton de Venise, même si l'effet négatif ne dura pas sur le long terme.[49] Dans sa chronique de l'année 1412, Dolfin raconte que «le roi de Hongrie avait rompu les chemins de trafic par lesquels les marchands allemands venaient à Venise pour acheter les épices, le coton et les autres marchandises, cela provoqua un remarquable dégât»[50]. Dans une lettre de septembre 1431 adressée à Alberto Dolceto, Andrea Barbarigo explique la situation difficile causée par la guerre avec Sigismond, roi de Hongrie comme suit: *«E seguise pase ne na da sperar de gran profito, benche durando la guera e fiando i Ongari pochi gotoni se consumera e abassi priexi»*.[51] Ainsi les prix du coton à Venise dépendaient-ils des marchands *tedeschi*.

---

[48] De l'analyse du livre de comptes de la *fraterna* Soranzo, il résulte que les marchands allemands achetèrent du coton à cette société d'affaires vénitienne chaque année de l'année 1408 à l'année 1432. ASV, Miscellanea Gregolin busta 14, Libro Nuovo Real, passim.

[49] W. von Strömer, «Die Kontinentalsperre Kaiser Sigismunds gegen Venedig 1412–1413, 1418–1433 und die Verlagerung der transkontinentalen Transportwege», p. 66, 68–69.

[50] «Se el Re d'Ongaria havesse possata de romper i camini e le vie ai mercatanti, la qual cossa a nui savia stada de notable danno, se le mercantia restasse de vegnir a Vieniexia—le strade de Friul, per lo qual vienni i mercanti thodeschi a Vieniexia, per comprar specie, gothoni, e altre mercantie». W. von Strömer, «Die Kontinentalsperre Kaiser Sigismunds gegen Venedig 1412–1413, 1418–1433 und die Verlagerung der transkontinentalen Transportwege», p. 66.

[51] S. Sassi, *Lettere di commercio di Andrea Barbarigo, op. cit.*, pp. 7–9.

La correspondance de la *fraterna* Soranzo témoigne notamment de la perturbation du commerce du coton vénitien provoquée par la deuxième action militaire de Sigismond en 1418 et 1419. Dans les deux lettres écrites le 10 juillet 1418, l'une adressée à Pietro Soranzo à Hama en Syrie et l'autre expédiée à Lorenzo Bembo à Alexandrie, s'expriment des inquiétudes sur le déroulement de la guerre et l'espoir de la paix. A ce jour n'étaient pas encore arrivées à Venise de nouvelles sur les ambassadeurs vénitiens qui étaient à Constance pour établir un accord de paix avec Sigismond. Il existait un espoir d'un côté et une opinion pessimiste de l'autre. A cause de cette situation, les autres frères Soranzo ne pouvaient pas préciser à leur frère à Hama la quantité de coton à acheter pour la *muda* de septembre 1418. D'ailleurs, les routes étaient bloquées et, par conséquent, les marchands *tedeschi* ne pouvaient pas passer à Venise.[52] Les frères Soranzo à Venise prévoyaient que le stockage monterait à dix mille sacs, si le convoi de septembre apportait deux mille sacs de Syrie à Venise et si l'on ne vendait pas de coton.[53]

Cette surabondance provoqua la chute des prix, par exemple de 7,75 ou 8 livres au début de 1417, à 5 ou 5,25 livres en 1418 pour mille livres de coton de Hama.[54] D'après une autre lettre écrite le 3 août 1418 et adressée à Pietro Soranzo, les marchands *tedeschi* ne retournèrent pas encore à Venise. Leur absence continue causa un autre problème à la *fraterna* Soranzo, à savoir le manque de capitaux à envoyer en Syrie pour le prochain achat.[55] D'ailleurs, Sigismond proclama que toute l'Allemagne avait l'interdiction d'envoyer des chariots et des marchandises à Venise. Une lettre du 28 août expédiée à Pietro Soranzo nous montre que les marchands *tedeschi* ne venaient toujours pas au *Fondaco dei Tede-*

---

[52] Dans une lettre adressée à Lorenzo Bembo, les frères Soranzo racontent qu'ils ne vendirent aucun coton, à cause de l'absence des marchands *tedeschi* au *fondaco dei Tedeschi*. ASV, Miscellanea Gregolin, busta 13.

[53] Dans une lettre adressée à Lorenzo Bembo, nous avons les deux autres chiffres, 8000 sacs et 6900 sacs (le convoi de mars 1418 importa 5400 sacs de coton et 1500 sacs de coton restaient à Venise). ASV, Miscellanea Gregolin, busta 13. «De gotoni el vene qui con le nave di Soria saci 5400 de qui ne restva meio de saci 1500, siche in summa se atrova di qui da saci 6900 che son gran summa ancor non e sta fato per non eser mercadantti in fontego ma pur in Rialto per alguni marineri e sta dado Acre per libr. 4, Siami per libr. 4 meno ¼, Aman per libr. 5, filadi per ducat 8 in 9 segondo bontadi perche vedo non vignando mercadanti in fontego fara la mala fin».

[54] Au mois de février 1418 où le convoi de mars n'est pas encore arrivé à Venise, le prix du coton de Hama était de six livres pour milles livres. ASV, Miscellanea Gregolin, busta 14, Libro Nuovo Real, f. 54b, 71b.

[55] ASV, Miscellanea Gregolin, busta 13.

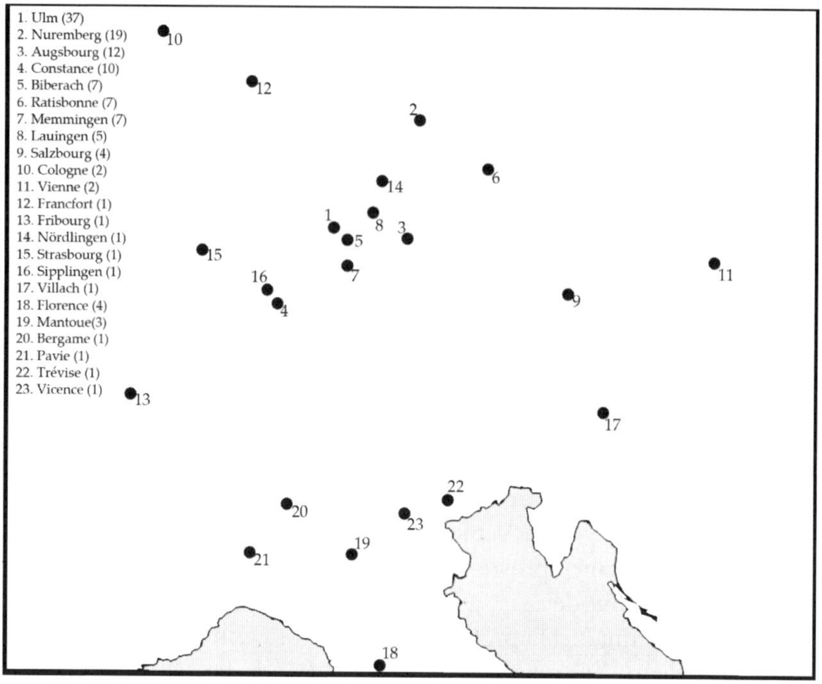

Carte 4. *Clients de la* fraterna *Soranzo d'après le livre de comptes de l'année 1408 à l'année 1432.*

schi, et, par conséquent, les prix du coton de Hama baissèrent de nouveau à 4,5 ou 4,75 livres.[56] Au début de l'année 1419 et sur le marché de Venise restaient en stock huit mille ou neuf mille sacs selon une lettre du 28 janvier 1416 adressée à Pietro Soranzo, laquelle témoigne que les marchands vénitiens attendaient avec impatience leur retour. En fin de compte, le 18 février 1419, la *fraterna* Soranzo expédia une lettre par laquelle elle demandait le paiement à un grand marchand d'Ulm, Johann Dietter, qui lui fit plusieurs achats de cotons en 1417.[57]

Dès la fin de l'année 1418, le commerce du coton à Venise commença à se régulariser progressivement. Depuis le mois de décembre 1418 jusqu'au mois d'août 1419, trois mille deux cents sacs furent vendus au *Fondaco dei Tedeschi*, mille huit cents ou deux mille sacs au *Rialto*.[58] Enfin, les marchands allemands étaient nécessairement obligés

---

[56] *Ibid.*
[57] ASV, Miscellanea Gregolin, busta 13–14.
[58] ASV, Miscellanea Gregolin, busta 13. «—avixandoti avemo fatto levar i gotoni

de retourner à Venise pour s'approvisionner à la fois en coton et en autres marchandises orientales, dont le commerce était de plus en plus sous le contrôle des marchands vénitiens au cours du XVe siècle.

Qui étaient les marchands *tedeschi* s'approvisionnant en coton sur le marché de Venise ? Le livre de comptes de la *fraterna* Soranzo nous permet de dresser leur répartition géographique et leur volume d'achat. Avant de l'établir, il faut insister sur le fait que ce document ne mentionne pas toujours les villes des marchands ou indique parfois seulement leurs prénoms.[59]

Tableau 21. *Clients tedeschi de la fraterna Soranzo d'après le livre de comptes de l'année 1408 à l'année 1432.*

Villes	*Marchands*
Ulm (*Olmo*)	Hartmann Rosso, Baxeio di Jachomo, Berthold, Berthold Bonz, Konrad, Konrad Hongelter, Konrad Petrille, Konrad Scharso, Konrad di Valz, Christian, Erbin, Lunardo, Nikolas Pinsiger, Rigo Pinsiger, Peter Blancho, Peter Filiger, Peter *Seubenober*, Rigo *Austevaver*, Rigo Chlomer, Johann *Chlench*, Rigo *Chlench*[60], Rigo Pagar, Michael Pagar, Stephan, Usbaldo, Johann, Johann Dieter, Johann Ferch, Johann *Macho*, Johann *Merer*, Johann Reder et son fils, Johann Vort, Konrad Vort, Jos, Jos Stromer, Rigo Stromer, Zosto (total : 37 marchands)
Nuremberg (*Norimborgo*)	Konrad Inchuria, Konrad *Siaurer*, Gotfried Gialdilocho, Jakob Stromer, Val Stromer, Leopold Chres, Konrad Pirchimer, Lunardo Pirchimer, Mark *Hofernaus*, Nikolas Granata, Jakob Granata,

son insidi per via di la fontego da sto dezenbrio in qua son saci 3200 e per Rialto da saci 1800 in 2000 che son gran summa—».

59 Même si les marchands allemands étaient les principaux clients, nous pouvons aussi trouver la présence des Italiens : un marchand de Bergame (Beltramer Dandria), quatre de Florence (Silvestro di Chovello, Bernardo di Ugolli, Michaele et Giacomo), trois de Mantoue (Giovanni di Bernaba, Giovanni di Mafio, Giacomo di San Giorgio), un de Pavie (Giovanni Zuchi), un de Trévise (Giovanni Erbot), et un de Vicence (Giovanni Zufato). Pourtant, leur achat était moins régulier en fréquence et négligeable en volume, comparé à celui des marchands allemands. En réalité, le volume de l'achat du coton des marchands italiens ne dépasse pas 2 % du total, soit 29 sur 1674 sacs de coton achetés par les marchands allemands.

60 Il y a d'autres variantes de ce nom de famille : Blancho, Chlench, Gelleng, Eleng. ASV, Miscellanea Gregolin, busta 14, Libro Nuovo Real, f. 98b, 118b.

Nuremberg (*Norimborgo*) (*continued*)	Peter Praun, Paul Teuf, Rainald Til, Rigo Isfuoger, Rigo Rummel, Wilhelm Rummel, Johann Rummel, Stephan Zuzi (total: 19 marchands)[61]
Augsbourg	Hartmann, Konrad, Lunardo Rideler, Rigo *Huvover*, Stephan Grosso, Johann, Johann Erbort, Jakob Erbort, Johann Mozo, Johann Renz, Johann *Zimmemari*, Georg Zenderi (total: 12 marchands)
Biberach (*Bibrach ou Lobrach*)	Klaus, Konrad Clochi, Rigo Snaper, Johann Snaper, Johann Pruner, Paul Pruner, Johann Fonger (total: 7 marchands)
Cologne	Rainaldo di Tura, Peter (facteur de Johann Rotegler) (total:2 marchands)
Constance	Berthod di Valz, Albrecht di Valz, Nikolas di Valz, Jakob, Nikolas, Rigo Chromer, *Varmar*, Johann, Johann Ongaro, Zufredo (total: 10 marchands)
Francfort	Konrad Nevaus
Fribourg	Johann
Lauingen (*Longin*)	Peter Praun, Rigo Inchuria, Rasmo Cheller, Wilhelm, Jos Chromer
Memmingen (*Manin*)	Anton Arteman, Johann Arteman, Konrad, Stephan Honsiger, Johann Honsiger, Johann Felle, Johann Vidimar
Nördlingen (*Norlin*)	Johann Risma
Ratisbonne (*Rausborg ou Renesborgo*)[62]	Jos, Johann Hahar, Johann Seruber, Peter Manger, Walter *Fermo*, Wenceslas *Pis*, Johann Servof
Salzbourg	Rigo Belsiner, Lunardo *Chloner* et ses frères, Mathäus Primar, Johann Chromer,
Strasbourg	Johann
Sipplingen (*Spilinbourg*)	Johann Martegar
Vienne	Nikolas Sorger, Rainald, Rigo
Villach	Konrad Filtener

La *fraterna* Soranzo fournissait très régulièrement du coton aux marchands provenant de nombreuses villes dispersées en Europe Centrale: Ulm, Augsbourg, Nuremberg, Salzbourg, Villach, Constance, Lübeck, Francfort, Cologne, Vienne, Strasbourg, Ratisbonne, Memmingen, Biberach, Fribourg, Nördlingen, Lauingen. Même si elle ne représente qu'un tiers des soixante localités repérées comme lieux de

[61] Outre ces marchands de Nuremberg ayant acheté au moins une fois du coton, la *fraterna* Soranzo avait d'autres clients de Nuremberg qui s'approvisionnaient en boucassin et en poivre par cette société.

[62] Dans le livre de comptes Soranzo cette ville s'écrit soit Rausborg, soit Ravesborg, soit Renesborg. Par exemple, dans le folio 72a, Piero Manger de Rausborg et dans le folio 62b, Piero Manger de Renesborg.

fabrication en Europe centrale par W. von Strömer, cette liste nous livre certaines particularités caractérisant la communauté des marchands allemands et leur trafic du coton à Venise.[63] D'abord, il faut souligner la prépondérance des marchands de Nuremberg, d'Augsbourg et d'Ulm, qui formaient également le groupe dominant du *Fondaco dei Tedeschi*.[64] Deuxièmement, le nombre des clients de la *fraterna* Soranzo correspondait à peu près à celui de tous les marchands allemands qui résidaient en permanence à Venise, cent à cent-vingt d'après Philippe Braunstein.[65] Outre ces marchands *tedeschi* ayant acheté au moins une fois du coton, la *fraterna* Soranzo avait une quarantaine d'autres clients allemands pour d'autres marchandises comme le boucassin, le poivre et le gingembre.[66] En fin de compte, quasiment tous les négociants au *fondaco dei Tedeschi* étaient les clients de la *fraterna* Soranzo. Autrement dit, la plupart des marchands allemands installés à Venise participaient à l'achat de coton.

De l'analyse des livres de comptes de l'année 1433 à l'année 1480 de la famille Barbarigo (Andrea, Niccolò et Alvise Barbarigo), résulte la même conclusion. Ces Barbarigo vendaient la plus grande partie du coton aux marchands venus d'Ulm, Nuremberg et Augsbourg.[67]

---

[63] Malgré leur absence dans ce document, les autres villes en Europe centrale aussi se ravitaillaient en coton sur le marché de Venise. E. Ashtor, *Levant trade, op. cit.*, p. 173.

[64] Ph. Braunstein, «Réseaux familiaux, réseaux d'affaires en pays d'Empire: les facteurs de sociétés (1380–1520)», dans *Le négoce international XIIIe–XXe siècle*, pp. 23–34; Idem, «Appunti per la storia di una minoranza: la popolazione tedesca di Venezia nel Medioevo», p. 516.

[65] Ph. Braunstein, «Appunti per la storia di una minoranza: la popolazione tedesca di Venezia nel Medioevo», p. 515; Idem, «Réseaux familiaux, réseaux d'affaires en pays d'Empire: les facteurs de sociétés (1380–1520)», p. 26; Idem, «Remarques sur la population allemande de Venise à la fin du Moyen Age», p. 234.

[66] Augsbourg (Zacaria Rudolfi), Breslau (Michael, Nikolas, Johann), Cologne (Johann Darlle), Lauingen (Johann Sionbar), Münhen (Ludwig Rideler), Nuremberg (Konrad Ponbecher, Cristofalo Asnut, Gotfried Hostorich, Mark Suf, Polo, Serz, Sigismond Fenz, Stephan Cheller, Verzer, Johann Casbin, Johann Servof, Jos Asnut), Ratisbonne (Rigo Chinberger, Michael Servof, Vez), Salzbourg (Michael Servof, Rigo el Stimar, Usbald, Johann Baichimar, Konrad de Buir), Vienne (Konrad, Konrad Arziler, Thomas, Johann Longo). ASV, Miscellanea Gregolin, busta 14, Libro Nuovo Real.

[67] Clients allemands du coton de la famille Barbarigo.

Villes	*Marchands*
Nuremberg	Konrad Pangotener, Wilhelm Mendel, Johann Mendel, Jakob Aver, Johann Gruber et son facteur
Ulm	Johann *Briterber*, Johann Mago, Otto Rosso, Johann Rosso, Georg Rosso, Rigo Pagar, Johann *Ingnet*, Rigo
Augsbourg	Jakob Gremigner, Stephan Grosso

Les principaux clients de trois marchands vénitiens du milieu du XVe siècle, Paolo, Giacomo et Lunardo Sanudo, étaient également les marchands de Nuremberg et d'Augsbourg.[68]

Outre l'hégémonie de ces trois villes dans le trafic du coton au *Fondaco dei Tedeschi*, il faudrait indiquer un autre trait, à savoir que l'approvisionnement en matière première à Venise et sa commercialisation vers les centres de fabrication en Europe Centrale passaient de plus en plus sous le contrôle des grandes familles et sociétés d'affaires. Le cas de Hans Rem d'Augsbourg (1340–1396) témoigne de la réussite éblouissante d'un petit marchand. Avec près de cinq cents florins apportés en 1357 par la vente de tous ses biens, il commença ses affaires et devint un grand marchand en quarante années environ. Il dota ses neuf filles avec la somme de 18550 florins, donna à ses quatre fils 5200 florins, et laissa à sa mort 8800 florins. Son principal domaine était l'exportation des marchandises vers Venise et l'importation de Venise à Augsbourg. Notamment, il accordait une attention particulière au commerce des textiles, à savoir l'approvisionnement de l'industrie d'Augsbourg en matière première achetée à Venise et la vente des produits finis.[69]

Le premier véritable essor de cette nouvelle industrie en Allemagne du Sud, qui date de la deuxième moitié du XIVe siècle, donna une chance aux petits marchands comme Hans Rem. Pourtant, au cours du XVe siècle, ce genre d'ascension se raréfiait et le commerce entre Venise et l'Allemagne du Sud était monopolisé par les grands hommes d'affaires. Pour la ville d'Ulm, la famille Vol, et la famille Rosso, pour la ville de Nuremberg, la famille Rummel, la famille Kress, la famille

Villes	*Marchands*
Memmingen	Peter (facteur de Johann Felle)
Ratisbonne	Konrad

ASV, Archivi di famiglie e di persone, Grimani e Barbarigo, busta 41, 42, 43.

[68] Ils reçurent vingt sacs de coton, dont l'achat fut fait en Syrie par Giacomo Contarini, fils de Carlo, et qui furent transportés par trois navires, soit quatre sacs sur le navire de Christoforo Soligo, neuf sacs sur le navire de Francesco Malipiero, et sept sacs sur le navire de Giacomo Malipiero, pendant la *muda gothonorum* de septembre 1450 en Syrie. Le 20 janvier un sac de coton ayant le poids de 459 livres fut vendu au prix de quatre ducats six *grossi* pour cent livres à un marchand de Nuremberg, Rigo Chezeler (Chegler). Le même jour, Giacomo *Seragier* d'Augsbourg acheta trois sacs. Deux jours après, trois sacs furent achetés par Rigo de San Gallo. Le 27 février trois sacs furent vendus à Niccolò *Goitho* de Basilicate. ASV, Miscellanea di carte non appartenenti a nessun archivio, busta 29, Giornale Sanudo.

[69] L. Schick, *Un grand homme d'affaires au début du XVIe siècle, Jacob Fugger*, Paris, 1957, p. 8.

Mendel, la famille Paumgartener, la famille Pirkheimer, et la famille Hirschvogel, pour la ville d'Augsbourg, la famille Erbot, la famille Grosso et la famille Fugger, pour la ville de Memmingen, la famille Vöhlin, pour la ville de Constance, la famille Valz, pour la ville de Biberach, la famille Snaper, pour la ville de Ratisbonne, la famille Hompis, pour la ville de Francfort, la famille Neuhaus, pour la ville de Lauingen, la famille Chromer.

La famille Rummel était l'une des plus assidûment représentées à Venise au XVe siècle.[70] Dès avant le XVe siècle, cette famille participait au commerce du coton et de la futaine. En 1389, Klaus Rummel vendit de la futaine d'Ulm à Cologne.[71] Vielmo, Johann et Rigo Rummel étaient clients assidus de la *fraterna* Soranzo. Les deux premiers firent ensemble deux achats de coton, vingt-deux sacs de Hama le 17 février 1419 et trente-huit sacs de Hama le 2 mars de la même année, au prix de cinq ducats huit sous par cent livres, dont la valeur totale était de près de 1720 ducats.[72] En août et septembre de l'année 1426, Johann et Rigo Rummel firent quatre transactions de coton, au total cent-sept sacs de Hama, au prix de six ducats par cent livres.[73]

Pour la ville d'Ulm, il faut citer la famille Vol. Johann Vol acheta du coton en 1375 à Milan.[74] Pour la ville d'Augsbourg, Stephan Grosso était le client à la fois de la *fraterna* Soranzo et d'Andrea Barbarigo. Le 27 novembre 1429 il acquit vingt-deux sacs de Gibelet de la *fraterna* Soranzo.[75] Le 1er juin 1437 Andrea Barbarigo lui vendit vingt et un sacs de Gibelet.[76] Dès la fin du XVe siècle, le commerce du coton et de la futaine fut accaparé par la famille Fugger qui contrôlait la fabrication même.[77]

Pour le trafic de Memmingen, l'une des familles dominantes était les Vöhlin. Dans le livre de comptes de la *fraterna* Soranzo, figure un marchand de Memmingen nommé Johann Felle. Il semble que ce nom corresponde à Vöhlin. Il acheta quatre-vingt-deux sacs de coton en

---

[70] Ph. Braunstein, «Relations d'affaires entre Nurembergeois et Vénitiens à la fin du XIVe siècle», p. 251.

[71] H. Kellenbenz, «The fustian industry, op. cit.», p. 260.

[72] ASV, Miscellanea Gregolin, busta 14, Libro Nuovo Real, f. 75a.

[73] *Ibid.*, f. 121b et 130b.

[74] H. Kellenbenz, «The fustian industry, op. cit.», p. 260.

[75] ASV, Miscellanea Gregolin, busta 14, Libro Nuovo Real, f. 134a.

[76] ASV, Archivi di famiglie e di persone, Grimani e Barbarigo, busta 41, f. 198.

[77] Pour l'ascension de la famille Fugger, consulter l'ouvrage de L. Schick, *Un grand homme d'affaires, op. cit.*

neuf transactions.[78] Parfois, Peter s'occupait des affaires à Venise pour le compte de Johann Felle. Le 6 juillet 1435, celui-là acheta cinq sacs d'Acre à Andrea Barbarigo pour le compte de Johann Felle.[79] A la fin du XVe siècle, cette famille connut une grande réussite, rendue possible par l'engagement dans des affaires d'argent au Tyrol et un mariage avec la famille Welser. Antono Welser et Konrad Vöhlin établirent une firme, dont une branche dirigée par Lucas Pfister, s'occupait du commerce du coton entre Venise et Memmingen.[80] D'après le livre de comptes de la *fraterna* Soranzo, il semble que le ravitaillement en coton de l'industrie de la futaine de Biberach était assuré notamment par la famille Snaper. Rigo et Johann Snaper achetèrent cent vingt et un sacs à la *fraterna* Soranzo à quatorze reprises dans les années 1410 et 1430.[81]

Les gros marchands et les sociétés d'affaires ne se limitaient pas seulement au commerce. Ils participaient activement à l'industrie.[82] La fabrication de la futaine en Allemagne du Sud s'effectuait selon le *Verlagssystem*. En effet, les petits maîtres-tisserands ne disposaient pas de capitaux suffisants pour l'importation du coton dont ils avaient besoin, bien qu'une autre matière première, le lin, fût une production locale et, par conséquent, leur fût accessible. Donc, à l'origine, ils devaient nécessairement s'appuyer sur les gros marchands. Ces derniers avançaient aux tisserands de l'argent ou du coton et les tisserands s'engageaient à leur livrer des futaines fabriquées aux frais et sous le contrôle des gros marchands. Ceux-ci vendaient les produits finis pour leur propre compte sur les marchés allemands et étrangers.[83]

Notre prochaine question porte sur les types de cotons achetés sur le marché de Venise par les marchands *tedeschi*. Pour les marchands italiens de l'Italie du Nord, Venise représentait le marché des cotons syriens à la fin du Moyen Age. Ils cherchaient surtout du coton de meilleure qualité pour survivre dans la compétition très sévère avec les

[78] ASV, Miscellanea Gregolin, busta 14, Libro Nuovo Real, f. 62b, 71b, 81b, 114b, 121b, 130b.

[79] ASV, Archivi di famiglie e di persone, Grimani e Barbarigo, busta 41, f. 176.

[80] Ph. Braunstein, «Réseaux familiaux, réseaux d'affaires en pays d'Empire: les facteurs de sociétés (1380–1520)», p. 33.

[81] ASV, Miscellanea Gregolin, busta 14, Libro Nuovo Real, f. 54b, 81b, 101b, 114b, 121b, 135a, 138b, 143a.

[82] W. von Strömer, «Une clé du succès des maisons de commerce d'Allemagne du Sud: le grand commerce associé au Verlagssystem», dans *Revue historique*, CCLXXXV/1, pp. 29–48.

[83] L. Schick, *Un grand homme d'affaires, op. cit.*, p. 7.

nouvelles régions productrices, surtout avec l'Allemagne du Sud. Les futaines de Milan et de Crémone surtout, étaient plus coûteuses que celles d'Allemagne du Sud.

L'industrie allemande utilisait-elle alors de la matière première de plus médiocre qualité que celle d'Italie du Nord? Non, car les marchands allemands, comme leurs confrères italiens, venaient acheter du coton de bonne qualité sur le marché de Venise. Un capitulaire des *visdomini du Fondaco dei Tedeschi* indique que les marchands acquéraient du coton d'Outre-mer.[84] Selon le classement de Pegolotti, cette catégorie comprenait normalement le produit de Syrie, de Chypre et d'Arménie.[85] Mais celui d'Arménie a quasiment disparu des documents occidentaux de la fin du Moyen Age, à la suite de la disparition du royaume d'Arménie. De plus, le trafic de la variété de Chypre était plus ou moins sous le contrôle des marchands génois depuis leur occupation de Famagouste. Le coton d'Outre-mer signifiait alors en général celui de Syrie pour les marchands allemands. L'analyse de deux livres de comptes, l'un de la *fraterna* Soranzo et l'autre d'Andrea Barbarigo, confirme cette conclusion. D'abord, la *fraterna* Soranzo ne trafiquait pas d'autres cotons que ceux d'origine syrienne: coton de Hama, d'Asciam, d'Acre, de Gibelet, de Tripoli, de Rama, et coton filé. D'ailleurs, les marchands *tedeschi* acquéraient la plus grande part de leur coton de cette société. Plus précisément, les marchands d'Ulm ne se procuraient que le coton de Hama, à savoir le plus cher, excepté un seul cas.[86] Pour les marchands de Nuremberg, il en va de même. Le coton de Hama représente plus de 90 % de l'achat total. Même si la composition de leur achat était plus variée, ceux d'Augsbourg aussi s'intéressaient en priorité au coton de Hama. Par cette société, les marchands d'Augsbourg achetèrent soixante-sept sacs de Hama, vingt-deux d'Asciam et cinquante et un de Gibelet.

Cette particularité se trouve également dans le livre de comptes de la famille Barbarigo.[87] Les cotons échangés le plus fréquemment par cette famille étaient ceux de Hama et d'Acre. On ne remarque qu'un achat d'un seul sac de coton turc, vendu sur le marché de Genève. La plus grande part du coton de Hama fut vendue aux marchands

[84] G.M. Thomas, *Capitolare dei Visdomini del fontego dei Todeschi in Venezia*, Berlin, 1874, p. 73 (cap. 168).

[85] Pegolotti, *La pratica della mercatura*, éd. A. Evans, Cambridge, 1936, p. 293, 366–367.

[86] ASV, Miscellanea Gregolin, busta 14, Libro Nuovo Real, f. 46: le 20 juin 1420 Konrad Vot acheta huit sacs de coton d'Acre.

[87] ASV, Archivi di famiglie e di persone, Grimani e Barbarigo, busta 41, 42, 43.

d'Ulm. Ceux de Nuremberg se spécialisaient dans le commerce du coton d'Acre. Ceux d'Augsbourg diversifièrent leurs transactions. Cette analyse nous permet de conclure que les marchands allemands aussi essayaient de se procurer du coton de meilleure qualité, comme les Italiens, et quelquefois plus attentivement. Ce résultat pourrait être considéré comme inattendu, du fait que la futaine de la meilleure qualité à la fin du Moyen Age était fabriquée à Milan et à Crémone. Dès lors, comment pouvait être fabriquée une futaine moins chère en Allemagne du Sud, en dépit de l'utilisation de la matière première la plus chère et du coût de transport peut-être plus élevé ? Il semble que ce résultat dérive de la différence d'organisation de l'industrie entre l'Allemagne du Sud et les deux centres en Italie du Nord, Milan et Crémone. La première employait un grand nombre de tisserands ruraux, contrairement aux seconds qui s'appuyaient sur les maîtres citadins, très expérimentés. Cela contribua à baisser le prix de la futaine allemande, bien qu'elle fût fabriquée avec de la matière première de haute qualité comme le coton syrien.

Enfin, nous devons nous demander pourquoi Venise confiait une grande partie du coton aux marchands *tedeschi*, aux dépens de sa propre industrie, ou tout en prenant des mesures de protection pour celle-ci par l'interdiction d'importation des produits finis allemands. Ce phénomène peut s'expliquer par la structure de l'ensemble du trafic entre Venise et l'Allemagne du Sud. Venise, qui était spécialisée dans le trafic intermédiaire entre l'Orient et l'Occident, avait besoin de métaux pour l'achat des marchandises au Levant, et l'Allemagne du Sud pouvait les lui fournir. Venise payait en retour par des marchandises orientales, notamment les épices et le coton. Ce dernier produit offrait plus d'avantages économiques que les premières, parce que la transformation de la matière première en tissus engageait une forte main-d'œuvre et que les produits finis représentaient une marchandise dont la commercialisation était garantie, puisque la demande était en expansion.

CHAPITRE III

L'ITALIE DU CENTRE

Il est difficile de dater le début de l'industrie cotonnière en Italie du Centre. Il semblerait que les artisans émigrés de la Lombardie, grand centre pionnier de la futaine, vers l'Emilie, la Romagne, la Toscane, l'Ombrie et les Marches, aient contribué à sa diffusion.[1]

Toutefois, au XIVe siècle déjà, l'industrie cotonnière était largement répandue en Italie du Centre. M.F. Mazzaoui et B. Dini ont déjà repéré la plupart des lieux de fabrication[2] : Ferrare et Bologne en Emilie-Romagne[3], Florence[4], Arezzo, Sansepolcro, Città di Castello, Cortona, Sienne, Pise, Poggibonsi et Pontremoli en Toscane, Pérouse[5], Assise[6], Orvieto[7], Terni, Narni, Foligno et Todi en Ombrie, Ancône, Ascoli Piceno, Fano et Civitanova dans les Marches, Rome en Latium[8].

---

[1] M.F. Mazzaoui, «La diffusione delle tecniche tessili del cotone», p. 158.

[2] M.F. Mazzaoui, *The italian cotton industry in the Later Middle Ages 1100–1600*, Cambridge, 1981 ; Idem, «La diffusione delle tecniche tessili del cotone», dans *Tecnica e società nell'Italia dei secoli XII–XVI*, Undecesimo Convegno internazionale del Centro italiano di studi di storia e d'arte, Pistoia 28–31 octobre 1984, Pistoia, 1987, pp. 157–172 ; Idem, «L'industria cotoniera italiana nel medioevo», *Ricerche storiche*, 11 :2–3, (1981), pp. 371–382 ; B. Dini, «L'industria tessile italiana nel tardo medioevo», dans *Saggi su una economia-mondo : Firenze e l'Italia Mediterraneo ed Europa (secc. XIII–XVI)*, Ospedaletto, 1995, pp. 13–49.

[3] A Bologne en 1288, les maîtres-artisans du coton et du *pignolato* constituaient leur propre guilde. R. Davidsohn, *La storia di Firenze*, Florence, 8 vol., 1974–1981, vol. 6, partie II, p. 161.

[4] *Ibid.*, p. 162. En 1295, nous pouvons documenter la présence à Florence des marchands de Lucques pour acheter des futaines.

[5] Les statuts de la guilde de Pérouse sont publiés par R. Staccini, *Le arti perugine della bambagia e della seta*, Spoleto, 1994.

[6] La règlementation de la fabrication cotonnière à Assise est publiée par G. Zaccaria, «L'arte dei guarnellari e dei bambagiari di Assisi», *Bollettino della deputazione di storia patria dell'Umbria*, vol. 70, fasc. 2, 1973, pp. 1–92.

[7] Cinq sous étaient imposés sur l'entrée d'une *soma* de coton, huit sous pour le coton filé. Le coton brut était envoyé en dehors de la ville pour être filé. «—que collecta solvatur de infrascriptis rebus pertinentibus ad operandum artem lane. Pro lana vero, bambascia et seta, que extra civitatem mictuntur ad laborandum pro panno, guarnello vel sindone faciendo, nihil in redditu solvatur—». G. Pardi, «Gli statuti della colletta del comune d'Orvieto», p. 196 ; E. Carpentier, *Une ville devant la peste. Orvieto et la peste noire de 1348*, Paris, 1962, p. 71.

[8] Au début du XIVe siècle déjà se trouvait une guilde organisée par les artisans romains nommés *bambacarii*. M.F. Mazzaoui, *The italian cotton industry, op. cit.*, pp. 61–62.

D'autres endroits fabriquaient des tissus de coton, même si leur volume de production restait très limité et si leurs produits étaient consommés localement. Les marchands de Jesi, Cingoli, Sirolo, Recanati, Aquilea, Camerino, Montelupone, Macerata, Urbino et Fabriano, allaient souvent acheter du coton sur le marché d'Ancône et le fournissaient probablement à leurs confrères artisans.[9] La ville de Prato participait aussi à l'industrie.

C'est par les trois principaux ports, Ancône, Venise et Pise, que le coton était introduit vers les lieux de fabrication.[10] Au cours de la fin du Moyen Age, le ravitaillement en matière premièer de ces derniers passa de plus en plus sous le contrôle des marchands florentins, qui participaient également à la fabrication des tissus et à leur commercialisation.

I. *Le ravitaillement en coton par Ancône*

L'importance d'Ancône résidait avant tout dans son activité portuaire. Grâce à ses avantages géographiques, notamment la proximité de la ville de Florence, qui ne possédait pas de port propre avant l'occupation de Pise, et ses relations étroites avec les ports dalmates, surtout Raguse, Ancône servait à la fois de port d'exportation pour les biens produits dans l'arrière-pays et de port d'importation pour les marchandises venues des pays lointains, non seulement sur des navires anconitains, mais également sur des navires étrangers. Cependant ces privilèges géographiques n'étaient pas toujours favorables à son commerce, car ils suscitaient une sévère pression de Venise qui considérait la mer Adriatique comme son territoire réservé.[11] Pour comprendre le commerce d'Ancône, il faut tenir compte de cette situation.

En tout cas, Ancône était déjà l'un des principaux ports d'importation du coton avant la fin du Moyen Age.[12] Ses principaux lieux d'ap-

---

[9] ASA, notaio di Ancona, *passim*.

[10] Le coton arrivait par d'autres ports de second ordre en Italie du Centre: Livourne, Talamone. Selon le tarif de gabelle du port de Talamone, on payait dix livres chaque *soma* de coton. M.F. Mazzaoui, «L'industria cotoniera italiana nel Medioevo», pp. 373–374; Uzzano, *La pratica della mercatura*, Lisbonnes–Lucques, 1766, pp. 86–87.

[11] E. Ashtor, *Levant trade in the Later Middle Ages*, Princeton, 1983, p. 141.

[12] Pour le commerce d'Ancône, voir les recherches suivantes. E. Ashtor, «Il commercio levantino di Ancona nel basso Medioevo», dans *Studies on the Levantine trade in the Middle Ages*, pp. 213–253; Idem, «Il commercio anconetana con il Mediterraneo occidentale nel Basso Medioevo», pp. 9–59; J.F. Leonhard, *Ancona nel basso medio evo: la politica estera e commerciale dalla prima crociuta al secolo XV*, vol. 1–2, tr. par Teodoro Sca-

provisionnement changèrent pourtant vers la fin de la période. Après la chute d'Acre en 1291, c'était Famagouste. Les marchands d'Ancône y achetaient de la matière première aux marchands chrétiens réfugiés à la suite de la chute des royaumes latins de Syrie, chrétiens qui s'occupaient du transfert des marchandises de Syrie à Famagouste et participaient également à leur transport de Famagouste en Occident.[13] Le transport vers Ancône était également assuré par ses propres navires.[14]

Après la reprise du trafic entre le monde chrétien et le sultanat des Mamelouks, les navires d'Ancône purent transporter du coton directement de Syrie et d'Egypte vers Ancône, sans passer par Famagouste.[15] La guerre de Chioggia entre Venise et Gênes offrit par ailleurs une conjoncture très favorable, de sorte que le trafic augmenta d'une façon considérable. Les navires anconitains apportèrent une grande quantité de coton, en profitant de l'indisponibilité des marchands et navires de Venise. Cette situation est bien montrée par une lettre écrite le 28 décembre 1379 par Giacomo Sodanieri de la compagnie de Pérouse, et adressée à Lodovico di Guido degli Adimari et Andrea del maestro Ambrogio de la compagnie de Pise. D'après cette lettre, le soir du 23 décembre 1379, deux coques arrivèrent à Ancône. Partie de Tripoli le 26 octobre 1379, l'une d'elles avait chargé trois cent trois sacs de coton de Hama, et l'autre, en provenance d'Alexandrie, apporta deux cent quarante sacs.[16]

Cependant, les marchands d'Ancône se retirèrent progressivement du trafic des cotons levantins[17], tandis que l'approvisionnement en Ro-

---

mardi et vol. 3–4, tr. par Domenico Mugnolo, Ancône et Bologne, 1992; P. Earle, «The commercial development of Ancona, 1479–1551», *Economic history review*, 22:1 (1969), pp. 20–44; J. Delumeau, «Un ponte fra Oriente e Occidente: Ancona nel Cinquecento», *Quaderni Storici*, 13 (1970), pp. 26–47.

[13] D. Abulafia, «The anconitan privileges in the kingdom of Jerusalem and the levant trade of Ancona», p. 526.

[14] Pegolotti, *La pratica della mercatura*, éd. A. Evans, Cambridge, 1936, p. 93.

[15] En tout cas, le transport du coton de Chypre à Ancône continuait à la fin du XIVe siècle. M.V. Biondi, *Ancona e il suo mare. Norme, patti e usi di navigazione nei secoli XIV e XV*, 2 vol., Ancône, vol. 1, p. 48.

[16] F. Melis, *Documenti per la storia economica dei secoli XIII–XVI*, Florence, 1972, pp. 142–144.

[17] Cependant, au début du XVe siècle, les navires d'Ancône ne cessaient pas de fréquenter les ports syriens et égyptiens. En 1402, plusieurs marchands d'Ancône affrétèrent un navire catalan qui se trouvait au port d'Alexandrie afin de transporter du coton de Tripoli vers leur ville. Le tarif de nolis pour un *cantare* était de trois ducats. Un navire qui était parti au printemps 1404 revint d'Alexandrie avec un chargement de

manie devint plus fréquent.[18] Les marchands de Raguse prenaient part également à ce commerce de Romanie à Ancône.[19] D'après un traité commercial de l'année 1372 entre Ancône et Raguse, les marchands de celle-ci payaient 6 % de douane pour l'importation du coton de Clarentza à Ancône.[20] Selon un contrat établi en 1450 entre Thomas Zivolinovic et Franko Crijevic, marchands de Raguse, le coton devait être transporté d'Arta à Raguse. Mais, s'il n'était pas vendu sur le marché de Raguse, ce coton devait être acheminé dans les Marches ou dans les Abruzzes en Italie du Centre.[21] En 1501, les patrons de Raguse demandèrent à l'Etat d'Ancône une faveur douanière. Ils réclamèrent le même tarif que les marchands florentins pour les marchandises transportées par eux: soie, blé, coton filé, etc.[22]

Le coton acheté sur les marchés de Romanie n'était pas toujours originaire de cette région, mais très souvent d'origine syrienne et turque. En effet, les produits syriens et turcs étaient les plus demandés sur le marché d'Ancône au XVe siècle.[23]

L'importation du coton à Ancône était réalisée non seulement par les marchands de cette ville, mais également par ceux de Florence, qui prêtaient souvent des capitaux à ceux-là. En cela, les affaires de deux marchands de la famille Quiriaci, Giacomo et Francesco, méritent d'être

poivre et de coton en été. En 1405, un *panfilo* apporta du coton du Levant à Ancône. E. Ashtor, *Levant trade, op. cit.*, p. 241.

[18] Dans les statuts de la mer d'Ancône de l'année 1397 figure le coton comme un des articles principaux provenant de Romanie. M.V. Biondi, *Ancona e il suo mare, op. cit.*, t. 1, pp. 48–49.

[19] I. Voje, «Relazioni commerciali tra Ragusa e le Marche nel Trecento e nel Quattrocento», pp. 202–203.

[20] B. Kreckic, *Dubrovnick (Raguse) et le Levant*, Paris, 1961, p. 79, 212.

[21] *Ibid.*, p. 365, n° 1191. Zivolinovic acheta à Franko Crijevic de la famille noble ragusaine 32 pièces de draps ragusains. Crijevic serait tenu de payer la douane pour l'exportation de ces draps sur un navire ragusain jusqu'à Arta en Romanie. Là, Zivolinovic devrait fournir 2300 livres de cire et 1500 livres de bombasin filé à Crijevic en contrepartie de ces draps. Le coton et la cire seraient apportés à Raguse. Si le coton ne pouvait pas être vendu à Raguse, Crijevic serait tenu de le porter dans les Marches ou dans les Abruzzes en Italie du Centre.

[22] C. Ciavarini, *Statuti, op. cit.*, p. 253.

[23] Pour le XVe siècle, nous avons des sources plus nombreuses que pour la période précédente. Dans les archives d'Etat d'Ancône, nous trouvons de nombreux actes notariés qui attestent que la ville d'Ancône était très animée en tant que marché du coton et que les marchands florentins y jouaient un rôle primordial. A part ce fait, ces documents sont un peu décevants. En effet, la plupart sont des contrats *debitum*, et il y a peu de contrats de nolis. D'ailleurs, en général, ils ne mentionnent pas l'origine des cotons. S'ils le font, il s'agit toujours de la Syrie et de la Turquie.

citées.[24] Ils s'appuyaient souvent sur les grands marchands de Florence, comme la famille Aleis, afin de trouver des fonds,[25] et fournissaient en retour du coton à cette famille florentine.

Tableau 22. *Transactions du coton de Giacomo (GQ) et Francesco Quiriaci (FQ)*

Date	*Vendeurs*	*Acheteurs*	*Quantité*	*Sources*
	GQ	Battista de Montelupone (fils de Bartolomeo)	4 sacs de coton	ASA, n° 179, f. 264v
28/02/1450	FQ	Oddo de Aleis de Florence (fils de Niccolò)	1960 livres de coton filé (206 ducats et 58 sous)	ASA, n° 46, f. 95r–95v
28/2/1450	FQ	Antonio de Ancône (fils de Bartolomeo)	3 sacs de coton (29 ducats et 19 sous)	ASA, n° 46, f. 128v
31/09/1450	FQ	Giovanni Gralus et Niccolò (fils de Giovanni)	1 sac de coton (10 ducats)	ASA, n° 46
27/04/1458	GQ	Christoforo Victualis de Angelo	4 sacs de coton (59 ducats et 26 sous)	ASA, n° 48, f. 113r
15/06/1458	GQ	Galeazo Seghini et Stefano d'Ancône (fils de Dionisio)	3050 livres de coton (60 ducats et 10 sous)	ASA, n° 48, f. 154r–154v
12/07/1458	GQ	Supranso de Cingulo (fils de Giacomo)	100 ducats de coton	ASA, n° 48, f. 168r
21/05/1459	GQ	Antonio Ferdutti (fils de Domenico)	3453 livres de coton (172 ducats et 56 sous)	ASA, n° 49, f. 89r
07/06/1459	GQ		10 sacs de coton (145 ducats)	ASA, n° 49, f. 102v–103r
29/05/1469	GQ		5 sacs de coton turc (49 ducats)	ASA, n° 53, f. 162r

Les cotons trafiqués par les Quiriaci étaient le plus souvent d'origine turque et syrienne. En 1450, Francesco Quiriaci acheta huit sacs et demi de coton syrien pour une valeur de près de 208 ducats à Lorenzo Grimaldi, son confrère.[26] Les Quiriaci s'approvisionnaient en cette matière première parfois par l'intermédiaire des marchands gé-

[24] Anton Jacobi Monoli, Francesco et Giacomo Quiriaci, Antonio Freducti et ses fils (Antonio et Lillus), Francesco de Pecualis.

[25] ASA, Notaio di Ancona, n° 46, f. 147r.

[26] ASA, Notaio di Ancona, n° 46, f. 146r.

nois à Chio.[27] D'après le contrat établi le 17 décembre 1459 à Ancône, un navire génois dont le patron était Giovanni de Messina, devait transporter à Chio des draps appartenant à Giacomo Quiriaci, et les confier à Geronimo Giustiniani. Au retour, le patron devait apporter du coton turc à Ancône, peut-être fourni par ce grand marchand génois de Chio.[28]

Il semble que ce genre de trafic s'effectuait régulièrement. Le 13 juin 1458 à Ancône, Leonardo de Bonarellis, fils de Pietro, Filippo Bucelli et leurs associés, marchands d'Ancône, firent une transaction avec un marchand génois, Leonardo Scotto. D'après ce contrat, les marchands d'Ancône promettaient de confier des draps à Leonardo Scotto. En contrepartie, Leonardo Scotto devait leur fournir du coton, probablement en provenance de Chio.[29] Ce courant de trafic est plus explicitement attesté par un traité de l'année 1519 entre Gênes et Ancône, d'après lequel les marchands génois utilisaient le port d'Ancône comme lieu de transit pour transporter des marchandises de Chio vers la Lombardie, la France, et la Flandre.[30]

Outre leur rôle de financiers, les Florentins participaient activement au commerce du coton sur le marché d'Ancône. Ils étaient les plus privilégiés à Ancône, profitant d'avantages douaniers, à savoir qu'ils payaient cinq *bolognini* par *collo* pour le transit du coton, alors que les marchands de Gênes devaient en acquitter six.[31] En cela, le marché d'Ancône avait des attraits pour séduire les grands hommes d'affaires florentins renommés comme les Médicis et les degli Agli.

En 1440, la compagnie de Cosimo di Giovanni de Médicis passa un contrat avec Dionigi di Giovanni et Orlando di Cosimo di Giovanni de Médicis pour établir une entreprise à Ancône. Bernardo de Médicis s'occuperait de cette affaire, à la condition d'ajouter 2000 florins au montant des 18000 investis par les autres membres.[32] Avant d'aborder les affaires de Bernardo de Médicis, il faut indiquer qu'il existait plus

---

27 En 1439, un navire patronné par Grazioso transporta une certaine quantité de coton de Phocée à Ancône. E. Ashtor, «Il commercio levantino di Ancona», p. 249; Idem, *Levant trade*, *op. cit.*, p. 359.

28 ASA, Notaio di Ancona, n° 49, f. 235^v–236^r.

29 ASA, Notaio di Ancona, n° 48, f. 150^v–151^r.

30 C. Ciavarini, *Statuti anconitani del mare, del terzenale e della dogana e patti con diverse nazioni*, Ancône, 1896, p. 279.

31 J. Delumeau, «Un ponte fra Oriente e Occidente: Ancona nel Cinquecento», pp. 31–33.

32 E. Ashtor, «Il commercio anconetano con l'Occidente», p. 21.

de deux marchands qui portaient ce nom. Dans un contrat rédigé le 2 avril 1450 par un notaire anconitain, Massi Giovanni, figure Bernardo de Médicis, fils de Bartolomeo, qui vendit un sac de coton à ses compatriotes.[33] Dans un autre contrat établi le 9 mai 1451 par un autre notaire, Tommaso Marchetti, un autre Bernardo de Médicis, fils d'Andrea, vendit deux sacs de coton pour une valeur de vingt-trois ducats et cinquante sous.[34] Dans les actes des années 1450 et 1451 du notaire Tommaso Cinzio, se présente encore un Bernardo de Médicis. Mais ces documents ne mentionnent pas le prénom de son père.

Ce dernier Bernardo est l'objet de notre recherche, malgré la difficulté de son identification. Les actes de Tommaso Cinzio nous permettent d'apprécier le trafic du coton réalisé sur le marché d'Ancône par Bernardo de Médicis pendant la période du mois de janvier au mois d'avril 1450. Même s'il s'occupait du trafic de marchandises variées comme le savon, le poisson séché et salé, le blé, la cire, le drap de Vérone et le corail, son principal intérêt à Ancône était le trafic du coton et du poivre.[35] En quatre mois, il fit près de vingt et une transactions sur les cotons, dont environ 1680 ducats de ventes et 1217 ducats d'achats. Pour ce qui est de l'achat, il n'effectua qu'un seul contrat avec un grand marchand, Lorenzo Grimaldi. Il lui acheta cent-onze sacs pour une valeur de 1217 ducats pour son propre compte et celui de ses associés. Le paiement fut fait en deux fois, sept cents ducats le 8 janvier 1451 et le reste le 11 août.[36] Pour les ventes, il est difficile de connaître la quantité précise, car en général les actes ne mentionnent que les prix de vente. Etant donné que le prix d'un sac de coton sur le marché d'Ancône oscillait alors entre dix et treize ducats, le montant de 1680 ducats correspondrait au minimum à cent-trente sacs et au maximum à cent-soixante-huit sacs. Ses clients venaient en grande partie de Florence, Pérouse, et Civitanova et parfois de Ferrare et de Crémone.

Même si dans les actes de Tommaso Cinzio ne figure pas le contrat de transport du coton à Ancône pour le compte de Bernardo de Médicis, il est probable qu'il y prenait part. En effet, il fit à plusieurs reprises des contrats avec des patrons allant en Romanie, dont la plupart ne mentionnent pas les types de marchandises à embarquer. Un contrat

---

33 ASA, Notaio di Ancona, n° 119, f. 58^v.
34 ASA, Notaio di Ancona, n° 104, f. 50^r–50^v.
35 ASA, Notaio di Ancona, Tommaso Cinzio, n° 46, passim.
36 *Ibid.*, f. 95^v, contrat du 10 février 1450.

de nolis du 16 mai 1491 nous montre clairement que les marchands florentins habitant à Ancône prenaient leur part au transport du coton. Le contrat fut établi entre le patron Francesco Raspantis et Geronimo Rudolphe de Florence, fils de Giovanni. Le trajet serait le suivant: Ancône–Constantinople ou Gallipoli–Porto Pisano. Le navire quitterait le port d'Ancône au milieu du mois de juillet ou août. Il passerait deux mois et demi à Péra ou à Gallipoli. C'est Alferio de Sternalis de Florence qui s'occupait des affaires à Constantinople pour le compte de Geronimo Rudolphe. Selon ce contrat, il devait faire charger en faveur de Geronimo les produits comme la cire, le corail, et autant que possible le coton. Le tarif de nolis était de 4/5 ducats par *cantare* pour le coton brut et d'un ducat pour le coton filé.[37]

Le fait que les marchands florentins élargissent leurs affaires au transport en plus du financement et du commerce sur le marché d'Ancône, est bien attesté par les affaires d'une autre grande famille florentine, qui s'occupait également du trafic du coton. Il s'agit de la famille degli Agli de Florence, très active dans la navigation anconitaine. Guelfo degli Agli était patron d'un navire qui naviguait dans les années 1430 et 1440, sur la route maritime entre Ancône d'une part et la Syrie, l'Egypte, et la Romanie d'autre part. Niccolò degli Agli, peut-être le frère de Guelfo, avait quatre fils, Oddo, Andrea, Francesco et Bindo. Dans les années 1460, ils étaient également devenus patrons de navires, ainsi que leur oncle.[38]

Comme Bernardo de Médicis, ils se mêlaient à des activités variées, en tant qu'investisseurs, acheteurs ou vendeurs. En février 1450, Oddo degli Agli, fils de Niccolò, acheta à trois reprises 1960 livres de coton pour un montant de 206 ducats et 58 sous à Francesco Quiriaci, marchand d'Ancône. Il avait d'autres fournisseurs, Benedetto Nauti, fils de Bartolomeo, qui lui vendit une certaine quantité de coton filé pour une valeur de 70 ducats et Petrello, fils de Giovanni, qui lui procura trente sacs de coton pour une valeur de 312 ducats et 67 sous.[39] En mars 1450, Niccolò degli Agli, père de Oddo, vendit quatre sacs de coton.[40] Niccolò négociait de la futaine fabriquée à Crémone.[41] Un autre marchand de la famille degli Agli, Checchus degli Agli, prêta trois cents ducats à

37 ASA, Notaio di Ancona, n° 42, f. 70^v–75^v.
38 E. Ashtor, «Il commercio levantino di Ancona nel Basso Medioevo», pp. 251–252.
39 ASA, Notaio di Ancona, n° 46, f. 89^r, 95^r–95^v, 115^v.
40 *Ibid.*, f. 133^v.
41 *Ibid.*, contrat du 14 juillet 1451.

Francesco Quiriaci qui fournissait du coton à Oddo degli Agli.[42] Giovanni degli Agli, fils d'Andrea et frère de Niccolò, prenait part lui aussi au trafic du coton sur le marché d'Ancône.[43]

Si une partie était destinée à l'industrie cotonnière de la ville, la plus grande part des importations était redistribuée vers les centres de fabrication de l'arrière-pays. Grâce aux actes notariés d'Ancône du XVe siècle, nous pouvons dresser une liste de l'origine des marchands qui s'approvisionnaient en coton sur ce marché d'Ancône : Pérouse, Florence, Exculo, Civitanova, Cingoli, Foligno, Camerino, Morrovalle, Sansepolcro, Recanati, Sirolo, Montecastro, Fabriano, Aquilea, Fano, Montefano, Naples, Macerata, Montebabbio, Montelupone, Assise, Urbino, Ferrare, Venise, Gênes, Crémone. Les plus assidus étaient les marchands venus de Florence, Pérouse, Exculo, Civitanova, Cingoli, Foligno, Camerino et Morrovalle, suivis par ceux de Sansepolcro, Recanati, Sirolo, Montecastro et Crémone. Les marchands provenant de Fabriano, Aquilea, Fano, Montefano, Naples, Macerata, Venise, Gênes, Montebabbio, Montelupone, Assise, Urbino et Ferrare étaient moins représentés.

Ces données nous permettent de faire quelques constatations, même si elles ne sont pas complètes. D'abord, une grande partie du coton était distribuée dans les régions proches d'Ancône comme Pérouse, Florence, Jesi, Civitanova, Cingoli, Camerino et Foligno.[44] Après les marchands de Florence, à la fois fournisseurs et acheteurs sur le marché d'Ancône, ceux de Pérouse se classent au deuxième rang. Dans les actes notariés dépouillés, nous avons trouvé huit marchands de Pérouse qui faisaient le trafic du coton à Ancône : Bernardo Cinelli, Constantino Angeli, Evangelista Angeli, Paolo Angeli, Giuliano Matteo, Lorenzo Francesco, Rinaldo Giovanni, et un Vincentio. Le fait que la ville d'Ancône constituait un lieu de ravitaillement important pour eux, est bien attesté par une lettre écrite le 28 décembre 1379 à Pérouse par Giacomo Soldanieri et adressée à Lodovico di Guido degli Adimari et Andrea del maestro Ambrogio. Cette lettre montre que ce marchand de Pérouse, qui était bien informé sur le marché du coton d'Ancône

---

[42] *Ibid.*, f. 147^{r}.

[43] ASA, Notaio di Ancona, n° 57, f. 29^{v}–30^{r}.

[44] Cependant, il faut souligner l'absence des marchands d'Arezzo, l'un des principaux lieux de fabrication en Italie du Centre. Dans ce contexte, Bruno Dini a raison de dire que les deux tiers du coton introduit à Arezzo provenaient de l'Adriatique et de Venise, un quart arrivant par la route de Florence et de Pise. B. Dini, *Arezzo intorno al 1400 : produzioni e mercato*, Arezzo, 1984, p. 55.

par son correspondant, se rendait à cette ville pour s'approvisionner en cette matière première.[45]

Une autre constatation, un peu inattendue, est que sur le marché du coton d'Ancône étaient aussi bien présents les marchands venus des villes comme Civitanova, Cingoli, Foligno, Camerino et Jesi, qui ne connurent pas de grand succès de l'industrie cotonnière à la fin du Moyen Age, selon l'état actuel des connaissances. Il faut notamment souligner le nombre des marchands de Civitanova. Ceux-ci étaient les clients les plus assidus de Bernardo de Médicis. En janvier 1450, Bernardo de Médicis vendit une certaine quantité de coton et de poivre pour une valeur de soixante ducats à trois marchands de Civitanova, Gaspare Massey, Domenico *Naretti*, et Domenico Angeli *Fusani*.[46] Le même mois, il fournit deux sacs de coton pour un montant de vingt ducats à un autre marchand de Civitanova, Simone *Varnis*.[47] Un autre Varnis, Domenico, acheta sept sacs à Antonio Monoli, marchand d'Ancône.[48] En février 1450, Bernardo de Médicis effectua encore deux transactions de coton avec des marchands de Civitanova.[49] Le 3 mars 1450, il établit deux contrats de ventes, l'un avec Marcheto Cecchi de Civitanova qui travaillait pour le compte d'Andrea Niccolò Andrea et Lodovico Marioti Antoni de Civitanova, et l'autre avec Ceprano Contucti Jordani de Civitanova.[50] Angelo Mathei de Civitanova, lui aussi, acheta du coton à Bernardo de Médicis.[51] Ce dernier avait d'autres clients de Civitanova pour d'autres marchandises comme le poivre et le drap.

Enfin, Ancône représentait un des lieux d'achat du coton, mais de moindre importance par rapport à Venise et à Gênes, pour les marchands lombards. Ceux-ci se rendaient à Ancône afin de vendre leurs produits finis, surtout des draps, et, au retour, apportaient des marchandises orientales en payant un demi-denier par livre pour leur exportation en dehors d'Ancône.[52] Les marchands de Crémone achetaient de

---

45 Dans cette lettre, l'expéditeur cite une lettre datée du 23 décembre provenant d'Ancône par laquelle il avait appris que deux navires d'Ancône étaient arrivés avec une grande quantité de coton, trois cent trois sacs provenant de Tripoli et deux cent quarante sacs chargés au port d'Alexandrie. F. Melis, *Documenti*, *op. cit.*, pp. 142–144.

46 ASA, Notaio di Ancona, n° 46, f. 32ᵛ.

47 ASA, Notaio di Ancona, n° 46, f. 73ʳ.

48 ASA, Notaio di Ancona, n° 49, f. 52ᵛ, 55ʳ, 55ᵛ.

49 ASA, Notaio di Ancona, n° 46, f. 83ᵛ, 111ᵛ.

50 *Ibid.*, f. 135ʳ, 135ᵛ.

51 *Ibid.*, f. 182ᵛ.

52 La ville d'Ancône établit plusieurs traités commerciaux avec les villes lombardes. M.V. Biondi, *Ancona e il suo mare*, *op. cit.*, t. 1, pp. 103–107.

la matière première et vendaient leurs futaines sur le marché d'Ancône.[53] En cela, ce trafic pouvait porter atteinte au rôle de fournisseur de Venise vers l'Italie du Nord.[54] Ce commerce prenait de l'importance surtout lorsque le trafic du coton de Venise était perturbé.[55]

II. *Le ravitaillement en coton par Venise*

Les documents des archives Datini révèlent que Venise était l'un des principaux fournisseurs de matière première pour l'industrie cotonnière d'Italie du Centre vers 1400. En cela, l'intérêt de Venise se heurtait inévitablement à celui d'Ancône, autre fournisseur, qui envahissait parfois les marchés vénitiens d'Italie du Nord. Un traité de l'année 1264 révèle que l'Etat de Venise voulait prohiber le transport du coton du Levant vers les ports dalmates par les navires d'Ancône.[56] Après la chute d'Acre en 1291 qui rendit difficile l'approvisionnement en coton, Venise encouragea son importation, en offrant les mêmes tarifs aux marchands étrangers qu'aux Vénitiens, c'est à dire une taxe de 6 % *ad valorem*. Le transport d'Ancône à Venise devait payer un tarif plus élevé, à savoir 8 %.[57] Un traité établi en 1345 entre Ancône et Venise confirma de nouveau la supériorité de celle-ci vis-à-vis de celle-là.[58]

Cependant, Venise ne parvint pas à mettre en échec le trafic du coton d'Ancône et des événements défavorables pour Venise comme la guerre de Chioggia offrirent parfois de bonnes occasions aux marchands d'Ancône. A cause de cette guerre qui absorba les ressources de Venise, son service de transport ne fonctionna pas d'une façon normale de 1378 à 1381. Par conséquent, les navires d'Ancône remplacèrent ceux de Venise et davantage de marchands de Lombardie, gros clients de

---

[53] En 1450, Stefano de Zacchariis, marchand de Crémone, acheta une certaine quantité de coton à Leonardo de Bonarellis. En 1450, un autre marchand de Crémone, Tibaldo Breccha, fils de Franchino, promit à Bernardo de Médicis de payer le reste du montant qu'il lui devait, à savoir 386 ducats, pour l'achat du coton. ASA, Notaio di Ancona, n° 46, f. 18^{v}–19^{r}, 32^{v}, 135^{v}, n° 54, f. 96^{r}–96^{v}.

[54] D'après un décret du Sénat vénitien du 15 novembre 1450, le transport du coton d'Ancône vers le nord via Ravenne portait atteinte au commerce des Vénitiens en Italie du Nord, grand client du coton de Venise. ASV, Senato Mar, reg. 4, f. 20^{r}.

[55] F. Melis, *Documenti, op. cit.*, pp. 142–144.

[56] G. Luzzatto, «I più antichi trattati tra Venezia e le città marchigiane», p. 67.

[57] F. Thiriet, *Délibérations des assemblées vénitiennes concernant la Romanie*, 2 vol., Paris, 1966–1971, vol. 1, p. 72.

[58] E. Ashtor, *Levant trade, op. cit.*, p. 70.

Venise, se rendirent sur le marché d'Ancône.[59] Au milieu du XVe siècle, Venise ne réussit pas à exercer une emprise définitive sur le trafic du coton d'Ancône, comme le montre une délibération du 18 décembre 1450 du Sénat disant que le transport de cette matière d'Ancône en Lombardie nuisait grandement à la distribution du coton en Italie du Nord par Venise.[60]

En dépit des efforts de Venise, l'importation par Ancône ne déclina pas. En effet, d'autres villes, surtout Florence, avaient des intérêts à ce trafic. Les Génois utilisaient ce port afin d'importer des marchandises de Chio vers leur métropole. En outre, le marché d'Ancône représentait une alternative, même si de second ordre, pour les centres de fabrication d'Italie du Nord, qui s'appuyaient fortement sur Venise afin de se procurer le coton.

Venise, n'ayant pas remporté de victoire définitive, dut partager le ravitaillement en coton de l'industrie d'Italie du Centre. En général, les marchands de Venise ne se rendaient pas en Italie du Centre dans ce but, mais au contraire, les habitants de cette région venaient sur le marché vénitien afin de s'approvisionner en marchandises à la fois orientales et occidentales. Les marchands florentins surtout jouaient un rôle très important dans ce trafic de redistribution de Venise vers l'Italie du Centre.[61] Depuis la seconde moitié du XIVe siècle, une grande partie du trafic de Florence avec l'Orient passait par Venise, qui servait quant à elle de port d'exportation pour les draps florentins.[62]

Les marchands d'autres villes d'Italie du Centre n'étaient pas exclus de ce trafic. De nombreux marchands de Pérouse avaient pour habitude de venir se procurer des épices et d'autres produits à Venise, notamment à la foire de l'Ascension.[63] Le coton de Venise était trans-

---

59 E. Ashtor, «Il commercio levantino di Ancona», p. 219; F. Melis, *Documenti, op. cit.*, p. 142.

60 ASV, Senato Mar, reg. 4, f. 20^{r}.

61 R. Davidsohn, *La storia di Firenze*, vol. VI, partie II, pp. 858–867.

62 D'après le discours prononcé par le doge Tommaso Mocenigo, les Florentins apportaient chaque année seize mille pièces de draps, qui étaient exportées par le port de Venise, en Afrique du Nord, en Egypte, en Syrie, à Chypre, à Rhodes, en Romanie et en Dalmatie. M.E. Mallett, *The florentine galleys in the fifteenth century*, Oxford, 1967, p. 7.

63 Un décret du Sénat vénitien du 25 mai 1447 témoigne de l'assiduité des marchands de Pérouse sur le marché de Venise: «cum ad has mundinas et festum astensionis dominice venerint huc quod plures cives et mercatores Perusini qui pro solita eorum consuetudine emerunt bonam quantitatem speciarum et aliarum mercium quas conducere cupiunt (ou capiunt) per viam Arimini Perusium». ASV, Senato Mar, reg. 3, f. 18^{v}.

porté à Pérouse via Rimini ou Bologne.[64] Arezzo aussi, centre de fabrication en Toscane, recevait la majeure partie de la matière première de Venise.[65] Les marchands de la région des Marches s'approvisionnaient également par Venise. Ancône était un port d'importation pour le coton de Venise. Un traité commercial établi en 1302 entre Ancône et Recanati atteste que les marchands de celle-ci avaient déjà l'habitude de transporter des marchandises de Venise à Recanati par le port d'Ancône.[66] Dans la seconde moitié du XIVe siècle, Recanati créa une foire, dont l'origine était liée à l'activité du sanctuaire de Lorette. Au moment de la foire étaient échangés non seulement des produits locaux, mais également des marchandises internationales. C'étaient surtout les marchands vénitiens et florentins qui se chargeaient du ravitaillement de cette foire en produits du Levant, de l'Allemagne, et de Flandre.[67] En 1416, Venise garantit la liberté et la sécurité de la mer à la commune de Recanati en récompense de sa fidélité, contre les intrigues d'Ancône.[68]

Dans l'ensemble, la redistribution du coton depuis Venise vers l'Italie du Centre était pour la plupart assurée par les marchands florentins, plus généralement toscans. Le fait que ce trafic soit très animé, est attesté par les documents des archives Datini. La route la plus habituelle était la suivante: Venise–Chioggia–Ferrare–Bologne–villes d'Italie du Centre. La ville de Bologne constituait une étape intermédiaire dès avant la fin du Moyen Age.[69] Un traité de l'année 1300 entre Florence et Bologne assurait aux marchands florentins le droit de transporter leurs marchandises en profitant du canal de *Naviglio*.[70] Un autre traité de l'année 1317 entre Bologne et Florence prescrivit que tous les marchands florentins passant à Bologne devaient payer un droit de passage de sept sous pour une charge, dite *soma*, de coton nouveau et

---

[64] Selon le manuel de Pegolotti, le transport d'une charge de coton de Venise à Pérouse coûtait trois florins d'or et demi. F. Pegolotti, *La pratica della mercatura*, p. 151, 175.

[65] B. Dini, *Arezzo, op. cit.*, pp. 59–60.

[66] Ludovico Zdfkauer, «La dogana del porto di Recanati nel 1396», p. 71, 85; G. Luzzatto, «I più antichi trattati tra Venezia e le città marchigiane», p. 30.

[67] L. Zdekauer, «La dogana del porto di Recanati nel 1396», p. 65; Idem, «Per una storia delle fiere di Recanati (1384–1473)», p. 248.

[68] *Ibid.*, p. 249.

[69] R. Davidsohn, *La storia di Firenze*, vol. 6, p. 847; C. Ciano, *La pratica della mercatura datiniana (secolo XIV)*, Milan, 1964, pp. 66–67.

[70] R. Ciasca, *L'arte dei medici e speziali nella storia e nel commercio fiorentino dal secolo XII al XV*, réimpression de l'édition de 1927, Florence, 1977, pp. 543–544.

ancien, et neuf sous pour le coton filé. En 1326, Simone Guradi, marchand florentin, transporta de Venise à Bologne, du sucre, de la cire, du poivre et du coton, pour les acheminer vers Florence. Un autre marchand florentin, Lapo Ranuccini, importa de Venise à Bologne des marchandises similaires y compris une *soma* de coton brut.[71] Ce dernier figure dans les tarifs douaniers des années 1351 et 1383 entre Bologne et Florence.[72]

La compagnie Datini aussi participait activement à ce trafic et ses réseaux démontrent les modalités de ce commerce de redistribution.[73] A Venise, quatre marchands vénitiens qui étaient en relations commerciales avec la compagnie Datini, s'occupaient de l'envoi de Venise jusqu'à Bologne : Zanobi di Taddeo, Donato di Bonifacio, Bindo Piaciti et Inghilese d'Inghilese. A Bologne, la compagnie Datini avait cinq agents d'affaires de cette ville, Nello et Antonio di Ser Bartolomeo, Gherardo Bartolini, Salvestro di Iacopo et Matteo di ser Nello, qui assuraient la seconde expédition de Bologne vers des villes toscanes, surtout Florence et Pise, en confiant le transport aux compagnies de voitures dites *vetturale*.[74]

La correspondance des archives Datini de Bologne à Pise et les registres intitulés *ricevute di balle di Pisa* citent plusieurs envois de coton de Venise à Pise en passant par Bologne.[75] D'après ces registres, Inghilese d'Inghilese effectua de nombreuses expéditions de Venise à Pise, toujours via Bologne où Nello et Antonio di ser Bartolomeo travaillaient pour le compte de cet agent d'affaires de la compagnie Datini à Venise. Parfois, Nello di ser Bartlolomeo envoyait du coton de Bologne à Pise pour son propre compte.[76]

---

[71] *Ibid.*, p. 551.

[72] L. Frati, « Tariffa daziaria fra il comune di Bologne e quello di Firenze », p. 364, 367–378.

[73] ASP, fonds Datini, busta 1149 et busta 550.

[74] D'après un traité de l'année 1343 entre Pise et Florence, les marchandises de Venise étaient transférées directement à Pise par voie de terre et, de là, étaient de nouveau transportées à Florence. R. Ciasca, *L'arte dei medici e speziali, op. cit.*, pp. 537–538.

[75] ASP, fonds Datini, busta 377–386 : ricevute di balle di Pisa (1388–1401). Nous avons dépouillé trois *buste*, 377, 380 et 381.

[76] ASP, fonds Datini, busta 381, f. 199^v, 263^v, 275^r, 326^v.

Tableau 23. *Liste d'envoi de coton de Venise à Pise par Inghilese d'Inghilese*

Date d'arrivée	*Quantité*	*Sources*
01/07/1392	Demi-balle de coton filé teint	ASP, busta 380, f. 3r
01/07/1392	2 balles de coton filé blanc	ASP, busta 380, f. 4v
25/07/1392	2 balles de coton filé blanc	ASP, busta 380, f. 14r
25/07/1392	2 balles de coton filé	ASP, busta 381, 15r[77]
24/05/1393	6 balles de coton filé	ASP, busta 380, f. 58r
24/05/1393	6 balles de coton filé	ASP, busta 381, f. 178v

Dans la correspondance de Bologne à Pise se trouvent de nombreuses factures d'envoi de coton laissées par les partenaires d'affaires de la compagnie Datini à Bologne.

Tableau 24. *Liste d'envoi de coton de Bologne d'après la correspondance des archives Datini de Bologne à Pise*

Date	*Expéditeurs*	*Destinataires*	*Quantité*	*Sources*
22/07/1385	Matteo di ser Nello de Bologne	Bruno di Franchesco à Gênes	2 balles de coton filé	ASP, busta 1149, n° 9131000
07/07/1386	Matteo di ser Nello de Bologne	Francesco et compagnie à Pise	3 balles de coton filé	ASP, busta 1149, n° 9131003
1387	Zanobi di Taddeo de Venise	Cristofano di Bartolomeo à Pise	Une quantité de coton	F. Melis, *documenti*, n° 125
26/10/1388	Matteo di ser Nello de Bologne	Francesco et compagnie à Pise	2 petites balles de coton filé teint	ASP, busta 1149, n° 9131049
08/03/1389	Matteo di ser Nello de Bologne	Francesco et compagnie à Pise	1 petite balle de coton filé teint	ASP, busta 1149, n° 9131078
10/04/1389	Matteo di ser Nello de Bologne	Francesco et compagnie à Pise	1 *fardello* de coton filé teint	ASP, busta 1149, n° 9131079
01/07/1389	Matteo di ser Nello de Bologne	Francesco et compagnie à Pise	2 balles de coton filé teint	ASP, busta 1149, n° 9131082
24/07/1389	Matteo di ser Nello de Bologne	Francesco et compagnie à Pise	2 balles de coton filé teint	ASP, busta 1149, n° 9131082
29/08/1389	Matteo di ser Nello de Bologne	Francesco et compagnie à Pise	1 balle de coton filé teint	ASP, busta 1149, n° 9131083

[77] Ces cotons ne provinrent pas de Venise, mais de Florence. ASP, fonds Datini, busta 381, f. 15r.

Date	*Expéditeurs*	*Destinataires*	*Quantité*	*Sources*
11/03/1390	Matteo di ser Nello de Bologne	Francesco et compagnie à Pise	1 balle de coton filé teint	ASP, busta 1149
18/03/1390	Matteo di ser Nello de Bologne	Francesco et compagnie à Pise	1 balle de coton filé teint	ASP, busta 1149
18/08/1390	Matteo di ser Nello de Bologne	Francesco et compagnie à Pise	1 petite balle de coton filé teint	ASP, busta 1149, n° 9131091
17/05/1392	Nello di ser Bartoloemo de Bologne	Francesco di Marco Datini à Pise	1 balle de coton filé	ASP, busta 1149, n° 130104
26/05/1392	Nello di ser Bartolomeo de Bologne	Francesco di Marco Datini à Pise	1 balle de coton teint	ASP, busta 1149, n° 130105
14/10/1396	Zanobi di Taddeo de Venise—Nello de Bologne	Manno d'Albizo degli Agli à Pise	4 balles de coton filé	ASP, busta 550, n° 407180
16/12/1398	Nello et Antonio di ser Bartolomeo de Bologne	Manno d'Albizo degli Agli à Pise	4 balles de coton brut	ASP, busta 1149, n° 130237
31/12/1398	Nello et Antonio di ser Bartolomeo de Bologne	Manno d'Albizo degli Agli à Pise	8 balles de coton brut	ASP, busta 1149, n° 130238
30/05/1399	Zanobi di Taddeo de Venise—Nello de Bologne	Manno d'Albizo degli Agli à Pise	6 balles de coton de Hama	ASP, busta 550, n° 407219
05/07/1399	Nello et Antonio di ser Bartolomeo de Bologne		8 balles de coton brut	ASP, busta 1149, n° 10796
27/05/1400	Nello et Antonio di ser Bartolomeo de Bologne	Manno d'Albizo degli Agli à Pise	5 balles de coton	ASP, busta 1149, n° 130239
28/05/1400	Nello et Antonio di ser Bartolomeo de Bologne	Manno d'Albizo degli Agli à Pise	5 balles de coton filé	ASP, busta 1149, n° 130240

De ces tableaux, on peut tirer quelques constatations. D'abord, ce trafic ne fut pas occasionnel, mais plutôt un commerce régulier. La deuxième remarque porte sur les types de cotons. Nous ne trouvons pas d'autres variétés que d'origine syrienne: de Hama, d'Asciam, d'Acre et de Foa. Ce résultat confirme de nouveau que Venise constituait le lieu d'approvisionnement de premier ordre, plus particulièrement en coton syrien, non seulement pour les marchands d'Italie du Nord et d'Allemagne du Sud, mais également pour ceux d'Italie du Centre. Une autre constatation à noter, c'est que le coton était transporté plus fréquemment à l'état filé. En général, pour le transport maritime, cette marchandise était transportée à l'état brut. Cela tenait compte du transport terrestre qui était plus onéreux que par mer.

Au XVe siècle qui connut l'établissement de la ligne de galées de Florence, qui importaient cette matière première de diverses régions productrices à Porto Pisano, les Florentins ne cessèrent pas de se rendre sur le marché de Venise afin d'acheter du coton. Dans la première moitié du XVe siècle, la *fraterna* Soranzo, qui se spécialisait dans le commerce du coton syrien, fournissait habituellement le produit à plusieurs clients florentins.[78]

III. *Le ravitaillement en coton par Pise*

Dès avant la fin du Moyen Age, Pise était à la fois le port d'importation pour le coton et le marché de redistribution vers les centres de fabrication d'Italie du Centre.[79] Presque toutes les variétés produites en Méditerranée étaient échangées sur le marché de Pise.[80] Pourtant les modalités de ravitaillement subirent des modifications selon la période, au fur et à mesure que la puissance navale de Pise diminuait.

Aux XIIe et XIIIe siècles, les marchands de Pise et leurs navires assuraient l'importation vers leur ville. Ceux des villes intérieures comme Florence, Pistoia, Lucques, Sienne et San Gimignano, utilisaient les navires pisans dans ce but. De plus, ils profitaient des privilèges obtenus par les Pisans dans les régions lointaines en tant que sujets de Pise. En cela, il convient de citer un procès entre Guido, marchand pisan, et la

---

[78] Dans le livre de comptes de la *fraterna* Soranzo se présentent quatre marchands florentins, Silvestro di Chovello, Bernardo di Ugolli, Michaele et Giacomo. ASV, Miscellanea Gregolin, busta 14, Libro Nuovo Real, f. 78b, 134b, 143a.

[79] M.F. Mazzaoui, «Industria cotoniera italiana nel Medioevo», p. 373.

[80] Dans le manuel de marchandise d'Uzzano figure une liste plus complète des cotons en vente sur le marché de Pise: coton d'Alexandrie, de Romanie, de Turquie, de Sicile et de toutes les autres régions. Dans les *valute* des archives Datini aussi, nous relevons un échantillon des cotons en vente à Pise vers 1400: coton de Hama, d'Asciam, d'Alexandrie, de Malte et de Turquie. Uzzano, *La pratica della mercatura*, p. 50; ASP, fonds Datini, busta 1171.

fille de Cambius, marchand de San Gimignano.[81] Ces deux marchands faisaient ensemble le commerce du coton en Syrie dans les années 1240. Avant sa mort à Alep, Cambius envoya du coton à Pise. A sa mort, il légua deux ‹*salmas*› de coton valant deux *cantares* et demi au *cantare* de la chaîne d'Acre, un ‹*matarassam*› de coton d'un poids de dix-neuf ‹*rotoli*› au poids de la chaîne d'Acre, une ‹*sporta*› de cannelle et un chapeau de feutre. Son associé pisan, Guido, remit les biens de feu Cambius au consul pisan. Avitus, tuteur de Sibylle, fille de feu Cambius, déposa contre Guido et réclama la restitution de ces biens. La réponse de Guido est la suivante: «Un consul des Pisans à Acre est le chef de tous les marchands pisans venant, partant et demeurant à Acre et dans toute la Syrie. La coutume veut que le tiers de l'entité d'un marchand pisan décédé à Acre ou en Syrie parvienne au consul d'Acre pour la commune. Les biens de Cambius devaient être remis au consul.»[82] Autrement dit, Cambius commerçait en Syrie en tant que sujet de Pise. En réalité, les marchands de Florence, Pistoia, Lucques et Sienne, se présentaient également en route vers Alep comme des Pisans, afin de profiter des privilèges pisans pour leur commerce.[83]

La bataille de la Meloria en 1284 marque un tournant. En effet, à la suite de cette défaite, Pise cessa d'être classée comme une des puissances maritimes majeures. Désormais ses navires visitaient plus rarement la Méditerranée orientale et les principales régions productrices de coton à la fin du Moyen Age. Par conséquent, son importation était de plus en plus assurée par les navires étrangers, notamment génois et vénitiens et parfois anconitains. Le 18 mai 1388, le Sénat vénitien décida de percevoir sur le transport du coton du Levant en Occident sans le passage par Venise une taxe de 3 % *ad valorem* imposée sur les marchandises importées du Levant. Le décret indique Pise comme l'une des destinations principales.[84] Lors de leur retour vers la métropole, les navires génois faisaient escale à Porto Pisano et y déchargeaient une partie du coton embarqué dans divers endroits d'Orient comme Alexandrie, Beyrouth, Famagouste, Rhodes, Chio et Phocée.

---

[81] Pour le détail du cas, voir D. Abulafia, «Crocuses and crusaders: San Gimignano, Pisa and the Kingdom of Jerusalem», dans B.Z. Kedar, H.E. Mayer, R.C. Small(éd.), *Outremer: studies in the history of crusading Kingdom of Jerusalem*, Jérusalem, 1982, p. 235.

[82] C. Otten-Froux, *Les Pisans en Orient de la Première croisade à 1406*, Paris, 1982, appendice I, n° 23.

[83] D. Abulafia, «Crocuses and crusaders: San Gimignano, Pisa and the Kingdom of Jerusalem», p. 234.

[84] ASV, Senato Mar, reg. 2, f. 46ʳ.

En outre, les navires génois apportaient du coton depuis Gênes à Porto Pisano. En 1376–1377, huit navires génois transportèrent une certaine quantité de Gênes à Pise.[85]

Outre l'utilisation des navires étrangers, l'importation de cette matière première était progressivement réalisée pour le compte des marchands de Florence. Au XIVe siècle, la domination de Florence commença à croître, même si la concurrence économique entre cette ville et Pise s'affirmait. Selon un document du 2 septembre 1322 de la tribune de la *Mercanzia* de Florence, près de soixante-six sociétés d'affaires florentines s'installaient à Pise. En profitant des navires pisans, ils importaient à Pise des biens très variés tels les épices, les matières tinctoriales, la cire, le miel, le sucre, la laine, la soie, le coton, le papier, la pelleterie, le savon, la viande salée, le fromage, etc. En 1332, Florence interdit le transport des marchandises de Florence à Pise, à la suite de l'imposition d'une taxe spéciale sur les marchandises importées à Pise par les navires pisans et appartenant en grande partie aux marchands florentins. Le coton était également compris dans les produits concernés.[86]

Pour la seconde moitié du XIVe siècle, nous avons plus de documents qui témoignent des importations de coton à Pise par les marchands de Florence. D'après le registre douanier de Gênes de 1376–1377, une grande partie du coton transporté de Gênes à Pise par huit navires génois, appartenait à Michaele Rodulfi. Il semble que ce dernier était marchand de Florence.[87] A Gênes le 27 août 1392, Luca del Sere, marchand de Florence, établit un contrat d'assurance maritime pour transporter deux balles de coton de Gênes à Rome à bord du bateau patronné par Colla Jacopo de Gaète. D'après le contrat, ce navire passerait à Pise et irait jusqu'à Rome.[88] A Gênes le 21 avril 1393, il conclut un autre contrat d'assurance maritime avec plusieurs assureurs génois, Lanzaroto et Antonio Cattaneo, Battista Spinola, afin de transporter quatorze sacs de Gênes jusqu'à Rome par voie maritime.[89] D'après le manuel de marchandise d'Uzzano, le coût de transport du coton de Gênes à Florence par Pise augmentait le prix de vente de 5 %.[90]

---

[85] J. Day, *Les douanes de Gênes 1376–1377*, Paris, 1963, p. 430, 438–440, 458, 714, 837.

[86] R. Ciasca, *L'arte dei medici e speziali, op. cit.*, pp. 521–523.

[87] Un marchand de Florence, Geronimo Rudolphe, se présente dans un contrat notarié établi le 16 mai 1491 à Ancône. ASA, Notaio di Ancona, n° 42, f. 70^{v}–75^{v}.

[88] ASP, fonds Datini, busta 1160, assurance maritime, n° 9.

[89] ASG, Notai Antichi, Andreolo Caito, n° 312, f. 221^{r-v}.

[90] M.F. Mazzaoui, *The italian cotton industry, op. cit.*, p. 184.

Parfois, la source de ce coton était Venise. Installé à Milan vers 1400, un facteur de la compagnie Datini, Tommaso di ser Giovanni, effectua à plusieurs reprises des envois de coton à Pise et à Florence, peut-être par le port de Gênes. Par une lettre du 23 mai 1396 adressée à Datini à Prato, il lui annonce qu'il va porter à Florence du coton provenant de Venise et appartenant à Datini et à d'autres marchands florentins. D'après une lettre du 30 juin 1396 expédiée à Andrea di Bonano à Gênes par Tommaso, le retard d'arrivée du produit de Venise l'empêche d'aller à Florence. En tenant compte du contexte, il semble que le coton gagnait Florence par la route suivante: Venise–Milan–Gênes–Pise–Florence.[91]

La volonté de la cité florentine d'avoir son propre port ne cessa pas et aboutit à l'occupation de Pise en 1406. En 1421 Florence acheta à Gênes deux ports, Porto Pisano et Livourne, pour le prix de 100 000 florins. Enfin, Florence établit le convoi de galées, imitant le modèle vénitien. Les galées florentines importaient du coton à Pise. Leur chargement se réalisait dans diverses régions comme la Syrie, Alexandrie, Rhodes, Gallipoli, Constantinople, Chio et la Sicile. Il nous reste peu de listes de cargaisons des galées florentines, sauf pour quelques années autour de 1460. D'après ces rares documents, parmi divers cotons, celui d'origine syrienne s'imposait en premier.[92] En 1466, le convoi de galées de Florence revint de Syrie avec cinq cent dix-huit sacs de coton et d'autres marchandises. Le chargement des variétés syriennes s'effectuait non seulement à Beyrouth, mais également à Chio ou à Rhodes.[93]

Le volume de transport à bord du convoi de galées de Florence ne restait pas négligeable, mais représentait une relativement faible quantité, en comparaison de Venise et de Gênes. En fait, les galées

---

[91] L. Frangioni, *Milano fine Trecento: il carteggio Milanese dell'archivio Datini di Prato*, 2 vol., Flroence, 1994, vol. 2, pp. 372–380, 382–383, 386.

[92] En dépit des positions monopolistiques des marchands vénitiens dans le commerce du coton en Syrie, la commune de Florence essaya d'encourager le trafic du coton en Syrie dans la seconde moitié du XVe siècle et aboutit à obtenir les mêmes privilèges que Venise. D'après le traité établi en 1497 entre Florence et les Mamelouks, les Florentins pouvaient désormais porter des vêtements musulmans pour des raisons de sécurité, quand ils se rendaient aux villages afin d'acheter du coton. Les marchands de Venise jouissaient depuis longtemps de ce privilège en Syrie. J. Wansbrough, «Venice and Florence in the Mamluk commercial privileges», p. 518.

[93] Le 7 décembre 1467, une galée dont le patron était Pietro Vespucci, arriva à Porto Pisano avec quatre-vingt-onze sacs de coton syrien. Elle ne fit pas escale en Syrie mais à Alexandrie, à Chio, à Rhodes, en Sicile et à Naples. Six balles de coton furent chargées à Alexandrie pour la Sicile, cinq grandes balles à Alexandrie ou à Rhodes pour la destination de Gaète. M.E. Mallett, *The florentine galleys*, *op. cit.*, pp. 115–121.

n'étaient pas des navires idéaux pour le transport massif des marchandises volumineuses et de moindre valeur. Donc l'importation à Pise de cette matière première était forcément en bonne partie assurée par les navires étrangers. Au XVe siècle, ceux de Gênes avaient pour habitude de décharger à Pise une partie du coton embarqué à Chio ou à Phocée, lors de leur retour vers la métropole.[94] En 1480, Florence abandonna définitivement le service de ce convoi.[95] En dépit de l'absence de leur propre service de transport, les marchands de Florence continuèrent à importer du coton à Pise en louant des navires étrangers.[96]

Arrivé à Pise par la voie maritime, une faible quantité du coton était destinée à l'industrie de cette ville. Sa capacité de production n'était pas considérable. En effet, métier minoritaire, les artisans nommés *bombaciari* étaient soumis à la guilde des marchands.[97] La plupart des importations étaient réexportées vers des villes de l'intérieur ou vers d'autres régions lointaines par mer. Il est pourtant difficile d'établir une liste complète des centres de fabrication d'Italie du Centre, qui s'approvisionnaient en matière première par Pise. La ville de Prato où on fabriquait les *guarnelli*, une sorte de tissu de coton, était un des clients.[98] La présence à Pise des marchands venus de Pérouse et d'Arezzo nous suggère qu'ils s'y ravitaillaient en coton.[99] Parfois, le

[94] D'après un contrat de nolis établi en 1464 entre l'Etat de Gênes et le patron Geronimo Salvago, Gênes et Pise constituaient les lieux de déchargement de premier ordre pour les navires génois transportant du coton de Phocée ou de Chio en Occident. ASG, Archivio Segreto, n° 575, f. 85^{v}–86^{v}.

[95] Armando Sapori et Gino Luzzatto ont considéré le convoi de galées de Florence comme un échec coûteux. En revanche, M.E. Mallett indique que cette faillite est relative. M.E. Mallett, *The florentine galleys, op. cit.*, p. 19.

[96] Le 16 mai 1491 un marchand florentin demeurant à Ancône, Geronimo Giovanni Rudolphe, affréta un navire dont le patron était Francesco Raspanti, peut-être descendant d'une grande famille d'origine pisane, et qui se trouvait alors au port d'Ancône. Il s'agissait d'un long voyage à partir d'Ancône jusqu'à la destination finale de Porto Pisano. Ce navire devait quitter le port d'Ancône au milieu du mois de juillet ou d'août et se rendre à Gallipoli et à Constantinople où un partenaire de Geronimo, Alferio de Sternalis, s'occuperait du chargement de diverses marchandises mentionnées dans ce contrat. Puis, il retournerait à Porto Pisano. Dans ce contrat, le tarif de nolis était de 0,85 ducats par *cantare* de coton et de un ducat par *cantare* de coton filé. ASA, Notaio di Ancona, n°42, f. 70^{v}–75^{v}. La famille Raspanti qui était contre Florence, arriva au pouvoir à Pise en 1322. M.E. Mallett, *The florentine galleys, op. cit.*, p. 6.

[97] M.F. Mazzaoui, «L'industria cotoniera italiana nel Medio Evo», pp. 373–374.

[98] E. Vivarelli, *Aspetti della vita economica pratese nel XIV secolo (con trascrizione dell 459 lettere di Monte d'Andrea Angiolini di Prato)*, vol. 2, p. 311, 313.

[99] F. Melis, «Lazzaro Bracci (la funzione di Arezzo nell'economia dei secoli XIV–XV)», p. 180.

coton était expédié de Pise jusqu'à Bologne.[100] Florence constituait la principale destination pour cette matière première venue de Pise et servait en même temps de marché de redistribution vers ses alentours.[101]

Outre la fonction de port d'entrée pour le coton, Pise jouait également le rôle de port d'exportation. A partir de Porto Pisano, cette marchandise était réexportée par la voie maritime vers diverses destinations lointaines comme Gênes, Marseille, Bouc et Aigues-Mortes dans le Midi de la France[102], la Catalogne[103], Cadix[104], la Flandre et l'Angleterre.[105] Dès avant leur occupation de Pise, les marchands florentins l'utilisaient comme lieu de transit pour les marchandises importées par terre depuis Venise et Ancône.[106] Les *Ufficiali della Mercanzia* de Florence interdirent ce genre de trafic en 1312 et le permirent plus tard. En 1326, les marchands florentins demandèrent la prorogation du terme

---

[100] ASP, fonds Datini, busta 381, f. 274v–275r.

[101] Le coton importé de Gênes à Pise était souvent transporté à Florence. En 1392, la compagnie Datini de Gênes envoya deux balles de coton filé à Pise. Ces cotons furent expédiés de Pise à Florence. L'année suivante, deux balles de coton filé furent exportées de Gênes à Florence par Pise. ASP, fonds Datini, busta 381, f. 55v, 56r, 71v, 72r, 171v, 172r.

[102] Par une lettre du 25 avril 1384 adressée à la compagnie Datini de Pise, Boninsegna Matteo di Lorenzo di Matteo installé à Aigues-Mortes lui demanda d'envoyer du coton teint d'Ascoli Piceno. Transporté de Pise aux ports du Midi de la France, le coton gagnait les villes intérieures comme Avignon et Montpellier. Dans deux lettres, l'une du 27 janvier 1400 et l'autre du 9 février 1400, adressées à Andrea di Bonanno à Gênes, Manno d'Albizo degli Agli informe son destinataire sur le projet d'envoyer cinq sacs de coton d'origine syrienne de Pise à Montpellier et autres cinq sacs à Barcelone. ASP, fonds Datini, busta 790, n° 513012 (lettre du 27 janvier 1400), 513015 (lettre du 9 février 1400), busta 425, n° 504239 (lettre du 25 avril 1384); M. Gual Camarena, *El primer manual hispanico de mercaderia (siglo XIV)*, Barcelone, 1981, p. 124.

[103] Un document barcelonais montre que les Florentins, les Pisans et d'autres Toscans importaient du coton à Barcelone au XVe siècle. ASP, fonds Datini, busta 790, n° 513012, 513015; Cl. Carrère, *Barcelone, op. cit.*, pp. 765–766.

[104] Le convoi de galées de Florence passait en Barbarie et y déchargeait du coton avant de gagner Cadix. Le tarif de nolis était d'un florin pour un *cantare* de coton. M. Amari, *I diplomi arabi del R. archivio fiorentino*, Florence, 1863, p. 66.

[105] ASP, fonds Datini, busta 1158, fasc. 4, 6, 99.

[106] Importé par le port d'Ancône et transféré à Pise, le coton était de nouveau exporté par mer. D'après un traité de l'année 1519 entre Ancône et Gênes, les marchands génois apportaient en grande quantité plusieurs sortes de produits comme les épices, le coton et le mastic de Chio à Ancône pour les faire transiter en Lombardie, France, et Flandre. Ils payaient six *bolognini* pour un *collo* de coton. Même si ne sont pas précisées les routes à suivre après Ancône, ces marchandises semblaient gagner le nord soit par Pise, soit par d'autres routes. C. Ciavarini, *Statuti, op. cit.*, p. 279. Selon une délibération du 15 novembre 1450 du sénat vénitien, le coton gagnait l'Italie du Nord, à partir d'Ancône via Ravenne. ASV, Senato Mar, reg. 4, f. 20r.

de cette permission pour la réexportation des marchandises parmi lesquelles figurent le sucre, le gingembre, le poivre, le coton, le lin, etc.[107]

Après l'établissement du convoi de galées de Florence, le transport du coton depuis Pise vers d'autres régions était assuré par ces navires longs.[108] Au XVe siècle, Florence privilégia ce genre de trafic et, donc, ses marchands avaient pour habitude de déclarer des marchandises qu'ils n'avaient jamais l'intention de réexporter, dans le seul but de ne payer la gabelle que plus tard. Pour interdire cette fraude, en 1429 ou 1430, la commune de Florence décida d'accorder cet avantage établi par le décret du 23 décembre 1419 seulement aux marchandises suivantes: toutes les épices, le sucre, l'étain en plaques ou en barres, la garance, la cire, les amandes, les aluns, les cotons, les vins, l'huile, le miel, les toiles de Bourgogne et les draps de laine en tout genre.[109]

En dernier lieu, il faut citer le commerce du coton par Pise de la compagnie Datini, ce qui nous dévoile en effet un trait particulier de ce marché. Elle importait cette matière première depuis Venise, Gênes ou Milan. Tommaso di ser Giovanni, agent d'affaires à Milan, s'occupait de l'envoi à Pise par Gênes. Luca del Sera, associé de la compagnie Datini installé à Gênes, fit plusieurs expéditions à Florence ou à Rome en passant par Pise.[110] Cependant le courant entre Gênes et Pise ne circulait pas constamment en sens unique, mais était souvent modifié selon des circonstances du marché.[111] En 1393, la succursale à Pise de la compagnie Datini reçut un *fardello* de coton de Florence. Celui qui l'avait envoyé à Florence, était Nello di ser Bartolomeo de Bologne, qui se ravitaillait en cette matière première par Venise.[112] Arrivé depuis Venise à Pise, le coton était réexporté par mer vers

---

[107] R. Ciasca, *L'arte dei medici e speziali*, *op. cit.*, p. 612, 619.

[108] D'après les frets établis en 1460 ou 1461 par les capitaines du parti Guelfe, on payait un florin et dix sous pour le transport de cent livres de coton brut et un florin pour celui du coton filé, à bord du convoi de galées florentines. A. Grunzweig, «Le fonds du consulat de la mer aux archives de l'Etat à Florence», *Bulletin de l'Institut historique belge de Rome*, X (1930), pp. 75–78.

[109] *Ibid.*, pp. 11–12.

[110] ASP, fonds Datini, busta 1160, assurance maritime.

[111] ASP, fonds Datini, busta 381, f. 15^r, 20^r, 234^v, 263^v, 360^v.

[112] ASP, fonds Datini, busta 381, f. 263^v. En 1400, Bindo Piaciti envoya une balle de coton filé de Venise à Prato via Bologne. Sur le marché de Prato, on faisait souvent le troc du coton provenant de Venise contre les draps de Prato. P. Gonelli, *Momenti e aspetti dell'economia veneziana rivissuti attraverso la corrispondenza Venezia–Firenze dell'azienda fiorentina di Bindo Piaciti (con trascrizione di 445 lettre)*, thèse de *laurea* de l'Université Florence, 1970–1971, vol. 2, p. 136, 139, 141,147.

d'autres marchés comme Gênes et Milan. En 1385, Matteo di ser Nello envoya deux balles de coton filé de Bologne à la compagnie Datini à Pise et lui demanda de les expédier à Gênes.[113] Par une lettre du 11 août 1395 adressée à Manno d'Albizo à Pise, Tommaso di ser Giovanni lui demanda de ne pas envoyer de coton de Pise à Milan, en l'informant du fait que la différence des prix entre les deux marchés n'était pas assez grande pour couvrir le coût du transport.[114] En fin de compte, le coton sur le marché de Pise représentait à la fois la matière première destinée à l'industrie et une marchandise de spéculation prête à gagner des marchés plus rentables.

---

[113] ASP, fonds Datini, busta 1149, n° 9131000, lettre du 22 juillet 1385 de Bologne à Pise.

[114] L. Frangioni, *Milano fine Trecento, op. cit.*, vol. 2, pp. 267–268.

CHAPITRE IV

BARCELONE

I. *Le ravitaillement en coton en difficulté*

Barcelone fut avant le XVe siècle le centre le plus important de fabrication de la futaine en Catalogne. Mais, au milieu du XVe siècle, son industrie fut réduite quasiment à rien. Dans son ouvrage, Claude Carrère a déjà bien expliqué ce phénomène.[1] D'après cet auteur qui cite les témoignages des Barcelonais de cette époque, ce déclin marquant fut provoqué par l'invasion massive des futaines étrangères.

Cet événement mérite d'être traité en détails, du fait qu'il nous permet d'apercevoir plusieurs aspects caractérisant la commercialisation des tissus de coton sur les marchés internationaux et la concurrence croissante causée par la diffusion de l'industrie dans la nouvelle zone, qui provoqua la chute de certains anciens centres les plus mal adaptés à de nouvelles situations. Il est certain que la pénétration massive des produits étrangers constitue un des principaux facteurs pour le déclin de l'industrie de Barcelone, ancien centre de fabrication.

Toutefois, pour l'expliquer avec plus de précision, il faudrait tenir compte également d'autres facteurs, par exemple, le ravitaillement en matière première et la différence des intérêts économiques entre les marchands et les artisans. En effet, la pénétration massive sur les marchés catalans se produisit dès le XIIIe siècle, époque où l'industrie de Barcelone était en train de se développer, et elle connut son plein essor au début du XIVe siècle. Au XIIIe siècle, les marchés catalans étaient débordés par les futaines étrangères, surtout italiennes. Et en dépit de la pénétration massive des produits allemands en Italie du Nord, certains anciens centres de fabrication, surtout Milan et Crémone, réussirent à garder ou augmenter leur niveau de production précédent, en s'orien-

[1] Aux dires des Barcelonais du milieu du XVe siècle, depuis un certain temps, s'introduisait à Barcelone de divers pays et régions une grande quantité de futaines étrangères, qui privaient de gain les habitants de Barcelone. Cl. Carrère, *Barcelone, centre économique à l'époque des difficultés 1380–1462*, Paris, 1967, pp. 811–818.

tant vers la fabrication de produits de haute qualité. Pour cela, ils se tournaient de plus en plus vers le marché de Venise, qui monopolisait le commerce du coton syrien de meilleure qualité.

En revanche, ce genre de choix n'était pas laissé à Barcelone. Son importation des cotons levantins devint de plus en plus malaisée dès la seconde moitié du XIVe siècle. Au XVe siècle, les marchands catalans étaient *grosso modo* exclus du commerce du coton en Syrie.[2] Vers 1400 déjà, ils s'approvisionnaient très habituellement en matière première d'origine syrienne sur le marché de Venise, en utilisant le service de transport assuré par les convois de galées de cette ville.[3] Mais ils n'y représentaient que des petits acheteurs et la plupart des cotons syriens étaient destinés aux clients venus de l'Italie du Nord et de l'Allemagne du Sud.

Un autre choix possible était de baisser les frais de fabrication en utilisant de la matière première bon marché, surtout du coton turc. Mais la fourniture de ce dernier n'était pas sous le contrôle des marchands catalans. Son transport et sa distribution étaient assurés pour la majorité par les navires génois de plus gros tonnage, qui fournissaient principalement la Flandre et le monde musulman comme l'Afrique du Nord et le royaume de Grenade.[4]

La matière première la plus accessible aux marchands de Barcelone était le coton produit en Sicile, à Malte et à Pantelleria, territoires de la couronne d'Aragon. Mais, depuis la fin du XIIIe siècle, sa culture en Sicile était en train de diminuer, en faveur de celle du sucre.[5] Si bien

---

[2] E. Ashtor, «The venetian cotton trade in Syria in the Later Middle Ages», pp. 675–715; Idem, «L'apogée du commerce vénitien au Levant. Un nouvel essai d'explication», pp. 315–317.

[3] Les navires catalans participaient également au transport du coton de Venise vers la Catalogne. Le navire dont le patron était Marco de Verzoni effectua plusieurs transports de coton de Venise à Majorque. F. Melis, *Documenti per la storia economica dei secoli, XIII–XVI,* Florence, 1972, p. 188. Pour le trafic du coton entre Venise et Barcelone, nous avons une thèse italienne de *laurea.* M. Innocenti, *L'intenso carteggio datiniano scambiato da Venezia con Barcellona nel 1400–1410, con le valide aperture sul Mediterraneo e l'Occidente che esso determina (con trascrizione di 361 lettere)*, 3 vol., Florence, 1977–1978.

[4] J. Heers, *Gênes au XVe siècle: activité économique et problème sociaux*, Paris, 1961, p. 472, 477, 650–652; Idem, «Le royaume de Grenade et la politique marchande de Gênes en Occident (XVe siècle)», p. 114.

[5] Autour de ce sujet subsiste une controverse. Il y eut une diminution de la culture du coton en Sicile à partir du début du XIVe siècle, d'après H. Bresc. En revanche, d'autres auteurs comme M.F. Mazzaoui, S.R. Epstein et Cl. Carrère parlent d'une expansion. H. Bresc, *Un monde méditerranéen: économie et société 1300–1450*, 2 vol., Palerme–Rome, 1986, vol. 1, p. 170; Stephan R. Epstein, «The textile industry and the foreign cloth trade in late medieval Sicily», p. 152; M.F. Mazzaoui, *The italian cotton industry in*

que les îles de Malte et de Pantelleria, qui connurent une augmentation de leur production à la fin du Moyen Age, pouvaient devenir des fournisseurs de premier ordre pour l'industrie de Barcelone.

Mais la plupart des importations de matière première n'étaient pas destinées à l'industrie de Barcelone même, mais réexportées, le plus souvent sous forme de filé.[6] En fait, contrairement au déclin de l'industrie de la futaine, le filage gardait son dynamisme. Le coton filé de Barcelone était bien demandé en Catalogne, en France, en Angleterre et en Flandre vers 1400.[7] C'est surtout le coton de Malte qui était employé pour le filage.[8] Enfin les marchands de Barcelone trouvèrent plus d'intérêt économique dans le trafic de redistribution du coton brut ou filé, aux dépens de leurs confrères artisans.

De nombreux facteurs conditionnèrent l'implantation et le développement de l'industrie cotonnière: le ravitaillement en matière première, les techniques de fabrication, la main-d'œuvre, le goût, la mode, etc. La concurrence sévère que se livraient les différents centres de production anéantissait les plus faibles. Ainsi, l'industrie de Barcelone, autrefois en grand essor, fut réduite quasiment à rien au XVe siècle. Le problème du ravitaillement en matière première, ainsi que l'invasion des produits étrangers, essentiellement d'Italie du Nord et d'Allemagne du Sud, entraînèrent le déclin de Barcelone.

En fin de compte, le maintien de la fourniture de matière première représenta le facteur déterminant pour l'implantation et le développement de l'industrie à la fin du Moyen Age. Cette particularité continue à se manifester à l'époque suivante. Au fur et à mesure que le trafic du coton se détournait des deux grandes puissances maritimes, Venise et

---

the Later Middle Ages 1100–1600, Cambridge, 1981, p. 32; Cl. Carrère, *Barcelone, op. cit.*, pp. 367–368.

[6] ASP, fonds Datini, busta 1171; AHPB, Bernat Nadal, Secundus liber comandarum 58/170, f. 25v, 30r. Selon un contrat de commande du 13 avril 1394, Johan Caoni, marchand de Barcelone, confia deux balles de coton filé à son compatriote afin de les vendre en Flandre. La galée dont le patron était Bartolomeo Vitalis, devait les transporter de Barcelone en Flandre. D'après un autre contrat de commande du 15 avril 1394, cette galée devait transporter huit balles de coton filé qui appartenaient à Johan Ferrari de Podio.

[7] D'après les *valute* des archives Datini, le coton filé de Barcelone était exporté à Valence, Majorque, Bruges, Londres, Paris, Montpellier et Avignon. En 1435, une compagnie de Barcelone exporta neuf balles de coton filé de Barcelone en Flandre. ASP, fonds Datini, busta 1171; N. Coll I Julià, «Una compania barcelonesa para el comercio de panos (1400–1484)», p. 384.

[8] ASP, fonds Datini, busta 1171.

Gênes, et se portait vers Marseille, Rouen et Amsterdam, le centre de gravité de la production se déplaça de même.[9] Au XVIIIe siècle, Rouen devint l'un des principaux lieux de fabrication français, utilisant de la matière première provenant du Levant, des Indes et de l'Amérique.[10]

[9] M.F. Mazzaoui indique que « *the history of european cotton manufacture in the early modern period is one index of a more profound shift in the economic center of gravity from the Mediterranean to the Atlantic seaboard which marked the transition to modern economic systems* ». M.F. Mazzaoui, *The italian cotton industry, op. cit.*, p. 161.

[10] Selon un rapport de la Chambre de Commerce de Rouen de l'année 1709, la filature de coton employait trente mille familles dans la région et le tissage des nouvelles étoffes occupait vingt-cinq mille tisserands. Même s'ils semblent exagérés, ces chiffres nous montrent l'envergure de l'industrie. S. Chassagne, *Le coton et ses patrons. France, 1760–1840*, Paris, 1991, pp. 25–38; M.F. Mazzaoui, *The italian cotton industry, op. cit.*, pp. 160–161.

CONCLUSION GENERALE

Le trafic du coton fut un des moteurs du commerce maritime en Méditerranée à la fin du Moyen Age, engageant des ressources humaines et matérielles sur une grande échelle. De nombreux marchands occidentaux, surtout de Venise, de Gênes, de Catalogne et de Florence, s'approvisionnaient dans diverses régions productrices: l'Egypte, la Syrie, Chypre, la Turquie, la Romanie, la Sicile, l'Italie du Sud et l'Afrique du Nord. Le transport à longue et courte distance mobilisa plusieurs types de navires et des marins en grand nombre. De plus, le coton, dont la majorité était importée à l'état brut, était travaillé en Occident. Beaucoup de villes participaient à l'industrie et certaines d'entre elles écoulaient leurs produits finis sur les marchés internationaux.

Ce commerce représentait un volume d'affaires important, et occupait une part considérable de l'ensemble du trafic méditerranéen. Comme l'a bien montré E. Ashtor, le trafic du coton n'était pas moins important dans les échanges commerciaux entre l'Europe du Sud et le Proche-Orient que celui des épices. Pour Venise, la plus grande puissance maritime du XVe siècle, la première des lignes de navires était celle de transport du coton depuis la Syrie, en considération du nombre des bateaux engagés dans chaque route et du volume du trafic.[1] Une dizaine de coques était mobilisée pour cette mission. En revanche, quatre galées assuraient le transport des épices de Syrie à la métropole. De plus, la capacité de chargement des coques était plusieurs fois plus grande que celle des galées. Les capitaux investis dans le coton n'étaient guère inférieurs à ceux du poivre. Selon la harangue du doge Tommaso Mocenigo au terme de sa vie en avril 1423, le poivre, le coton et le drap dominaient, parmi toutes les marchandises exportées de Venise en Lombardie. Le coton brut et filé, représentait 13,6 % du total annuel de

[1] Trois galées pour la Romanie, trois ou quatre pour l'île de Chypre, pour Beyrouth et pour Alexandrie, quatre pour la Flandre, une ou deux pour le Midi de la France et pour la Barbarie. D. Stöckly, *Le système de l'incanto des galées du marché à Venise (fin XIIe – milieu XVe siècle)*, Leiden, New York et Cologne, 1995, p. 118, 130, 142, 151, 163, 168, 173.

la valeur des exportations de Venise en Lombardie, qui était presque égale à celle de l'exportation du poivre.

Le volume du commerce du coton réalisé en Méditerranée était véritablement impressionnant, même s'il est difficile de chiffrer exactement sa quantité totale. La correspondance des archives Datini de Venise montre qu'une énorme quantité, qui dépassait souvent dix mille sacs, était chaque année importée de Syrie à Venise à bord du convoi de coques vers 1400. Le volume des importations venues d'autres régions productrices, l'Egypte, Chypre, la Romanie et la Turquie, montait à plusieurs milliers de sacs. Selon la harangue, citée plus haut, du doge Tommaso Mocenigo, près de dix mille sacs étaient distribués de Venise vers l'Italie du Nord et l'Allemagne du Sud. Le volume du trafic des marchands de Gênes n'était pas inférieur à celui de Venise. Selon la ferme des impôts de Nouvelle Phocée du 1er janvier 1447 à octobre 1452, près de trente cinq mille *cantares* de coton, qui correspondaient à dix-sept mille cinq cents sacs[2], étaient annuellement exportés de Turquie en Occident par Phocée.[3]

Ce commerce effectué sur une grande échelle passa de plus en plus sous le contrôle des grandes puissances maritimes, Venise, Gênes et Barcelone. Comme le montre la deuxième partie, les cotons les plus demandés à la fin du Moyen Age étaient d'origine syrienne et turque. Cet éloignement des zones de production principales nécessitait une infrastructure de transport, dont l'importance était plus évidente pour le coton, marchandise volumineuse et de moindre valeur, ce qui impliquait des frais de transport élevés, en comparaison d'autres produits. Par conséquent, ce sont Venise et Gênes avant tout, et dans une moindre mesure Barcelone, trois villes qui possédaient à elles seules la majorité des navires d'Occident, qui inévitablement avaient la capacité d'accaparer le trafic de cette matière première en Méditerranée.

Ces grandes puissances maritimes se partageaient le transport du coton, en établissant ou en consolidant leurs positions monopolistiques sur certaines routes. Le service du convoi de coques, qui fut établi en 1366 par l'Etat de Venise et dont l'objectif était de transporter du coton

---

[2] D. Gioffrè, «Il commercio d'importazione genovese alle luce di rigistri del dazio 1495–1537», dans *Studi in onore di Amintore Fanfani*, éd. A. Giuffrè, 6 vol., Milan, 1962, vol. 5, p. 214; J. Heers, «Il commercio nel Mediterraneo alla fine del sec. XIV e nei primi anni del XV», *Archivio Storico Italiano*, t. CXIII, fasc. 2 (1955), pp. 157–209; réédition dans *Société et économie à Gênes (XIVe–XVe siècles)*, Variorum Reprints, Londres, 1979, pp. 183–184.

[3] J. Heers, *Gênes au XVe siècle: activité économique et problèmes sociaux*, Paris, 1961, p. 405.

de Syrie à la métropole, permit aux marchands vénitiens de monopoliser le trafic en Syrie.[4] Les deux passages annuels garantissaient notamment la circulation rapide des affaires. Grâce à la régularité et à la continuité de ce service assuré par l'Etat, on vit apparaître en Syrie des marchands vénitiens qui se spécialisaient dans le commerce du coton, par exemple la *fraterna* Soranzo et la société d'affaires entre Alvise Baseggio et Paolo Caroldo.

Gênes parvint à accaparer la distribution du coton, surtout d'origine turque, depuis Chio et Phocée vers de nombreuses destinations d'Europe occidentale et parfois d'Afrique du Nord. Ce résultat était lié à l'essor commercial de Chio et au trafic de l'alun. Un des principaux courants maritimes génois était le transport de cette matière première d'Orient en Occident, surtout en Flandre et en Angleterre. Dans ce but, les Génois durent adopter les plus grands navires. Ce trafic entraîna conjointement l'augmentation du transport du coton. En effet, produit lourd, l'alun avait besoin d'une marchandise légère pour l'équilibre de la cargaison, tout comme le coton, marchandise légère, nécessitait l'accompagnement d'une marchandise pesante. Chio représentait le principal débouché pour les produits venus de Turquie, grand producteur de coton. Dès lors, la cargaison des coques parties de Chio ou de Phocée à destination de la Flandre était composée avant tout de ces deux matières premières.[5]

Les marchands catalans tentèrent quant à eux d'établir leur monopole sur le transport du coton à partir de la Sicile. Région productrice, l'île jouait également le rôle de lieu de transit pour les variétés venues de diverses provenances, et plus particulièrement de Malte. Cependant ce monopole n'était ni aussi vaste, ni aussi définitif que celui de Venise et de Gênes dans la distribution du coton d'Orient vers l'Occident. Tout d'abord, la Sicile connut un déclin de la culture à la fin du Moyen Age. De plus, le transport des cotons levantins vers la Sicile fut progressivement dominé par les navires de Venise et de Gênes.

Diverses innovations navales permirent d'accroître le trafic du coton à la fin du Moyen Age. Ce sont notamment l'adoption des coques, leur capacité croissante de chargement et la diminution des frais de

[4] ASV, Senato Misti, reg. 32, f. 3^v^.

[5] L'alun et le coton représentaient quasiment la totalité de la cargaison d'un navire de Melchione Doria, qui retourna au port de Gênes après avoir accompli un long voyage: Chio–Afrique du Nord–Angleterre–Flandre–Savone–Gênes. ASG, San Giorgio, Sala 38/54, n° 1552 (année 1445), n° 1553 (année 1458), f. 19^r^, 20^r^–22^r^.

transport qui rendirent possible le transport massif. Par exemple, en 1458, le navire patronné par Melchione Doria chargea près de 1569 sacs de coton à Phocée et à Chio, puis les transporta en Flandre, une partie étant déchargée dans diverses escales au cours du voyage.[6] Le convoi de mars 1400 composé de dix coques importa 8000 sacs de coton brut et 600 sacs de coton filé de la Syrie à Venise.[7] Grâce à cette grande capacité de chargement, les frais de transport étaient très bas. Ceux de Chio à Gênes représentaient 6 % du prix d'achat au milieu du XVe siècle.[8] Même s'ils étaient un peu plus élevés par rapport aux frais de transport de Chio à Gênes, ceux de Syrie à Venise se situaient aux alentours de 10 % du prix d'achat et continuèrent d'ailleurs à baisser à partir de la fin du XIVe siècle. Enfin, la distance géographique ne représentait plus d'obstacle majeur.

Le fait que la plus grande partie du trafic soit passé sous le contrôle de Venise, Gênes et Barcelone, conditionna l'implantation de l'industrie en Occident. Venise avait pour stratégie de concentrer tous les cotons d'abord vers la métropole et cette politique connut un grand succès. Par conséquent, la Sérénissime devint le plus important marché de redistribution en Occident. La plus grande partie de cette matière était distribuée vers l'Italie du Nord et l'Allemagne du Sud, qui devinrent les deux centres majeurs de fabrication. En revanche, en dépit de leur rôle considérable dans le transport maritime, Gênes et Barcelone ne contribuèrent pas à la création de grands centres d'industrie autant que Venise. En effet, la plus grande partie du transport du coton évitait plus fréquemment la métropole de Gênes et par conséquent cette ville perdit même partiellement ses anciens clients lombards au profit de Venise et devait se contenter de ravitailler certaines régions proches, notamment rurales, de Gênes en matière première de basse qualité, surtout le coton turc, dont le commerce était monopolisé par ses marchands. De plus, pour la route directe de Chio vers la mer du Nord sans passage en métropole, principale ligne génoise de transport du coton, il en allait de même. En réalité, après avoir chargé une quantité énorme

---

[6] ASG, Caratorum Veterum, n° 1553 (année 1458), f. 22r.

[7] E. Ashtor, *Levant trade in the Later Middle Ages*, Princeton, 1983, pp. 186–187.

[8] J. Heers, *Gênes au XVe siècle*, pp. 317–318. Au début du XIVe siècle, le prix de transport d'un *cantare* de coton de Famagouste à Marseille et à Aigues-Mortes était de vingt et un besants blancs. Un *cantare* de coton coûtait près de deux cent soixante besants blancs. Dans ces conditions, les frais représentent près de 8 % du prix d'achat. R. Pavoni, *Notai genovesi in Oltremare. Atti rogati a Cipro da Lamberto di Sambuceto (6 luglio – 27 ottobre 1301)*, Gênes, 1982, n° 18 et 128.

à Chio ou à Phocée, les grands navires génois déchargeaient une partie considérable dans plusieurs escales, italiennes, africaines et espagnoles, avant d'atteindre leur destination finale, la Flandre.

Le volume du trafic du coton de Barcelone n'arriva pas au niveau de celui de Venise et de Gênes. De plus, les marchands de cette ville catalane trouvèrent plus de profit dans la réexportation que dans l'importation de la matière première et sa fabrication en tissus à Barcelone. Une bonne partie des importations à Barcelone depuis la Sicile, lieu d'approvisionnement de premier ordre pour les marchands catalans, était de nouveau transportée vers diverses régions comme le Midi de la France, l'Afrique du Nord et la mer du Nord. Ce trafic conduit au gré des marchands et non au profit des artisans, provoqua une insuffisance du ravitaillement en matière première, et l'invasion croissante des tissus étrangers, si bien que l'industrie de Barcelone, qui employait trois cents maîtres futainiers au temps de son plein essor, déclina jusqu'à quasiment disparaître.

La fourniture massive en matière première par les marchands des grandes villes maritimes provoqua l'expansion de l'industrie cotonnière en Occident. A la fin du Moyen Age, son existence s'observait dans plusieurs pays occidentaux tels l'Italie, la France, l'Europe Centrale, la péninsule ibérique, les Pays-Bas et l'Angleterre, même si leur importance et leur évolution variaient d'un pays à l'autre. W. von Strömer a repéré près de soixante localités en Europe Centrale comme lieux de fabrication.[9] De nombreuses villes italiennes participaient à cette industrie.

Le volume de production des cinq centres majeurs au XVe siècle, Milan, Crémone, Nuremberg, Ulm et Augsbourg, était véritablement grandiose. Vers 1500, l'industrie d'Ulm, qui employait près de 500 maîtres-artisans et les forces ouvrières pour les assister, fabriquait plus de cent mille pièces de futaines.[10] Les grands marchands allemands écoulaient leurs produits finis sur la plupart des marchés occidentaux, allemands, français, italiens, espagnols, anglais, etc.

Dans les années 1420, quarante mille pièces de futaines de Crémone étaient chaque année importées à Venise, une grande partie étant réex-

---

[9] W. von Strömer, *Die Gründung der Baumwollindustrie in Mitteleuropa*, Stuttgart, 1978, pp. 57–58, 83, 150–151.

[10] H. Kellenbenz, «The fustian industry of the Ulm region in the fifteenth and early sixteenth centuries», dans *Cloth and clothing in medieval Europe. Essays in memory of E.M. Carus-Wilson*, éd. N.B. Harte et K.G. Ponting, pp. 261–262; M.F. Mazzaoui, *The italian cotton industry in the Later Middle Ages 1100–1600*, Cambridge, 1981, p. 141.

portée.[11] Un manuel de marchandise de la fin du XVe siècle atteste la grande échelle de production de Crémone, en énumérant les lieux où s'écoulaient la futaine et le boucassin de ce grand centre de fabrication: Venise, Ferrare, Bologne, Modène, Lucques, Florence, Gênes, Pistoia, Pise, Forli, Ravenne, Cesena, Rimini, Faenza, Urbino, Ancône, Recanati, Fermo, Camerino, les Pouilles, Trani, Barletta, Bari, Salerno, Naples, Rome, Sicile, Marseille, Barcelone, Valence, Séville, Majorque, la Dalmatie et l'Istrie, Fiume, Zara, Sibenik, Split, Raguse, Vérone, Vicence, Trévise, Padoue, Udine, Cividale.[12] Cette liste n'est pourtant pas complète. En réalité, les futaines de Crémone et de Milan étaient régulièrement transportées en Angleterre et en Flandre par le convoi de galées de Flandre, et en Afrique du Nord par celui de Barbarie et de Trafego.[13] Ces tissus de Milan et de Crémone étaient exportés en grand nombre vers la France en passant par les Alpes. En fin de compte, les étoffes cotonnières de Crémone étaient commercialisées dans la plupart des pays occidentaux au XVe siècle.

Pour finir, la société occidentale connaît une croissance remarquable de la consommation de produits cotonniers à la fin du Moyen Age. Les vêtements de coton, jadis objets d'un certain luxe, destinés aux couches sociales supérieures, deviennent accessibles aux classes inférieures. Les navires équipés de voiles de coton, naviguent en Méditerranée, en mer du Nord et en mer Noire. Les marchands rédigent la correspondance, les livres de comptes et d'autres types de documents en papier de coton. La bougie équipée d'une mèche de coton permet le travail de nuit. On dort sur des lits de bourre de coton. Le coton est inséré à l'intérieur de la caisse des marchandises pour leur protection lors du transport. Ainsi, les produits cotonniers, dont la gamme est très variée, deviennent-ils à la fin du Moyen Age des produits de consommation courante, faisant partie de la vie quotidienne.

[11] Ph. Braunstein et R. Delort, *Venise, portrait historique d'une cité*, Paris, 1971, p. 126.

[12] Biblioteca marciana di Venezia, Tariffa de pexi e mesure congratia et privilegio, f. 146r.

[13] ASV, Senato Misti, reg. 56, f. 15r–16r; Senato Mar, reg. 2, f. 46v.

ANNEXE I

LES TABLEAUX

1. Les mouvements des prix du coton de Hama sur le marché de Venise des années 1380 aux années 1430 et leur graphie
2. La répartition géographique des régions productrices de coton en Méditerranée à la fin du Moyen Age
3. La liste des navires utilisés par la *fraterna* Soranzo pour le transport du coton de Syrie à Venise de l'année 1407 à l'année 1428
4. Le nombre de la *muda gothonorum* en Syrie
5. La liste des navires mobilisés pour la *muda gothonorum* en Syrie et leur tonnage
6. Le nombre de la *muda gothonorum* à Alexandrie
7. Le tarif de nolis pour l'importation du coton à Venise à bord des convois de coques et de galées
8. Le tarif de nolis pour l'exportation du coton de Venise à bord des convois de galées
9. Les transactions du coton réalisées sur le marché de Gênes en 1450 d'après le document de *Censaria Nova*

1. *Les mouvements des prix du coton de Hama sur le marché de Venise des années 1380 aux années 1430 et leur graphe*

«Prix en livres pour mille livres de coton de Hama»

Date	Prix	Date	Prix	Date	Prix
06/01/1382	7,5	25/01/1386	6	10/01/1394	7,5
06/02/1384	7,25	18/04/1387	6,75	24/04/1394	6,75
31/03/1384	7	25/05/1387	6,375	28/04/1395	7,375
13/05/1384	6,25	08/02/1388	6,375	15/05/1395	7,125
26/07/1384	6,5	08/03/1388	6	10/06/1395	7
27/08/1384	5	13/01/1389	7	21/10/1396	7,5
15/09/1384	6,25	12/01/1390	8,5	20/03/1397	6,5
05/11/1384	6,5	25/10/1391	15	23/06/1397	6,5
31/01/1385	6,75	27/07/1392	10,5	14/07/1397	6,625
26/06/1385	6,375	16/11/1392	10,13	28/07/1397	6,5
11/07/1385	6,75	29/01/1392	10	03/01/1398	10
21/09/1385	7,375	06/06/1393	9	31/01/1398	10,5
29/11/1385	8,25	05/07/1393	8,25	16/02/1398	10
07/12/1385	8	15/07/1393	8,125	05/05/1398	9,5

Date	Prix	Date	Prix	Date	Prix
26/10/1398	11	04/01/1415	10	26/08/1424	7 1/2
05/04/1399	9,75	10/12/1415	10	20/01/1425	8
31/05/1399	7,75	01/02/1416	9 1/2	19/11/1425	7 1/3
10/07/1399	8	27/08/1416	7 3/4	10/12/1425	7
22/11/1399	8,25	05/08/1416	8	30/03/1425	8
13/12/1399	9,25	05/08/1416	7 3/4	31/05/1425	8
20/01/1400	8,5	11/09/1416	7 3/4	22/08/1425	7 1/2
27/03/1400	8,5	14/01/1417	7 3/4	07/01/1426	6 1/2
12/07/1400	6,5	19/03/1417	7 3/4	02/10/1426	5 1/2
26/02/1401	10	21/04/1417	8	07/04/1426	6 1/2
23/07/1401	9	21/04/1417	7 1/2	14/08/1426	6
05/08/1401	9	? /08/1417	6 4/5	27/08/1426	5 1/2
15/04/1402	9	? /08/1417	7	27/08/1426	6
13/07/1403	9,125	? /08/1417	7 1/4	03/09/1426	6
14/12/1405	12	12/01/1418	6 1/4	11/01/1427	5 3/4
13/09/1406	11,5	12/01/1418	6	04/12/1427	5 1/3
27/11/1406	11,75	16/02/1418	6	17/07/1427	5 1/4
30/12/1406	12	19/02/1418	5 9/10	28/08/1427	5
19/03/1407	11	06/04/1418	5 1/4	12/01/1428	5 1/6
23/01/1408	12	? /01/1419	5 1/2	15/11/1428	7
26/01/1408	13	05/01/1419	5 1/4	07/02/1428	5 1/4
09/05/1408	10	16/01/1419	5 1/2	13/03/1428	5 1/3
13/06/1408	11	17/02/1419	5 1/4	15/05/1428	6
10/07/1408	11	05/05/1419	5 1/4	20/02/1429	7
16/08/1408	11 3/20	01/08/1419	5 1/5	24/10/1431	5
20/10/1409	8 9/10	? /01/1420	5 1/2	30/10/1431	6 1/2
20/10/1409	8 2/5	24/03/1420	5 1/2	30/10/1431	7
29/03/1409	11	24/01/1421	6	17/02/1431	6 1/4
17/04/1409	10 1/2	17/10/1421	6 1/6	29/03/1431	6 1/4
02/05/1409	10 3/4	31/10/1421	5 1/2	31/08/1431	5 1/3
? /07/1409	9	19/11/1421	6	14/10/1432	9 1/2
18/07/1409	8	13/12/1421	5 1/3	20/03/1432	6 1/2
? /08/1409	9	21/12/1421	6	06/03/1432	5 1/4
28/01/1410	9	21/12/1421	5 1/2	28/04/1432	6 4/5
22/10/1410	8 2/5	10/01/1422	7 1/2	31/05/1432	6 4/5
10/12/1410	9	06/02/1422	6 1/5	17/06/1432	6 1/2
? /09/1411	9	25/02/1422	6	03/06/1432	7
? /01/1412	8 1/2	03/03/1422	6	06/06/1432	6 1/2
04/10/1412	6 3/4	03/03/1422	6 1/4	07/06/1432	6 3/4
? /02/1412	8	? /05/1422	6	07/06/1432	6 1/2
29/03/1412	8 9/10	15/05/1422	7 1/2	10/07/1432	7
26/01/1413	10	11/09/1422	7 1/2	29/01/1435	8
? /12/1413	10	12/02/1423	7 1/2	11/10/1435	5
28/02/1413	8 1/2	05/03/1423	7 3/4	08/04/1435	7 3/4
23/03/1413	9 3/10	15/05/1423	7 1/2	11/07/1435	5 4/5
19/02/1414	7	19/07/1423	8	30/07/1435	5 1/2
21/07/1414	8 2/5	28/07/1424	7 1/2	25/08/1435	5 1/4
21/07/1414	8 1/3	04/07/1424	8	20/01/1436	5 1/4

Date	Prix	Date	Prix	Date	Prix
06/02/1436	5 1/4	10/05/1437	5 1/2	04/06/1437	5 9/20
25/06/1436	5	11/05/1437	5 1/2	15/10/1440	5
23/01/1437	5				

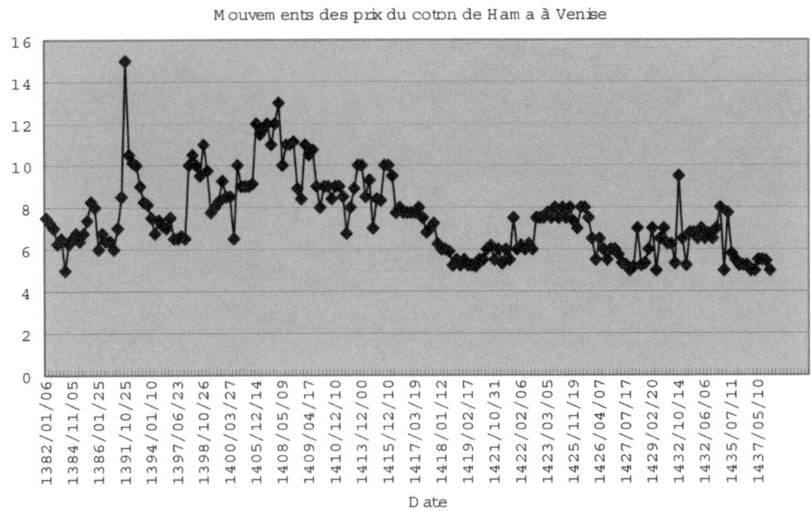

Mouvements des prix du coton de Hama à Venise

2. *La répartition géographique des régions productrices de coton en Méditerranée à la fin du Moyen Age*

Syrie	Acre, Alep, Asciam, Ashqelon, Beyrouth, Galilée, Foa, Gibelet, Hama, Jaffa, Laodicée, Nazareth, Ramla, Safed, Saïda, Tripoli, Tyr
Egypte	Bords du Nil, Fuwa, Nubie, région du Fayoum
Turquie	Alentours du fleuve Méandre, Alanya, Angora, Chio, Malatya, région entre Konya (Iconium) et Brousse, plaine entre Adana et Tarse, Sébaste (Sivas),
Chypre	Episkopi, Limassol, Nicosie et ses alentours, Paphos, Salines
Romanie	Arta, Clarentza, Corfou, Coron, Crète, Gallipoli, Lépante, la Morée, Nauplie, Négrepont, Patras, Salonique, Santorin
Sicile	Mazara et ses environs, plaine de Terranova, région entre Syracuse et Noto, vallée de Noto
Malte et Pantelleria	Malte et Pantelleria
Italie du Sud	Basilicate, Calabre, les Pouilles

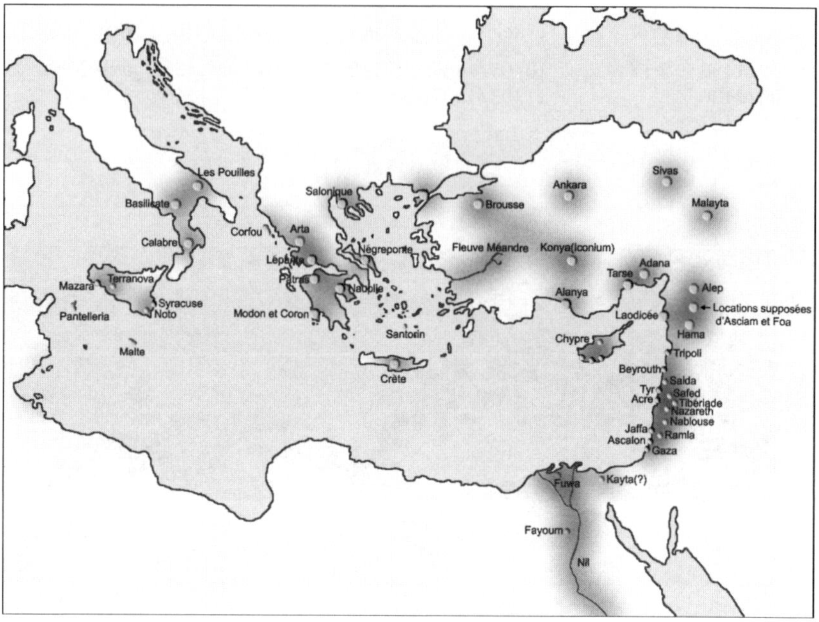

3. *La liste des navires utilisés par la fraterna Soranzo pour le transport du coton de Syrie à Venise de l'année 1407 à l'année 1428*

La période de *muda*	Patrons (quantité de chargement en sacs)
La *muda* de septembre 1407	Salvador (5), Pasqualigo (5), Pisani (2)
La *muda* de mars 1408	Malipiero (17), Chioldera (15), Salvador (15)
La *muda* de septembre 1408	Terapelle (14), Contarini (3), Pasqualigo (4), Salvador (2), Chioldera (2)
La *muda* de mars 1409	Salvador (19 ou 44), Chioldera (8), Pasqualigo (2)
La *muda* de septembre 1409	Fexuol (11), Pesiato (3), Benedetto (17)
La *muda* de mars 1411	Chioldera (12), Benedetto (12), Bona Zonta (8)
La *muda* de septembre 1411	Chareto (4), Zilivol (6)
La *muda* de mars 1412	Zilivol (28), *galiaza* di Davanzo (11)
La *muda* de 1413	Salvador, Valareso, Taralo, Giacomo di Niccolò (2), *galiaza* de Dona Volda
La *muda* de mars 1414	Stefano Contarini (3), B. di Giacomo (5), Malipiero (5), Baxeio Terapelle (2), Giacomo di Niccolò (2), Salvador (9), Valareso (20), Anzolo di Benedetto (4)
La *muda* de septembre 1414	Terapelle (1)
La *muda* de mars 1415	M. di Benedetto (17), Salvador (17), Bocheta (16)
La *muda* de septembre 1415	Le transport de 11 sacs de coton

La *muda* de mars 1416	Pampano (17), Giacomo di Niccolò (17), Luca Longo (15), Anzolo di Benedetto (11), Giacomo Salvador (6)
La *muda* de septembre 1416	Salvador (10), Pampano (11), Malipiero (10)
La *muda* de mars 1417	Soranzo (17), Giacomo di Niccolò (17), Stefano di Marin (15)
La *muda* de septembre 1417	Le transport de 60 sacs de coton
La *muda* de mars 1418	Taralo (36), Soranzo (32), Benedetto (27), Pampano (32)
La *muda* de septembre 1418	Donado Davanzo (1), Taralo (28), Alvise Loredan (37), Malipiero (4), Soranzo (33), Pampano
La *muda* de mars 1419	Taralo (15), Loredan (18), Pampano (12)
La *muda* de septembre 1419	Soranzo (32), Malipiero (15), Benedetto, Pampano, Stefano di Marin, Giovanni Contarini, Donado Davanza
La *muda* de mars 1420	Baxeio (20), Soranzo (20), Zuchato (21), Benedetto (16)
La *muda* de 1421	Benedetto
La *muda* de mars 1422	Le transport de 28 sacs de coton
La *muda* de mars 1423	Rizo (9), Benedetto (8), Salvador (1)
La *muda* de mars 1424	Salvador (27), Benedetto (20), Lavanzo (15), Stefano di Marin (14), El Canal (8)
La *muda* de mars 1425	Malipiero (45), Soranzo (50), Feletro (38), El Cesano (2)
La *muda* de mars 1426	Stella (10)
La *muda* de septembre 1426	El Cesano (29)
La *muda* de mars 1427	Benedetto (39), Chondolmer (41), El Cesano (14), Miani (61), Falascho (6)
La *muda* de septembre 1427	Contarini (19), Marin (13), El Cesano (12)
La *muda* de mars 1428	Pampano (25), Miani (19), Benedetto (18), Marco Longo (19), Contarini (21)

4. *Le nombre de la muda gothonorum en Syrie*[1]

Année	*Muda* de mars	*Muda* de septembre	Année	*Muda* de mars	*Muda* de septembre
			1366		4 ou 2[2]
1367		Passage[3]			
1373		1	1374	2	4
			1378		1ou 2[4]
1379	Passage[5]				
1385	9				
1389	4	2			
			1392		3
1395	8		1396	7	
			1398	**2**[6]	3
1399		7	1400	10	6
1405	3	6	1406	3	
1407	Passage[7]		1408	4	4
1413	5		1414	6	
1415	10–11		1416	11–12	5
1417	7	5	1418	9	
1419	7		1420	10–11	4
1421	5	3	1422		2
1423	8	2	1424	7–8	
1425	8		1426	7	4

[1] Ce tableau est *grosso modo* établi à partir des études faites par E. Ashtor, *The Levant trade in the Later Middle Ages*, p. 255, 321–322, 472.

[2] ASV, Senato Misti, reg. 32, f. 6^{v}–8^{r}.

[3] *Ibid.*, f. 108^{v}.

[4] ASV, Senato Misti, reg. 36, f. 63^{r}. Il y a une autre coque mise aux enchères pour le voyage de Chypre. Le Sénat prescrit que cette coque va passer au port de Laodicée pour charger du coton.

[5] ASV, Senato Misti, reg. 36, f. 73^{r}.

[6] ASV, Collegio Notatorio, reg. 3, f. 1^{r}.

[7] ASV, Senato Misti, reg. 47, f. 91^{r}.

Année	*Muda* de mars	*Muda* de septembre	Année	*Muda* de mars	*Muda* de septembre
1427	9	7	1428	7	6[8]
1429	9	2 + 1[9]	1430	3	2 (3 ?)[10]
1431	6	6	1432	5	6
1433	4 (galées)	6	1434	7[11]	3
1435	Passage[12]				
1437		Passage[13]	1438	6	Passage[14]
1439	6				
1441	6	3[15]	1442	Passage[16]	6
1443	9	Passage[17]	1444	9	Passage[18]
1445		3[19]	1446	12 (?)	
1447	Passage[20]	9			
1449		2	1450	14 (?)	
1451	Passage[21]				
1455		2	1456		4
1457	7				
1459	6				
			1464		3

[8] Au mois de janvier 1428 le Sénat avait voulu d'envoyer neuf navires. Mais le vote était contre ce projet. ASV, Senato Misti, reg. 56, f. 154[v].

[9] ASV, Sentao Misti, reg. 57, f. 139[v]. Une coque patronnée par Pampano et mise en recrutement pour la *muda* d'Alexandrie, elle aussi passa en Syrie pour charger du coton.

[10] ASV, Senato Misti, reg. 57, f. 232[r]. E. Ashtor indique trois navires. Cependant, la décision finale du Sénat était d'envoyer deux navires.

[11] E. Ashtor indique qu'il n'eut pas de convoi. ASV, Senato Misti, reg. 59, f. 18[r].

[12] ASV, Senato Misti, reg. 59, f. 143[v].

[13] ASV, Senato Misti, reg. 60, f. 32[r].

[14] *Ibid.*, f. 107[r].

[15] ASV, Senato Mar, reg. 1, f. 52[r], 53[r].

[16] *Ibid.*, f. 78[r].

[17] *Ibid.*, f. 188[v].

[18] ASV, Senato Mar, reg. 2, f. 17[v]; ASV, Giudici di Petizion a Sentenze, reg. 106, f. 66[v]–69[r].

[19] ASV, Collegio Notatorio, reg. 8, f. 26[v].

[20] ASV, Senato Mar, reg. 2, f. 185[r–v].

[21] ASV, Senato Mar, reg. 9, f. 9[r–v].

Année	*Muda* de mars	*Muda* de septembre	Année	*Muda* de mars	*Muda* de septembre
			1470	4 (galées)	
			1472	4[22]	
1473		Passage[23]			
1477	4				
			1482	Passage[24]	
			1480		2
			1484		2
			1486		3
1487		Passage[25]			
			1490		Passage[26]
1491		Passage[27]			
1493		Passage[28]			
1497		2[29]			
1499	Passage[30]				

5. *La liste des navires mobilisés pour la muda gothonorum en Syrie et leur tonnage*[31]

La période de *muda*	Patrons de navires et tonnages de navires (en *botti*)
La *muda* de mars 1398	Antonio Delia, Francesco Marin
La *muda* de mars 1406	Niccolò Sabadino (560), Bartolomeo de Benedetto (574), Francesco Piloto (643)

[22] ASV, Senato Mar, reg. 9, f. 126v.
[23] *Ibid.*, f. 174r–v.
[24] ASV, Senato Mar, reg. 11, f. 133r.
[25] ASV, Senato Mar, reg. 12, f. 117r.
[26] ASV, Senato mar, reg. 13, f. 20r.
[27] *Ibid.*, f. 71r.
[28] ASV, Senato Mar, reg. 14, f. 18r. Il y eut au moins deux navires pour le voyage de Syrie.
[29] *Ibid.*, f. 117v.
[30] *Ibid.*, f. 205v.
[31] Ce tableau est établi à partir des registres *Collegio Notatorio.*

La *muda* de septembre 1417	Troilo Soranzo (570), Stefano de Marin (638), Bartolomeo Benedetto (700), Dario Malipiero (528), Pietro Tarallo (643 ou 652)
La *muda* de mars 1418	Giovanni de Zilivol (702), Giacomo Pampano (650), Dario Malipiero (528), Polonio Cuchato (569), Stefano de Marin (631), Pietro Tarallo (659), Troilo Soranzo (579), Luca Longo ( ), Donato d'Avanzo (770)
La *muda* de mars 1426	Giovanni Contarini (770), Bartolomeo Giacomo (608), Antonio Condolmar (770), Stefano di Marin (763), Andrea de Feleto (600), Antonio Duodo (949), Giacomo Pampano (600),
La *muda* de septembre 1426	Stefano di Marin (754), Blaxio Alberegno (700), Antonio Duodo (1025)[32]
La *muda* de mars 1427	Bartolomeo Benedetto (900), Stefano di Marin (754), Antonio Condolmar (770), Francesco de Cesano (760), Giovanni Contarini (765), Niccolò Duodo (1025)
La *muda* de septembre 1427	Niccolò Miani (616), Blaxio Alberegno (649), Giovanni Contarini (765), Stefano di Marin (754), Niccolò Duodo (1025), Marco Longo (600), Bartolomeo Benedetto (900), Francesco de Cesano (750), Antonio Condolmar (770)
La *muda* de mars 1428	Stefano di Marin (754), Blaxio Alberegno (649), Francesco de Cesano (750), Niccolò Miani (616), Marco Longo (600), Giovanni Contarini (765), Bartolomeo Benedetto (900)
La *muda* de septembre 1430	Stefano di Marin (763), Bernardo Navaierio (700), Francesco de Cesano (778)
La *muda* de mars 1431	Blaxio Alberegno (649), Niccolò Miani (612), Stefano di Marin (763), Marco Longo (600), Giacomo Contarini (627), Andrea Contarini (550)
La *muda* de septembre 1431	Marino Michaelis (770), Blaxio Alberegno (649), Niccolò Miani (612), Niccolò Mozzo (676), Bernardo Navaierio (697), Marco Longo (694)
La *muda* de septembre 1433	Lorenzo de Priuli (), Bartolomeo de Chanlai, Andrea Maza (764), Bernardo Navaierio (697), Francesco de Cesano (770), Mafeo decha Pexaro (763), Andrea de Feleto (964)

[32] Selon les registres du Sénat, quatre navires, dont les patrons étaient Francesco de Cesano, Bartolomeo Benedetto, Blaxio Alberegno et Antonio Duodo.

La *muda* de mars 1439	Pietro Loredan (550), Bartolomeo Conzanave (600), Francesco de Cesano (616), Andrea Maza (637), Francesco Longo (700), Niccolò Miani (731)
La *muda* de mars 1441	Niccolò Contarini (572), Pietro Loredan (500), Baldasare Falascho (636), Andrea Giovanni (525), Cristoforo Soligo (545), Bartolomeo Zimalarcha (532)
La *muda* de mars 1442	Niccolò Duodo (1100), Cristoforo Soligo (500), Gaspare Longo (500), Bartolomeo Zimalarcha (528), Giovanni de Didi (400), Andrea Giovanni (525), Baldasare Falasco (636), Lodovico Bruto
La *muda* de septembre 1445	Niccolò Contarini ( ), Niccolò Contarini ( ), Domenico Loredan (800)
La *muda* de mars 1446	Leonis Bembo, Pietro de Medisamicis (?), Benedetto Arduino, Niccolò Duodo, Andrea Johannes, Marco Brevio, Pietro Avanzo, Giacomo Malipiero, Giovanni Diclai(?), Gaspare Jordani, Niccolò Fantinoza
La *muda* de septembre 1447	Bernardo Bembo (600), Lodovico Contarini (1150), Lorenzo Rosso (440), Gaspare Jordani (450), Cristoforo Soligo (700), Francesco Doto (550), Giacomo Malipiero (900), Francesco Malipiero (762), Marco Brevio (730), Baldasare Falasco
La *muda* de septembre 1449	Pietro Loredan (777), Giacomo Malipiero (900)
La *muda* de septembre 1456	Cristoforo Soligo (1175), Geronimo Malipiero (550), Marco Brevio (600), Priamo Delege (500)
La *muda* de mars 1457	Priamo Delege (676), Vettore Pasqualigo (550), Marino da Canal (750), Baldasare Falasco (850), Francesco Doto (900), Giacomo Moriti (600), Marco Brevio (700)
La *muda* de mars 1472	Domenico Malipiero, Domenico Caravello, Pietro de Guido, Antonio A(?),

6. *Le nombre de la muda gothonorum à Alexandrie*

Année	*Muda* de mars	*Muda* de septembre	Année	*Muda* de mars	*Muda* de septembre
1367		1[33]	1368		1[34]
1371		1[35]	1372		1[36]
1373		3[37]	1374		1[38]
1375		1	1376		1
1377		1			
			1384		2[39]
1385	3	2[40]	1386		1[41]
1387		1[42]	1388		1
1389		1	1390		1
1391		1	1392		1
1395		1[43]	1396	1	
			1398		1
1399		1	1400	1	1[44]
1401	2		1402		1 (coque *rata*)
			1408		2
			1416	2	
			1418	2	
1419	4				
1427		2	1428	2	

[33] ASV, Senato Misti, reg. 32, f. 108^{v}–109^{v}.
[34] *Ibid.*, f. 263^{v}–264^{v}.
[35] ASV, Senato Misti, reg. 33, f. 110^{v}–111^{r}.
[36] ASV, Senato Misti, reg. 34, f. 7^{v}–8^{r}.
[37] *Ibid.*, reg. 34, f. 49^{v}.
[38] *Ibid.*, reg. 34, f. 108^{r}–109^{v}.
[39] ASV, Collegio Notatorio, reg. 2, f. 27^{r}; Senato Misti, reg. 38, f. 127^{r}.
[40] ASV, Senato Misti, reg. 39, f. 91^{v}–92^{r}.
[41] ASV, Collegio Notatorio, reg. 2, f. 69^{r}.
[42] *Ibid.*, reg. 2, f. 83^{v}.
[43] E. Ashtor considère cette *muda* comme celle de mars 1395. Mais elle devrait être celle de septembre 1395, puisque la délibération eut lieu le 22 mai 1395. E. Ashtor, *Levant trade in the Later Middle Ages*, p. 515; ASV, Senato Misti, reg. 43, f. 65^{r}.
[44] Il s'agit d'une coque *rata*. ASV, Collegio Notatorio, reg. 3, f. 47^{v}.

Année	*Muda* de mars	*Muda* de septembre	Année	*Muda* de mars	*Muda* de septembre
1429		1	1430		1
			1442		2
			1456		2
1457	1		1458		1
1471		2			
			1486		2
1487		1	1488		1
			1490		1
1493		2			

7. *Le tarif de nolis pour l'importation du coton à Venise à bord des convois de coques et de galées*

Date	La *muda* de Syrie	La *muda* d'Alexandrie	Chypre	Romanie
La *muda* de septembre 1366	10 ducats	10 ducats	10 ducats	
La *muda* de septembre 1367		8 ducats		
La *muda* de septembre 1368 La *muda* de septembre 1370		8 ducats[45]	 40 livres à bord des galées de Chypre[46]	
La *muda* de septembre 1371		8 ducats		
La *muda* de septembre 1372		6 ducats		
La *muda* de septembre 1373		6 ducats		
La *muda* de mars 1374	9 ducats			
La *muda* de septembre 1374		6 ducats		
La *muda* de septembre 1378	15 ducats[47]			

[45] E. Ashtor a tort d'indiquer le tarif de nolis de deux ducats pour cette *muda*. «Levantine alkali ashes adn european industries», p. 510; ASV, Senato Misti, reg. 32, f. 263^{v}–264^{v}: «*de nabulo in reditu suo de Alexandria Venetias plures ducatorum octo pro quolibet miliari gothonorum*».

[46] ASV, Senato Misti, reg. 33, f. 70^{v}.

[47] ASV, Senato Misti, reg. 36, déliberation du 2 juillet 1378. Il s'agit de l'*incanto* d'une coque pour le voyage de Chypre, qui transportera de nombreuses familles du roi de

Date	La *muda* de Syrie	La *muda* d'Alexandrie	Chypre	Romanie
La *muda* de septembre 1384		6 ducats		
La *muda* de septembre 1385		6 ducats		
La *muda* de septembre 1386		6 ducats		
La *muda* de septembre 1387		6 ducats		
La *muda* de septembre 1395		6 ducats		
1396		6 ducats		
La *muda* de septembre 1402		6 ducats		
La *muda* de septembre 1405	12 ducats			
La *muda* de mars 1406	7 ducats pour le coton brut et 8 ducats pour le filé			
La *muda* de septembre 1417	6 ducats			
La *muda* de mars 1426	7 ducats			
La *muda* de septembre 1426	6 ducats			
La *muda* de septembre 1427	5 ducats			
La *muda* de mars 1428	6 ducats			
La *muda* de mars 1430	6 ducats			
La *muda* de septembre 1430	6 ducats[48]			
La *muda* de mars 1431	6 ducats			
La *muda* de septembre 1431	8 ou 10 ducats[49]			
La *muda* de septembre 1432				5 ducats[50]
La *muda* de mars 1433	16 ducats à bord des galées[51]			
La *muda* de septembre 1433	6 ducats			

Chypre. Pourtant, cette coque va charger du coton au port de Laodicée pendant la *muda gothonorum* en Syrie.

48 Au début de la délibération le Sénat avait voulu établir le tarif de cinq ducats. Mais finalement six ducats furent décidés. ASV, Senato Misti, reg. 57, f. 232ʳ.

49 F.C. Lane indique dix ducats dans son ouvrage. Cependant en réalité il y avait deux tarifs de nolis, huit et dix ducats. Il semble que dix ducats sont finalement fixés. F.C. Lane, *Venetian ships and shipbuilders of the Renaissance*, p. 262; ASV, Senato Misti, reg. 58, f. 60ᵛ: *«gothoni et filati solvere debeant predictis navibus ducatos octo pro quolibet»*. ASV, Senato Misti, reg. 58, f. 62ʳ: «*habendo de nabulo pro gothonis et filatis ducatos decem pro quolibet*».

50 Il s'agit de la *muda* des vins de Crète. ASV, Senato Misti, reg. 58, f. 125ʳ.

51 *Ibid.*, f. 159ᵛ.

Date	La *muda* de Syrie	La *muda* d'Alexandrie	Chypre	Romanie
La *muda* de mars 1439	6 ducats	6 ducats		
La *muda* de septembre 1439	6 ducats			
La *muda* de mars 1441	6 ducats			
La *muda* de mars 1443	6 ducats			
La *muda* de mars 1447	6 ducats			
La *muda* de septembre 1447	6 ducats		8 ducats (à bord des galées de Chypre)	
La *muda* de mars 1450	2,5 ducats[52]			
La *muda* de septembre 1450			8 ducats[53]	
La *muda* de septembre 1452			8 ducats[54]	
La *muda* de septembre 1453			8 ducats.[55]	
La *muda* de mars 1456	5,5 ducats			
La *muda* de septembre 1456	6 ducats			
La *muda* de septembre 1470	12 ducats pour le coton filé à bord des galées[56]			
La *muda* de septembre 1473	5,5 ducats			
La *muda* de septembre 1481	4 ducats[57]			
La *muda* de mars 1482	4 ducats[58]			
1502	4 ducats pour le coton brut et 5 ducats pour le filé		4 ducats	

[52] Ce tarif devrait être considéré comme un cas exceptionnel ou faux. E. Ashtor, «Profits from trade with the Levant in the fifteenth century», p. 261.

[53] C'est un tarif de nolis à bord de la ligne de galées de Chypre.

[54] C'est un tarif de nolis à bord de la ligne de galées de Chypre. ASV, Senato Mar, reg. 4, f. 118v.

[55] C'est un tarif de nolis à bord de la ligne de galées de Chypre. *Ibid.*, f. 190r.

[56] ASV, Senato Mar, reg. 9, f. 63r.

[57] ASV, Procuratori di San Marco, Commissarie miste, busta 116, contrat de nolis établi le 28 mai 1481 entre Alvise Baseggio et Donado di Bernardo.

[58] *Ibid.*, contrat de nolis établi le 14 décembre 1481 entre Alvise Baseggio et Domenico Galinberto, patron, pour transporter du coton d'Acre à Venise lors de la *muda* de mars 1482.

8. *Le tarif de nolis pour l'exportation du coton de Venise à bord des convois de galées*

Date	Ligne de Flandre	Ligne d'Aigues-Mortes	Ligne de Barbarie
1375	20 ducats		
1384	20 ducats		
1412	16 ducats		
1422	15 ducats		
1423	15 ducats		
1424	15 ducats		
1427	15 ducats		
1428	12 ducats	9 ducats	
1430	12 ducats		
1438	12 ducats		
1439	14 ducats		
1440	14 ducats		
1441	14 ducats	10 ducats	10 ducats
1442		10 ducats	10 ducats
1443	14 ducats	10 ducats	
1445	10 ducats	10 ducats	
1447	12 ducats		
1448			10 ducats
1451	Année précédente	10 ducats	
1452		10 ducats	10 ducats
1453	12 ducats	10 ducats	

9. *Les transactions du coton réalisées sur le marché de Gênes en 1450 d'après le document de Censaria Nova*

Date	Vendeur	Acheteur	Ville d'origine de l'acheteur	*Cantares*	Prix par *cantare*
04/02/1450	Paolo Doria	Opicio Anurfo	Alexandrie	8,6	15
02/03/1450	Giovanni de Canali	Toma Torte	Alexandrie	2,84	15,25
17/04/1450	Pietro de Marco	Pietro Torte	Alexandrie	58	18
06/06/1450	Pantaleo Doria	Giacomo de Pado	Alexandrie	4,44	13
10/07/1450	Geronimo Pichus	Domenico Torte	Alexandrie	2,94	13
24/11/1450	Niccolò de Dentuto	Francesco de Burgo	Alexandrie	8	16
30/03/1450	Giovanni de Canali	Filippo Burgexio	Asti	3,25	13,5
02/07/1450	Giacomo Merlascinus	Martino Camina	Asti	3,9	13,5
25/06/1450	Geronimo Doria	Francesco de Chaneto	Bassignana	3	12
16/07/1450	Bartolomeo et Antonio Masela	Simone Niccolò de Petra Sancta	Bergame	15,22	13
16/06/1450	Pantaleo Doria	Gasparino de Brecio	Brescia	9,6	12,5
18/04/1450	Giacomo Spinola (fils de Bartolomeo)	Antonio Zerbeo	Busalla	1	17
18/06/1450	Geronimo Pichus et Antonio Pichenotus	Janino Tagavacha	Busalla	6	13
23/06/1450	Geronimo Pichus	Giovanni Tagavacha	Busalla	5,63	12,8
09/02/1450	Giacomo Italiano	Giovanni et Antonio Gambaruta	Castellacio	4,27	15

Date	Vendeur	Acheteur	Ville d'origine de l'acheteur	*Cantares*	Prix par *cantare*
16/06/1450	Niccolò de Marini	Paolo de Castellacio	Castellacio	5	12
11/12/1450	Giovanni Andreas de Campis	Filippo Troto	Castellacio	7,1	15
23/01/1451	Domenico de Maiolo	Marco de Castellacio	Castellacio	3,1	14
24/12/1450	Oberto de Grimaldi	Niccolino de Castronovo	Castronovo	6,5	13
17/06/1450	Geronimo Doria	Antonio de Porta	Casali	20	12
11/12/1450	Dorino de Grimaldi	Francesco Grillo	*Clavario*	22	14
14/03/1450	Paolo Giustiniani	Andrioto de Bonsegnorio	Crémone	12,04	15
30/06/1450	Geronimo Pichus	Giovanni Matteo	Crémone	3	12,8
04/07/1450	Geronimo Pichus	Giovanni de Casteleono	Crémone	9	12
16/04/1450	Lodixio de Grimaldi	Raffaele de Costa	Gavi	3	15
20/06/1450	Antonio Pichenotus	Bartolomeo de Sacho	Gavi	2,77	13
14/12/1450	Luca de Negro	Antonio de Gratiolo	Gavi	21,8	13
03/03/1451	Federigo Spinola	Giovanni de Campis	Gavi	6,7	14
04/07/1450	Domenico de Maiolo	Janino de Genta	*Genta*	5,9	12,9
13/06/1450	Pantaleo Doria	Ambrogio de Bartes	Lodi	6,92	12
03/02/1451	Bartolomeo et Antonio Masela	*missit ex Janua in Lombardia*	Lombardie	0	
04/07/1450	Bartolomeo et Antonio Masela	Giovanni de Lugano	Milan	3,15	12,5
19/01/1451	Raffaele Lomellini	Bartolomeo de Lapugrano	Milan	11	13,5

Date	Vendeur	Acheteur	Ville d'origine de l'acheteur	*Cantares*	Prix par *cantare*
19/06/1450	Gaspare Burfortes	Christoforo de Ferodis	*Mirabe*	9,7	12,75
19/06/1450	Gaspare Burfortes	Christoforo de Ferodis	*Mirabe*	2,48	12,5
02/03/1450	Giacomo Italiano	Roffino Garello	Moncalvo	2,64	15
16/05/1450	Domenico et Bartolomeo Doria	Giacomo de Monsia	Monza	22,5	15
05/03/1450	Domenico et Bartolomeo Doria	Luchino	Novara	8,83	15
26/03/1450	Niccolò Centurione	Andrino de Emixono	Novara	1,14	15,5
16/12/1450	Raffaele Lomellini	Niccolò de Guirardoto	Novis	5	12
04/03/1450	Paolo Giustiniani	Giovanni Granello	Plaisance	12,02	15,5
13/06/1450	Giovanni de Passano de Dalfinis	Bartolomeo de Pelegrinus	Plaisance	9,75	12,5
30/04/1450	Pietro et Battista Giustiniani	Antonio de Riconelis	*Riconexio*	5,68	17,5
20/02/1451	Antonioto de Dentuto	Diverses personnes	Savone	0	
18/04/1450	Giacomo Spinola (fils de Bartolomeo)	Manfredino de Ferraris	Serravalle	4,43	16
19/03/1450	Giacomo Italiano	Stefano de Clivace	Tratona	5,01	14,5
07/07/1450	Acelino Lercario	Gallo Renucio	Valenza	4,78	14
15/04/1450	Andronico et Agostino de Franchis	Giovanni Antonio			
20/06/1450	Gaspare Burfortes	Gherardo de Goatiis	Valenza	11,5	12,75

Date	Vendeur	Acheteur	Ville d'origine de l'acheteur	*Cantares*	Prix par *cantare*
02/07/1450	Giacomo Merlascinus	Pietro de Vigevio	*Vigevio*	6,6	12,5
27/08/1450	Bartolomeo et Antonio Masela	Andriano Scorcia (fils de Andriani)	Voltaggio	24,48	12
25/09/1450	Geronimo Pichus et Antonio Pichenotus	Andriano Scorcia (fils de Andriani)	Voltaggio	24,75	15
03/12/1450	Manuele Bochacius	Octaviano Scorcia	Voltaggio	12	12
12/12/1450	Geronimo Pichus et Antonio Pichenotus	Andriano Scorcia (fils de Andriani)	Voltagio	15,13	13
17/12/1450	Francesco Spinola	Giovanni Scorcie	Voltaggio	16,12	12,5
25/01/1451	Marco Doria	Giovanni Scorcie	Voltaggio	7	12,5
27/02/1450	Niccolò de Castillo	Teramo de Balustrino		3	15
27/02/1450	Guglielmo de Turrilia	Gherardo de Galarate		3	14
11/03/1450	Matteo di Negro	Andrea de Ripa		6,5	16
26/03/1450	Luciano di Negro	Andrea de Tasistro		4	17,5
14/04/1450	Giacomo Italiano	Michaele Prizena		10,36	15,25
27/04/1450	Giovanni Italiano	Filippo Spinola		5,21	15
12/05/1450	Domenico et Bartolomeo Doria	Francesco de Quarto		13,79	15
08/06/1450	Giacomo de Pallavicino	Giovanni de Baldiso		10	12
20/06/1450	Niccolò de Marini	Christoforo Panis		3,55	14
27/06/1450	Geronimo Doria	Antonio de Balestrino		3,4	12

Date	Vendeur	Acheteur	Ville d'origine de l'acheteur	*Cantares*	Prix par *cantare*
30/06/1450	Lodixio Doria (fils de Oberto)	Leonardo Doria (fils de Lodovico)		8,41	
04/07/1450	Domenico Doria	Battista Pichaluga		0	12
07/07/1450	Acelino Lercario	Toma Tana		103,62	14
08/07/1450	Domenico Doria	Monino Nursario		5,8	13
08/07/1450	Niccolò de Marini	Francesco de Pestina		19,64	12,25
10/07/1450	Geronimo Pichus	Agostino Scapardono		13,7	14
10/07/1450	Bartolomeo et Antonio Masela	Sestro de Monelia		15,4	13
15/07/1450	Tacinio de Bargallio	Gaspare de Segnorio		55	14,5
27/07/1450	Marco Doria	Domenico Prizenda		1,94	12
30/07/1450	Bartolomeo et Antonio Masela	Antonio Grosso		8,6	12
23/10/1450	Simone Doria	Battista Dalfino		10,84	11,5
10/11/1450	Manuele Bochacius	Giovanni Curleto		6	11,5
19/11/1450	Manuele de Rapallo	Giovanni Giacomo de Odericho		5	17
28/11/1450	Giovanni Andreas de Campis	Giacomino de Chario		12,62	14
07/11/1450	Giuliano Dondus	Bartolomeo Curleto		5,62	12,25
03/12/1450	Dorino de Grimaldi	Giovanni de Culiano et fille		12,66	14,25

Date	Vendeur	Acheteur	Ville d'origine de l'acheteur	*Cantares*	Prix par *cantare*
04/12/1450	Giuliano de Grimaldi	Antonio Curleto de Pulciferia		6,3	12
16/12/1450	Giorgio de Recia	Giovanni Antonio Curleto		4,22	
16/12/1450	Dorino de Grimaldi	Giacomo de Lagustena (*Zuponerius*)		4,3	14,25
17/12/1450	Christoforo de Uncio	Marco de Pratono		3,83	12
19/12/1450	Gabriele de Andoria	Antonio de Casa Nova		12,44	11
30/12/1450	Geronimo Pichus et Antonio Pichenotus	Giacomo Giusolino et fils		4,57	14,5
23/01/1451	Domenico Doria	Bartolomeo Corso		2,48	
12/01/1451	Manuele Bochacio	Christoforo de Uncio		15	11,5
12/01/1451	Christoforo Campanario	Christoforo de Uncio		15	11,5
15/01/1451	Niccolò de Marini	Giovanni de Luxoro		23,6	13
16/01/1451	Raffaele de Andoria	Francesco Spinola (fils de Niccolò)		68,94	13
22/01/1451	Giovanni Andrea de Campis	Bartolomeo de Vigenio		6,14	14,5
23/01/1451	Giacomo Merlascino	Diverses personnes		0	
23/01/1451	Giacomo Merlascino	Francesco Spinola (fils de Niccolò)		68	
01/02/1451	Giuliano Folieta	Giovanni de Argnoffo		6	
16/02/1451	Bartolomeo?	Giovanni de Luxoro		10	13

ANNEXE II

LES PIÈCES JUSTIFICATIVES

1. Documents publics
    A. Réglementations de la *muda* des cotons de Venise.
        1. Réglementation des *Ufficiali sopra le mercanzie del Levante* du 4 janvier 1362.
        2. Décret du Sénat de Venise du 24 juillet 1474.
        3. Décret du Sénat de Venise du 28 août 1474.
    B. Enchères du convoi de coques d'Alexandrie du 25 mai 1374.
    C. Contrat de transport établi le 26 août 1392 entre le patron du navire Celestro di Negro et l'Etat de Gênes pour le ravitaillement en blé de Famagouste.
    D. Contrat de transport établi le 4 janvier 1464 entre le patron du navire et l'Etat de Gênes pour le ravitaillement en blé de Famagouste.
    E. Permission du 9 avril 1440 pour l'embarquement du coton à Chypre par le capitaine génois de Famagouste.
2. Contrats de nolis
    A. Contrat établi le 8 janvier 1422 à Venise entre Lorenzo Dolfin et Anzolo Davanzo.
    B. Contrat établi le 1er décembre 1449 à Chio entre Marco Doria et Baldasare Doria.
    C. Contrat établi à Chio entre Giovanni de Guilurinis et Corrado de Cunio.
    D. Contrat établi le 16 mai 1491 à Ancône.
3. Contrats d'assurances maritimes
    A. Contrat d'assurance maritime établi le 3 novembre 1374 à Gênes entre Percivale de Grimaldi et Giovanni de Pinu.
    B. Contrat d'assurance maritime établi le 19 juin 1384 à Pise.
    C. Contrat d'assurance maritime établi le 20 juillet 1461 à Barcelone.
4. Autres types de contrats notariés
    A. Contrat de commende établi le 15 avril 1394 à Barcelone.
    B. Contrat de *debitum* établi le 14 août 1453 à Gênes.
    C. Contrat de témoignage établi le 24 avril 1453 à Gênes.
    D. Sentence prononcée le 26 mai 1449 à Gênes.
5. Correspondance
    A. Correspondance de la *fraterna* Soranzo
        1. Lettre du 21 juin 1403 adressée à Donado Soranzo à Hama par Bartolomeo Soranzo à Foa.
        2. Lettre du 7 mars 1415 adressée à Donado Soranzo à Hama par Francesco di Jachomini à Tripoli.

3. Lettre du 10 juillet 1418 adressée à Pietro Soranzo à Hama par ses frères à Venise.

B. Lettre du 17 mai 1399 adressée à Cristofano di Bartolomeo de Majorque par Donato di Bonifacio de Venise.
C. Lettre du 20 février 1423 adressée à Lorenzo Dolfin par son agent de Bruges.
D. Correspondance de la société d'affaires entre Alvise Baseggio et Paolo Caroldo.

6. Factures d'envoi
   A. Facture du 22 juillet 1385 de Bologne à Pise.
   B. Facture du 26 juin 1384 de Venise à Pise.
   C. Facture de la société d'affaires entre Alvise Baseggio et Paolo Caroldo.
7. Livres de comptes
   A. Compte de la *fraterna* Soranzo.
   B. Compte de la société d'affaires entre Alvise Baseggio et Paolo Caroldo.
   C. Compte du 24 mai 1393 de la compagnie Datini.

1. *Documents publics*

A. *Réglementations de la muda des cotons de Venise*

1. Réglementation des *Ufficiali sopra le mercanzie del Levante* du 4 janvier 1362: ASV, Ufficiali sopra le mercanzie del Levante, reg.1, 12^{r-v}.

[En principe, le coton ne devait être chargé que pendant la période réglementée dite *muda gothonorum*, qui avait lieu en général aux mois de mars et de septembre avec un petit écart de calendrier selon les régions productrices. Selon ce décret, le coton d'Alexandrie pouvait être exceptionnellement transporté à Venise en dehors de cette période. Cette réglementation vénitienne ne s'appliquait pas au coton produit en Sicile et en Italie du Sud, qui pouvait être importé à Venise à n'importe quel moment.]

«De gotonibus Alexandrie et Arte et de cera et alumine de partibus Crete et Nigropontis et a Boca Avedi infra.

M°CCC°LXI°, die iiij Januarii. Captum in Concilio Rogatorum. Quia per formam nostrorum ordinum, captum est quod gotoni non possint conduci Venetias de aliqua parte quod non recedat de locis a kalendis mensis Marcij usque totum mensem Marcij. Et a kalendis mensis Septembris usque per totum mensem Septembris sub pena perdendi totum in quo fuerit contrafactum et que nula gratia possit fieri sicut in dictis ordinibus continetur. Et sic notum est de partibus Alexandrie continue conducitur gotonum contra formam dictorum ordinum et terminorum datorum super inde. Et tum non puniuntur contrafacientes a servitibus aliquibus quod gotonum dictarum partium nulum ordinem habeat. Ita quod ex nunc multa dampna sequentur terre nostre nisi provideatur. Vadit pars quod de cetero gotonum de aliqua parte extra Culphum non possit conduci Venecias nisi cum terminis et ad terminos datos aliis usque per totum mensem Marcij et a kallendis Septembris usque per totum vel septembris sub pennis omnibus et conditionibus et modis ac stricturibus in totum contentis in dictis ordinis de quibus pennis omnibus contrafacientibus nulla gratia vel remissio fieri possit sub penna contenta et imposita in ordinibus predictis. Intelligendo tantum ad declarationem omnium quantum processus et penne dite vel imposite per formam partium captarum super hoc portantibus vel conducentibus gotonum sine gratia de partibus Alexandrie vel partibus prohibitis vel alia prohibita tam in dictos terminos quam inde post remaneant firmi et validi. Et observetur per officiales quibus commissa sunt. Verum gotoni nati in insula molte et in partibus Cicilie vel Calabrie non intelligantur in hac strictura. Quia omni tempore conduci possit ut est notum. Et ultra predicta pro honore sancte Martis ecclesie et bono nostro ordinetur quod de cetero nullus noster Venetus vel qui teneatur pro Veneto audeat ullo modo vel forma sub aliquo colore uti aliqua gratia cum aliquo navigio ad partes Alexandrie vel alia loca prohibita nisi gratia primo fuerit approbata et confirmata in consilio rogatorum pro maiorem partem. Et contrafacientes incurrant ad omnes pennas predictas cum ordinibus et modis et conditionibus omnibus supra anotatis. Verum gotonibus recessis de cetero de Creta detur hic ordo. Videlicet quod ubi dicitur supra et datur terminus gotonibus aliarum partium a kallendis Marcij usque per totum mensem Marcij. Sic dicatur in gotonibus recessis de Creta per totum mensem Aprilis. Si non possint conduci gothoni de partibus Crete qui non fuerint presentati duche et conscilii Crete per totum mensem marcij quos ducha et consiliarum dilligenter ponderari, reponi et scribi faciant et postea cum ordine carricari. Ita quod fraus commiti non possit. In alia autem muda predicta sint ad conducendum aliorum gotonorum. »

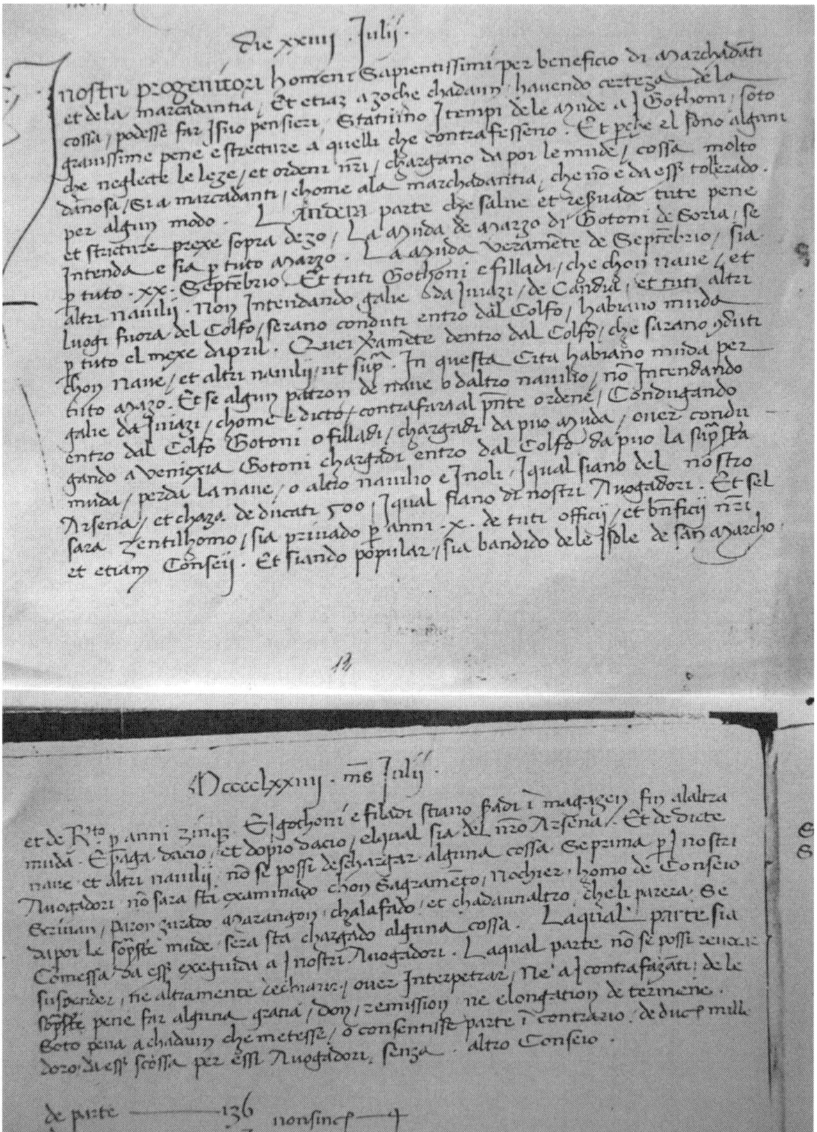

2. Décret du Sénat de Venise du 24 juillet 1474: ASV, Senato Mar, reg.10, f. 12r–v.

[Quelqus-uns transportaient souvent du coton en dehors de la période de la *muda*. Cette violation causait des dommages aux marchands qui respectaient ce calendrier réglementé. L'Etat de Venise essayait d'empêcher cette fraude en imposant de lourdes pénalités. Si les patrons transportaient du coton à d'autres périodes, l'Etat confisquait leurs navires et les nolis.]

«Die XXIIII Julii.

I nostri progenitori homeni sapientissimi per beneficio di marchadanti et dela marcadantia. Et etiam a zoche chadaun havendo certeza dela cossa, podesse far i suo pensieri. Statuino i tempi dela mude a i gothoni soto gravissime pene e strecture a quelli che contrafesseno. Et perche el sono alguni che neglecte le leze et ordeni nostri, chargano dapoi le mude, cossa molto danosa si a marcadanti chome ala marchadantia, che non è da essere tolerado per algun modo. L'andera parte che salve et reservade tute pene et stricture prexe sopra dezo. La muda de marzo di gotoni de Soria se intenda e sia per tuto marzo. La muda veramente de septembrio sia per tuto XX septembrio. Et tuti gothoni e filladi che chon nave et altri navilii, non intendando galie, da i viazi de Candia et tuti altri luogi fuora del Colfo serano conduti entro dal Colfo habiano muda per tuto el mexe d'april. Quei veramente dentro dal Colfo che sarano conduti chon nave et altri navilii ut supra. In questa cita habiano muda per tuto mazo. Et se algun patron de nave o d'altro navilio, non intendando galie, da i viazi chome è dicto, contrafara al presente ordene condugando entro dal Colfo gotoni o filladi chargadi dapuo muda over condugando a Veniexia gotoni chargadi entro dal Colfo dapuo la suprascripta muda, perda la nave o altro navilio i noli, i qual siano del nostro arsena et chaza de ducati 500, i qual siano di nostri avogadori. Et s'el sara zentilhomo sia privado per anni X de tuti officii et beneficii nostri et etiam conseii. Et siando popular sia bandido dele isole de San Marcho et de Rialto per anni zinque. E i gothoni e filadi stano seradi in magazen fin al'altra muda e paga dacio et dopio dacio el qual sia del nostro arsena. Et de dicte nave et altri navilii non se possi deschargar alguna cossa se prima per i nostri avogadori non sara sta examinado chon sagramento, nochier, homo de conseio, scrivan, paronzurado marangon chalafado et chadaun'altro che li parera se dapoi le soprascripte mude sera sta chargado alguna cossa. La qual parte sia comessa da essere exeguida a i nostri avogadori. La qual parte non se possi revocar suspender ne altramente dechiarer over interpetrar ne al contrafazanti dele soprascripte pene far alguna gratia, don, remission ne elongation de termene soto pena a chadaun che metesse o consentisse parte in contrario de ducati mille d'oro da essere scossa per essi avogadori senza altro conseio.

De parte 136

De non 7

Non sincere 4.»

3. Décret du Sénat de Venise du 28 août 1474: ASV, Senato Mar, reg.10, f. 15[v].

[Les Vénitiens avaient constamment deux *mude gothonorum* en Syrie, qui se passaient aux mois de mars et septembre. En revanche, ils n'avaient qu'une seule *muda* dans d'autres régions productrices, qui avait lieu au mois d'avril. Cette délibération prescrit que Chypre, Crète, la Morée et Corfou aient désormais deux *mude* chaque année comme la Syrie.]

«Die XXVIII Agusti.

Quia per hos dies proximos per decretum huius nostri consilii fuerunt reformate et directe mute gotonorum. Termindando quod gottoni Syrie habeant duas mutas videlicet per totum mensis Martii unam et alteram per totum diem vigesimum Septembris. Et quod alii gotoni extra Culfum habeant mutam per totum mensis Aprilis nulla facta mentione de secunda muta, sicut habere solebant. Et proinde. Vadit pars quod sicuti dicti gotoni Syrie habent duas mutas ita habeant gotoni Cypri, Crete, Amoree et Corfoy, hoc est unam mense Aprilis, et alteram mense Octobris. Cum modis et conditionibus contentis in parte precedente et sub penis.

De parte 125

De non 7

Non sincere 6.»

B. *Enchères du convoi de coques d'Alexandrie du 25 mai 1374: ASV, Senato Misti, reg.34, f. 108[r]–109[v].*

[Le 25 mai 1374 l'Etat de Venise décida d'envoyer une coque de cinq cents *botti* pour le transport du coton d'Alexandrie à Venise. Cette délibération fut publiée au *Rialto*. Dans ce document sont indiquées plusieurs réglementations conditionnant le voyage: taille de navire, terme limite de chargement, date de départ, étapes à suivre, durée des escales, équipement, équipage, marchandises, tarif de nolis, etc.]

«Capta.

Quod in bona gratia ad viagium Alexandrie ponatur una cocha cum gratia comunis, de stima botarum V[c] vel inde supra. Et cridetur publice in locis solitis quod quilibet volens ponere aliquam suam cocham, de dicti portata ad dictum viagium faciat ipsum scribi ad curiam maiorem usque diem lune proximam per diem, presentando bonum et sufficientem patronum nobilem pro qualibet. Et ille coche que scripte erunt probentur in consilio rogatorum et zonte ad 1 ad 1 congregato LXXX vel inde supra et illa que habebit plures balotas sit firma et si non scriberentur plures I illa probari debeat. Et si habebit maiorem partem consilii sit firma et similiter post probari debeat patronus qui fuerit presentatus et si transibit medietatem consilii sit firmus. Et illa cocha que remanebit, teneatur ire ad viagium cum suo patrono probato sub pena ducatis M quam excutiant officiales levantis habentes partem ut de aliis sui officii.

Et debeat dicta cocha esse bene et optime fulcita, marinariis, armis et coredis, sic extimata et taxata fuerit per consules et caricasse suas mercationes usque dies XII mensis julii proxime et recessisse de Veneciis usque medium dicti mensis sub pena ducatis V[c] pro quolibet die quo staret ultra dictum terminum quam penam exigant officiales levantis habentes ut de aliis sui officii et de ipsa pena non possit fieri gratia alicui ponenti vel consentienti partem in contrarium sub dicta pena nec possit dicti termini amplius elongari sub pena ducatis M pro quolibet ponente vel consentiente partem in contrarium de qua similiter non possit fieri gratia sub dicta pena.

Et duo de sapientis ordinum per texeram cum officiis levantis debeat videre circham et furnimenta ipse coche adeundo per octo dies ante terminum sui recessus ad quem terminum patronus teneatur esse paratus pro faciendo circam sub pena ducatis V[c] habendo libertatem per miorem partem ipsorum ponendi penam et penas patrono quo cocha sit bene fulcita ut esse debet.

Ipsa vero cocha levare debeat in Venetia omnes mercationes que possunt ire in navigiis disarmatis et havere capselle non levando aliqua contra ecclesiam, solvendo de nabulo de dictis mercationibus et havere capselle in totum sic solverunt anno preterito possendo levare havere capselle donec erit in Veneciis.

Recedendo autem de Venetiis, debeat suprascripta cocha ire directe Mothonum et Coronum et in quolibet dictorum locorum, stare duobus diebus caricatoriis et non ultra aliquo modo et levare omnes mercationes pro Alexandria, non levando aliqua contra ecclesiam ut est dictum et deinde post ire directe in Candidam et ibi stare diebus quatuor caricatoriis levando res pro Alexandria ut facerit in Mothono et Corono, non possendo levare aliquid in aliqua alia parte, sub pena contra ordines et nihilominus nabula rerum que contra hoc levarentur, veniant in comune de quibus omnibus mercationibus in dictis locis caricatis solvatur nabulum ut solutum fuit anno preterito.

Videlicet ut ipsa cocha cum maiori utilitate, possit ire ad dictum viagium, commitatur officio extraordinario quod de omnibus mercationibus que possunt ire cum navigiis disarmatis et que mitti volent cum dicta cocha Mothon, Coron et in Candidi, facere debeat buleta et patronus ipsas recipere teneatur, non intelligendo in hoc botame, si patronus nolet ipsum recipere, solvendo de nabulo tantum quantum solverunt anno preterito. Et si foret aliquid ad caricandi quod non habuisse ordinem de nabulis sit in libertate dictorum officialium vel maioris partis [strataniandi] illud precium quod sibi videbitur esse justum dando ordinem, quod primo in omni casu caricentur pro Alexandrie.

Et medietas omnium nabulorum tam mercationum et rerum que caricabuntur in Venetiis, quam Mothonum, Coronum et Candida, sit coche et alia medietas galearum que ibunt anno presente ad dictum viagium.»

Capta.

Verum ut omnia ordinate caricentur, non possit patronus recipere aliquid in Venetiis sine buleta extraordinarii et in Mothono, Corono et in Candida, sine buleta rectorum nostrorum dictorum locorum sub pena contra ordinis et de omnibus que in Venetiis caricabuntur super ispa cocha extraordinarii excutiant nabula secundum usum, nabula vero mercationum que caricabuntur in Mothono, Corono, et Candida, excutiantur per rectores nostros dictorum locorum.

Insuper teneatur ipsa cocha levare in Venetiis pro portando Mothonum et Coronum, aliquas res comunis, si erunt parate ut apparet per quadam scriptam sine aliquo nabulo.

Verum postquam dicta cocha applicuerit in Alexandria, non debeat inde recedere donec nostre galee recesserit ut illa rata que superhabundaret ab ipsis galeis, possit conduci Venecias cum ipsa cocha, videlicet ut possit se substinere possit levare ante suum recessum, gothonos et alias mercationes que possunt venire cum navibus, habendo de nabulo in totum de dictis rebus, illud quod haverunt anno preterito, videlicet teneatur patronus dicte coche dimittere tantam placiam in ipsa cocha, quod possit recipi de rata galearum, saltem colli mille specierum, de qua rata solvi debeat de nabulo sic si veniret cum galeis cuius nabuli medietas sit coche, et alia medietas nostri comunis verum mercationes subtiles que venient cum dicta cocha de Alexandria Venecias, sit absolute de solvendo V pro C° que solvuntur ad tabulam, de havere subtili conducto Venecias cum navigis disarmatis, inteligendo quod gothoni et omnia alia que venient cum dicta cocha, non obstando quod ordo mude transactus sit veniant cum ordine. Et teneatur patronus levare omnes ratas in Alexandria que sibi presentabuntur, donec nostre galee erunt ibi, intelligendo ratas presentatas per capitanum galee vel consule nostrum Alexandrie et si remanent post galeas per tempus non possit nec debeat levare aliquid post recessum galearum sub pena contra ordinis patrono et mercatoribus que caricarent contra id quod dictum est. Intelligendo quod omnes suprascripte mercationes sint absolute a varea balistariorum et libamenti.

Et possit ipsa cocha pro sua subventione conducere Venecias modia II[c] salis de Alexandrie quod comune accipere teneatur producere V modium secundum usum camere. Et in casu quo non levaret ratam in Alexandrie, tunc possit caricare de sale quod comune accipere teneatur per precium suprascriptum.

Et per dies XV ante recessum dicte coche de Veneciis, venietur ad istud consilium ad providendi si debebit fieri addicio balistariorum qui balistarii vadant in vaream haveris et mercationum per illum modum et sic videbitur ipsi consili. De parte 47.

Die suprascripto.

Volebant quod terminus caricandi esse die XXVIII° mensis Junii proxime, et terminus recedendi per totum mensem et postea per totum ut supra usque C. Postea volunt quod dicta cocha debeat stare in Alexandrie diebus XLV a die quo illuc applicuerit et non ultra per aliquem modum sub pena ducatis M pro quolibet die quo staret ultra dictum terminum et infra dictum tempus possit caricare omnes mercationes que possunt venire cum navigiis disarmatis caricando ipsas cum buleta consulis Alexandrie, solvendo nabulum solutum anno preterito.

Item possit ipsa cocha pro sua subventione conducere Venetias ultra alia que levabit in Alexandrie, sal de Alexandrie, habendo a nostro comuni ducatos V pro modio.

Possit etiam pro comodo mercatorum, levare similiter cum buleta consilii zucharos et canellas, quas possit recte conducere habendo de nabulo ducatorum III pro nuliari sed absoluti sint, a V pro C° que solvuntur ad tabulam. Et si galee que ibunt ad dictum viagium, non haberent suum plenum in Alexandrie tunc ultra dictum nabulum ducatorum III solvi debeat de ipsis mercatoribus nabulum galeis sicut si venissent cum eis per illam partem quam galee possent levare. Et si dicte galee levare non possent quia haberent suum plenum, dictum nabulum ipsarum mercationum veniat in comuni.

Videlicet ut fraus non committatur, committatur nostro consuli Alexandria quod denotare debeat ordinare nostris officiis extraordinis omnes canelas et zucharos, qui super ipsa cocha deinde caricabuntur cum sua buleta, qui officiis videre et videri facere teneantur ipsas mercationes et eas discharicari facere et poni in bonis magacenis sub suis clavibus et sigillo, et ipsas tenere, usque dies quatuor post adventum galearum Alexandria. Et in adventum ipsarum galearum antequam discharicari incipiantur dicti officiales debeant videre placiam que remanserit in galeis ut non fraudetur de nabulo que debet recipere.

Item pro subventione mercatorum qui erunt ad dictum viagium, ut suum havere aliquo casu non remaneat in Alexandria super ipsa cocha possint etiam caricari species cuiuscumque condicionis cum buleta consuli, quas species debeat in suo reditu deponere in Mothonum, habendo de nabulo usque Mothonum ducatos II pro miliari que nabula solvantur in Venetiis dicte coche, quoniam solventur alia nabula galearum, cum quibus venient Venecias et pro comodo mercatorum que caricabunt dictas species castellando Mothonum, committat suis consulis, quod ipsas species faciant ordinare discharicari de dicta cocha et postea quando erit tempus, illas caricari facere super galeis que poterunt ipsas species conducere, que species debeant carichari super galeis Alexandria, solvendo totum nabulum sicut si forent caricate in Alexandria. Et ante recessum dicte coche de Venetiis, si erit opus, venietur ad istud consilium et providebitur quod in casu quo videretur quod galee Alexandrie non possent levare dictas mercationes de Mothono conducentur Venetias per illum modum que melior videbitur solvendo de nabulo in omni casu totum nabulum, sicut si forent caricate in Alexandria.

Et omnes mercationes que caricabuntur super ipsa cocha, eundo et redeundo, sint absolute a varea balistariorum et libamenti. De parte 9.

Die predicto

Quod in Christi nomine ad viagium Alexandrie deputetur una cocha, que sit de numero cocharum gratie nobis concesse per dominum papam et sit de stima botarum V[c] vel inde supra bene fulcita marinariis et balistariis, ut esse tenetur per ordines terre et ultra hoc habere debeat XV balistarios bonos quos omnes debeat solvere dicta cocha. Si cum dicta cocha possint portari omnes mercationes et havere quae possunt portare galee dicti totum nabulum quod habebit dicta cocha usque in Alexandriam per omnem modum, dividatur per medietatem, videlicet medietas sit nostri comune et alia medietas remaneat cochi pro suo nabulo, existentibus ipsis mercatoribus absolutis a varea libamentorum et balistariorum. Et possit ipsa cocha capere ad partes Coroni pro levando de rebus Coroni pro portando in Alexandrie, verum non possit ipsa cocha discharichare in aliquam partem aliquas mercationes que caricate fuissent in Venetiis vel in alia parte nisi in Alexandria sub pena contra ordines. In Corono vero debeat levare quascumque mercationes pro eundo recto tramite in Alexandrie non stando in Corono ultra tres dies ullo modo solventibus mercationibus, que fuerint caricate in Corono de nabulo illud quod solutum fuit anno preterito coche Zorçe. Et recedente cocha ipsa de Corono vadat recte ut dictum est in Alexandria. Et non possit discharicari nec caricare aliquid in dicta cocha nisi in Alexandria sub pena contra ordines. Applicata vero ipsa cocha in Alexandria, debeat esse expedita et recessisse ad longius de partibus Alexandrie per totum mensis septembris. Et sit licitum dicte coche ut possit se substinere de possendo caricare modia CC salis, de quo habere debeat ducatos VI de quolibet modio a nostro comuni secundum usum camere. Et possit conduci cum dicta cocha canella et zucharum Venetias habendo de nabulo de illis rebus medietatem eius quod solvitur galeis a mercato dicti viagii et sint absoluti illi çuchari et canelle, a datio tabule in Venetiis. Verum si galee Alexandrie non haberent suum caricum et monstrarent plaçam suam consuli nostro Alexandrie in tanta quantitate quanta forent dicte canelle et çuchari, que venissent cum dicta cocha, non impediendo ipsam plaçam secundum statuta et ordines Venetiarum. Vero debeat solvi nabulum dictarum specierum galeis predictis viagii Alexandriae sicut si fuissent caricate super galeis predictis. Et in casu quo dicte galee haberent suum caricum dicte mercationes, sicut sunt canelle et zuchari que fuissent caricate super dicta cocha solvere debeant aliam medietatem nabuli nostro comuni ut comune nostrum habeat aliquid utile de dicto reditu et debeat caricari super dicta cocha cum buletis et ordinibus solitis.

Et cridetur in schalis quod ille coche que volunt scribi per modum predictum debeant facere se scribi usque tres dies proximas ad curiam maiorem et illa vel ille que scripte fuerint debeant probari in hoc consilio congregatis LXXX vel inde supra et illa que habuerint plures balotas transeundo medietatem consilii sit firma. Inteligendo quod libamenta et balistarios eundo et redeundo in totum solvere debeat cocha predicta.

Et debeat caricasse usque dies X mensis julii et recedere ad dies XII dicti mensis sub penis solitis et non possit termino caricandi nec recedendi amplius elongari nec de penis fieri gratia ullo modo sub pena ducatorum M pro quolibet ponente vel consentiente parte in contrarium.

Et ex nunc sit captum quod species que conducentur cum dicta cocha debeant poni in magaçenis per extraordinarios sub suis sigillo et clavibus, donec venerint galee Alexandriae Venetias et tunc in adventum galearum dicti viagii designentur et dentur mercatoribus quorum erunt.

In reditu vero coche debeat recto tramite venire Venetias et non levare nec discharicare aliquid in aliqua parte ullo modo sub pena contra ordines.

Et non debeat dicta cocha levare vel caricare aliquid de prohibitis per ecclesiam sub penis et stricturis solitis.

De parte 9

Non 4

Non sincere 4»

C. *Contrat de transport établi le 26 août 1392 entre le patron du navire Celestro di Negro et l'Etat de Gênes pour le ravitaillement en blé de Famagouste: ASG, Diversorum comunis Janue, n° 3021.*

[Après son occupation de Famagouste en 1373, l'Etat de Gênes créa une ligne officielle et régulière pour faire nourrir les troupes génoises installées sur place. Pour cet objectif, il établissait, une ou deux fois par an, des contrats de transport avec des patrons pour remplir cette obligation. Comme les enchères vénitiennes, ce contrat génois précise plusieurs conditions concernant le voyage. Ainsi, le navire de Celestro di Negro devait quitter Gênes entre le 15 septembre et le mois d'octobre 1392. Le chargement du blé serait effectué en Sicile. Avant d'atteindre Famagouste, ce navire pourrait faire escale à Rhodes. Après son arrivée à Famagouste, il devait rester jusqu'au 20 mars 1393. Dans ce contrat de transport est également indiqué le tarif de nolis pour les marchandises d'aller et de retour. Les frais de transport d'un *cantare* de coton étaient de trente sous.]

«In Christi nomine amen. Illustris et magnificus dominus Anthonius de Montaldo Dei gratia Januensium dux et populi defensor. In presentia consilio voluntate et consensu consilii dominorum quindecim sapientem antianorum civitatis Janue et dictum consilium et consiliari ipsius consilii in presentia auctoritate et decreto prefati magnifici domini ducis. In quo consilio interfuit legiptimus et sufficiens numerus ipsorum antianorum et illorum qui interfuerunt nomina sunt hec.

D. Henricus de Illionibus legum doctor prior.
Nicolaus Marruffus.
Leonardus Justinianus.
Clemens de Premontorio.
Lucianus de Castello notarius.
Raffael de Bardi Spatarius.
Anthonius de Noali de Begali.
Johannes de Cerre Emolaris.
Symon de Remolarius Batifolius.
Damianus Ravaria.
Venturinus de Anchona et Raffael Bergucius.

Nomine et vice comunis Janue et pro ipso comuni omni via juro modo et forma quibus melius potuerunt et possunt. Ex una parte et pro una parte.

Et Celesterius de Nigro civis Janue dominus et patronus cuiusdam sue et sociorum navis de duabus copertis vocate Santa Maria et Santus Johannes nunc existentis in portu Janue ex parte altera.

Pervenerunt et pervenisse confessi fuerunt dictis nominibus sibi invicem et vicisim et una pars cum altera et altera cum alia.

Ad infrascriptam conventionem conposicionem transactionem et pacta infrascripta.

Solempnibus stipulationibus hinc inde intervernientibus vallata et firmata.

Renuntiantes dictis nominibus sibi invicem et vicisim et una pars alii et altera alteri exceptori dictorum pactorum et conventionis non factorum et non interventorum rei sic ut supra et infra non geste vel se non se habentis doli mali metus in factum actioni, condicioni sive causa vel ex injusta causa vel metus causa et omni alii juri.

Videlicet quia ex causa dictorum pactorum et conventionis dictus Celesterius patronus promisit et convenit eisdem magnifico domino duci et consilio stipulantibus et recepientibus nomine et vice dicti comunis habere dictam eius et sociorum navem bene et sufficientem armatam paratam stagnam et fulcitam armis vellis sarcia ferris corredibus panatica et aliis opportunis pro infrascripto viagio explicando secundum ordines et statuta Officii Gazarie civitatis Janue et cum hominibus octuaginta quorum triginta sunt balistarii sive socii sufficientes et idonei et reliqui quinquaginta marinarii.

Et cum dicta navi sic armata stagna parata et fulcita hominibus et aliis supradictis velificando recedere de portu Janue a die XV[a] Septembris proxime venturis usque ad kalendas Octobris ellectione et arbitrio dicti patroni et navigando versus insula Sicilie possit et ei liceat ad portum Pisanum si voluerit declinare et in eo moram trahere per spacium dierum trium tantum et non ultra, quibus elapsis teneatur debeat et promixit inmediate de dicto portu Pisano velificando recedere et recto et continuato viagio navigare ad illum locum seu partem insule Sicilie ad quem voluerit et ellegerit et in dicto sive de dicto loco levare et carrigare seu levari et carrigare facere in dicta sua navi minas de Janue mille quingentas frumenti boni nitidi idonei sufficientis et mercantilis ac novi recollecte proxime preterite.

Et levato sive carrigato dicto frumento quam citius et vellocius poterit cum dicta navi ab insula Famagusta recto et continuato viagio navigare dictum frumentum ad Famagustam deffere seu vehi facere, risico periculo et fortuna Dei maris et conventum cum ipsius patroni seu dicte navis. Liceat tamen dicto patrono cum dicta navi ire ad portum Roddi eundo navigando versus Famagustam risico supradicto et in dicto portu Roddi moram trahere per dies quatuor tantum non obstantibus supradictis quibus finitis inmediate cum dicto frumento vehendo in dicta navi ad Famagustam ut predicitur inde discedens teneatur navigare Famagustam et ibi deponere et exonerare seu deponi et exonerari facere dictas minas frumenti MD vendendas in Famagustam prohibito voluntate dicti patroni vel alterius pro eo, intellecto sane quod singula decem modieta de Famagusta conputari debeant pro minis tribus mensure Januensium.

In qua sive super qua navi dictus patronus teneatur debeat e promixit portare et defferre seu portari et defferri facere absque ulla solutione nauli vel alterius retribucionis seu mercedis omnes singulos socios seu stipendarios et alias quascumque personas quos et quas dictus dominus dux et consilium disponent et voluerint super dicta navi mittere Famagustam cum ipsorum mittendorum armis armixiis vestibus et conpagna.

Eisque de aqua et lignis sicut et ceteris sociis dicte navis facere providere portare etiam et vehi facere teneatur dictus patronus in dicta navi alias quascumque res quas dicti magnificus dominus dux et consilium pro comuni Janue mittere ellegerint et per municionem dicte civitatis Famagusta exceptis tamen quibuslibet mercimoniis cuiuscumque generis vel speciei sint.

Postquam autem dicta navis applicuerit ad portum Famagustam teneatur et debeat et sic per pactum expensium solempniter promisit dictus patronus moram trahere et dictam navem in dicto portu Famagusta tenere habere usque ad diem XX[am] mensis Marcii anni futuri de MCCCLXXXXIII°.

Et a dicta die XX[a] marcii usque ad kalendas Aprilis tunc proxime secuturi teneatur et debeat cum dicta navi de dicto portu Famagusta discedere et recto et continuato ac non mutato viagio navigare justo Dei maris et gentium impedimente cessatione ad portum Janue.

Nec possit dictus patronus vel alius pro eo aut sibi liceat levare seu carrigare aut levari vel carrigari facere seu permitere quovis modo in dicta navi temporis recessus ipsius de dicto portu Famagusta sive ante dictum recessum pro redeundo Januam ut supra aliquam quantitem cothonorum seu bombicis quamdiu et donec aliquis adsit habens ibi species cuiuscumque generis vel vocabuli sint quas Januam mittere disponit in dicta navi sive donec haberi possint ibi tenere species pro carrigando in dicta navi.

Et versa vice prefati magnificus dominus dux et consilium dicto nomine obligaverunt et obligatam esse statuerunt et declaraverunt dicto Celesterio patrono raubam et mercimonia infrascripta et ut infrascripta et ut infra seriosius continetur. Videlicet statuerunt ordinaverunt et firmiter mandaverunt statuunt ordinant atque mandant quod aliqua persona Januensium vel distrutualis Janue non audeat vel possit aut sibi quolibet liceat a die XXII[a] mensis presentis Augustis iam elapsa usque ad kalendas Januarii proxime venturi anni de LXXXXIII° portare vel deffere seu portari vel vehi facere sive pro defferendo extrahere vel levare de Janua vel districtu aut de portu Pisano ad partes Roddi vel ad civitatem Famaguste seu etiam ad aliqua loca Syrie super aliquo alio navigio seu vase navigabili mercimonia inferius declarata vel aliquod eorum aut illis simillia nisi super dicta navi usque videlicet ad concurrentem portatam dicte navis sive ad suum congruum plenum vel nisi dederit et solverit dicto Celesterio patrono vel eius certo nuncio vel procuro naulum infra taxatum et particulariter declaratum usque videlicet ad concurrentem portatam seu congruum plenum dicte navis ut supra.

Et similliter pro regresu dicte navis de Famagusta Januam statuerunt et decreverunt ac statuunt ordinant et decernunt quod aliqua persona Januensium vel distritualis Janue non audeat vel possit aut sibi quomodolibet liceat a die qua dicta navis appulerit Famagusta usque ad kalendas Maii proxime venturi de MCCCLXXXXIII° adducere vel apportare sive adduci vel apportari facere sive pro adduci vel apportari faciendo levare vel carrigare seu levari vel carrigari facere de Syria vel aliquibus locis Syrie vel de Famagusta ad civitatem Janua super aliquo alio navigio vel vase navigabili dicta subscripta mercimonia vel aliquod eorum aut illis simillia nisi super dicta navi usque ad ipsius concurrentem portatam sive congruum suum plenum ut supra vel nisi dederit et solverit dicto Celesterio patrono vel eius certo nuncio vel procuro dictum naulum inferius taxatum et declaratum.

Videlicet singula pecia panni de grana valoris florenos LX[ta] vel plurium sol vigintiquinque jan.
Pro singula pecia pannorum sine grana valoris florenos XXXX[ta] vel plurium soldos decemotto januorum.
Pro singula pecia pannorum de Malignis vel de Florentia valoris florenos a XXX[a] in XXXX[ta] sol sexdecim januorum.
Pro qualibet pecia pannorum de Virvii vel de Cotrays vel similium pannorum soldos quatuordecim januorum.
Pro qualibet pecia pannorum de Janua bassorum vel de Beovays vel Barchinonia vel similium sortium soldos undecim januorum.
Pro qualibet pecia saye soldos duos e denarios sex januorum.
Pro singulo cantario tellarum de Rens libras duas et soldos decem januorum.
Pro singulo cantario tellarum Campanie et similium sortium soldos triginta januorum.
Pro quolibet cantario tellarum de Novo et de consimilibus sortibus soldos viginta januorum.
Pro quolibet cantario canabaciorum soldos decem januorum.
Pro quolibet cantaro fillati soldos decem januorum.
Pro quolibet cantario corallorum de laborerio libram unam et soldos quindecim januorum.
Pro singulo cantario corallorum sortus minutus soldos viginta januorum.
Pro quolibet cantario ferri soldos quinque januorum.
Pro quolibet cantario stagni in verghis soldos otto januorum
Pro quolibet cantaro piperis et aliarum spetiarum sine cotono soldos XX[a] januorum.
Pro singulo cantaro zucheri et altere cuiuslibet raube incotonate libram unam et sol quatuor januorum.
Pro quolibet cantaro pulveris zuchari soldos quatuordecim januorum.
Pro quolibet cantaro cotonorum fillatorum libram unam et soldos quinque januorum.
Pro quolibet cantaro cotonorum soldos XXX[ta] januorum.
Pro quolibet cantaro bochassinorum soldos XXX[ta] januorum.
Pro singula pecia clamelotorum torticiorum de Famagusta vel de Nicossia valoris bissantiorum XXXX[ta] vel plurium soldos quatuor januorum
Pro qualibet pecia sortus clamellotorum torticiorum de Nicossia valoris bisantiorum a XXX[ta] in XXXX[ta] soldos tres januorum
Pro singula pecia clamellotorum Malaba soldos duso januorum
Pro qualibet pecia pillonorum taxillorum et de brachiis XVI soldum unum et denarios sex januorum
Et pro singulo centenario librarum sive pro singulis centenarie libris januorum valoris et precii omnium camocatorum frixiorum panno-

rum aureorum auri fillati jocalium argenti et auri soldos quindecim januorum.

Que omnia et singula supradicta dicte partes dictis nominibus sibi invicem et vicisim et alteri et alteria alii solempnibus stipulationibus hinc inde intervenientibus attendere complere et effectualiter observare promiserunt ut contra in aliquo non facere vel venire aliqua racione causa modo vel ingenio quod dici vel excogitari possit de jure vel de facto etiam si de jure possent.

Sub pena florenorum auri mille sive mille ducentarum quinquaginta januorum in quam pennam incidat pars non observans parti observanti quotiens fuerit contrafactum vel ut supra non observatum.

Promiseruntque etiam dicte partes ut supra restitucionem dampnorum interesse et expensarum que propterea fierent litis et extra.

Et dicta pena commisa vel vero et ea soluta vel vero predicta omnia et singula nihilominus firma permaverant et proinde et ad sic observandi dicte partes dictis nominibus pignori obligaverunt et ypothecaverunt videlicet dictus patronus eisdem magnifico domino duci et consilio dicto nomine stipulantibus dictam navem naula dicte navis et omnia bona sua habita et habenda et dicti magnifici dominus dux et consilium dicto nomine eidem patrono omnia bona dicti [effacé] presentia et futura.

De quibus omnibus supradictis dicte partes dictis nominibus voluerunt et rogaverunt confici debere publicum instrumentum per me Antonium de Credentia notarium et comunis Janue cancellarium infrascriptum.

Acta sunt predicta Janue in salla magna nova palaci ducalis dicti comunis Janue. Anno Dominice nativitatis MCCCLXXXXII° judicione XIIII secundum cursum Janue die XXVI[a] Augusti in tertiis presentibus testibus ad hec vocatis specialiter er rogatis, reverendo in Christo patre domino Anthonio de Vali Dei apostolice sedis gratia episcopo Saonense et Janono de Bosco notario. »

D. *Contrat de transport établi le 4 janvier 1464 entre le patron du navire et l'Etat de Gênes pour le ravitaillement en blé de Famagouste : ASG, Archivio Segreto, n° 575, f. 85[v]–86[v].*

[Ce contrat de transport porte également sur le ravitaillement en blé de Famagouste, ainsi que le contrat précédent. En revanche, celui-là témoigne que Chio devint un poste de premier ordre pour le transport génois du coton au XVe siècle. Produit en Syrie, en Egypte et à Chypre, le coton était préalablement transféré à Chio pour sa réexportation en Occident.]

«Illustris et excelsus dominus Ludovicus de Campofregoso Dei gratia Januensium dux et populi defensor et magnificum consilium dominorum antianorum communis Janue in pleno numero congregatum quorum nomina sunt hec.

Antonius de Vintimilio prior Franciscus Scalia
Basilius Axinella Baldasar Lomellinus
Benedictus de Nigro Lazarus de Auria
Nicolaus Centurio Mernaldus de Grimaldis
Leonardus Sauli Cataneus Cigalla
Franciscus de Levanto Egidius Sacherius notarius

Auditis viris prestantibus Peregrino de Monelia et Cataneo Lomellino duobus ex magnificis officialibus Sancti Giorgii, Hieronymo de Savignono et Luca Salvaigo duobus ex octo officialibus creatis super provisionibus Famagustam mittendis: dicentibus ex potestate ipsis officialibus attributa per eos una cum collegis suis conductam ad stipendia communis fuisse navem cui preest nobilis Hieronymus Salvaigus super qua triticum alieque munitiones Famagustam mittende sunt, sub certis tamen pactis et promissionibus et inter reliqua eidem promissum fuit ut concederetur illud decretum quod aliis patronis navium que eiusmodi partitum habuerunt concessum fuit circa immunitatem corporis navis sue et obligationis rerum et mertium et ob id petentibus predicta per eos dicto patrono concedi, re ipsa examinata omni jure via modo et forma quibus melius potuerunt et possunt. In primis quantum pro introitu et exitu Chii et Famaguste corpus navis dicti Hieronymi exemptum fecerunt et faciunt ab omnibus drictibus, cabellis et censariis in dictis locis impositis. Mandantes quibuscumque collectoribus ipsorum drictium et cabellarum Chii et Famaguste, ut nullomodo impediant aut molestent eundem Hieronymum quantum pro introitu et exitu dictorum locorum pro corpore predicto.

Item obligaverunt et obligatas esse voluerunt et mandaverunt dicto patrono seu eius navi omnes et singulas res et merces que reperientur in Janua et districtu ac Portu Pisano destinatas pro Rhodo, Cypro, Siria et Egipto et post eius discessum per mensem unum. Item obligaverunt et ex nunc prout ex tunc obligatas esse ac fore voluerunt dicto patrono et seu eius navi omnes et singulas raubam res et merces que reperientur in Siria, Famagusta, Alexandria Egipto et Rhodo quam primum navis ipsa in quolibet ipsorum locorum fuerit et post eius discessum a locis ipsis per mensem unum destinatas pro quolibet ipsorum locorum et etiam pro Chio et Janua ac Portu Pisano. Item quam primum navis dicti Hieronymi Famagusta Chium redierit. Obligaverunt et obligatas esse voluerunt dicto patrono et navi predicte omnes raubam res et merces que reperientur in Chio, Foceis Novis et Veteribus destinatas pro Janua, Portu Pisano et pro partibus Occidentis alumnibus exceptis: quas quidem obligationes raube rerum et mercium ita esse voluerunt quod super aliqua quavis navis etiam comprehensa navis Gasparis Justiniani merces aliquo ac rauba onerari non possint in preiudicium dicti Hieronimi durantibus semper obligationibus et temporibus suprascriptis: non obstante decreto eidem Gaspari concesso quod in relique firmum remanere intelligatur: sub pena solvendi dicto patrono naula que inferius descripta sunt si aliter fieret: et maxime alique res et merces onerarentur pro strazeto et postmodum exonerarentur in Janua vel districtu quo casu domini ipsarum teneantur et obligati sint dicto patrono ad solvendum naula non aliter ac si super eius navi delate fuisset. Ceterum quoniam de proximo in Egiptum navigatura est navis patronizata per Peregrum de Maris valuerunt et declaraverunt obligationes suprascriptas pro Egipto factas tam pro introytu quam pro exitu in aliquo non obesse dicto Peregro et navi sue. Sed ipsi libere promissum sit et esse intelligatur ibique locorum onerare super eius navi quascumque res et merces deferendas in Egiptum et de Egipto ad quasvis mundi partes elegerit et non obstantibus his que superius dicta sunt. Demum quoniam virtute pactorum cum prenominatis officialibus per ipsum patronum initorum. Hieronimus ipse cum dicta navi tam eundo quam redeundo dies decem stare habet in portu Famagouste et forte esse posset quod ultra ipsos dies decem per capitaneum et massarios civitatis Famaguste necesse esset pro salute dicte civitatis navem ipsam retineri deliberaverunt et promiserunt si respectu tantum inimicorum intra ipsum tempus dierum decem et per illud tempus quo ut supra retineretur: navis ipsa naufragium pateretur aut igitur traderetur in dicto portu Famaguste eo casu precium dicte navis exinde tarandum in arbitrio prenominatorum illustris domini ducis magnifici consilii dominorum antianorum ac spectabilium officialium monete et Sancti Georgi de comuni pecunia persolvere: cum equum sit ut eo casu navis ipsa in portu predicto rixico comunis et non dicti patroni maneat. Demum deliberaverunt ut patronus ipse naula suprascripta petere et habere possit et non ultra. Et pro singulo cantale cotonorum que super dicta navi Chio Januam conducentur libram unam et soldos quinque jannorum pro singulo cantale lanarum soldos decem et octo jannorum, pro singulo cantale plomborum soldos octo, pro singulo cantale ramorum soldos decem, pro singulo cantale risorum soldos quatuordecim, pro singulo galarum soldo decem et septem, pro singulo cantale cere soldos sexdecim, pro singulo cantale saluminum soldos tot, pro singulo capite libras sex et soldos decem, pro singulo cantale septe pelliparie et cremerze et aliarum rerum eiusmodi que conducentur ut supra dicta navi Chio Januam unum cum dimidio pro centenario. Item pro singulo cantale specierum que conducentur super dicta navi a Siria Barusto Famagusta et Rhodo usque Chium tres quartas partes unius ducati in auro pro singulo cantale cotonorum ducatum unum in auto. Item pro singulo cantale specierum que conducentur a Siria Egipto usque Januam libras duas et soldos duodecim jannorum et tot pro sucharis et pulvere sucharorum, pro singulo cantare cotonorum libras tres et pro singulo cantale cinerum ad cantale Baruti que conducentur ut supra a Siria et Egipto usque Januam vel saltem caretam aureos duos cum dimidio. Item pro singulo cantale sucharorum et pulverum sucharorum que conducentur supra dicta navi ex Famagusta et Rhodo Januam libras duas et soldos septem jannorum et pro singulo cantale cotonorum que conducentur ut supra libras duas et soldos decem jannorum.»

E. *Permission du 9 avril 1440 pour l'embarquement du coton par le capitaine génois de Famasgouste: ASG, San Giorgio, Sala 34, 590/1292, f. 23v.*

[En 1383, les Génois obtinrent du roi Jacques de Lusignan un privilège qui obligeait tout le commerce de Chypre à passer uniquement par le port de Famagouste. Dès lors les patrons étrangers devaient obtenir la permission du capitaine génois de Famagouste pour le chargement à Chypre. Le 9 avril 1440 Oberto Giustinian, capitaine de Famagouste, permit à Lodovico Corner de transporter à Famagouste près de cinquante sacs de coton, qui seraient chargés à Paphos, à Limassol et dans leurs environs. Ce transport devait être assuré soit par le navire de Marco Brevio, soit par la galée patronnée par Pietro Morosini, soit par une autre galée vénitienne.]

«Nos Obertus Justinianus capitanus et potestas civitatis Famagustae et omnium Januensis in regno Cipri nobili viro Andree Goneme baiullo regio in Limiso e nobili viro Johanni de Tersaigo etiam baiullo regio in Baffo salutem habitarum serie concedamur et licentiam concedimus nobili viro Ludovico Correrio veneto sive cuicumque ejus nomine carrigandi seu onerari faciendi in dictis locis Limiso et Baffo sive in circumstantiis iposorum locorum sacos quinguaginta cotonorum in circa super navem Marchi Brevio veneti et super galea Petri Moreceni vel super alia galea ventura ad insullam, tamen hic conducendo Famagustam hoc proceserit de voluntate et concensu comerchiariorum et cabelotorum civitatis predicte registrat is presentibus ad cautellam in actis nostre civium sigilli nostri que magni quo utimur impressionem muniri data Famagusta M° CCCCIIII die VIIII aprillis.»

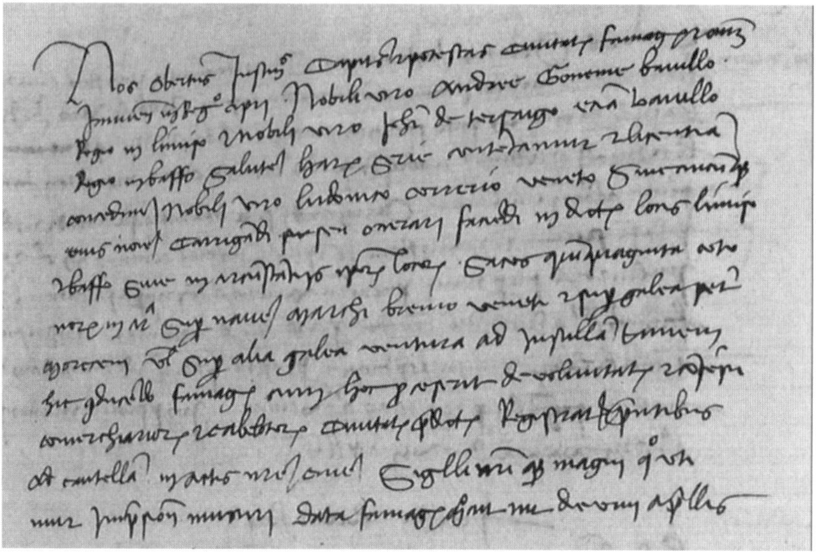

2. *Contrat de nolis*

A. *Contrat établi le 8 janvier 1422 à Venise entre Lorenzo Dolfin et Anzolo Davanzo, patron: ASV, Procuratori di San Marco, Commissarie di Citra, busta 282.*

[Le 8 janvier 1422 Lorenzo Dolfin établit un contrat avec Anzolo Davanzo, patron du navire, qui faisait partie du convoi de mars de Syrie, pour transporter du coton d'Acre à Venise. Le coût de transport était de cinq ducats pour mille livres. La simplicité de ce contrat résulte de la délibération prise chaque année par le Sénat vénitien, prevoyant et prescrivant toutes les étapes suivies par ce convoi.]

> «Al nome di Dio 1422 a di 18 in zener in Veniexia.
>
> Cocha patron Ser Anzolo D'Avanzo noliza Ser Lorenzo Dolfin tute le suo raxon di gotoni e filadi l'avera in Achre abiandone e posandose cargar a raxon de del 5 doro per mier sotil con questa che la dita nave sia tegnuda de star tuta la muda in Achre.
>
> A questi grazia Dio molte.»

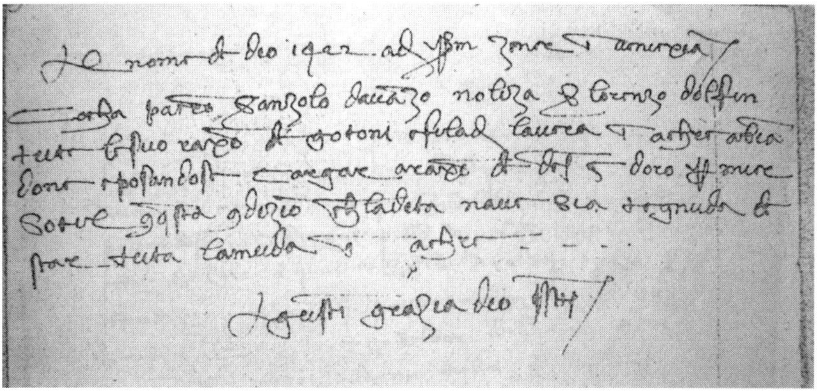

B. *Contrat de transport établi le 1er décembre 1449 à Chio entre Marco Doria et Baldasare Doria: ASG, Notai Antichi, n° 847, doc. 215.*

[Ce contrat génois de transport, qui représente un exemple typique, porte sur une des transactions les plus grandes de l'époque. Marco Doria, associé du grand cartel de l'alun formé en 1449, établit un contrat avec Baldasare Doria, patron du navire se trouvant à Chio, pour transporter deux mille *cantares* de coton de Chio à Southampton et à l'Ecluse. Le navire devra partir de Chio avant le 15 janvier et se rendre à la Nouvelle Phocée pour effectuer le chargement de deux mille *cantares*, qu'un ou des facteurs de Marco Doria consigneront à Baldasare Doria. Il sera tenu de revenir à Chio, d'où il devra gagner Candie où un mois d'escale sera accordé pour charger mille cinq cents *vegetes* de malvoisie. Après avoir terminé le chargement à Candie, le navire devra naviguer vers l'Occident, plus précisément Southampton et l'Ecluse. Le facteur de Marco Doria, qui sera à bord de ce navire, choisira de décharger ces marchandises dans tels lieux ou en telle quantité. Ce contrat génois est très attentif aux moindres détails, en comparaison de la simplicité de celui de Venise.]

«In nomine Domini amen.

Nobilis Baldasar de Auria quondam domini Jacobi dominus et patronus unius navis in presenti portu Chii existentis portate cantariorum quindecim millium in circa vocate sancta Maria sanctus Johannes Baptista et sanctus Julius, naulizavit et titulo naulizacionis dedit et concessit nobili Marcho de Auria quondam Uberti presenti stipulanti et recipienti pro se et suis ac heredibus cautellam ab eo dictam navem sub pactis modis formis naullis et condicionibus infrascriptis solemnibus stipulacionibus valitis et firmatis hinc inde per ipsos contrahentes.

Renuntiantes dicti contrahentes exceptioni dicte naulizacionis sub pactis modis et formis infrascriptis non facte rei sic ut supra et infra non esse nel non fuisse seu non sic se habentis doli mali metus factum, actioni et condicioni sine causa vel ex injusta causa et omni juri.

Videlicet quia dictus Baldasar patronus promissit et solemniter convenit dicto Marcho presenti et ut supra stipulanti dictam navem dare bene stagnam furcitam paratam et armatam arboribus velis antenis larcha anchoris corredis et aliis dicte navi neccessariis et opportuniis pro infrascripto viagio adimplendo et cum hominibus quos dicta navis vigore publice ordinamentorum officii Gazarie civitatis Janue habere teneatur et cum dicta navi sic in ordinem recedere de presenti portu Chii infra diem quintadecimam mensis Januarii proxime venturi et ire et navigare usque Foliam Nova et in eo loco onerare et ellevare in dicta navi cantaria duomilla cotonorum eidem Baldasari traddenda et consignanda in dicto loco per factorem seu factores dicti Marci et seu sui nomine ipsius Marci et deinde illinc recedere et veliſficare et redire Chium et postea quam cito dictus patronus poterit cum dicta navi se expedire et de presenti portu recedere et vellificare et ire et navigare usque Candiam silicet ad locum Fraschie et in dicto loco exportare et morari per mensem unum et infra ipsum mensem onerare et ellevare seu onerari et ellevari facere in dicta navi vegetes quingentas vini Malvaxie dicto patrono in dicto loco Fraschie ad orlum dicte navis dandas et consignandas per factorem et seu factores dicti Marci et seu per alium nomine ipsius Marci, et ipsis vegetibus ut supra onerant in dicte nomine ex dicto loco recedere et ire et navigare ad partes occidentales scilicet Antonam et Scluxis possendo tamen navigare a dextris et a sinistris viagio tamen non mutato et in ipsis locis et seu illo in quo dictus factor dicti Marci ellegerat recipere dictas quantitas cotonorum et vegetium exonerare et discarrigare illas et dare et consignare eidem illas et hoc pro naulo et seu naulis videlicet dictorum cotonorum solidorum quadraginta Januinorum pro quolibet cantale dandorum et solvendorum in loco in quo exonerabuntur dicta cotona et ducatorum sex currentes partium pro qualibet vegete Marvaxie dandorum et solvendorum ut supra secundum quod consuetum est solvi pro talibus nauliis in locis predictis.

Ex adveraso vero dictus Marchus acceptans predicta omnia et singulia promissit et convenerit dicto Baldasari presenti stipulanti et recepienti pro se et suis ac habentibus cautellam ab eo dare et consignare et seu dari et consignari facere eidem in Folia Nova cantaria duo millia cotonorum, ita et tali modo et seu tali forma et ordine quod quam cito dicta navis erit in dicto loco, dicta cotona erunt parata et in ordine ita quod dictus patronus ad dictam poterit onerare dicta cotona et ea stimare nec habebit causam expectandi ipsa nec non dare et consignare et seu dari et consignari facere dicto patrono in dicto loco Fraschie infra dictum mensem venturum dictas vegetes quingentas vini Morvaxie ad orlum dicte navis, deinde vero consignatis dictis cotonis vegetibus Marvaxie in loco predicto Antone vel Scluxis in ellectione dicti Marci et seu factoris sui dare et solvere seu dari et solvi facere dicto patrono seu cui voluerit et committet in loco in quo exonerabuntur dicte quantitates cotonorum vegentibus Marvaxie soldos quadraginta januorum pro quolibet cantalie janue dictorum cotonorum et ducatos sex auri currentes pro qualibet dictarum vegentum Marvaxie et hanc solutione naulorum facere secundum quod est consuetum fieri et solvi in dictis locis et seu in illo ipsorum in quo exonerabuntur predicta.

Que omnia et singulia superscripta dicti contrahentes salvo sempre Dei, maris et gentium justo impedimento promisserunt et solemniter convenerunt habere perpetuo et tenere rata grata et firma attendere complere et effectualiter observare et qui in aliquo non facere dicere vel venire aliqua ratione occaxione vel causa que modo aliquo vel ingenio dici seu excogitari possit de jure vel de facto.

Sub penna ducatorum mille auri de Chio pro justo danno et iret esse partis observantur in tantum taxata et commecta per dictas partes et de comuni acordio et voluntate ipsorum inter quas pennam incidat pars non observans parti observanti.

Et proinde et ad sic prout supra observandum et effectualiter adimplendi dicte partes sibi ad invicem et vicisim pignori ipotechaverunt et obligaverunt omnia ipsarum partium bona mobilia et inmobilia presentia et futura et specialiter dictus patronus dicto Marco dictam navem et naula ipsius ita quod specialis obligatio non derroget generali nec commissarie.

Actum Chii ad bancum curie [spectantis] domini potestatis Chii anno Dominice nativitatis MCCCCXXXXVIIII indictione XII[a] secundum cursum Janue die prima Decembris ante tercias presentibus testibus Galeoto Cataneo, Francisco cive Janue, Bartholomeo de Moncellis et Nicolo de Trani burgensibus Chii vocatis ad hec et rogatis. »

C. *Contrat établi à Chio entre Giovanni de Guilurinis de Savone et Corrado de Cunio : ASG, Notai Antichi, n° 847, doc. 46.*

[Le 24 mars 1448 à Chio Giovanni de Guilurinis, marchand de Savone, établit un contrat avec son compatriote, patron de navire, pour transporter trois cents *cantares* de coton et cent *cantares* d'épices et de noix de galle de Chio vers l'Ecluse. Cinquante-huit *cantares* de coton seraient déchargés à Oran ou à Honein. Le paiment du coût de transport sera réalisé à l'Ecluse, quarante sous pour un *cantare* de coton.]

« In nomine Domini Amen.

Conradus de Cunio patronus unius navis in presenti portu Chii existentis vocate sancta Maria sanctus Augustus sanctus Julianus sanctus Johannes et sanctus Antonius naulizavit et titulo naulizacionis dedit et concessit

Johanni de Guilermus de Saona presenti stipulanti et recipienti pro se et suis et habentibus causam ab eo dicta eius navi sub pactis modis formis et condicionibus infrascriptis.

Videlicet quia dictus Conradus patronus promisit et solemniter convenit dicto Johanni presenti et ut supra stipulanti toto infrascripto viagio salvus tamen infrascripto tenere et manutenere dictam navem stagnam et paratam ac hinc in ordinem arboribus antenis velis anchoris barcha sartiis corredibus et aliis dicte nave neccessariis et opportunis pro dicto infrascripto viagio adimplendo et cum hominibus quinquaginta quinque apertis et sufficientibus ad dictam navem regendi et gubernandi et in ea navi carrigare et ellevare cantari trecentum cotonorum et cantaria centum specierium et galarum et ipsis cotonis speciebus et galis ellevatis et carrigatis cum dicta navi sic prout super dictum est in ordinem hinc recedere et illa et illas portare et conducere in Scluxis et in eo loco illa cotona et illas species et galas exonerare et dare et consignare dicto Johanni aut cui commisserit et mandaverit.

Versa vice dictus Johannes acceptans predictam promisit et solemniter convenit dicto Conrado patrono presenti et ut supra scripti dare et tractdere dicto Conrado ad onerandi et seu onerare in dicta navi dicta cantaria trecentum cotonorum et cantaria centum specierum et galarum et pro naulo et seu naulis ipsorum et ipsarum dare et solvere in Scluxis soldos quadraginta januorum pro singulo cantali dictorum cotonorum secundum quod valebunt cambia de Janua in dicto loco et pro dictis cantariis centum specierum et galarum dare et solvere tantum quantum solvent alii qui onerabunt in dicta navi galas et species et in quantum in dicta navi non oneraretur per alios aliqua quantitas specieriarum seu galarum tantum quantum et secundum quod solvent in navi Stephani de Auria, acto et specialiter convento inter dictos patronum et mercatorem quod dictus patronus teneatur et obligatus sit dicta cotona traddere et consignare dicto Johanni in omni loco in quo dictus Johannes requiret et petierit illa cotona per costeriam ipso Johanne solvente pro singulo cantali de naulo soldos triginta tres januorum secundum quod valebunt cambia de Janua in dicto loco in quo exonerabuntur dicta cotona excepto quod dictus patronus non teneatur dare et consignare dicto Johanni in Orano vel Onerio que cantaria quinquaginta octo que habeant illam obligacionem quam habent cotona ipsius Conradi cum aliis mercatoribus similiterque teneatur et debeat dare et consignare dicto Johanni et ad requisicionem ipsius in Cadexe et in Sclusis totam raubam et per costeriam omnem raubam quam voluerit dictus Johannes, possendo illam dare dictus patronus habiliter et non aliter.

Item est actum et solemniter conventum inter ipsos patronum et mercatorem quod si et in quantum causa et occasione aque quam dicta navis facit et seu quia ipsa navis habundat foret opportunium quod dicta navis ante adimpletum dictum viagium ostenderet carenam seu repararet et ipsam navem exonerare dictas res et merces ex ea navi extrahere quod tunc et eo casu ipse patronus teneatur et obligatus sit satisfacere dicto Johanni et seu dare et solvere eidem omnes expensas cabellas et comerchia que fuerent per ipsum Johannem et eius solvere contingeret occasione dicte exonerationis dictarum rerum et mercium et pretis illius que exonerari contingeret et similiter reonerationis ipsarum et etiam dare et solvere eidem Johanni [ ] dictarum rerum et mercium cum omnibus expensis si et in quantum occaxione et causa dicte exonerationis et onerationis aut stando in terra seu mare extra dictam navem dicte res et merces seu pars aliqua ipsarum capte dicte parte seu arrestate fuerant aut capta detempta seu arrestata fuerit tam vigore represaliarum quam alia quamvis ratione occasione vel causa que dici vel excogitari possit dummodo non procedat culpa dicti Johannis.

Item est actum quod si dicta navis non posset prosequi viagium suprascriptum et opporteret ostendere carenam quod liceat dicto casu et non aliter dicto patrono dictas res et merces naulizare et onerare in alia navi magnitudinis navis ipsius Conradi aut Maioris que recto tramitte prosequatur viagium predictum cum hoc quod dictus Johannes vero teneatur solvere ultra id quod solvere tenetur dicto Conrado vigore suprascripte nauli et actionis.

Renuntiantes dicti contrahentes exceptioni dicte naulizationis ut supra non facte et dictorum pactorum ut supra non interventorum rei sic ut supra et infra non esse vel non fuisse seu non sic se habentis doli mali et metus in factum actioni conduci sive causa vel ex injusta causa et omni juri. Que omnia singula suprascripta dicti contrahentes promisserunt et solemniter convenerunt sibi adinvicem et vicissim perpetuo habere et tenere rata grata firma attendere complere et effectualiter observare et contra in aliquo non facere dicere vel venire aliqua ratione occasione vel causa quomodo aliquo vel ingenio dici seu excogitari possit de jure vel de facto sub pena ducatorum centum auri de Chio in tanta quantite taxata et conventa per dictos contrahentes et de voluntate ipsorum pro justo damno et interesse partis observantis et cum restitutione omnium et singulorum damnorum interesse et expensorum que propterea fuerent litis et extra. Que pena commisa vel non et soluta vel non nichilominus rata et firma maneant omnia et singulia suprascripta et proinde ad sic pro ut supra observandi et effectualiter adimplendi per dictos contrahentes ipsi contrahentes sibi adinvicem et vicisim pignori ipothecaveret et obligaveret omnia ipsorum bona mobilia et immobilia presentia et futura et specialiter dictus patronus dictam navem et naula ipsius ita quod specialis obligatio non derroget generali.

Actum Chii instans domus domini Johannis Paterii anno Dominice nativitatis M°CCCCXXXXVIII° indictione XI[a] secundum cursum Janue die XXIIII[a] Martii hora vigesima tercia nel circa presentibus testibus dicto domino Johanne Paterio et Casano Casella vocatorum ad hec et rogatorum.»

D. *Contrat établi le 16 mai 1491 à Ancône: ASA, Notaio di Ancona, n° 420, f. 70v–75v.*

[Le 16 mai 1491 à Ancône Geronimo Rudolphe, marchand de Florence, établit un contrat avec Francesco Raspantis, patron d'Ancône. Le trajet serait le suivant: Ancône–Constantinople ou Gallipoli–Porto Pisano. Le navire quitterait le port d'Ancône au milieu du mois de juillet ou d'août. Il passerait deux mois et demi à Péra ou à Gallipoli. C'est Alferio de Sternalis de Florence qui s'occuperait du chargement à Constantinople pour le compte de Geronimo. Selon le contrat, on devait charger les produits comme la cire, le corail, et autant que possible le coton. Le tarif de nolis était de 4/5 ducats par *cantare* pour le coton brut et d'un ducat pour le coton filé. Ce contrat est également très attentif aux moindres détails, comme celui de Gênes.]

> «Naulizatum navis Francisci. Die sextadecima Mai: actum in camerra magna domus habitationis Hieronymi illustris Nodulfi de Florentia civis Ancone, posita in merca civitate Ancone in parrhochia Sancte Marie mercati inter alias res Francisci illustris Blasii de Antiquis de Ancone vias publicas ex alia late: presentibus Leonardo Corraci et [Amfulati] de Florentia [ ] Antonio Zacarie calzante [ ] [ ] Bartolomeo [ ] Antonii [ ] habitatoribus Ancone, testibus.
>
> Nobiles viri Hieronymus Marci de Bartolis de Florentia, procurator et procuratorio nomine Alamani Averardi Alamani de Salvictis et Jacobi fratris dicti Alamani de Florentia: prout de eius procuratorio ex mandato constat publico documento, spetialiter et expresse ad infrascripta, scripto et publice manu egregii et eruditi viri ser Laurentii Mathei de Vanerllis presenti notarii florentini inde rogati editoque in anno Domini ab incarnatione eiusdem millessimo quatragentessimo nonagessimo primo die vero septima presentis mensis Maii: cum subscriptione et fide expedienti et valida preconsulis artis judicum ex notariis in dicte civitatis Florentie, de fidelitate dicti notarii a me notario viso et lecto: et etiam suo proprio nomine ex una: et Franciscus Nicolai Ferrantini de Ancona, patronus cuiusdam navis vocate Sancta Maria, ad presens existentis in portu Ancone capacitatis et portate vegetum sexcentarum in circa ex altera venerunt ad infrascriptum naulizatum, cum infrascriptis pactis modis et declarationibus videlicet nam dictus Franciscus patronus predictus per se suosque heredes promisit et convenit eidem Hieronymo presenti et stipulanti dictis nominibus et quolibet eorum: cum dicta eius navi bene stagna corredata munita et fulcita, et cum hominibus seu marinariis quatraginta quinque, usque ad quinquaginta ad bene placitum dicti Francisci, cum modo non sint pauciores quatraginta quinque, recedere et dare vela ventis et dicto portu Anconitano ad medium mensem Julii sive hinc ad medium mensem Augusti proxime futuri ad bene placitum eius-

dem Francisci, ireque et navigare versus Peram et in Peram Constantinopolim: et portare ex dicto portu in Peram tot et tantas mercantias dicti Hieronymi conductoris et naulizatoris sive aliqua nauli solutione, que promererent naulum quatraginta quinque ducatorum auri secundum consuetudinem et tariffam anconitanam. Et in arbitrio et voluntate dicti Francisci patroni sit onerari facere in dicta navi usque ad dicta loca, quicquid ei placuerit, et naulum omne rerum oneratarum per eum in dicta navi sit et esse intelligatur ipsius Francisci. admittereque et ducere promisit in numero supradictis eius marinariorum duos marinarios ad voluntatem dicti Hieronymi cum stipendio et portata consuetis dari aliis marinariis anconitanis per alias naves anconitanas talis portate: qualis esse dicta Francisci navis. Qui Franciscus postquam in dicta civitatem Pere contingerit et pervenerit cum dicta navi, illico promisit et convenit se presentare in presentia Alferii de Sternatis de Florentia seu alterius ibidem existentis et commorantis pro dicto Hieronimo dictis nominibus et facta dicta presentatione promorari et stare cum dicta navi in dicta Pere civitate seu in loco Garipolis menses duos cum dimidio ad voluntatem dicti Alferii seu alterius commissionati ipsius Hieronymi dictis nominibus ibidem commorantis: et in dictis locis seu altero ipsorum dictam navem de infrascriptis mercantiis dicto Franesco ut infra consignandis per dictum Alferum seu alterum commissionatum ut supra onerare ad sufficientiam complementum, et tantum quantum commode comportare poterit ipsa navis. Hec liceat illo pacto dicto Francisco onerare tunc de aliquorum aliorum mercantiis et rebus aliorum postquam de mercantiis ut supra consignandis per Alferum prenotatum seu commissionatum ut supra:

Et hoc ex eo quia vice verse dictus Hieronymus dictus promisit et convenit eidem Francisco patrono antedicto presenti stipulanti et recipienti pro se et suis heredibus infra dictum tempus duorum mensem cum dimidio consignare pro oneratione dicte navis tantum mercantiarum quantum sufficiat ad competentem et debitam vecturam seu comportationem ipsius navis, adeo ut habeat onus debitum et consuetum et solitam stimam. Que mercantie onerande erunt infrascripte videlicet cere, coria, coptoni, montonine, cordonami, ciambelloti, et fardelli saricei, ex aromatie res prout volet et deputabit ac placuerit dicto Alferio seu alteri commissionato de quo iam supra: cui Alferio et commissionato placebit ceras solumodo, et non alias mercantias onerari facere illas solum ceras dictus Franciscus onerare teneatur et debeat, si vero coptonos tantum, solum et dum taxat coptonos caricare teneatur et similiter intelligatur et facere teneatur de coriis et aliis mercantiis supra descriptis et enumeratis verum si forte dicto Alfero seu alteri ut supra commissionato videretur velle onerari facere tantam summam lanorum et buldronorum vel alterum dictarum mercantiarum lanarum scilicet et buldronorum que merentur naulum ducatorum trecentorum auri et non ultra, que usque ad dictam summam nauli ducatorum trecentorum auri et non ultra, dictus Franciscus illas lanas et buldronos seu ipsarum et ipsorum alteras et alteros caricare teneatur. Ac si prenominato Alferio et alteri commissionato ut supra pro dicto Hieronymi dictis nominibus commoditate visum fuerit in dictis locis seu altero ipsorum se predictam navem retinere plus dictis duobus mensibus cum dimidio, tunc dictus Franciscus teneatur et promisit commorari et persistere cum navi predicta plus dicto tempore et pro tali statione temporis plus ultra supradictum tempus mensum duorum cum dimidio, dictus Hieronymus dictis nominibus et quolibet ipsorum nominum eidem Francisco dare solvere et numerare promisit ducatos septem auri venetos quolibet die quo plus stabit et commorabitur ultra suprascriptum tempus inter eos stare et expectare conventum. Honerata vero dicta nave ut supra in dictis locis vel ipsorum altero in suprascripto tempore constituto inter dictas partes vel etiam prius quam ipsum tempus exactum sit, si fieri poterit, [incunctantur] si tempus navigabile fuerit, dictus Franciscus ex dictis locis vel ipsorum altero recedere et vela ventis dare teneatur, navigareque et redire versus Portum Pisanum, recto quidem viagio et non mutato, et scalos consuetos tangendo prout dicto Francisco videbitur expedire et precise teneatur prius quam Portum Pisanum contingat, scalum facere in portu Telamonis et ibi persistere quattuor dies currentes et eo in loco exonerare eas mercantias quas precipient commissi tunc per ipsum Hieronymum nominibus predictis et de mercantiis que exonerabuntur in dicto loco, seu in altero loco dicti viagii ante quam fuerit perventum in dictum Telamonis portum, intelligantur et ita dicte partes voluerunt fuisse emerita et pro lucrata naula de quibus infra, pro valore supradictarum mercantiarum exoneratarum in supradictis locis et quolibet eorum quibus quattuor diebus exactis seu prius, si prius exoneratum fuerit, et dicto Telamonis portu, prosequi viagium et navigare in dictum Portum Pisanum teneatur Franciscus predictus, quem cum primum Deo duce contigerit ibi se presentare coram dicto Hieronymo dictis nominibus vel eius commissis promisit, qui Hieronimus dictis nominibus et commissi teneantur ipsam navem exonerare cum plactis seu navigiis per dictum Hieronymum eidem Francisco dandis et consignandis sive solutione aliquam fienda per dictum Franciscum de eis quas plactas et navigia etiam suum solutionem aliquam de eis fienda, commodare et dare teneatur pro oneranda in navi sagornam expedientem pro reditu dicte navis in has partes. Promisit in supra prefactus Hieronymus dictis nominibus navem predictam infra quindecim dies currentes tunc proximie futuros exonerasse et expedivisse, ita quod expedita et exonerata sit in fine dictorum quindecim dierum ut ipsis diebus exactis liber futurus detur dicto Francisco reditus cum dicta navi quo magis tunc ei placebit, et demum pro naulo et ex eam nauli totius suprascripti viagii dictus Hieronymus dictis nominibus per se suosque heredes promisit et convenit prefacto Francisco presenti stipulanti et recipienti pro se et suis heredibus, eidem Francisco statim exonerationem predictam ut supra facta, suum aliqualite questione vel molestia omnum jure et facti exceptione remota dare solvere et numerare in tot ac tantis ducatis auri largis in auro, illud naulum et ea naula quod et que solvi sueta hactenus sunt et fuerunt aliis patronis et dominis navium secundum tariffam seu ordinem et consuetudinem anconitanam inferius distinctius anontandam, videlicet pro quolibet cantario coptonorum sodorum quattuor quintos ducatorum auri largorum in auro, pro quolibet cantario coptonis filati ducatum unum auri largum in auro, pro quolibet cantario coriorum Moncastri ducatum medium auri larghi in auro, pro quolibet centinario petiorum coriorum Grecie ducatos quinque auri largos in auro, pro quolibet centinario petiorum coriorum caballinorum intergrorum ducatos quattuor cum dimidio auri largos in auro, pro quolibet centinario spallarum caballinorum ducatos duos cum dimidio auri largos in auro, pro quolibet centinario cordonarum ducatos duos cum dimidio auri largos in auro, pro quolibet centinario montoninarum ducatos duos auri largos in auro, pro quolibet fardello siricis ducatos quinque auri largos in auro, pro quolibet centinario petiorum pernarum ciambellocti ducatos decem auri largos in auro. Cum hac declarationem quod in solutione nauli fienda de petiis magnis ciambelloctorum, due petie magne solvant et solvere intelligantur pro quattuor parvis pro quolibet cantario lane suetide ducatum medium auri largum in auro, pro quolibet cantario lane lanate quattuor quintos ducatorum auri largorum in auro, pro quolibet centinario petiorum boldronorum cum lana seu lanatorum ducatos duos auri cum dimidio largos in auro, pro quolibet cantario cere ducatum medium auri largum in auro, pro quolibet cantario piperis ducatum unum auri largum in auro. De aliis vero rebus supra spetialiter non nominatis et illud naulum et ea naula solvere teneatur dictus Hieronymus et promisit secundum quo dictat et vult dicta tariffa anconitana et secundum eam solvere debeat, ad quam singulariter in omnibus et pro omnia dicte partes se referunt et voluerunt haberi prospecifice expressis et spetialiter declaratis. Hoc expresse declarato quod liceat dicto Alferio et commissionato ut supra, dare ex dicto loco Pere usque ad predictum portum Pisanum unum supra caricum mercantiarum tunc oneratorum, cui supra carico ipse patronus expensas oris ad eius mensam gratis provere teneatur. Hoc et apposito quod dictus Hieronymus dictis nominibus teneatur et debeat ex dicto loco Pere usque ad dictum Portum Pisanum solvere stipendum seu salarium ductoris navis seu ut vulgariter dicitur piloti, et quod teneatur hic Ancone ante dictum viagium mutare gratis et amore eidem Francisco ducatos centum auri largos in auro: quos dictus Franciscus dicto Hieronymo reddere et restituere promisit et se sollemniter obligavit, salvos ut vulgo dicti solet in terra, in sepenominato Portu Pisano [ ] dicte parte et quolibet ipsarum dictis omnibus et quolibet ipsorum exceptioni dicte promissionis pactorum et aliorum supra declaratorum non factorum et non celebratorum et rei non sic geste ut dictum est et ut presens contractus continet et exceptioni doli mali condicioni actioni in factum sine eam, et omni alii jure status ac decretorum auxilio.

Quod naulizatum et omnia et singulia supradicta dicte partes et quelibet ipsarum dictis nominibus per eas et earum heredes invicem et vicissim promiserunt et convenerunt, ac et juraverunt ad sancta Dei evangelia corporaliter manu tactis Scripturis firmiter attendere et observare, scilicet una pars alteri et altera alteri firmaque et rata habere et tenere et in nullo de jure vel de facto contrafacere vel [ ] aliquo seu jure occasione aliqua ratione vel eam sub pena mille ducatorum auri solllemniter stipulata et promissa in quolibet capitulo huius contractus et obligatione omnium suorum bonorum mobilium et immobilium jurium et actionum presentarum et futurorum et damna expensis litis et extra interesse reficere promisit pars contrafaciens in predictis vel aliquo predicte parti predicta bene observari in casu contraventionis predicte vel alicuius eorum. Que bona et jura pars contrafaciens in predictis [ ] aliquo predicte pro parte bene observarte reconstituit tenere et possidere in quibus bonis et juribus pars contrafaciens in predictis [ ] aliquo predicte dedit licentiam dictis nominibus liberam potatis parti predicta bene observari et suis heredibus eius propria auctoritarum et sine alicuius curie judicis vel alterus persone requisitione [ ] [ ] tenutam capere et [ ] tenere possidere fructam vendere obligare alienare et in se pro justo pretio retinere usque ad integram et completam solutionem et satisfactionem omnium et singulorum predicte, dicteque pene damnorum expense cum interesse et dicta pena soluta vel non rato manute contractu. His quosque pacto et conventione expresse habitis inter ipsos contrahentes et ipsas partes dictis nominibus sollemni stipulatione vallate videlicet, quia dicte partes dictis nominibus et quolibet ipsarum voluerunt et pacto ex presure convenerunt ad petiones et instante partis observantis vel sui procuratoris posse et debere realiter et personaliter conveneri capi detineri carcerari vel in carceribus detineri ac recommendari in civitarum Ancone, [ ], Racaneti, Firmi, Asculi, Camberini, [ ], Senogallie, Pharni, Pisani, Arimini, Cesene, Ravenne, Ferrarie, Bononie, Venetiis, Pisarum, Florentie, Senarum, Janis, Segne [idare] in curia Macerate et per omnes provincias Marchie Ancone, Romandiole, Tuscie, Scavonie, Aprutii, regni Apuliee, Scicilie, Dalmatie, Pere, et idemque per omnes provincias terras et loca mundi et in qualibet curia dictarum provinciarum et aliarum provintiarum terrarum et locorum mundi et cuiuslibet earum et eorum et ubi dicte partes invenirent aut de suis bonis reperirent tam mobilibus quam immobilibus et in dictis locis et quolibet eorum pars observans partem in observantem convenire seu conveniri facere voluerit ubique intelligatur et voluerunt contraxisse: submittentes se dicte partes dictis nominibus et quelibet ipsarum earum jura defensiones et bona, jurisdictionibus [ ] reginibus et potestatibus dictarum provintiarum terrarum et locorum predictarum et generaliter cuiuscumque alterius civitatis terre et loci mundi pro predictis omnibus et singularis et usque ad solutionem observationem et consecutionem omnium et singulorum predictorum supra per dictas partes dictis nominibus et qualibet ipsarum promissorum et debitorum ibique teneantur et promiserunt attendere et observare omnia et singulia supradicta, et se soluturos constituerunt quantitates predictas: et in casu contraventionis predicte vel alicuius eorum solvere et satisfacere dicta pena, ac de omnibus damnis expensis et interessis tam litis quam extra: [ ] [ ] dicte parte dictis nominibus et quelibet ipsarum beneficio privilegii fori indicis non sui, ceterisque legibus statutis et reformationibus constitutionibus ordinamentis salvus conductionibus impetiatis atque [impetiandis] feriis feriatisque diebus et consuetudinibus quibuslibet dicte provinciarum terrarum et locorum predictarum et aliarum provinciarum terrarum et locorum mundi tam facte quam fieri in contrarium loquente istrumento presente: et pena soluta vel non rato manente contractu.»

3. *Contrats d'assurances maritimes*

A. *Contrat d'assurance maritime établi le 3 novembre 1374 à Gênes entre Percivale de Grimaldi et Giovanni de Pinu: ASG, Notai Antichi, n° 310, f. 68r–v.*

[Le 3 novembre 1374 à Gênes Giovanni de Pinu établit un contrat d'assurance maritime avec Percivale de Grimaldi, assureur, pour transporter quarante-six sacs de coton de Famagouste à Gênes. Cette mission sera effectuée par le *panfilo* patronné par Luchino Cerum.]

«In nomine Domini amen.

Ego Percival de Grimaldis civis Janue filius emancipatus ut dicto domini Aymeni de Grimaldis confiteor tibi Johanni de Pinu civi Janue presenti et stipulanti, me a te emisse habuisse et recepisse tot de tuis rebus et bonis

Renuntians

Dare et solvere libras centum viginti quinque januorum hinc ad menses quatuor proxime venturos.

Salvo et specialiter reservato si sachi XXXXVI cotoni qui causa conducendi Januam onerati fuerunt per te dictum Johannem in Famagustam in quodem panfilo patronizato per Luchinum Cerum vel alium pro eo quod de Famagusta recessit seu de proxime recedere debet in Janua sani et salvi conducti et exonati fuerint quod tunc et eo casu presens instrumentum sit cassum et nulius valoris et pro rata.

Et risicium huius modi incipiatur et inceptum esse inteligatur quod dictus panfilus recessit seu recedet de Famagusta et stet et duret veniendo et navigando Januam quomodocumque et qualitercumque.»

B. *Contrat d'assurance maritime établi le 19 juin 1384 à Pise: ASP, fonds Datini, busta 1158, fasc. 6.*

[Le 19 juin 1384 à Pise la compagnie Datini établit un contrat d'assurance avec quatre assureurs pour transporter de Pise à Aigues-Mortes diverses marchandises dont une balle de coton filé teint. La valeur de tous les produits correspondait à huit cents florins d'or. Le navire patronné par Gabriel Chatagniere de Majorque s'occuperait de leur transport. A cette époque, le coton était habituellement transporté de Pise vers les ports du Midi de la France, même si ce trafic ne s'effectuait pas sur une grande échelle.]

«Al nome di Dio amen a di xviiii di giugnio 1384 al corso di Pisa.

Bindo Agliata e [Ranier] da Casena ———— fiorini cc d'oro
Michele di Charllo degli Strozzi ———— fiorini cc
Piero Borsaro e Piero Bindaccho e compagnia — fiorini cc d'oro
Jachopo di Falchone ———— fiorini cc d'oro

I detti asichuratori nominati e scritti qui di sopra al di detto di anno feciono sichurta e asichurarono da Porto Pisano insino in Aguamorte posta e schariche la robe in terra a Francescho di Marcho da Prato sopra balle tre e forzieri di mercie e sopra balle ventisette di charete e sopra charatelli tre di zolfo e sopra lane dueci di stagno e sopra una di chotone filato tinta e andarono segniate le dette robe del segnio di messer Martino Marruffo di Gienova con [signe] e stimorono la dette robe fiorini DCCC d'oro sicche gli asichuratori corrono agni rischio a libre e a soldi e andarono le dette robe in su la nave di Gabriello Chatagniere di Maiolicha cominciano gli asichuratori a chorrere ogni rischio inchontanente chome il detto navilio avesse fatto vela o faciesse o fara di Porto Pisano insino a tanto che la detta roba chome detto è non sara porta e scaricha in Aguamorta.

Corrono ogni rischio i detti asichuratori dal detto luogho al detto luogho e sopre la detta roba e in detto mano e segnio e per detta istima e in detto navilio, corrono ogni rischio di Dio e di Marie e di giente e d'ogni chaso e pericolo e sinistro e fortuna o chaso sinistro che per niuno modo potesse e fosse fatto al chaso chome si volesse o di che condizione tutti gli portano e corrono gli asichuratori sopra di loro insino a tanto che la dette robe chome detto è non saranno posta e schariche in terra in Agua Morta e pro lo detto rischio e bon gli asichuratori fior. d'oro per ciento.

E se niuno disastro intervenisse della dette robe che i Dio le guardi i detti asichuratori si promissono e obrigahronsi di dare e di paghare chon efetto e sanza niuna eciezzione o porre o fare porre per niuno modo o chagione al detto Franciescho e compagnia overo a loro fattori o a lloro prochuratori dal di che fia notifichato il disastro a detti asichuratori a mesi due prossimi che seguiranno ogni uno qualla quantità di danari di che asichurano in Pisa in Firenze in Siene in Gienova e in ogni altre terre o parte o luogho ove il detto Franciescho e compagnia gli volessono loro domandare salvo che se il paghamento s'avesse a fare altrove che in Pisa non possa esere adomandato a gli asichuratori niuno vantaggio di chambio di moneta e se avenisse che detti asichuratori per disastro che a lloro intervenisse avessono a richonperare o a rischattare le dette robe le possano rendere sane e salvo in Agua Morte al detto Franciescho e compagnia ad altri per loro nello iscritto nominati dal di fia intervenuto il disastro a mesi quarto prossime che seguiranno.

E per più chiarezza delle dette chose i asichuratori ogni uno di sua propia mano si soscrissono in questa iscritta altre dette chose esere tenuti e obrighati e di dare e di paghare se il disastro intervenisse a detti Franciescho e compagnia overo a detti per loro di sopre nello iscritto nominati chome detto è ogni uno quella quantità di danari di che asichurano per lo modo e forma ch'è iscritto in questa iscritta per mano di me Gherardo d'Ormanno sensale e mezzano delle dette chose nostro signore i Dio choducha la roba e'l navilio a salvamento.

E se il detto debito non fosse adomandato asichuratori da oggi a di detto a mesi sei prossimi che seguiranno s'intenda il debito esere chasso e vano e di niuno valore.

Io [Ranier] da Chasena sono chontento della detta sighurta cioe di fior. d'oro, sono per Bindo Agliata e per me e a sua chiaressa soscrivo di mia mano scritta a di 19 gugno 1384.

Io Michele di Carlo sono contento della detta sighurta pro fior. dugento d'oro pro piu chiareza mi sono soscritto di mia propia mano questo di primo luglio 1384.

Noi Piero Borsaro e Piero Bindacho e compagnia siamo contenti alla soprascritta sicurta cioe pro fior. ciento d'oro e pro piu chiareza e finito di nostra propia mano questo di primo di luglio 1384.

Io Jachopo Falchone sono chontento dela detta sighurta di fior. dugento d'oro e a sua chiaresa mi soscrivo di mia propia mano ogi a di primo di luglio 1384.»

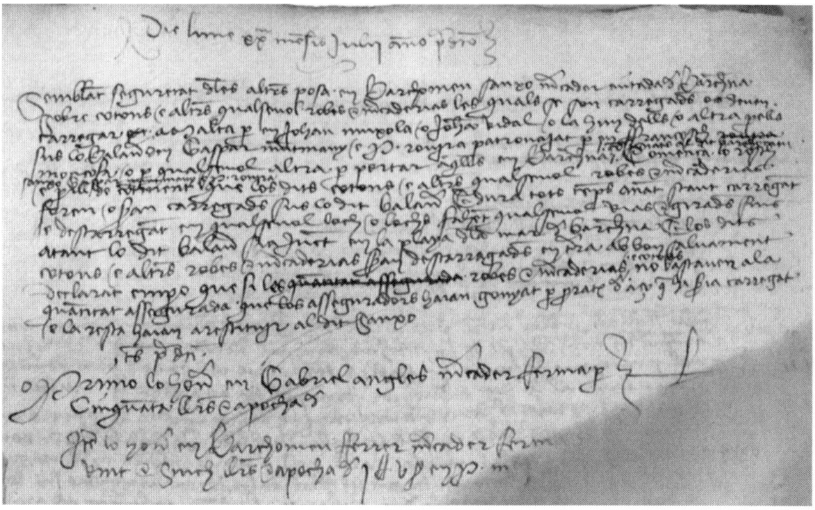

C. *Contrat d'assurance maritime établi le 20 juillet 1461 à Barcelone: AHPB, 165/94.*

[Le 20 juillet 1461 à Barcelone, Barthomeu Sanxo établit un contrat d'assurance maritime avec deux assureurs pour transporter du coton et d'autres marchandises de Malte à Barcelone. Johan Muxola et Johan Vidal s'occuperaient du chargement à Malte pour le compte de Bartomeu. Le transport serait assuré par le navire nommé *balaner*, qui appartenait à Gaspar Muntmany et à Pere Rovira, et qui était patronné par Francesch Morcofa.]

«Die lunes xx mensis julii anno predicto.

Semblant seguretat de les altres posa en Barthomeu Sanxo mercader ciutadans de Barcelona sobre cotones e altres qualsevol robes e mercaderias les quals se son carregades os deuen carregar a Malta per en Johan Muxola o Johan Vidal o la lini d'ells o altra per ells sus lo balaner den Gaspar Muntmany e P. Roujra patronajat per en Francesch Morcofa o per qualsevol altra per portar aquellas en Barcelona. Comenca lo risch e perill de continent que los dits cotons e altres qualsevol robes e mercaderias foren e seran carregades su lo dit balaner e dura tots temps anant stant carregant e descarregant en qualsevol lochi o loches fahent qualsevol vias e girades fins atant lo dit balaner sia junct en la playa de la mer di Barcelona e los dits cotons e altres robes e mercaderias seran descarragades en terra ab bon salvament. Declarat empero que si les robes e mercaderias e cotons non bastaven a la quantitat assegurada que los asseguradors haran guanyats per prorata e a ço que li seria carregat e la resta haian a restituir al dit Sanxo.

Testes predicti.

Primo lo honorable en Gabriel Angles mercader Ferma pro cinguanta lliures e apocha e.

Item lo honorable en Barthomeu Ferrer mercader Ferma per vint e sinch lliures e apocha e I lliures V sous en P. [ ].»

4. *Autres types de contrats notariés*

A. *Contrat de commende établi le 15 avril 1394 à Barcelone: AHPB, Bernat Nadal, Secundus liber comandarum, 58/169, f. 30ʳ.*

[Le 15 avril 1394 à Barcelone Johan Colom et Benedetto Pomar reçurent de Johan Ferrer en commende huit balles de coton filé et un costal de *vori*. Ils devaient les transporter en Flandre à bord de la galée de Bartomeu Vidal et devaient les commercialiser.]

> «Die mercurii xv die mensis Aprilis anno a nativitatis Domini MCCCXC quarto.
>
> Noverint universi quod nos Johannes Colomer et Benedictus Pomar mercatores civis Barchelona confitemur et recognoscimus vobis Johanni Ferrarii de Podio mercatori civi dicte civitatis presenti quod habuimus et recepimus a vobis et portamus in vostra comanda ad partes Flandrarum cum galea Bartholomei Vitalis civis Barchelona et ad alias partes in quibus dicta galea portum faciet ducentas octuaginta libras duodecim solidas et octo denarios monete Barchelone de terno implicatas in octo bales cotoni filati et in uno costal de vori ponderis novem rovarum decem librarum et sex unciarum solutis [missionibus] excepto naulo missis in dicta galea et ideo.
>
> Implicare in illis rebus et mercibus intentis in quodam [Albertino Papireo] manu vostra propria scripto et per vos nobis tradito quas res et merces possimus vobis aportari vel metteri cum dicta galea et cum aliis quibuscumque vassellis et personis que nobis videbuntur.»

B. *Contrat de debitum établi le 14 août 1453 à Gênes: ASG, Notai Antichi, n° 717, doc. 157.*

[Le 14 août 1453 à Gênes Antonio Verrus, marchand de Voltaggio, promit à Niccolò de Marini de lui payer l'achat d'une certaine quantité de coton pour un montant de 101 livres 15 sous. Ce marchand de Voltaggio était en relations d'affaires avec la grande famille marchande de cette ville, la Schorcia, qui s'approvisionnait en matière première sur le marché de Gênes et y écoulait les produits finis fabriqués à Voltaggio.]

«In nomine Domini amen.

Antonius Verrus de Vultabio filius Michaeli emancipatus a dicto Michaele patre suo ut dicit constare publico instrumento scripto in Vultabio manu Julliani Grilli de Constantibus notario publico dicti loci non esse possunt anni quatuor in circa sponte etc.

Confessus fuit Nicolao de Marinises civi Janue licet absenti michi notario se eidem Nicholao dare et solvere libras centum duas quindecim januinorum que sunt pro pretio certe quantitatis cotonorum emptorum et habitorum per ipsum Anthonium ab ipso Nicolao.

Renuntians etc.

Quas quidem libras centum duas et solidos quindecim Janue dictus Antonius promisit et solemniter convenit michi dicto notario nomine et vice quibus supra stipulanti et recipienti dare et solvere ipsi Nicolao sive persone legitime pro eo hinc usque ad annum unum proximum venturum.

Sub pena dupli etc.
Ratis etc.
Et proinde etc.

Insuper Georgius Molinarius de Vultabio et Andreanus Schorcia de Vultabio quondam Galexii et uterque ipsorum insolidum se se et sua obligando et in ea tamen satisfactionem fienda pro dicto Antonio et eius precibus et mandatis pro predictis omnibus et singulis actendendis conplendis et effectualiter observandis versus me dictum notarium nomine et vice quibus supra stipulanti et recepienti intercesserunt et solemniter fidecionibus et se se et utrumque ipsorum insolidum ut supra constituerunt principales pagatores et observatores.

Sub etc.
Renuntiantes etc.
Et voluerunt etc.

Actum Janue in bancis sub domo Angeli de Nigro et fratris silicet ad bancum residencie Antonii de Facio notarii anno Dominice nativitatis MCCCCLIII indictione XV secundum Janue cursum die XIIII Augusti in terciis presentibus testibus Nicolao Rege Francisco et Daniele Gentile quondam Acelini civibus Janue vocatis et rogatis.»

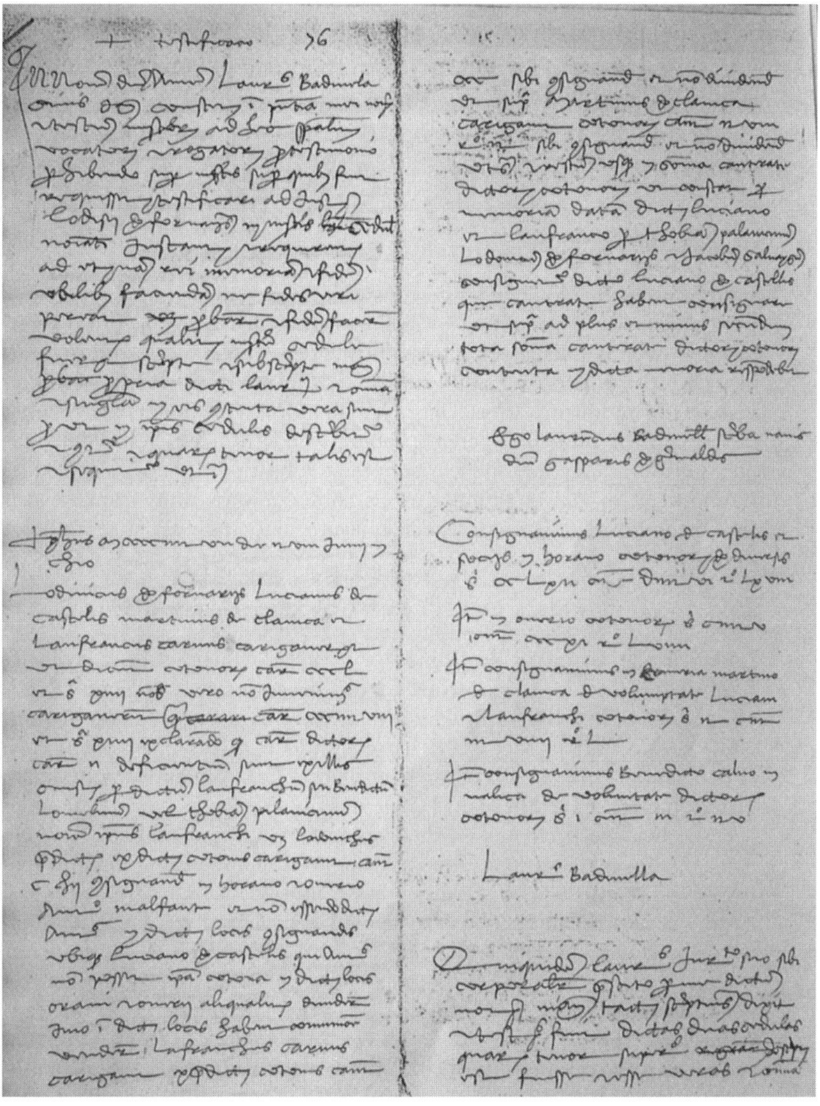

C. *Contrat de témoignage établi le 24 avril 1453 à Gênes: ASG, Notai Antichi, n° 717, doc. 76.*

[Ce contrat porte sur le conflit entre Gaspare de Grimaldi, patron d'un navire, et quatre marchands installés à Chio, Lodovico de Fornario, Luciano de Castello, Martino de Clavica et Lanfranco Cario. Aux dires des marchands, ils embarquèrent à Chio trois cent cinquante charges nommées *carii* et quatorze sacs de coton sur le navire patronné par Gaspare de Grimaldi. La charge correspondait à peu près au sac, qui était équivalent à deux *cantares*. La grande partie fut débarquée à Oran et à Honein, sauf vingt-trois sacs à Almeria et à Malaga. Mais il manquait deux charges de coton au cours du voyage. Ce contrat permet d'apprécier le volume du trafic de Chio en Afrique du Nord.]

«In nomine Domini Amen.

Laurentius Badinela civis Janue constituit in presentia mei notarii et testium infrascriptorum ad hoc specialiter vocatorum et rogatorum pro testimonio prohibendis super infrascriptis super quibus fuit, requissit testificari ad instrumentum Lodisii de Fornaris in inscriptis cedulis nominati instante et requirunt ad eternam rei memoriam et fidem viri ubilibet faciendam me fides veri pereat probare et fidem facere voluerunt qualiter infrascripte cedule fuerunt scripte et subscripte manu propria dicti Laurentii et omnia et singulia in eis contenta vera sunt prout in ipsis cedulis describetur et contratur in quarum tenor talis est et sequitur ut infra.

+Jhesus MCCCCXXXXVII, die XXVIII Junii in Chio.

Lodivicus de Fornariis, Lucianus de Castelis, Martinus de Clavica et Lanfrancus Carius carigaverunt ut dicunt cotonorum carium CCCL et sacca XIIII nobis vero non invenimus carigaverunt quam carium CCCXXXXVIII et sacca XIIII exclarando quod carii dictorum carii II deficientum sunt ex illis onustis per dictum Lanfranchum seu Benedictum Lomelinum vel Thobiam Pilavicinus nomine ipsius Lanfranchi videlicet Lodivichus predictus ex dicti cotonis carigavit cantaria C in Chii consignandi in Horano et Onerio Antonio Malfante et non essendo dictus Antonius in dicti locis consignandis ubique Liciano de Castelis qui Antonius non possit ipsa cotona in dicti locis Orani et Onerii aliqualiter dividere imo in dicti locis habent communiter vendere, Lanfranchus Carius carigavit ex predicti cotonis cantaria CCC sibi consignandi et non dividendi ut supra, Martinus de Clavica carigavit cotonorum cantaria XXVIII r° II sibi consignandi et non dividendi ut supra et restum usque in somma canterate dictorum cotonorum ut constat per memoriam datam dictis Luciano et Lanfranco per Thobiam Palavicinus Lodovicus de Fornariis et Jacobus Salvaigus que canterate habent consignate ut supra ad plus et minus secundum tota somma canterate dictorum cotonorum contenta in dicta memoria respondebit.

Ego Laurentius Badinella scriba navis domini Gasparis de Grimaldis.

Consignavimus Luciano de Castelis et sociis in Horano cotonorum diversis sacci CCLXII cantaria DIIIIVI r° LXVIIII.

Item in Onerio cotonorum sacci CXXXV cantaria CCCXI r° LVIIII.

Item consignavimus in Ameria Martino de Clavica de volumptate Luciani et Lanfranchi cotonorum sacci II cantaria CCCVIIII r° L.

Item consignavimus Benedicto Calvo in Malica de voluntate dictorum cotonorum sacci I cantaria III r° IIV.

Laurentius Badinella.

Quiquidem Laurentius juramento suo sibi corporaliter prescripto per me dictum notarium manibus tactis Scripturis dixit et testificatus fuit dictas duas cedulas quarum tenor superius est fuisse et esse veras et omnia et singula infrascriptis cedulis registratis superius vera sunt prout in eis continentur ad literam prout in eis jacet ipsis cedulis prius visis et lectis per dictum Laurentium in presentia mei dicti notarii et testium instrumentorum.

Actum Janue in bancis sub domo Angeli de Nigro et fratris silicet ad bancum residencie Antonii de Facio notarii, anno Dominice nativitatis MCCCLIII indictione XV secundum Janue cursum die XXVI Aprilis in vesperas presentibus testibus Andrea Ricio quondam Dixerini et Julliano Ricio Johannis vocatis et rogatis.»

D. *Sentence prononcée le 26 mai 1449 à Gênes : ASG, Notai Antichi, n° 845.*

[Ce contrat notarié porte sur le procès entre Francesco Italiano et Bartolomeo Spinola. Le premier, fils de Franco Italiano, demanda au dernier, partenaire d'affaires de son père, la restitution des marchandises reçues en 1433, soit après la mort de son père. Dans ce procès-verbal sont énumérés diverses marchandises et les quatre navires qui les transportèrent à Gênes. Le navire patronné par Alaone Cibo importa quarante-six charges de coton et le navire de Percivale de Canula apporta près de vingt sacs. Celui patronné par Simone Spinola importa vingt sacs de coton syrien et quatorze *cantares* trente et un *rotoli* de coton turc. Le navire de Bartolomeo Doria déchargea un sac de coton et huit charges de coton turc. Il est regrettable que ce document ne précise pas leur provenance. Pourtant leur cargaison, composée de coton, cannelle et camelot, nous suggère qu'ils venaient de Chio, du fait que ces trois marchandises représentaient les articles de premier ordre importés de Chio à Gênes à cette époque.]

«Venerandum officium mercantie civitatis Janue de veteri in integro numero congregatum pro tribunali sedens ad eius solitum juris bancum in camera solita dugane de mari.

Quorum de officio nomina sunt hec.
Franciscus de Franchis Vignosus prior.

Raffael de Viviano.
Andreas Marihonus.
Johanes Andreas de Camulio notarius.
Sistus Centurionis.
Gabriel de Rapalo.
Galeotus de Vivaldis.
Marchus Cataneus.

Super causa et questione vertenti coram dicto officio inter Franciscum Italianum hereditorio nomine quondam Francisci Italiani patris sui cum beneficio juventante ex una parte et Bartholomeum Spinulam quondam Ambrosii ex alia parte. Audita petitione seu requisitione coram ipso officio verbo facta per dictum Franciscum dicto hereditorio nomine petentem et requirentem per dictum officium et eius sententiam deffinitivam dictum Bartholomeum condempnari et condemnatum cogi et compelli ad reddendum bonam veram et legalem rationem ipsi Francisco dicto hereditorio nomine de infrascriptis rebus et mercibus per ipsum Bartholomeum et Lucam de Grimaldis habentis et receptis de infrascriptis navibus et que erant dicti quondam Francisci patris sui. Videlicet de nave Alaoni Cibo carariis quadraginta sex cotonorum, de nave Percivalis de Canula carariis viginti cotonorum onustis in dictis navibus per Johanem Sagimbem qui erant ponderis cantariorum centum viginti unius nitidorum. Item de nave Simonis Spinulle cotonorum Sirie sachis viginti qui erant in ponderis cantaria nonaginta unum et rotulis triginta octo. Item de dimidia capsarum quindecim canelarum que erant cantaria viginti duo et rotulis viginti nitida in ponderis. Item de carariis octo cotonorum Turchorum qui erant cantaria quatuordecim et rotulis triginta unum nitida. Item de nave Bartholomei de Orerio de balla una rusie que pro dimidia spectabat dicto quondam Francisco. Item de pecia una clameloti. Item de sacho uno cotonorum qui erat pro dimidia dicti quondam Francisci. Item de eadem nave d'Oreria carariis octo cotonorum Turchorum in quibus dictus quondam Franciscus participabat pro ducatis undecim et ziliatis tribus et facta dicta dictum Bartholomeum condemnari et condemnatum cogi et compelli ad dandum solvendum ipsi Francisco dicto hereditorio nomine processum dictarum rerum et mercium diminuto et defalcato ex dicto processu omnium eorum et toto quod dictus Bartholomeus dedit et solvit de commissione dicto quondam Francisco alicui persone de qua commissione et solutione constet per libras dicti quondam Francisci etiam diminuto et defalcato omni eo et toto quod et quantum dictu Bartholomeus dedit et solvit quibuscumque legitimis personis pro ipso Francisco dicto hereditorio nomine defalcata etiam parte spectante ex dictis rebus et mercibus dicto quondam Ambrosio patri dicti Bartholomei pro eo quando dictus quondam Ambrosius participabat in racione dicti quondam Francisci prius debite solidata dicta racione et quam ipse Franciscus dicto nomine solidari requisivit et requirit de novo et fieri cohequationem inter ipsum Franciscum dicto nomine et participes dicte rationis eo quia ipse Franciscus ex dicto capitale dicte rationis non tetigit quam sexaginta pro centurio et dicti participes tetigerunt sive capitale et ultra quadraginta pro centurio de lucro.

Audita ex adverso reversione dicti Bartholomei dicenti se non teneri ad reddendum eidem Francisco dicto nomine dictam rationem de supra dictis rebus et mercibus eo quia ipse Bartholomeus non recepit in totum dictas res et merces et de eo quod tetigit reddidit rationem fideicommissariis dicti quondam Francisci et actoribus linoris matris et tutoris et seu curatoris ipsius Francisci dicto nomine ut apperit per libras dictorum fideicommissariorum et actorum ac etiam per libras ipsius Bartholomei, quibus fideicommissariis et actoribus et de commissione et voluntate et prout dictus Bartholomeus solvit totum processum dictarum rerum et mercium que pervenerunt in ipsum Bartholomeum et se quod restum restat in ipso Bartholomeo est in malis debitoribus quos ipse offert separationem verificare dicto Francisco dicto nomine. Subdens quod non est opus facere dictam cohequationem nec dictam rationem de novo solidare eo quoniam iam solidata est diu per supradictos fideicommissarios et actores ut apperit per libros ipsorum spectante dicto quondam Francisco ex una parte et participibus dicte rationis ex alia.

Auditis et explicationibus dictarum partium, visis libro seu summario dicte Bartholomei annorum de MCCCCXXXIII et XXXIIII et libris dictorum fideicommissariorum et actorum predictorum. Et demum visis et auditis omnibus hiis que dicte partes coram dicto officio dicere, monstrare, exhibere et allegare voluerunt semel et pluries et super pro dictis omnibus et singulis maturo examine ac pensata deliberata prehabita.

Christi nomine invocato.

Videlicet quia dixit et summavit declaravit omnes et singulas partitas pecuniarum solutas per dictum Bartholomeum actoribus tutricis et seu curatricis dicti Francisci sive dicte tutrici sive alii seu aliis pro dictis actoribus seu tutrice durante tempore baylie dictorum actorum esse bene solutas declarans tamen quod si fuisset facta aliqua solucio per dictum Bartholomeum ante tempus dicte baylie dictorum actorum alicui alteri personae predicto Francisco sive legitime persone pro eo, que quidem solucio predicta posita fuisset acceptata per dictos actores seu predictam curatricem et tutricem sive alium seu alios pro eis dicto tempore eorum baylie intelligatur et habeatur pro bene soluta et facta.

Item dixit summavit et declaravit quod dicte partes teneantur et debeant elligere duos calculatores videlicet unum per utramque partem que teneantur et debeant calculare rationes accomendationum dicti quondam Francisci Italiani patris dicti Francisci quibus calculatis teneantur cohequare dictum Franciscum dicto nomine cum reliquiis participibus dictarum accomendationum ipsis participibus prius citatis.

Reservans tamen dicto Francisco dicto nomine omne jus suum quod habet quem dictum Bartholomeum occasione illarum et rerum et mercium de quibus dictus Bartholomeus non reddidisse bonam veram et legalem rationem actoribus predictis sive alii seu aliis pro eis. Ut ita et.»

5. *Correspondance*

A. *Correspondance de la fraterna Soranzo :*

1. Lettre du 21 juin 1403 adressée à Donado Soranzo à Hama par Bartolomeo Soranzo à Foa : ASV, Miscellanea Gregolin, busta 8.

[Cette lettre témoigne que Foa, région productrice de coton, était une ville syrienne, alors que F. Melis l'assimile à Phocée. En effet, cette lettre rédigée à Foa le 21 juin par Bartolomeo Soranzo, arriva le 23 juin, soit en deux jours, à Donado Soranzo installé à Hama.]

«In Christi nomine amen. 1403, adi 21 zugno in Foa

Per Ser D. Souranzo

Chuxin carisimo / per non aver adaver resposta a vostre puocho mi [aszaze] ma per non fa se per tute me vede mia questa pizola ve denotero.

De laqua ruoxa vostra che volevi ve avixo eser amontada in d. 6 in 7 el r° e queste per i asai conpradori et ordoni in Alepo aparso non dimancho per mi o dado ordene di zuchero / non so ancor quelo l'averra per non aver letera d'Alepo / siche piaquandove parte le [son] a vostro comando pur avixandove che di priexio non staro pozo di i altri.

Io ve avixo la bala vostra canevaze se atrova a chaxa di ser Querin Querini, la qual dise eser stada dura suso [Amfalo] la dita he molto guasta siche ve ne avixo.

De condizion di gotoni di qui i responde molto ben val ai priexij uxadi fin a parera mio vi che el mio parer di sera asai et non po falir non se abia di rada / de nuove di alguna parte savemo salvo per la via da Tripoli di che penso di cie informadi siche mi paso d'avixarvene.

Voria volenti eser avixo quelo val bochasini et s'el se troverane vendadori di [mostra] chi tuor volexe i dener di qui, avixandove che quantitadi di sono e che roba et di tute altre chiarazioni vi par, avixandove atrovareme suso molti dener e non aver in che investra / el duchat val di qui a merchado di 14 / altro non mi resta per vui presto che Dio ve guardi.

Bortolamio Souranzo

Con amor salute.»

2. Lettre du 7 mars 1415 adressée à Donado Soranzo à Hama par Francesco di Jachomini à Tripoli: ASV, Miscellanea di carte non appartenenti a nessun archivio, busta 8.

[Selon cette lettre, la *fraterna* Soranzo constituée de quatre frères, Donado, Giacomo, Pietro et Lorenzo, faisait l'acquisition du coton pour son propre compte, mais aussi pour celui d'autres marchands vénitiens. De plus, cette correspondance atteste que le volume du trafic de cette *fraterna* était plus considérable que celui avancé par E. Ashtor, soit cent sacs de coton par an. Dans cette lettre du 7 mars 1415 en réponse à celle de Donado Soranzo à Hama, Francesco Jachomini disait avoir reçu, pesé et mis en magasin cent vingt-quatre sacs envoyés à deux reprises par son destinataire. Parmi ces cotons, quarante et un étaient à Constantino di Prioli, trente-neuf au fils de celui-ci, quinze à Giovanni Contarini et seulement vingt-neuf à la *fraterna* Soranzo. En outre, cet expéditeur avait déjà chargé sur la coque de Benedetto, dix-sept pour le compte de Constantino di Prioli, seize pour celui du fils de Constantino, dix pour celui de Giovanni Contarini et douze pour celui de Donado Soranzo, comme ce dernier le lui avait prescrit dans une lettre précédente.]

«In Christi nomine. 1415 in Tripoli

Per ser D. Soranzio

Honorado a di 6 di questo da sera, una vostra rezevi per el [misefor] di ser Piero da Pexaro, a le qual faro risposta al bixogno.

Romagno avixado, m'avete mandado in le do poste sacci 124 gotoni

prima di miser Chostantin di Prioli	sacci 41
Di so fioli	sacci 39
Di miser Z. Contarini	sacci 15
Vostri et fradeli	sacci 29

Tuti li diti ho rezevudi et pexadi e mesi in magaze aparso al pexo el farzo e rester pocha macha non de far chonto, penso sia cholepe di pexi.

Ho chargado suxo el Benedeto di raxon di miser Chostantin di Prioli

Gotoni	sacci 17
Di sio fioli	sacci 16
Di miser Z Contarini	sacci 10
Di vostra raxon	sacci 12

Chomo me avete scrito per altra, per questa me scrivevi dese di plui zoe di la vostra raxon, non lo posudo far per averla sapudo tardi volevi dese di vostra raxon sacci 15 e di le do raxon di Prioli Sⁱ 40 chomo di sor ve digo lo sapudo tardi el dito ser M° di Benedeto parti di qui per andar ad Aliza a di 6 vignando el 7 di note di questo mexe.

Al vegnir di queste do altre nave seguro di chargar chomo me dite che restera in tera el Salvador zonse a Baruto a di 2 di questo, io avixado chomo rezevi ducati 43 chon li vostri gotoni [her] per el portador di questa ho rezevudo ducati 20.

Vedo che dite che sete per meter a Chandia S[i] 200 sia a la bon ora faro quanto poro le nave induxiera di qui chon sodestro.

Faro a mia pose a lo azonzer di el Salvador ve spazera uno meso dili [a M] e dite che di li ritorno li mochari me mandase li S[i] 92 senza mia letera perche di fo chaxon chome aprso ve diro.

Prima ve avixo che per uno chadi di qui me fo dado in pazo el zorno zonse li diti gotoni zoe che voleva aveto et voleva per li diti 12 ve o scrito a li chadi domandava grossi 12 e domandado grande in pazo in fine che grande fadiga che chon zado la dita chosa chon ducati zercha 6 el dito chadi me fa una letera vel chomandamento vera a vui che state di bon char non ve sera tolto seno le uxanze vechie zoe da loro li ducati 12 per soma.

Anchor me fo dado per la zebo di qui in pazo voleva uno chano di nave perche in fine non se podeva chargar se lui non lavese abudo e li stado dado dixe el patrono ch'el metera avaria di la nave e di gotoni e chosi a mi a chonvegnando contentar el chavo dito puo valer ducati basta.

Li diti mochari se partiti di qui senza mi saverlo e dare a me primo meso di non se partir perche senza di segnarme li gotoni se partiti e [chonimi] far dormir una note zonte suxo li diti gotoni e d'anchor mi di darmi me chosta la so partida ducati 2 di aqueli che stete [a vardar] con mi li diti gotoni.

Perche volese vui di li non li dar tuto el so logier [ ] ve portase letera da mi li avese [rezedi] starra di qui per fin li [rezeve] e si ve portaria le letera di el [rezere].

Per non aver tenpo per questa me paso che Christo ve [vardi].

Per Franzesco di Jachomini a di 7 marzio.»

3. Lettre du 10 juillet 1418 adressée à Pietro Soranzo à Hama par ses frères à Venise : ASV, Miscellanea Gregolin, busta 13.

[Dans cette letrre du 10 juillet 1418 adressée à son frère à Hama, les trois frères Soranzo à Venise offrent plusieurs informations non seulement sur les affaires, mais également sur la famille. Une des principales nouvelles porte sur la guerre entre la Sérénissime et le roi de Hongrie, Sigismond, qui perturba le commerce du coton de Venise. Dans cette lettre s'expriment des inquiétudes sur le déroulement de la guerre et l'espoir de la paix. A cause de cette guerre, les marchands allemands, grands acheteurs de coton, ne retournèrent pas à Venise. Leur absence fit monter le stock sur le marché de Venise. Au mois de juillet, près de sept mille cinq cents sacs attendaient leur vente. Cette surabondance provoqua la chute du prix et les cotons syriens étaient vendus de quatre à cinq ducats par mille livres.]

«Al nome di dio amen 1418 in Veniexia adi 10 luio per Marcho Rizo e Ser Bernardo Souranzo.

Per Piero nostro fradello

Amado et charo fradelo per lo zonizere de le nave nostra a 20 mazo 2 tuo rezevi di uno medemo tenor faete in Aman a di 26 marzo la quale dio sa di quanto conttento et plaxer le ne son stadi per eser rimaso avixadi del tuo bene eser e de Lorenzo nostro avixandote el simel eser di tuti nui de qui che mille laudi a Idio el quale pergemo in lavignire de bene in meio ne conservi e donandi grazia se possamo tuti de qui revedere chome in nostri cuori desiderano // avemo intexo provederemo di risposta quanto fira di dixogno con brevitadi.

E prima vedemo rimar tuto avixado quelo te avemo mandado per le nave di la muda pasada di fara tutti d'aver che ne plare pregando Idio con saludi de li tuto te conduga e donali bona ventura rimagnando avixa del ligazeto di chalze e calzeri et altre cosse e te mandasemo per el panpano di quelo non aver abudo ni non sa dove el sia per aver scrito a le marine che certo non poco bene meraveiemo perche chome et avisasemo per le nave quelo desemo de qui al Panpano el dese deli a Baruti a to ordene // sperando pur quelo da posa avere abudo over sapudo dove el sio che de plaxer ne sera eser ne avixa avixandotte fin ad lora non eser a zonto el panpano, el quale atendemo di i ora in ora per eser quelo andado da po la muda a Baruti per levare i zuchari chome pensemo avera sapudo perche subito zonto el sera de qui saveremo da quello dove lo l'avera dado e da posa per nostre vende avixeremo che Christo con saludi lamanda.

Ancor t'avixemo fin ad ora non eser zonto el Soranzo el quale fi dito parti da Laliza zorni 7 avanti ste altre nave i qual dise da posa partido de una fortuna per la quale pensano el debia eser scorso in el colfo di Laiaza e d'iera di note perche pur ti ne sta con dubito et ancor nui non de stemo senza Christo lamandi con saludi quelo saveremo in lavignire per nostre te ne avixeremo.

Apreso chome semo zerti avera abudi nostre te avemo scrito per la galia Querina va a Zafo per la qual sera avixadi di quanto iera seguido de qui fin al partire de quela / e plui avera sapudo de i ducati 600 di nostra raxon in gropi 2 avemo mandadi a Baruti a to ordene / perche semo certti a queli avera dado quel ordene sera stadi di bixogno che Idio i doni bona ventura ett guardali da contrario.

E plui vedo se rimaso avixado del montare, avemo fato su la nostra casa grandi perche ne aver rezevudi gran consolazion et plaxer asai che te prometto per tuti ne son stadi molto laudadi et hogni zorno plui confeti se ne atrovemo che Idio laudi pregandodi ne lasi stare per longo tenpo et contento di l'anima et del corpo.

Vedemo la caxon non de si l'ordene mandasi a Damascho l'ano pasado a nostri cusini del piper volevi fose acatadi deli che pur iera raxonevele plaxandone avevi dado ordene a ser Andrea Donado in quanto l'avese fato alcuna cosa l'avese ttra muda, el segno a zio per algun non fosse stado sapudo che fo bon pensamento madi che se alguna cossa mandera de li mandera a i diti nostrini cusini che te disemo tuto lasemo a ti fazi come a ti pare / ma pur deliberando mandare ad altri e a aloro fa fare uno altro segnale a zo algun non se ne acorza pur e raxonevele mandare a i nostri paranti per i casi poria ocorere lasemo a ti ne fazi come a ti parera.

Per lo ritorno di la galia da la rata rezevesemo de qui el boraxo et per simel mie cugnadi le spezie avemo di conpagnia con saludi che Idio laudi avixandote del dito boraxo ne avemo vendudo come per la galia Querina te avixaxeamo Lib. 41 ½ neto per duc. 2 e ¼ la Lib. a i danari averemo 8 de sti zorni da posa ne vendesemo Lib. 40 a le galie da Baruti per el sora dito priexio pone restare da lib. 12 di molto avantaza el quele pensemo vendere avanti pluie a meno del dito priexo avixandote avemo l trovado eser sta una bela roba prometandote se l'avesemo abudo per la galie el vendevemo meio di duc. 3 la Lib. Dio perdoni ti resta [e a] raxon non l'abiemo abudo.

Vedo riman avixado che gran parte di Ttodeschi ne dove dare a sto Nadal [ ] [ ] chome per la nave te avixie che te digo per la Dio grazia tuti [ ] uno todesco ne de dare ducati zento zioe 100 [effacé] fi dito eser sechuro, sperando Idio el vira sto San Jacomo prosimo et perche tudi e gran pericolo a fidarse in quali cusi largamente te digo el famo mal volontiera ma te prometo che non volese vendera a i danari mai non se venderia perche tuti convien fare cusi ma pur sera tuto se aforzemo a dar a plui secure persone, podemo spiero in Dio questi dovemo avere per la galie pur sta novitadi di sto re di Ongaria non in paza vira a stare a far i suo pagamenti avixandote dovemo schuodere a ste galie da Todeschi zercha da Lib. 90 di grosi si e ne avixadi che Idio lamandi con saludi che pur speremo che cusi fara.

Ancor vedemo quelo ne di sora el fato di le pezza 300 over 400 bocaxini, volemo per le galie per non se ne atrovare de qui di ch'el te pare ne vira pur grandi summa per la bona reta i ano fato de qui per non de eser stadi et che sora di zo tu ne stara artento e parandote partido ne fara quela a ti parera ma pur di ad'ogni muodo ne fara 2 over 3 balle, perche di tuto t'avemo intexo e plaxendo di stara artento perche segondo la quantitadi e bontadi e priexij te rezerai e farandi quela summa a ti parera che Christo te a maistra a fare el meio.

Plui plaxene di starai artento che parandote partido a Damascho de spezie o altro ve fara partizipare de i nostri danari // e per simel capitando de le spezie de li che Idio te mostri a fare el meio e donate bona ventura.

Vedo el opinion el conforto ne fa di gotoni, ne mandi con ste prexente nave in el fato se dovemo vendere ono / perche ne di atrovando vadagno ma non come di queli da la muda pasadda, ne conforti el vendere se non i tignemo perche cusi semo post parandone se Idio non providi di meterne in acordo con sto re come plui 3000 vederai i se querano salvare perche ch'i volese vendere convigneria butare via per la grandi summa ad ora de qui se atrova Idio proveda che [bene] a de bixogno.

L'avemo visto quelo ne respondi del scriver te fesemo di Ser Zuane Salamon // che di seguira quanto plui te vien scrito avixandote averne parso da nuovo perche lui ne a dito che tu è stado a tuor da Ser Benedeto Dandolo duc. 400 perche te avixemo come pensemo debi saver // ne pare i fati de quelo Ser Benedeto non eser tenpo clari ni neti e dubiemose, se cusi e la veritadi avera a fano eser da lui pagado e per Dio in l'avegnire non te avegna di fare simel fati, perche ne porisi rezevere grandi dano, avixandote dapoi el dito Ser Zuan Salamon, ne dise ieri stado a tuore da Ser B. Dandolo i duc. 400 per vedere s'el diseva la veritadi, averzizesemo la letera tui scrivi avanti [i ladasiemo] la qual dise che plui fiadi tui a scrito a Damascho a Ser B. Dandolo i scrive ch'el te debia dire che i duc. 400 son presti et che pur tui fazi la soa investida et che per tal scrivere i a fato i diti gotoni per la varida de duc. 400 et che fin 2 over 3 zorni, mandera a tuor da Damascho che al mostro parer non a falo bene perche come vedervi el scriveva de la e non te respondeva a le tuo, tu non dovevi fare alguna cossa per parole te disese Ser Loredan // perche tu schori plui resegi siche Ser B. Dandolo de fazi [stentare] avegnire a pagamento come ancora perche i diti danari siando avegnudo alguna cossa de i gotoni seria a to risego avegnudi et per molti altri caxi che logi seria da dire et per ho in l'avegnire voi vivere claro azo in pazo non se avesse per ho fa tuto te podere de avere i diti duc. 400 non abiando abudi e d'avixare per la prime quelo avera segondo.

Havemo visto di fara in l'avegnire con el Prioli son fator a Baruti e schuserate al Barbarigo al meio pora // e questo avanti fazi presentera prima se defermo el Prioli e per romagnire del fermo a Baruti a zio non rimagni senza che asai tel confortemo e plaxene et per i caxi poria ocorere lasemo a ti fazi con chi te parerai // ma pur ne par raxonevele el

[G.] Barbarigo debia con ste galie vegnira de qui.

Penso per deda cavadagno per respecto questi son vegnudi, se ne e la meno contentisimi eserne insidi ch'Idio laudi e bocaxini non de resta, se no pezze 18 greze che per non di eser a cadadori, non avemo vendudi di blanchizadi, non di resta pezza 39 valeria duc. 4 per non di eser di qui come o ditto.

Ancor non avemo vendudo i fardi 2 canelle, avesemo d'Alesandria per non de eser acatadori et ancor per aver trovadi quele non bone dubio se ne per dira se Idio non prodi per simel ancor non avemo vendudo el piper si quelo tu ne mandasi come quelo avesemo d'Alesandria che per la nova e vegnuda per ste nave de le asa spezie e capitadi et che iera per capitar a Damascho et ancor a fato calar el piper in duc. 85 el kantar, pur spiero vignando acatadori per el bon priexio, el vale in Fiandra el sostignera meio, non l'avemo voiudo vendere come a fato molti pensando per le nave dovese vegnire nuova di poche spezie fose capitadi a Damascho perche siando sta cusi senza fallo averia vaiudo meio di duc. 100 el kantar // restane da lib. 12 di boraxo altro non de resta de qui.

Fradelo le vegnudo con ste nave avegna come te o dito, ancora resta avegnire el Panpano tute le altra son azonte con saludi da saci 5000 in 5500 saci gotoni e de qui ne restava da saci 2000 ma molti di catavi che in summa ne pol eser da saci 7500 che zerto e grandisima summa si per respeto di i saci ancor eser restadi in queli paisi come per la gran suma la muda pasa le vo Todeschi che raxonevel mentre questa muda dovese far poco et cusi tuti credeno ne par sera poco profito // parandome vignando acatadori Aman debia sostignir Lib. 5 in 5 ¼ el M, i mior Acre Lib. 4, Siami e Zibeli Lib. 4 ½ in 4 2/3 et ancora Dio volese a sti priexij ne insese asai ma me dubito ne insera poci per la caxon dito te desorra et per ho per la muda del settenbrio non savemo quelo te debiemo dire // se no sora tuto se acatera gotoni le da voler aver bona roba et bon mercado lasemo a ti fazi quello a tti pare Idio ta Maistra a far el meio // avixandote come t'avemo dito aparandone partido ne para raxonevele in vendere de i nostri gotoni venderemo // pur me dubito i partidi sera scarsi Idio provedi // per el Soranzo che penso partira fin uno mese te avixeremo quello sera seguido.

De spezie per simel e infondi come per uno corso vedera le d'aver bon mercado de cada una cosa e sora tuto perche pur me dubito non rimagnemo in guera con ste re di Ongaria perche vedemo tuti paisi ne seria ase radi a l'imsir de le mercadantie perche el partuti lo [ ] e non lasera pasar le mercadantie, Idio proveda avixandote piper val Lib. 85, zenzero beledi 26 in 28, canela Lib. 16 in 20, verzi 18 in 20 garofai 11 ¼, altre cosse ai priexij per lo corso se [continua].

De nuove he ancora non semo in acordo con sto Re de Omgaria ivegna pur se stia in pratica et ancora in nostri ambasadori se trova a Costanza // alguni pensa pur ne le fin saremo d'acordo et alcuni diserano che pur el non he se non da dubitare perche plui [ ] el ne a fato di sti versi che non siando vedo che tute mercadantia seria su pesima condizion per non podere insire ma siando acordo pur sostigneria meio per la prima via te avixeremo quelo seguira ch'Idio prometa el meio nostro.

Non te podemo dire quello te manderemo per le nave prosime perche non savemo se rimagneremo d'acordo con sto Re ho // perche se Dio prometese el se fexe acordo pur te ne mandesemo pluxor // ma siando loposito, non te ne posemo mandar da far conto perche lo spese a de bixogno per sti gotoni nave manda e per le posizion sequigneria fare avegna che da mezo anno in qua ne sia sta fato algune e pur uno di sti zorni avemo pagadi una di nieza per [100] et ancor non so ve dire come Todeschi poria vegnire per eser tuti camini ase radi quando vera fose che Idio non el voia pur non di meno avanti parta el Soranzo, el quale como o dito dise partira per tuto zugno se savera quelo dovera eser o di vera o di pase perche per quela con Dio avantti t'avixeremo di tuto // avixandotte pur alguni pensa, sera acordo con sto Re d'Omgaria et alguni tien loposito // ma a nui par per lo mio parer plui tosto averemo acordo con sto Re di Ongaria ca rimagnemo in guera perche ancora non partidi i nostri ambasadori delli e fin [ ] deli e [patrica] d'acordo le d'averne speranza ch'Idio prometa el meio a sta tera.

Avixote avemo acatado [bene] 2100 canevaze da sacaria di le quale ne faremo r° 4 e quale cargeremo suxo el Soranzo con ordene le te siada per tuta la Soria alto plaxer e per ho darane quelo ordene a ti parera e se avanti partira nave per quello viazo te le manderemo le quale ne costa ai danari duc. 3 el cento e de asa bone.

I duc. 41 die aver da Ser Felipo Moresini suo fradelo Ser Zuane me iano promesi di qui siche queli faro d'averli sie ne avixadi.

Avixote i taxe di 2 tudi dimandarne, t'avixo queli aver abudi da Ser Troiolo Soranzo senza eser in volti in al casa cosa // avemo vardadi se queli son boladi di blombo come tu ne avixi i de eser nulla, avemo trovadi eser boladi perche pensemo non avere boladi per altre fazendi averi abudi ma per la [someja me da] Lorenzo come i die eser fati si in la longeza come in le colori i ne par eser queli tu dimandarne ma pur le vole non avemo trovadi // in qual son longi zerga brazza 5 [mesure] ¼ l'uno et quelo ano larida da terno blancha e plui streto e al altro e per ho avixerandi se son in nostri e se i volasi de bola di blombo.

A di 30 mazo de qui azonse el Panpano con saludi si che tute le nave di Soria son azonte che Idio laudi, avixando averlo domandado quelo l'a fato di lo ligazo de le cosa ve scrivevemo mandare el qual dise averlo dado a Ser Lorenzo di Prioli in l'ultima del so partire da Laliza perche speremo Idio quelo avere abudo per lo ritorno del dito Ser Lorenzo che palxer ne averemo eserne avixadi quelo abia abudo.

Dapo scrito fin qui o sapudo, de fermo che i saci de gotoni fese Ser L. di Prioli deli del segno davanti son di Zuane di Priolli mio cugnado e di Piero di Prioli e fradeli par per quanto poso conprendere perche Zuane e in desacordo con Lorenzo so fradelo che l'abia sti danari da [Persi] de queli i de so pare e ch'el faza a zio algun non [semdi] acorza o tene voiudo avixare perche me disesi [semdi] avese algun sentimento te n'avixase non so pensare el fazo ad altra intenzio.

La seradura del toa cassa tu ne dimandare, per quelo Daca Michiel, tt'avixemo avemo sapudo per letere l'ano scrite da [mestra] perche fin qui el non osa vegnire in Veniexia per eser fa [acubado] per costori sta arsi in li zorni passadi per so damiti dixe che Ser Lorenzo di Prioli dise de dari la dita seradura ma ne le fin non li de niente che asai [mandare] vado per lo [senestro] ne de avere // avea deliberado mandartene una fata ma [idis] non siando persona di li non la sapia conzare [seria] [d'aver] per si, per tal avemo deliberado non te ne mandare nulla e per ho dara quelo ordene a tti parera sera di 3.

I gotoni avixemo aver abudo e fin qui ne mancha saci 2, avixandote sul Benedetto se ne trova avanzare uno oltra qeuli el de in nota ai strarordenari ma lo i ne mancha di altri signali perche ne convien andare per [custino] // faremo el podere nostro d'averlo // l'altro t'avixemo sul Soranzo ne mancha uno saco de queli el di in nota ai strarordenari ma lui se scusa non i aver ttolti se non per queli i dise el fator // nui de qui provederemo a tutta nostra possa d'averli ma t'avixemo Ser Bortolamio di Benedeto patron di una de le coche iera a Laliza, dise che Ser Jeronimo Surianzo li scrise come [lo i ave] restado de qui da lui [some] 4 de gottoni de quele andava a Tripli e posa convene andar a Laliza per eser anda le nave oltra perche i canbelieri non aura ttanti canbeli da levare e per ho pora per sentire deli se in quale some ne fose alguno nostro sacho e provedine per qualo modo a tti parera avixandotte che za bon pezo, non avessemo gottoni respondese pezo di questi perche con grandi [afano] i respondi Lib. 700 [ ] dove i suol respondere Lib. 725 in 730 sie ne avixadi che de grandi dano e ne sono .

Questa e una letera pensavemo mandarte per Marcho Rizo patron di una cocha la quale dovea partire za fa uno mese ma per sentimento avemo abudo per i retori da Modon e da Coron di nave 3 di Zenovesi iera el corso in quale aque [e za] avea presso 2 nave, una de Angonitani e l'altra e l'atlra di Zenovesi medemi la signoria non avendo alguna nostra nave partta perche pensemo [i vora] le vegna de conpagnia sotto uno capettanio come i fesemo 2 ani // ma i a dado le lenzia a sta galiaza, per la quale te mandemo sta lettera el quale va al Zafo con pelegrini el quale a nome Franzesco Cavalo azo non manchi vedi nostra questa te mandemo la qual te volevemo mandare per el Rizo dito de sora.»

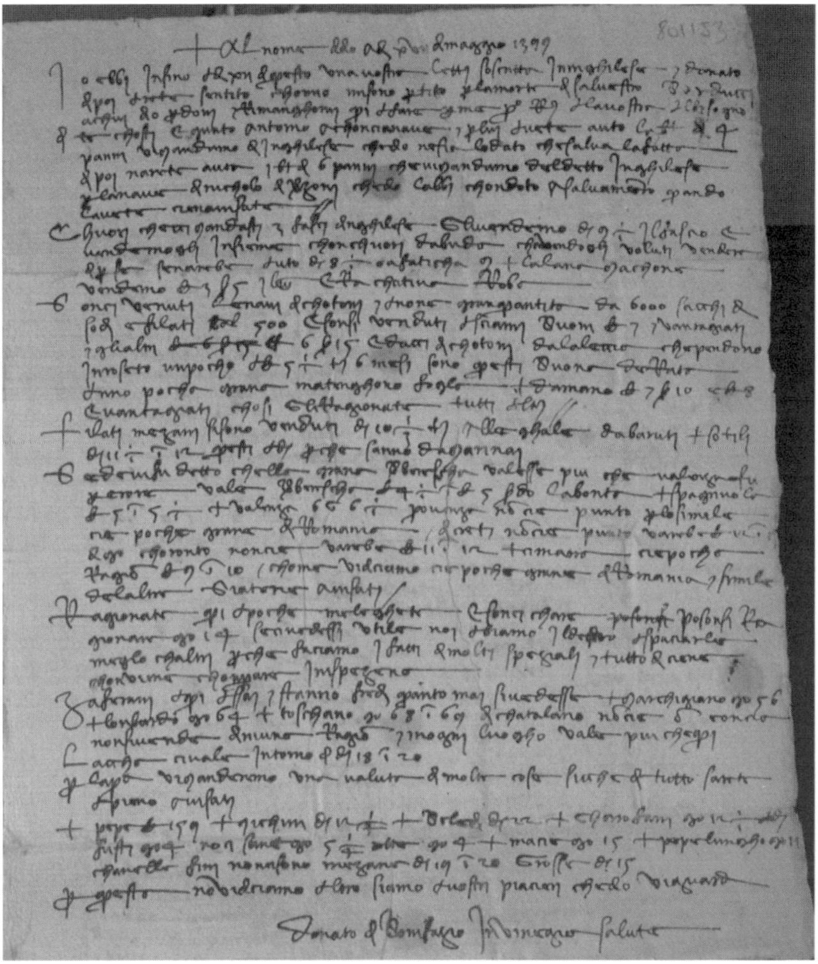

B. *Lettre du 17 mai 1399 adressée à Cristofano di Bartolomeo de Majorque par Donato di Bonifacio de Venise : ASP, fonds Datini, correspondance de Venise à Majorque, busta 1082, n° 801153*

[Plusieurs marchands vénitiens, qui étaient en relations d'affaires avec la compagnie Datini, envoyaient des informations sur le marché de Venise, non seulement à Datini lui-même, mais également aux autres partenaires ou facteurs de la compagnie Datini, dispersés dans diverses villes. Dans cette lettre, Donato di Bonifacio tient Cristofano di Bartolomeo de Majorque au courant de ce que le convoi de mars 1399 apporta six mille sacs de coton brut et cinq cents balles de coton filé de Syrie à Venise. Les informations sur la quantité de coton apportée par le convoi vénitien de Syrie et sur le prix sont très souvent présentes dans la correspondance expédiée de Venise, dont cette lettre.]

«Al nome di Dio a di XVII di maggio 1399.

Io ebbi insino a di XII di questo una vostra lettera lo sentta in Inghilese e Donato di poi arete sentito e chomo mi sono partito per la morte di Salvestro Berducci a chui Dio perdoni et rimanghoni qui a fare per me pero rezevo ala vostra el bisogno.

Di te chosti e gunto Antonio [a chon cia nave], plui avete auto la ball di 4 panni vi mandamo di Inghilese che Dio ne fia lo dato che salva la fatta di poi n'arete auta 1 ball di 6 panni che vi mandamo del detto Inghilese per la nave di Nicholo Verzoni che Dio l'abbi condoto a salvamento quando l'avete e m'avisate.

Chuori che cci mandasti 3 falci d'Inghilese gli vendemo ducati 9 1/2 il falco e vendemogli insieme chon chuori dabuda ch'avendogli voluti vendere di per [se se n'arebe] auto duc. 8 1/2 o a faticha M+la lana Machone vendemo lb. 3 S 5 il M e ra chativa roba.

Sonci venuti le navi di chotoni e anone gran quantita da 6000 sacchi di sodi e filati bal 500 e sonsi venduti Asciami buoni lb. 7 e vantagiati et gli altri lb. 6 S 15 e d'Acri di chotoni da la Leccia che pendono in roseto un pocho a lb. 5 1/2+i 6 mesi sono questi buona de rata. Anno pocha grana ma tenghono fogle+Damano lb. 7 s. 10 e lb. 8 e vantagiati chosi gli ragionate tutti altri.

Filati mezani si sono venduti ducati 10 1/3 il M, alle ghale da Baruti+sotili ducati 11 1/2 in 12 questi a ducati perche sanno da [marinai].

Sede vi fu detto che lla grana San Berescha valesse piu che Valenze fu per erore vale San Berescha lb. 4 1/2 in lb. 5 secondo la bonta+Spagnuole lb. 5 in 5 1/2+Valenza 6 in 6 1/2 Provenza non cie punto per lo simile cie poche grane di Romania, di Creti non cie punto varebe lb. 12 in di grs. Choronto non cie varebe lb. 11 in 12+[amane] cie poche ragion lb. 9 in 10, chome vi diciamo cie poche grane di Romania e simile del'altre siatene avisati.

Ragionate qui a poche me le ghete e sonci chare posonsi ragionare grs. 14 [se avedessi] utile noi abiamo il [ ] a spaciarle meglio ch'altri perche faciamo i fatti di molti speziali e tutto di ciene chonviene chonprare im spezene.

Zaferani a qui assai e stanno fredi quanto mai si vedesse+Marchigiano grs. 56+Lonbardo grs. 64+Toschano grs. 68 in 69 di Chatalano non cie [M e oncia] non si vende di niuno ragio e in ogni luogho vale piu che qui.

Laccha ci vale intorno di duc. 18 in 20.

Per laqua vi manderemo una valuta di molte cose sicche de tutto sarete a pieno avisati.

+Pepe lb. 159+michini duc. 12 1/4+beledi duc. 22+gharofani grs. 12 1/2, fustai grs. 4 non, lane grs. 5 1/4 altre grs. 4+macis grs. 15+pepe lungho grs. 11, chanelle fini non ci sono, mezane duc. 19 in 20, grosse duc. 15.

Per questa no vi diramo altro siamo a vostri piacieri che Dio vi guardi.

Donato di Bonifazio in Vinegia salute.

Verso: Franchiescho di Marcho e Cristofano di Bartolo in Maiolicha.

1399

Da Vinezia adi XV di gugno.»

C. *Lettre du 20 février 1423 adressée à Lorenzo Dolfin par son agent de Bruges: ASV, procuratori di San Marco, Commissarie di Citra, busta 282.*

[Dans cette lettre sont indiquées plusieurs marchandises commercialisées sur le marché de Bruges par les marchands de Venise. Francesco Ranier informe Lorenzo Dolfin à Venise sur une grande demande en coton à Bruges.]

«In Christi nomine 1423 a di 20 frevaro in Bruxa.

Per Lorenzo Dolfin

Fratel charisimo per lo pasato v'io schrito piui mie e nula da vui da il partir di le galie ho avuta / e questa sollo e per seguire il debito. Avixare vi per le galie deno de quie venire, de conditione de specie e ll'opinion mia debiano rezere per le galie de quie, chome qui penso vederete arichordandovi che non avendo vostra piuj ma che dera a schrivervi per l'avenire.

De specie a di pasati se faro raxionevelement, benche ad alguni de nostri noveli in sto paexe non para cosue e la chaxon perche li 3/4 ano acatato da Zenovexi e Bruzexi che non sono spizieri i quali a le galie grandemente acatono del bon merchato, come e lor costuma di questi di acatare plui tosto a par prexio da i diti che da nostri, e credomi al zonzer di le galie volendo nostri vendere a li prexii, nula over pocho da far conto vi restera, e prexii di tuto per lo corso [eluxo] qui dentro vederete e le quantita de chadauna sorta po de quie restare in tuti stranieri.

L'opinion mia come spiero per quelo poso comprender debia de qui rezere le cosse per le galie [ ] molto melio per raxione, sue prima che vignendo de piper lb. 250 in 300, vara grs. 16 in 17, de beledi lb. 300 grs. 15 in 16, michini per lb. 100 in 130 grs. 9, colobi per quantita vi fuse valiva il prexio de beledi, de canelle de quie vedereti eserne asai mali 2/3 vi sono per da posito con alti prexii e di queste per lb. 100 in 120 vara grs. 27 in 28 segondo bonta, de grosse non ve e per lb. 30 in 40 grs. 16 in 18, garofali tegno ne vera pochi e per lb. 40 in 50 grs. 28 in 30, noxe vene pocho per lb. 30 in 40 grs 18 in 20 segondo bonta, ancor vignendo lb. 60 in 70, verzi vara lb. 7 et vignendone la quantita di l'ano pasato lb. 6 in 6 1/2 segondo bonta, e de tute altre specie minute vene de quie ne mancamento salvo de lacha e piper longo che vene con pocha richiesta, de tute altre vignendone al'uxato valera i prexii per lo corso vederete e melio per eserne mancamento e concludendo vi dico come tegno melio di me il sapiate tuto consiste nele quantita di plui o meno e nele richieste de quie, ancor segondo le nuove da Levante che [delie] areti, aricordandovi che siempre tuto mi conforto che solli Veniziani serano venditori de spezie quest'ano de quie.

Volendo rimeter de quie per le galie avenire, vi conforto come per altre v'o dito michini, beledi, colobi, piper, canele, noxe, garofali, denti da vuolia, inzensi e verzi, di altre a prexii per lo corsso vene poreti avexare, e sopra tuto vi conforto gotoni per eserne di quie grande mancamento con richiesta.

De nuove mi credo arete saputo come queli corssari [Basiami] stava sora Cades el [cano] San Vizenzo sono stati prexi da 3 nave de Zenovexi, e sono volzete queli dirobo le robe di la galia, che bona nuova pero che avendosse conservate le tute nave e galie vi pasavano mal segure, e di altri corsari da far conto non si senteno a ora esere in questi mari di Ponente.

In questo die ve zonta la scarsella nostra per la quale / o/ vostra ho avuta siche per questa altro non v'o a dire che per vuj so presto et achomandi vostri i Dio ve guradi.

Vinexia 46
Londra 21 1/6

Francesco Ranier
Cluxa di 24 deto
Salute.»

D. *Correspondance de la société d'affaires entre Alvise Baseggio et Paolo Caroldo: ASV, Procuratori di San Marco, Commissarie miste, busta 116.*

[La société d'affaires entre Alvise Baseggio et Paolo Caroldo se spécialisait dans le trafic du coton d'Acre dans les années 1470 et 1480. En général, elle écoulait la plus grande partie de ce produit syrien sur le marché de Venise. Ces documents témoignent de la distribution directe du coton d'Orient vers la mer du Nord sans escale en métropole, même si l'Etat de Venise avait pour stratégie de concentrer tous les cotons préalablement vers la métropole. La route à suivre était la suivante: Syrie–Famagouste–Candie–Flandre.]

«Chapitoli di letere per quanto aspetta a i sachi 30 gotoni per el Mudazo.

1474 a di 4 mazo in Achre per el Pulexe n° 4.

Io volglio far da sacci 40 in 50 goton et sacci grandi et gia ne o insachada sacci 20/montari boni neti de bochole a ducati 6 in 6 ½ et 7 ma pochi sarano a ducati 7 et questo voio sia per Chandia overo Modon.

1474 a di 29 mazo in Achre n° 3.

Io ho charicho per Famagosta sacci 30 goton e per mio conto i qual fina aqui voio i chapita in Fiandra faro dimandari in Chandia e li zonti se provedera e el suo pasazo, io voleva averne fina a sacci 50 sono roba per Fiandra et chostami bon merchado ad'aviso vostro/si anchor di queli ne vorete partizipar faro chome voreti e commandareti che Idio [linpreste] la sua ventura.

1474 a di 28 zugno in Jericha per el Galinberto n° 5.

A Famagosta mandai sacci 30 gotoni per el belengier di Contarini e questo perche me parea fare bene a trazer la roba de qui per eser in mior locho a Famagosta che qui e veramente era di spexa mandari in Chandia queli per meterli in Fiandra, et disivi che voiandone a fare sosto in liberta vostra, azio che de mi non ve [rimarichasti]/hora considerando benisimo tuto et eser longa chosa queli viagi et schoria gran [intercho] di tenpo avanti di queli se ne vedese el fina/ho deliberato con el nome de Dio, queli far chapitar a Venexia e li se debi far la suo fine e si voio tuto se fazi per mita perche non termino ronper la mia promexa, promesovi non ho [stanto], non abia del vostro de qui tamen deli a valezermosi, non lo posendo far de qui si che chome ve dicho o dado ordine a ser Zuan Valarexo de qui se atrova el qual va a Famagosta per starli 2 mexi et piu che per el primo pasazo vadi a Venexia bon e sufiziente queli debi chargar che sia navilio veneziani per tanto areti a rezeverli simelmente chome per lui ve sera scrito, sono gotoni da bonisimo merchado /

E perche vedeti se io vo amado di bon amigo et fradelo/ve ho dito zercha a queli gotoni sacci 30 / trati de qui per Famagosta, io lasava in libertadi vostra volerne partizipar, dicho quando ve scrixi per una altra mia mandarli in Fiandra chome ezian per queste ve replicho hora avendo considerado tuto me aparso, queli deli chapitar e perho ho chomeso al Valarexo et al chomexo mio deli, i debi chargar su primo navilio veneziani per Venexia, dovendosi dar a voi e di nostra raxon, perho ve priego voiendone aver a far questo, non vene sia grave debiate dir Alvixe mio fradelo eser contento, quando non saro contentisimo a una via chome a l'altra/questa chosa son zerto, non toreti che a fine di bona perche de qui a Famagosta sono pasadi a mio risego et o pagato ducati 22 ½ per nolo le choxe nostre vol eser schiete et nete e tuto quelo fazio per scrivervi et chosa ve piaza et eser equalmente tuti due chome spiero saremo mai tra nui eserne altre che bene.»

6. *Factures d'envoi*

A. *Facture du 22 juillet 1385 de Bologne à Pise: ASP, fonds Datini, busta 1149, n° 913100.*

[La *busta* 1149 des archives Datini concernant la correspondance de Bologne à Pise comprend de nombreuses factures d'envoi des produits. Celles-ci portent plus fréquemment sur l'expédition du coton. Le 22 juillet 1385 à Bologne, Matteo di Ser Nello envoya deux balles de coton filé à Francesco Datini à Pise et lui demanda de les expédier immédiatement à Bruno di Francescho à Gênes. Le transport fut assuré par Checho dello Schondito nommé *vetturale*.]

«Matteo di Ser Nello a Francesco Datini e Comp.

al nome di Dio amen adi xxii di luglio 1385.

Per Checho dello Schondito vetturale vi mandiamo questo di balle due di banbagio filato segniato chosi [marque déposée] pese libre quatro ciente settanta due quando salve l'avete gli date per sua vettura s. quaranta due del C° e passaggi usati.

Le dette due balle di subito mandette a Gienova a Bruno di Francescho per altre cose ve diremo chonto.

Ididio vi ghuardi.
Matteo di Ser Nello
In Bologna saluto.»

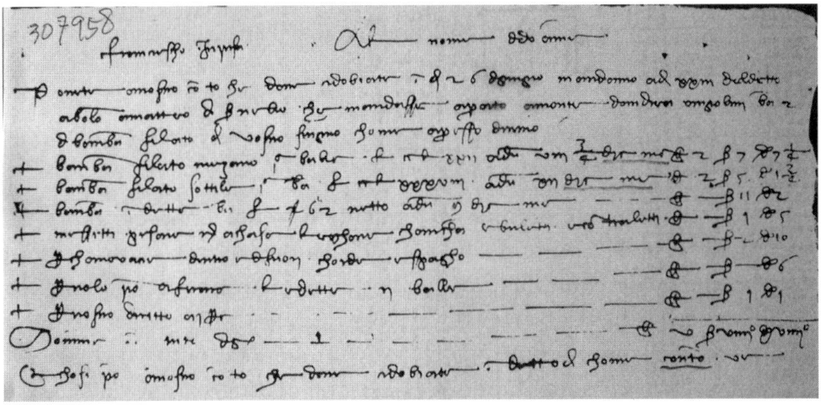

B. *Facture du 26 juin 1384 de Venise à Pise: ASP, fonds Datini, busta 548, n° 307958.*

[Installé à Venise, un agent d'affaires de la compagnie Datini envoya deux balles de coton filé à Matteo di Ser Nello à Bologne, qui les expédia de nouveau à Prato. Dans cette facture plus détaillée que la précédente sont énumérées les dépenses engagées à l'envoi: emballage, frais de transport, commission, etc.]

«Franceschо in Pisa. Al nome di Dio amen.

Ponete a nostro conto che dare ci dobiate in di 26 di giugno mandiamo adi 23 del detto a Bologna a Matteo di Ser Nello che mandasse a Prato a Monte d'Andrea Angiolini balla 2 di banbagia filato di vostro sengno chome apresso diremo.

+banbagio filato mezano una balla L. CCLXXII, a ducati VIII $3/4$ [di C monta] L. 2 S. 7 D. 7 $1/4$

+banbagio filato sottile una balla L. CCLXXXVIII, a ducati XII [di C monte] L. 2 S. 5 D. 1 $3/4$

+banbagio in detta balla L. LXII netto a ducati II [di C monte] L.—S. 11 D. 2

+messetteria, pesare, recare a chasa, leghare, charichar, e buletta e con traletti L.– S. 1 D. 5.

+per chanovacie d'intro e di fuori, chorde e spagho L.—S. 2 D. 10

+per nolo [poste] a Ferara le dette II balle L.—S.—D. 6

+per nostro diritto a I per C L.—S. 1 D. 1

Somma in tuto di grs. L. 5 S. 9 D. 9

E chosi ponete a nostro conto che dare ci dobiate in detto di chome [conto] ve.»

C. *Facture de la société d'affaires entre Alvise Baseggio et Paolo Caroldo: ASV, Procuratori di San Marco, busta 116.*

[Cette facture est un exemple typiquement vénitien de ce genre de document. Installé à Acre, Paolo Caroldo embarqua 219 sacs de coton, selon le début de cette facture, sur le navire patronné par Domenico Galinberto, qui faisait partie du convoi de mars 1482. Mais dix-neuf sacs ne sont pas mentionnés dans ce document. Le numéro du sac et son poids en *rotoli* sont indiqués, ainsi que le poids total de chaque dizaine de sacs.]

«Jesus MCCCCLXXXII a di aprile a Acre.

Fattura de sachi 219 di gotton de raxon de ser Alvixe Baxeio e Pollo Charoldo charichi in su la nave pattron ser Domenego Gallinberto per la muda de marzo.

n° 131 r° 58	n° 4 r° 61	n° 58 r° 53	n° 45 r° 53
n° 158 r° 57.8	n° 65 r° 55	n° 136 r° 56	n° 11 r° 54
n° 144 r° 54	n° 13 r° 55	n° 77 r° 58	n° 91 r° 54
n° 129 r° 55	n° 130 r° 54	n° 195 r° 56	n° 31 r° 54
n° 98 r° 56.8	n° 96 r° 53	n° 196 r° 56	n° 95 r° 54
n° 100 r° 54	n° 82 r° 58	n° 88 r° 56	n° 32 r° 51
n° 164 r° 57.4	n° 61 r° 53	n° 214 r° 54	n° 99 r° 58
n° 166 r° 57.6	n° 68 r° 59.6	n° 1 r° 59	n° 78 r° 57
n° 161 r° 55.1	n° 140 r° 58	n° 60 r° 54	n° 221 r° 54
n° 160 r° 54.8	n° 139 r° 57	n° 72 r° 54	n° 224 r° 54
Suma r° 557	Suma r° 561	Suma r° 556	Suma r° 543
n° 106 r° 54	n° 74 r° 57.4	n° 20 r° 56	n° 220 r° 53
n° 146 r° 54	n° 145 r° 53	n° 21 r° 55	n° 191 r° 53
n° 167 r° 55	n° 150 r° 57	n° 47 r° 55	n° 219 r° 54
n° 180 r° 55.6	n° 66 r° 55	n° 25 r° 56	n° 223 r° 53
n° 178 r° 58	n° 128 r° 57	n° 76 r° 56	n° 218 r° 54
n° 179 r° 57.2	n° 135 r° 57	n° 201 r° 56	n° 46 r° 53
n° 189 r° 57.6	n° 6 r° 55	n° 182 r° 54	n° 215 r° 57
n° 190 r° 54.9	n° 120 r° 56	n° 197 r° 55	n° 222 r° 51
n° 153 r° 57	n° 126 r° 58	n° 14 r° 55	n° 152 r° 60
n° 16 r° 58	n° 123 r° 56	n° 121 r° 56	n° 37 r° 51
Suma r° 559	Suma r° 561	Suma r° 554	Suma r° 539

n° 137 r° 56.4	n° 79 r° 57	n° 83 r° 57	n° 97 r° 51
n° 84 r° 55	n° 143 r° 54	n° 217 r° 55	n° 42 r° 51
n° 147 r° 57.7	n° 92 r° 57	n° 207 r° 56	n° 163 r° 53
n° 73 r° 58	n° 211 r° 56	n° 80 r° 56	n° 200 r° 54
n° 127 r° 55.4	n° 213 r° 56	n° 206 r° 54	n° 244 r° 51
n° 75 r° 57	n° 102 r° 55	n° 209 r° 54	n° 192 r° 53
n° 187 r° 55	n° 24 r° 56	n° 208 r° 56	n° 26? r° 74.8
n° 176 r° 57	n° 2 r° 57	n° 210 r° 52	n° 243 r° 54
n° 188 r° 55	n° 26 r° 56	n° 81 r° 54	n° 284 r° 56
n° 181 r° 56	n° 133 r° 57	n° 28 r° 53	n° 283 r° 57
Suma r° 561	Suma r° 561	Suma r° 552	Suma r° 554

[Marque de la société]

n° 70 r° 54	n° 22 r° 56	n° 30 r° 54	n° 278 r° 56
n° 8 r° 55	n° 118 r° 57	n° 105 r° 53	n° 281 r° 55
n° 170 r° 55	n° 57 r° 56	n° 50 r° 54	n° 277 r° 55
n° 171 r° 55	n° 64 r° 57	n° 40 r° 53	n° 280 r° 54
n° 174 r° 57	n° 5 r° 56	n° 41 r° 58	n° 282 r° 57
n° 172 r° 58	n° 119 r° 56	n° 34 r° 54	n° 279 r° 55
n° 185 r° 56	n° 3 r° 56	n° 44 r° 52	n° 298 r° 57
n° 169 r° 54	n° 27 r° 54	n° 43 r° 53	n° 269 r° 64
n° 194 r° 58	n° 12 r° 56	n° 94 r° 57	n° 287 r° 61
n° 168 r° 55	n° 67 r° 56	n° 33 r° 52	n° 288 r° 57
Suma r° 557	Suma r° 560	Suma r° 540	Suma r° 561

n° 186 r° 56	n° 90 r° 57	n° 59 r° 52	n° 289 r° 57
n° 109 r° 56	n° 62 r° 54	n° 35 r° 54	n° 297 r° 56
n° 159 r° 57	n° 10 r° 57	n° 87 r° 58	n° 304 r° 55
n° 9 r° 56	n° 104 r° 56	n° 56 r° 54	n° 299 r° 55
n° 103 r° 58	n° 138 r° 56	n° 36 r° 57	n° 296 r° 58
n° 15 r° 56	n° 110 r° 56	n° 7 r° 54	n° 295 r° 57
n° 165 r° 58	n° 113 r° 56	n° 29 r° 55	n° 307 r° 55
n° 193 r° 58	n° 23 r° 53	n° 19 r° 57	n° 308 r° 57
n° 93 r° 53	n° r° 53	n° 18 r° 57	n° 309 r° 56
n° 114 r° 55	n° 63 r° 54	n° 64 r° 57	n° 310 r° 55
Suma r° 559	Suma r° 552	Suma r° 555	Suma r° 562

7. *Livres de comptes*

A. *Compte de la fraterna Soranzo: ASV, Miscellanea Gregolin, busta 14, Libro Nouvo Real, f. 41b.*

[Ce compte concerne une transaction de dix-sept sacs de coton de Hama, qui arrivèrent à Venise à bord du convoi de septembre 1413. La colonne devoir énumère les dépenses à faire à Venise, telles que la douane, le coût du transport, la commission de vente. Dans la colonne avoir sont enregistrés: le nom de l'acheteur, sa ville d'origine, son volume d'achat, le poids, le prix par cent livres légères vénitiennes, ainsi que la date. Tous ces cotons furent vendus aux marchands allemands.]

[colonne débit]

«Gotoni Daman sacca XVII di raxon ser D Soranzo e fradelli die dar di 9 dizenbrio per la chasa per dazio di S^a^ 15 rezevudi per Valareso pexa L 6918 piatta [bast] apar in libro Real Vechio, c. te 41 in questo c.te 40, val I. VI. IIII°. 28

E dito di per la chas di S^a^ II su Jacomo di Nichollo pexa, apar ut supra, c.te 41 in questo c.te 40 —. VI. II. 4

E di 23 dizenbrio per la chasa per contadi a Baxeio Vintinella per sansaria di S^a^ 4, apar ut supra, c.te 41 in questo c.te 40 —. IIII. —. —.

E di primo febria per la chasa a Franzesco Varnaza per sansaria di S^a^ 6 conpra Chorado Scharso, apar ut supra, c.te 41 in questo c.te 40, —. VI. —. —.

E di 28 dito per ser A di Priolli e fradelli per nollo varia 3 1/5 per cento sul Valareso di S^a^ 5 pexa L 6825 a ducati per M, apar ut supra, c.te 41, in questo c.te 45 VI.V. VII. —.

E di 14 marzo 1414 per ser B Zustigniani per nolo varia 3 1/5 per cento di S^a^ 2 su Jachomo di Nicholo, apar ut supra, c.te 41, in questo c.te 20, —. IIII. VIII. 2

E di 28 mago per viazo recommando a ser L di Priolli per la montar di soraditi S^a^ 17 fo kantar 10 r° 54 ½ fin chargadi ducati 652 diremi 11 ½ apar per chonto [ ] del dito, val a diremi 30 ducati c.te 22 LXV IIII. VIII. 6

Summa lb. LXXIII. VII. VI. 8.

[colonne crédit]

Gotoni sacha XVII alincontro die aver di—dezenbrio per Nicholo Pensager per S^a^ uno pexa neto L 412 a ducati 100 el M monta neto, apar in libro Real Vechio c.te 41, in questo c.te 42, IIII.I. VI. 28

E di 18 dito per Zan d'Olmo per S^a^ III pexa L 1438 neti a ducati 10 per C°, monta neto, apar ut supra, c.te 41, in questo c.te 42, XIIII. IIII. VIIII. 8

E dito di per Chorado Scharsso per S^a^ VI pexa neti L 2623 a ducati 10 el cento, monta neto, apar ut supra c.te 41, in questo c.te 43, XXV. XVIIII. II. 22

E dito di per ser Chorado Vot per S^a^ I° pexa neto L 437 aducati 10 per cento, monta neto, apar ut supra c.te 41, in questo c.te 43, IIII. XVI.V. —.

E di 21 luio per Chorado Saoner per S^a^ VI pexa neti L—a ducati 8 g° 8 per cento, monta neto, apar ut supra c.te 41, in questo c.te 48, XXIII. XIIII. IIII. 22

E di — per utele e danno che se perdi — c.te 63, I. XI.I. 24

summa lb. LXXIIII. VII. VI. 8

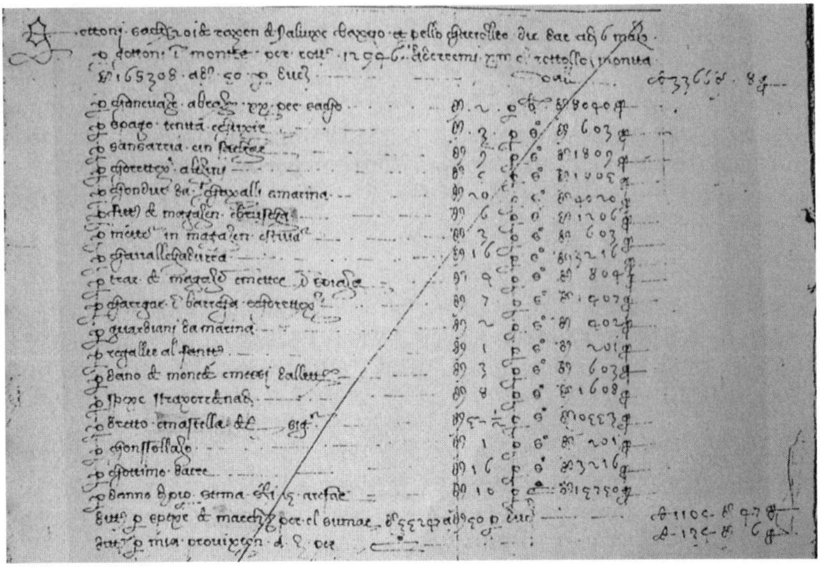

B. *Compte de la société d'affaires entre Alvise Baseggio et Paolo Caroldo : ASV, Procuratori di San Marco, Commissarie miste, busta 117.*

[Ce compte fut établi en 1480 à Acre, alors que le compte précédent de la *fraterna* Soranzo fut rédigé à Venise. Donc ce document porte sur plusieurs opérations réalisées à Acre. Dans la colonne devoir de ce document sont cités tous les frais engagés en Syrie, ainsi que le prix initial d'achat (3366 ducats 8 dirhams) et la quantité (201 sacs). La colonne devoir indique le montant total (tous les frais + le prix initial d'achat) jusqu'au moment de l'embarquement et les navires qui assurent le transport. Ces cotons furent embarqués sur les deux navires patronnés par Donado et Giovanni, qui faisaient partie du convoi de mars 1480.]

[colonne débit]

«Gottoni sachi 201 de raxon de Ser Alvixe Baxeio et Pollo Charroldo die dar adi 6 mazo per gottoni in montte per rottoli 12946 a derremi XIII el rottollo, monttta dir. 168308 a dir. 50 per ducat. — vall — ducat 3366 dir. 8 pic.

Per chanevaze a brazzi 22 per sacho ——— dir. 2 per [kantar] dir. 8040 pic.
Per spago tentta e chaxir ——— dir. 3 per S° dir. 603 pic.
Per sensarria in sachar ——— dir. 9 per S° dir. 1809 pic.
Per chorrttexia a lizieri ——— dir. 5 per S° dir. 1005 pic.
Per chondur da i chaxalli a marina ——— dir. 20 per S° dir. 4020 pic.
Per fitto de magazen e [brusetta] ——— dir. 6 per S° dir. 1206 pic.

Per metter in magazen e stivare ———— dir. 3 per S° dir. 603 pic.
Per chavallegadurra ———————— dir. 16 per S° dir. 3216 pic.
Per trar de magazen e metter in spiaza —— dir. 4 per S° dir. 804 pic.
Per carrgar in barrcha e chorrttexa ———— dir. 7 per S° dir. 1407 dic.
Per guardiani da marina ——————— dir. 2 per S° dir. 402 pic.
Per regallie al fantte ———————— dir. 1 per S° dir. 201 pic.
Per dano de monede e messi da llettere —— dir. 3 per S° dir. 603 pic.
Per spexe straxordenadi ——————— dir. 8 per S° dir. 1608 pic.
Per dritto a [nastella] del signor ———— dir. 52 ½ per S° dir. 10553 pic.
Per chonsollazo ————————— dir. 1 per S° dir. 201 pic.
Per chottimo vaere ———————— dir. 16 per S° dir. 3216 pic.
Per danno di piper stima sarafi 15 a refare — dir. 10 per C° dir. 15750 pic.
Dritti per spexe de [macch] per el sumar
dir. 55247 a dir. 50 per ducat ———— ducat 1104 dir. 47 pic.
Dritti per mia provixion a 3 per C° ——— ducat 134 dir. 6 pic.
Suma 4605 dir. 11 pic.»

[colonne crédit]

«Gottoni al inchonttro die aver adi 6 mazo per Ser Allvixe Baxeio e Pollo Charrolldo per la montta de i ditti fina charrgi sopra le nave pattron Ser Donado de Bernardo e Ser Zan de Nicolo per la muda de marzo — vall — ducat 4605 dir. 11 pic.»

C. *Compte du 9 mai 1393 de la compagnie Datini: ASP, fonds Datini, busta 381, f. 172ᵛ–173ʳ.*

[Ce compte concerne l'envoi de Gênes à Florence de deux balles de coton filé. Dans la colonne devoir sont énumérées les dépenses: taxe, douane, frais de transport, déchargement. La colonne avoir ne mentionne que leur expédition à Florence. La barque de petite dimension effectua le transport.]

[Colonne débit]

«II balle di cotone filato di Salvestro Barducci e compagnia di Firenze avemo da Gienova da Bruno e Anbruogio di xxii.

Per ale I per Rosso e I per Lazerino al quaderno ricevute A, 56.

Pro poliza e sindaco a l'entrare s 5
Pro nolo da Gienova qui al roso s 14
Pro scaricare di barcha s 2
Pro nolo da Gienova qui s 14
Pro poliza di trare s 1 d 8»

[Colonne crédit]

«Mandamo lo a Firenze e a detti di VIIII magio»

SOURCES ET BIBLIOGRAPHIE

I. *Sources manuscrites*

1. *Archivio di stato di Venezia (ASV)*

A: Le fonds Senato
Senato Misti, reg. 15, 26, 31, 32, 33, 34, 35, 36, 38, 39, 42, 43, 46, 47, 49, 51, 54, 55, 56, 57, 58, 59, 60.
Senato Mar, reg. 1, 2, 3, 4, 9, 10, 11, 12, 13, 14, 15.
Senato Incanti di galere, reg. 1 et 2.

B: Le fonds Collegio Notatorio
Reg. 2, 3, 5, 6, 7, 8, 9, 11.

C: Le fonds Giudici di Petizion
Sentenze a giustizia, reg. 8, 16, 18, 51, 52, 106, 107, 111, 176, 185.
Terminazioni, reg. 4, 5, 8.
Extraordinario Nodari, reg. 23

D: Le fonds Procuratori di San Marco
Commissarie miste
Busta 116 et 117: Alvise Baseggio et Paolo Caroldo.
Busta 161: La famille Malipiero.
Commissarie di Citra
Busta 282: Lorenzo Dolfin.

E: Le fonds Miscellanea Gregolin
Busta 8: Correspondance entre Donado Soranzo et ses agents d'affaires en Syrie entre 1403 et 1429.
Busta 9: Lettres marchandes de 1484 à 1499.
Busta 13: Copie des lettres des frères Soranzo, envoyées de Venise en Syrie entre 1418 et 1420.
Busta 14: Deux livres de comptes de la fraterna Soranzo: Libro Vecchio Real et Libro Nuovo Real.

F: Le fonds Miscellanea di carte non appartenenti a nessun archivio.
Busta 8: Lettres commerciales de Donado Soranzo.
Busta 29: Copie des lettres de Bembo, Giornale Sanudo, Dacio, etc.

G: Le fonds Archivi di Famiglie e di persone
Grimani e Barbarigo:
Busta 41: Giornale A et Mastro A d'Andrea Barbarigo.
Busta 42: Giornale B et mastro B d'Andrea Barbarigo.
Busta 43: Le journal de Niccolò et Alvise Barbarigo entre le 1er septembre 1456 et le 28 février 1482.

H: Ufficiali sopra le mercanzie del Levante, reg. 1.

I: Ufficiali al Cattaver, Capitolari, busta 1.

2. *Biblioteca marciana di Venezia*

La Chronique d'Antonio Morosini.
Tariffa de pexi e mesure congratia et privilegio
Tarifa di pexi e spesse achade a metter e trare merchadantia de la terra di Allesandria e altri lochi (Ital. VII CCCLXXXIV (7530 = collocazione)).

3. *Archivio di stato di Genova (ASG)*

A: Antico Comune
Reg. 784: Liber partimentorum fiendorum per nos Ant. Centurionum massarium Lodovicum Centurionum et Jeronimum Lomellinum consilarios 1460.
Reg. 785: Liber damnificatorum in regno Anglie et novi dictus propterea impositi 1463.

B: Archivio Segreto
Diversorum negotiorum cancellarie ducalis Communis Janue, reg. 496.
Diversorum negotiorum cancellarie ducalis Communis Janue, reg. 575.
Diversorum Communis Janue, 1375–1409, reg. 3021: délibérations diverses.

C: San Giorgio
Sala 34, 590 / 1270: Famagosta provisionis, anno 1408.
Sala 34, 590 / 1289: Famagustae diversorum negociorum, anno 1446–1448.
Sala 34, 590 / 1290: Famagustae diversorum negociorum, anno 1438–1439.
Sala 34, 590/1291: Famagustae diversorum negociorum, anno 1455.
Sala 34, 590/ 1292: Famagustae diversorum negociorum, anno 1440–1442.
Sala 36 / 1039: Censaria Nova. Liber debitorum. Anno 1450.
Sala 14 / 54, n° 1551 (anno 1429): Caratorum Veterum.
Sala 14 / 54, n° 1552 (anno 1445): Caratorum Veterum.
Sala 14 / 54, n° 1553 (anno 1458): Caratorum Veterum.
Sala 14 / 54, n° 1554 (anno 1491): Caratorum Veterum.
Sala 14 /54, n°1559 (anno 1516): Caratorum Veterum.
Sala 14 /54, n° 1560 (anno 1516): Caratorum Veterum.

D: Archivio notarile
Notai Antichi di Genova
N° 310: Andreolo Caito.
N° 312 (1393): Andreolo Caito.
N° 314 (1405–1409): Andreolo Caito.
N° 320 (1362): Teramo Maggiolo.
N° 321 (1379–1379): Maggiolo suo ed altri notari.
N° 322 / I (1376–1377): Teramo Maggiolo et Giovanni Bardi.
N° 322 / II (1378): Teramo Maggiolo et Giovanni Bardi.
N° 324 (1396–1398): Teramo Maggiolo et Giovanni Bardi.
N° 379 (1360–1388): Giovanni Bardi.
N° 381 (1382–1385): Giovanni Bardi.
N° 472 (1408–1428): Johannes Allegro.
N° 481 (1414–1415): Giuliano Canella.
N° 587: Antonio Fazio.
N° 650: Branco di Bagnara.
N° 715 (1436 e 1444 in 1450): Risso Baromeo.
N° 716 (1451–1452): Risso Baromeo.
N° 717: Risso Baromeo.
N° 718 (1455–1456): Risso Baromeo.
N° 719 (1457–1458): Risso Baromeo.
N° 720 (1444–1456): Risso Baromeo.
N° 724: Oberto Foglietta.
N° 843 (1445–1458): Antonio Foglietta.
N° 845 (1448–1465): Antonio de Torriglia.
N° 846 (1465–1501): Antonio de Torriglia.
N° 847 (1449–1454): Tommaso Recco.
N° 848 (1455–1460): Tommaso Recco.
N° 931 (1460–1488): Antonio Leonardo.

4. *Archivio di stato di Prato (ASP)*

Le fonds Francesco Datini
Busta 183: Correspondance de Gênes à Avignon.
Busta 377, 380–381: Ricevute di balle di Pisa.
Busta 399: Ricordanze e mandate di balle di Pisa.
Busta 425: Correspondance d'Arezzo et d'Aigues-Mortes à Pise.
Busta 435: Correspondance de Barcelone à Pise.
Busta 443: Correspondance de Crémone et de Ferrara à Pise.
Busta 513: Correspondance de Gênes à Pise.
Busta 537: Correspondance de Pérouse à Pise.
Busta 548–550: Correspondance de Venise à Pise.
Busta 672: Correspondance de Pérouse à Florence.
Busta 790: Correspondance de Pise à Gênes.
Busta 711, 715: Correspondance de Venise à Florence.
Busta 797: Correspondance de Venise à Gênes.
Busta 880: Correspondance de Gênes à Barcelone.

Busta 837: Quaderni delle balle mandate e di mercanzie di Barcellona.
Busta 853: Correspondance de Bruges à Barcelone.
Busta 906: Correspondance de Perpignan à Barcelone.
Busta 927–930: Correspondance de Venise à Barcelone.
Busta 1004: Correspondance de Venise à Valence
Busta 1082: Correspondance de Venise à Majorque.
Busta 1149: Correspondance de Bologne à Pise.
Busta 1149 bis: Correspondance de Bologne à Pise.
Busta 1158–1160: Assurance maritime
Busta 1171: Quaderni de prezzi e di carichi di navi.

5. *Les archives de Barcelone*

A. Archivo de la Corona de Aragón (ACA)
1. Real Patrimonio
  a. Bailla general de Cataluña:
    Reg. 1056 (année 1458):
    Reg. 1057 (année 1358): regestrum licentiarum navigandi: registre de guies i caucions.
    Reg. 1071 (années 1405–1407): Liber securitatum. Registre de caucions i albarans responsius (certificats de descàrrega)
  b. Maestre Racional:
    Reg.1400: Dret dels Alamanys e Saboyenchs (impôt payé par les Allemands et les Savoyards)
2. Generalidades
  Reg. G. 186.1: droit d'importation par mer du premier septembre au 30 novembre 1404.
  Reg. G. 186.1bis: droit d'exportation du mois d'août 1407.
  Reg. G. 187: droit d'importation par mer du premier juillet au 30 septembre 1434.

B. Archivo histórico de protocolos de Barcelona (AHPB)
Jaume Ferrer
  N° 19/17 (7 juin 1353 – 18 octobre 1357): Llibre comú
Jaume Ballester
  N° 30/1 (27 septembre 1363 – 10 juillet 1385): Manuale
Arnau Lledó
  N° 51/13 (premier juin 1394 – 13 octobre 1400): Llibre comú
Joan Nadal
  N° 54/32 (9 novembre 1394 – 2 décembre 1394): Llibre comú
Bernat Nadal
  N° 58/1 (12 juillet 1385 – 25 août 1388): Primum manuale
  N° 58/141 (8 février 1396 – 21 septembre 1396): Llibre de vendes
  N° 58/169 (10 septembre 1393 – 10 octobre 1397): Manual de comandes
  N° 58/170 (3 décembre 1397 – 16 août 1403): Secundus liber comandarum
  N° 58/171 (3 octobre 1404 – 9 août 1410): Manuale instrumentorum contractuum comandarum quintum

Tomàs de Bellmunt
N° 79/36 (4 septembre 1402 – 14 avril 1406): Secundum comandarum
N° 79/37 (17 avril 1406 – 9 janvier 1414): Tercium Manuale comandatarum
N° 79/38 (18 janvier 1414 – 21 janvier 1417): Quartus liber manuale comendarum
Bernat Sans
N° 87/18 (30 août 1428 – 8 octobre 1430): Manual de comandes
Antoni Brocard
N° 106/35 (28 avril 1435 – 25 novembre 1445/ 10 mai 1446 – 20 août 1446): Manuale comendarum
Antoni Vilanova
N° 165/91 (12 octobre 1436 – 30 décembre 1446): Llibre d'assegurances
N° 165/93 (1457–1460): Quartus liber securitatum
N° 165/94 (21 mai 1460 – 31 juin 1463): Quintus liber seguritatum
N° 165/95 (30 juin 1463 – 27 novembre 1469): Sextus liber seguritatum
N° 165/96 (15 juin 1439 – 4 novembre 1469): Manual de comandes
Bernat Bastat
N° 178/11 (16 mars 1448 – 6 août 1448): Llbre comú
Estève Mir
N° 181/46 (23 janvier 1460 – 11 août 1461): Sextum manuale securitatum
N° 181/47 (28 janvier 1463 – 29 juillet 1463): Octavum manuale securitatum
N° 181/48 (29 juillet 1463 – 16 juin 1464): Manual d'assegurances
Pere Bastat
N° 193/14 (9 août 1454 – 24 janvier 1461): Liber securitatum
Pere Triter
N° 239/55 (15 février 1490 – 7 février 1493): Liber securitatum maritimarum et mercantilium numero tercius
N° 239/56 (3 juillet 1495 – 21 mai 1496): Quintus liber securitatum
N° 239/59 (19 août 1499 – 10 juin 1500): Securitatum XI

C. Archivo de la Catedral de Barcelona (ACB)
Llibres extravagants. Comptes de particulars:
Manual de comptes de Joan Benet: 1338–1344.

D. Archivo histórico de la ciudad de Barcelona (AHCB)
Documentación municipal: Registres de deliberacions
Consell de Cent 1 B. II – 4 (1446–1447)
Consell de Cent 1 B. II – 5 (1448–1449)
Consell de Cent 1 B. II – 6 (1449–1450)

6. *Archivio di stato di Ancona (ASA)*

A: Le fonds Notai di Ancona.
Nicolo Cressi: reg. 40–42
Tommaso di Cinzio: reg. 46 (1450)
Angelo di Domenico: reg. 47–49, 52–57

Tommaso Marchetti: reg.104–105, 114, 118
Massi Giovanni: reg.119
Chiarozzo Sparpalli: reg.178–179

B: Archivio storico comunale di Ancona.
Statuti e regolamenti: 92 = VII = 1518. Dazi delle merci.
Statuti, n° 11 (anno 1558).

II. *Sources editees*

Adorne, Jean, *Itinéraire d'Anselme Adorno en Terre Sainte (1470–1471)*, éd. J. Heers et al., Paris, 1978.

Airaldi, G., *Genova e Spagna nel secolo XV: il liber damnificatorum in Regno Granate 1452*, Gênes, 1966.

Alarcon Santon, M. et Garcia De Linares, R., *Los documentos arabes diplomaticos del Archivo de la Corona de Aragon*, Madrid-Grenade, 1940.

Almansi, C.S., *Statuti dell'Università e paratico dell'Arte del pignolato bombace e panno di lino*, Crémone, 1970.

Amari, M., *I diplomi arabi del R. Archivio fiorentino*, Florence, 1863.

Aste, Elena Cecchi., *Il carteggio di Gaeta nel'archivio del mercante pratese Francesco di Marco Datini 1387–1405*, Gaète, 1997.

Badoer, Giacomo, *Il libro dei conti di Giacomo Badoer (Constantinopoli 1436–1440)*, éd. T. Bertele et U. Dorini, Rome, 1956.

Balard, Michel, *Gênes et l'Outre-Mer: les actes de Caffa du notaire Lamberto di Sambuceto 1289–1290*, Paris, 1973.

——, *Notai genovesi in Oltremare. Atti rogati a Cipro da Lamberto di Sambuceto*, 2 vol., I: 1296–1299, II: 1304–1305, 1308–1310, Collana storica di fonti e studi 39, 43, Gênes, 1983–1984.

——, *Notai genovesi in Oltremare. Atti rogati a Chio da Donato di Chiavari (17 febbrio – 12 novembre 1394)*, Gênes, 1988.

Balletto, Laura, *Notai genovesi in Oltremare. Atti rogati a Laiazzo da Federico di Piazzalunga (1274) e Pietro di Bargone (1277, 1279)*, Gênes, 1989.

Bautier, Robert-Henri, «Notes sur les sources de l'histoire économique médiévale dans les Archives italiennes», dans *Mélanges d'Archéologie et d'Histoire publiés par l'Ecole Française de Rome*, 1948, pp. 184–185.

Belgrano, L.T. et Imperiale di Sant'Angelo, C., *Annali genovesi di Caffaro e dei suoi continuatori*, 5 vol., Rome, 1890–1929.

Berengo, A., *Lettres d'un marchand vénitien (1553–1556)*, éd. U. Tucci, Paris, 1957.

Biondi, Mario Vinicio, *Ancona e il suo mare. Norme, patti e usi di navigazione nei secoli XIV e XV*, 2 vol., Ancône.

Blancard, L. (éd.), *Documents inédits sur le commerce de Marseille au Moyen Age*, nouvelle édition, Genève et Paris, 1978.

Boileau, E., *Règlements sur les arts et métiers de Paris, rédigés au XIIIe siècle (livre des métiers)*, éd. G.B. Depping, Collection des documents inédits sur l'histoire de France, Paris, 1837.

Bonis, Barthélemy et Géraud, *Les livres de comptes des frères Bonis: marchands montalbanais du XIVe siècle*, éd. E. Forestié, 3 vol., Paris, 1890–1894.
Braudel, F. et Tenenti, A., «Michiel da Lezze, marchand vénitien (1497–1514)», dans *Wirtschaft, Geschichte und Wirtschaftsgeschichte Festschrift zum 65. Geburstag von Friedrich Lütge*, Stuttgart, 1966, pp. 38–73.
Broquiere, Bertrandon de la, *The voyage d'outremer by Bertrandon de La Broquière*, tr. et éd. Galen R. Kline, New York, 1988.
Burgarella, P. (éd.), *Le imbreviature del notaio Adamo de Citella a Palermo (1 registro: 1286–1287)*, Rome, 1981.
Capmany De Montapalau, Antonio de, *Memorias históricas sobre la marina, comercio y artes de de la antigue ciudad de Barcelona*, réédition, 4 vol., Madrid, 1779–1792, réédition, 3 vol., Barcelone, 1961–1963.
——, *Libro del consulado del mar*, Barcelone, 1965.
Capodilista, Gabriele, *Viaggio in Terra Santa di Santo Brasca 1480*, éd. A.L. Momigliano Lepschy, Milan, 1966.
Carus-Wilson, E.M. (éd.), *The overseas trade of Bristol in the Later Middle Ages*, seconde édition, Londres, 1967.
Casola, Pietro, *Canon Pietro Casola's pilgrimage to Jerusalem in the year 1494*, tr. M. Magaret Newett, Manchester, 1907.
Cecchetti, R.C., Luschi et G., Zunino, S.M. (éd.), *Genova e Spagna nel XIV secolo: il drictus catalanorum 1386, 1392–1393*, Gênes, 1970.
Cessi, Roberto, *Deliberazioni del Maggior Consiglio di Venezia*, 3 vol., Bologne, 1931–1950.
——, *Deliberazioni del Consiglio dei Rogati (Senato)*, série «Mixtorum», 1–2, Venise, 1960–1961.
Chiarini, Giorgio di Lorenzo, *El libro di mercantie et usanze de'paesi*, éd. F. Borlandi, Turin, 1936.
Chiaudano, M. et Moresco, M. (éd.), *Il cartolare di Giovanni Scriba*, 2 vol., Turin, 1935.
Chiaudano, M. et Morzzo Della Rocca, R. (éd.), *Oberto Scriba de Mercato (1190)*, Gênes, 1938.
Chiaudano, M. et Jona, C. (éd.), *Oberto Scriba (1186)*, Gênes, 1940.
Ciano, Cesare, *La pratica di mercatura datiniana sec. XIV*, Milan, 1964.
Ciavarini, C., (éd.), *Statuti anconitani del mare, del terzenale e della dogana e patti con diverse nazioni*, Deputazione Marchigiana di Storia Patria, Statuti, I, Ancône, 1896.
Congdon, Eleanor, «Venetian merchant activity with Mamluk Syria (886–893/1481–1487)», *Al-Masaq. Studio arabo-islamica Mediterranean*, 7 (1994), pp. 1–30.
Cuoq, Joseph M. (traduction et notes), *Recueil des sources arabes concernant l'Afrique occidentale du VIIIe au XVIe siècle (Bilad Al-Sudan)*, Paris, 1985.
Da Piazza, Michele, *Cronaca*, éd. A. Giuffrida, Palerme, 1980.
Dauvet, Jean, *Les affaires de Jacques Cœur: Journal du procurerur Dauvet: procès-verbaux de séquestre et d'adjudication*, éd. M. Mollat du Jourdin et al., 2 vol., Paris, 1952–1953.
Day, John, *I conti privati della famiglia Adorno (1402–1408)*, Università di Genova. Istituto di storia medievale e moderna, fondi e studi, I, Gênes, 1958.

——, *Les douanes de Gênes 1376–1377*, 2 vol., Paris, 1963.

Daviso Di Charvensod, M.C., *I pedaggi delle Alpi occidentali nel Medio Evo*, Turin, 1961.

De Luco, Battista, *Battista De Luco, mercante gevovese del secolo XV e il suo cartulario*, éd. L. Balletto, Gênes, 1979.

Dei, Benedetto, *La cronica dall'anno 1400 all'anno 1500*, éd. R. Barducci, Florence, 1985.

Dini, Bruno (éd.), *Una pratica di mercatura in formazione (1394–1395)*, Florence, 1980.

Doehaerd, Renée, *Les relations commerciales entre Gênes, la Belgique et l'Outremont d'après les archives notariales génoises, aux XIIIe et XIVe siècles*, Institut Historique Belge de Rome. Etudes d'histoire économique et sociale, II–IV, 3 vol., Bruxelles–Rome, 1941.

Doehaerd, Renée et Kerremans, C., *Les relations commerciales entre Gênes, la Belgique et l'Outremont d'après les archives notariales génoises, 1400–1440*, Institut Historique Belge de Rome. Etudes d'histoire économique et sociale, V., Bruxelles–Rome, 1952.

Doehaerd, Renée, *Etudes anversoises: documents sur le commerce international Anvers 1488–1514*, 3 vol., Paris, 1962–1963.

Douët-D'Arcq, L., *Comptes de l'argenterie des rois de France au XIVe siècle*, Paris, 1851.

——, *Nouveau recueil de comptes de l'argenterie des rois de France*, Paris, 1874.

Duran I Duelt, Daniel, *Manual del viatge fet per Berenguer Benet a Romania, 1341–1342. Studio e edició*, Barcelone, 2002.

Eierman, J.E., Krueger, H.C. et Reynolds, R.L. (éd.), *Bonvillano (1198)*, Gênes, 1939.

El-Bekri, *Description de l'Afrique septentrionale*, tr. M. de Saline, *Journal Asiatique*, 1859, pp. 58–194 et pp. 310–416.

Fabregas Garcia, Adela, *Un mercader genovés en el reino de Granada. El libro de cuentas de Agostino Spinola (1441–1447)*, Grenade, 2002.

Foster, B., *The local port book of Southampton, 1435–1436*, The Southampton Records Society, VII, Southampton, 1963.

Frangioni, L., *Milano fine Trecento. Il carteggio milanese dell'Archivio Datini di Prato, vol. 2: documenti*, Florence, 1994.

Frescobaldi, Lionardo di Niccolò, *Viaggio di Lionardo di Niccolo Frescobaldi fiorentino in Egitto e in Terra Santa*, Rome, 1818.

Garcia I Sanz, Arcadi, *Assegurances I canvis maritims medievals a Barcelona*, 2 vol., Barcelone, 1983.

Gilliodts Van Severen, Louis, *Cartulaire de l'ancienne estaple de Bruges. Recueil de documents concernant le commerce intérieur et maritime, les relations internationales et l'histoire économique de cette ville*, 4 vol., Bruges, 1904–1906.

Gioffrè, Domenico (éd.), *Liber Institutionum Cabellarum Veterum (Communis Janue)*, Milan, 1967.

Giomo, G., «Regesta dei Libri Misti del Senato compilato; le rubriche dei Libri Misti perdute trascritte», (1–14 et fragm.), *Archivio Veneto* XVI (1878), pp. 126–134, pp. 251–273; XVII (1879), pp. 48–57; XVIII (1880), pp. 314–338; XIX (1881), pp. 96–117; XX (1882).

Giomo, G. (éd.), *Lettere di Collegio rectius minor Consiglio 1308–1310*, Venise, 1910.

Giovanni Da Pontremoli, *Lettere di Giovanni da Pontremoli mercante genovese 1453–1459*, éd. D. Gioffrè, (Collana storia di fonti e studi, 33), Gênes, 1982.

Grunzweig, A., «Les fonds du Consulat de la Mer aux archives de l'Etat de Florence», *Bulletin de l'Institut historique belge de Rome*, X, 1930.

Gual Camarena, Miguel, *Vocabulario del commercio medieval. Colección de aranceles aduaneros de la corona de Aragón (siglos XIII y XIV)*, Tarragone, 1968.

Gual Camarena, Miguel (éd.), *El primer manual hispanico de mercaderia (siglo XIV)*, Barcelone, 1981.

Gulotta, P., *Le Imbreviature del notaio Adamo de Citella a Palermo, (2° registro 1289–1299)*, Rome, 1982.

Hall-Cole, M.W., Krueger, H.C., Reinert et R.G., Reynolds, R.L. (éd.), *Guglielmo Cassinese (1190–1192)*, 2 vol., Gênes, 1938.

——, *Giovanni di Guiberto (1200–1211)*, 2 vol., Gênes, 1939.

Harff, A. Von, *The pilgrimage of Arnold von Harff from Cologne, through Italy, Syria, Arabia, Ethiopia, Nubia, Palestine, Turkey, France and Spain, which he accomplished in the years 1496 to 1499*, tr. et éd. Malcom Letts, Londres, 1946.

Ibn Hawqal, *La configuration de la terre*, introduction et traduction, avec index, par J.H. Kramers et G. Wiet, Paris, 1964–1965.

Iliadou, Démocratie, «La Crète sous la domination vénitienne et lors de la conquête turque (1322–1684)», *Studi Veneziani*, XV (1973), pp. 451–584.

Imperiale di Sant'Angelo, C., *Codice diplomaico della Repubblica di Genova*, Rome, 3 vol., 1936–1942.

Krekic, Barisa, *Dubrovnik (Raguse) et le Levant au Moyen Age*, Paris, 1961.

Krueger, H.C. et Reynolds, R.L. (éd.), *Lanfranco (1202–1226)*, 3 vol., Gênes, 1951–1953.

Le Strange, Guy (tr.), *The geographical part of the Nuzhat al-Qulub composed by Hamd Allah Mustawfi of Qazwin in 740 (1340)*, Londres, 1919.

L'Armeno-Veneto: Compendio storico e documenti delle relazioni degli Armeni coi Veneiani, Venise, 1893.

Langlois, Victor (éd.), *Le trésor des chartes d'Arménie ou Cartulaire de la Chancellerie royale des Roupeniens*, Venise, 1863.

Lannoy, Ghillebert de, *Voyages et ambassades de messire Guillebert de Lannoy (1399–1450)*, éd. C.P. Serrure, Mons, 1840.

Le Bouvier, Gilles, *Le livre de la description des pays, de Gilles Le Bouvier, dit Berry*, éd. E.T. Hamy, Recueil de voyages et de documents pour servir à l'histoire de la géographie depuis le XIIIe jusqu'à la fin du XIVe siècle, Paris, 1908.

Leon L'Africain, *Description de l'Afrique*, éd. et tr. A. Epaulard, 2 vol., Paris, 1956.

Lewis, E.A., *The Southampton port and brokage books 1448–1449*, The Southampton Records Society, XXXVI, Southampton, 1993.

Liagre De Sturler, L., *Les relations commerciales entre Gênes, la Belgique et l'Outremont d'après les archives notariales génoises (1320–1400)*, 2 vol., Bruxelles–Rome, 1969.

Lombardo, A. et Morozzo Della Rocca, M., *Documenti del commercio Veneziano nei Secoli XI–XIII*, 2 vol., Rome–Turin, 1940.

Lombardo, A., *Nicola de Boateriis, notaio in Famagosta e Venezia 1355–1365*, Venise, 1973.

Lopez, Roberto, *L'attività economica di Genova nel marzo 1253, secondo gli atti notarili*

del tempo, dans *Atti della Società ligure di storia patria*, t. LXIV (1935), pp. 163–269.
Lopez, Roberto et Airaldi, G., «Il più antico manuale italiano di pratica della mercatura», dans *Miscellanea di studi storici*, II, Collana storica di fonti e studi 38, Gênes, 1983, pp. 99–134.
Madurell Marimon, J.M. et Garcia I Sanz, A., *Comandas commerciales barcelonesas de la baja edad media*, Barcelone, 1973.
Mainoni, Patrizia, «Gli atti di Giovannolo Oraboni, notaio di Milano (1375–1382)», *Felix Olim Lombardia*. Studi di storia Padana dedicati dagli allievi a Giuseppe Martini, Milan, 1978, pp. 517–671.
Maqrizi, *Description topographique et historique de l'Egypte*, tr.V. Bouriant, 2 vol., Paris, 1895–1900.
Mas-Latrie, L. de, *Traités de paix et de commerce et documents divers concernant les relations des chrétiens avec les Arabes de l'Afrique septentrionale au Moyen Age*, Paris 1866.
Melis, Federigo, *Documenti per la storia economica dei secoli XIII–XVI*, Florence, 1972.
———, *Origini e sviluppi delle assicurazioni in Italia (secoli XIV–XVI)*, 2 vol., Rome, 1975.
Mollat, Michel (éd.), *Comptes généraux de l'Etat bourguignon entre 1416 et 1420*, 6 vol., Paris, 1965–1976.
Montanari, Paolo, *Documenti su la popolazione di Bologna alla fine del Trecento*, Fonti per la storia di Bologna. Testi 1, Bologne, 1966.
Monticolo, G. (éd.), *I capitolari delle arti veneziane sottoposte alla Giustizia e poi alla Giustizia Vecchia dalle origini al MCCCXXX*, Fonti per la storia d'Italia, 3 vol., Rome, 1905–1914.
Morosini, A., *Chronique d'Antonio Morosini, extraits relatifs à l'histoire de France*, éd. G. Lefevre-Pontalis, 4 vol., Paris, 1898–1902.
Morozzo Della Rocca, R. (éd.), *Lettere di mercanti a Pignol Zucchello*, Venise, 1957.
Noiret, H., *Documents inédits pour servir à l'histoire de la domination vénitienne en Crète de 1380 à 1485*, Rome, 1892.
Noto, A., *Liber Datii mercantie Communis Mediolani (registro del secolo XV)*, Università Commerciale Luigi Bocconi, Istituto di storia economica, série I: Fonti, vol. X, Milan, 1950.
Pavoni, R., *Notai genovesi in Otremare. Atti rogati a Cipro da Lamberto di Sambuceto (6 luglio – 27 ottobre 1301)*, Gênes, 1982.
———, *Notai genovesi in Otremare. Atti rogati a Cipro da Lamberto di Sambuceto (gennaio—agosto 1302)*, Gênes, 1987.
Paxi, Bartholomeo de, *Tariffa dei pexi et mesure con gratia e privilegio*, Venise, 1503.
Pegolotti, F.B., *La pratica della mercatura*, éd. A. Evans, Cambridge, 1936.
Piana Toniolo, P., *Notai genovesi in Oltremare. Atti rogati a Chio da Gregorio Panissaro (1403–1405)*, Gênes, 1995.
Piccamiglio, Giovanni, *Le livre de comptes de Giovanni Piccamiglio, homme d'affaires génois, 1456–1459*, éd. J. Heers, Paris, 1959.
Piloti, Emmanuel, *Traité d'Emmanuel Piloti sur le passage en Terre Sainte (1420)*, éd. P.H. Dopp, Louvain, 1958.
Plana I Borras, J., «The accounts of Joan Benet's trading venture from Barce-

lona to Famagusta:1343», *'Επετηρὶς τοῦ Κέντρου 'Επιστημονικῶν 'Ερευνῶν*, XIX, Λευκωσία, Nicosie, 1992, pp. 105–168.
Polonio, V., *Notai genovesi in Otremare. Atti rogati a Cipro da Lamberto di Sambuceto (3 luglio 1300 – 3 agosto 1301)*, Gênes, 1982.
Poussot, Denis, *Le voyage de Terre Sainte*, éd. Ch. Scheffer, Paris, 1890.
Pozza, M., *I trattati con Aleppo 1207–1254*, Pacta Veneta II, Venise, 1990.
Predelli, R. et Sacerdoti, A., «Gli statuti marittimi veneziani fino al 1255», *Nuovo Archivio Veneto*, n. s. IV–V (1902–1903), Venise, 1903.
Prost, Bernard, *Inventaires mobiliers et extrait des comptes des Ducs de Bourgogne de la maison de Valois (1363–1477)*, deux tomes, Paris, 1902–1913.
Racine, P. et Castignolli, P., *Corpus statutorum mercatorum Placentiae (secoli XIV–XVIII)*, Milan, 1967.
Ricobaldo Da Ferrara, «Historia imperatorum romano germanicorum a Carlolo Magno usque ad annum MCCXCVIII», dans Muratori, *Rerum Italicarum Scriptores*, Milan, 1723–1751, IX.
Roccatagliata, Ausilia, *Notai genovesi in Oltre mare. Atti rogati a Chio 1453–1454, 1470–1471*, Gênes, 1982.
———, *Notai genovesi in Oltremare. Atti rogati a Pera e Mitilene*, 2 vol., Gênes, 1982.
Rovere, A., *Documenti della Maona di Chio (secc. XIV–XVI)*, Atti della Società ligure di Storia Patria, n. s., t. XIX/ 2, Gênes, 1979.
Rovere, A. (éd.), *I libri iurium della repubblica di Genova*, pubblicazioni degli archivi di Stato, Fonti XIII, Rome, 1992.
Rubrouck, W., *Voyage dans l'empire mongol 1253–1255*, traduction et commentaire de Cl. Caire et R. Kappler, Paris, 1993.
Salicrú I Lluch, Roser, *El trafic de mercaderies a Barcelona segons els comptes de la Lleuda de Mediona (febrer de 1434)*, Barcelone, 1995.
Saminiato de' Ricci, *Il manuale di mercatura di Saminiato de'Ricci*, éd. A. Borlandi, Gênes, 1963.
Santschi, E., *Régestes des arrêts civils et des mémoriaux (1363–1399) des archives du duc de Crète*, Venise, 1976.
Sanudo, Marino, *Vite de'duchi di Venezia*, dans L.A. Muratori, *Reurum Italicarum Scriptores*, Milan, 1723–1751, XXII.
Sanudo Torsello, Marino, *Liber secretorum fidelium crucis super Terrae Sanctae recuperatione et conservatione*, nouvelle édition, Toronto, 1972.
Sassi, Salvatore, *Lettere di commercio di Andrea Barbarigo, mercante Veneziane del quattrocento*, Naples, 1950.
———, *Sulle Scritture di due aziende mercantili veneziane del Quattrocento*, Naples, 1950.
Sathas, Constantin N., *Documents inédits relatifs à l'histoire de la Grèce au Moyen Age*, Monumenta Historiae Hellenicae, 9 vol., Paris, 1880–1890.
Sauli, L. (éd.), *Imposicio Officii Gazarie*, dans Monumenta Historiae Patriae, *Leges municipales*, t. I, Turin, 1838.
Simonsfeld, H., *Der Fondaco dei Tedeschi und die deutschvenezianischen Handelsbeziehungen, Quellen und Forschungen*, 2 vol., Stuttgart, 1887
Staccini, Rita, *Le arti perugine della bambagia e della seta*, Spoleto, 1994.
Stussi, Alfredo (éd.), *Zibaldone da Canal, manoscritto mercantile del secolo XIV*, Fonti per la Storia di Venezia, sezione 5, Venise, 1967.
Thevet, André, *Cosmographie de Levant*, éd. Frank Lestringant, Genève, 1985.

Thiriet, Freddy, *Régestes des délibérations du Sénat de Venise concernant la Romanie*, 3 vol., Paris, 1955–1961.

——, *Délibérations des assemblées vénitiennes concernant la Romanie*, 2 vol., Paris, 1966–1971.

——, *Duca di Candia.: ducali e lettere ricevute (1358–1360: 1401–1405)*, Fonti per la Storia di Venezia, sezione 1, Venise, 1978.

Thomas, George Martin, *Capitolare dei Visdomini del fontego dei Todeschi in Venezia-Capitular des Deutschen Hauses in Venedig*, Berlin, 1874.

Toniolo, Paola Piana, *Notai genovesi in Oltremare. Atti rogati a Chio da Gregorio Panissaro (1403–1405)*, Accademia Ligure di Scienze e Lettere, Serie Fonti II, Gênes, 1995.

Uzzano, Giovanni di Antonio da, *La pratica della mercatura*, dans G.F. Pagnini del Ventura, *Delle decime e di varie altre gravezze imposte dal comune di Firenze*, t. 4, Lisbonne–Lucques, 1766.

Vázquez, José, «Un calendario anónimo granadino del siglo XV», *Revista del instituto de estudios islámicos en Madrid*, vol. IX et X (1961–1962), pp. 23–64.

Wansbrough, J., «A Mamluk commercial treaty concluded with the Republic of Florence 894/1489», dans *Documents from Islamic chanceries*, éd. S.M. Stern, Oxford, 1965, pp. 39–79.

——, «Venice and Florence in the Mamluk commercial privileges», *Bulletin of the School of Oriental and African Studies*, XXVIII (1965), Londres, pp. 483–523.

Wettinger, G., *Acta iuratorum et consilii civitatis et insulae Maltae*, Palerme, 1993.

Zeno, R. (éd.), *Documenti per la storia del diritto marittimo nei secoli XIII e XIV*, Turin, 1936.

Zunino, S.M. et Dassori, N., *Genova e Spagna nel XV° Secolo: Il drictus catalanorum (1421, 1453, 1454)*, Gênes, 1970.

III. *Bibliographie*

Abrate, Mario, «Il memoriale di Henry Pugnet», dans *Studi in onore di Amintore Fanfani*, éd. A. Giuffrè, 6 vol., Milan, 1962, vol. 4, pp. 4–38.

Abulafia, David, «Henry count of Malta and his mediterranean activities: 1203–1230», dans *Medieval Malta. Studies on Malta before the knights*, éd. A.T. Luttrell, Londres, 1975, pp. 104–125; réédition dans *Italy, Sicily and Mediterranean 1100–1400*.

——, «Southern Italy and florentin economy, 1265–1370», *Economic History Review*, ser. 2, 34: 3 (1981), pp. 377–388.

——, *Italy, Sicily and Mediterranean 1100–1400*, Variorum Reprints, Londres, 1987.

——, «Catalan merchants and the western Mediterranean, 1236–1300: studies in the notarial acts of Barcelona and Sicily», *Viator: Medieval and Renaissance Studies* XVI (1985), pp. 209–242; réédition dans *Italy, Sicily and Mediterranean 1100–1400*.

——, «Crocuses and Crusades: San Gimignano, Pisa and the kingdom of Jerusalem», dans *Outremer–Studies in the history of the Crusading kingdom of*

Jerusalem presented to Joshua Prawer, éd. B.Z. Kedar, Jérusalem, 1982, pp. 227–243; réédition dans *Italy, Sicily and Mediterranean 1100–1400*.

——, *Commerce and conquest in the Mediterranean, 1100–1500*, Variorum Reprints, Norfolk, 1993.

——, «The anconitan privileges in the kingdom of Jerusalem and the Levant trade of Ancona», dans *I comuni italiani nel regno crociato di Gerusalemme*, éd. G. Airaldi et B.Z. Kedar, Gênes, 1986, pp. 525–570; réédition dans *Commerce and conquest in the Mediterranean 1100–1500*.

Allegra, L., *La città verticale: usurai, mercanti e tessitori nella Chieri del Cinquecento*, Dipartimento di storia dell'università di Torino, II, Milan, 1987.

Amari, M., *Storia dei Musulmani di Sicilia*, 3 vol., Florence, 1854–1872.

Ammann, Hektor, *Die Diesbach–Watt–Gesellschaft. Ein Beitrag zur Handelsgeschichte des 15 Jahrhunderts*, St. Gallen, 1928.

Arbel, Benjamin, «Venetian trade in fifteenth century Acre: The letters of Francesco Bevilaqua (1471–1472)», *Asian and african studies*, 22 (1988), pp. 227–288.

Argenti, Philippe P., *The occupation of Chios by the Genoese and their administration of the island 1346–1566*, 3 vol., Cambridge, 1958.

Arie, Rachel, *L'Espagne musulmane au temps des Nasrides (1232–1492)*, Paris, 1990.

Ashtor, Eliyahu, *Histoire des prix et des salaires dans l'Orient médiéval*, Paris, 1969.

——, *Studies on the levantine trade in the Middle Ages*, Variorum Reprints, Londres, 1978.

——, «La découverte de la voie maritime aux Indes et les prix des épices», *Mélanges en l'honneur de Fernand Braudel I*, Toulouse, 1973, pp. 31–47; réédition dans *Studies on the levantine trade*.

——, «The venetian supremacy in levantine trade: monopoly or pre-colonialism?», *Journal of European Economic History*, 3 (1974), pp. 5–53; réédition dans *Studies on the levantine trade*.

——, «The volume of levantine trade in the Later Middle Ages (1370–1498)», *Journal of European Economic History*, 4 (1975), pp. 573–612; réédition dans *Studies on the levantine trade*.

——, «Profits from trade with the Levant in the fifteenth century», *Bulletin of the School of Oriental and African Studies*, 38 (1975), pp. 250–275; réédition dans *Studies on the levantine trade*.

——, «Il commercio levantino di Ancona nel basso Medioevo», *Rivista Storica Italiana*, 88 (1976), Turin, pp. 213–253; réédition dans *Studies on the levantine trade*.

——, «The venetian cotton trade in Syria in the Later Middle Ages», *Studi Medievali*, XVII, Spoleto, 1976, pp. 675–715; réédition dans *Studies on the levantine trade*.

——, «Spices prices in the Near East in the 15th century», *Journal of the Royal Asiatic Society*, Londres, 1976, pp. 26–41; réédition dans *Studies on the levantine trade*.

——, *Levant trade in the Later Middle Ages*, Princeton, 1983.

——, *East-West trade in the Medieval Mediterranean*, éd. B.J. Kedar, Variorum Reprints, Londres, 1986.

——, «Levantine weights and standard parcels: a contribution to the metrology of the Later Middle Ages», *Bulletin of the School of Oriental and African Studies* 45 (1982), Londres, pp. 471–488; réédition dans *East-West Trade.*

——, «L'exportation des textiles occidentaux dans le Proche Orient musulman au bas Moyen Age (1370–1517)», dans *Studi in memoria di Federigo Melis,* Naples, 5 vol., Naples, 1978, vol. 2, pp. 303–377; réédition dans *East-West trade.*

——, «Il volume del commercio levantino di Genova nel secondo trecento», dans *Saggi e documenti I,* Gênes, 1978, pp. 391–432; réédition dans *East-West trade.*

——, «Pagamento in contanti e baratto nel commercio italiano d'Oltremare (secoli XIV–XVI)», dans *Storia d'Italia. Annali 6: economia naturale, economia monetaria,* Turin, 1983, pp. 361–396; réédition dans *East-West trade.*

——, *Technology, industry and trade. The Levant versus Europe, 1250–1500,* éd. B.J. Kedar, Variorum Reprints, Norfolk, 1992.

——, «Le Proche-Orient au bas Moyen Age: une région sous-développée», dans *Sviluppo e sottosviluppo in Europa e fuori d'Europa dal secolo XIII alla rivoluzione industriale,* éd. A. Guarducci, Florence, 1983, pp. 375–433; réédition dans *Technology, industry and trade.*

——, «Economic decline in the medieval Middle East», *Asian and African Studies* 15 (1981), pp. 253–286; réédition dans *Technology, industry and trade.*

——, «L'apogée du commerce vénitien au Levant: un nouvel essai d'explication», dans *Venezia, centro di mediazione tra Oriente e Occidente (secoli XV–XVI),* Florence, 1977, pp. 307–326; réédition dans *Technology, industry and trade.*

——, «Levantine alkali ashes and european industries», *The Journal of European Economic History* 12 (1983), pp. 475–522; réédition dans *Technology, industry and trade.*

——, «Il commercio anconetano con il Mediterraneo occidentale nel Basso Medioevo», *Atti e memorie della Deputazione di Storia Patria per le Marche,* vol. 87 for 1982 (1989), pp. 9–71.

Balard, Michel, *La Romanie génoise (XIIe – début du XVe siècle),* Gênes–Rome, 1973.

——, «Assurances et commerce maritimes à Gênes dans la seconde moitié du XIVe siècle», *Annales de Bretagne et des pays de l'Ouest (Anjou, Maine, Touraine),* no. 85 (1978), pp. 277–278.

——, «Le film des navigations orientales de Gênes au XIIIe siècle», dans *Horizons marins, Itinéraires spirituels (Ve–XVIIIe siècles), vol. 2: Marins, navires et affaires,* éd. H. Dubois, Paris, 1987, pp. 99–122.

——, «Les Vénitiens en Chypre dans les années 1300», *Byzantinische Forschungen* XII (1987), pp. 589–603.

——, «Du navire à l'échoppe: la vente des épices à Gênes au XIVe siècle», *Asian and African Studies,* 22 (1988), pp. 203–226.

——, *La mer Noire et la Romanie génoise (XIIIe–XVe siècles),* Variorum Reprints, Londres, 1989.

——, «Le mastic de Chio, monopole génois (XIVe–XVIe siècles)», *Res Orientales,* VI: *Itinéraires d'Orient, hommage à Claude Cahen,* Bures-Sur-Yvette, 1994, pp. 223–228.

——, «Giacomo Badoer et le commerce des esclaves», dans *Milieux naturels, espaces sociaux: études offertes à Robert Delort*, éd. E. Mornet et F. Morenzoni, Paris, 1997, pp. 555–564.

——, «Les hommes d'affaires grecs de Constantinople au XVe siècle d'après le livre de comptes de Giacomo Badoer», dans *Finances, pouvoirs et mémoire: mélanges offerts à Jean Favier*, éd. J. Kerhervé et A. Rigaudière, Brest, 1999, pp. 478–489.

——, «Genoese naval forces in the Mediterranean during the Fifteenth and Sixteenth Centuries», dans *War at sea in the Middle Ages and the Renaissance*, éd. J.B. Hattendorf et R.W. Unger, Woodbridge, 2003, pp. 137–149.

Balard, Michel et Ducellier, Alain (éd.), *Le partage du monde: échanges et colonisation dans la Méditerranée médiévale*, actes du 3e Congrès sur la colonisation médiévale, Paris, 1998.

Balard, Michel, Hocquet, Jean-Claude, Bresc, Henri et Guiral, Jacqueline, «Le transport des denrées alimentaires en Méditerranée à la fin du Moyen Age», dans *Maritime food transport*, éd. K. Friedland et al., Cologne: Quellen und Darstellungen zur hansischen Geschichte, Neue Folge 40, 1994, pp. 91–175.

Ballesteros, Pascale Gorguet, «Le coton au Moyen Age: rembourrage et futaines», dans *Le coton et la mode: 1000 ans d'aventures*, Paris, 2000, pp. 26–37.

Balletto, Laura, «Chio dei Maonesi sulla fine del Trecento (dagli atti del notaio Donato di Chiavari)», *Anuario de Estudios medievales*, 20 (1990), pp. 133–147.

——, «Note sull'isola di Cipro nel secolo XV», *La Storia dei Genovesi*, vol. XII (1991), partie I, pp. 119–144.

——, «Francesco Draperio», *Dizionario biografico degli Italiani*, vol. XLI (Donaggio–Dugnani), Istituto della Enciclopedia Italiana, Rome, 1992, pp. 681–684.

——, «Commerce et ligne de navigation entre Occident et Proche-Orient au XVe siècle: l'importance de l'île de Chio», dans *Questions d'histoire: Orient et Occident du IXe au XVe siècle*, Actes du colloque d'Amiens, 8, 9 et 10 octobre 1998 organisé par le CAHMER, colletif coordonné par Georges Jehel, Paris, 2000, pp. 121–141.

Baratier, E. et Reynaud, F., *Histoire du commerce de Marseille de 1291 à 1480*, t. II, Paris, 1951.

Barducci, R., «Benedetto Dei», *Dizionario biografico degli Italiani*, n° 36: De Fornari–Della Fonte, Rome, 1988, pp. 252–257.

Barelli, G., «Documenti inediti sull'Arte dei fustagneri a Milano», *Archivio Storico Lombardo*, série 3, vol. 17, année 29 (1902).

Basso, Enrico, *Genova: un impero sul mare*, Gênes, 1994.

Bautier, Robert-Henri, «Les relations commerciales entre l'Europe et l'Afrique du Nord et l'équilibre économique méditerranéen du XIIe au XIVe siècle», *Bulletin Philologique et historique*, 1953–1954, pp. 399–400.

——, «Les relations économiques des occidentaux avec les pays d'Orient au Moyen Age. Points de vue et documents», dans *Sociétés et compagnies de commerce en Orient et dans l'Océan Indien. Actes du VIIIe colloque international d'histoire maritime*, Paris, 1970, pp. 263–331.

Bennasar, O.V., *El comerç marítim de Mallorca 1448–1531*, Majorque, 2001.

Bensa, Enrico, *Francesco di Marco da Prato. Notizie e documenti sulla mercattura italiana del secolo XIV*, Milan, 1928.

Bergier, Jean-François, *Genève et l'économie européenne de la Renaissance*, Ecole pratique des hautes études—VIe section centre de recherches historique. Affaires et gens d'affaires XXIX, Paris, 1963.

Berindei, Mihnea, «L'Empire ottoman et la route moldave avant la conquête de Chilia et de Cetatea-Alba (1484)», *Revue roumaine d'histoire*, juillet–décembre 1991, no. 3–4, pp. 161–188.

Blancard, L., *Essai sur les monnaies de Charles 1er, comte de Provence*, Etude analytique accompagnée de pièces justificatives, Paris, 1868.

Blanshei, Sarah Rubin, *Perugia, 1260–1340: conflict and change in a medieval italian urban society*, Transactions of the american philosophical society, nouvelle série, vol. 66, part 2, Philadelphia, 1976.

——, «Perugia, 1260–1340: conflict and change in a medieval italian urban society», *Transactions of the American Philosophical Society*, n.s. 66:2 (1976), pp. 1–128.

Bolens, Lucie, *Les méthodes culturales au Moyen Age d'après les traités d'agronomie andalous: traditions et techniques*, Genève, 1974.

Bolens, Lucie, «The use of plants for dyeing and clothing. Cotton and woad in Al-Andalus: a thriving agricultural sector (5th/11th–7th/13th centuries)», dans *The legacy of muslim spain*, Leiden, éd. S.K. Jayyusi, New York, Cologne, 1992, pp. 1000–1015.

Bonds, W.N., «Some industrial price movements in medieval Genoa (1155–1255)», dans Herlihy, D. et Lopez, R.S., *Economy, society and Government in Medieval Italy: essays in memory of Robert L. Reynolds*, Kent, 1969, pp. 123–139.

Borel, F., *Les foires de Genève au quinzième siècle*, Genève, 1892.

Borlandi, Franco, «Futainiers et futaines dans l'Italie du Moyen Age», dans *Hommage à Lucien Febvre. Eventail de l'histoire vivante*, 2 vol., Paris, 1953, vol. 2, pp. 133–140.

Borsari, S., *Venezia e Bisanzio nel XII secolo. I rapporti economici*, Deputazione di storia patria per le Venezie. Miscellanea di studi e memorie, vol. XXVI, Venise, 1988.

Branca, Vittore (éd.), *Venezia e Ungheria nel Rinascimento*, Atti del convegno di studi promosso e organizzato dalla fondazione Giorgio Cini dall'academia ungherese delle scienze dall'istituto per le relazioni culturali di Budapest (Venezia, 11–14 giugno 1970), Florence, 1973.

Bratianu, G.I., «Notes sur les Génois en Moldavie au XVe siècle», *Revista Istorica Romana*, vol. III (1933), pp. 152–158.

Braudel, Fernand, *Civilisation matérielle et capitalisme: (XVe–XVIIIe siècle)*, Paris, 1967.

Braunstein, Philippe, «Relations d'affaires entre Nurembergeois et Vénitiens à la fin du XIVe siècle», *Mélanges d'Archéologie et d'Histoire publiés par l'Ecole Française de Rome*, 76 (1964), pp. 229–269.

Braunstein, Philippe et Delort, Robert, *Venise, portrait historique d'une cité*, Paris, 1971.

Braunstein, Philippe, «Remarques sur la population allemande de Venise à la fin du Moyen Age», *Venezia, centro di mediazione tra Oriente e Occidente (secoli XV–XVI). Aspetti e problemi*, Florence, 1977, vol. 1, pp. 233–243.

——, «La capture d'une coque vénitienne sur la route de Flandres au début du XVe siècle», dans *Horizons marins, Itinéraires spirituels (Ve–XVIIIe siècles), vol. 2, marins, navires et affaires*, éd. H. Dubois et J.-Cl. Hocquet, Paris, 1987, pp. 123–135.

——, «Resaux familiaux, reseaux d'affaires en pays d'Empire: les facteurs de sociétés (1380–1520)», dans *Le négoce international XIIIe–XXe siècle*, éd. F.M. Crouzet, Paris, 1989, pp. 23–34.

——, «Appunti per la storia di una minoranza: la popolazione tedesca di Venezia nel medioevo», pp. 511–517.

Bresard, M., *Les foires de Lyon aux XVe et XVIe siècle*, Paris, 1914.

Bresc, Henri, «The ‹Secrezia› and the royal patrimony in Malta: 1240–1450», dans *Medieval Malta, Studies on Malta before the Knights*, éd. A. Luttrell, Londres, 1975, pp. 126–162.

——, *Un monde méditerranéen: économie et société en Sicile 1300–1450*, 2 vol., Palerme–Rome, 1986.

——, «Pantelleria entre l'Islam et la chrétiente», *Cahiers de Tunisie*, XI–X, Tunis, 1971, pp. 105–127; réédition dans *Politique et société en Sicile XIIe–XVe siècles*, Variorum Reprints, Norfolk, 1990.

——, *Arabes de langue, juifs de religion. L'évolution du judaïsme sicilien dans l'environnement latin, XIIe–XVe siècles*, Paris, 2001.

Bresc, Henri et D'Angelo, F., «Structure et évolution de l'habitat dans la région de Termini Imerese (XIIe–XVe siècles)», *Mélanges de l'Ecole française de Rome: Moyen Age-Temps modernes*, tome 84, pp. 361–402

Brunschvig, Robert, *La Berbérie orientale sous les Hafsides des origines à la fin du XVe siècle*, 2 vol., Paris, 1940–1947.

Byrne, E.H., *Genoese shipping in the Twelfth and Thirteenth Centuries*, Cambridge (Mass.), 1930.

Cahen, Claude, *Makhzūmiyyāt. Etudes sur l'histoire économique et financière de l'Egypte médievale*, Leiden, 1977.

Camera, M., *Memorie storico diplomatiche dell'antica città e ducato di Amalfi*, 2 vol., Salerno, 1876–1881.

Cantu, C., *Scorsa di un lombardo negli archivi di Venezia*, Milan et Venise, 1856.

Cardon, D., *La draperie au Moyen Age*, Paris: CNRS édition, 1999.

Carpentier, E., *Une ville devant la peste: Orvieto et la peste noire de 1348*, Paris, 1962.

Carrère, Claude, *Barcelone, centre économique à l'époque des difficultés 1380–1462*, Paris, 1967.

Casanova, Paul, *Essai de reconstitution topographique de la ville d'Al Foustat ou Misr*, Mémoires publiés par les membres de l'Institut français d'archéologie du Caire, Le Caire, 1913–1919

Cessi, Roberto, *Le corporazioni dei mercanti di panni e della lana in Padova fino a tutto il secolo XIV*, Memorie del Reale Istituto Veneto di Scienze, Lettere ed Arti, XXVIII, no. 2, Venise, 1908.

Chaigne, D., *Le coton et l'industrie cotonnière*, Paris: Que sais-je? 4e édition, 1982.

Chassagne, S., *Le coton et ses patrons. France, 1760–1840*, Paris, 1991.

Ciasca, Raffaele, *L'arte dei medici et speziali nella storia e nel commercio fiorentino dal secolo XII al XV*, réimpression de l'édition de 1927, Florence, 1977.
Cobb, H.S., *The overseas trade of London exchequer customs accounts 1480–1481*, Londres, 1991.
Coll I Julia, N, «Una compania barcelonesa para el comercio de panos (1400–1484)», *Anuario de Estudios Medievales*, V (1968), Barcelone, pp. 339–408.
Comba, Rinaldo, «Produzioni tessili nel Piemonte tardomedievale», *Bollettino storico bibliografico subalpino*, LXXXII (1984), pp. 321–362.
——, *Contadini, signori e mercanti nel Piemonte medievale*, Rome, 1988.
Combes, J., «Un group d'hommes d'affaires montpelliérains à la din du XIVe siècle et au commencement du XVe», dans *Montpellier et le Languedoc au Moyen Age*, Montpellier, 1990, pp. 85–120.
Coulon, Damien, «Le commerce barcelonais avec la Syrie et l'Egypte d'après les acts du notaire Tomàs de Bellmunt (1402–1416)», dans *Le partage du Monde: échanges et colonisation dans la Méditerranée médiévale*, éd. M. Balard et A. Ducellier, Paris, 1998, pp. 203–229.
——, *Barcelone et le grand commerce d'Orient au Moyen Age: un siècle de relations avec l'Egypte et la Syrie-Palestine (1400–1450 environ)*, thèse de docotorat de l'Université Paris I, 1999.
Darrag, Ahmad, *L'Egypte sous le règne de Barsbay, 825–841/1422–1438*, Damas: Institut français, 1961.
D'Avenel, Georges, *Histoire économique de la propriété, des salaires, des denrées et de tous les prix en général depuis l'an 1200 jusqu'en l'an 1800*, 8 vol., Paris, 1894–1912.
Davidsohn, Robert, *La storia di Firenze*, traduction de *Geschichte von Florenz*, 8 vol., Florence, 1974–1981.
Debono, J., «The Chamber of commerce and the cotton trade of Malta in the eighteenth century», *Melita Historica*, vol. X n° 1 (nouvelle série), pp. 27–50.
Del Treppo, Mario, «Assicurazioni e commercio internazionale a Barcellona nel 1428–1429», *Rivista Storica Italiana*, LXIX (1957) et LXX (1958), pp. 44–81.
——, *I mercanti catalani e l'espansione della corona aragonese nel secolo XV*, nouvelle édition plus complète, Naples, 1972–1973.
Del Treppo, Mario et Leone, Alfonso, *Amalfi medioevale*, Naples, 1977.
Delort, Robert, «Un aspect du commerce vénitien au XVe siècle: Andrea Barbarigo et le commerce des fourrures (1430–1440)», *Moyen Age* (1965), pp. 30–70 et pp. 247–273.
——, *Le commerce des fourrures en Occident vers la fin du Moyen Age*, thèse de doctorat, 2 vol., Paris, 1975.
Delumeau, Jean, «Un ponte fra Oriente e Occidente: Ancona nel Cinquecento», *Quaderni Storici*, 13 (1970), pp. 26–47.
——, *La civilisation de la Renaissance*, nouvelle édition, Paris, 1984.
Derenzini, G., «La carta occidentale nei manoscritti greci datati del XIII et XV secolo (con una giunta sulla produzione della carta a Fabriano agli inizi del Quattrocento)», dans *Contributi italiani alla diffusione della carta in Occidente tra XIV e XV secolo*, éd. G. Castagnari, Fabriano, 1990, pp. 99–146.
Di Aramengo, Vittorio Balbiano, *Statuti dell'arte del fustagno di Chieri*, Turin, 1966.

Dini, Bruno, *Arezzo intorno al 1400: produzioni e mercato*, Arezzo, 1984.
——, *Saggi su una economia-mondo: Firenze e l'Italia Mediterraneo ed Europa (secc. XIII–XVI)*, Ospedaletto, 1995.
——, «Industria tessile italiana nel tardo medioevo», dans *Saggi su una economia-mondo*, pp. 13–49.
Doehaerd, Renée, «Les galères génoises dans la Manche et la mer du Nord à la fin du XIIIe et au début du XIVe siècle», *Bulletin de l'Institut historique belge de Rome*, t. XIX (1938), pp. 5–76.
Dollinger, Ph., «Projets d'un Fondaco dei Tedeschi, à Gênes et à Milan au XVe siècle», *Byzantinische Forschungen*, Band XII (1987), pp. 675–688.
Dotson, J.E., «A problem of cotton and lead in medieval italian shipping», *Speculum* 57 (1982), pp. 52–62.
Dozy, R.P.A., *Dictionnaire détaillé des noms des vêtements chez les Arabes*, Amsterdam, 1845.
Doumerc, Bernard, «Les marchands du Midi à Alexandrie au XVe siècle», *Annales du Midi*: Revue archéologique, historique et philologique de la France méridionale, 97:171 (1985), pp. 269–284.
——, «Le trafic commercial de Venise au XVe siècle. Le convoi d'Aigues-Mortes», Actes du 110e Congrès national des Sociétés savantes, Montpellier, Section d'histoire médiévale et de philologie, 2. *Recherches sur l'histoire de Montpellier et du Languedoc*, Paris, 1985, pp. 179–195.
——, «La ville et la mer: Tunis au XVe siècle», *Les Cahiers de Tunisie* XXXIV (1986), pp. 111–130.
——, *Venise et l'espace maritime au quinzième siècle: une tentative de reconversion commerciale*, thèse d'Etat de l'Université Toulouse, 1989.
——, *Venise et l'émirat hafside de Tunis (1231–1535)*, Paris, 1999.
——, «An exemplary maritime republic: Venice at the end of the Middle Ages, dans *War at sea in the Middle Ages and the Renaissance*, éd. J.B. Hattendorf et R.W. Unger, Woodbridge, 2003, pp. 151–165.
Dozy, R., *Dictionnaire detaillé des noms des vêtements chez les Arabes*, Amsterdam, 1845.
Driessen, Louis A., «Calico printing and cotton industry in Holland», *Ciba Review*, vol. IV, n° 48 (1944), pp. 1748–1751.
Dubois, Henri, *Les foires de Chalon et le commerce dans la vallée de la Sâone à la fin du Moyen Age (vers 1280–1430)*, Paris: Publications de la Sorbonne, 1976.
Dubois, Henri, Hocquet, Jean-Claude et Vauchez, A., *Horizons marins itinéraires spirituels (Ve–XVIIIe siècles), vol. II, Marins, Navires et Affaires*, Paris, 1987.
Dubois, Henri, «Marchands dijonnais aux foires de Chalon-sur-Sâone à la fin du Moyen Age. Essai de prosopographie», *Publication du centre européen d'études bourguignonnes (XIVe–XVIe siècles)*, no. 27 (1987), pp. 63–79.
——, «Milan et la Bourgogne: un couple commercial à la fin du Moyen Age», *Publication du centre européen d'études bourguignonnes (XIVe–XVIe siècles)*, no. 28 (1988), pp. 185–194.
Du Cange, *Glossarium mediae et infimae latinitatis*, 10 vol., Graz, 1954.
Ducellier, Alain, «Deux projets vénitiens d'assassinat du roi Zsigmond (1415–1419)», *Etudes finno-ongriennes*, 8 (1971), pp. 61–66.
——, «Le registre de Giovanni Manzini, notaire sur les galères vénitiennes de

Barbarie (1472–1476)», *Les Cahiers de Tunisie*, t. XXXXIII, n° 155–156 (1991), pp. 511–534.

Dufourcq, CH.E., *L'Espagne catalane et le Maghrib aux XIIIe et XIVe siècles*, Paris, 1966.

Duparc, Pierre, «Un péage savoyard sur la route du Mont-Cenis aux XIIIe et XIVe siècles. Montmélian», *Bulletin philologique et historique (jusqu'à 1610) du comité des travaux historiques et scientifiques*, vol. 1 (1960), pp. 145–187.

Earle, Peter, «The commercial development of Ancona, 1479–1551», *Economic History Review*, 22:1 (1969), pp. 20–44.

Edbury, P.W., *The kingdom of Cyprus et of the crusades, 1191–1374*, Cambridge, 1991.

Epstein, Stephan R., «The textile industry and the foreign cloth trade in late medieval Sicily (1300–1500): a ‹colonial relationship›?», *Journal of Medieval History* 15 (1989), pp. 141–183.

Errera, I., «Les tissus reproduits sur les tableaux italiens du XIVe au XVIIe siècle», dans *La Gazette des beaux-arts*, t. IV (1921), pp. 143–158.

Esch, Arnold, «L'importazioni nella Roma del primo Rinascimento (il loro volume secondo i registri doganali romani degli anni 1452–1462)», dans *Aspetti della vita economica e culturale a Roma nel Quattrocento*, Prima serie: *Studi e Richerche*, XVII (1981), Rome, pp. 9–79.

Faraglia, Nunzio Federico, *Storia dei prezzi in Napoli dal 1131 al 1860*, Naples, 1878.

Faroqhi, S., «Textile production in Rumeli and the arab provinces: geographical distribution and internal trade (1560–1650)», *Osmanli Arastirmalari*, I, Istanbul, 1980, pp. 61–83; réédition dans *Pesants, derishes and traders in the Ottoman Empire*, Variorum Reprints, Londres, 1986.

——, «Notes on the production of cotton and cotton cloth in XVIth nd XVIIth century Anatolia», *Journal of European Economic History*, VIII (1979), pp. 405–417.

——, «Rural society in Anatolia and the Balkans during the sixteenth century», *Turcica*, Tome IX/I (1977), Paris–Strasbourg, pp. 161–195.

Ferrer I Mallo, M.T. et Coulon, Damien (éd.), *L'expansió catalana a la Mediterrània a la baixa edat mitjana*, Barcelone, 1999.

Filangieri, G., *Documenti per la storia, le arti e le industrie delle provincie napoletane*, Tipo dell'Accademia Reale dalle Scienze, 6 vol., Naples, 1891.

Fleet, K., *European and islamic trade in the early ottoman state. The merchants of Genoa and Turkey*, Cambridge, 1999.

Forcheri, Giovanni, *Navi e navigazione a Genova nel Trecento: il «Liber Gazarie»»*, Collana Storica di Fonti e Studi 17, Gênes, 1974.

Forestie, Edouard, *Etudes sur le Moyen Age. Le vêtement civil et ecclésiastique dans le Sud-Ouest de la France*, Extrait du Bulletin de la Société archéologique de Tarn-et-Garonne, Montauban, 1887, pp. 105–158.

Frangioni, Luciana, «Sui modi di produzione e sul commercio dei fustagni milanesi alla fine del Trecento. Problemi economici e giuridic», *Nuova rivista storica*, LXI (1977), pp. 493–554.

———, «Fustagni di Cremona in una chonpra del 1389», *Libri e Documenti*, IX (1983), no. 1, pp. 29–42.

——, *Milano e le sue strade. Costi di trasporto e vie di commercio dei prodotti milanesi alla fine del Trecento*, Bologne, 1983.
——, «Costi di trasporto e loro incidenza: il caso dei prodotti milanesi alla fine del Trecento», *Archivio Storico Lombardo*, Giornale della Società Storica Lombarda, serie undicesima—vol. I (1984), pp. 9–19.
——, *Milano e le sue misure. Appunti di metrologia lombarda fra Tra e Quattrocento*, Naples, 1993.
——, *Milano fine Trecento: il carteggio milanese dell'Archivio Datini di Prato*, 2 vol., Florence, 1994.
——, *Chiedere e ottenere: l'approvvigionamento di prodotti di successo della bottega di Avignone nel XIV secolo*, Florence, 2002.
Frati, Lodovico, *Vita privata di Bologna dal secolo XIII al XVII*, 2e édition, Bologne, 1928.
Gabotto, F., «Inventari messinesi inediti del Quattrocento», *Archivio Storico per la Sicilia Orientale*, no. 3 (1906), pp. 251–276, pp. 479–487 et no. 4 (1907), pp. 154–164, pp. 339–346, pp. 483–490.
Galoppini, L., «Notizie su maltesi e il cotone di Malta a Cagliari nella seconda metà del Trecento», *Melita historica*, vol. X, no. 1, new series (1988), pp. 13–26.
Garcia I Sanz, A. et Coll I Julia, N., *Galeres mercants catalanes dels segles XIV I XV*, Barcelone, 1994.
Gascon, R., *Lyon et ses marchands: environs de 1520 – environs de 1580*, 2 vol., Paris, 1971.
Gay, Victor, *Glossaire archéologique du Moyen Age et de la Renaissance*, 2 vol., Nendeln et Liechtenstein: Kraus reprint, 1967.
Gioffrè, Domenico, *Gênes et les foires de change: de Lyon à Besançon*, Paris, 1960.
——, «Il commercio d'importazione genovese alle luce di registri del dazio 1495–1537», dans *Studi in onore di Amintore Fanfani*, éd. A. Giuffrè, 6 vol., Milan, 1962, vol. 5, pp. 113–242.
Giordano, L., *L'università dell'arte del fustagno in Chieri*, Turin, 1895.
Giudici, Paolo, *Itinerario di Ludovico de Varthema bolognese nello Egypto, nella Surria, nella Arabia Deserta e Felice, nella Persia, nella India e nella Etiopia*, Milan, 1928.
Giuffre, A. (éd.), *Studi in onore di Amintore Fanfani*, 6 vol., Milan, 1962.
Gonnelli, P., *Momenti e aspetti dell'economia veneziana rivissuti attraverso la corrispondenza Venezia–Firenze dell'azienda fiorentina di Bino Piaciti (con trascrizione di 445 lettere)*, 3 vol., mémoire de *laurea* de l'Université Florence, 1970–1971.
Grancsay, Stephen V., «A renaissance brigandine», *The Bulletin of the metropolitan museum of art*, vol. XXXVII, no. 5 (1942), New York, pp. 132–136.
Gras, N.S.B., *The early english customs system*, Cambridge (Mass.), 1918.
Gual Camarena, Miguel, «Un manual catalán de Mercaderia (1455)», *Anuario de Estudios Medievales*, 1964, pp. 431–450.
——, «Peaje fluvial del Ebro (siglo XII)», *Estudios de Edad media de la corona de Aragon*, vol. VIII, Saragosse, 1967, pp. 155–188.
Guiral, Jacqueline, «Les relations commerciales du royaume de Valence avec

la Berbérie au XVe siècle», *Mélanges de la Casa de Velázquez*, 10 (1974), pp. 99–131.
——, «Les péages à Valence à la fin du XVe siècle. Traitement informatique», *Mélanges de la casa de Velasquez*, tome XII (1976), pp. 146–163.
Guiral-Hadziiossif, Jacqueline, *Valence, port méditerranéen au XVe siècle (1410–1525)*, Paris, 1986.
Halaga, Ondrei R., «A mercantilist initiative to compete with Venice: Kaschau's fustian monopoly (1411)», *Journal of European Economic History*, 12:2 (1983), pp. 407–435.
Heers, Jacques, «Type de navires et spécialisation des trafis en Méditerranée à la fin du Moyen Age», dans *Le navire et l'économie maritime du Moyen Age au XVIIIe siècle principalement en Méditerranée*, travaux du deuxième colloque international d'histoire maritime tenus, les 17 et 18 mai 1957, à l'Académie de Marine, Paris, 1958, pp. 107–117.
——, *Gênes au XVe siècle: activité économique et problèmes sociaux*, Paris, 1961.
——, *Société et économie à Gênes (XIVe–XVe siècles)*, Variorum Reprints, Londres, 1979.
——, «Il commercio nel Mediterraneo alla fine del sec. XIV e nei primi anni del XV», *Archivio Storico Italiano* t. CXIII, fasc. 2 (1955), pp. 157–209; réédition dans *Société et économie à Gênes (XIVe–XVe siècles)*.
——, «L'expansion maritime portugaise à la fin du Moyen Age: la Méditerranée», *Revista da Faculdade de Letras*, 2e série, XXII, Lisbonne, 1956, pp. 5–33; réédition dans *Société et économie à Gênes (XIVe–XVe siècles)*.
——, «Le royaume de Grenade et la politique marchande de Gênes en Occident (XVe siècle)», *Le Moyen Age* LXIII (4e série, XII), Paris, 1957, pp. 87–121; réédition dans *Société et économie à Gênes (XIVe–XVe siècles)*.
——, «La vente des Indulgences pour la Croisade à Gênes et en Lunigiana, en 1456», *Miscellanea Storica ligure* III, Milan (1963), pp. 71–101; réédition dans *Société et économie à Gênes (XIVe–XVe siècles)*.
Heers, M.L., «Les Génois et le commerce de l'alun à la fin du Moyen Age», *Revue d'histoire économique et sociale*, XXXII (1954), pp. 31–53
Herlihy, David et Klapisch-Zuber, C., *Les Toscans et leurs familles: une étude du «catasto» florentin de 1427*, Paris, 1978.
Heyd, Wilhelm, *Histoire du commerce du Levant au Moyen Age*, 2 vol., Leipzig, 1885–1886, réédition, Amsterdam, 1967.
Hill, George, *A history of Cyprus*, 3 vol., Cambridge, 1948.
Hocquet, Jean-Claude, *Le sel et la fortune de Venise, 1250–1650*, 2 vol., Lille, 1978–1979.
——, «Mesurer, peser, compter le pain et le sel», dans *Introduction à la métrologie historique B. Garnier, J.C. Hocquet et D. Woronoff*, Paris: Editions Economica, 1989; réédition dans *Anciens systèmes de poids et mesures en Occident*, Variorum Reprints, Aldershot, 1992, pp. 215–261.
——, *Anciens systèmes de poids et mesures en Occident*, Variorum Reprints, Aldershot, 1992.
——, «I meccanismi dei traffici», dans *Storia di Venezia. dalle origini alla caduta della Serenissima, vol. III: la formazione della stato patrizio*, éd. G. Arnaldi, G. Cracco et A. Tenenti, Venise, 1997, pp. 529–616.

——, «Giacomo Badoer, marchand-drapier à Constantinople et les draps du nord de l'Europe», *Atti dell'istituto veneto di scienze, lettere ed arti-classe di scienze morali, lettere ed arti*, 160:1 (2002), pp. 71–89.

Hrochova, V., «Le commerce vénitien et les changements dans l'importance des centres de commerce en Grèce du 13e au 15e siècles», *Studi Veneziani* IX (1967), pp. 3–34.

Igual Luis, David, «Las galeras mercantiles venecianas y el pureto de Valencia (1391–1534)», *Anuario de Estudios Medievales*, 24 (1994), pp. 179–200.

Imperato, Giuseppe, *Amalfi e il suo commercio*, Salerno, 1980.

Inalcik, H., *The Ottoman Empire: conquest, organisation and economy, Variorum Reprints*, Londres, 1978.

——, «Bursa and the commerce of the Levant», *Journal of Economic and Social History of the Orient* III/2, Leiden, 1960, pp. 131–147; réédition dans *The Ottoman Empire: conquest, organisation and economy.*

——, *The Ottoman state: economy and society, 1300–1600*, dans *An economic and social history of the Ottoman Empire 1300–1914*, éd. H. Inalcik et D. Quartaert, Cambridge, 1994.

Innocenti, M., *L'intenso carteggio datiniano scambiato da Venezia con Barcellona nel 1400–1410, con le valide aperture sul Mediterraneo e l'Occidente che esso determina (con trascrizione di 361 lettre)*, 2 vol., mémoire de *laurea* de l'Université Florence, 1977–1978.

Irsigler, Franz, «Industrial production, international trade and public finances in Cologne (XIVth ant XVth centuries)», *The Journal of European Economic History*, vol. 6, no. 2, Rome, 1977, pp. 269–306.

——, *Die Wirtschaftliche stellung der Stadt Köln im 14 und 15 Jahrhundert*, Vierteljahrschrift für sozial- und wirtschaftsgeschichte, n° 65, Wiesbaden, 1979.

Jacoby, David, «Citoyens, sujets et protégés de Venise et de Gênes en Chypre du XIIIe au XVe siècle», *Byzantinische Forschungen*, Band V (1977), pp. 159–188; réédition dans *Recherches sur la Méditerranée orientale du XIIe au XVe siècle: peuples, sociétés, économies*, Variorum Reprints, Londres, 1979.

——, «L'expansion occidentale dans le Levant: les Vénitiens à Acre dans la seconde moitié du treizième siècle», *Journal of Medieval History* 3 (1977), pp. 225–264; réédition dans *Recherches sur la Méditerranée orientale du XIIe au XVe siècle: peuples, sociétés, économies*, Variorum Reprints, Londres, 1979.

——, «The rise of a new emporium in the eastern Mediterranean: Famagusta in the Late Thirteenth Century», dans *Meletai kai hypomnemata, Hidryma archiepiskopou Makariou* III, I (1984), Nicosie, pp. 145–179; réédition dans *Studies on the Crusader States and on venetian expansion*, Variorum Reprints, Northampton, 1989.

——, «A venetian manual of commercial practice from Crusader Acre», dans *I comuni italiani nel regno crociato di Gerusalemme*, éd. G. Airaldi et B.Z. Kedar, Gênes, 1986, pp. 403–428; réédition dans *Studies on the Crusader States and on venetian expansion*, Variorum Reprints, Northampton, 1989.

——, «La production du sucre en Crète vénitienne: l'échec d'une entreprise économique», dans *Rhodonia. Homage to M.I. Manoussakas*, éd. C. Maltezou, Th. Detorakes et Chr. Charalampakes, Rethymno, 1994, pp. 167–

180; réédition dans *Trade, commodities and shipping in the medieval Mediterranean*, Variorum Reprints, Norfolk, 1997.

——, «Creta e Venezia nel contesto economico del Mediterraneo orientale sino alla metà dels Quattrocento», Dans *Venezia e Creta*, éd. G. Ortalli, Atti del convegno internazionale di studi, Iraklion-Chanià, 30 settembre – 5 ottobre 1997, Venise, 1998, pp. 73–106.

Jehel, Georges, *Les Génois en Méditerranée occidentale (fin du 11e – début du 14e siècle), ébauche d'une stratégie pour un empire*, Amiens, 1993.

Kedar, B.Z., Mayer, H.E., Smail, R.C. (éd.), *Outremer. Studies on the history of the crusading kingdom of Jerusalem presented to J. Prawer*, Jérusalem, 1982.

——, *Merchants in Crisis. Genoese and Venetian men of affairs and the Fourteenth Century*, New York, 1994.

Kellenbenz, Hermann, «Las relaciones económicas y culturales entre España y Alemania meridional alrededor de 1500», Actas del I congresso international de historia Mediterránea. *Anuario de Estudios Medievales*, 10 (1980), pp. 545–554.

——, «The fustian industry of the Ulm regions in the fifteenth century and early sixteenth century», dans *Cloth and clothing in medieval Europe. Essays in memory of professor E.M. Carus-Wilson*, éd. N.B. Harte et K.G. Ponting, Londres, 1983, pp. 259–276.

——, «From Melchior Manlich to Ferdinand Cron: german levantine and oriental trade relations (second half of XVIth and beginning of XVIIth centuries)», *The Journal of European Economic History*, vol. 19, no. 3, 1990, pp. 611–622.

——, «Fustanes de Weissenhorn en las férias de Castilla», *Cuadernos de Investigacion Historica*, II, Madrid, pp. 317–334.

Lamm, C.J., *Cotton in Medieval textiles of the Near East*, Paris, 1937.

Lane, Frederic C., *Andrea Barbarigo: merchant of venice, 1418–1449*, Baltimore, 1944.

——, «Cargaisons de coton et réglementations médiévales contre la surcharge des navires—Venise», *Revue d'histoire économique et sociale*, vol. 15 (1962), pp. 21–31.

——, *Navires et constructeurs de navires à Venise pendant la Renaissance*, Paris, 1965; édition originaire: *Venetian ships and shipbuilders of the Renaissance*, Baltimore, 1934.

——, *Venice and history. The collected papers of Frederic C. Lane*, éd. A committee of colleagues and former students, Baltimore, 1966.

——, «Family partnerships and joint ventures», *Journal of Economic History*, IV (1944), pp. 178–196; réédition dans *Venice and history*, pp. 33–55.

——, «Rhythm and rapidity of turnover in venetian trade of the Fifteenth century», dans *Studi in onore di Gino Luzzatto*, éd. A. Giuffrè, 4 vol., Milan, 1950, vol. 1, pp. 254–273; réédition dans *Venice and history*, pp. 109–127.

——, «Fleets and fairs: the function of the venetian muda», dans *Studi in onore di Amintore Fanfani*, éd. A. Giuffrè, 6 vol., Milan, 1962, vol. 1, pp. 651–663; réédition dans *Venice and history*, pp. 128–142.

——, «Maritime law and administration», dans *Studi in onore di Amintore*

Fanfani, éd. A. Giuffrè, 6 vol., Milan, 1962, vol. 3, pp. 21–50; réédition dans *Venice and history*, pp. 227–252.
——, «The merchant marine of the venetian republic», traduction et réédition dans *Venice and history*, pp. 143–162.
——, «Merchant galleys, 1300–1334: private and communal operation», *Speculum*, XXXVIII (1963), pp. 179–205; réédition dans *Venice and history*, pp. 193–226.
——, «The economic meaning of the invention of the compass», *American Historical Review*, vol. LXVIII, no. 3 (1963), pp. 605–617; réédition dans *Venice and history*, 1966, pp. 331–344.
——, «Tonnages, medieval and modern», *Economic History Review*, vol. 17, no. 2 (1964), pp. 213–233; réédition dans *Venice and history*, pp. 345–370.
——, *Venise: une république maritime*, Paris, 1985; édition originaire: *Venice: A maritime republic*, Baltimore, 1973.
Laurent, H., *Un grand commerce d'exportation au Moyen Age: la draperie des Pays-Bas en France et dans les Pays Méditerranéens (XIIe–XVe siècles)*, Paris, 1935.
Le Goff, Jacques, *Marchands et Banquiers du Moyen Age*, Paris, 1980.
Leonhard, Joachim Felix, *Ancona nel basso medio evo: la politica estera e commerciale dalla prima crociuta al secolo XV*, vol. I et II, tr. Teodoro Scamardi et vol. III et IV, tr. Domenico Mugnolo, Ancône et Bologne, 1992.
Lespinasse, René de, *Les métiers et corporations de la ville de Paris*, 3 vol., Paris, 1886–1897.
Levasseur, E., *Histoire des classes ouvrières et de l'industrie en France avant 1789*, seconde édition, 2 vol., Paris, 1900–1901.
Levi Pisetzky, Rosita, «Come vestivano i Milanesi alla fine del Medioevo», dans *Storia di Milano: dalle lotte contro il Barbarossa al primo signore (1152–1310)*, vol. 4, parte IX (1954), pp. 723–746.
——, «Nuove mode della Milano viscontea nell scorcio del 300», dans *Storia di Milano: la signoria dei Visconti (1310–1392)*, vol. 6, parte VI (1955), pp. 875–908.
——, *Storia del costume in Italia*, 5 vol., Milan, 1964–1969.
Lewis, Bernard, *Notes and documents from the Turkish Archives: a contribution to the history of the jews in the Ottoman empire*, Oriental notes and studies 3, Jérusalem, 1952.
——, «Nazareth in the sixteenth century according to the ottoman tapu registers», dans *Arabic and Islamic studies in honour of Hamilton A.R. Gibb*, Londres, 1965, pp. 416–425.
——, «An arabic account of the province of Safed», *Bulletin of the School of Oriental and African Studies*, XV: part 3 (1963), pp. 477–488.
——, «Jaffa in the sixteenth century, according to the Ottoman tahrir registers», dans *Studies in classical and Ottoman Islam (7th–16th centuries)*, Variorum Reprints, Londres, 1976, pp. 435–446.
Licatese, Antonina, *Stoff—und Seidenbezechnungen im mittelaterlichen Italien*, Saarbrüken, 1989.
Lipparoni, Nora, «Arte e commercio della carta bombagina nei libri dei mercanti fabrianesi tra XIVe XV secolo», *Atti e memorie della deputazione di storia patria per le Marche*, 87 for 1982 (1989), pp. 185–222.

Lombard, Maurice, *Les textiles dans le monde musulman 7e–12e siècles*, Paris, 1978.

Lopez, R.S., «Les relations commerciales entre l'Europe et l'Afrique du Nord et l'équilibre économique méditerranéen du XIIe au XIVe siècle», *Bulletin philologique et historique*, 1953 et 1954, pp. 399–416.

Lopez, R.S., Herlihy, D. et Slessarev, V. (éd.), *Economy, Society, and Government in Medieval Italy*, Kent, 1969.

Lopez, R.S., «Stars and spices: the earliest italian maual of commercial practice», dans *Economy, society and Government in Medieval Italy: essays in memory of Robert L. Reynolds*, éd. D. Herlihy et R.S. Lopez, Kent, 1969, pp. 35–42.

——, «Un texte inédit: le plus ancien manuel italien de technique commerciale», *Revue Historique*, 94e année, t. CCXLIII (1970), pp. 67–76.

Luttrell, Anthony, «Venice and the knights hospitallers of Rhodes in the fourteenth century», *Papers of the British School at Rome*, XXVI, Londres, pp. 195–212; réédition dans *The Hospitallers in Cyprus, Rhodes, Greece and the West 1291–1440*, Variorum Reprints, Londres, 1978.

——, «Approaches to medieval Malta», dans *The making of christian Malta: from the Early Middle Ages to 1530*, Variorum Collected Studies, 722, Aldershot, 2002, pp. 1–70.

Luzzatto, Gino, «I più antichi trattati tra Venezia e le città marchigiane», *Nuovo Archivio Veneto*, 1906, pp. 5–91.

——, *Studi di storia economica veneziana*, Padoue, 1954.

——, «Sindicati e cartelli nel commercio veneziano dei sec. XIII e XIV», dans *Studi di storia economica veneziana*, pp. 195–200.

——, «Capitalismo coloniale nel Trecento», dans *Studi di storia economica venezia*, pp. 117–123.

——, «Sull'attendibilità di alcune statistiche economiche medievali», *Giornale degli Economisti*, 1929; réédition dans *Studi di storia economica veneziana*, pp. 271–284.

Macaire, Pierre, *Majorque et le commerce international (1400–1450 environ)*, thèse de doctorat de l'Université Paris IV—Sorbonne, Paris, 1986.

Mainoni, P., «Un mercante milanese del primo Quattrocento: Marco Serraineri», *Nuova Rivista Storica*, LIX (1975), pp. 331–377.

Mallet, M.E., *The florentine galleys in the Fifteenth Century*, Oxford, 1967.

Malowist, Marian, «Les routes du commerce et les marchandises du Levant dans la vie de la Pologne au Bas Moyen Age et au début de l'époque moderne», dans *Méditerranée et Océan indien. Travaux du sixième colloque international d'histoire maritime*, Paris, 1970, pp. 157–175.

——, «Le commerce du Levant avec l'Europe de l'Est au XVIe siècle. Quelques problèmes», dans *Mélanges en l'honneur de Fernand Braudel. Histoire économique du monde méditerranéen, 1450–1650*, 2 vol., Toulouse, 1973, vol. 1, pp. 349–357.

Manolescu, R., «Le role commercial de la ville de Brasov dans le Sud-Est de l'Europe du XVIe siècle», *Nouvelles Etudes d'Histoire*, II, Bucharest, 1960.

Marçais, G., «Honaïn», *Mélanges d'histoire et d'archéologie de l'Occident musulman*, pp. 161–172.

Martinez Ferrando, Jesus Ernesto, *Jaime II de Aragón, su vida familiar*, 2 vol., Barcelone, 1948.

Mas-Latrie, Louis, *Histoire de l'île de Chypre sous le règne des princes de la maison de Lusignan*, 3 vol., Paris, 1852–1861.

Maubert, Claude Guy, «Le port de Barcelone pendant l'hiver 1357», *Anuario de Estudios Medievales*, X (1980), Barcelone, pp. 659–688.

Mauceri, Enrico, «Inventari inediti dei secoli XV e XVI», *Archivio Storico per la Sicilia Orientale*, no. 12 (1915), pp. 105–117 et no. 13 (1916), pp. 182–190.

Mazzaoui, M.F., «L'organizzazione delle industrie tessili nei secoli 14 e 15: i cotonieri Veronesi», dans *Studi storici veronesi Luigi Simonei*, vol. 18–19 (1968–1969), pp. 97–151.

——, «The cotton industry of northern Italy in the Late Middle Ages: 1150–1450», *Journal of Economic history*, vol. 32, no. 1–2 (1972), pp. 226–286.

——, *The italian cotton industry in the Later Middle Ages 1100–1600*, Cambridge, 1981.

——, «L'industria cotoniera italiana nel basso medioevo (1100–1600)», *Ricerche storiche: rivista semestrale del centro piombinese di studi storici*, 11:2–3, (1981), pp. 371–382.

——, «The lombard cotton industry and the political economy of the dukes of Milan in the second half of the fifteenth century», *Atti del Convegno internazionale 28 febbraio – 4 marzo 1983*, 2 vol., Milan, 1983, vol. 1, pp. 171–177.

——, «Industria lombarda del cotone e politica economica del duchi di Milano nella seconda metà del secolo quindicesimo», dans *Milano al tempo di Ludovico il Moro. Atti del Convegno internazionale, 28 février – 4 mars 1983*, 3 vol., Milan, 1983, vol. 1, pp. 171–177.

——, «Artisan migration and technology in the italian textile industry in the late Middle Ages (1100–1500)», dans *Strutture familiari, epidemie, migrazioni nell'Italia medievale. Atti del Convegno a cura di R. Comba, G. Piccini, G. Pinto, Sienne, 1983*, Naples, 1984, pp. 519–534.

——, «La diffusione delle tecniche tessili del cotone nell'Italia dei secoli XII–XVI», dans *Tecnica e società nell'Italia dei secoli XII–XVI*, Undecesimo Convegno internazionale del Centro italiano di studi di storia e d'arte, Pistoia 28–31 octobre 1984, Pistoia, 1987, pp. 157–172.

——, «The emigration of veronese textile artisans to Bologna in the 13 century», dans *Atti e memorie della academia di agricoltura*, scienze e lettere di Verona, series 6, vol. 19, pp. 275–321.

MacLaughlin, E.T., *Studies in medieval life and literature*, New York et Londres, 1894.

Melis, Federigo, *Aspetti della vita economica medievale: studi dell'archivio Datini di Prato*, Sienne, 1962.

——, «Werner Sombart e i problemi della navigazione nel Medioevo», *Economia e Storia* VIII (1964), pp. 87–149; réédition dans *Trasporti e le communicazioni nel Medioevo*, Florence, 1984, pp. 3–68.

——, «Note sur le mouvement du port de Beyrouth d'après la documentation florentine aux environs de 1400», dans *Sociétés et Compagnies de commerce en Orient et dans l'Océan Indien*, Actes du huitième colloque international d'histoire maritime (Beyrouth—5–10 septembre 1966), présentés par Michel Mollat, Paris, 1970, pp. 371–373.

——, *Industria e commercio nella Toscana medievale*, con introduzione di Marco Tangheroni, a cura di Bruno Dini, Florence, 1989.

——, «Lazzaro Bracci (la funzione di Arezzo nell'economia dei secoli XIV–XV)», dans *Industria e commercio nella Toscana medievale*, pp. 175–191.

Menjot, Denis, *Les Espagnes médiévales, 409–1474*, Paris: Hachette, 1996.

Millas Vallicrosa, J.M., «El cultivo del algodon en la Espagna arabe», *Boletin de la Real Academia de la Historia*, 139, Madrid, 1956, pp. 463–472.

Mollat, Michel, *Le commerce maritime normand à la fin du Moyen Age*, Paris, 1952.

Montalvo, J. Hinojosa, «Mercaderes alemanes en la Valencia del siglo XV: la «Gran Comanía» de Ravensburg», *Anuario de Estudios medievales*, n° 17 (1987), pp. 455–468.

Monteil, CH., «Le coton chez les Noirs», *Bulletin de comité d'études historiques et scientifique de l'A.O. F.*, 1926, pp. 585–684.

Morenzoni, F., «Le mouvement commercial au péage de Saint-Maurice d'Agaune à la fin du Moyen Age (1281–1450)», *Revue Historique*, CCLXXXIX/I (1993), pp. 3–63.

Motta, Emilio, «Per la storia dell'Arte dei fustagni nel secolo 15», *Archivio Storico Lombardo*, sere seconda, volume VII—anno XVII (1890), pp. 140–145.

Musée Galliera, *Le coton et la mode: 1000 ans d'aventures*, exposition, Musée Galliera, 10 novembre 2000 – 11 mars 2001, Paris, 2000.

Mutafian, Claude, *Le royaume arménien de Cilicie XIIe–XIVe siècle*, Paris: CNRS Editions, 1993.

Muzzarelli, Maria Giuseppina, *Guardaroba medievale: vesti e società dal XIII al XVI secolo*, Bologne, 1999.

Natalucci, Mario, *Ancona attraverso i secoli*, 3 vol., Città di Castello, 1960.

Nehlsen Von Stryk, Karin, *L'assicurazione marittima a Venezia nel XV secolo*, Rome, 1988.

Newton, Stella Mary, *The dress of the Venetians, 1495–1525*, Aldershot, 1988.

Nicolini, A., «Nel porto di Savona, 1428–1429», *Rivista inguana e intemelia*, nuova serie—anni XXXVI–XXXVII, Gênes 1981 – décembre 1982, no. 1–4, pp. 65–71.

——, «Tra Savona e Spagna e metà del Quattrocento», *Rivista inguana e intemelia*, nuova serie—anno XXXVIII, no. 1–2, janvier – juillet 1983, Bordighera, 1983, pp. 16–28.

Niermeyer, J.F., *Mediae latinitatis lexicon minus*, complété par C. van de Kieft, 2 vol., Leiden, 1976.

Nübling, Eugen, *Ulms Bamwollweberei in Mittelalter*, Leipzig, 1890.

Origo, Iris, *The merchant of Prato: Francesco di Marco Datini*, New York, 1957.

Ortalli, Gherardo (éd.), *Venezia e Creta*, Atti del convegno internazionale di studi, Iraklion-Chanià, 30 settembre – 5 ottobre 1997, Venise, 1998.

Otten-Froux, Catherine, *Les Pisans en Orient, de la première Croisade à 1406*, thèse de doctorat de l'Université Paris 1, 1982.

——, «Les institutions génoises et les affaires de Chypre», dans *Etat et colonisation au Moyen Age*, éd. M. Balard et A. Ducellier, Lyon, 1989, pp. 167–178.

——, «I Maonesi e la maona vecchia di Cipro», *La Storia dei Genovesi*, vol. XII (1991), partie I, pp. 95–118.

——, «Les échanges commerciaux», dans *Le royaume arménien de Cilicie, XIIe–XIVe siècle*, éd. Cl. Mutafian, Paris: CNRS, 1993, pp. 119–126.
Pach, Z.P., «La route du poivre ver la Hongrie médiévale (contribution à l'histoire du commerce méditerranéen au XVe siècle)», dans *Mélanges en l'honneur de Fernand Braudel. Histoire économique du monde méditerranéen 1450–1650*, Toulouse, 1973, pp. 449–458.
——, *Hungary and the european economy in early Modern Times*, Variorum Reprints, Norfolk, 1994.
——, «Levantine trade and Hungary in the Middle Ages (Theses, controversies, arguments)», *Acta Historica Academiae Scientiarum Hungaricae*, 97, Budapest, 1975, pp. 5–24; réédition dans *Hungary and the european economy*.
——, «The transylvanian route of levantine trade at the turn of the 15th and 16th centuries», *Acta Historica Academiae Scientiarum Hungaricae*, 138, Budapest, 1980, pp. 5–35; réédition dans *Hungary and the european economy*.
Page, Agnès, *Vêtir le Prince. Tissus et couleurs à la cour de Savoie (1427–1477)*, Lausanne, 1993.
Panaitescu, P.P., «La route commerciale de Pologne à la mer Noire au Moyen Age», *Revista Istorica Romana*, vol. III (1933), pp. 172–193.
Pandiani, Emilio, *Vita privata genovese nel Rinascimento*, Atti della Società ligure di Storia Patria, XLVII, Gênes, 1915.
Paoli, Cesare, «Carta di cotone e carta di lino», *Archivio Storico Italiano*, série IV, tome XV (1885), pp. 230–234.
Papacostea, Serban, «Kilia et la politique orientale de Sigismond de Luxembourg», *Revue roumaine d'histoire*, 15:3 (1976), pp. 421–436.
Pardi, G., «Gli statuti della colletta del comune d'Orvieto», *Bollettino della regia deputazione di storia patria per l'Umbria*, IV (1898), pp. 1–46 et X (1904), pp. 169–197.
Pelliot, Paul, *Œuvres posthumes. Recherches sur les Chrétiens d'Asie centrale et d'Extrême-Orient*, Paris, 1984.
Pfister, R., «L'introduction du coton en Egypte musulmane», *Revue des Arts asiatiques* XI (1937), pp. 167–172.
Pifarre Torres, D., *El comerç internacional de Barcelona i el mar del Nord (Bruges) al final del segle XIV*, Barcelone, 2002.
Piponnier, Françoise, *Costume et vie sociale. La cour d'Anjou XIVe–XVe siècle*, Paris, 1970.
——, «Matières premières du costume et groupes sociaux Bourgogne XIVe–XVe siècles», dans *Inventaire après-déces et ventes de meubles. Apports à une histoire de la vie économique et quotidienne (XIVe–XIXe siècle)*, Louvain-la-Neuve, 1988, pp. 271–290.
——, «Une révolution dans le costume masculin au XIVe siècle», dans *Le vêtement: histoire, archéologie et symbolique vestimentaire au Moyen Age*, éd. M. Pastoureau, Paris, 1989, pp. 225–242.
——, *Se vêtir au Moyen Age*, Paris, 1995.
Pistarino, Geo et Olgiati, G., «Tra Creta veneziana e Chio genovese nei secoli XIV e XV», *Cretan Studies*, vol. 2 (1990), pp. 197–219.
Poerck, Guy de, *La draperie médiévale en Flandre et en Artois: technique et terminologie*, 3 vol., Bruges, 1951.

Purgatorio, M., *I rapporti economici tra Venezia e Genova alla fine del Trecento (studio sui documenti dell'archivio Datini di Prato)*, 2 vol., mémoire de *laurea* de l'Université Florence, 1989–1990.

Racine, Pierre, «Pignolato cremonese e pignolato piacentino», *Bollettino storico piacentino*, LXVII (1972), pp. 119–126.

——, «A Crémone, à la fin du XIIIe siècle: note sur le marché du coton», dans *Studi in memoria di Federigo Melis*, 5 vol., Naples, 1978, vol. 1, pp. 527–541.

——, «Apreçu sur les transports fluviaux sur le Pô au bas Moyen Age», *Annales de Bretagne*, tome 85 (année 1978), pp. 261–271.

——, *Plaisance du Xème à la fin du XIIIème siècle: essai d'histoire urbaine*, 3 vol., thèse de doctorat de l'Université Paris 2, Lille, 1980.

——, «A propos de l'Hinterland de Venise au XIIIe siècle», *Byzantinische Forschungen*, Band XII (1987), pp. 539–556.

——, «De la matière première au produit commercialisé: l'exemple des futaines lombardes», dans *Innovations et renouveaux techniques de l'antiquité à nos jours*. Actes du colloque international de Mulhouse (septembre 1987), éd. Jean-Pierre Kintz, Strasbourg, 1989, pp. 97–109.

Renouard, Yves, «Les voies de communication entre la France et le Piémont au Moyen Age», *Bollettino storico-bibliografico subalpino*, 1963, pp. 233–256.

——, *Les hommes d'affaires italiens du Moyen Age*, Paris, 1968.

Richard, Jean, *Croisés, missionnaires et voyageurs: les perspectives orientales du monde latin médieval*, Variorum Reprints, Londres, 1983.

——, «Une économie coloniale? Chypre et ses ressources agricoles au Moyen Age», *Byzantinische Forschungen* V (1977), pp. 331–352; réédition dans *Croisés, missionnaires et voyageurs*.

——, «Agricultural conditions in the Crusader states», dans *A history of the Crusades, V: the impact of the Crusades on the Near East*, éd. Norman P. Zacour et Harry W. Hazard, Wisconsin, 1985, pp. 251–294.

——, *Croisades et Etats latins d'Orient*, Variorum Reprints, Norfolk, 1992.

——, «Le royaume de Chypre et l'embargo sur le commerce avec l'Egypte (fin XIIIe – début XIV siècle)», dans *Académie des Inscriptions et Belles Lettres, Comptes-rendus des séances de l'année 1984*, Paris, 1984, pp. 120–134; réédition dans *Croisades et Etats latins d'Orient*.

Roche-Bernard, Geneviève, «Lin, coton et «arbres à laine». Connaissance du coton dans le monde antique», dans *Le coton et la mode: 1000 ans d'aventures*, Paris, 2000, pp. 20–25.

Ruddock, Alwyn A., *Italian merchants and shipping in Southampton 1270–1600*, Southampton University College, 1951.

Saint-Guillain, Guillaume., «Les ducs de l'Archipel et le coton de Santorin (fin XIVe – début XVe siècle)», dans *Bisanzio, Venezia e il mondo franco-greco (XIII–XV secolo)*, éd. C.A. Maltezou et P. Schreiner, Venise, 2002, pp. 365–394.

Sayous, A.E., «Le commerce de Melchior Manlich et Cie, d'Augsbourg à Marseille, et dans toute la Méditerranée entre 1571 et 1574», extrait de *La Revue Historique*, tome CLXXVI (1935), pp. 1–23.

——, *Commerce et finance en Méditerranée au Moyen Age*, Variorum Reprints, Londres, 1988.

———, «L'activité de deux capitalistes-commerçants marseillais ver le milieu du XIIIe siècle: Bernard de Manduel (1227–1237) et Jean de Manduel (1233–1263)», *Revue d'histoire économique et sociale* XVII (1929), pp. 137–155; réédition dans *Commerce et finance.*

———, «Les méthodes commerciales de Barcelone au XIVe siècle, surtout d'après des protocoles inédits de ses archives notariales», *Estudis Universitaris Catalans* XVIII (1933), pp. 209–235; réédition dans *Commerce et finance.*

———, «Les opérations du capitaliste et commerçant marseillais Etienne de Manduel entre 1200 et 1230», *Revue des questions historiques*, 3e série, XVI (1930), pp. 5–29; réédition dans *Commerce et finance.*

Schick, Léon, *Un grand homme d'affaires au début du XVIe siècle, Jacob Fugger*, Affaires et gens d'affaires, XI, Paris, 1957.

Schulte, Aloys, *Geschichte des mittelalterlichen Handels und Verkehrs zwischen Westdeutschland und Italien mit Ausschlufs von Venedig*, vol. 1: Darstellung, vol. 2: Urkunden, 2 vol., Leipzig, 1900.

———, *Geschichte der grossen Ravensburger Handelsgesellschaft, 1380–1530*, 3 vol., Stuttgart et Berlin, 1923.

Sella, D., *Commercie e industrie a Venezia nel secolo XVII*, Civiltà Veneziana, Studi XI, Venise, 1961.

Sella, Pietro, *Glossario latino emiliano*, Biblioteca Apostolica Vaticana, Studi e testi 74, Città del Vaticano, 1937.

———, *Glossario latino italiano, Stato della Chiesa-Veneto-Abruzzi*, Biblioteca Apostolica Vaticana, Studi e testi 109, Città del Vaticano, 1944.

Serjeant, R.B., «Material for a history of Islamic textiles up to the Mongol conquest», *Ars Islamica*, IX–XVI (1942–1951), pp. 54–92.

Sevillano Colom, Francisco, «Mercaderes y navegantes mallorquines (siglos XIII–XV)», *Historia de Mallorca*, t. IV (1971), pp. 431–520.

———, «Un manual mallorquín de mercadería medieval», *Anuario de Estudios medievales*, 9 (1974–1979), pp. 517–530.

Shoshan, Boaz, «On costume and social history in medieval Islam», *Asian and African Studies*, 22 (1988), pp. 35–51.

Sinno, A., *Commercio e industrie nel salernitano dal XIII al primordi del XIX secolo*, Collana storico economica del Salernitano IV, 2 vol., Salerno, 1954.

Soldani, M. Elisa, *Assicurazioni marittime e commerci a Barcellona attraverso lo studio del manual d'assegurances marítimes di Bartomeu Masons (1428–1429)*, Thèse de *laurea* de l'Università degli studi di Pisa, Pise, 1999–2000.

———, «Assicurazioni marittime e commerci a Barcellona attraverso lo studio del manual d'assegurances marítimes (1428–1429) di Bartomeu Masons», *Estudis Hisòrics i documents dels arxius de protocols*, XIX (2001), Barcelone, pp. 107–143.

Spallanzi, Marco (éd.), *Produzione, commercio e consumo dei panni di lana nei secoli XII–XVIII*, Atti della seconda settimana di studio, 10–16 aprile 1970 dell'istituto internazionale di storia economica F. Datini, Prato, Florence, 1976.

Stahl, Alan M., «The deathbed oration of Doge Mocenigo and the mint of Venice», dans *Intercultural contacts in the medieval Meditterranean*, éd. B. Arbel, Londres, 1996, pp. 287–288.

Stöckly, Doris, «Les premiers convois de galées commerciales vénitiennes en direction de la Barbarie au milieu du XVe siècle», *Les Cahiers de Tunisie*, t. XXXXIII, n° 155–156 (1991), pp. 479–511.

——, *Le système de l'incanto des galées du march à Venise (fin XIIIe – milieu XVe siècle)*, Leiden, New York et Cologne, 1995.

——, «Commerce et rivalité à Chypre. Le transport du sucre par les Vénitiens dans les années 1440, d'après quelques documents génois», dans *Oriente e Occidente tra Medioevo e Età moderna, Studi in onore di Geo Pistarino*, éd. L. Balletto, Gênes, 1997, pp. 1133–1144.

Strömer, Wolfgang von, *Die Nürnberger Handelsgesellschaft Gruber–Podmer–Stromer im 15 Jahrhundert*, Nürnberger Forschungen, Band VII (1963).

——, *Oberdeutsche Hochfinanz 1350–1450*, Vierteljahrschrift für sozial und wirtschaftsgeschichte, no. 55–57, 1970.

——, «Nuremberg in the international economics of the Middle Ages», *The Business History Review*, XLIV (1970), Cambridge/Mass., pp. 210–225.

——, «Die Schwarzmeer—und Levante—Politik Sigismunds von Luxemburg und der Schwarzmeer—Handel oberdeutscher und hansischer Handelshäuser 1385–1453», dans *Miscellanea offerts à Charles Verlinden, à l'occasion de ses trente ans de professortat*, Gent, 1975, pp. 601–610.

——, «Wirtschaftspolitik im Spatmittelalter: die Grundung der Baumwoll-Industrie in Oberungarn im Jahr 1411», dans *Studi in memoria di Federigo Melis*, 5 vol., Naples, 1978, vol. 3, pp. 245–270.

——, «Bernardus teotonicus e i rapporti commerciali tra la Germania meridionale e Venezia prima della istituzione del fondaco dei Tedeschi», dans *Centro tedesco di studi veneziani*, Quaderni no. 8 (1978), pp. 1–15

——, *Die Grundung der Baumwollindustrie in Mitteleuropa, Wirtschaftspolitik im Spatmittelalter*, Stuttgart, 1978.

——, «Commercial policy and economic conjuncture in Nuremberg at the close of the Middle Ages: a model of economic policy», *Journal of European Economic History*, n° 10 (1981), pp. 119–129.

——, «Die Kontinentalsperre Kaiser Sigismunds gegen Venedig 1412–1413, 1418–1433 und die Verlagerung der Transkontinentalen Transportwege», dans *Trasporti e sviluppo economico, secoli XIII–XVII*, Atti della quinta settimana di studio (4–10 maggio 1973), éd. A. Vanniani Marx, 1986, pp. 61–84.

——, «Une clé du succès des maisons de commerce d'Allemagne du Sud: le grand commerce associé au Verlagsystem», *Revue historique*, 285:577 (1991), pp. 29–49.

Szekely, György, «Les facteurs économiques et politiques dans les rapports de la Hongrie et de Venise à l'époque de Sigismond», dans *Venezia e Ungharia nel Rinascimento*, éd. V. Branca, Florence, 1973, pp. 37–52.

Tangheroni, M., *Aspetti del commercio dei cereali nei paesi della corona d'Aragona. I. La Sardegna*, Pise, 1981.

Tenenti, Alberto, *Naufrages, corsaires et assurances maritimes à Venise 1592–1609*, Paris, 1959.

Tenenti, Alberto et Tucci, Ugo (éd.), *Storia di Venezia dalle origini alla caduta della Serenisima. Vol. IV, Il Rinascimento: politica e cultura*, Rome, 1996.

Thiriet, Freddy, *La Romanie vénitienne au Moyen Age (12e–15e siècle)*, Paris, 1975.

——, *Etudes sur la Romanie gréco-vénitienne (Xe–XVe siècles)*, Variorum Reprints, Londres, 1977.

——, «Les Vénitiens à Thessalonique dans la première moitié du XIVe siècle», *Byzantion*, XXII (1952). Bruxelles, 1953, pp. 323–332; réédition dans *Etudes sur la Romanie.*

——, «Candie, grande place marchande dans la première moitié du XVe siècle», dans *Actes du 1er Congrès international des Etudes crétois*, Hérakleion, 1963, pp. 338–352; réédition dans *Etudes sur la Romanie.*

——, «La condition paysanne et les problèmes de l'exploitation rurale en Romanie gréco-vénitienne», *Studi Veneziani* IX (1967), pp. 35–69; réédition dans *Etudes sur la Romanie.*

——, «Les itinéraires des vaisseaux vénitiens et le rôle des agents consulaires en Romanie greco-vénitienne», dans *Le genti del mare mediterraneo*, éd. R. Ragosta, 2 vol., Naples, 1981, vol. 1, pp. 587–608.

Torres, D.P., *El comerç internacional de Barcelona e el mar del Nord (Bruges) a finales del segle XIV*, Barcelone, 2002.

Trasselli, Carmelo, «Lino e cotone a Messina», *Archivio Storico Messinese*, III serie, vol. XXX (1979), pp. 87–99.

Trenchs Odena, J., «De Alexandrinis (el comercio prohibido con los Musulmanes y el Papado de Avinón durante la primera metad del siglo XIV)», *Anuario de estudios medievales*, 10 (1977), pp. 237–320.

Tucci, Ugo, «Le commerce vénitien du vin de Crète», dans *Maritime food transport*, éd. K. Friedland, Cologne, Weimar et Vienne, 1994, pp. 199–211.

——, «Il commercio del vino nell'economia cretese», dans *Venezia e Creta*, Atti del convegno internazionale di studi, Iraklion-Chanià, 30 settembre – 5 ottobre 1997, éd. G. Ortalli, Venise, 1998, pp. 183–206.

Vaccari, P., «Da Venezia a Genova: un capitolo di storia delle relazioni commerciali dell'alto MedioEvo», dans *Studi in onore di Gino Luzzatto*, éd. A. Giuffrè, 4 vol., Milan 1950, vol. 1, pp. 86–95.

——, «Uno sguardo ai nuovi rapporti di scambi commerciali fra Lombardia e Venezia nei secoli XIV e XV», dans *Studi in onore di Amintore Fanfani*, éd. A. Giuffrè, 6 vol., Milan, 1962, vol. 3, pp. 559–575.

Valerian, Dominique, «Facteur économique dans la politique catalane à Bougie (XIIIe–XVe siècles)», dans *L'expansió catalana a la Mediterrània a la Baixa Edat Mitjana*: Actes del séminaire/seminari organizat per la Casa de Velàzquez i la Institució Mila i Fontanals celebrat a Barcelona, el 20 d'abril de 1998, éd. Maria Teresa Ferrer i Mallol et Damien Coulon, Barcelone, 1999, pp. 145–160.

——, *Bougie, port maghrébin à la fin du Moyen Age (1067–1510)*, thèse de doctorat de l'Université Paris I, 2000.

Vallet, Eric, *Marchands vénitiens en Syrie à la fin du XVe siècle*, Paris, 1999.

Vatin, N., *Rhodes et l'ordre de Saint-Jean-de-Jérusalem*, Paris: CNRS édition, 2000.

Vivarelli, E., *Aspetti della vita economica pratese nel XIV secolo (con trascrizione dell 459 lettere di Monte d'Andrea Angiolini di Prato)*, 3 vol., mémoire de *laurea* de l'Université Florence.

Voje, Ignacij, «Relazioni commerciali tra Ragusa e le Marche nel Trecento e

nel Quattrocento», *Atti e memorie della Deputazione di storia patria per le Marche*, n.s. 82 (1978), pp. 197–219.
Vryonis, S. Jr., *The decline of Medieval Hellenism in Aisa Minor and the process of islamization from the Eleventh Century through the Fifteenth Century*, Berkeley et Los Angeles, 1971.
Watson, Andrew M., «The rise and spread of Old World cotton», dans *Studies in textile history in memory of Harold B. Burnaham*, éd. V. Gervers, Toronto: Royal Ontario Museum, 1977, pp. 355–368.
——, *Agricultural innovation in the early Islamic world: the diffusion of crops and farming techniques 700–1100*, Cambridge, 1983.
Wescher, H., «Cotton and cotton trade in the Middle Ages», *Ciba Review*, 6 (1947–1949), pp. 2321–2360.
Wirth, E., «Alep et les courants commerciaux entre l'Europe et l'Asie du XIIe au XVIe siècle», *Revue du monde musulman et de la Méditerranée, villes du Levant, Hommage à André Raymond*, 55–56 (1990/1–2), Aix-en-Provence, pp. 44–55.
Wolff, Philippe, *Commerces et marchands de Toulouse, vers 1350 – vers 1450*, Paris, 1954.
Yerasimos, Stephane, *Les voyageurs dans l'empire ottoman (XIVe–XVIe siècles): bibliographie, itinéraires et inventaires des lieux habités*, Ankara, 1991.
Yver, G.-O.-T., *Le commerce et les marchands dans l'Italie méridionale au XIIIe et au XIVe siècle*, Paris, 1903.
Zaccaria, G., «L'arte dei guarnellari e dei bambagiari di Assisi», *Bollettino della deputazione di storia patria dell'Umbria*, vol. 70, fasc. 2 (1973), pp. 1–92.
Zachariadou, E.A., *Trade and Crusade: venetian Crete and the emirates of Menteshe and Aydin (1300–1415)*, Venise, 1983.
Zambler, A. et Carabellese, F., *Le relazioni commerciali fra la Puglia e la repubblica di Venezia dal Secolo X al XV*, Bologne, 1991.
Zdekauer, Lodovico, «La dogana del porto di Recanati nel 1396», *Le Marche illustrate nella storia, nelle lettere, nelle arti*, fascicolo II, Anno IV (mars-avril 1904), pp. 65–87.
——, «Per una Storia delle fiere di Recanati (1384–1473)», *Atti e memorie della R. Deputazione di storia patria per le Marche*, 17 (1917), pp. 247–265.
Zupko, Ronaldo Edward, *French weights and measures before the revolution. A dictionary of provincial and local units*, Londres: Indiana university press, 1978.

INDICES

INDEX NOMINUM

INDEX LOCORUM

INDEX RERUM